乳山年鉴

RUSHAN YEARBOOK

2018 第二十卷

乳山市党史市志办公室　编

方志出版社
Publishing House of Local Records

图书在版编目（CIP）数据

乳山年鉴．2018 / 乳山市党史市志办公室编．-- 北京：方志出版社，2018.12

ISBN 978-7-5144-3458-3

Ⅰ．①乳… Ⅱ．①乳… Ⅲ．①乳山市－2018－年鉴
Ⅳ．①Z525.24

中国版本图书馆CIP数据核字（2018）第282099号

乳山年鉴（2018）

编　　者：乳山市党史市志办公室
责任编辑：顾　洁
出 版 人：冀祥德
出 版 者：方志出版社
地址　北京市朝阳区潘家园东里9号（国家方志馆4层）
邮编　100021
网址　http://www.fzph.org
发　　行：方志出版社图书经销中心
电话（010）67110500
经　　销：全国新华书店
印　　刷：山东麦德森文化传媒有限公司　0531-82666659
开　　本：889×1194　1/16
印　　张：30
字　　数：990千字
版　　次：2018年12月第1版　2018年12月第1次印刷
印　　数：0001～2500册
ISBN 978-7-5144-3458-3　定价：300.00元

《乳山年鉴》编纂委员会

《乳山年鉴（2018年）》

乳山市政区图

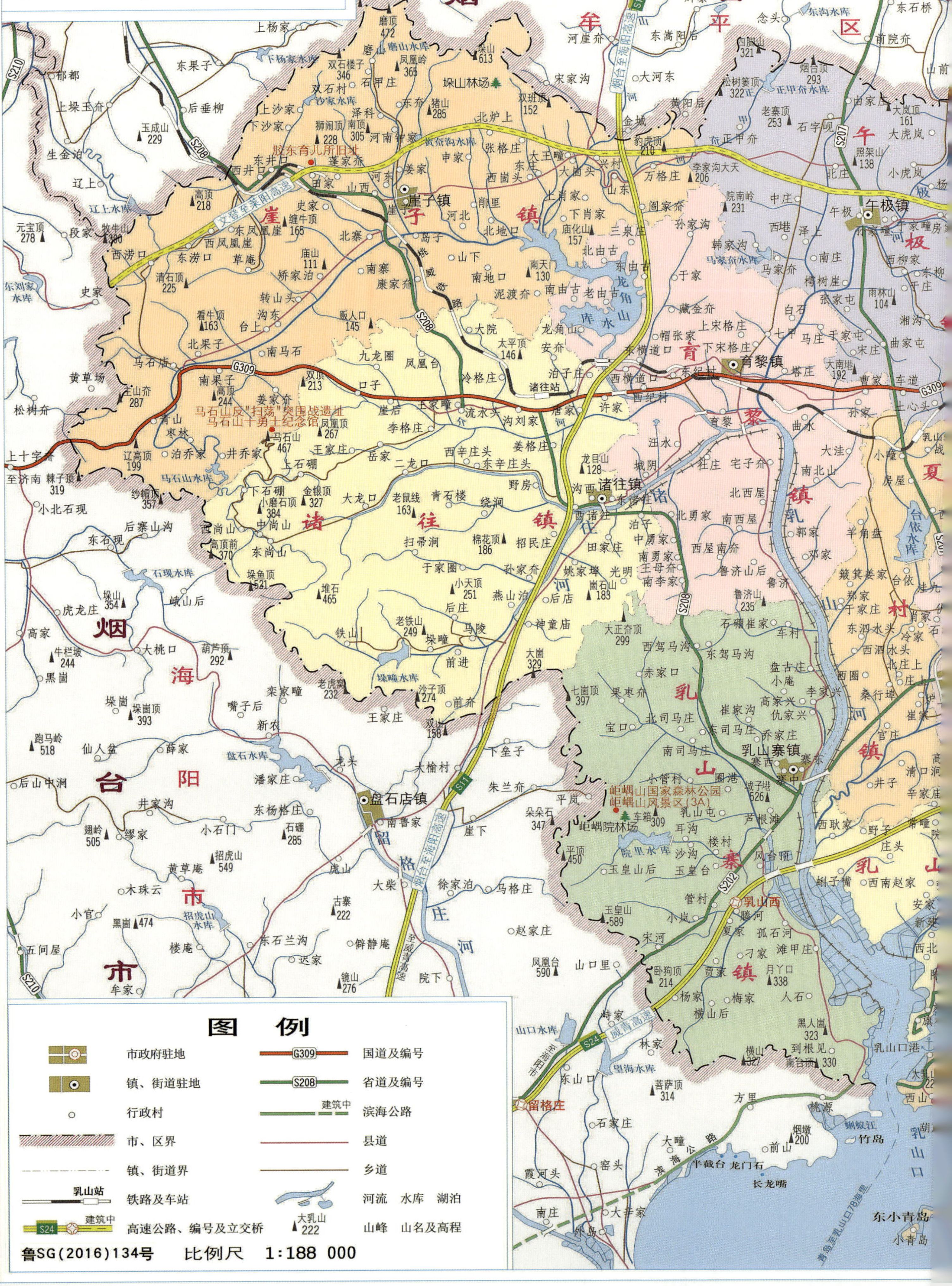

烟台市
牟平区
午极镇
崖子镇
育黎镇
诸往镇
乳山寨镇
夏村镇
乳山口镇
海阳市
盘石店镇
留格庄
乳山西
诸往站
胶东育儿所旧址
马石山反"扫荡"突围战遗址
马石山十勇士纪念馆
岠嵎山国家森林公园
岠嵎山风景区(3A)
文登至莱阳高速
烟台至海阳高速
威青高速
滨海公路
龙角山水库
马石山水库
石现水库
盘石水库
招虎山水库
院里水库
望海水库
山口水库
东小青岛
竹岛
长龙嘴
图　例
市政府驻地
镇、街道驻地
行政村
市、区界
镇、街道界
铁路及车站
乳山站
高速公路、编号及立交桥
S24
建筑中
国道及编号
G309
省道及编号
S208
滨海公路
县道
乡道
河流　水库　湖泊
山峰　山名及高程
大乳山
222
鲁SG(2016)134号　比例尺　1:188 000

下初镇
冯家镇
大孤山镇
南黄镇
徐家镇
白沙滩镇
海阳所镇
文登区
泽头镇
小观镇
城区街道
夏村镇
乳山口镇
乳山
乳山东
南黄
白沙滩镇
银滩旅游度假区管委会
圣水宫道教养生休闲度假区(3A)
天润温泉度假村
多福山风景区(3A)
宫家岛
腰岛
险岛
浦岛
杜家岛
竹岛
南黄岛
汇岛
黄
海
浪暖口
洋村口
白沙口
凤凰嘴
古龙嘴
文登至莱阳高速
威青高速
S202
S206
S208
S304
S704
S24
G309
八甲
六村屯
单家庄
宫家庄
南黄北埠
西洋水
东洋水
大浩口
小浩口
东刘家庄
东王家庄
西珠塂
东珠塂
马场
许家
北江村
南江村
东泰家庄
大王口
胡家沟
马家庄
邢家庄
宫家桃
小史家
大木
果园
上册
五眉顶
上斧
核桃山
寨山
镜眼石
小孤山
八里甸
石硼杨家
东林家
西林家
山西头
赵家
河东水库
河东
木井
西南北庄
白沙滩
小滩
曹家庄
三甲疃
海阳所
所前
所后
所陈家
西泓赵家
西泓辛家
西泓于家
赵东庄
水头
芦头
李家
薛格
半海山
杜家
南泓西村
南泓北村
南泓南村
小泓
烟墩山
南斉
小石口
塔岛
双峰庄
杜家港
黄石栏
西黄岛
南岛嘴
金港
池源
邢家
崖子
郭子
旺疃
赤金泊
院东
大英
洛格庄
林村
峰山
孔格
许家埠
西程格
吴官屯
于林庄
北石山头
北长岚
西龙庵
东谭家口
东宋格庄
陡埠
东孙疃
西崔家口
陡埠水库
万家口
眠虎岭
大宋家
黄家庄
平埠庄
西店子
徐家庄
南七口
徐埠头
才院
老祖顶
郎家
小芦头
庙东村
生家疃
东浪暖
西浪暖
岭上
柯家庄
孙家埠
陈家屯
高家屯
杨家屯
朱家屯
南斜山
北斜山
仙人桥
崮山寺水库
崮山寺
靠山
上庄
归仁
仙人脚
庄子园
官家疃
凤西庄
母鸡屯
吊虎山
冷家庄
河崖
湾头
南合子
汤南山
石城水库
石城
汤南场
北念头
汤上
汤后疃
汤东疃
山北头
葛口
南泥沟
北泥沟
东泥沟
东官庄
瑞木山
姑子庵
古水头
马家泊子
东马家庄
鸽鹊崖
卧龙
赵家庵
高家台
观上冯家
碧里
大辻
王家庵
南吉子园
西吉子园
东吉子园
北吉子园
花家疃
唐家店子
林家寨
马山
马山沟
马山前
北汉村
北河崖
消水河
中寨
张家寨
七里石
盘石
赤山
鲁家
南高格庄
北高格庄
黄齐顶
合子庄
合子
徐家村
东西子顶
吴格庄
西西子顶
上口
二罗石
香炉石
老师傅顶
孔家
于家口
华山水库
黄道顶
姚家庄水库
崔家口水库
南帝水库
太格庄
石龙水库
福禄地
东泊水库
韩家山
单家疃
皂地
牧牛山
车家寨
南东庄
北东庄
西庄
巫山
白云山
南台
东岙水库
四顶子
生木墅
老石硼
河南村
东马台石
西马台石
葛格庄
北芦头
垒冢前
闭牛山
簸箕掌
朝阳山水库
小寨
磨石山
鲁家夼
日照庄水库
双山
上初
初家沟
日照庄
红山垯
黑顶山
英格庄
西泊
黄格庄
下初
下初站
辛庄
葛岭
胡家口
下草埠
上草埠
江岭
福山
老鼠顶
段家
外庄
南头
王疃
吕格庄
南汉村
堤南头
山南头
围子山
里庄
地尖
上刘家
下刘家
胡家
南口
万户
老黄山
黄窝
丛家
上子于家
任家夼
大史家
北姜家庄
老虎窝
八门邹家
入夼
圣人顶
参顶
桑行
李家庄
林家庄
锯齿山
车门口
光明顶
驴儿山
圣石前
三佛山
辛家口
寨山
黄疃水库
黄疃
西峋岭
东峋岭
南正斉
马山
王家口
稗子刘家
潘家
焉家
蔡家
小单家
小侯家
邹家
小陶家
大单家
唐村
曲家
涟庄
韩家庄
大陶家
封山
桃村王家
注子家
林村李家
念头
董格庄
南马家庄
孔家庄
沟李家
文八石
无极山
南西北庄
林家堪
徐家堪
玉前庄
港头
北王家庄
古林
曹家庄
围子山
店子头
河南
南尹家
石岛
择村
唐家
兰家
北唐家
南唐家
才家堪
秦家庄
母猪岛
望海庄
邹格
海疃
赵家庄
所后张家庄
贾家庄
贾家
王家
大庄
三甲疃
锚山
海阳所
汇岛位置图
山东省地图出版社编制

红色乳山

马石山

7 月 21 日，威海马石山红色教育基地航拍

① ②
③

①1月5日，中共乳山市委副书记李国徽出席马石山烈士陵园省级国防教育基地揭牌仪式（辛　戈摄）

②7月18日，马石山展馆改陈布展工作完成（辛　戈摄）

③6月18日，马石山十勇士纪念馆英烈走廊（崔峰硕摄）

4月18日，马石山道路拓宽改造工程（施工前）

8月24日，马石山西线全面通车（施工后）

10月20日，马石山十勇士纪念馆外观

育儿所

9月30日，胶东育儿所纪念馆及旧址航拍

下石硼

④

①

②

③

⑤

⑥

④ ⑤ ⑥
① ② ③

①胶东人民兵工历史陈列馆外景
②北海银行历史陈列馆外景
③著名革命医疗机构外景
④胶东军区被服厂旧址
⑤人民兵工历史陈列馆内景
⑥党员秘密联络点旧址内景

8月14日，诸往镇下石硼村航拍

滨海乳山

6月12日，滨海新区航拍（辛　戈摄）

滨海新区大拇指广场

滨海新区福如东海文化园 （高淑新 摄）

9月3日，全国自行车邀请赛在滨海新区举行　　（仝庆凤　杨大杰 摄）

滨海新区一角

9月7日，银滩海边　　　　　　（全庆凤　杨大杰 摄）

10月31日，乳山塔岛湾（辛　戈 摄）

银滩梦幻王国

乳山湾 （高淑新 摄）

牡蛎吊养

魅力乳山

台依湖畔

①　④
②　⑤
③　⑥

①圣水宫道教养生休闲度假区
②岠嵎山旅游景区
③大乳山滨海旅游度假区
④多福山国际养生旅游度假区卢塞恩养生小镇
⑤多福山国际养生旅游度假区
⑥台依湖畔

⑤

⑥

⑤

①

②

耕海桑田

⑦

⑤ ⑥

① ② ③ ④

⑦ ⑧

①三观亭 （辛　戈 摄）

②福如东海文化园书画院

③大乳山滨海旅游度假区

④台依湖酒庄

⑤母爱文化广场

⑥河滨公园 （李永林 摄）

⑦乳山市经济技术开发区远眺

⑧岠嵎山瀑布

生态乳山

井乔家村航拍

潮汐湖湿地公园

岠嵎风光

石硼村“小三峡”

井乔家水库（刘冬梅 摄）

垛山

岠嵎瀑布

石硼瀑布

多福山国际养生旅游度假区 （胡仁隆 摄）

①乳山市农业局植保站利用无人机对麦田杂草开展飞防作业 （仝庆凤 摄）

②垛山生态园东山景色

③伯瑞蓝莓亲子采摘游

④冯家茂盈农场现代果园 （辛 戈 摄）

⑤诸往镇德轩现代农业示范园

⑥易养生态园茶叶采摘

⑦正华农林垂钓场

岠嵎山风光

台亿

数字乳山

面积:1665 平方公里
户籍人口:55.13 万人
海岸线:199.27 公里
地区生产总值:546.79 亿元
公共财政预算收入:31.76 亿元
全社会固定资产投资:576.45 亿元
外贸进出口总值:59.21 亿元
接待国内外游客:1052.7 万人次
社会消费品零售总额:262.08 亿元
城乡居民各项储蓄存款金额:349.07 亿元
城镇居民人均可支配收入:35804 元
农村居民人均可支配收入:16016 元
城市供水总量:1646 万立方米
全社会用电总量:129287 万千瓦时
全市建成区绿化覆盖率:45.79%

活力乳山

乳山港俯瞰

①2月24日，中共乳山市委书记周兵（前排中）、乳山市市长宫本杲（前排左）赴烟台市福山区考察学习
（辛　戈摄）

②12月19日，山东乳山绿城台依湖酒庄酒产业小镇项目签约暨启动仪式　（辛　戈摄）

③青威高速乳山东立交桥
（侯贺良 摄）

④ 12 月 18 日，威海科技暨服务业助力乳山产业突破发展合作推介会在乳山举行

（辛　戈摄）

⑤ 8 月 29 日，乳山市全国首批农村综合性改革试点试验县工作启动会议召开

（辛　戈摄）

10月19日，乳山市人大常委会主任姜翠萍带队调研重点工业项目建设情况

（于　琦摄）

乳山港口

威海伯特利萨克迪汽车公司车间　　（王英男摄）

威海伯特利萨克迪汽车公司完成厂房主体钢结构建设

（辛　戈摄）

10月24日，乳山市举办鲁东大学——乳山市校地企产学研对接活动（孙轶琰 摄）

12月18日，乳山市举行海洋牧场示范区建设启动仪式（辛 戈 摄）

泓联水转印纸项目车间

科威机器人公司车间

2月14日，乳山市市长宫本杲（右）出席“中国秧歌之乡”授牌仪式

4月27日，乳山市首届十大工匠命名表彰大会举行

2月17日，乳山市智慧城市运营管理中心

8月12日，“绿色出行·健康生活”全民健步走活动在乳山市区启动　　（田　甜　王文琪 摄）

5月25日，中共乳山市委书记周兵（左）出席“全国优秀公安局”授牌仪式

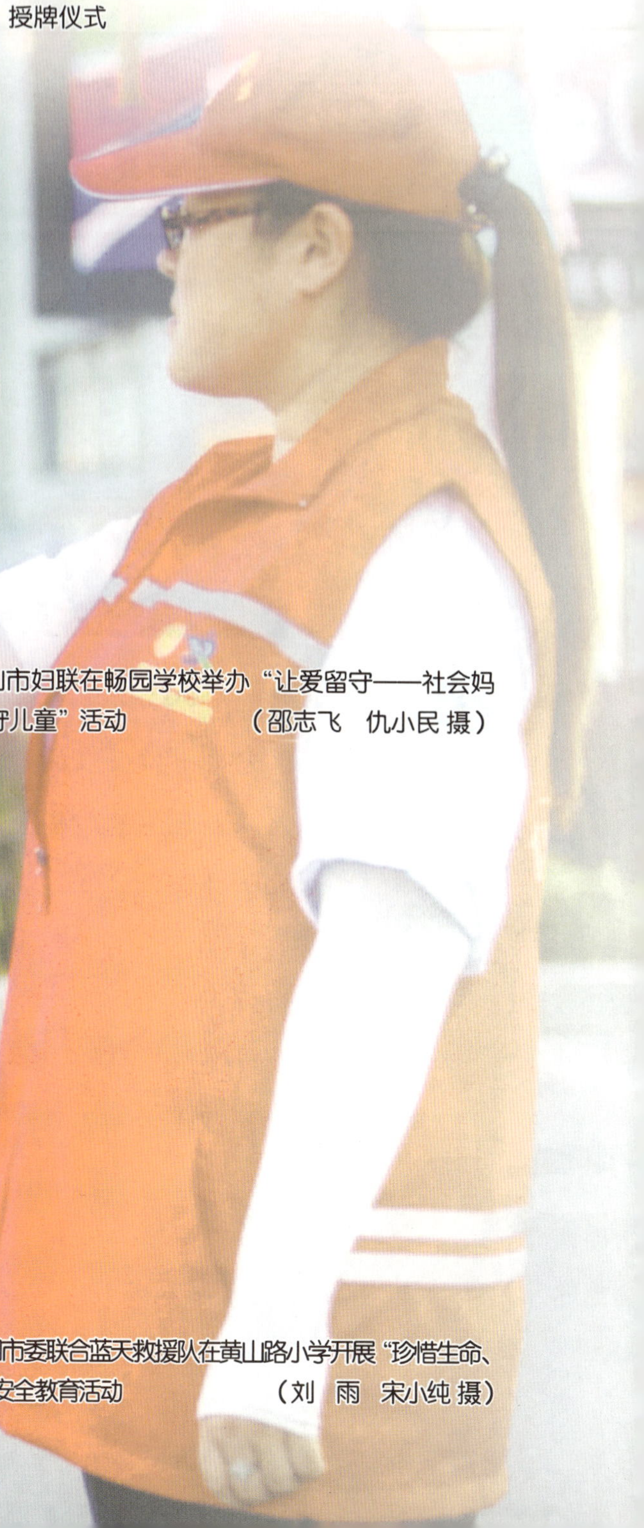

7月6日，乳山市妇联在畅园学校举办“让爱留守——社会妈妈牵手关爱留守儿童”活动　　（邵志飞　仇小民 摄）

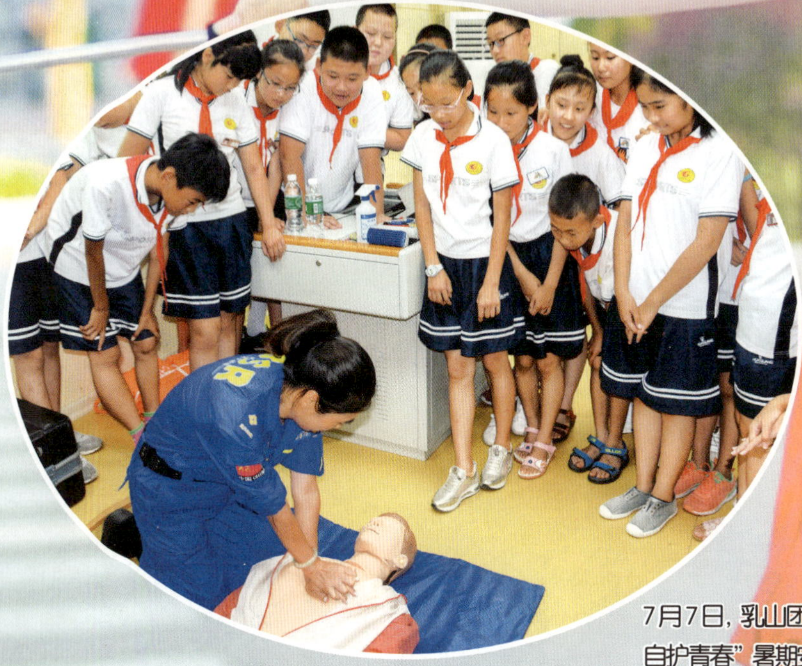

7月7日，乳山团市委联合蓝天救援队在黄山路小学开展“珍惜生命、自护青春”暑期安全教育活动　　（刘　雨　宋小纯 摄）

9月30日，医务人员看望乳娘 （辛　戈摄）

9月19日，乳山市为省定贫困村发放健身器材 （于　琦摄）

①

②

乳山一中运动会开幕式

2月22日，乳山市人民医院口腔科医生王梓宁赴济南捐献干细胞归来　　（孔俊娟　隋海龙 摄）

6月28日，城市公交站点文明引导

①5月4日，威海市美德少年获得者李佳美在威海技工学校为广大学生作报告

②10月10日，乳山市中医院医护人员义诊

③2月21日，乳山市开展送戏下乡慰问演出

④3月5日，乳山市第二实验小学组织少先队员为敬老院老人表演节目

①8月8日，青山路雨污分流管道施工　（辛　戈　王泽玮 摄）

②4月6日，潮汐湖景观工程施工　（辛　戈　杨大杰 摄）

③8月2日，下石硼村河道　（宋晓宁 摄）

④4月17日，城区道路路口渠化改造工程完成　（辛　戈 摄）

⑤1月7日，白沙口防潮堤工程推进　（辛　戈　于晓明　耿海滨 摄）

⑥8月7日，沙滩清洁车

④

⑤

11月11日，乳山寨橡胶坝完工

⑥

①1月12日，乳山寨镇历史文化展馆

②12月19日，城市书房静园分馆面向社会免费开放

③1月28日，修森向小学生授课　　　　（邵志飞　高静静 摄）

④10月20日，乳山市首届学生运动会举行

⑤2月11日，乳山市秧歌汇演

⑥1月5日，乳山市春节联欢晚会　　　　（辛　戈 摄）

⑦7月27日，首届青少年公益足球文化节在金碃岭体育公园足球场举行　　　　（宋潇颖 摄）

2017年乳山市戏曲进校园活动
乳山市吕剧团走进第一实验小学展演
③

2017嗨起来 我们一起嗨起来
⑥

⑦

编辑说明

一、《乳山年鉴（2018）》编纂以马克思列宁主义、毛泽东思想、邓小平理论、“三个代表”重要思想、科学发展观、习近平新时代中国特色社会主义思想为指导，坚持辩证唯物主义和历史唯物主义的立场、观点和方法。以国务院《地方志工作条例》和《山东省地方史志工作条例》《全国地方志事业发展规划纲要（2015—2020年）》《山东省地方史志事业发展规划纲要（2016—2020年）》为依据，落实《地方综合年鉴编纂出版规定》和《山东省地方综合年鉴编纂出版规范》要求，坚持存真求实、质量第一的原则。

二、《乳山年鉴（2018）》是中共乳山市委、乳山市人民政府主办，乳山市党史市志办公室主持编纂的综合性资料年刊。旨在辑录上一年度乳山市改革开放、经济建设、社会事业的发展和演进，反映社会主义现代化建设进程中的新成就、新经验、新举措和遇到的新问题，所载资料全面、系统、翔实、准确，体现时代特征、地方特色、年度特点，突出主体事业，为各级领导科学决策提供市情依据，为各行各业提供信息服务，是国内外各界人士了解、认识乳山的窗口。

三、《乳山年鉴（2018）》采用分类编辑法，主体内容分为类目、分目、条目3个层次，少数条目下设子目，以中小条目为主。全书1054千字，设乳山概况、党政群团、法治·军事、经济管理与监督、农业、海洋与渔业、工业、旅游·会展、商贸·服务业、城乡建设·环境保护、交通·邮政·通信、财税·金融·保险、教育·科技、卫生·体育、文化、社会生活、人物、镇与街道18个类目，增设专记、特载、大事记、附录和索引。

四、本卷年鉴为总第20卷，内容记述时间除特载、人物中有关资料略有下延，其余均截至2017年12月底。稿件主要由市直各部门、单位、镇（街道）及驻乳单位提供，均经各供稿单位主要领导审签。反映全市国民经济和社会发展情况的数据，以乳山市统计局公报资料为准；各项事业中具体数字由供稿单位提供，使用时已注明出处。

五、本卷年鉴图文并茂，全彩印刷，突出滨海旅游、生态宜居城市特点；彩页图片110余幅，集中展示2017年度乳山新成就、新面貌，随文图片200余幅，反映各项事业发展亮点；编制图表65个。版式为大16开规格。

六、本卷年鉴检索方法有目录和索引两种，分设在卷首和卷尾。目录有中、英文两种，中文目录编排到条目，英文目录编排到分目；索引主要采取主题分析法制作，并按主题词首字汉语拼音字母顺序排列。

七、《乳山年鉴》编委会坚持“存史资政、服务经济社会发展”宗旨，以“集权威性、存史性、信息性为一体，全面展现乳山市情”为目标，努力提高年鉴质量。《乳山年鉴》入选“中国年鉴资源全文数据库核心年鉴”。

目　录

专　记

特　载

大事记

乳山概况

党政群团

法治·军事

经济管理与监督

农　业

海洋与渔业

工 业

旅游·会展

商贸·服务业

城乡建设·环境保护

交通 · 邮政 · 通信

财税・金融・保险

教育·科技

卫生·体育

文 化

社会生活

人　物

镇与街道

附 录

8月8日，大乳山

Contents

Special Articles

Features

Events

Profile of Rushan

Party and Government Organizations and Non-government Bodies

Rule of Law, Military Affairs

Economic Management and Supervision

Agriculture

Ocean and Fishery

Industry

Tourism, Convention and Exhibition

Industry of Services in Commerce and Trade

Urban and Rural Construction, Environmental Protection

Traffic, Postal Service, Communication

Finance and Taxation, Banking, Insurance

Education, Technology

Health, Sports

Culture

Social Life

Figures

Towns and Districts

Appendix

4月16日，嵖岈山远景　辛戈摄

· 汉代 剑璏

· 战国 玛瑙环

· 新石器时代 石磨盘

·西周　石璋

专　记
Special Articles

关于印发《地方综合年鉴编纂出版规定》的通知

中指组字〔2017〕6号

各省（自治区、直辖市）地方志编委会（办公室）、新疆生产建设兵团志办公室、全军军事志指导小组办公室、武警部队政治部编研部、国务院有关部委局史志（年鉴）机构：

为确保地方综合年鉴编纂出版质量，中国地方志指导小组根据国家有关法律法规和国务院办公厅《全国地方志事业发展规划纲要（2015—2020年）》，结合地方综合年鉴编纂出版实际，在充分总结经验、广泛征求意见的基础上，修改制定了《地方综合年鉴编纂出版规定》，现予印发，请结合本地、本单位实际情况执行。

中国地方志指导小组
2017年12月21日

地方综合年鉴编纂出版规定

第一章　总则

第一条　为了提高地方综合年鉴编纂出版质量，推动年鉴事业科学发展，充分发挥地方综合年鉴在促进经济社会发展中的作用，根据国务院《地方志工作条例》，制定本规定。

第二条　本规定所称地方综合年鉴，是指系统记述本行政区域自然、政治、经济、文化、社会等方面情况的年度资料性文献。

第三条　本规定适用于以县级以上（含县级）行政区域名称冠名的地方综合年鉴（以下简称“年鉴”）。

第四条　年鉴编纂出版坚持以马克思列宁主义、毛泽东思想、邓小平理论、“三个代表”重要思想、科学发展观和习近平新时代中国特色社会主义思想为指导。

第五条　年鉴编纂出版应遵守国家关于保密、著作权、出版、广告等方面的法律、法规或规章，遵守党和国家关于民族、宗教和对外关系等方面的法规或政策，维护国家利益、民族团结和社会稳定。

第六条　年鉴编纂应做到观点正确，框架科学，资料翔实，内容全面，记述准确，出版符合国家相关标准。

第二章　框架

第七条　年鉴框架应涵盖年度内本行政区域的基本情况。

第八条　年鉴框架应做到分类科学，层次清晰，领属得当，编排有序。

第九条　年鉴框架应体现年度特点和突出地方特色。

第十条　年鉴框架应保持相对稳定，可依据年度特点和事物变化情况作适当调整。

第十一条　年鉴框架分类应参照相关分类标准，结合社会实际分工和本行政区域特点进行。

第十二条　年鉴框架结构一般分为类目、分目、条目三个层次。

第十三条　年鉴各层次标题应准确、规范、简洁，能够揭示所记述内容的特点，避免重复。

第三章　资料

第十四条　年鉴资料应反映本行政区域自然、政治、经济、文化、社会、生态建设等方面的基本情况，以及与本行政区域密切相关的内容。

第十五条　年鉴主要辑录上一年度的资料，一般不上溯下延。

第十六条　年鉴资料应具有为现实服务的价值和存史的价值。

第十七条　年鉴资料应具有连续性和可比性，能正确反映事物发展的脉络和轨迹。

第十八条　年鉴资料应真实，人名、地名、时间、事实、数据、图片、引文等应准确。未经核实的资料不得收录。

第十九条　年鉴采用的数据应以统计部门提供的为准，未列入统计范围的，以业务主管部门提供的为准。数据不一致时，应加以说明。

第二十条　年鉴编纂单位应拓宽资料搜集渠道，资料除依靠各供稿单位提供外，还要通过查阅档案、报刊和提炼网络信息，以及调查访问等方式进行搜集。

第四章　内容

第二十一条　年鉴内容应存真求实，客观反映经济社会发展中取得的成绩和存在的问题。

第二十二条 年鉴内容记述应综合运用多种形式，一般以条目为基本记述单元。

条目分为综合性条目和单一性条目等类型。综合性条目反映年度内各个领域发展变化的总体情况和主要特点，具有高度的概括性；单一性条目一事一条，基本要素齐全。

第二十三条 条目。条目编写应做到：

（一）选题选材注重有效性、完整性和新颖、准确、系统。

（二）有效信息含量大，避免空洞无物和简单重复。

消除部门工作总结、报告痕迹。不应记述非部门主要职能的信息。

（三）坚持述而不论，寓观点于记述之中。

（四）标题中心词突出，题文相符。

（五）条目排列有序，并避免单个条目构成分目。

第二十四条 大事记。选录大事要得当，做到重要事项不漏，时间、地点、人物(单位)、结果等要素齐备。可将编年体和纪事本末体相结合。

第二十五条 图片。年鉴应有卷首专题图片、随文图片。

图片选用注重典型性、资料性，突出反映重大事件、重要成果和热点问题。

图片要清晰、美观；文字说明应简洁、准确，要素齐全。

随文图片应图文相符，以图释文。

慎用少用领导人、会议照片，忌用人物标准照。

第二十六条 地图。地图选用应遵守国家关于地图管理的法规和有关规定、办法，需经过有审核权的测绘地理信息行政主管部门审核，标注审图号。

第二十七条 表。表格包括表题、表体以及必要的表注等。

表格内容要准确，设计要规范。

第二十八条 附录。附录主要收录具有重要参考价值的资料。

第二十九条 其他形式。年度内具有特殊意义的资料可采用特载、特辑、专文、专记或其他形式集中汇辑。

第三十条 人物记述可采用简介、名录、表等形式，入鉴人物应严格掌握标准，人物记述应做到客观、准确、公允。

第三十一条 年鉴应设编辑说明，主要介绍年鉴编纂的指导思想、记述的时空范围、栏目的设置情况、资料的来源等事项。

第三十二条 年鉴具有工具书性质，应有完备的检索系统。

年鉴应编制详至条目的中文目录，根据需要可编制英文目录或少数民族语言目录。

索引应提供丰富的检索信息，名称概念清晰，标目符合主题原意，标引准确。

第三十三条 年鉴内容记述应减少交叉重复，多处记述同一事物的应各有侧重。

第三十四条 年鉴使用记叙文、说明文等文体，文风要朴实，记述要流畅。

第三十五条 年鉴使用规范、统一的简称和缩略语，名称、时间、地点、事实、数据、计量单位、术语等的表述应前后一致。

第五章 出版

第三十六条 年鉴编纂应建立健全审读、审核和校对制度，确保质量。

第三十七条 语言文字、标点符号、汉语拼音、数字、计量单位使用和索引编制、图片选用等，应符合国家有关法律、法规和规章、规定。

第三十八条 编辑校对应符合国家出版物质量管理的规定。

第三十九条 封面设计应庄重大方，完整著录年鉴名称与卷号、编者名、出版者名。年鉴名称、卷号要醒目。

年鉴名称，一般冠以行政区域名称，如“××年鉴”。如两级行政区域名称相同，下级年鉴名称另加“市（州）”“县（区）”字样，如“××市(州)年鉴”“××县(区)年鉴”。市辖区与其他市辖区行政区域名称如不存在同名情况，其年鉴名称冠以行政区域名称，如“××年鉴”；如存在同名情况，其名称冠以上一级行政区域名称，如“××市××年鉴”。

年鉴卷号，以出版年份标识，标注在年鉴名称后，如“2020”。

第四十条 版式设计应疏密得当，留白页少，字体、字号选择要既能区别结构层次，又有较好的视觉效果。

第四十一条 版权页刊载版本记录应完整。

第四十二条 一般采用16开本，文字横排。

第四十三条 印刷、装帧应符合国家出版物质量标准。

第四十四条 制作出版电子版年鉴，应遵守国家关于电子出版物管理的规定。

第四十五条 年鉴应逐年编纂，做到当年编纂当年出版。

第六章 附则

第四十六条 各省、自治区、直辖市地方志工作机构可根据本规定，结合本地区实际，制定实施细则。

第四十七条 专业年鉴、乡镇（街道）年鉴等其他年鉴可参照本规定执行。

第四十八条 本规定由中国地方志指导小组办公室负责解释。

关于印发《山东省地方综合年鉴编纂出版业务规范》的通知

鲁史志编发〔2017〕6号

各市、县（市、区）史志办公室，省直各部门、有关企事业单位，中央驻鲁单位：

现将《山东省地方综合年鉴编纂出版业务规范》印发给你们，请认真遵照执行。

山东省地方史志编纂委员会

2017年12月23日

山东省地方综合年鉴编纂出版业务规范

第一章 总则

第一条 为规范全省地方综合年鉴编纂出版，提高年鉴编纂出版水平，推动年鉴事业科学发展，根据国务院《地方志工作条例》《山东省地方史志工作条例》和《地方综合年鉴编纂出版规定》，结合我省实际，制定本规范。

第二条 本规范所称地方综合年鉴（以下简称“年鉴”），是指县级及县级以上系统记述本行政区域自然、政治、经济、文化、社会和生态等方面情况的年度资料性文献。

第三条 年鉴编纂出版坚持以马克思列宁主义、毛泽东思想、邓小平理论、“三个代表”重要思想、科学发展观、习近平新时代中国特色社会主义思想为指导，坚持辩证唯物主义和历史唯物主义的立场、观点和方法，坚持围绕中心、服务大局，充分发挥存史、资政、教化作用。

第四条 年鉴编纂出版要严格执行党和国家关于民族宗教、对外和对港澳台事务有关政策或法规，遵守国家关于保密、著作权、出版、广告等有关法律、法规或规章。涉及重大敏感性问题，必须严格执行新闻宣传有关规定。

第五条 年鉴编纂要从本地实际出发，体现时代特征、年度特点和地方特色，编纂质量达到观点正确、框架科学、资料翔实、内容全面、特色鲜明、记述准确、编写规范，出版符合国家相关标准。

第二章 框架

第六条 年鉴框架设计应体现分类的科学性、年度的变化性、区域的特殊性、结构的合理性、编排的规范性。

第七条 年鉴框架要依据本行政区域经济社会发展特点，结合实际社会分工，参照相关分类标准，按所记述的年度资料属性进行合理分类。

第八条 年鉴框架应涵盖年度内本行政区域的基本情况。大致包括以下方面：（一）本地概要情况；（二）中国共产党、人民代表大会、人民政府、政治协商会议、民主党派和工商联、群众团体、法治、军事等；（三）经济管理、农业、工业、建筑业、商贸等；（四）交通运输、邮政电信、财政、税务、金融业、城乡建设、环境保护等；（五）科技、教育、文化、卫生和计划生育、体育等；（六）人民生活、社会保障、民族、宗教等。

第九条 年鉴框架一般分类目、分目和条目等层次，也可在分目和条目之间增设一个层次。

各层次标题应准确、规范、简洁，能够揭示所记述内容的特点，避免重复。

第十条 年鉴框架应保持主体结构相对稳定，依据经济社会发展变化与时俱进、改革创新，体现稳定性与创新性的有机结合。

第三章 资料

第十一条 年鉴资料应反映上一年度本行政区域自然、政治、经济、文化、社会、生态等方面的基本情况，以及与本行政区域密切相关的内容，一般不上溯下延。

第十二条 年鉴资料应做到一、二、三次文献比例适当，以二、三次文献为主。可采用参见、互见等形式避免交叉重复。

第十三条 年鉴资料应具有连续性和数据的可比性，能准确反映事物发展变化的脉络和轨迹。

第十四条 年鉴资料必须真实，人名、地名、时间、事实、数据、图片、引文等应准确。未经核实的资料不得收录。

第十五条 年鉴采用的数据应以统计部门提供的为准，未列入统计范围的，以业务主管部门提供的为准。数据不一致时，应加以说明。

第十六条 年鉴编纂单位应拓宽资料搜集渠道，资料除依靠各供稿单位提供外，还要通过查阅档案、报刊和提炼网络信息以及调查访问等方式进行搜集。

第四章 内容

第十七条 年鉴内容应存真求实，客观反映经济社会发展中取得的成绩和存在的问题。

第十八条 年鉴内容记述应综合运用文字、图片、表格等形式，文字记述以条目为主体，辅以特载、专文（专记）、大事记、人物、附录等多种记述形式。

第十九条 条目分为综合性条目和单一性条目等类型。综合性条目反映年度内各个领域发展变化的总体情况和主要特点，具有高度的概括性；单一性条目一事一条，基本要素齐全。

条目选题选材注重有效性、完整性和新颖、准确、系统，突出新事、大事、特事、要事，反映社会热点。

条目一般由标题、释文、作者署名三个部分组成。标题精练、简约、规范，题文相符，中心词突出并前置。释文资料完整系统，一般应具备时间、地点、事件、人物、原因、结果等要素。作者署名文末。

条目编写应坚持述而不论、据实而书、直陈其事，寓观点于记述之中。消除部门工作总结、报告痕迹。不记述部门非主要职能的信息。

条目排列有序，避免单个条目构成分目。

第二十条 图片包括专题图片和随文图片。图片选用注重典型性、资料性和存史性，地方特色或年度特点鲜明，突出反映重大事件、重要成果和热点问题。

图片要清晰、美观，文字说明简洁、准确，反映的事物、时间、地点以及主要人物的姓名、位置、时任职务等要素齐全。应署作者或提供者姓名。

随文图片应与正文内容相符，以图释文。

使用领导人照片要严格把关，少用会议、楼堂馆所照片，不用人物标准照。

第二十一条 年鉴应刊载地图。地图的选用和绘制应遵守国家相关的法律法规，需通过有审核权的测绘地理信息行政主管部门审核，有审图号。行政区划图应使用最新版并与记述年度相关行政区划内容一致。

第二十二条 表格应包括表题、表体及表注。表格设计合理、要素齐全、数据准确，与正文内容有机组合、数据一致，摆放位置合理。

第二十三条 特载一般收录本行政区域具有重大影响和存史价值的重要文献。

第二十四条 专文（专记）一般收录对发生在本行政区域某一方面或某一问题撰写的重要专题文章。

第二十五条 大事记主要选录年度内本行政区域重大事件、活动和举措，做到重要事项不漏，准确无误，时间、地点、人物（单位）、结果等要素齐备，以时为序，采用编年体或纪事本末体记述。

第二十六条 入鉴人物要严格掌握标准，一般包括先进人物、新闻人物、著名专家学者、重要逝世人物等。可采用简介、名录、表等形式记述。人物记述应做到客观、准确、公允，重点介绍主要经历、重要事迹和成就。

第二十七条 附录收录年鉴正文不便收录的其他重要资料，一般为原文照录或摘录。

第二十八条 年鉴应设编辑说明，主要介绍年鉴编纂的指导思想、记述的时空范围、栏目设置、资料来源等事项。

第二十九条 年鉴应有完备的检索系统，包括目录和索引。目录置于卷首，详至条目，完整地体现年鉴的框架结构和整体内容，根据需要可编制英文目录。索引置于卷尾，一般为主题索引。

第五章 行文

第三十条 年鉴行文应遵循国家语言文字规范和标准，使用现代语体文记述，用词准确、规范、精练、朴实，语句流畅。忌用模棱两可、感情色彩强烈、夸张性词语，杜绝虚浮之语和溢美之词。

第三十一条 年鉴的文体，除专文、引文外，均应为记述文体或说明文体。

第三十二条 年鉴行文除一次性文献外均应使用第三人称，人物直书其名，必要时可在姓名前冠以职务或职称；会议、组织、机构、法律法规、文件、专项活动等专有名称，除通用简称外，第一次出现时一律使用全称并括注规范简称，续文中可使用规范简称；外国国名、地名、人名、机构名称、学术名词等，均应译成中文，并视需要括注外文，译文一般以新华社或人民出版社的译名为准。

除入鉴人物外，记述内容涉及人物的，应以事系人，人随事出。

第三十三条 使用缩略语应准确传递本意，不产生歧义，避免使用地域性、专业性或行业性较强的缩略语。缩略语首次使用时应括注具体内容。英文缩略语使用应符合有关新闻出版规范。

第三十四条 涉及国家领土主权和港澳台用语，民族、宗教用语，国际关系用语，军事、计划生育工作用语，以及灾害、疫病、重大交通事故、安全生产、刑事案件和社会稳定等重大敏感性事件，严格执行国家相关规定，规范统一表述。

第三十五条 时间表述要准确，应写明具体年、月、日，避免使用模糊不清的时间代词；以月、日为标志的事件或节日，用汉字数字表示时，只在一、十一和十二月后用间隔号；当直接用阿拉伯数字表示时，月、日之间均用间隔号（半角字符）。

第三十六条 同一事物名称、事实、数据、时间、地点、计量单位、术语表述全书要统一。

第三十七条 标点符号、数字、计量单位等，按国家有关规定使用。

第六章 出版

第三十八条 年鉴编纂应建立

健全审读、审核和校对制度。编辑校对应符合国家出版物质量管理的规定，差错率不超过万分之一。

第三十九条 年鉴封面应印有年鉴名称、年度卷号、编者名和出版者名。封底应有条形码、书号及定价。

年鉴一般以本行政区域名称中的地名专名冠名（如：×× 年鉴），若使用地名专名产生歧义，可以行政区域名称冠名（如：×× 区年鉴），或冠以上一级行政区域名称（如：×× 市 ×× 年鉴）。年鉴名称使用国家标准字体，不使用个人题签。

年度卷号以记述年度的下一年份标识卷号。

封面、封底设计美观大方，年鉴名称、卷号醒目。

第四十条 年鉴书脊应有年鉴名称、年度卷号和出版者名。

第四十一条 年鉴主书名页（扉页）的信息要素及其版式应与封面一致。

第四十二条 年鉴版权页内容要全面、规范。

第四十三条 年鉴版权页后应设置编纂委员会成员名单、年鉴编

审人员名单等。编辑说明置于年鉴编审人员名单之后。

第四十四条 年鉴正文排版设计疏密得当，版心规格合理，版面利用率高，留白少。

第四十五条 年鉴印刷、装订质量符合国家出版物质量标准。

第四十六条 年鉴开本一般采用16开本，文字横排。

第四十七条 年鉴应逐年编纂，连续出版。要在出版年度内由国家新闻出版广电行政部门审定的正规出版社公开出版。在保证质量的前提下，提速增效，缩短周期，增强为现实服务的能力。

第七章 附则

第四十八条 专业年鉴、乡（镇、街道）年鉴等其他年鉴参照本规范执行。

第四十九条 本规范由山东省地方史志办公室负责解释。

9月7日，潮汐湖碱蓬草 辛戈摄

· 商代 陶甗

· 新石器时代 盆形鼎

· 西周 陶鬲

· 新石器时代北辛文化 陶鼎

责任编辑：吕素坡

·新石器时代龙山文化 罐形鼎

·岳石文化 三足罐

特载
Features

在全市经济工作会议上的讲话（摘要）

中共乳山市委书记　周兵
（2018 年 1 月 10 日）

这次会议的主要任务是，深入学习贯彻中央经济工作会议和山东省经济工作暨金融工作会议、威海市经济工作会议精神，总结 2017 年工作，研究部署 2018 年经济工作，动员全市各级以习近平新时代中国特色社会主义经济思想为指导，坚定信心，抢抓机遇，加压奋进，努力推动经济社会持续平稳健康发展，为加快建设现代化美好乳山奠定坚实基础。

一、善谋大势，坚定信心，切实把思想统一到中央对经济工作的部署和要求上来

中央经济工作会议系统总结党的十八大以来我国经济发展取得的历史性成就、发生的历史性变革，明确提出以新发展理念为主要内容的习近平新时代中国特色社会主义经济思想，深刻阐述我国已由高速增长阶段转向高质量发展阶段的科学内涵，全面部署 2018 年经济工作目标任务。全市各级要认真学习领会中央和省市经济工作会议精神，准确把握当前经济发展新形势、新机遇、新挑战，增强发展信心和动力，下好先手棋，打好主动仗，促进乳山经济发展强势开局。

（一）正确理解和把握高质量发展的根本要求。当前经济发展进入新常态，经济结构出现重大变革，经济发展格局正由主要依靠投资、出口拉动向依靠消费、投资、出口协调拉动转变，由主要依靠第二产业带动向依靠第一、第二、第三产业协调带动转变，由主要依靠外延扩张向依靠提质增效转变。我国经济已由高速增长阶段转向高质量发展阶段，这是本次中央经济工作会议释放的最强烈发展信号。高质量发展，就是能够很好满足人民日益增长的美好生活需要的发展，是体现新发展理念的发展，是创新成为第一动力、协调成为内生特点、绿色成为普遍形态、开放成为必由之路、共享成为根本目的的发展。对乳山来说，同样具备高质量发展的条件，乳山传统产业旧动能不多，新旧动能转换压力不大；2017 年以来，通过创新招商引资方式，实施专业招商，引进一批层次高、潜力大的好项目，招商质量不断提高，为乳山未来积蓄新动能；近几年通过主动控制房地产，为棚户区改造让路，房地产“去库存”卓有成效，房地产呈现健康稳步发展良好势头。未来乳山发展坚决不能走低层次、低标准、低质量的发展路子，要将高质量发展作为经济工作的主线，没有好产业宁肯不上，没有好项目宁肯不要，宁肯慢一点也不要高污染高耗能的项目，努力在新一轮高质量发展中抢占先机。

（二）正确理解和把握稳中求进工作总基调。“稳中求进”是十八大以来历年经济工作的主基调，也是推进各项工作的重要指导原则。“稳”和“进”是辩证统一的，“稳”是前提，“进”是目的，没有“稳”的“进”是空中楼阁，没有“进”的“稳”相当于原地踏步，稳中求进方能推动经济社会发展实现从量变到质变的飞跃。对乳山来说，“稳”的基础较好，“进”的后劲有待加强。我们必须正确处理好“稳”与“进”的关系，“稳”要更多体现在强化党建引领，保持思路、工作、政策的连续性和稳定性，保障改善民生、防控重大风险、稳定社会大局上；近几年，乳山的发展态势越来越好，特别是干部的作风面貌有明显改观，敢于直面问题，不回避矛盾，视野越来越宽，这也是“稳”的成果和表现。“进”要更多体现在按照在全省争先进位的要求，瞄准一流目标，坚持既定思路，久久为功、持续用力，奋力实现乳山经济弯道超车；坚持改革创新，把一些问题解决好，推动农村综改等工作在全国率先破题，示范先行；坚持“发展是第一要务”，针对乳山发展中的“短板”和“弱项”，迎头赶上，切实解决发展中不平衡不充分的问题。

（三）正确理解和把握今年经济工作重要任务。中央经济工作会议提出，要重点抓好防范化解重大风险、精准脱贫、污染防治三大攻坚战，并提出高质量发展八项重点工作，分别是深化供给侧结构性改革，激发各类市场主体活力，实施乡村振兴战略，实施区域协调发展战略，推动形成全面开放新格局，提高保障和改善民生水平，加快建立多主体供应、多渠道保障、租购并举的住房制度，加快推进生态文明建设。打好三大攻坚战，关系到能不能成功跨越我国经济发展现阶段特有的关口，关系到经济能否顺利迈向高质量发展阶段，必须坚定不移、全力以赴打赢三大攻坚战。八项重点工作是推动高质量发展的突破口，是做好经济工作的总抓手。要按照上级要求，结合乳山市实际，研究好贯彻落实意见；要对照“三大攻坚战”和八项重点工作有关政策和要求，认真开展“回头看”，逐一梳理比对，查找问题所在，补齐工作短板，确保中央经济工作会精神在乳山市落地生根。

二、理清思路，抓住关键，推动乳山经济在高质量发展条件下加快突破

当前，乳山经济正处在转型突破的关键时期，能否跨越关口、弯道超车，实现经济高质量发展，必须重新审视自己，精准聚焦，统筹推进稳增长、促改革、调结构、惠民生、防风险各项工作，促进质量变革、效率变革、动力变革。

一要在扩大全方位开放上实现新突破。从区位上讲，乳山处于中日韩“大三角”、青烟威“小三角”的中心节点，应该接受比文荣更强的辐射带动效应，但由于区划、交通等条件限制，外部辐射带动力不够强，这也是长期以来乳山发展难有突破的重要制约。但随着乳山口港一类开放口岸成功获批，乳山口大桥成功立项，莱荣高铁项目正式启动，威海机场西移，通用航空机场列入全省规划，文莱高速、207省道外移等重大交通基础设施工程顺利推进，全市立体化综合交通体系正在逐渐形成，将在空间和时间上拉近与周边地区的距离，具备跨区域产业分工协作的条件。下步，要推动形成全面开放新格局，积极融入“一带一路”倡议、“中韩自贸区”等国家战略，省内主攻青岛，加强与青岛全方位对接，促进“借青兴乳”战略深入实施。要转变招商思路方法，大力实施精准招商、专业招商，积极“走出去”与“请进来”，完善镇区部门招商考核机制，提高招商引资实效性。要大力强化资本驱动招商，依托新动能、现代海洋、文化等产业基金，吸引社会资本注入，运作好新能源汽车整车制造、高端装备等新兴产业项目和海洋牧场、影视、文化产业股权等项目，注重项目规划评审、跟踪服务、督导落实，推动签约项目早开工、开工项目快投产，尽快形成税收效益。要继续做好筑巢引凤、腾笼换鸟文章，集约利用土地，盘活土地存量，缓解园区土地供需矛盾，最大限度缩短项目开工投产时间。

二要在传统产业转型升级上实现新突破。尽管乳山传统产业基础比较薄弱，但也是乳山工业企业的“根”和“种子”，乳山要弯道超车，决不能丢下传统产业这个根本。威高、迪尚和海尔等企业的成长之路，说明依靠传统企业转型升级，走龙头聚集扩张是一条成功捷径。在传统产业转型升级上，要坚持“两条腿”走路，一条是减量提质、优化结构，扎实推进供给侧结构性改革，顺应消费结构变化和市场需求导向，做到促转型新上一批、保收入重点支持一批、产业链整合挖潜一批、控风险帮扶化解一批、去产能重组破产一批，实现企业发展凤凰涅槃。要继续抓好房地产“去库存”，严控新上房地产项目，提升地产设计品质和物业管理水平，培育和发展房地产租赁市场，打造租售同权试点，引导房地产转型发展大健康产业，助推房地产业平稳健康发展。另一条是培育骨干、膨胀裂变，对每个重点产业链条，选择几家主导企业进行重点培育，将其打造成为骨干龙头企业，形成集群化发展良好态势。要引导企业加大对适销对路、高科技含量、高附加值产品的开发和生产力度，以技术革新、产品创新加快抢占产业链、价值链高端，让人才、技术、资金等生产要素自由充分流动，推动从0到1的量变，再到从1到N、释放N倍力量的质变，加快推进“个转企、企升规、规改股、股上市”，加快形成大企业“顶天立地”、小企业“铺天盖地”的生动局面。

三要在区域协调发展上实现新突破。党的十九大新提出区域协调发展战略、乡村振兴战略，这是针对城乡发展不平衡不充分问题作出的战略部署。对于我们来说，既要从大处着眼，关注“大战略”，做好区域协调发展、乡村振兴顶层设计，又要从小处入手，关注“小落点”，抓细抓好抓实城镇化和“三农”发展各项工作，通过具体事项、细节落实战略决策。要推动新型城市化融合提升，将“全域城市化、市域一体化”发展理念融入城市总体规划，坚持多规合一，完善城市、产业规划布局，进一步优化完善城区、滨海新区、经济开发区功能布局，统筹区域产业协调发展、资源要素配置、基础设施建设、生态环境保护、管理机制创新和公共服务供给，不断提高新型城市化质量和水平。要全力推进乡村振兴战略，按照“产业兴旺、生态宜居、乡风文明、治理有效、生活富裕”总要求，补强农业现代化这块短板，积极争创省级农业高新技术产业开发区，重点打造黄垒河、乳山河两条经济带，加快培育一批田园综合体、休闲农场等体验型农业，实现全产业升级、全链条升值。要深化“三农”领域各项改革，抓好全国农村综合

1月10日，乳山市经济工作会议召开 （辛戈摄）

性改革试点试验示范区、“鲁担·惠农贷”全省农业信贷担保试点建设，加速“三权分置”改革，探索土地经营权抵押贷款，推动适度规模经营，打通金融资源流向农业“新六产”的“最后一公里”，逐步实现农业农村产业体系、生产体系、经营体系、治理体系现代化。要把特色小镇建设作为实施乡村振兴战略载体平台，抓好牡蛎小镇、纺织服装小镇、台依湖葡萄酒庄酒产业小镇、基金小镇和通用航空小镇建设，台依湖葡萄酒庄酒产业小镇要努力争创威海乃至全省、全国特色小镇标杆。各级各部门要坚持农业农村优先发展理念，抓紧研究乡村振兴战略具体落实意见，规划目标要符合实际，措施要有可操作性。财政部门要把“三农”预算内资金进行整合，打好财政资金、金融、基金、担保、保险“组合拳”，撬动社会资本；市直部门要开展“送政策”到基层活动，加大宣传推介力度，深入一线解读政策，抓好政策落实；要加强行业协会、农业合作社等规范管理，充分发挥行业协会的作用，积极争取各级政策扶持。

四要在破解要素制约上实现新突破。当前，发展受土地、环境、资金、人才等制约日益明显，能否有效破解这些要素制约，直接关系发展的优劣成败。要深入推进思想解放，向创新要方法要思路，在有限空间中挖掘潜力，在既定体制下优化路径，在要素制约中破题闯关。要把科技创新作为产业和企业发展的“生命线”，大力实施创新驱动发展战略，加快建立以企业为主体、市场为导向、政产学研深度融合的技术创新体系，完善人才激励机制，优化人才创业环境，释放人才创造潜能，形成以创新为引领和支撑的现代化经济体系。要全方位聚集社会力量、资源要素，抓好荣莱高铁、乳山口大桥、通用航空机场等重大基础设施规划建设，加快打造对接青烟威、联通中西部、辐射海内外的立体综合大交通格局。要抓紧做好高铁规划、环评及铁路沿线征地拆迁、资金筹集等工作，高水平谋划通用航空小镇空间布局，提前统筹考虑周边土地升值、产业链条形成和繁荣商业等因素，实现效益最大化。要坚定不移引导金融资本回归服务实体经济本源，多管齐下、群策群力，采取“项目+”“资金+”方式，探索政府资金市场化运作模式，吸引各方面资金投入到相关产业领域，形成乳山特有的资本优势。要加大投融资体制改革力度，加快构建多元化可持续的城市建设投融资机制，大力推广运用PPP模式，规范发展融资平台，积极鼓励社会资本参与基础设施、社会事业等领域建设，充分激发社会投资的动力和活力。

三、牢记使命，勇于担当，坚决打赢五大攻坚战

在中央提出抓好防范化解重大风险、精准脱贫、污染防治“三大攻坚战”的基础上，山东省委省政府立足全省发展实际，作出聚焦聚力安全生产、生态环保、脱贫攻坚、金融风险防范、社会稳定五场攻坚战部署要求。这五大攻坚战既与上保持高度一致，又牢牢抓住制约全省发展的突出短板和薄弱环节，是必须要啃下的“硬骨头”，也是必须完成的“硬要求”。要在前期良好工作的基础上，毫不松劲、持续用力，坚决打好每一场硬仗。

一要牢固树立安全发展理念。安全生产是事关群众生命安全的大事，怎么强调都不为过，怎么要求都不为过，怎么严格都不为过。2017年以来，乳山市安全生产形势总体稳定，但安全生产必须保持高度警惕，决不能有丝毫麻痹大意。要时刻绷紧安全生产这根弦，压实安全生产责任制，乳山市级领导要带头深入一线督导，持续抓好重点领域安全监管、专项整治和执法督察，尤其是抓好冬季消防、森林防火、道路交通、建筑施工、“三无”渔船管控等工作，坚决杜绝安全事故发生。另外，推进化工产业安全生产转型升级是省里部署的一项硬任务，要坚持标本兼治、综合施策，加大隐患排查整治，推进企业管理和技术升级，确保如期完成各项任务。

二要持之以恒改善生态环境。生态文明建设是永续发展的千年大计，必须坚定不移地践行“绿水青山就是金山银山”理念，像对待生命一样对待生态环境。要扎实开展中央环保督察整改“回头看”，深入实施清洁能源替代、河湖湿地生态保护、“绿化河山”五年计划等工程，开展大气、水、土壤等污染防治行动，对违规违法企业要坚决打击，始终保持环境治理高压态势，坚决打赢环境突出问题综合整治攻坚战、持久战。要积极开展全国生态文明建设示范市创建活动，把工作着力点放在解决群众反映强烈的环保问题上来，实行销号管理，抓好督导落实，坚决整改到位。要强化经营“绿水青山”理念，坚持保护与开发并重，提高项目环保准入门槛，大力引进安全、低碳、绿色项目，抓好危化企业“进园入区”，积极发展循环经济，让乳山的绿色发展之路越走越宽。

三要用“绣花功夫”精准脱贫攻坚。精准脱贫是重大政治责任和第一民生工程。虽然我市45个省定贫困村已全部脱贫，但脱贫成效还需不断巩固。下步要进一步巩固提升脱贫成果，推动由解决建档立卡贫困人口向相对贫困人口转变、由扶持扶贫工作重点村向扶持集体经济薄弱村转变，更加精准地完善扶贫工作措施，对贫困人口、扶贫项目实行动态管理，完善机关干部扶贫帮扶长效机制，运作好光伏扶贫、乡村车间扶贫、育苗扶贫等模式，全面提升各类精准扶贫基地的发展规模和建设质量，集中打造一批精品示范基地。乳山市级领导要抓实分包责任，强化民生、扶贫督导，镇街要履行好主体责任，行业部门及“第一书记”也要各负其责，履职尽责，形成扶贫开发工作合力。要加强涉农资金统筹使用，开展好扶贫领域腐败和作风问题专项治理，用最严格的考核监督、执纪问责倒逼精准，谁在脱贫攻坚中搞不精准，就精准问责谁，确保脱贫攻坚成效经得起历史和人民检验。

*四要多措并举防控金融风险。*防范化解金融风险，是金融工作的永恒主题。乳山市金融风险总体可控，但也存在一些风险隐患，比如担保圈、企业流动性、非法集资等问题交织存在，对此一定要有清醒认识，牢固树立底线思维，做到防患于未然、防患于萌发之时。要对潜在的金融风险点和问题企业，一企一策，逐一研判分析、列出问题清单，做好风险防控预案，健全金融风险监测预警和应对处置机制，有针对性地加以防范和化解。

*五要全力以赴维护社会稳定。*党的十九大安保维稳工作积累的许多宝贵经验和精神财富需要充分继承发扬，但目前部分单位对信访维稳、积案化解等工作有所懈怠。要牢固树立“稳定压倒一切”理念，各镇区和相关部门要组织对近几年社会治理工作开展“回头看”，查找问题短板，对一些苗头性问题立即开展整改，做到抓常抓细抓长，持之以恒抓好维稳工作。要把党的领导贯穿于社会治理创新的各个方面，旗帜鲜明地加强党对群众自治组织和各类社会组织、经济组织的绝对领导，充分发挥党组织在各类组织中的核心作用、在服务群众中的主体作用、在社会事务中的主导作用，依法妥善解决各类社会矛盾和风险隐患。要健全立体化社会治安防控体系，深化平安乳山建设，严厉打击非法传销等各类违法犯罪活动，深入排查整治各类不稳定因素，进一步完善基层社会治理长效机制，突出“工作前移、力量下沉、源头防范”，依法依规解决好各类信访问题，打造全民共建共治共享的社会治理格局，全方位提高人民群众的安全感。要加快信用信息平台建设，充分发挥社会诚信体系建设的约束性作用，形成崇尚诚信、践行诚信的社会风尚。

四、加强领导，转变作风，汇聚形成推动高质量发展的强大合力

事业成败，关键在党，关键在人。各级各部门要认真履行领导经济工作职责，创新领导经济发展的观念，提高驾驭经济工作能力，提振真抓实干、干事创业精气神，努力在推动2018年经济发展中展现新气象、体现新作为。

*一要坚持党对经济工作的集中统一领导。*各级党组织和党员干部要把思想和行动统一到加强党对经济工作领导的根本要求上来，牢固树立“四个意识”，自觉维护党中央权威和集中统一领导，做到思想上高度认同、政治上坚决维护、组织上自觉服从、行动上紧紧跟随。要坚定不移以习近平新时代中国特色社会主义经济思想为指导，强化党建引领意识，加强党领导下的经济工作制度化建设，定期研究经济工作，定期分析研判形势，围绕建设现代化经济体系、乡村振兴战略、区域协调发展战略等搞好规划谋划，更加系统研究我市经济发展的理念思路、产业规划和空间布局，科学谋划重大项目布局、重大资金安排和重大资源配置，规范权力运行，推动民主决策，不断强化党委把方向、谋大局、定政策、促改革的作用，确保各级党委在经济工作中始终总揽全局、协调各方。

*二要提高做好经济工作的本领。*做好2018年经济工作，创造性完成乳山市委确定的各项重大任务，是对各级领导干部的一场“考试”。各级领导干部必须增强“本领恐慌”意识，主动加快知识更新、优化知识结构，大兴学习之风、调研之风，主动深入基层群众、企业现场、项目一线了解实际情况，研究对策建议，破解疑难问题，不断提升应对复杂局面、引领经济发展的能力，更好地适应形势发展需要。要加大外出学习考察力度，无论是镇区部门，还是企业，都要瞄准先进开展对标比学，开拓视野，放宽格局，创新工作机制、工作方法，努力培育系统内工作亮点、争当行业内骨干中坚。要加强企业家队伍建设，积极开展企业家沙龙、专家讲坛、集中培训、外出考察活动，为企业家交流、提高、合作、发展提供平台。要善于学习研究政策，特别是随着贯彻落实党的十九大和各级经济工作会议精神的不断深入，一大批含金量很高的政策将陆续出台，一定要强化机遇意识、争先意识，学习好政策、研究好政策、宣传好政策、运用好政策，更加精准地对接上级工作要求，最大程度地承接政策红利。要强化规划谋划工作，部门要向水利、教育部门学习，镇区要向冯家镇学习，主动对标对表，搞好各自规划谋划，提升工作前瞻性。企业也要围绕产品市场占有率、生产销售管理、企业研发方向等方面，开展“把脉会诊”，搞好规划谋划，为企业发展打好基础。

*三要完善对经济工作的考核评价机制。*推动高质量发展是当前和今后一个时期确定发展思路、制定经济政策、实施宏观调控的根本要求。要结合乳山实际，加快形成推动高质量发展的指标体系、政策体系、标准体系、统计体系、绩效评价、政绩考核，创建和完善制度环境，推动经济在实现高质量发展上不断取得新进展。要进一步完善绩效考核机制，注重对发展质量的考核，在考核导向上体现高质量发展要求，在考核奖惩上突出高质量发展成效，在干部选用上依据高质量发展实绩，无论定指标还是抓考核，都要按照推动高质量发展来运行，健全差异化和针对性考核方法，更加客观公正地考出干劲、考出实绩，在全市上下形成讲究高质量发展、服务高质量发展、竞相高质量发展的浓厚氛围。

*四要建立狠抓落实工作机制。*经济工作思路已经明确，关键要看状态、看作风，关键在抓落实。要把加强作风建设作为提振干部士气、提升队伍执行力的重要着力点，持续强化实干精神，将2018年经济工作任务逐条分解落实，实行“工作项目化、项目清单化、清单责任化”，落实牵头领导和分管部门，定期调度进展情况，确保每项工作抓铁有痕、卓有成效。要强化基础工作，明确责任，细化分工，规范纸质档案和电子档案，将各项基础工作抓

到位。要严格落实乳山市级领导分包责任制，从乳山市级领导带头分包重点工作、带头外出招商、带头学习调研，2月底3月初、9月底10月初将分别举行2次重点项目开工签约仪式，将乳山市级领导与分包镇区和分管部门招商工作的考核评价进行捆绑，调动全市各级抓项目的积极性。要既重政策研究、又重政策兑现，改进对企业日常服务，完善乳山市级领导联系重点企业制度，深入企业调查研究、现场办公，帮助企业解决生产经营中的困难问题，不断提高企业家待遇，打造“亲”“清”新型政商关系。

*五要毫不放松正风肃纪。*近期，习近平总书记就改进作风问题多次作出重要批示，表明了党中央坚定不移全面从严治党、持之以恒正风肃纪的鲜明态度和坚定决心。各级各部门要进一步提高政治站位，深入查摆“四风”特别是形式主义、官僚主义新表现，把自己摆进去，深挖思想根源，立说立行，坚决整改，以永远在路上的韧劲，锲而不舍抓好作风建设。要持续深化廉洁乳山建设，巩固拓展落实中央八项规定精神成果，深入开展党风廉政建设和反腐败斗争，强化不敢腐的震慑，扎牢不能腐的笼子，增强不想腐的自觉，努力使广大党员干部想干事、敢干事、干成事、不出事。要大力查处庸懒散浮拖、“门好进脸好看、事情还是难办”等群众和企业反映强烈的突出问题，持续加大整治力度，倒逼各项工作提速增效，重新让乳山的发展“沸腾”起来。要严格落实好激励干部干事创业建立容错纠错机制的实施意见，为敢于担当者担当、为敢于负责者负责，理直气壮地保护勇于改革创新、干事创业的党员干部。

在全市经济工作会议上的讲话（摘要）

乳山市人民政府市长　宫本杲

（2018年1月10日）

一、2017年全市经济工作运行情况

2017年是乳山市发展模式变道转向、经济建设增势蓄能的一年。一年来，全市上下认真学习贯彻党的十九大精神，紧扣“三化引领、四城共建”发展战略，落实新旧动能转换、产业结构突破中心任务，加快蓄积资本驱动、创新引领、传统转型、人才支撑的新生动力，全市经济社会发展迈出新步伐、看到新希望，位列全省县域科学发展第15名。尤为可喜的是，通过抓重点、强弱项、补短板，一些重点领域、重大事项实现突破，预示区域发展进入提速换挡的新时期。签约启动总投资100亿元的台依湖酒庄酒产业小镇项目，创下单体规模的历史之最；高标准完成乳山河地下水库、院里水库引调水等水利保障工程，战胜百年不遇的旱情考验；成功创建全国文明城市、国家卫生城市、国家食品安全城市，凝聚战则必胜的发展合力；运作推进莱荣高铁、乳山口港、乳山口大桥等重大交通设施建设项目，实现全市人民的多年夙愿。回顾一年来的工作，主要表现为“六个更强”：

*（一）产业结构加快突破，实体经济展示出更强韧性。*实施“工业带动”战略，设立了3个产业推进办公室，开展“引智强企”精准诊断活动，出台11个领域的扶持政策，规模以上工业增加值、用电量、税收分别增长8.5%、3.4%和19.7%，70家重点企业销售收入增长8%，新增省级和威海市级创新平台5个，签约威海市域优质资源助力乳山产业项目55个、总投资100多亿元；推进“农业提质”工程，新建300亩以上农业园区15处、升级37处，新增农产品质量可追溯基地20家，争创地理标志证明商标10个，数量居全国县级首位，乳山绿茶、大姜、草莓荣登农业部名特优新农产品名录，乳山绿茶获“中茶杯”全国名优茶评比一等奖；加快现代服务业发展，引进了青岛银行设立分支机构，完成了114个村级淘宝服务站点建设，福如东海文化园成为国家AAAA级旅游景区、入选全国优选旅游项目，台依湖酒庄生态文化区获评山东省旅游休闲重大工程项目，乳山市被评为全国“2017十大休闲度假旅游目的地”。

*（二）资本驱动收到实效，新生要素释放出更强动能。*成立新兴产业投资公司，组建总规模60亿元的清科母基金及海洋牧场、全域旅游、文化产业、新动能、新能源、新材料等7个子基金，设立1亿元的企业应急互助基金和“助保贷”风险补偿基金，成立注册资本9.6亿元的2家融资租赁公司，引进中国留学人才全球高新技术研发基地，分别与獐子岛集团、中金国泰集团等知名企业和金融机构签订基金合伙协议，通过基金撬动推进了科威机器人、伯特利汽车二期、星宜新材料等重点项目，首期10万亩现代海洋牧场项目顺利启动，资本整合要素资源、导入项目建设、驱动产业发展的作用加快显现。

*（三）项目建设多点发力，产业投入呈现出更强后劲。*大力实施专业招商、代理招商，新成立招商促进局和北京、上海2个区域招商部，在日本、欧美聘请专业的招商

顾问，开工泓联水转印纸等8个投资过亿元项目，签约燃气发动机改造、泛海阳光健康能源等总投资191亿元的42个重点项目，储备东旭石墨烯、中航新能源等总投资235亿元的83个优质项目，项目梯次结构更为合理，实际利用外资6.4亿元，增长16%；全力推动跑上争资、与上对接，上报各类项目143个，争取无偿资金8.4亿元，完成全年计划的130%；率先实施自主备案、信用承诺，办理各类项目立项1799个，自主备案项目数量占威海市在线备案总数的35%以上。

（四）城乡环境一体改善，区域发展构筑起更强载体。实施总投资6.1亿元的6大类、52项城建重点工程，启动30亿元的三大城市综合体项目，完成3.6亿元的输变电及配电网改造工程，铺设乡镇燃气管线14.5公里，改造县乡路66.9公里，金碃岭体育公园建成开放；通过中央环保督察和国家海洋督察，实施工业污水处理厂提标、新热源厂超低排放改造工程，清理整治“散乱污”企业247家，淘汰治理10蒸吨及以下燃煤锅炉314台，关闭搬迁畜禽养殖场224家，修复废弃矿井110个，完成雨污分流35.3公里、海岸线整治1.6公里，治理河道48条、132公里，绿化造林2万亩，大气环境质量优良率达到91.3%；开展化工产业安全生产转型升级、户外广告治理、铁路沿线环境整治、砂石资源整治行动，理顺农村公路管养、道路绿化管护、城乡环卫一体化管理体制，提升马石山红色教育基地沿线环境，打造4个省级美丽乡村精品示范村，601个村环境综合整治全部通过省级考核验收，成功创建“国家节水城市”。

（五）惠民力度持续加大，民生事业建立起更强保障。从群众关心问题抓起，实施年度投资58.7亿元的310项民生工程，群众获得感进一步增强。公共服务供给更加精准，实施总投资4亿元的10个学校改扩建项目，启用光明街小学，启动了中小学综合实践教育基地建设，城区中小学班额均优于省定标准，本科上线率达到80%，提高9个百分点，创历史新高；引入社会资本建设城西全民健身中心，新增文化惠民受益人群1万人，被授予“中国秧歌之乡”荣誉称号，首获“全国群众体育先进单位”称号，创建全国文明城市群众满意率居全省13个参评城市首位；完成5家公立医院法人治理结构建设，新建15处示范性残疾人社区康复站，对3.4万人进行免费“两癌”筛查，家庭医生签约服务10万个家庭、25.1万人，乳山市人民医院成功加盟青岛大学医疗集团、烟台毓璜顶医院、山东大学齐鲁医院。社会保障体系更加健全，实施了10个片区、69万平方米老旧住宅小区和163户农村危房改造工程，刑事、治安案件立案数分别下降5.3%和8.1%，完成十九大安保维稳任务，被评为“全国平安建设先进市”，乳山市公安局获评“全国优秀公安局”，乳山市信访局荣获“全国信访先进集体”。脱贫攻坚成效更加明显，实施了“精准扶贫直通车”品牌项目工程，开展“金晖助老”“靓居工程”活动，发放“富民生产贷”840万元，发展扶贫产业项目28个，新上乡村车间122个，45个省定贫困村、10074户省定贫困户全部脱贫摘帽。

（六）制约因素有效化解，各项改革迸发出更强活力。推进综合行政执法体制改革，将全市9个领域的行政执法职责纳入综合执法范围，建立686人的联合执法人员数据库，拆除违建6405处、50.4万平方米；完成盐业体制改革、国有林场改革，抢抓土地利用总体规划调整时机，新增建设用地1万亩，成为全国12个农村综合性改革试点试验县之一；深化“放管服”改革，开展了“双随机、一公开”监管，建成了“信用乳山”公共信用信息平台，完成“五证合一”5141家，行政审批网上申报率达到99%，乳山市级行政审批事项由477项精简到257项，压减46.1%，各种政务“玻璃门”“弹簧门”“旋转门”被打破。

在肯定成绩的同时，也要清醒地看到，乳山市经济社会发展仍然存在一些不平衡不充分的问题：传统增长方式仍占主导地位，创新能力不强，经济活力不足，发展质量不高，赶超发展缺乏核心动力；城乡二元结构问题突出，板块经济发展滞后，城区对产业和人口吸纳能力不足，开发区产业承载力、聚集度不够，多组团发展格局尚未形成；民生刚性需求与财政收入矛盾突出，基础设施存在短板，行政服务效能不高，群众生产生活还有不满意的地方；环境保护和生态建设存在历史欠账和薄弱环节，一些群众关注的环境突出问题未得到有效解决；等等。要敏锐观察、认真分析经济运行中出现的新情况，切实增强工作预见性和前瞻性，全力做好应对更大挑战的准备，牢牢把握经济工作主动权。

二、2018年经济工作总体思路及遵循的原则

2018年是贯彻党的十九大精神的开局之年，是改革开放40周年，是决胜全面建成小康社会、实施“十三五”规划承上启下的关键一年。党的十九大报告指出，目前我国经济已由高速增长转向高质量发展阶段，正处在转变发展方式、优化经济结构、转换增长动力的攻关期。今后一个时期，中央将把推动高质量发展作为确定发展思路、制定经济政策、实施宏观调控的根本要求，加快形成相对应的指标体系、政策体系、标准体系和统计体系。

基于上述形势变化，2018年乳山市经济工作总的要求是：全面贯彻落实党的十九大精神，以习近平新时代中国特色社会主义经济思想为指导，紧扣社会主要矛盾变化，按照高质量发展要求，深化供给侧结构性改革，抓牢项目中心，补齐发展短板，激活核心要素，创优板块载体，强化环境保障，通过新旧动能转换践行新发展理念、释放新发展动力、建立新经济体系，全力打造经济富强、社会和谐、绿水青山的美好乳山，决胜全面建成小康社会。主要预期指标为：地区生产总值增长8%左右，公共财政预算收入增长9%左右，固定资产投资增长8.5%左右，社会消费品零售总额增长10.5%左右，实际利用内资增长12%左右，实际利用外资增长5%左右，外贸进出口总值保持稳定，城镇和农村居民人均可支配收入增长8%以上，严格完成年度节能减排约束性目标。按照党的十九大确定的我国发展新的历史方位，顺应山东省“走在前列”和威海市争当“走在前列”排头兵的目标定位，2018年我市经济工作要紧扣“五大发展理念”、遵循“五个基本原则”：

一要强化创新思维，在动能转换中加速弯道超越。现在是新技术创造、新经济业态、新商业模式迅速涌现的时代，创新压倒一切。要实现跨越赶超，必须颠覆旧思维、紧跟新时代、放眼中高端，着眼于“互联网+”、智能制造、共享经济等新一轮产业革命，致力于资本、科技、人才等创新要素的整合叠加，瞄准产业前沿，对接科技一线，厚植人才土壤，推动发展动力更新换代，助力区域经济弯道超越。

二要增强协调意识，在布局优化中实现均衡发展。针对区域和城乡发展差异，紧扣“全域城市化、市域一体化”目标，强化全局视野和统筹意识，提高规划水平和谋划能力，建立更加有效的区域协调发展机制，整合各类要素精准投放，推动城乡规划建设一体化、产业布局一体化、基础设施一体化、公共服务一体化，提升城市首位度，强化园区带动性，激活镇村内生力，推进海洋大开发，努力实现全域充分发展。

三要秉承绿色理念，在环境提升中放大生态优势。继续像对待生命一样对待生态环境，着眼供给侧改革，立足高质量发展，从生产生活两头、保护治理两侧、约束激励两端发力，形成节约资源和保护环境的空间格局、产业结构、生产方式和生活方式，坚决守住生态功能“基线”、环境安全“底线”、资源利用“上线”，使青山在望、绿水相拥，还自然以宁静、和谐、美丽。

四要拓展开放视野，在更大格局中蓄积发展活力。要敞开大门、广借外力，实施国际化战略，塑造国际化形象，放眼全球市场，对接国际标准，千方百计加强与外界的互联互通，吸引更多人才、项目、资金、技术，厚植自身发展优势。要努力搭上“一带一路”列车，积极融入半岛经济圈和环渤海经济圈，多方引进资源助力，参与半岛产业分工，在更大舞台寻求发展。

五要瞄准共享目标，在补齐短板中创造美好生活。发展为了群众，发展依靠群众，发展成果由群众共享。要始终树立朴实的民生观，尊重群众意愿，回应群众关切，把民生工程的建议权、决策权、知情权还给群众，坚持不懈用现代城市的卡尺强弱项、补短板，加快解决好民生领域的不平衡不充分问题，让人民群众在共建共享中有更多的获得感，过上幸福美好新生活。

三、2018年经济社会发展重点任务

根据上述原则，2018年经济工作要“抓牢一个中心、补齐两个短板、激活三个要素、提升四个板块、强化五个保障”。

（一）“抓牢一个中心”，就是抓牢项目建设这一中心，转变招商方式，创新引资路径，拓展投资来源，推动项目提速，为经济发展提供动力支撑

一要学会借力借势。把项目建设置身于国际国内经济发展全局中予以考虑，巧抓借力点，找准突破口，在更大视野寻找机会。重点突出“四个借力”：一是借力国际资源。把握产业转移国际化趋势，实施招商引资全球化战略，通过产业基金介入、平台活动助推，对接国外领军企业、中介代理、科研单位、孵化机构，承接全球产业资本转移和技术成果转化，年内重点抓好“香港山东周”“威海·仁川馆建馆三周年”等重点招商活动，组织赴欧美、日韩、东南亚开展集中招商推介5次以上。乳山市级领导同志要带头走出国门，推介我市资源，对接目标客户，开展项目谈判，展示乳山开放的国际化形象；全市企业要强化全球眼光和战略思维，积极参与“一带一路”建设，探索赴外开拓市场、分设机构、寻求合作，为企业发展注入动力。二是借力中心城市。顺应半岛产业一体化走势，创新对接形式，做好借力文章，承接中心城市产业溢出。抢抓威海市域资源助力乳山机遇，建立常态化对接机制，形成紧密型合作关系，跟踪好工业智能机器人生产、迪尚（乳山）服装基地等55个签约项目，开展好年度“四项产业助力”活动，举办“威海市域资本助力乳山暨威商大会”，争取再达成一批产业项目；延续“借青兴乳”战略，对接半岛中心城市，用活学缘、地缘、血缘等资源，承接资本、项目、科技转移，努力在装备制造、新材料、电子信息、金融科技等领域促成合作。三是借力产业基金。按照基金运作项目化要求，坚定目标方向，继续扩面提质，让更多项目开花结果。各基金牵头单位要组建专门班子，明确推进节点，加快海洋产业、全域旅游、文化产业、新动能、新能源、新材料等已组建基金的招商选项和规范运作，做好大健康、临港产业、现代农业等待组建基金的方案论证和模式选择，在基金驱动下尽快实现招商工作新突破；各产业招商部门要把基金招商作为有效途径，研究基金运作模式，加强对外宣传推介，对经论证质量较高的项目，可以组建专门基金开展投资合作。四是借力新兴技术。瞄准新兴技术产业化态势，着眼乳山长远发展，紧盯新能源电动汽车、新医药、新材料等新兴产业，聚焦人工智能、量子科学、基因编辑、遥感等科技前沿，加快引进成长性高、增长性强的“风口”类项目，为产业转型谋篇落子。

二要注重招大引强。一个大项目能聚起一个园区、带动一方产业。要集中优势兵力，全力招大引强，打破“产业底子薄引不来项目、没有项目带不起产业”的怪圈。一是实行领导带头。招商引资是“一把手”工程。全市上下尤其是领导干部要强化“人人都是招商局长”的理念，积极参与招商工作，带头推进项目建设，在招大引强中发挥好表率作用。为树立明确导向，今年乳山市将调整项目考核方式，下达具体引资任务，由市级领导同志带头，与分包项目推进、分包镇区和分管部门招商捆绑，建立绩效评价挂钩机制，全力突破重点项目。二是做到超前论证。立足解决重大项目先期论证不足、后续无法推进问题，逐个项目组建“市级领导＋招商单位＋审批部门＋专家顾问”的论证团队，由乳山市投资决策委员会负责组织，对项目可行性进行及时高效的论证研判，查清否决因素，分析实施路径，研究优惠政策，避免后期做无用功。三是赋予灵活政策。强化“有舍有得、不舍不得”的理念，凝聚“大舍大得、小舍小得”共识，把80%的精力、财力、资源、政策放到20%的大项目上，对金色阳光管业、北斗产业园、东旭石墨烯、中航新能源、碳纤维小镇等整体园区型项目，要解放思想、放开手脚，通过“一事一议”的方式赋予尽可能大的优惠政策，提高招商引资吸引力。

三要做到专业专注。围绕提高招商工作质效，明细权责利，保障人财物，做到专人专责、专业专注。一是保障精准化信息来源。加强与中国市县招商网等项目“猎头”合作，搭建省内首个政商云信息平台，实现对产业信息、项目信息、产品信息的精准查询，为招商引资提供“千里眼”“顺风耳”；对中金国泰、山东省政府驻上海办事处等代理机构进行业绩综合评价，加强与安永、德勤、普华永道等知名咨询机构的交流，再选择1～2个中介机构建立长期合作关系，为定向搜索项目信息、与投资主体牵线搭桥提供服务。二是打造专业化招商团队。调整专业招商部门、重点招商部门，发挥北京、上海两个办事处“情报站”“桥头堡”作用，年内组织全市性对接活动10次以上；设立特色产业发展办公室，专职负责特色产业统一宣传推介、对外技术交流、资源整合招商、行业指导服务等工作，推进优质资源价值转化；加强专业招商部门产业招商队伍建设，对招商干部开展密集培训、进行重点培养，贡献突出的优先提拔，优化招商人员梯次结构，打造专业化、实干型的招商铁军；调整招商考核机制，不再考核外出次数、外出时间，一切以结果说话，形成“以成败论英雄”的工作导向。三是建立高效化推进机制。实行专人代办手续、全程提供服务的项目推进机制，把项目服务区间由对接、谈判、落地延伸到建设、运营等后续环节，改善项目服务生态；推行“工作项目化、项目清单化、清单责任化”工作机制，严格落实合同履约调度、引进项目通报、外出招商通报和月度招商会议等制度，用好智能化项目推进管理平台，实现对在谈在建项目的智慧化管理、节点式推进；推动项目考核认定与威海市考核机制衔接，今后新引进项目土地投入不单独计入投资额，与工程建设捆绑计算，通过认定节点的后置推动项目加快实施。

（二）“补齐两个短板”，就是补齐实体经济和基础设施的短板，坚持问题导向，优化产业结构，提升配套功能，为经济发展提供基础支撑

一方面要加快结构调整，补齐产业短板。以新旧动能转换、产业结构调整为主线，调强工业，突破海洋，繁荣三产，推动实体经济质量变革、动力变革。工业经济要抓振兴。集中精力抓好“3+3+5”工业经济体系建设，依托安永公司产业规划，巩固机械配件和装备制造、食品与生物科技、健康旅居3个主导产业优势，壮大新能源、新材料、节能环保3个新兴产业规模，打造高端装备制造（新能源）、新材料、食品与生物科技、服装创意设计、高端精细化工5个重点园区载体，争取在人工智能、生物医药、新能源整车及关键部件、特种金属材料等领域实现突破，年内主导产业、新兴产业产值分别高于全市工业总产值增幅3个和5个百分点；组织进行重新摸底全市闲置厂房，结合招商引资，处置“僵尸企业”，引导新建项目走“重资本、轻资产”发展路子，推动工业“去库存”；设立龙头企业专项基金，在充分论证的前提下，采取政府基金入股方式进行投资，助力本土企业发展，年内投放项目5个以上；实施好年度投资24.7亿元的15大重点工业技改项目，推进机器换人、智能数字工厂和自动化改造，筛选部分初产企业产品建设示范工程、示范基地，助推企业开拓市场，年内新增规模以上企业10家；融入威海高端产业园区建设，完善基础配套、公共研发、产业服务等功能，争取新能源（汽车）科技产业园纳入威海园区发展框架。海洋经济要抓突破。落实国家海洋强国战略，统筹推进涉海产业发展，全力构建现代开发体系，使海的“蓝色”成为区域经济发展的“底色”。推动养殖升级，抓好一期10万亩海洋牧场建设，采用新技术新装备开展现代化、立体化、生态化养殖，引进三倍体牡蛎育苗中心，建设净化物流中心，打造全国领先的海洋牧场示范区；壮大蓝色工业，积极争取海洋经济创新发展示范项目，引导华信食品、法骏工业、远深新能源等龙头企业升级，打造海洋产业协同创新综合体，努力在海洋功能性食品、海洋装备等领域实现破题。文旅产业要抓融合。以“母爱圣地、美好乳山”为统领，整合对外宣传渠道，活化推介活动载体，用好文化产业基金，举办“国际女子半程马拉松”“国际酒庄酒文化节”“第三届乳山（国际）牡蛎文化节”等赛事节庆活动，挖掘乳娘、马石山十勇士、“三花”等文化资源内涵，培育影视后期产业集群，提高城市知名度；坚持“旅游+”发展理念，注入社会资本，整合旅游资源，挖掘市场深度，打造标准产品，推动旅游与文化、健康、养生、休闲等关联产业融合发展，推出“乳山采摘”休闲品牌，塑造“海岛民宿”整体印象，年内包装20～30个特色采摘点，提高旅游吸引力。

另一方面要抓好重大工程，补齐设施短板。坚持近中远布局、点线面统筹、海陆空发力，下气力抓好对乳山长远发展具有战略意义的重大工程项目，以通达条件改善助推城市开发和产业突破。荣莱高铁项目立足“三区”对接、区片开发和城市商圈培育，结合城市总体规划调整，做好站点选址和板块规划，释放与汽车站、港口的叠加效应，打造立体交通枢纽，年内完成环评、征地拆迁及资金筹集等工作，为项目开工做好准备；重点公路项目抓好乳山口大桥规划设计及招投标等前期工作，力争下半年开工建设，尽快消除半岛滨海公路断点；完成207省道绕城段改建路基桥涵工程，配合加快文莱高速项目推进，启动207省道莱乳线牟平界—黄依台村东段大修工程，完成206省道牟白线南黄—东南埝段拓宽改建、228国道银滩段北移工程立项，进一步提高区域公路通行能力；港口码头项目。以乳山口港一类开放口岸获批为契机，坚持“产城融合”理念，完成港区和临港物流园区规划，实施航道疏浚工程，与联检机构对接启动查验设施建设，将乳山口港打造成集现代物流、临港工业、城市生活于一体的新型港区，力争年内开通一条国际航线；实施南黄岛—挂子场陆岛码头扩建工程，完成小青岛—旗杆石陆岛码头工程立项，立足陆岛交通、海上旅游、海洋牧场生产需要，对码头进行科学设计、合理分区，发挥好对海洋产业发展的支撑作用；通用机场项目。抢抓国家大力建设通用机场机遇，尽快确定合作单位，规划谋划航空小镇、航空制造产业区，积极与上对接，抓好机场申报，补齐航空交通缺失短板。

（三）“激活三个要素”，就是激活金融、科技、人才的引领作用，做强拉动经济的“新三驾马车”，催生新动能，蓄积新优势，为经济发展提供要素支撑

一要深化金融创新。把金融作为实体经济的源头活水，加大有效投入，优化资源配置，助推区域经济健康发展。优化融资服务，用好总规模1亿元的“助保贷”、1亿元的企业应急互助基金，组建总规模1亿元的中小微企业增信基金，开展好“鲁担·惠农贷”农业信贷担保试点，切实解决企业金融信贷、过桥续贷难题要强化“以存引贷”，健全金融机构支持经济与财政性资金存放挂钩机制，梳理企业资金需求，打通双向对接渠道，借助省融资网络服务和人民银行融资平台，帮助企业融资38亿元以上；用好资本市场，加强与保荐人的对接联系，确保伯瑞蓝莓等4家企业在区域股交市场集体挂牌；规范PPP项目运作，在不突破财政支出“红线”的前提下，积极引入社会资本参与综合体、港口等基础设施和公共服务项目建设，吸引非公经济支撑我市发展。

二要深化科技创新。把科技作为引领发展的核心动力，面向科技前沿，瞄准产业需求，举全力推动科技攻关、突破成果转化，提高产业代谢能力。要发挥企业主体作用。开展以“一企一中心、一企一技术、一企一对策”为主要内容的“三个一”科技助力活动，分领域提出产业成长计划，对研发费用达到一定比例的企业给予补贴，鼓励企业携手院所建设研发实体，开展科技公关和新产品研发，年内创建威海市级以上研发平台8家以上；实施“企业科技振兴计划”，启动品牌产业技术创新联盟创建工作，每个产业突破一项关键技术，年内取得科技成果20项以上；采取政府基金预先垫付、资金入股等方式，聘请专家对科研经费不足企业急需改进的生产工艺进行论证，乳山市投资决策委员会综合权衡技术成果优劣，给予产业基金扶持，年内转化项目10个以上。要引进高端科技资源。以科创大厦为载体，推进中国留学人才全球高新技术研发基地、中济云谷科技双创基地、中以科技创新中心等“两基地一中心”建设，推进与武汉大学国家遥感重点实验室的合作，争取李圭白院士工作站等平台实现6个以上创新项目落地；与省内外科研院校对接，合作建设乳山牡蛎研究院、现代农业研究院、山东半岛茶叶研究所等平台，承接高校科研项目，引进最新技术成果；支持企业参股、控股、收购研发机构，赴外新建或合作共建孵化器、科技园区，通过超前投入、源头介入抢占技术高地。

三要深化人才创新。把人才作为区域发展的第一财富，打造政策洼地，活化培养机制，推动实体经济由传统积累向智力带动转变。放眼全球引人才。完善“海纳英才”“人才怀抱”计划，调整现行人才鼓励政策，进一步提高补助补贴水平，千方百计让人才引进来、留下来，争取引进聘用海外特聘专家、两院院士等高层次人才20人以上；围绕居住、入学、就医等方面出台优惠政策，通过购买或配建方式，在经济开发区配套集中式专家公寓，吸引更多专业人才落户乳山。要拓展渠道借人才。鼓励有能力的企业在一二线城市、海外城市、高等院校设立设计中心、研发中心、科研基地、销售中心，利用“体外大脑”服务企业发展，破解人才不足问题。要创新方式用人才。依托外事翻译学院、威海技校，根据企业需求开展“订单式”培养，引导更多毕业生留乳发展；做好银滩业主情况调查和资源挖掘，吸引银滩业主参与公共决策、企业研发；开展岗位建功、技术比武等活动，发挥劳模和工匠的示范作用，培育一批企业领军人才，年内评选“乳山工匠”10名。

（四）“提升四个板块”，就是提升城区、滨海新区、经济开发区、镇村的板块承载功能，优化空间布局，突出定位差异，实现错位互补，为经济发展提供载体支撑

城区要注重功能性、突出宜居化，继续提标上档。以人的城市化为核心，优化公共服务供给，提升精细管理水平，让城市更加便利、更具颜值、更为精致。要提升城市设计。以列入“山东省首批城市设计试点城市”为契机，统筹国民经济和社会发展规划、城乡规划、土地利用规划及林地、海域等生态保护规划，坚持“多规合一”，形成“一张蓝图”；完成城市总规、风貌保护规划修编，开展“城市伤疤”“生态瘢痕”修补治理，做好重点片区、关键节点规划设计和土地储备，提升高铁站、老锁厂、城市东部、人民广场等重点板块设计水平，做好装配式等绿色建筑技术的推广应用，彰显城市风貌和独特气质。要完善城市功能。继续推进海绵城市、智慧城市建设，实施好投资30亿元的体育、医疗、文化综合体建设工程，投资28.9亿元的5981户棚户区改造安居工程，投资1.7亿元的供排水及河道治理工程，投资1.1亿元的城市公交提档升级工程，抓好小型广场、社区入口、街头路口增绿点翠，开展背街小巷、荒废厂区、破旧门头集中整治，增加艺术山石、园林雕塑、景观小品配套设置，改善城市生态、生产、生活空间。要细化城市管理。制定户外广告规划导引，推行门头广告分区控制，厘清物业与市政管理的职责划分，明确绿化与道路管护的空间边界，通过购买服务实现对市政工程质量监管、过程控制、后期维护的监督考核，建立市民参与文明城市管理激励机制，巩固全国文明城市、国家卫生城市创建成果；抓好城市综合执法机构和队伍建设，加强信息共享会商，拓展综合执法范围，完成违法建设治理，实施8个老旧住宅片区整治，形成全覆盖、网格化城市管理格局。

滨海新区要注重规范性、突出品牌化，加快转型升级。要围绕“以产兴城、以城促产、宜居宜业、融合发展”定位，提升人居功能，完善承载能力，打造城市新区、产业新区。要抓建设管理打造人居品牌。以生产便利、生活舒适为目标，兼顾产业需求，对标民生短板，投资5.4亿元实施道路建设、景观绿化、生活保障等5大类、43项重点工程，新建渔民安置区，绿化提升潮汐湖，亮化改造镇驻地，配套环区公交场站、智能交通系统、便民集贸市场，年内扩大供暖面积60万平方米，铺设供水管网38公里，推动滨海新区基础设施配套水平向现代化城市看齐；妥处不动产证办理、用电性质变更、物业管理等四类历史遗留问题，开展以“天下第一滩”“东方夏威夷”为主打品牌的形象宣传活动，完成房地产去库存30万平方米，打响“魅力银滩、活力滨海”新名片。要抓项目聚集塑造产业品牌。围绕“大健康”产业定位，制定全产业布局规划，理顺新兴产业园、食品和生物科技产业园功能定位，抓好泛海阳光健康能源、迪沙菲密亚保健品、铁皮石斛生物科技、铁路轨道检测车等项目跟踪，实现由房地产带动向“大健康”引领动力转换；将海湾新城与乳山湾东流开发统筹考虑，围绕文化教育创意产业定位，跟踪推进好云南新兴职业学院医养护理专科、莫斯科航空大学中国分校、黄海影视基地、星星小镇等项目，打造“三区对接”城市绵延区、产业连接带；按照保护为主、专业运营的思路，做好潮汐湖区片整体规划，借鉴西溪湿地高端开发模式，高点定位，谨慎落子，打造旅居商娱综合体，拉动银滩西翼整体提升。

经济开发区要注重经济性、突出产业化，释放“磁场效应”。要坚持产业链条化、园区专业化，吸纳创新要素，膨胀骨干企业，激发“二次创业”活力。一要做强板块经济。强化质量意识、高端理念，立足临港产业、装备制造、海洋食品、新材料四大板块，放眼世界500强企业、国企央企以及国内重点区域高新技术企业寻求合作，推进好星宜新材料、新能源科技产业园等重大项目建设，真正把开发区打造成乳山工业的聚集区、实体经济的创新区。二要激活产业动能。抓好存量企业发展，实施“扶优引智”工程，推进好伯特利汽车转向节轻量化产能改造、双连制动盘式片OEM生产线等8个重点技改项目，做好科创大厦乳山国际人才港、科威机器人技术培训学校等高端人才平台建设，为产业创新和智慧升级打好基础。三要夯实发展环境。整合开发区有效资产，通过专业融资平台缓解投入压力；对园区进行整体规划和提标升级，探索精细化管理、科学化管护、市场化运作的园区管理模式；推进好总投资1.4亿元的路网、管网、绿化、亮化工程，构建设施更加齐全、服务更加完善的园区体系。

镇村要注重均衡性、突出一体化，实施振兴战略。要按照十九大“乡村振兴”战略要求，完善农村管理，夯实农业基础，带动农民增收，推动城乡一体均衡发展。一要建设活力乡村。依托农业产业基金成立育苗公司、茶叶公司，建设先进果品苗木推广基地，推动苹果、茶叶、大姜、蓝莓、苗木等产业资源整合、转型升级；依托农副产品资源优势，实施以特色小镇、田园乡村为主体的镇村发展战略，集中力量推进绿城台依湖酒庄酒产业小镇、牡蛎小镇、北茶小镇和乳山河、黄垒河两大沿线经济带建设，新建20处300亩以上的农业园区，提升15处休闲园区，新增10处可追溯基地，打造1～2个田园综合体。二要建设美丽乡村。持续深化城乡环卫一体化管理，启动21个美丽乡村示范村建设，完成8万户农厕无害化改造，每镇打造1条“美丽居家示范街”；抓好农村电网改造、污水设施改造、燃气管道“镇镇通”工程，实施“四好农村路示范县”“城乡交通运输一体化试点县”创建工作，改造县乡路55.4公里、村道30公里，实现镇驻地天然气管网、污水集中收集处理、公共服务设施供暖“全覆盖”。三要建设富裕乡村。按照威海市“百村示范、千村提升”计划要求，探索农村土地“三权分置”和土地经营权抵押，推进10个村的农村综合改革试点和120个村农村集体产权制度改革，流转土地3万亩，将茶叶、大姜纳入农业保险范畴，按照“一村一品”思路发展一批“地标农产品特色村”，加快消除集体经济薄弱村，年内申报生态原产地保护产品2～3个、地理标志证明商标3个以上；完成龙角山水库抬田增容、台依水库与乳山河地下水库互联互通工程，抓好小型农田水利项目县建设，发展高标准农田节水面积2.9万亩；坚持巩固成果与扶贫扩面相结合，精准识别威海市定标准贫困户和重点帮扶对象，整合涉农资金推进扶贫项目建设，实施好速生楸、茶叶、光伏等扶贫项目，年内实现“乡村车间”对所有村庄“全辐射”。

（五）强化五个保障，就是强化政务服务、改革创新、生态建设、民生事业、社会治理，构建亲清政商关系，激发体制机制活力，营造和谐安定环境，为经济发展提供外部支撑

一要推动政务提速，改善服务环境。以“放管服”改革为统领，正确处理管理与服务的关系，激发各类市场主体活力。深化商事制度改革，落实“多证合一”“双随机、一公开”制度，推行登记注册全程电子化办理，健全举报投诉处置机制，提高市场主体准入、交易、退出便利化水平；推进行政审批制度改革，探索“互联网＋政务服务”新模式，公布第二批“零跑腿”和“只跑一次”事项清单，理顺重大项目模块化审批流程，建立归口代办服务机制，完成镇级政务服务中心综合受理系统应用，将依申请服务的行政权力和公共服务事项全部纳入政务服务平台管理运行，压缩投资项目审批办理时间；理顺电子监察体制，开发行政许可事项电子监察系统，实现实时监控、预警纠错、绩效评估和信息服务；整合政府信息共享系统，加强基础管理，充实基础数据，推进“应用大整合、数据大共享、服务大提速、业务大协同”，完善守信失信联合激励惩戒机制，突出重点领域、重点人群信用建设，让守信者一路畅通、失信者寸步难行。

二要深化机制改革，改善制度环境。在统筹抓好年度深化改革各项工作的基础上，突出重点改革任务落实，破除制度障碍，催生制度活力。重点抓好3件事：开发区管理体制改革，论证设立转型发展资金，对滨海新区、经济开发区主导产业招商、单项工作创新、设施建设融资、龙头企业培育给予支持，加速“两区”转型升级；探索实施管理权限调整，实现“两区”社会管理、行政审批等各类权限的合理配置，推动其回归经济属性和产业功能。国有资产监管改革，完善国有企业法人治理结构，设立国企监事会，实行“一表式”监管，强化对企业重大决策和重要经营管理活动的动态监控，实现从管资产向管资本转变；加强乳山市管企业投资管理，制定国有资本投资负面清单，严控新增投资项目进入产能过剩行业、高风险业务和低端低效产业，规范资本运作、提高投资回报、维护资金安全。社会事业改革，推进编制体制改革，实行“控制总量、盘活存量，人编捆绑、人走编收”的编制管理模式，破除人才引进机制障碍；推进公立医院改革，组建医院集团，完善补偿机制，改进医保支付，推行分级诊疗，催生医疗单位发展活力；推进基础教育综合改革，完成艺体教育、学前教育、小班化教学等“一揽子”改革任务，推动义务教育优质均衡发展。

三要加强环境保护，改善生态环境。对照全国生态文明建设示范市创建标准，倡导绿色发展方式，解决环境突出问题，放大生态比较优势。要狠抓源头管控。实施企业节能降耗和节能产品惠民工程，实行最严格的环保审批制度，对涉气项目实施污染物倍量替代，坚决杜绝高污染、高能耗项目落地，从源头控制污染外排。要抓好污染治理。落实山东省环保机构监测监察执法垂直管理制度改革要求，加大环保督察整改力度，对中央环保督察48个交办件进行“回头看”，开征环保税，推进“散乱污”、燃煤锅炉、海洋垃圾治理，开展饮食业油烟、扬尘腥水、散煤治理专项行动，升级改造畜禽养殖场50家，不再新批普通养殖项目；投用经济开发区污水处理厂和污泥处置中心，实施污水处理厂中水回用和银滩热力、华地热力超低排放改造，完成雨污分流43.5公里，解决好群众反映强烈的污染问题。要升级生态管理。在砂资源管理办公室增加石材管理职能，规范对中低产田改造、水利设施建设、土地开发整理项目施工所产砂石的管控，避免无序开采造成生态破坏、国有资产流失；严格落实河长制、湾长制，健全陆海统筹、河海兼顾管理模式，推进水库管护员、河道管护员、水管员“三员合一”，维护河道海湾自然属性。要加快生态修复。严格落实“绿满齐鲁·美丽山东”国土绿化行动要求，丰富林种，改善林相，完成河库绿化1.1万亩、荒山绿化0.9万亩、中幼林抚育4.6万亩，年内森林覆盖率提高1个百分点；完成8个废弃矿山地质环境治理和21.7公里河道整治，启动城南河、炉上河生态治理和银滩东段、大乳山5.4公里近海岸带修复工程，保持金岭银滩、绿水青山的生态原貌。

四要推进共建共享，改善民生环境。把保障和改善民生放在更加突出位置，抓好年度投资51.7亿元的30项重点便民利民实事，让发展成果惠及更多群众。要办好人民满意教育。启动第三期学前教育三年行动计划，投资1亿元在城区新建3所公办幼儿园，实现城乡幼儿园标准化、同质化发展；投资4577万元完成校舍改造、设备更新等10项教育设施升级工程，为12所中小学配备心理辅导室，建成总投资2.7亿元的中小学综合实践教育基地，争创“全国义务教育优质均衡发展市”。要办好高质高效医疗。推进乳山市人民医院、乳山市第二人民医院与外合作，建设区域诊断中心，实现全市21个医疗机构资源共享、检验结果全省“一单通”；引进新视力眼科医院，填补民营专科医院空白；开通“医药直通车”APP，实现常规药品“网订店取、网订店送”；推进国家健康城市、省级医养结合示范市、健康促进示范市创建，市中医院争创“三级中医医院”。要办好养老扶弱实事。加快敬老院升级改造，拓展敬老院社会养老服务功能，每镇建设1处农村社区居家养

老中心，新建6处城市社区综合养老服务中心，打造1～2处医养结合型综合养老机构，扩大城乡居民养老保险覆盖面，加大“三无”“五保”老人保障力度，为更多困难老人提供养老服务；建立主动发现机制，完善审核审批流程，做好城乡居民医疗保险财政补贴、孤残儿童保障资金、政府救助金发放工作，落实“临时救助”“重特大疾病医疗救助”“救急难”等救助政策，打造威海市级残疾人文化创业孵化基地，保障老年人群、弱势群体基本生活。

五要实施综合治理，改善社会环境。坚持关口前移、系统治理，消除安全隐患，筑牢稳定防线，加快平安乳山、和谐乳山建设。要抓好治安风险防控。深入开展“法律六进”“法德共进”活动，实施投资1.7亿元的“雪亮工程”，加强市镇村三级综治平台、公共法律服务中心建设，整治农村治安突出问题和村痞镇霸恶势力，防止非法传销死灰复燃，把治安防范措施延伸到群众身边；整合网格管理、法律顾问等7支基层队伍，推广“一村一警务助理”、社区“1+2+N”警务模式，夯实基层综治基础；健全矛盾纠纷预防化解机制，做好初信初访查办督办，将矛盾化解在萌芽状态。要抓好安全风险防控。加强安全生产“双体系”建设，推进化工产业安全生产转型升级，开展“四评级一评价”工作，全面清理取缔涉渔“三无”船舶，深入推进“大快严”、道路交通“平安行·你我他”行动，整治重点行业领域安全隐患问题，坚决遏制重特大安全事故发生。要抓好行业风险防控。设立偿债准备金，建立债务风险防控体系，开展打击逃废金融债务、非法集资专项整治行动，通过市场化方式盘活不良资产，坚定不移化解存量债务、消耗不良融资，守住不发生区域性、系统性金融风险的底线，确保政府债务规范可控；规范房地产项目开发管理，在房地产企业遗留问题解决之前暂停其新项目审批，企业及法人荣誉评定、政府奖励、争资立项等给予一票否决；健全食安、农安、公安“三安联动”机制，开展跨部门、跨行业食安专项整治活动，强化对乡村集市、农村聚餐、“三小”业户、集体食堂的食安管理，维护群众“舌尖上的安全”。

政府工作报告（摘要）

——2018年1月17日在乳山市第十八届人民代表大会第二次会议上

乳山市人民政府市长　宫本杲

一、牢记使命，埋头实干，实现新一届政府良好开局

2017年是新一届政府施政首年，也是充满困难挑战的一年。一年来，在乳山市委坚强领导下，在乳山市人大、市政协的监督支持下，乳山市政府同全市人民一道，深入学习贯彻党的十八大、十八届历次全会和十九大精神，紧扣市第十四次党代会、十八届人大一次会议确定的目标任务，戮力同心，砥砺前行，实现政府履新尽职良好开局。

——过去一年，经济发展在聚焦稳进、科学调控中攀高趋优

经济运行平稳向好。精准把握产业走向，全力突破产业结构，经济运行的基本面更趋平稳，位列全省县域科学发展第15名。

项目建设成果丰硕。成立招商促进局，设立两个区域招商部，启动建市以来单体规模最大、总投资100亿元的台依湖酒庄酒产业小镇项目，开工泓联水转印纸等8个投资过亿元项目，签约燃气发动机改造、泛海阳光健康能源等总投资191亿元的42个重点项目，储备东旭石墨烯、中航新能源等总投资235亿元的83个优质项目，争取无偿资金8.4亿元、完成全年计划130%，办理项目立项1799个、自主备案数量占威海市备案总数35%以上，项目投资规模、产业层次、业态分布、在手资源明显好于往年。

实体经济提质发展。强化“工业带动”战略，出台11个领域的扶持政策，拨付各级财政扶持企业专项及补助资金1.9亿元，签约威海市助力项目55个、总投资100多亿元，规模以上工业增加值、用电量、税收分别增长8.5%、3.4%和19.7%，70家重点企业销售收入增长8%；推进“农业提质”工程，新建300亩以上农业园区15处，新增农产品质量可追溯基地20家，争创国家地理标志证明商标10个，数量居全国县级首位，乳山绿茶、大姜、草莓荣登农业部“名特优新”农产品名录，乳山绿茶获“中茶杯”全国名优茶评比一等奖；加快现代服务业发展，建设了114个村级淘宝服务站点，完成房地产去库存119万平方米，福如东海文化园跻身国家AAAA级旅游景区、入选全国优选旅游项目，台依湖酒庄生态文化区获评山东省旅游休闲重大工程项目，乳山市被评为全国“2017十大休闲度假旅游目的地”。

——过去一年，发展动能在聚焦质效、精准发力中转新换强

产业基金实现突破。成立新兴产业投资公司，组建总规模60亿元的清科母基金及海洋牧场、全域旅游、文化产业、新动能、新能源、新材料等7个子基金，设立注册资本9.6亿元的2家融资租赁公司，与獐子岛、中金国泰等知名企业和金

融机构签订了基金合伙协议，通过基金撬动推进了科威机器人、星宜新材料等项目落地，首期10万亩现代海洋牧场顺利启动，资本整合要素资源、导入项目建设、加速产业发展的作用加快释放。

链接：融资租赁指出租人根据承租人（用户）的请示，与第三方（供货商）订立供货合同，根据此合同与承租人订立租赁合同，由出租人出资购买承租人选定的设备出租给承租人，并向承租人收取一定租金的合作模式。

创新支撑更加有力。深化“政企校研金”协同创新，引进中国留学人才全球高新技术研发基地，开展与中国军事科学院、中科院海洋所等高端院所产学研对接活动，新增院士工作站等山东省、威海市级创新平台12个，2家企业被认定为国家、省知识产权优势（示范）企业，2家企业入围山东省中小企业创新竞技行动，140家企业列入山东省科技型企业数据库，规模以上工业企业研发投入占地区生产总值比重提高到1.7%，高新技术产业产值占规模以上工业总产值的比重达到25.1%，创新成为产业发展主动力。

载体平台提档升级。强化全市“一盘棋”理念，大力提升板块聚集度和产业融合度，以开发区为龙头、以工业园为承载的产业平台更为坚实。滨海新区完成设施投入4.5亿元，围绕“大健康”产业，实施全要素配套，引进东方文旅小镇等产业项目13个，城市新区、产业新区的功能定位进一步凸显；经济开发区突出产城融合、链条整合，引进过亿元项目7个，工业税收增长30.1%，在全省排名前移2位至36位。

——过去一年，改革红利在聚焦发展、接续攻坚中加速释放

关键改革收到实效。在全省率先开展“鲁担·惠农贷”农业信贷担保试点，推了牡蛎风灾指数保险，设立1亿元的企业应急互助基金和“助保贷”风险补偿基金，引进青岛银行分支机构，完成47家企业规范化改制，金融机构贷款余额168.1亿元，佳利制衣、新丰农业等4家企业在齐鲁股权交易中心挂牌，实体经济血脉加快打通；稳步推进国有企业改革，出台企业薪酬、重大事项、投资融资等激励制约制度，促进国有经济发展，防止国有资产流失。

重点改革纵深推进。深化执法体制改革、农村综合改革，将9个领域行政执法职责纳入综合执法范围，建立686人的联合执法人员数据库，完成107个村的集体经济组织产权制度改革，成功争创全国农村集体“三资”管理示范县，成为全国12个农村综合性改革试点试验县之一；深化“放管服”改革，在山东省率先实现“自主备案、信用承诺”，开展了“双随机、一公开”监管，建成“信用乳山”公共信用信息平台，数据量由81.6万条增至1200万条，取消证明盖章类材料42项，完成“五证合一”5141家，行政审批网上申报率达到99%，乳山市级行政审批事项由477项精简到257项，压减46.1%，其中239项可全程网办，各种政务“玻璃门”“弹簧门”“旋转门”被打破。

链接：“放管服”即简政放权、放管结合、优化服务的简称。

“自主备案、信用承诺”指对符合产业政策的非核准项目业主，只需登录“山东省投资项目在线审批监管平台”提交信息，并就填报信息真实性及手续建设手续完善、符合国家产业政策等方面做出信用承诺，即可取得备案文件，纳入信用信息共享平台进行监管。

“双随机、一公开”指在监管过程中随机抽取检查对象，随机选派执法检查人员，抽查情况及查处结果及时向社会公开。

“五证合一”指将营业执照、组织机构代码证、税务登记证、社会保险登记证和统计登记证一起登记的制度。

配套改革全面铺开。完成盐业体制改革、国有林场改革及23家行业协会、商会与行政机构脱钩工作，实施校长职级制、中小学教师“县管校聘”及德育一体化改革，推进公立医院改革，完善了5家公立医院法人治理结构，社会事业领域迸发出更强活力。

链接：县管校聘指对全体公办义务教育学校的教师和校长，由县级教育行政部门会同有关部门统一管理人事关系、统一进行聘任交流，实现教师的“无校籍管理”，从而把教师和校长从过去某学校的“学校人”变为县义务教育系统的“系统人”。

——过去一年，城乡面貌在聚焦宜居、统筹一体中展焕新颜

城市功能不断跃升。实施总投资6.1亿元的52项城建重点工程，启动总投资30多亿元的城市综合体项目，推进10个片区、69万平方米的老旧小区改造，完成6.5亿元的输变电改造和乳山河地下水库、院里水库引调水等供电供水保障工程，改建商业街、青山路等11条主干道路，金碃岭体育公园建成开放，成功争创国家节水城市、山东省城市设计试点城市；促成一批事关乳山长远发展的重大战略工程，莱荣高铁正式启动，乳山口大桥完成立项，乳山口港获批国家一类口岸，文莱高速、省道207绕城段改造加快推进，乳山人民多年夙愿得以实现。

链接：地下水库是通过地面拦蓄建筑物和地下截渗墙工程，把河道过境水和降水尽可能多地留在地下砂层空隙中，并减少地下水天然排泄量的水库。

镇村建设特色彰显。严守耕地规划“红线”，结合土地利用总体规划调整，划定永久基本农田76.2万亩，新增建设用地规模1万亩；全力建设“美丽乡村”，理顺农村公路管养、道路绿化管护、城乡环卫一体化管理体制，打造东尚山、

下石硼、田家、玉皇山后等4个省级美丽乡村精品示范村，提升马石山红色教育基地沿线环境，铺设乡镇燃气管线14.5公里，改造县乡路66.9公里，城镇集中式饮用水水源地水质达标率保持100%，601个村环境综合整治、铁路沿线环境整治全部通过省级考核验收，海阳所镇获批省级特色小镇和绿色生态示范镇，午极镇获批省级宜居小镇，城乡环卫一体化群众满意度调查列全省第7名。

生态质量有效改善。开展拆违、清河、治污、造林系列行动，推进化工产业安全生产转型升级、户外广告治理、砂石资源整治，明确市镇村三级河长827名，清理整治“散乱污”企业247家，淘汰治理10蒸吨及以下燃煤锅炉314台，关闭搬迁畜禽养殖场224家，修复废弃矿井110个，完成雨污分流35.3公里、海岸线修复1.6公里，治理河道48条、132公里，绿化造林2万亩，大气环境质量优良率达到91.3%，违建治理综合排名居威海首位，成功通过中央环保督察和国家海洋督察。

链接：化工产业安全生产转型升级指山东省委、省政府自2017年6月份起，在全省开展为期5年的化工产业安全生产转型升级专项行动，重点以提高发展质量和效益为中心，强化安全、环保、节能、质量倒逼机制，破解安全发展突出问题，提升化工产业总体发展水平。

“散乱污”企业的“散”指不符合城镇总体规划、土地利用规划、产业布局规划的工业企业；“乱”指违法违规建设、违规生产经营的，以及使用闲置设施农业用房、教育、农房等非工业用房进行非法生产的工业企业；“污”指违法违规排放、超标排放废水、废气、废渣的工业企业。

——过去一年，群众生活在聚焦民需、共建共享中更加美好

社会保障扩面提质。实施年度投资58.7亿元的310项民生工程，新建15处示范性残疾人社区康复站，完成163户农村危房改造，推行政府救助保险，发放创业担保贷款1351万元，城镇新增就业5712人、失业再就业2848人，将1.2万名城乡低保及农村五保对象纳入居民基本医疗保险，为5470名重度残疾人提供护理补贴，弱势群体基本生活得到保障；实施“精准扶贫直通车”品牌项目工程，开展“金晖助老”“靓居工程”活动，发放“富民生产贷”840万元，发展扶贫产业项目28个，新上乡村车间122个，45个省定贫困村、10074户省定贫困户全部脱贫摘帽。

社会事业均衡推进。优化教体文卫公共服务供给，实施总投资4亿元的10个学校改扩建项目，启用光明街小学，启建中小学综合实践教育基地，城区中小学班额均优于省定标准，本科上线率创历史新高；开放城市书房，新增文化惠民受益人群1万人，被授予“中国秧歌之乡”称号，首获“全国群众体育先进单位”；对3.4万人进行免费“两癌”筛查，家庭医生签约服务10万个家庭、25.1万人，乳山市人民医院成功加盟青岛大学医疗集团、烟台毓璜顶医院、山东大学齐鲁医院，进入山东省首批健康城市试点名单，以山东省第1名通过慢病防控示范区国家复审。

链接：城市书房指建于城市繁华地带，以自助实体图书馆为基础而创建的城市阅读服务体系。该书房采用信息化技术进行业务管理，实行读者自助服务模式，为市民提供更加便捷高效智慧化的图书馆服务。

社会治理有力有序。深化“平安乳山”建设，开展“利剑打假”行动，整治食品药品、农资建材领域突出问题，治理非法传销、金融诈骗违法犯罪行为，办理民生诉求2.5万件、群众满意率98.6%，刑事、治安案件立案数分别下降5.3%和8.1%，化解信访积案36起，完成十九大安保维稳任务，被评为“全国平安建设先进市”，乳山市公安局获评“全国优秀公安局”，市信访局荣获“全国信访先进集体”；推进文明城市建设，夏村镇南庄村入选全国文明村，200家单位获威海市级以上文明称号，农村移风易俗群众满意度调查居全省19位，成功创建国家卫生城市、国家食品安全城市，以全国县级第18名的成绩创成全国文明城市，文明城市、食安城市创建群众满意率在全省13个、40个参评城市中均居首位；严守安全生产底线，推进史志事业创新发展，民族宗教、妇女儿童、外事侨务、气象防震、人民防空、双拥共建、邮政通信等各项事业均取得长足进步。

——过去一年，政府建设在聚焦担当、自我革新中持续强化

政府法制更为健全。珍惜人民赋予的权力，自觉遵守法律的约束，以“依法行政突破年”活动为抓手，出台重大行政决策程序规定，调整乳山市直部门权力清单，修订27个部门“三定”方案，废止31件失效的规范性文件，清理79名无行政执法资格的人员，建立党政一体法律顾问制度，新聘任政府法律顾问12名，提供法律服务439次，办理行政复议案件43件，确保政府工作始终在法制轨道上平稳运行。

政务运行更为规范。自觉接受人大法律监督、政协民主监督，办复人大代表建议36件、政协委员提案59件，其中87件进入决策；开展政务公开标准化规范化试点工作，公开政务信息1.2万余条，办理依申请公开事项19件，召开政府新闻发布会12场，播出行风热线106期，解答群众问题233个；全面强化权力监督、审计监督，完成各类审计项目62个，调整优化编制600多名，组织规范化公共资源交易活动345场、成交总额56.7亿元，分别增长78.8%和91.1%。

链接：依申请公开指行政机关根据公民、法人或者其他组织的申请，依照法律规定和本机关的职权，向申请人公开政府信息的行政行为。

政风建设更为严实。严格落实政府系统全面从严治党主体责任，恪守中央八项规定，整治懒政怠政行为，“三公”经费压减13.2%，节省政府采购支出4899万元，减少不合理财政支出7922万元，真正把有限财力用到了发展的刀刃上、群众最需处；不断强化行政监察，坚决纠治“四风”问题，严厉查处“不作为”“慢作为”“中梗阻”“微腐败”行为，发现问题70起、处理90人，服务发展的正能量加速凝聚。

过去一年政府工作取得一些成绩，但同高质量发展的要求比，同群众对美好生活的向往比，经济社会发展中仍然存在一些不平衡不充分的问题，突出表现在：传统增长方式仍占主导地位，创新能力不强，发展质量不高，赶超发展还缺乏核心动力；城乡二元结构问题突出，板块经济发展滞后，城区对产业和人口吸纳能力不足，开发区产业承载力、聚集度不够，多组团发展格局尚未形成；民生刚性需求与财政收入矛盾突出，基础设施存在短板，行政服务效能不高，群众生产生活还有不满意的地方；环境保护、生态建设存在历史欠账和薄弱环节，一些群众关注的突出问题未得到有效解决；政府自身建设存有短板，面对繁重艰巨的工作任务，面对百舸争流的竞争态势，还需要进一步转变工作作风、加强能力建设；等等。对这些问题，乳山市政府将高度重视、认真整改，逐件逐项研究解决，决不辜负全市人民的殷切期望。

二、只争朝夕，奋发有为，开创经济社会发展新局面

2018年是贯彻党的十九大精神的开局之年，是改革开放40周年，是决胜全面建成小康社会、实施“十三五”规划承上启下的关键一年。当前，世界经济在深度调整中曲折复苏，中国特色社会主义迈入新时代，经济建设由高速度转向高质量，乳山的发展也到了从量变到质变、从蓄势到发力的关键节点。乳山市政府将倍加珍惜全市上下风清气正劲足的大好局面，在市委的坚强领导下，甩开膀子加油干，迈开步子向前冲，奋力开创突破发展新局面，加快展现新时代新作为、新变化新气象。

根据乳山市委部署，今年政府工作总体要求是：全面贯彻落实党的十九大精神，以习近平新时代中国特色社会主义思想为指导，紧扣社会主要矛盾变化，按照高质量发展要求，深化供给侧结构性改革，实施国际化发展战略，做强实体经济，激活核心要素，推进绿色发展，突破城乡建设，改善民生福祉，通过新旧动能转换践行新发展理念、释放新发展动力、建立新经济体系，全力打造经济富强、社会和谐、绿水青山的美好乳山，决胜全面建成小康社会。主要预期指标安排为：地区生产总值增长8%左右，公共财政预算收入增长9%左右，固定资产投资增长8.5%左右，社会消费品零售总额增长10.5%左右，实际利用内资增长12%左右，实际利用外资增长5%左右，外贸进出口总值保持稳定，城镇和农村居民人均可支配收入均增长8%以上，严格完成年度节能减排约束性目标。实现上述目标，必须做好以下五方面工作：

（一）向实体经济迈进，激活持续发展新动能

顺应产业提速换挡、结构优化和动力转换的新常态，重塑传统产业的个性优势，培植项目建设的增量优势，集纳产业发展的平台优势，实现新旧动能接续转换。

持续加快产业转型。推动工业经济振兴，聚焦“3+3+5”工业经济体系建设，设立龙头企业专项基金，实施好年度投资24.7亿元的15大工业技改项目，加快机器换人、智能数字工厂和自动化改造，年内争取主导产业、新兴产业产值增幅分别高于工业总产值3个和5个百分点，专项基金投放项目5个以上，新增规模以上企业10家。加速海洋经济突破，抓好一期10万亩海洋牧场建设，引进三倍体牡蛎育苗中心和净化物流中心，全力争取海洋经济创新发展示范项目，打造全国领先的海洋牧场示范区，使海的“蓝色”成为区域经济发展的“底色”。加快文旅产业融合，用好文化、旅游产业基金，举办“国际女子半程马拉松”“国际酒庄酒文化节”“全国八卦掌交流会”“第三届乳山（国际）牡蛎文化节”等赛事节庆活动，挖掘乳娘、马石山十勇士、“三花”文化资源内涵，培育影视后期产业集群，塑造“海岛民宿”品牌印象，推出20～30个“乳山采摘”品牌，实现旅游与健康养生、文化休闲等关联产业的融合发展。

链接：“3+5+5”工业经济体系指乳山市集中精力发展机械配件和装备制造、食品与生物科技、健康旅居三大传统主导产业，大力培育新能源、新材料、节能环保三大战略性新兴产业，规划打造高端装备制造（新能源）、新材料、食品与生物科技、服装创意设计、调养精细化工五大工业产业园区。

龙头企业专项基金指乳山市政府指定国有企业以国有资本为主体，设立产业基金，对成长性好、经营规范的本土企业，通过尽调等方式认证投资可行性后，以参股等方式给予资金支持，助力企业发展。

持续强化项目带动。借力国际资源、中心城市、产业基金、新兴技术，开展“香港山东周”“威海·仁川馆建馆三周年”及欧美、日韩、东南亚集中招商推介活动，抓好借青兴乳、威商大会等4项产业助力行动，推进海洋产业、全域旅游、新能源、新材料、大健康、临港产业等产业基金的招商选项和规范运作，瞄准新能源电动汽车、新医药、人工智能、基因编辑、遥感等前沿高新领域，加快引进成长性高、增长性强的“风口”类项目，为产业转型谋篇落子。注重集中兵力、招大引强，组建“市级领导＋招商单位＋审批部门＋专家顾问”的论证团队，实施市级领导与分包项目、分包镇区和分管部门的招商捆绑，设立特色产业发展办公室，抓好金色阳光管业、北斗产业园、东旭石墨烯、中航新能源、聚大洋海洋生物科技、碳纤维小镇等园区型、龙头型项目建设，“一事一议”赋予优惠政策，提高投资吸引力和洽谈成功率。实施精准招商、高效促项，加强与中国市县招商网、中金国泰、省政府驻上海办事处及安永、德勤、普华永道等机构的招商合作，用好智能化项目推进管理平台，健全专人代办手续、全程提供服务的项目推进及招商考核机制，年内组织对接活动10次以上。

链接：乳山市特色产业发展办公室为正科级事业单位，专职负责牡蛎、大姜、茶叶、苹果等特色产业的统一宣传推介。对外技术交流、资源整合招商、行业指导服务，推进优质资源价值转化。

持续抓好平台建设。推动滨海新区品牌化发展，抓好迪沙菲密亚保健品、铁皮石斛生物科技、铁路轨道检测车、莫斯科航空大学中国分校、黄海影视基地等项目跟踪，做好潮汐湖片区整体规划设计，开展以“天下第一滩”“东方夏威夷”为主打品牌的形象宣传活动，实施总投资5.4亿元的道路建设、景观绿化、生活保障等5大类、43项重点工程，着力打造城市新区、产业新区。突出经济开发区产业化定位，加快临港产业、装备制造、海洋食品、新材料等四大主导板块量级膨胀，推动星宜新材料、新能源科技产业园等重大项目建设，抓好伯特利汽车转向节轻量化产能改造、双连制动盘式片OEM生产线等8个重点技改项目，建设科威机器人技术培训学校等平台，把开发区打造成乳山工业的聚集区、实体经济的创新区。补齐重大交通设施短板，下气力抓好莱荣高铁、乳山口大桥、文莱高速、省道207绕城段改造、乳山口港、通用机场等立体化交通网络布局，以通达条件改善助推城市开发和产业突破。融入威海高端产业园区建设，完善基础配套、公共研发、产业服务等功能，争取新能源（汽车）科技产业园纳入威海园区发展框架。

（二）向创新驱动迈进，打造带动发展新引擎

把握新常态、新方位的时代特点，加快新理念、新思维融汇运用，聚集新生要素，激发创新活力，推动核心竞争力更新换代。

深化科技创新。开展好以“一企一中心、一企一技术、一企一对策”为主要内容的“三个一”科技助力活动，创建威海市级以上研发平台8家以上。实施“企业科技振兴计划”，每个产业突破一项关键技术，取得科技成果20项以上。采取政府基金预先垫付、资金入股等方式，聘请专家对科研经费不足企业急需改进的生产工艺进行论证，转化项目10个以上。以科创大厦为载体，推进中国留学人才全球高新技术研发基地、中济云谷科技双创基地、中以科技创新中心等“两基地一中心”建设，争取李圭白院士工作站等平台实现6个以上创新项目落地。与省内外科研院校合作建设乳山牡蛎研究院、现代农业研究院、山东半岛茶叶研究所等平台，引进最新技术成果。支持企业赴外新建或合作共建研发中心、孵化器、科技园区，设立设计中心、科研基地、销售中心，利用“体外大脑”服务企业发展，通过超前投入、源头介入抢占技术高地。完善“海纳英才”“人才怀抱”计划，调整现行人才鼓励政策，进一步提高补助补贴水平，千方百计让人才引进来、留下来，争取引进海外特聘专家、两院院士等高层次人才20人以上。

深化金融创新。优化融资服务，用好总规模1亿元的“助保贷”和企业应急互助基金，组建总规模1亿元的中小微企业增信基金，开展好“鲁担·惠农贷”农业信贷担保试点，梳理企业资金需求，打通双向对接渠道，借助省融资网络服务和人民银行融资平台，帮助企业融资38亿元以上，切实解决好企业融资难、融资贵问题。用好资本市场，加强与保荐人的对接联系，确保伯瑞蓝莓等4家企业在区域股交市场挂牌。规范PPP项目运作，在不突破财政支出“红线”前提下，积极引入社会资本参与综合体、港口等基础设施和公共服务项目建设，吸引非公经济支撑我市发展。推动农业保险扩面，争取将茶叶、大姜等纳入农业保险范畴，提高特色农业抗风险能力。

链接：中小微企业增信基金是由乳山市财政出资1000万元，引导金融机构根据企业纳税情况、银行结算量、海关出口及其他诚信的情况，组建总规模达1亿元的信用贷款，用于缓解企业贷款难题。

PPP指在公共服务领域，政府采取竞争性方式选择具有投资、运营管理能力的社会资本，双方按照平等协商原则订立合同，由社会资本提供公共服务，政府依据公共服务绩效评我忘记想法就是他们社会资本支付对价的合作模式。

深化改革创新。深化开发区管理体制改革，论证设立转型发展资金，探索实施管理权限调整，实现社会管理、行政审批等各类权限的合理配置，加速开发区转型升级。深化国有资产监管改革，完善国有企业法人治理结构，设立国企监事会，实行“一表式”监管，制定国有资本投资负面清单，强化对企业重大决策和重要经营管理活动的动态监控。深化社会事业改革，实行“控制总量、盘活存量，人编捆绑、人走编收”编制管理模式，破除人才引进机制障碍；组建医院集团，完善补偿机制，改进医保支付，推行分级诊疗，催生医疗单位发展活力；完成艺体教育、学前教育、小班化教学等“一揽子”改革任务，推动义务教育优质均衡发展。深化行政服务改革，落实“多证合一”“双随机、一公开”制度，健全举报投诉处置机制；探索“互联网+政务服务”新模式，推行登记注册全程电子化办理，开发行政许可事项电子监察系统，整合政府信息共享系统，理顺重大项目模块化审批流程，建立归口代办服务机制，完成镇级政务服务中心综合受理系统应用，公布第二批“零跑腿”和“只跑一次”事项清单，让群众少跑腿、不跑腿；完善守信失信联合激励惩戒机制，让守信者一路畅通、失信者寸步难行。

（三）向绿色发展迈进，开创美丽宜居新环境

从生产生活两头、治理保护两侧、约束激励两端发力，铁腕治污减排，留住绿水青山，让绿色发展成为永恒主题。

持续打好环保攻坚战。实行最严格的环境保护制度，健全环境监管网格化体系，推进环境行政执法与刑事司法衔接，严厉打击各类环境违法行为。落实山东省环保机构监测监察执法垂直管理制度改革要求，加大环保督察整改力度，对中央环保督察48个交办件进行“回头看”，抓好山东省和威海市环保督察转办问题整改，开征环保税，深化“散乱污”、燃煤锅炉、海洋垃圾治理，开展饮食业油烟、扬尘腥水、散煤治理专项行动，升级改造畜禽养殖场50家，不再新批普通养殖项目。严控农业面源污染，开展污染土壤修复治理，改善土壤环境质量。完成8个废弃矿山地质环境治理和21.7公里河道整治，启动城南河、炉上河生态治理和银滩东段、大乳山5.4公里海岸带修复工程，投用经济开发区污水处理厂和污泥处置中心，实施污水处理厂中水回用和银滩热力、华地热力超低排放改造，完成雨污分流44.7公里，解决好群众反映强烈的污染问题。

链接：《中华人民共和国环境保护税法》于2018年1月1日起实施。该法规定，对大气污染物、水污染物、固体废物和噪声4类污染物，过去由环保部门征收排污费，改由税务部门征收环保税。

推动形成绿色发展方式。实施企业节能降耗和节能产品惠民工程，实行最严格的环保审批制度，对涉气项目实施污染物倍量替代，坚决杜绝高污染、高能耗项目落地，从源头控制污染外排。大力推广工业节能、绿色改造，加快淘汰落后产能，支持重点园区实施低碳化、循环化、生态化改造。严格落实“绿满齐鲁·美丽山东”国土绿化行动要求，丰富林种，改善林相，完成河库绿化1.1万亩、荒山绿化0.9万亩、中幼林抚育4.6万亩，年内森林覆盖率提高1个百分点。组织对全市闲置厂房进行重新摸底，结合招商引资，处置“僵尸企业”，引导新建项目走“重资本、轻资产”发展路子，盘活土地厂房闲置资源。倡导绿色生活方式，推动全社会形成绿色消费、绿色出行、低碳生活的良好习惯。

链接：污染物倍量替代即一切新建、扩建和改建项目应符合环保要求，其新增污染物排放量必须用区域内其他项目消减量进行替代，削减量应达到新增量1倍以上。

不断完善生态文明制度。在砂资源管理办公室增加石材管理职能，规范对中低产田改造、水利设施建设、土地开发整理项目施工所产砂石的管控，避免无序开采造成生态破坏、国有资产流失。严格落实河长制、湾长制，健全陆海统筹、河海兼顾管理模式，推进水库管护员、河道管护员、水管员“三员合一”，维护河道海湾自然属性。加强领导干部自然资源资产离任审计，强化自然资源资产管理保护，建立环境污染强制责任险制度，倒逼企业管控环境风险，坚决遏制重大环境污染事故发生。积极推进环境污染第三方治理，分阶段分行业完成固定源排污许可证申请与核发工作，完成主要污染物总量减排目标任务。

链接：环境污染强制责任险是以企业发生污染事故对第三者造成的损害贪污应承担的赔偿责任为标准的保险。排污单位作为投保人，依据保险合同按一定费率向保险公司预先交纳保险费，就可能发生的环境风险事故在保险公司投保，一旦发生污染事故，由保险公司负责对浸染受害者进行一定金额赔偿。

固定源排污许可证是排污单位向环境保护行政主管部门提出申请后，环境保护行政主管部门经审查发放的允许排污单位以固定不变的场所、设备和装置排放一定数量污染物的凭证。

（四）向开放协调迈进，塑造城市品质新气象

坚持世界眼光，保持本土特色，以更高标准推动城乡统筹、产城一体、协同发展，彰显城市对外形象。

提升城市品质。以列入“山东省首批城市设计试点城市”为契机，统筹国民经济和社会发展规划、城乡规划、土地利用规划及林地、海域等生态保护规划，坚持多规合一，形成一张蓝图。对接国际标准，融入开放元素，完成城市总规、风貌保护规划修编，开展“城市伤疤”“生态瘢痕”修补治理，做好重点片区、关键节点规划设计和土地储备，提升高铁站、老锁厂、城市东部、人民广场等重点片区的设计水平，做好装配式等绿色建筑技术的推广应用，彰显城市风貌和独特气质。继续推进海绵城市、智慧城市建设，实施好投资30多亿元的体育、医疗、文化综合体建设工程，投资28.9亿元的5981户棚户区改造安居工程，投资1.7亿元的供排水及河道治理工程，投资1.1亿元的城市公交提档升级工程，抓好小型广场、社区入口、街头路口增绿点翠，开展背街小巷、荒废厂区、破旧门头集中整治，增加艺术山石、园林雕塑、景观小品配套设置，改善城市生态、生产、生活空间，扮靓城市颜值。

强化城市管理。牢树“为人民管理城市”理念，深化城市综合执法机构和队伍建设，加强信息共享会商，拓展综合执法范围，全面提升城市管理水平。制定户外广告规划导引，推行门头广告分区控制，厘清物业与市政管理的职责划分，明确绿化与道路管护的空间边界，

通过购买服务实现对市政工程质量监管、过程控制、后期维护的监督考核，建立市民参与文明城市管理激励机制，巩固“五城联创”工作成果。实施8个老旧住宅片区的整治，保持违建整治“零容忍”，禁增量、减存量、控源头，让城市建设发展更加有序。规范房地产项目开发管理，从规划审批、土地供应到建设管理、销售监管及后期物业服务整个链条对房地产开发进行规范，在房地产企业遗留问题解决之前暂停其新项目审批，对企业及法人荣誉评定、政府奖励、争资立项等给予一票否决。充分发挥城市管理调度指挥平台作用，加强应用开发和数据更新，加大信息采集和派遣分办，形成全方位、高效率城市管理模式，提升城市管理智慧化、精细化水平。

推进乡村振兴。抓好绿城台依湖酒庄酒产业小镇、牡蛎小镇、北茶小镇和乳山河、黄垒河两大沿线经济带建设，新建20处300亩以上的农业园区，提升15处休闲园区，新增10处可追溯基地，打造1～2个田园综合体。深化城乡环卫一体化管理，启动20个美丽乡村示范村建设，完成8万户农厕无害化改造，每镇打造1条“美丽居家示范街”。开展农村电网改造、污水设施改造、燃气管道“镇镇通”工程，实施“四好农村路示范县”“城乡交通运输一体化试点县”创建工作，改造县乡路55.4公里、村道30公里。推进10个村的农村综合改革试点和120个村的农村集体产权制度改革，按照“一村一品”思路发展一批“地标农产品特色村”，年内申报生态原产地保护产品2～3个、地理标志证明商标3个以上。完成龙角山水库抬田增容、台依水库与乳山河地下水库互联互通工程，抓好小型农田水利项目县建设，发展高标准农田6万亩。整合涉农资金推进扶贫项目建设，实施好速生楸、光伏等扶贫项目，年内实现乡村车间对所有村庄的“全辐射”。

（五）向共建共享迈进，创造幸福和谐新生活

坚持普惠性、保基本、均等化、可持续，大力解决群众最关心、最直接、最现实的问题，提高公共服务能力和共享水平，让全市人民过上幸福美好新生活。

提升群众的获得感。新建6处城市社区综合养老服务中心，打造1～2处医养结合型综合养老机构，扩大城乡居民养老保险覆盖面，加大“三无”“五保”老人保障力度，为更多困难老人提供养老服务。建立主动发现机制，完善审核审批流程，做好城乡居民医疗保险财政补贴、孤残儿童保障资金、政府救助金发放工作，落实“临时救助”“重特大疾病医疗救助”“救急难”等救助政策，打造威海市级残疾人文化创业孵化基地，保障老年人群、弱势群体基本生活。

提升群众的幸福感。启动第三期学前教育三年行动计划，投资1亿元在城区新建3所公办幼儿园，实现城乡幼儿园标准化、同质化发展；投资4577万元完成校舍改造、设备更新等10项教育设施升级工程，为12所中小学配备心理辅导室，建成总投资2.7亿元的中小学综合实践教育基地，争创“全国义务教育优质均衡发展市”。推进市人民医院、第二人民医院与外合作，建设区域诊断中心，实现全市21个医疗机构资源共享、检验结果全省“一单通”；引进新视力眼科医院，填补民营专科医院空白；开通“医药直通车”APP，实现常规药品“网订店取、网订店送”；推进国家健康城市建设和省级医养结合示范市、健康促进示范市创建，市中医院争创“三级中医医院”。

提升群众的安全感。实施投资1.7亿元的“雪亮工程”，加强市镇村三级综治平台、公共法律服务中心建设，整治农村治安突出问题和村痞镇霸恶势力，防止非法传销死灰复燃，把治安防范措施延伸到群众身边。整合网格管理、法律顾问等7支基层队伍，推广“一村一警务助理”、社区“1+2+N”警务模式，夯实基层综治基础。健全矛盾纠纷预防化解机制，做好初信初访查办督办，将矛盾化解在萌芽状态。开展安全生产双体系建设，加强危险化学品企业综合治理，推进化工产业安全生产转型升级，开展“四评级一评价”工作，全面清理取缔涉渔“三无”船舶，深入推进“大快严”、道路交通“平安行·你我他”行动，整治重点行业领域安全隐患问题，坚决遏制重特大事故发生。建立债务风险防控体系，开展打击逃废金融债务、非法集资专项整治行动，通过市场化方式盘活不良资产，守住不发生区域性、系统性金融风险的底线。健全食安、农安、公安“三安联动”机制，开展跨部门、跨行业食安专项整治活动，强化对乡村集市、农村聚餐、“三小”业户、集体食堂的食安管理，维护群众“舌尖上的安全”。

链接：“1+2+N”警务模式指每个警务室设1名社区民警、2名辅警、N名网格员，对社区进行管理。

安全生产双体系指安全生产风险分级管控和隐患排查治理双重预防体系，各行业领域生产经营单位对本单位存在的风险点进行辨识，按危险程度进行1、2、3、4分级，分别制定管控措施，艾普书店购买问题我，定期进行排查治理。

“四评级一评价”指对企业进行安全评级、环保评级、节能评级、质量评级和综合评价。

“大快严”指安全生产大排查快整治严执法专项集中行动。

三、不忘初心，砥砺奋进，建设人民满意的服务型政府

乳山市政府将牢记宗旨、恪守职责，不忘初心，继续前进，着力打造人民满意的服务型政府。

严守政治纪律。把政治建设摆在政府自身建设的首位，牢固树立“四个意识”，自觉增强“四个自信”，坚决贯彻执行上级党委政府和市委各项决策部署，以实际行动确保党的政令畅通、决策落地生根。深入推进“两学一做”学习教育常

态化、制度化，扎实开展政府系统“不忘初心、牢记使命”主题教育，用党的创新理论武装头脑、指导实践、推动工作，不断开创政府各项工作新局面。

强化法治建设。完善决策咨询和法律顾问运行机制，严格决策程序，提高行政决策科学化、民主化、法治化水平。深化司法体制改革，深入实施“七五”普法规划，以“法律六进”“法德共进”为载体，提高全社会尊法学法守法用法意识，加快建设法治乳山。自觉接受人大法律监督、政协民主监督和社会舆论监督，高质量办复人大代表建议和政协委员提案。完善政务公开制度，畅通政民沟通渠道，推动行政权力规范透明高效运行。

增强善治本领。大兴学习之风，增强八项本领，打造一支高素质专业化干部队伍。以强有力的头脑风暴和思想革命，治路径依赖，破思想坚冰，除习惯壁垒，在实践中实现思想突围、发展突破。健全正向激励和容错纠错机制，给干事者鼓劲，为担当者撑腰，坚决惩处懒政怠政、为官不为现象。坚持求真务实、跟踪问效，推动各项工作落细落小落地落实。聚焦小事难事，全力办好办实，让全体市民感受到温度和变化。

筑牢廉治底线。严守廉洁从政各项规定，细化落实中央八项规定实施细则，坚决防止“四风”问题变异反弹。坚持问题导向，严管办公用房、公务用车和公务接待，让节俭务实成为常态。深化预决算制度改革，厉行勤俭节约，严控行政开支，将公共财政更多用到发展最需要、群众最受益的地方。加强行政监察和审计监督，严查群众身边不正之风和违纪违法案件，让干部知敬畏、守底线，营造干净清爽的政治生态和发展环境。

在全市产业振兴大会上的讲话（摘要）

中共乳山市委书记　周兵

（2017 年 5 月 2 日）

这次产业振兴大会，主要是深入分析乳山市产业发展现状，明确产业振兴思路、方向，调整完善乳山市鼓励经济发展有关政策，激发全市上下抓产业促发展的干劲，提振企业加快发展壮大信心，以强有力领导、大力度举措、高效率服务，推动乳山产业结构转型突破，为乳山长远发展奠定基础。

一、提高认识，统一思想

产业是经济发展的核心，是增强实力根本支撑。产业强则经济强，产业兴则百姓富，产业优则生态好。从各地的成功实践来看，无论是“苏南模式”“温州模式”，还是“苏北崛起”，都离不开工业化主线。从乳山自身发展历程看，在 70 年代末到 90 年代初，乳山曾拥有很好工业基础，与文荣差距不大，但后来的一段时间里由于“走私”“房地产热”等冲击，乳山忽视了对工业经济发展，把目光转到来钱快、不费力的房地产业上，房地产业税收成为财政支柱，随着房地产业持续降温，乳山市财政税收深受影响，一批优秀工业企业出现危机。反观文荣，凭借扎实工业基础稳步发展，实体经济发展已经走在乳山前面，当年名不见经传小企业如威海的威高集团、三角轮胎，文登的天润曲轴等，如今都成长为资产、市值上百亿行业巨头。乳山发展的突破点在工业、也只能是工业。乳山要坚定不移地实施“产业强市、工业带动”战略，突出工业实体经济地位，抓二产带三产促一产，推动工业“二次创业”、迎头赶上，最终实现乳山产业结构的大突破、大提升。

二、学习宣传，营造氛围

这次会议一次性下发一揽子与产业发展紧密相关的扶持政策，涉及国家、省、威海市多个层面，涵盖工业经济、科技金融、人才培育、创新创业等多个方面。各级各部门要抓好会议精神和相关政策的学习宣传，大兴学习之风，采取多种形式组织机关干部学习产业、科技、金融等方面知识，乳山市发改局、经信局、科技局等相关部门主动送政策到企业，帮助企业解读政策、分析政策、用好政策，同时根据企业自身实际，做好规划谋划，牢牢把握产业发展正确方向，争取更多政策、资源、项目支持，将政策的牵引力转化为企业驱动力，为经济发展加油助力。把招商引资作为最好学习方法之一，不断总结工作中的成功经验，学习借鉴外地的先进做法，积极走出去、请进来，努力在招商合作中开阔眼界，拓展思路，创新方法，提升工作能力水平。乳山市委宣传部强化宣传引导，广造声势，在新闻媒体开设专栏，对产业振兴工作的经验和典型做法进行总结提炼、宣传推介，凝聚社会共识，形成助推产业发展的良好氛围。

三、加强领导，狠抓落实

推动产业振兴是乳山市各级各部门、企业和全体干部的共同责任。各级各部门要把推进产业振兴作为重要的政治任务和政治责任，层层分解目标，逐级压实责任，乳山市政府要发挥牵头抓总作用，科学制定产业发展计划，完善工作机制，定期调度督导相关工作推进情况，根据实际适时调整相关政策、规划，确保产业振兴取得新成效。充分发挥督导考核激励约束作用，建立完善

5月2日，乳山市产业振兴大会召开　　（辛戈摄）

产业振兴考核体系，将各级各部门服务推动产业发展情况列入科学发展综合考核，加强对各产业增长情况调度、统计和分析，加大对服务窗口部门公开评议力度，特别是“两办”、纪检监察等部门要经常性深入企业听取反馈意见，建立双向督导机制，采取日常调度与集中检查、专项督查与重点通报相结合的方式，加强对产业振兴实施情况督导检查，推动产业振兴各项工作任务落实。强化“产业发展有我一份”的责任意识，从市级领导带头，落实包镇包项目责任制，对涉及产业发展的重大事项亲自过问、亲自研究、亲自部署、亲自推动、亲自督促落实。各镇区和相关部门作为产业发展的实施主体，贯彻落实好各级扶持产业相关政策，围绕产业规划、招商引资、项目建设等谋划推进产业发展，争取更大成效。相关企业要围绕全市产业振兴工作统一部署，主动思考发展方向，集中精力抓好企业生产、管理、经营，向行业领军企业学习，争当行业龙头和骨干中坚。也希望企业把自身的困难、诉求和对政府的意见建议通过正常渠道反馈上来，市委市政府将不遗余力地帮扶企业破解难题，不断增强乳山市在营商环境方面的软实力。

四、转变作风，优化服务

李克强总理在2017年《政府工作报告》中强调，“一定要让企业和群众更多感受到‘放管服’改革成效，着力打通‘最后一公里’”“要用减政府权力的‘痛’来换得企业、群众办事的‘爽’”。这展示中央政府转变政府职能、优化服务环境坚定决心。企业衣食父母，为企业提供优质的服务是义不容辞的责任。而最近从项目建设特别是项目审批工作中发现，部分干部不严不实，缺乏担当精神，不作为，怕担责，推诿扯皮，“中梗阻”现象比较严重。甚至还有企业反映“上面急，下面急，就是中间不急”，有些机关干部把帮助企业当成包袱，用所谓的规矩意识、政策规定为借口不办事，这实际上就是不作为表现。进一步提高工作标准，把“严”和“实”作为开展工作的第一要求，落实落细，体现在“马上就办”、立说立行，坚决杜绝庸政、懒政、怠政行为。由乳山市政府牵头，把相关制度建立完善起来，比如，在项目建设上，建立规范化的项目管理制度，从项目论证、审批、施工到投产等多个环节入手，强化事前事中事后全方位服务、全流程监管。全市各级要牢固树立“帮助别人就是帮助自己、服务企业就是服务大局”理念，带着感情和责任服务企业，把积极主动、优质高效服务贯穿于日常、平常、经常。由乳山市纪委、监察局、组织部负责，对企业和项目服务中出现的吃拿卡要和推诿扯皮现象，进行专项督导检查，对单位主要负责人进行诫勉谈话，并将单位列为市委巡察组重点巡察对象，真正唤醒干部的责任意识和担当精神。把帮助企业解决问题作为重要责任，从市级领导带头落实联系重点企业制度，定期走访企业了解生产经营中的困难问题，统一汇总形成台账，实行销号管理，做到事事有回音、件件能落实。强化诚信意识，党政机关讲诚信，政策才能落地生根，企业讲诚信，政策才好兑现。现在企业普遍反映“融资难融资贵”，这其中部分原因就是企业诚信上出现问题。公检法等部门要加大金融生态环境整治力度，严厉打击各种欺诈、逃废金融债务行为，让不讲诚信者得到应有惩罚。

五、统筹结合，一体推进

1. 抓好招商引资和项目建设，这次会后各市级领导和镇区、部门要主动走出去，5月份各级会议相对较少，把5月份作为“招商引资和项目建设促进月”，加大项目对接跟踪力度，增加乳山市项目储备。对前期已签约落地项目，相关镇区、部门要靠上去抓，尽量往前赶，争取5月底前再开工一批项目；对已开工项目要强化领导分包责任，加快调度，确保顺利推进。2. 抓好威海市集中督导观摩活动，2017年威海市将开展4次全市集中督导检查活动，分别是6月份市政协组织的“全域城市化、市域一体化”战略推进实施情况集中督导，8月份市人大组织的“产业强市、工业带动、突破发展服务业”战略推进实施情况集中督导，10月份市扶贫开发领导小组组织的脱贫攻坚工作成效集中督导，11月份市委、市政府组织的科学发展总体成果集中督导，相关牵头领导和责任部门，要提前思索谋划，抓紧制定具体筹备方案，研究拿出路线安排，科学确定观摩点，加强督导推进；在每次威海观摩之前，市里要提前开展一次观摩督导活动。3. 抓好文明城创建工作，根据中央文明办最新精神，2015、2016年创城测评成绩仅作为省文明办推荐参评依据，2017 年将以国家测评成绩作为评选全国县级文明城市基础依据，而且文明城创建范围从城区延伸到整个乳山市，即之前做的只是一个“入门”工作，今后还要从“零”开始，全市各级各部门要继续按照创城办要求，做好达标建设，进一步加强城乡环卫一体化建设，以城乡环卫一体化的争先推动文明城创建，认真抓好创城网格动态巡察和整改工作，采取多种形式加强创城宣传教育，提高全市各层面关于创城工作知晓率、满意率、参与率，确保创城工作一举成功。4. 继续抓好红色教育基地改造提升工作，不断完善展馆史料、布展、解说等方面内容，统筹搞好红色教育基地沿线环境卫生、绿化美化、道路交通、水利设施、违建拆除、城乡环卫一体化等建设，集中力量推进胶东育儿所教育基地综合服务中心建设。5. 抓好信访稳定工作，开展好矛盾纠纷排查化解和稳控工作，落实对重点群体和重点人员的稳控责任、稳控措施，从市级领导带头，落实领导包案责任制，抓好复退军人等重点群体稳控工作。6. 继续抓好 H7N9 流感病毒应急处置工作，高度关注车站、商场、学校等人员密集区域，加强疫情监测和报告，建立联防联控机制，抓好舆论宣传引导，确保万无一失、避免恐慌。7. 持之以恒抓好安全生产、森林防火、环境保护等工作。

在全市产业振兴大会上的讲话（摘要）

乳山市人民政府市长　宫本杲

（2017 年 5 月 2 日）

这次产业振兴大会是乳山市委、市政府换届之后，新一届班子召开的最重要会议之一，也是多年来首次就产业发展问题，系统的召开这么高规格的会议，目的是通报对产业振兴的想法和措施，表明今后一个时期，乳山市委、市政府将把主要精力放在实体经济和产业振兴上，彻底扭转乳山产业发展的相对落后局面。

一、全面认识国际国内经济发展的新变化、新趋势，准确把握新一轮产业革命的新机遇、新挑战

2008 年国际金融危机爆发，当时美国预测将有 1000 多家银行倒闭，美国几个城市的 Macy's 百货全部倒闭，在好莱坞整个日落大道一条街几百家商铺至少有一半以上关门歇业。后来欧债危机整个形势也不容乐观。紧接着中国提出经济新常态，整个“L”型经济走势一直持续，虽然出现经济向好的局面，但实际上整个全球经济处于失速的状态。全球经济在过去 20 年突飞猛进，主要得益于美国信息革命引领经济“发动机”。中国改革开放 30 年发展，靠的就是投资、出口、消费“三驾马车”，而这“三驾马车”与全球经济息息相关，当美国经济出现问题，整个全球没有经济“发动机”的时候，“三驾马车”失去动力。近几年，投资领域最主要的、曾占到 20% 的房地产持续下降，去年整个威海的比例已经下降到 7%，2017 年一季度反弹不过 12%，各级政府都希望通过加大基础设施投资的方式来拉动实体经济复苏，但整个社会资本并没有跟上，没有产生 2008 年“4 万亿”拉动作用，投资拉动在不断的变弱。出口这驾“马车”实际上在过去三年之间对经济拉动已经变成“负数”，许多出口企业利润只剩下出口退税，几乎没有竞争力，做得越多国家补贴越多，而且国有企业在整个中国经济中比重越来越大，这就给欧美一些国家不承认中国市场经济地位提供“口实”。身边商场、整个消费能力都在萎缩，这“三驾马车”的拉动作用越来越小。

党中央在准确把握经济新形势、产业新趋势、发展新特点基础上，适时提出创新、协调、绿色、开放、共享“五大发展理念”，根本上是要在经济下行趋势下，打造引领中国乃至全球经济新动力、新引擎，而这个引擎不是由美国和欧洲来主掌。这个引擎的关键就在于创新，也是“五大发展理念”理论基础。

第一，经济发展的本质就是新生产技术、新技术路径、新商业模式、新资源配置、新要素组合的变革创新。这句话根源于著名的“熊彼特创新理论”。过去凯恩斯主义经济学一直是经济学的主流，后来人们发现有许多问题无法解释，熊彼特以“创新理论”完美地解释这些问题而逐渐被大家接受。创新是世界经济发展的主流。从蒸汽时代、电气时代到信息化时代、机器人时代，实际上是生产技术革新和生产方法变革所推动的；从出口拉动、激活内需到互联网经济、共享经济，实际上是商业模式所带来的市场空间、有效需求的拓展所推动的；从设立开发区、招商引资到高铁经济，实际上都是政府通过重新配置资源、组合要素所推动的。推动产业发展、产业转型和产业突破，本质上需要企业与政府高度融合的创新推动。企业要做的是引领或顺应生产技术、生产方式和商业模式的创新，创造商业机会，拓展市场空间；政府要做的是创造性地配置好政策、土地、资本等资源以及生产要素，为企业创新创造提供机遇、平台和环境。而这些创新中最重要的实际上就是科学技术创新，这也是在今后振兴产业中将科技创新摆在最关键位置的原因。在熊彼特“创新理论”中有几个要点非常重要，最关键的就是排他性。当火车出现的时候马车仍然是运输的主力，当时火车运货速度很慢，相当长时间内与马车共同存在，很多人认为这就是常态。但科技创新定义预示着，新技术出现必然淘汰老技术，如果企业没有创新意识、跟不上形势，肯定要被淘汰。同样，政府在组织生产要求方面，不知道如何去组合、去创新，乳山在全国2800多个县区当中名次就会不断下降，企业家必须要具备这种精神。只有具备创新精神的企业主才能称为企业家。无论是新产品、新技术、新市场还是新模式，只要有创新并产生实际价值，企业主才配得上叫企业家。

第二，规模型、模仿型消费阶段基本结束，个性化、多样化消费渐成主流。科技创新是指引经济发展的方向，但也只是一个理论基础，国家出台各种政策的最终目的是要创造一种新的、个性化、多样化的消费需求。互联网在上世纪80年代就开始兴起，90年代已经非常“热”，而现在才开始提出“互联网+”。其实是希望通过“互联网+”、智能制造、大数据、云计算等智慧化手段，把所有原材料采购环节、市场分析环节、生产制造环节结合起来，自动分析个体个性化需求，从而将整个采购、生产、销售环节缩到最短，将整个生产成本控制到最低，只有低成本地满足个性化需求才有市场存在的价值，其实这就是“供给侧结构性改革”的本质。企业想的都是通过规模化生产快速扩张起来，但这种规模化生产的意义实际上只是解决就业问题，而满足个性化、定制化需求生产模式将逐步替代标准化、通用化生产方式，传统的以规模效应来分摊成本也将逐步被通过定制化规模生产降低成本所取代，生产的小型化、智能化、专业化必将成为企业等产业组织的新特征，质量型、差异化、特色化将成为市场竞争的主导，这也是未来中国乃至全球经济的活力所在。

第三，市场上并不缺少金融资本，缺少的是“优质资产”。截至2017年3月底，中国广义货币（M2）余额达到160万亿，而GDP才60万亿规模，另外国内公募基金资产规模达到9.1万亿，私募基金规模突破10万亿、数量达到3.7万只，还不包括银行、保险等更为庞大的资金规模，社会资本流动性非常充足。过去企业融资主要通过银行渠道来实现，以前没有这些私募资本、股权资本，企业不得不向银行借钱，而当私募基金规模达到10万亿，所有企业就必须考虑股权融资的问题。无论是债权还是股权，都是企业发展的工具，要好好的利用，而不是在骨子里就排斥。同样，资本要投资企业时首先希望企业是非常规范的，产权清晰、权责明确、法人健全，具有完善的董事会、监事会等体系，什么事都是按照规矩和章程来办；第二是依法经营；第三是纳税方面没有问题，只有这样的现代化企业才能吸引资本的投资。但资本投资的根本目的不是在于股权分红，一定会找个出口出去，这个出口最理想的就是资本市场，比如美国家庭财产的70%至80%都是投资在股票市场，当然是通过公募基金等方式来投资。受各种原因和因素的影响，中国主板市场“注册制”改革不得不暂停，在这种情况下推出了“新三板”，而“新三板”是完全按照世界上最规范的股权市场架构来设置，所以迸发出无限发展活力，尽管仍然有各种矛盾和问题，但鼓励民间资本投资实体经济，获得股权收益并在资本市场实现退出的大方向是不会变的。所以2017年特别提出由政府来设一些引导基金试水，政府做政府的、市场做市场的，能够出现更多的汇集民间资本投资实体经济的现象。现在资本市场资金很多，缺的是好项目，这些好项目就需要在座每个人、每名企业家考虑将来做什么，包装出什么样好项目。把乳山最好资源、最大优势仔细地论证好，通过政府引导、企业跟进的模式，把这些资源挖掘好、利用好，同时吸引社会资本流入，从而带动本地企业发展。总之，吸引资本越多的地方，经济发展活力就越足，以清晰头脑、开放态度来吸纳社会资本，利用社会资本，借助资本力量推动产业振兴。

第四，招商引资靠拼政策、拼优惠、拼补助的时代基本结束 资本驱动招商将引领新一轮招商方式转型。招商引资从上世纪90年代开始，经历全面式拉网招商、专业化精准招商的阶段，现在开始进入新阶段。这个阶段已经不是原来的靠着仅仅几个人、靠着一支队伍，给政策、给优惠就能把一些好项目引进过来。特别是在经济新常态下，要想吸引其他的资本、其他的投资商来乳山，必须要进入到资本驱动招商的这个阶段。实际上今天出台所有奖励扶持政策，建立的专业化的招商队伍，只是对招商第二阶段的补充或者说补课，更重要的是第三阶段，如何通过资本来驱动乳山产业的大发展。主要的思路是：发挥国有资本的引导和串联作用，围绕优势产业领域，与上市公司及市内龙头企业合作，共同出资设立产业引导基金，政府和企业资金作为劣后，以此寻求银行、保险等资金支持，通过杠杆撬动放大5倍以上资金规模，对国内外优质产业项目、企业承接科技成果转化项目进行投资支持，或者对其他地区优质企业进行并购或控股，将运营中心、结算中心转移到乳山并在项目扩规时优先放到乳山，通过资本驱动来实现招商引资新突破。

第五，城市发展需要全球化视野，城市品牌彰显核心软实力。城市发展必须要有全球化眼光，不总考虑乳山在威海、在山东处于什么样发展状态，必须要树立一个信心，那就是中国已经是全球第二大经济体，经济体中每个细胞、每块单元都要有全球化思维，而这正是乳山最缺乏的一点。从经济数据来看，乳山离文登、荣成的差距并不大，但外贸出口额连十分之一都不到，这说明企业本质上缺乏全球化意识，没有想着怎么把产品、劳务、工程拓展到全球市场。而乳山绝对具备全球化资源，比如沙滩，国际上有哪个城市能有20多公里的沙滩，澳大利亚或者加利福尼亚阳光沙滩也不过如此，也没有银滩漂亮，只要有一个国际化的宣传，肯定会吸引很多很多外国人对这个地方的青睐。全球化几个特定产品的标志，一个是牡蛎，全世界的人都会喜欢，法国巴黎、比利时布鲁塞尔、美国西雅图等城市牡蛎美食享有盛誉，乳山不仅要做中国牡蛎之乡，更要成为全球重要产地；还有一个是葡萄酒尤其是干白，国际上知名葡萄酒产区比如法国波尔多和勃艮第、意大利托斯卡纳、美国加州纳帕谷、澳大利亚巴罗萨谷等，但做干白做的比较好的地方并不多，而且干白葡萄酒现在渐成主流。乳山有优秀的国际化的产品，一定要有国际化眼光、国际化方式把产品打出去。另外，包括乳山茶叶、苹果等等，都很有文章可做。这些品牌打响后，就是对乳山城市品牌的最好宣传，也是招引相关领域产业项目、人才和资金的最大优势，尤其是对国内外高端人士、专业人士的吸纳，也能带给城市更多的商业机会、更大的发展空间，从未来培育乳山经济主动力的高度上来认识。此外，国家正在致力于打造引领世界经济的新引擎、新动力，重中之重就是通过“一带一路”战略来实施，当前要关注的是5月中旬在北京召开的“一带一路”国际合作高峰论坛。“一带一路”战略不仅是资金、信息、人才、政策的共享共联，更重要的是一个政治问题，中国通过构建这个经济新引擎，从而使周边能够共享经济发展成果，从而引导和逐渐形成全球化3.0版本。这个版本是有别于殖民主义1.0版、霸权主义2.0版，达到共享经济3.0版本，也就是和平崛起的全球化经济新秩序。所以，无论从经济上还是政治上，认识到“一带一路”的重大意义，主动参与和抓住全球化经济新浪潮。

二、全面认清产业发展的优势与不足，探寻符合乳山发展实际的产业振兴之路

发展新经济需要新思路，培育新动力需要新办法。乳山产业发展面临“四个不足”，也具备“四个优势”。“四个不足”：一是产业杂而散，没有形成链条化、聚集化态势，主导产业规模小、不突出，整体上处于工业化初期到中期发展阶段。这就需要对每个产业进行分析论证，筛选出相对领军的企业，明确产业链条短板和招商引资方向；二是产品层次低，主要以出口加工、原料代加工和零配件制造为主，缺乏集成度高、产业链条长、带动作用强的终端产品，没有形成自己品牌和市场渠道，只能做“微笑曲线”最低端的加工制造环节；三是企业发育不成熟，企业拓展国内市场、直面消费市场的能力不足，长期“长不大”、自主发展能力弱、抵抗风险能力差，销售收入超过或接近10亿元规模的只有2家，超过2亿元的企业也不多；四是企业家创新力、学习力、执行力不足，经营上缺乏创新精神、突破精神，管理上因循守旧、循规蹈矩，符合产业资本投资要求的不多，政府想扶持也无从下手、不敢下手。“四个优势”：一是逐步放大的区位发展优势，乳山地处青烟威的中心位置，随着半岛城市群、产业一体化的发展，放到全省和北方来看，拉长到长远的角度来讲，必将成为人口、资本和产业净流入的城市；二是不可多得的自然生态优势，这也是多年来乳山市委、市政府始终坚持“青山绿水就是金山银山”所带来的巨大优势，同时还有难得的生态自然资源，比如优质海洋牧场以及牡蛎、茶叶、葡萄等，资源的市场化将带来许多的机遇和商业机会；三是千载难逢的交通改善优势，乳山港2017年将完成对外开放，乳山口大桥2017年将实现开工，这些多年来一直在推动的工程短期内都有望实现突破，莱西—海阳—荣成高铁也进入前期阶段，这种交通便利化的改善对城市综合发展的拉动作用是巨大的；四是逐渐显现的历史发展优势，历史包袱轻，“去产能”“去库存”压力相对较小，许多优质资源没有被开发占用，产业转型和发展的空间较大，为金融资本整合留下充足空间。

近30年来，各级政府发展经济主要用“四个法宝”：一是集中使用财政资金，二是不遗余力地投入和改善基础设施，三是大力推进城市化，四是建设经济开发区，而且将成为未来引领经济发展的最大动力。尽管经济社会的发展环境产生变化，但这“四个法宝”仍是今后政府的用力重点和方向。对乳山来讲，重中之重就是发挥好财政金融协同创新、国有资本杠杆撬动等作用，通过政策引导、创新引领、资本驱动来振兴产业、发展经济。

（一）以全球化、开放式的视野实施创新驱动，用新技术、新理念、新模式来培育产业、嫁接产业、改造产业。乳山地处青岛都市区与烟威都市区“夹缝”地带，面临着产业、人才、资本等“被虹吸”压力，但同时也是机遇。实施“借力青岛、融入烟威”战略，融入半岛产业链、承接产业外溢。同时，跳出胶东半岛和传统产业范围，谋求以新技术、新理念和新模式来推动产业再造。一要搭建国际化科技成果转化平台。在全球范围内筛选优质的科技创新成果，由国运公司主导组建10个亿产业基金，通过技术、资本、运营等资源整合，实现高新技术成果落地转化。近期，与以色列蓝色经济中心合作，由其根据乳山产业方向和基础，先期从500—600个项目中，按照“具备国际先进技术并取得国际专利、市场论证较为成熟且发展空间大、完成中试进入产业化并完成A轮B轮融资”条件，筛选金属空气能源电池、物联网用轻量电池、超低磁场电缆等10个项目到乳山转化。这些科技转化项目，已经包装成产业招商项目，后续将有针对性地与全国上市公司大股东、民企强企及市内龙头企业对接，探索共同组建股份制企业，进行就地转化。具体合作方式是，以色列蓝色经济中心以技术中介方式占股一部分，剩余股权原则上由政府引导基金和合作企业按比例出资（鼓励合作企业全额出资），合作企业向以色列研发企业支付区域独家技术使用费用，最终通过企业上市、定向增发、溢价回购等方式实现政府引导基金的退出，在引进高新技术成果的同时培育上市企业。下步，乳山按照这种合作模式，加强与美国、欧洲、日本、澳大利亚等国家专业孵化机构的合作，以中国市场为吸引、依靠产业资本实现技术成果的引进和转化。项目找到合作伙伴后，要用工程指挥部的办法集中布局、积聚资源，列出时间表、项目库、责任状，取得突破。二要构建开放式校地企协同创新机制。对企业研发投入除税前加计扣除外，财政还要给予一定的后补助，对建设创新平台、高新技术企业、参与制定标准、校企产学研合作、转化成果项目的给予一定的奖励，对特别优秀的重大技术成果转化项目由金投公司前期入股、逐步退出、过桥扶持，对行业性存在的技术难题由财政出资招标进行科研攻关、择企落地转化并通过“债转股”等方式扶持。这些政策体现的是一种导向，除资金以外在项目用地等方面还会给予全力扶持，目的就是让想创新、能创新的企业抛掉顾虑、主动求变。三要更加注重商业模式创新。除注重高端制造、信息技术融合外，商业模式同样至关重要，也是破解产能过剩、同质竞争、低价竞争出路所在。商业模式创新核心是价值创新，就是在庞大而传统消费领域中，去创造新消费价值、新消费需求和新消费市场。各企业要抓住全球化3.0发展趋势，参与“一带一路”等战略，拓展新的外贸市场，认真研究共享经济、跨界融合以及“互联网+”等新经济、新产业和新业态，研究消费特点，重新思考顾客的需求，从而找到创新的突破口，创造和发展出新的商业模式。

（二）以专业化、精准化的理念补足招商短板，提高招商引项的实效、成效和质效。乳山工业基础、企业底子薄弱，振兴产业需要引入新的项目、注入新鲜血液。招商引资始终是全市上下的头等大事，必须持之以恒、一以贯之地抓下去。2017年，乳山新设立招商促进局以及北京、上海、深圳3个区域招商部，还要在日本、瑞典、德国、比利时、美国等地聘请招商顾问，在经信局、科技局等8个部门设立专业招商科室，并通过干部调配、内部遴选和公开招聘等方式配备补强招商人员，就是要做到领导工作精力、干部人员配备、工作经费保障向招商一线倾斜，构建科学化、专业化、精准化产业招商体系。下一步，抓好三个方面工作：一要做好策划包装。要做好10个以色列高新技术成果以及黄金产业链、红色旅游开发、健康产业新城、大学城等优势资源的策划包装，编制招商项目PPT。由各分管市领导牵头，相关产业招商部门和镇区负责，有针对性地重点向同行业上市公司大股东、国企央企、民企强企等进行推介，招商促进局和商务局抓好跟踪、及时调度、定期通报。二要招引优质项目。现在土地资源十分宝贵，招商引资必须讲求质量和效益。在招商引资中重点攻关上市公司、央企国企、民企强企等，真正引进一批产业链条长、产品集成度高、科技水平先进的龙头项目，带动整个产业链条的突破发展。与这种层面的企业对接招商，把握好“资源合作、资本驱动”招商法宝，也要注重政策吸引，招商引资的优惠政策是招商谈判要把握的底线尺度，不要轻易突破，但是有特别好的项目，可以提报市里，一事一议地给予更优惠的政策。三要注重智力人才。过去招商引资的考核偏重于投资规模、侧重于基础建设，致使镇区有的时候不得不“忽悠”投资方征地建厂，办好土地证和房产证再去抵押贷款购买设备，结果流动资金不足，项目往往“半死不活”、土地闲置。在2017年的招商引资考核中，对于项目技术含量和专利情况、引进专家教授和博士硕士，都按一定额度计入考核，目的一个方面是引导镇区本着实事求是态度，能够租赁标准厂房的尽量租赁，能够盘活闲置土地的尽量盘活，把有效的资金用到设备购置和流动资金上，让一些优质的产业项目能够先落下户、转起来、逐步发展，另一个方面也是为提高项目的科技含量和成长可塑性，培植更多产业“潜力股”。下步，国运公司、各镇区要考虑提前运作回收一批闲置土地和厂房，把笼子腾出来，引入那些吃得少、产蛋多、飞得高、飞的稳的“靓鸟”“俊鸟”。

（三）以产业聚焦、政策聚焦的方式扶持传统企业，努力做好降成本、稳经营、强根基。传统企业始终是区域经济根本，是产业振兴的关键。这次会议出台所有政策目的，就是激发本土企业的内生动力和创造性。下步，将把精准扶贫的理念植入产业振兴，聚焦传统产业，聚焦扶持政策，聚焦龙头企业，计划3年内每年至少安排1.5个亿直接用于实体经济，帮助企业打通制约关口，实现轻装上阵、快速发展。一是鼓励企业进军资本市场。对于产权清晰、负担较轻、盈利性好优质企业，将坚定不移地引导进军资本市场，这也是寻求战略伙伴、产业资本和政府支持的一条捷径。无论政府与企业共同发起产业基金，或者给予股权投资、产业投资，或者赋予土地等优惠政策、提供资金过桥或融资担保等扶持，必须是规范性企业才会放心投、敢于投。乳山市委、市政府将集中一切优势资源、调动一切行动力量，对进军资本市场企业重点扶持、做大做强。二是鼓励企业技术改造和装备提升。现有企业新上项目涉及征地、建设的，视同招商引资项目，按照招商引资标准给予优惠政策。因技术改造、产能扩规、新上项目而产生的基建和设备投入，以及与国内外融资租赁公司发生设备租赁等业务的，无论是否涉及银行贷款，均由乳山市财政予以全额贷款贴息。特别是购买工业机器人等自动化设备的，按照设备价款的10%进行补贴，进一步推动“机器换人”和“智慧工厂”建设。三是鼓励企业加强组织架构的“发育”建设。将传统企业正常组织“发育”建设作为一个重点，鼓励企业加强研发设计、质量检测特别是销售团队建设。“海纳英才计划”意见中，提出31个方面具体政策措施，涉及奖励补助、生活保障、政治待遇等多个方面，指向高端人才、产业人才、支撑人才、重点领域人才、本土重点人才多个领域，安家补贴、工作津贴等各方面奖补标准都有较大幅度提高。各企业要把握政策机遇，加快引进相关人才，逐步地把销售、研发等机构健全起来，为今后转型发展、创新发展奠定基础。

（四）以资本引导、杠杆撬动的模式组建产业基金，全力谋求资本驱动、转型升级和弯道超越。产业基金实际上是一种债权关系，组建基金目的是5年内只还利息，本金是在第5年到第7年偿还，通过长期的资本集中运用推动资源开发，从而带动产业转型升级。从这个角度来看，基金也要看效益，但更看重的是退出，现在国家无论从上市便捷度、上市增发、资产证券化等方面都是鼓励的，所以只要在前5年内的投资能够形成优质资产以弥补利息的支出，第5年之后偿还本金完全有希望的，可以通过企业直接上市、其他上市公司增发购买、资产证券化等方式偿还，最差的就是发新基金来偿还旧基金。只要乳山这个资源和产业值得开发，乳山市委、市政府将不遗余力地组建产业基金。下步主要组建四大类基金：一是产业投资基金。除立足茶叶、海洋牧场、中草药、葡萄酒等产业基础资源，与上市公司、民企强企和本土企业合作，推进好既定的20个亿的中医药产业基金、10个亿的茶产业基金、5亿元的现代果业产业基金、5亿元的海洋牧场投资基金、10个亿的旅游产业发展基金、50个亿以上规模的临港产业基金、15个亿的银滩健康城产业基金推进组建外，重点还要在电子信息、新材料、医疗器械、人工智能等领域设立高新技术产业投资基金，吸引优质产业项目和资本注入，实现高新技术产业“无中生有”。二是企业股权投资基金。针对龙头企业、结合产业招商，对于一些优质产业投资项目、现有企业扩规项目或者技术成果转化项目，单独给予一定的股权投资支持。比如，对华信食品政府给予5000多万元的股权投资，目前结合在谈的核电装备、水处理、新兴建材等产业项目将分别组建基金，也将积极争取省、威海市股权投资基金支持，从而加快项目落地推进。三是产业并购基金。对一些优势企业进行直接并购，先把运营总部、结算总部迁移到乳山，今后企业再投资扩规时直接在乳山新上产业项目，目前已与山东承恩投资有限公司合作设立20亿元的医疗产业并购基金，并开展医疗设备的融资租赁业务。另外，与天津、香港等企业合作分别设立注册资金1亿美元和3亿元2家融资租赁公司，取得重大突破。四是天使和风险投资基金。主要是针对孵化器引进项目、高校专家教授自主创业项目、引进中小科技型项目以及优质创新创业项目进行投资。这块产业基金不要求盈利，甚至是必须亏损的。下步，待国运公司、金投公司人员调整和充实完成后，必须抓紧推进组建，同时要制定好基金投资管理制度以及综合性绩效评价办法。

三、深刻认识发展环境的重要性，为推进产业突破、产业振兴、产业强市营造良好氛围

环境是竞争力，更是生产力。要引进资金、人才、技术、项目等，从实际效果和微观层面上来讲都应该依靠企业，部门应该把更多的时间和主要的精力放在发展环境再造上。企业和纳税人是市委、市政府服务的根本对象，企业的发展就是市委、市政府的发展。发展环境包括精简高效的政务生态、充满活力的创新创业生态、彰显魅力的自然生态和诚信法治的社会生态，需要下定决心再造，需要56万乳山人民共同努力。

（一）在城市品牌层面上，要让“乳山”这两个字成为健康产业的“代名词”。县级城市受城市层次、社会资源等制约，要在发展上塑造品牌、闯出名堂，必须有一个最显著特色串联起来，把乳山生态环境、休闲旅游、房地产业、安全食品、养生养老等所有产业串联起来的就是大健康产业。过去卖的主要是房子、是资产、是硬件，今后卖的应该是服务、是环境、是生态，是一种健康生活方式，这才是城市发展的方向。所以，今后我们要从战略层面来谋划健康产业、引导产业转型，推进健康消费、健康产品、健康服务等领域的供给侧结构性改革，满足不同群体尤其是高端群体对生活、休闲、医疗、教育、创业、就业等方面需求，将乳山打造成中国北方甚至是东北亚地区的健康养生城市。能够提供“夏天避暑、冬天躲霾”的自然生态环境，能够提供国际上最好干白葡萄酒、牡蛎的味蕾体验，能够提供顶尖医疗保健机构的个性化服务，能够提供良好的创业就业平台以及产业基金等金融扶持，真正让人一提到乳山，就能联想到健康之城、创业之城、产业之城。

（二）在生活宜居层面上，要注重满足高端消费需求，创造吸纳高端阶层的环境。随着莱西—海阳—荣成高铁启动，银滩开发建设将迎来新一轮机遇期，但继续控制好滨海新区的房产开发，只允许发展高端地产、养生地产和养老地产。只要有新移民过来，必然要求政府提供相应公共服务，这在本质上与发达国家设立门槛、吸引投资移民是一致的。投资者来乳山投资创业，更重要的是将来要在这里生活，要有自己的朋友圈、交际圈，孩子要过来上学，没有良好生活环境、相同层次知己朋友，是根本不可能引进高端人才的。所以，注重补齐城市建设这块短板，加快推进好城市棚户区改造以及体育、文化、医疗等综合体的建设，开发建设一批高端高档的居住生活小区。除此之外，乳山市政府正在与国内知名的房地产企业探讨葡萄酒特色小镇的建设，目的是通过建设酒庄群来吸引国内外大企业、大财团和成功人士，只要把这些资源引进来乳山，就为未来创造许多商机和可能。

（三）在产业支撑层面上，要下大力气净化企业融资环境和社会发展环境。一要抓好民间借贷规范和担保圈风险化解。要把帮助企业化解高息民间借贷作为一项重点来抓，对辖区企业民间借贷情况进行细致摸排、提前预警。对于还贷压力大、资金周转难企业，逐一成立工作小组，联合银行、借贷方等债权人共同研究化解方案，帮助降息减负。同时，做好担保圈风险化解工作，细致做好排查，建立担保拓扑图，切断圈内担保关系关键链条，逐步使大圈化小、小圈转化抵押。二要持续降低企业融资等综合成本。落实小微企业享受减半征收所得税范围扩大、科技型中小企业研发费用加计扣除提高等结构性减税政策，降低企业非税负担。同时，通过国运公司继续扩大转贷过桥资金的规模，为债务清晰、负债率合理企业提供低息资金周转，但是对于债务结构混乱、严重资不抵债的企业原则上不予支持。三要有效解决资产抵质押不足、抵质押率低的问题。整个威海市信用贷款比例不到5%，远落后全国平均水平，具有很大的发展空间。要创新企业增信的方式，鼓励金融机构根据企业纳税、销售收入等综合情况确定授信额度，丰富仓储质押等手段，进一步提高抵押率。金融办研究建立企业生产经营信息通报机制，及时将生产经营中的关键信息向银行机构通报、信息共享，严防多头抵押、充分质押等问题，根据金融机构支持实体情况进行绩效评价并兑现奖励。四要加快金融聚集区建设。通过总部经济等政策，大力引进银行、保险、证券、期货、信托投资、金融租赁、融资租赁等金融机构总部或区域性总部，鼓励小额贷款、融资担保等类金融机构发展，多方引入外部资金，注入产业发展活水，通过充分市场竞争努力把金融信贷这块“大饼”做大做强、实现互惠共赢。

（四）在深化服务层面上，既要求各级政府信守承诺、“不抹桌子”，又要求各级干部敢于担当、主动作为，真正树立起政府的公信力。这次威海人民代表大会期间，企业界代表反映最多的问题就是政府政策的变化调整随意性大、“抹桌子”的政策不少、执行标准不严格等，或多或少地对政府的公信力产生怀疑，可能会觉得这次会议不过就是为了喊喊口号、起个题目、走个过程。今天会上印发一揽子政策，市委、市政府向全市企业表态，对于这些政策，包括今后出台的政策、做出的承诺，乳山市委、市政府一定严格执行、不打折扣，同时会保证政策连续性，今后不再随意调整政策、随意降低标准。也要求各级各部门和领导干部统一思想、形成共识，树立强烈责任感和使命感，共同为企业服好务，共同把环境营造好。市委、市政府提三个要求：一要自觉发扬“四通精神”，个人职责范围内的事速办快通，当工作运转不畅时及时协调沟通，当企业发展面临困难和矛盾时积极帮助疏通，当旧条条框框对企业发展不利时合理灵活变通。二要积极做到“四个凡是”，凡是外地先进做法和经验都可以借鉴运用，凡是市委、市政府公开承诺的都要坚定不移落实到位，凡是政策规定有弹性幅度的都要千方百计用足用活用好，凡是政策法规没有明令禁止的都可以大胆地探索和试行。三要真正确立“四个都要”，只要想创业、敢创业的都要提供舞台，只要对乳山的发展有利的都要支持，只要能增加群众收入、就业岗位和财政收入的都要鼓励，只要是合法致富、诚信经营的都要保护。以上“四通精神”“四个凡是”和“四个都要”，就是市委、市政府对大家提出根本要求，落实到位需要大家敢创新、敢作为，有担当、有责任心，真正让一切会干事、能干事的人都能在乳山找到广阔创业空间，真正在全市上下形成“优化环境光荣，破坏环境可耻”良好氛围。

11月27日，斑斓湿地　安浩摄

·汉代 陶瓮

·汉代 高领陶罐

·战国 陶罐

·战国 陶壶

责任编辑：吕素坡

·战国 陶豆

大事记

Events

1 月

3 日　威海市冬春水利建设现场会议在乳山市召开，威海市委副书记赵熙殿、副市长傅广照出席。与会人员观摩乳山河地下水库新建、台依湖水肥一体化、司马庄河道治理等项目现场，对乳山市统筹推进各类水利工程建设的做法给予肯定。

5 日　乳山市召开全市经济工作会议，总结 2016 年经济运行情况，研究部署 2017 年经济工作。会议提出将“绿水青山”发展理念融入到全市经济社会发展各领域，补齐产业发展短板，实施“产业强市、工业带动”发展战略，坚持抓二产、带一产、促三产，集群化膨胀工业，链条化发展农业，全域化提升旅游，狠抓招商引资和项目建设，为产业转型升级争取时间和空间。

△　马石山烈士陵园山东省级国防教育基地举行揭牌仪式。威海军分区司令员王建政及乳山市领导李国徽、矫伟宏、曹永刚、高波参加。

6 日　威海市委副书记、市长张惠到乳山市调研精准扶贫和农村饮水保障工作，并走访看望慰问老党员、困难党员和困难群众。

8—9 日　乳山市以“牡蛎品鲜汇”为主题组织开展乳山牡蛎嘉年华、中国（乳山）牡蛎产业发展高峰对话等六大主题活动。9 日，中国水产流通与加工协会向乳山市授予“中国牡蛎之乡”和“2016 最具影响力水产品区域公用品牌”称号。

11 日　乳山市 2016 年度党（工）委书记抓党建工作述职评议会议举行。

12 日　乳山市代市长宫本杲在华玺大酒店三楼国事厅会见美国欧喜集团总裁、首席运营官麦大卫一行，乳山市领导许鹏参加会见。

△　“母爱圣地 美好乳山”城市品牌标识说明会在乳山市第二会议室召开。乳山市委常委、宣传部部长纪华艳主持会议并讲话，山东工艺美院美术馆副馆长王瑞青对乳山城市品牌标识进行系统阐释。

12—13 日　国家卫生城市技术评估专家组组长、吉林省爱卫办副主任王哲率队对乳山市创建国家卫生城市工作进行技术评估。乳山市委书记周兵主持汇报会，乳山市代市长宫本杲作工作汇报。山东省卫计委监察专员张丽艳、17 个网格分包乳山市级领导出席会议。

1 月 3 日，乳山河地下水库工程施工　（辛戈摄）

18 日　由中国智慧城市论坛、中国科学技术法学会智慧城市工作委员会主办的 2017 第七届中国智慧城市大会在北京召开，10 个城市和 11 个企业优秀案例、18 个优秀解决方案等在大会上颁布，“智慧乳山”获 2016 中国智慧城市优秀案例奖。

20 日　中国共产党乳山市第十四次代表大会 20 日在乳山市中心会议室开幕，回顾总结市第十三次党代会以来工作，研究部署今后五年奋斗目标和主要措施。周兵代表中共乳山市第十三届委员会向大会作《践行新理念、引领新发展，为加快建设现代化幸福乳山而努力奋斗》报告。

21 日　中共乳山市第十四次代表大会闭幕。大会选举出市委委员 33 名、市委候补委员 6 名，市纪委委员 25 名，出席中国共产党威海市第十五次代表大会代表 52 名。

△　下午，中共乳山市第十四届委员会第一次全体会议在乳山市委四楼会议室举行。会议选举周兵、宫本杲、李国徽、丁甫春、战国生、樊西民、卫玮、孔祥雷、李映华、纪华艳为中共乳山市第十四届委员会常务委员会委员，选举周兵为乳山市委书记，宫本杲、李国徽为乳山市委副书记。会议通过中共乳山市第十四届纪律检查委员会第一次会议全体会议的选举结果。

△　下午，中共乳山市第十四届纪委第一次全体会议在乳山市政协五楼会议室举行，选举出乳山市纪委常委和书记、副书记，李映华当选为纪委书记。

23 日　乳山市第十八届人民代表大会第一次会议在华玺大酒店国际会议中心开幕。乳山市政府代市长宫本杲代表市政府向大会作工作报告，乳山市人大常委会主任马泽代表市十七届人大常委会向大会报告乳山市十七届人大的工作。会议还听取乳山市人民法院工作报告、乳山市人民检察院工作报告。

25日 乳山市第十八届人民代表大会第一次会议闭幕。大会选举姜翠萍为乳山市人大常委会主任，高翠玲、矫伟宏、高波、孙保广、侯常青为乳山市人大常委会副主任。选举宫本杲为乳山市人民政府市长，战国生、宫洪霞、袁国选、许鹏、曹永刚为乳山市人民政府副市长，选举原永忠为乳山市人民法院院长，连业文为乳山市人民检察院检察长。

△ 中国人民政治协商会议第十届乳山市委员会第一次会议闭幕。会议选举产生政协第十届乳山市委员会主席、副主席和常务委员；王祥芹当选政协第十届乳山市委员会主席，李新权、丛宝云、曲华良、于馗、张平当选政协第十届乳山市委员会副主席；通过乳山市政协十届一次会议决议。

△ 山东省青年艺术团、舞蹈艺术团一行为创作乳娘题材舞剧到乳山市采风。乳山市党史市志办公室向其提供史料和采风支持。

2月

4日 乳山市委、市政府在乳山市中心会议室召开2016年度全市工作总结表彰大会。回顾总结2016年度全市工作情况，表彰先进单位和先进个人，推动机关作风转变，以建设学习型、创新型、服务型、效能型、廉洁型“五型”机关为抓手，重点强化“讲规矩、抓落实、重创新、提效能”四种意识，努力培养和造就一支“能干事、敢干事、干成事、不出事”的高素质干部队伍。

11日 “中国秧歌之乡”授牌仪式在乳山市人民政府广场举行。乳山市是中国文联在山东授牌的第一个县。中国民间文艺家协会副主席苑利向乳山市授牌，中国文联民间文艺艺术中心副主任刘德伟，中国文联研究员、中国民协志愿服务中心副主任刘加民等参加仪式。

15日 威海市委常委、常务副市长王学文带领威海市相关部门负责人到乳山市调研2017年威海市级重点项目建设情况。

24日 乳山市委书记周兵、市长宫本杲带领乳山市党政考察团赴烟台市福山区学习考察招商引资工作。先后实地参观山东鑫海矿业技术装备有限公司、山东上汽汽车变速器有限公司、德尔福柴油系统（烟台）有限公司、博世华域转向系统（烟台）有限公司。

28日 山东省茶业创新团队2017年专家联席会议在乳山市召开。来自山东省茶产业的相关专家、学者通过实地观摩与召开座谈会等方式，为乳山市茶产业发展把脉问诊、建言献策。

3月

2日 威海市委书记孙述涛参加威海市第十五次党代会乳山市代表团讨论，要求乳山市进一步坚定信心，正视差距，加压奋进，全力以赴抓产业发展和项目建设，实现更高层次发展。

8日 乳山市民族宗教大会召开，要求各级各部门深刻领会中央部署和习近平总书记系列重要讲话精神，严格执行政策，创造性地做好民族宗教工作。

14日 乳山市委召开常委扩大会议，作出在全市开展向牺牲在“两会”安保岗位上的乳山市公安局特巡警一大队教导员王伟学习的决定，并追授王伟“乳山市优秀共产党员”称号。

15日 威海市委副书记霍高原带队到乳山市调研美丽乡村建设和扶贫开发项目情况。

16—17日 乳山市委书记周兵带队到枣庄市市中区开展扶贫协作对接。

27日 以色列蓝色经济中心负责人沙龙·达斯卡尔和尤瓦尔·拉宾一行到乳山市进行科技考察和项目洽谈。威海市副市长张伟在乳山

2月24日，中共乳山市委书记周兵（前排中）、乳山市市长宫本杲（前排左）带领乳山市党政考察团一行参观德尔福柴油系统（烟台）有限公司（辛戈摄）

国际大酒店会见考察团一行，乳山市领导宫本杲、战国生出席。

29日 乳山市举办2017年农村、城市社区党组织书记、主任培训班，要求农村、城市社区党组织书记、主任争当“讲规矩、有本事、勤为民、重团结”的表率。

△ 乳山市在冯家镇消水河村北举行山东莱阳——昆嵛500千伏线路工程开工仪式。

△ 山东电视台庆祝建军90周年文艺演出总导演霍静到乳山市采风，乳山市党史市志办公室向其推介马石山十勇士题材并提出创作思路建议。山东电视台编排的情景剧《马石山十勇士》于8月播出。

31日 威海市委常委、组织部部长刘运到乳山市调研美丽乡村建设和红色教育基地提升情况。

是月 乳山市委宣传部、乳山市党史市志办公室出品，高玉山编著的《红色乳山》由山东人民出版社出版发行。

4月

4日 山东省副省长、公安厅厅长孙立成到乳山看望慰问“全国公安系统二级英雄模范”王伟亲属。

8日 联合国大黄海生态系示范区项目调研组在山东省海洋与渔业厅副厅长姜清春陪同下，对乳山市沿海生态湿地进行调研考察。

18日 2017年乳山市产学研合作暨项目推介大会在成创乳山众创空间举办，签订18项合作协议。

△ 中午11时，受临近县市火灾影响，乳山市岠嵎山国家森林公园突发森林火灾。经过军民奋力扑火，至晚21时山火全部被扑灭。

24日 深圳市水产行业协会会长陈沛忠一行到乳山市考察牡蛎行业发展情况。

26日 以“中华慈善突出贡献奖”获得者邵本道为原型创作的大型现代吕剧《邵本道》在威海市机械工程高级技工学校报告厅首演。

28日 乳山市召开首届十大乳山工匠命名表彰大会举行，对首届“乳山工匠”进行表彰。

5月

2日 乳山市产业振兴大会在乳山市中心会议室举行，要求加快推动产业转型、结构突破和弯道超越，为乳山市长远发展打下坚实基础。

3日 山东省委党校第46期市厅班76名学员到胶东育儿所教育基地接受红色教育。乳山市领导宫本杲、李映华陪同活动。

11日 乳山市推进“两学一做”学习教育常态化制度化工作座谈会召开。

△ 中国国民党基隆市党部副主委、基隆市青工总会总会长江荣庆率基隆市基层社区青年参访团一行18人到乳山市参观考察。

△ 美国国家地理频道摄制组到大乳山滨海旅游度假区、银滩旅游度假区景点采风。

18日 临朐县委副书记田元君一行20人到乳山市参观考察优势主导产业和新兴产业培育发展、科技工业园区和科技孵化器建设、城市建设等工作。

△ 威海市委副书记霍高原到乳山市调研红色教育基地提升工作。

19日 在全国公安系统英雄模范立功集体表彰大会上，乳山市公安局被授予“全国优秀公安局”称号，乳山市副市长、公安局局长袁国选作为山东省获得“全国优秀公安局”称号的集体代表参加大会，并在会前受到习近平总书记、李克强总理等中央领导接见。

22日 枣庄市人大常委会副主任、市中区区委书记宋淑启带队到乳山市对接扶贫协作工作。

26日 威海市副市长杨丽带领威海市相关单位负责人到乳山市调研商务和全域旅游工作，乳山市领导宫本杲、曹永刚陪同调研活动。

28日 下石硼村红色乳山革命根据地旧址建成开放。

是月 韩国国民产业开发株式会社社长李润福到乳山市考察，协商韩国孵化器的入驻及合作事宜。

是月 海阳所镇被山东省住建厅命名为“2017年山东省绿色生态示范城镇”。为威海市唯一被命名的镇。

6月

1日 龙角山水库增容工程获省级财政6084万元的资金支持。

△ 金碃岭体育公园开园，该项目是乳山市城市景观绿化设计施工一体化PPP项目，在原金碃岭金矿采空区上填充除险后建设，成为生态修复典范。

5日 昌邑市党政考察团一行45人到乳山市就经济社会发展、滨海新区建设、文明城市创建等方面工作进行观摩考察。

△ 香港卫视到乳山市拍摄纪录片《映像·乳山》。

15日 张潭美术馆成立揭牌仪式在乳山市文广新局举行，乳山市副市长宫洪霞出席仪式并致辞。张潭子女将56幅书画作品、2000多册珍藏图书无偿捐献给张潭美术馆。

26日 威海市市长张惠带队到乳山调研产业结构突破、抢墒夏播及农村饮水保障等工作。

是月 乳山市乳山口港实施一类口岸开放获得国务院批准。本次批准开放范围涵盖整个乳山口港湾内水域，包括1450米的海岸线和6个开放泊位。

7月

5日 山东省关工委常务副主任、省人大常委会原副主任崔曰臣一行到乳山市调研高校关工委领导班子建设和青少年党史国史教育工作。

14日 乳山市被全国爱国卫生运动委员会办公室命名为2015—2017周期全国卫生城市。

25日 威海军分区领导邹积军、曹元怀带领军分区全体机关干部到乳山市红色教育基地参观学习，现场接受革命传统教育。乳山市领导周兵、李国徽陪同参观。

26日 威海市美丽乡村建设暨精准扶贫现场会在乳山市召开，与会人员实地观摩乳山市扶贫基地和社会扶贫工作现场。

27日 乳山市市长宫本杲应邀出席在北京举行的"鸿基金'7·27'中国社群思维日"颁奖典礼。

△ 潍坊市人大常委会副主任、临朐县委书记顾建华率党政考察团一行36人，到乳山市参观考察优势主导产业培育发展、文明城市创建、卫生城市创建工作。

8月

2日 德州市政协副主席许绍华一行到乳山市考察现代农业经验做法。

10—12日 乳山市举行全市半年工作总结活动，采取外出考察学习、市内观摩、集中开会方式进行，动员全市上下进一步对照先进、正视差距、真抓实干、奋起直追，推动创新突破发展。

12日 威海市委副书记、代市长张海波到乳山市调研新旧动能转换、农村农业发展、精准扶贫等工作。

15日 威海市委常委、政法委书记傅广照一行，到乳山市育黎镇调研脱贫攻坚工作。

17日 威海市史志工作推进暨现场交流会在乳山市召开，威海市史志办领导班子成员、各科馆负责人及各区市史志办主任等25人参会。与会人员实地参观服务党委政府中心工作成果现场、志鉴编修现场。

18日 威海市委书记孙述涛、威海市副市长周永迪带领威海市有关部门负责人，到乳山市督导检查环保问题治理及化工企业安全生产转型升级工作。

21日 "乳山发布"官方微信微博推送乳山市市长宫本杲用英语为城市代言，后经央视网华人频道、百度百科、中国网等网络传播平台转发，总点击量过亿人次。

25日 山东省统筹推进胶东党性教育基地建设专题研讨会与会人员一行70人，在威海市领导霍高原、刘运陪同下，到乳山市实地调研胶东育儿所建设工作。

29日 乳山市全国首批农村综合性改革试点试验县工作启动会议召开。

31日 山东行政学院党委副书记、常务副院长王卫东一行，在威海市相关部门负责人陪同下，到乳山市参观胶东育儿所纪念馆。

是月 乳山—海阳边界联合检查工作完成。

是月 俄罗斯旅行商考察团一行18人到大乳山滨海旅游度假区实地考察。

7月27日，乳山市市长宫本杲应邀出席"鸿基金'7·27'中国社群思维"日颁奖典礼 （辛戈摄）

9月

8日 全国妇联宣传部部长张小媛一行，在威海市相关部门负责人的陪同下，到乳山市调研红色教育基地建设情况，乳山市委常委、宣传部部长纪华艳陪同调研。

△ 国家卫生计生委疾控局副巡视员孙新华带领专家组，在山东省、威海市相关部门负责人陪同下，到乳山市开展国家慢性病综合防控示范区建设技术评估。

12日 滨州市委党校考察团一行46人，在威海市委党校相关负责人陪同下，到乳山市参观考察胶东育儿所纪念馆。乳山市委常委、副市长唐大鹏陪同参观。

13日 威海市副市长、公安局局长叶立耘带领威海市公安机关基层基础建设三年攻坚现场观摩会与会人员，到乳山市调研基层警务工作开展情况。

△ 威海市委副书记霍高原带领相关部门负责人，到乳山市就美丽乡村建设、基层社会维稳工作进行实地调研。

15日 中央党校副秘书长冯秋婷到乳山市就红色教育基地打造和党校工作进行专题调研。乳山市委书记周兵陪同调研活动。

18日 威海市行业工会观摩会议与会人员到乳山市观摩家庭服务业工会联合会建设情况。

19日 山东省人大常委会副主任温孚江一行，到乳山市调研乡村旅游、红色文化、生态文明和精准扶贫等工作，乳山市领导周兵、姜翠萍、高翠玲陪同。

△ 乳山市人民医院加盟青岛大学医疗集团签约仪式举行。

20日 山东省涉氨制冷特种设备安全监管新模式工作现场会与会人员一行60人，到乳山市进行实地观摩，乳山市委常委、统战部部长孔祥雷陪同观摩活动。

28日 威海商务助力乳山产业突破发展合作推介会在威海市东山宾馆召开。威海市委常委、常务副市长王亮及市直有关部门负责人，乳山市领导宫本杲、曹永刚出席会议。

9月19日，山东省人大常委会副主任温孚江（中）一行到乳山市调研乡村旅游工作（辛戈摄）

是月 《乳山年鉴（2016）》被中国地方志指导小组评为全国地方志优秀成果（年鉴类）特等奖，是山东省内唯一获特等奖的县级年鉴。

10月

9日 莱荣高铁乳山段项目启动工作动员会在乳山市政府四楼会议室召开。

10日 威海市委书记孙述涛，威海市委常委、秘书长侯世超带领威海市相关部门负责人，到乳山市实地调研河长制及美丽乡村建设工作。

△ 威海市委副书记霍高原、市政府副市长周永迪带领威海市美丽乡村建设和精准扶贫集中督导考核现场会议与会人员，到乳山市实地督导考核美丽乡村建设和精准扶贫工作。

18日 乳山市广大党员干部和市民收听收看中共十九大开幕会，学习十九大报告精神。

19日 威海市委副书记霍高原带领威海相关部门负责人到乳山市调研指导基层基础工作，看望慰问一线工作人员。

△ 百名革命后代到乳山市参观威海马石山红色教育基地、胶东育儿所教育基地、下石硼红色乳山革命根据地旧址，并在马石山举行纪念活动。

20日 乳山市“创意无限”手工艺品大赛颁奖仪式在成创乳山众创空间举行，35名获奖者的上百件入围作品在现场展出。

25日 威海市委副书记、代市长张海波在威海市副市长高书良陪同下，到乳山市调研河长制和“三农”工作。

27日 威海市域资源助力乳山

突破发展金融专场对接活动在威海市投融资市场举行。

31日 乳山市规划谋划工作研讨交流会议召开，采取观摩交流与研讨相结合的方式进行，引导全市各级更好地推动新一轮规划谋划工作。

△ 威海市副市长高书良带领威海市推进河长制暨河库绿化整治工作现场会议与会人员，到乳山市观摩河长制及河库绿化整治工作。

是月 第二届"乳山文学艺术奖"公布，31件作品获奖。

11月

3日 中组部老干部局副局长杨保平在山东省委老干部局、威海市委老干部局相关负责人陪同下，到乳山市调研指导离退休老干部党建工作。

5—8日 上海市旅游局考察团到乳山市考察踩线，开展合作交流。

13日 威海市委常委、统战部部长戴龙成带领威海各区市、国家级开发区党（工）委统战部相关负责人，到乳山市观摩统一战线"三服务"示范点工作。

△ 长3310米的威海最长跨海大桥——乳山口跨海大桥建设项目获山东省发改委批复，相关招标工作启动。

14日 中央文明委公布第五届全国文明城市名单，乳山市在全国167个提名的县级城市中以第18名的成绩被命名为"全国文明城市"。

17日 全国精神文明建设表彰大会在北京召开。乳山市获"全国文明城市"称号，夏村镇南庄村获"全国文明村镇"称号。乳山市委书记周兵赴京出席表彰大会领奖，受到习近平总书记会见。

23日 "四季威海、康养福地"第四届品味山东——全国网络媒体齐鲁行活动走进乳山市，来自新华网、中青网、大众网、齐鲁网等30家媒体记者实地走访兴业源现代农业发展有限公司和华信食品有限公司，集中报道乳山市产业发展情况。

25日 法国波尔多列级酒庄联合会主席、骑士庄园庄主奥利维尔偕同其他名庄会员，参观台依湖国际酒庄生态文化区，同时在此举办波尔多—乳山葡萄酒产业交流会。

12月

5日 威海市人大常委会副主任从培卿一行到乳山市调研体育工作开展情况。

6日 威海—纽约海洋垃圾防治"伙伴城市"美方代表团到乳山访问，考察乳山市海洋垃圾防治和海洋生态保护方面的经验做法。

18日 威海科技、服务业助力乳山产业突破发展合作推介会在乳山华玺大酒店召开。科技部原部长、中国科学院院士徐冠华以及清华大学、武汉大学等国内部分著名院校专家，威海市委常委、常务副市长王亮，乳山市领导宫本杲、战国生、王晓通出席会议。

△ 乳山市在乳山口港举行海洋牧场示范区建设启动仪式。国家贝类产业技术体系首席科学家张国范、山东省海洋与渔业厅副厅长宋继宝出席启动仪式，乳山市市长宫本杲，獐子岛集团董事长、总裁吴厚刚分别致辞。

19日 绿城中国董事局主席刘文生一行到乳山签约绿城台依湖特色小镇项目。威海市副市长周永迪，乳山市领导周兵、宫本杲、战国生出席签约暨启动仪式。

20日 威海市委常委、政法委书记傅广照在威海市有关部门负责人陪同下，到乳山市宣讲中共十九大精神，并调研社会治理创新工作。

△ 烟台毓璜顶医院乳山分院揭牌仪式在乳山市人民医院礼堂举行，乳山市政府副市长宫洪霞出席揭牌仪式。

21日 第十一届"乳山市十大杰出青年"表彰会议在乳山市第二会议室召开。

22日 枣庄市市中区考察团到乳山考察学习文明城市创建和乡村文明移风易俗工作。乳山市委常委、宣传部部长纪华艳陪同活动。

23日 乳山市在北京组织召开在京流动党员座谈会，乳山市委书记周兵出席会议并讲话。

是月 乳山市被确定为山东省首批健康城市试点，海阳所镇被确定为首批健康乡镇试点，海阳所镇海阳所村被确定为首批健康村镇试点。

是月 农业部优质农产品开发服务中心发布2017年度全国名优新农产品目录，乳山市正华农林科技示范园有限公司和威海威茗茶业有限公司生产的乳山绿茶、威海吉利食品有限公司生产的乳山生姜、乳山市新自然草莓专业合作社生产的乳山草莓3种农产品入选。

是月 由乳山市文化广电新闻出版局、乳山市文学艺术界联合会、乳山市党史市志办公室联合出品，辛明路编纂的《乳山民俗》出版。

便民利民实事落实

2017年，乳山市委、市政府规划启动实施9大类便民利民实事，涵盖基础设施、医疗卫生、社会救助、智慧乳山、便民服务、交通公路、新农村建设等9个方面，年度投资58.7亿元，投入规模和覆盖范围均创历史新高。

【健康乳山建设工程】 2017年，乳山市实施国家基本药物制度，投资2339万元在全市所有县级公立医院、基层医疗卫生机构和镇村一体化管理的村卫生室推进国家基本药物制度。实施基本公共卫生服务，投资2528万元在城乡免费开展居民健康档案、慢性病管理等11大类基本公共卫生服务项目。投资345万元为全市25000名农村妇女免费进行宫颈癌、乳腺癌筛查。投资208万元为全市4200名新生儿免费筛查52种新生儿遗传代谢性疾病。投资846万元为乡村医生发放专项补贴并进行培训。

【社会保障救助工程】 2017年，乳山市投资21158万元做好城乡居民医疗保险工作。投资14206万元扩大居民养老保险覆盖面，提高保障水平。投资4580万元为在乡复员军人、残疾军人、三属、带病回乡军人、烈士子女、60周岁老兵、优抚对象遗属发放抚恤和生活补助金。投资3952万元对农村年满60周岁的独生子女、双女、子女死亡现无子女的家庭进行补助。投资3329万元对全市符合条件的低保对象进行保障。投资1107万元对女方年满49周岁的独生子女死亡（三级以上伤残）家庭进行补助。投资1600万元对全市五保供养对象进行保障，按季度发放供养资金。

【安居工程】 2017年，乳山市投资46170万元采用新建、货币安置、回购安置等方式完成棚户区改造。投资5230万元对东山小区、华冠一区、二区等10个小区进行基础设施、专营设施设备改造升级。投资5514万元进行既有居住建筑供热计量及节能改造。

【教育提升工程】 2017年，乳山市投资8000万元完成新建西苑学校二期工程、一中综合教学楼、金岭中学综合教学楼、实验初级中学综合教学楼、一实小综合教学楼，解决大班额问题。投资1618万元实施城区北部公办幼儿园建设工程。投资1108万元进行校舍改造提升工程。投资1550万元完成教育管理公共服务平台建设，启动"智慧教室"试点项目建设，完成市直学校学生微机室和一中等11所学校的校园网升级改造。

【新农村建设工程】 2017年，乳山市投资3371万元完成全市32100户农村厕所改造。投资1296万元实施农村环境综合整治工程，对106个村的水源地进行保护、生活污水进行处理、非规模化畜禽养殖进行治理。投资1080万元对全市601个村庄进行农村环境长效管护。投资10000万元完成乳山河清淤、筑坝、岸坡护砌等工程建设。投资1820万元实施高标准农田建设项目。

【便民设施建设工程】 2017年，乳山市投资128500万元实施市人民医院整体搬迁，投资2089万元实

8月25日，乳山市光明街小学建设现场　（辛戈摄）

施公交车辆停保场建设工程，投资140000万元实施体育综合体建设工程，投资2800万元实施档案馆建设工程。

【交通道路建设工程】　2017年，乳山市投资84407万元实施文莱高速（乳山段）建设工程，投资51976万元实施省道207莱乳线乳山绕城段改建工程，投资7393万元实施乳山口大桥建设工程，投资20604万元实施县乡路改造工程，投资2000万元实施县乡路平交口安保工程，投资3074万元实施商业街道路改造工程，投资3004万元实施青山路道路改造工程。

【基础设施建设工程】　2017年，乳山市投资10462万元实施中低压农网改造升级工程，投资1500万元实施消防水鹤建设工程，投资19231万元实施PPP绿化项目，投资5500万元实施青山路绿化升级改造工程，投资11194万元实施电网维护及服务类工程，投资2468万元实施老城区雨污分流工程，投资2579万元实施供水管网建设改造工程，投资17428万元实施市区河道综合治理工程，投资1936万元实施路灯建设维修工程，投资20492万元实施乳山河地下水库建设工程，投资4580万元实施固体废弃物循环经济产业园污泥处置中心项目。

【智慧城市建设工程】　2017年，乳山市投资300万元建设智慧社区管理平台，投资518万元实施智慧城管信息系统二期工程，投资615万元实施城区道路电视监控改造工程，投资331万元实施智慧消防工程。

1月23日，邹格大坝　孙铁珳摄

· 新石器时代大汶口文化 陶纺轮

· 西周 陶簋

· 新石器时代龙山文化 陶盂

·汉代 陶耳杯

新石器时代大汶口文化 陶纺轮

责任编辑：吕素坡

乳山概况

Profile of Rushan

建置沿革

【地理位置】 乳山市位于山东半岛东南部，地处北纬36° 41′至37° 08′，东经121° 11′至121° 51′。东邻文登区，西毗海阳市，北接烟台市牟平区，南濒黄海。东西最大横距60公里，南北最大纵距48公里，总面积1665平方公里。青威高速公路、烟海高速公路、国道309、省道202和济威铁路穿境而过。

【建置隶属】 乳山历史悠久。据古文化遗址出土文物考证，早在新石器时代中期，境内就有人类聚居。夏时为东方嵎夷之地，商时属青州，春秋战国时期为齐国属地，秦时属齐郡腄县。汉高祖四年（公元前203年），境内置育犁县。东汉建武五年（公元29年），育犁县并入东牟县。此后，境域先后属文登县、观阳县、牟平县。清雍正十三年（1735年），境域分属海阳县、宁海州（1914年改称牟平县）。

1941年2月，中共胶东区委划牟平县南部和海阳县东部建牟海县，隶属胶东区行政联合办事处东海专区。1942年9月，全境解放。1945年1月，牟海县更名乳山县，确定夏村为县城，隶属胶东行政区东海专区。1958年10月，撤销乳山县，境域分别划归海阳县、文登县及烟台市。1961年10月，恢复乳山县，隶属烟台专区。1983年11月，改属烟台市（地级）。1987年6月，乳山县改属威海市（地级）。1993年7月，乳山撤县设市（县级）。2001年4月，经山东省政府批准，乳山市区划变更，撤销马石店镇、城北镇，将其行政区划分别并入崖子镇、夏村镇，在城市规划区内设立城区街道。至此，乳山市辖14个镇、1个街道，601个行政村。

（党史市志办）

地理环境

【海岸海域】 乳山市海岸线西起乳山口，东至浪暖口，全长199.27公里。沿海有大小港湾12个，自西向东主要有乳山口湾、葫芦岛湾、大圈海湾、塔岛湾、白沙湾、白沙口湾、洋村口湾、浪暖口湾等；岛屿22个，自西向东主要有东小青岛、浦岛、险岛（杜家岛）、塔岛、竹岛、南黄岛、腰岛、宫家岛等，其中东小青岛、险岛（杜家岛）、南黄岛有居民居住。海岸类型以沙质岸为主，自西向东大体可分为3个岸带：乳山口内湾和杜家岛内湾至小泓为泥质带，潮间带300～2000米；浦岛至白沙口以西为岩岸，潮间带100～500米；白沙口以东大部分为沙质岸，潮间带300～1000米。乳山近海潮汐属正规半日潮类型，乳山口湾年平均潮差变化范围为237～250厘米。有岬角9处。2016年，乳山市海洋与渔业局对沿海各镇海岸线长度进行确认；乳山口镇38.69公里，白沙滩镇38.03公里，海阳所镇71.82公里，乳山寨镇17.67公里，徐家镇22.64公里，南黄镇10.42公里。

【地质地貌】 乳山市地处胶辽古隆起胶东隆起之牟平、文登隆起带西南部，境内地质构造格架主要为华夏系背向斜及华夏系、新华夏系一组断裂构造系列。岩浆岩除昆嵛山体广泛出露外，燕山中晚期岩浆岩极为发育，几乎遍布各镇（街道），有呈岩基状大面积出露的花岗岩，也有呈脉状分布的基性和半酸性脉岩。

乳山市属胶东低山丘陵区。北部和东、西两侧多低山，中、南部多丘陵，间有低山。地势呈簸箕状由北向南台阶式下降。境内山脉自西向东可分为3列，西列自垛山、马石山、垛鱼顶、七崮顶向南延伸至玉皇山；中列由双山、老黄山、寨山、多福山向南延伸于海阳所半岛的帽山、大乳山；东列为昆嵛山脉，由东围子顶、尼姑顶、虎山、松山等构成主峰，斜贯东北边境。海拔400米以上山峰13座，最高山峰垛山613米。乳山河和黄垒河两大河流向南分别流经两侧低山与中部丘陵之间入海，沿岸形成冲积小平原。南部沿海除丘陵外，有零星海积平原分布。境内山地平均海拔300米以上，面积占乳山市总面积22.4%；丘陵海拔100～300米，面积占乳山市总面积50.3%；平原面积占乳山市总面积27.3%。

链接：乳山市海拔400米以上山峰：垛山613米，玉皇山589米，垛鱼顶521米，磨顶472米，马石山467米，堆石465米，平顶450米，东马石山435米，尼姑顶424米，寨山416米，南照山410米，锯齿山407米，三佛山400米。

（国土局）

【气候简况】 乳山市属暖温带东亚季风型大陆性气候，四季变化和季风进退都较明显，与同纬度内陆相比，具有气候温和、温差较小、雨水丰沛、光照充足、无霜期长的特点。同时，旱、涝、风、雹等气象灾害时有发生。

2017年，平均气温12.9度，较上年偏高0.1度；年极端最低气温－13.4度，出现在1月1日；年极端最高气温36.9度，出现在6月16日；年总降水量598.4毫米，较上年偏多76.2毫米；年日照总时数2374.2小时，较上年偏多114.6小时；年平均气压1012.1百帕；全年无霜期205天；年最多风向西北风，最大风速9.2米／秒；年平均相对湿度68%。

全年气候特征：

冬季（2016年12月至2017年2月），平均气温0.5度，较常年（1981—2010年30年平均，下同）偏高1.0度；日照时数483.8小时，较常年偏少73.2小时；降水量79.6毫米，较常年偏多47.8毫米。

春季（3—5月），平均气温12.7度，较常年偏高1.7度；日照时数720.4小时，较常年偏多15.1小时；降水量37.8毫米，较常年偏少78.6

毫米。

夏季（6—8月），平均气温25.0度，较常年偏高1.2度；日照时数551.4小时，较常年偏少60.9小时；降水量450.4毫米，较常年偏少14.3毫米。

秋季（9—11月），平均气温14.1度，较常年持平；日照时数597.6小时，较常年偏少27.5小时；降水量70.3毫米，较常年偏少70.3毫米。

乳山市1998—2017年月份主要天气资料表

表1

月份	平均气温（℃）	极端最高气温（℃）	极端最低气温（℃）	平均降水量（毫米）	平均日照（小时）
1	−2.0	13.3	−14.4	9.4	179.5
2	0.3	15.9	−14.1	12.1	177.1
3	5.1	23.6	−8.9	18.1	222.2
4	11.6	31.2	−2.3	43.1	228.3
5	17.6	35.5	3.5	63.6	251.1
6	21.7	37.5	11.7	74.0	209.1
7	25.1	36.8	14.8	194.7	171.6
8	25.1	35.7	11.5	186.7	195.3
9	21.0	37.1	6.9	73.6	209.1
10	14.7	29.3	−0.6	30.1	205.8
11	7.2	23.0	−6.7	23.8	181.3
12	0.4	17.1	−14.8	8.8	176.7

（于春霞）

自然资源

【土地资源】 截至2017年年底，全市土地总面积1664.88平方公里，其中农用地136269.58公顷，占总面积81.8%；建设用地16368.5公顷，占总面积9.9 %；未利用地13849.92公顷，占总面积8.3%; 人均耕地0.1公顷。

境内土壤类型多样，有利于农、林、牧、渔全面发展。有4个土类、8个亚类、75个属类、153个土种。棕壤分布最广，可利用面积119487公顷，分布在近山阶地、倾斜土地及山丘岭地上；潮土可利用面积18520公顷，分布于乳山河、黄垒河沿岸泊地及沿海各镇近海处；褐土可利用面积33公顷，分布于崖子镇田家村南岭地上; 盐土类总面积212公顷，分布于徐家、乳山口两镇近海处。

【矿产资源】 截至2017年年底，全市共发现各类矿产25种（含亚矿种），已查明有资源储量的14种，已开发利用的矿产有11种，现正开发的有饰面用花岗岩、金、铁、地热、银（伴生）、伴生硫8种，其中金矿主要位于胶莱盆地边缘及牟乳成矿带下初镇一带，铁矿分布在诸往镇马陵、神童庙、乳山寨司马庄一带，地热资源主要分布在冯家镇小汤村一带，饰面用花岗岩主要分布在白沙滩潘家、宫家及冯家卧龙一带。

（吴腾飞）

【水资源】 境内水资源主要由大气降水形成的地表径流和地下潜水组成，资源数量与时空分配都受降水制约和影响。根据威海市水资源评价，截至2010年年底，乳山市多年平均水资源总量4.88亿立方米，多年平均地表水资源量4.30亿立方米，多年平均地下水资源量1.47亿立方米。地表水可利用量1.05亿立方米，地下水可开采量0.87亿立方米。地表水水质大部分在Ⅲ类以上，为重碳酸盐类、钙组、镁组第一型水，呈中性或弱碱性（pH值7 ~ 8），硬度为4.2 ~ 8.4德国度之间，皆适于饮用及农业灌溉。地下水储存形式大体为孔隙水、裂隙水、脉岩水，其化学性主要为重碳酸盐类水，其次是硫酸盐类水（主要分布于黄垒河流域中、下游），矿化度均小于1克/升，属淡水。小汤温泉位于冯家镇汤上村，水温一般在40℃ ~ 60℃，最高达75℃，矿化度2.644克/升，已开发用于医疗、洗浴。乳山市是水资源较贫乏地区，人均水资源占有量约为全国人均量的1/3，合理利用和有效保护水资源是非常重要的工作。

境内河流属半岛边沿水系，为季风区雨源型河流。河床比降大，源短流急，暴涨暴落，径流量受季节影响差异较大，枯水季节多断流。根据全国第一次水利普查成果，有大、小河流393条，其中，2.5公里以上河流71条。乳山河为境内第一大河，发源于诸往镇东尚山村，全长78公里，流域面积1039平方公里。黄垒河发源于烟台市牟平区莒格庄镇曲家口村，全长71公里，流域面积635平方公里。大型水库龙角山水库总库容1.11亿立方米，其中，兴利库容0.67亿立方米，为乳山市最大淡水水源和主要饮用水源地，被列入全国重要饮用水源地名录。

（水利局）

【生物资源】 境内有15米等深线以内浅海66667公顷，可供开发养殖海产品滩涂6667公顷。浅海及海滩水产资源100多种，主要有：鲅鱼、海蜇、带鱼、鲐鱼、对虾、鹰爪虾、墨鱼、马面豚、牙鲆、鲈鱼、梭鱼、黄鱼、黄姑、梭子蟹、鲳鱼、贻贝、牡蛎、文蛤、泥蚶、蚬子、扇贝、缢蛏等。海岸带有海洋生物412种，其中，红藻、褐藻、绿藻类植物91种；软体、节肢、环节、棘皮、腔肠、海绵等类动物321种。潮间带生物量比较丰富，平均总生物量333.68

克/立方米，主要是藻类和软体动物。平均生物密度1538.26个/立方米，主要为软体动物和甲壳动物。

野生动物有兽类18种，鸟类189种，两栖类7种，爬行类14种，鱼类29种。其中，国家二级保护野生动物26种，山东省重点保护野生动物40种，列于《国家保护的有益的或者有重要经济、科学研究价值的陆生野生动物名录》中保护的野生动物146种，列于《濒危野生动植物种国际贸易公约》中保护的动物21种，陆生野生哺乳动物主要有獾、刺猬、黄鼬、野兔、蝙蝠、仓鼠等，鸟类主要有苍鹭、白鹭、喜鹊、麻雀、燕子、雉、乌鸦、海鸥、啄木鸟等。

植物资源丰富，种类繁多。有沙参、元胡、大青叶、黄芩、桔梗、防风、丹参、全草、金银花、透骨草、藏珠等野生药用植物180多种。其他野生草本植物70种，主要有黄背草、野古草、结缕草、羊胡子草、细柄草、隐子草、马唐、蟋蟀草、白羊草、烟台百里香、风松、卷柏、霞草、荻、芦苇、紫苑、野菊花等。根据山东省林木种质资源调查成果，截至2013年年底，境内木本植物有包括刺楸、北枳椇、三桠乌药、华山矾、蒙古栎、宜昌荚蒾、野柿子、流苏、山茶等国家级和山东省级珍稀濒危树种。主要树种有赤松、栎类、刺槐、黑松、落叶松、楸、赤杨、枰柳、银杏、茶等，主要果树有板栗、核桃、柿子、软枣、枣、山楂、苹果、梨、桃、杏、李、葡萄等，引进的主要树种有刺槐、黑松、落叶松、水杉、刺杉、华山松、赤杨、杜仲、毛竹、鹅掌楸、湿地松、厚朴、刚火松、斑克松、刚松、火炬松、樟子松、小干松、北美黄松、乔松、岷江柏木等。主要天然灌木树种有卫茅、胡枝子、映山红、野蔷薇、酸枣等。

（海洋与渔业局　林业局）

【旅游资源】 乳山市依山傍海，自然和人文景点众多，旅游资源丰富。拥有国家AAAA级旅游景区银滩旅游度假区、大乳山滨海旅游度假区、福如东海文化园，国家AAA级旅游景区岠嵎山风景区、多福山国际养生旅游度假区、圣水宫道教养生休闲度假区、小汤温泉度假村、正华石佛山景区、金牛谷生态农业观光园、台依湖国际酒庄生态文化区、益天生态旅游观光园，国家AA级旅游景区马石山风景区、胶东育儿所教育基地。拥有山东省级以上农业旅游示范点12个，省级以上工业旅游示范点5个，旅游强乡镇5个，旅游特色村13个，原生态景区1个。乳山市依据“一核三轴三带六区”旅游空间布局进行规划，打造以银滩旅游度假区为龙头，大乳山、岠嵎山、多福山、福如东海文化园等休闲度假景区，小青岛、南泓南村等渔家乐项目，正华农林科技示范园、金牛谷生态农业观光园、益天生态旅游观光园等乡村旅游项目，马石山、胶东育儿所、下石硼冯德英文学馆等红色文化景区，形成山海相连、多点布局、特色鲜明的旅游景观群。

链接： 省级旅游度假区1个：银滩旅游度假区，由山东省人民政府批复。

省级以上农业旅游示范点13个：国家级：大陶家渔家乐，由国家旅游局命名。省级：金牛谷生态农业观光园、极北绿茶采摘园、南黄休闲农业旅游区、正华农林科技示范园、益天生态旅游观光园、威绿生态农业观光园、后山爱母生态农业观光园、水云春茶场、胶东伯瑞蓝莓示范园、大乳山滨海旅游生态观光园、天禄生态旅游观光采摘园、郁锦生态旅游观光园，由山东省旅游局命名。

省级工业旅游示范点5个：富豪菲戈尔皮具有限公司、华隆（乳山）食品工业有限公司、威海吉利食品有限公司、乳山正洋食品有限公司、山东鲁酱酒业有限公司，由山东省旅游局命名。

山东省旅游强乡镇5个：白沙滩镇、海阳所镇、乳山寨镇、冯家镇、大孤山镇，由山东省旅游局命名。

山东省旅游特色村13个：海阳所镇南泓南村、大孤山镇上夼村、海阳所镇后山于家村、海阳所镇小青岛村、崖子镇钟家社区、崖子镇岛子村、崖子镇田家村、育黎镇龙角山村、午级镇中庄村、冯家镇孔家村、白沙滩镇徐家埝村、白沙滩镇翁家埠村、乳山寨镇玉皇山后村，由山东省旅游局命名。

省级原生态景区1个：多福山国际养生旅游度假区，由山东省旅游发展委员会命名。

（旅游局）

人口·民族

【人口】 2017年年底，乳山市总人口551263人，比上年减少4571人，人口密度331人/平方公里，性别比101.86（女为100）。全年出生人口4122人，出生率7.48‰；死亡人口6817人，死亡率12.31‰，人口自然增长−2.18‰，自1997年以来连续21年人口负增长。城区人口119056人。办理户口迁入1457人，户口迁出3452人。流动人口登记38033人。

乳山市是“中国长寿之乡”。2017年，人口老龄化程度继续加深。至2017年年底，乳山市有60岁以上老年人167891人，占乳山市总人口30.46%，比上年增长1.46个百分点。其中，100岁以上老人76人。

链接： “中国长寿之乡”由中国老年学学会评定，评定对象为户籍人口10万人以上的县及以上行政区划单位，评定标准包括必达指标和考核指标。其中必达指标3项：长寿的代表性，区域现存活百岁及以上老年人占总人口7/10万以上；长寿的整体性，区域人口平均预期寿命比全国水平高3岁；长寿的持续性,80岁以上高龄老人占总人口的比例1.4%以上。考核指标12项：近些年经济稳定发展，人均年收入不断增加；居民收入差距适中，基尼系数在0.4以下；实行基本养老保险制度覆盖面超过全国平均水平；实行基本医疗保险制度覆盖面超过全国平均水平；农村新型合作医疗制度覆盖面超过全国平均水平；每千名老年人拥有老年福利类收养单位床位数超过全国平均水平；贫困老年人都能获得政府的社会救助；每千人拥有卫生床位数超过全国平均水平；每千人卫生技术人员数超过全国平均水平；森林覆盖率或城镇人均公共绿地面积超过全国平均水平；大气质量达到或超过国家二级标准；生活饮用水达到国家规定的GB/T5750-2005标准。经严格评定，中国老年学学会确认乳山市各项指标均达到标准，于2012年10月授予乳山市“中国长寿之乡”称号。

（宫田　宋礼夫）

【民族】　2017年年底，乳山市常住少数民族30个：朝鲜族、佤族、满族、白族、拉祜族、傣族、蒙古族、苗族、布朗族、傈僳族、纳西族、哈尼族、土家族、彝族、壮族、回族、布依族、侗族、锡伯族、达斡尔族、畲族、黎族、独龙族、鄂伦春族、俄罗斯族、怒族、鄂温克族、柯尔克孜族、维吾尔族、毛南族，人口2134人，占乳山市总人口0.39%。

2017年乳山市少数民族人数统计表

表2　　单位：人

族别	2017年年底人口数
朝鲜族	408
佤族	431
满族	360
白族	159
拉祜族	188
傣族	112
蒙古族	1014
苗族	37
布朗族	42
傈僳族	38
纳西族	20
哈尼族	18

续表2

族别	2017年年底人口数
土家族	26
彝族	93
壮族	17
回族	33
布依族	10
侗族	7
锡伯族	5
达斡尔族	2
畲族	2
黎族	2
独龙族	2
鄂伦春族	1
俄罗斯族	1
怒族	1
鄂温克族	1
柯尔克孜族	1
维吾尔族	2
毛南族	1
合计	2134

（陈强）

国民经济和社会发展

【概况】　2017年，乳山市实施“产业强市、工业带动、突破发展服务业”战略，推动产业转型、结构突破。全年完成生产总值546.79亿元，按可比价格计算，比上年增长7.9%。其中，第一产业增加值43.14亿元，比上年增长4.1%；第二产业增加值255.02亿元，增长8.1%；第三产业增加值248.63亿元，增长8.4%。三次产业比例调整为7.89 ∶ 46.64 ∶ 45.47。人均国内生产总值96674元，增长8.4%。完成固定资产投资576.45亿元，增长11%。实现外贸进出口59.21亿元，增长10.80%，其中出口45.88亿元，增长4%，进口13.32亿元，增长42.80%。实际利用内资168.7亿元，增长15.1%。实际利用外资5.64万美元，增长2.17%。

【农业产业化发展】　2017年，乳山市推进“农业提质”工程，启动总投资100亿元的台依湖酒庄酒产业小镇项目，新建20公顷以上农业园区15处，新增农产品质量可追溯基地20家，争创国家地理标志证明商标10个，数量居全国县级首位。农林牧渔业全年总产值93.98亿元，比上年增长0.8%。受较大旱灾影响，全年粮食总产量26.43万吨，下降11.9%。全年造林面积1000公顷，森林覆盖率达到34.8%，提高0.4个百分点。全年油料产量7.52万吨，增长1.4%；蔬菜产量38.48万吨，减少1.4%；园林水果产量46.18万吨，减少4.5%。全年肉类总产量8.52万吨，减少0.4%；全年水产品总产量43.4万吨，减少0.37%。

【工业提质增效】　2017年，乳山市强化“工业带动”战略，工业发展提质增效，规模以上工业企业（年主营业务收入2000万元及以上的工业法人企业）355家，实现主营业务收入761亿元，比上年增长10.86%；实现利润、利税33.55亿元、56.46亿元，分别增长11.86%和10.6%。先进装备制造业涉及88家企业，实现工业总产值215.38亿元，增长16.85%。在统计的50种工业产品中，27种产品产量比上年增长，增长超过20%的有9种。实现高新技术产业产值194.9亿元，增长10.89%，高新技术产业产值占规模以上工业总产值比重达25.48%，比上年提高1.3个百分点。建筑业平稳增长，全年完成总产值71.66亿元，增长15.05%。

【现代服务业加快发展】　2017年，乳山市深化“旅游+”发展理念，推动旅游与健康养生、文化、农业、渔业、体育等关联产业融合发展，被评为全国“2017十大休闲度假旅游目的地”。抢抓全域旅游发展战

2月14日，中共乳山市委书记周兵（前排中）带队督导首季重点项目开工复工情况（辛戈摄）

略机遇，提高旅游品牌知名度，全年接待国内外游客1052.7万人次，实现旅游总收入65.8亿元，分别比上年增长8.2%和10.1%。全年完成房地产开发投资22.29亿元，增长11.56%。全年社会消费品零售总额262.08亿元，增长10.3%。

【财税金融保持平稳】 2017年，乳山市公共财政预算收入完成31.76亿元，比上年增长9%。其中，税收收入24.46亿元，增长4.81%。公共财政预算支出累计完成43.88亿元，增长6.65%。各项存款增长较快，至年末本外币各项存款余额349.07亿元，较年初增长11.84%；信贷总量稍有增长，至年末本外币各项贷款余额168.1亿元，较年初增长0.51%。保险业保费收入6.49亿元，下降6.73%。赔付支出3.5亿元，增长10.87%；证券市场持续降温，中泰证券乳山营业部开户779户，减少2505户，存量客户累计实现交易量152.1亿元，减少26.07%。

【基础设施不断完善】 至2017年年末，乳山市建成区面积34.24平方公里。道路面积668.51万平方米，增加24.38万平方米。公路通车里程1844.82公里，全年投资2.64亿元进行农村公路改造。拥有公交车营运线路（含银滩）79条，总长2642公里，公共汽车297辆。出租车经营企业1家，出租车270辆。拥有陆岛交通航线2条，客渡轮4条，128客位。全年完成港口吞吐量85万吨。建成区绿化覆盖面积1567.59公顷，增加23公顷，绿化覆盖率45.79%。全年公共供水总量1646万立方米，增加15万立方米。集中供热面积680万平方米，增加50万平方米。建成区用水普及率100%，燃气普及率100%，生活垃圾无害化处理率100%，污水处理率98%。实际用电量129287万千瓦时，比上年增长6.83%，其中工业用电量66527万千瓦时，增长3.54%；城乡居民生活用电量31051万千瓦时，增长7.58%。

【社会事业全面发展】 2017年，乳山市认定高新技术企业11家、科技型中小企业6家，争取上级科技计划项目经费1500万元，达成产学研合作项40项，备案院士工作站3家，新认定威海市新型研发机构1家。实施府前路学校、第二实验小学、第一中学等扩建改造，完成特殊教育学校迁建，按照国内一流标准规划新建光明街小学，开工中小学综合实践教育基地。截至2017年年底，乳山市普通中小学在校学生2.84万人，比上年减少2.9%。有高等学校1所，中等专业学校1所，普通高中3所，初中18所，小学19所（含九年一贯制小学部15处）。文化出版广电事业协调发展，有艺术表演团体3个，文化馆、公共图书馆、美术馆3个，艺术表演场馆3个，乡镇综合文化站15处，农村文化大院（社区文化活动中心）626家。博物馆、纪念馆2个，文物保护管理所1个，列入国家、省、市、县级文保单位名录58处。有广播电台1座，广播人口覆盖率100%，电视台1座，电视人口覆盖率100%，全年出版报纸192万印张。有各类卫生机构48个，床位2234张，卫生技术人员2696人，其中医生1254人，护士1014人；全年邮电业务总量增长8.7%，至年末，固定电话用户6.37万部，移动电话用户56.591部，宽带上网用户14.65万户，有线数字电视用户10.3万户。全年参加威海市级以上体育比赛获奖牌192枚，其中国家级金牌2枚，省级金牌4枚。

【居民生活水平提高】 2017年，乳山市城镇新增就业6327人，新增农村劳动力转移就业1356人。城镇居民人均可支配收入35804元，比上年增长8.6%；农村居民人均可支配收入16016元，比上年增长8%。参加职工养老保险9.95万人；城乡居民基本养老保险26.43万人；职工医疗保险12.18万人，参保率98.8%；城乡居民基本医疗保险36.52万人，参保率99.9%；生育保险7.7万人（7月与职工医疗保险合并）；失业保险5.32万人；工伤保险9.66万人。离退休职工74822人享受基本养老保险，全年发放离退休费201731万元。供养“五保”老人2689人，提高供养标准，全年发放五保供养资金1602万元。全年投入资金330万元用于敬老院建设改造、设施配套及医疗、燃煤补助。保障城市低保361人，全年发放保障金122.4万元；保障农村低保9236人，全年发放保障金2195万元。全年救助各类人员5万人次，救助支出1500万元。

（统计局）

蓝色经济区建设

【概况】 2017年，乳山市以打造蓝色经济新动能聚集区、海洋经济发展示范区为目标，构建现代海洋经济体系，推动海水养殖、海洋产品加工等传统产业创新升级，海洋生物科技、海洋新能源、海洋智能制造等新兴产业崛起，海洋文化旅游、港口物流等涉海服务业加快发展。全年实现海洋产业总值132.25亿元，比上年增长11.3%，海洋生产总值占地区生产总值比重为24.2%。推进《威海市蓝色经济区发展规划（2016—2025）》中重要任务、重大事项和重点项目实施，完成《山东半岛蓝色经济区发展规划》中期评估，做好“一带一路”建设对外交流、政策解读。

【海洋产业升级】 2017年，乳山市依托乳山华信食品有限公司申报的山东省级海洋牧场建设项目获批，实现海洋牧场建设项目零突破。通过资本驱动借力龙头强企、开发海洋资源，与獐子岛集团合作建设现代海洋牧场项目，打造现代化海上养殖行业样板。推动现有企业与外开展资金、技术市场等领域合作，引进市场资本，加快技改进程，海洋第二产业加快转型升级。实施海水循环换热、温控养殖装备关键技术及应用、功能型海洋生物蛋白饲料添加剂关键技术集成及产业链构建等项目，海洋经济创新能力提高。海洋旅游业稳步发展，推动旅游供给侧改革，探索各类旅游有机整合，构建“处处是景点、月月有看点”的全域旅游新格局，乳山市入选2017年十大休闲度假旅游目的地。

【“蓝区”建设重大事项推进】 2017年，乳山口港实施一类口岸开放获国务院批准，规划建设乳山牡蛎特色小镇，推进设立海洋产业基金，国道228丹东线乳山口大桥工程完成立项，编制《乳山大健康产业及空间规划》《威海港乳山口港区乳山东作业区控制性详细规划报告》。

【“蓝区”项目获扶持资金450万元】 2017年，乳山市按照山东省区域战略推进专项资金要求筛选上报项目，崖子镇全域旅游基础设施提升项目通过审查，争取扶持资金450万元。

（发展和改革局）

7月18日，正大集团考察团参观乳山华信食品公司产品展示厅

（辛戈摄）

民营经济

【概况】 2017年，乳山市民营经济工作围绕“产业强市、工业带动、突破发展服务业”战略部署，推动产业转型升级，个体私营经济总体保持平稳发展态势。至2017年年底，乳山市民营企业3365家，比上年增25.53%；个体工商户11263家，增长27.81%。

【企业创新驱动】 2017年，乳山市新培育大洋硅胶、环宇化工等3家企业为威海市级“一企一技术”研发中心。引导企业加大自主研发和产学研一体化对接力度，推进“政产学研金介”合作，建立高校产业化基地、产业研究院等合作平台20个，推动企业实现自主创新和协同创新。开展“专精特新”培育工作，重点培育大洋硅胶为山东省级“专精特新”企业，宏伟食品和安之源防水公司为威海市级“专精特新”中小企业，引导企业走专精特新发展之路，培养一批小而强的创新型、特色型民营企业。

【企业多元化融资】 2017年，乳山市加强与金融机构合作对接。调查2017年度中小微企业融资需求，建立融资需求项目库，编制威海2017年中小企业融资需求手册并向各大金融机构进行推介，推荐符合条件的企业进入威海市小微企业贷款风险补偿基金项目库。设立企业互助基金，累计发放1.33亿元。鼓励金融机构扩大信贷投放，缓解企业融资难题，启动“助保贷”业务。引导企业到资本市场挂牌融资，4家企业在齐鲁股权交易中心挂牌。

【企业监测服务】 2016年，乳山市完善17家重点和成长型企业的经济运行监测，依托全国中小企业生产运行监测平台，加强监测直报上报工作，及时了解企业运行情况，对存在趋势性和突发性问题的企业，

1月6日，威海伯特利萨克迪汽车公司生产车间　（王英男摄）

做到超前预测、超前分析、超前应对，保障经济平稳健康发展。加大企业品牌宣传力度，筛选力久电机和金牌生物参加第三届中国中小企业服务商大会和中小企业品牌集中宣传推介活动。围绕重点产业分期分批组织企业参加企业家高级研修班、产业提升巡回讲堂、企业家沙龙、一企一策专家会诊等服务对接活动，组织乳山市中小企业协会会员企业相互观摩学习。

（于芬）

全面深化改革

【概况】 2017年，乳山市贯彻落实中央、山东省和威海市全面深化改革小组会议精神，从制约经济社会发展最突出的问题入手统筹推进重点领域和关键环节改革工作，以改革破瓶颈，以创新求突破，统筹推进经济、民主法制等8个重点领域和关键环节改革工作，破除各方面体制机制弊端，为区域经济社会发展奠定坚实基础。研究制定《乳山市全面深化改革领导小组2017年工作要点》，将重点任务细化分解为8大项、156小项，明确工作重点、落实责任单位，确保任务落到实处。

【经济体制改革】 2017年，乳山市成立新兴产业投资公司，组建总规模60亿元的清科母基金及海洋牧场、全域旅游、文化产业、新动能、新能源、新材料等7个子基金，设立1亿元的企业应急互助基金和“助保贷”风险补偿金，成立注册资本9.6亿元的2家融资租赁公司，引进中国留学人才全球高新技术研发基地，新增山东省级和威海市级创新平台5个，资本整合要素资源、导入项目建设、驱动产业发展的作用加快显现。被确定为山东省农担农业融资信贷担保创新工作试点市，设立山东省农担公司乳山办事处，探索开展农业融资担保试点工作，在支农和龙头企业财政资金上给予“惠农贷”支持。入选山东首批城市设计试点城市，重点以城市总体规划为依据，高起点、高标准编制城市东部城区、老果汁厂片区、老锁厂片区城市设计，同步编制潮汐湖片区、高铁站区域、人民广场区域、东耿家片区、银滩商业街、临港产业区等重要区段和相关功能片区的城市设计，规范城市空间秩序，塑造城市特色。推进农村综合性改革，被列入全国首批农村综合性改革试点试验县，是全国12个、全省2个县市区之一。创新完善乡村治理、健全村级集体经济发展、构建农民持续增收和建立农村生态文明发展“四项机制”改革，重点在2个试点镇10个试点村求突破。被列入全省基层政务公开标准化规范化试点，重点在环境保护、食品药品监管、医疗卫生、安全生产、义务教育等方面开展试点，提升公共服务效率和政务服务水平，打造精简高效的政务生态。

【民主法治领域改革】 2017年，乳山市建立规范性文件备案审查机制，制定财政预算审查监督办法，严把财政预算审查、审议关，聘请

8月9日，威海市代市长张海波（前排右）到乳山市调研新旧动能转换工作　（王英男摄）

12名法律顾问组成顾问团，与乳山市党政部门进行对接，形成网络式、全覆盖法律服务。制定《关于创建“推行协商民主强化社会责任”品牌的意见》《政协乳山市委员会关于进一步发挥政协界别作用的意见》《政协乳山市委员会委员述职办法（暂行）》，开展“推行协商民主强化社会责任”试点工作，举办宣讲活动12场次，加强政协委员队伍管理，健全提升履职实效工作机制，把社会主义核心价值观融入到普法宣传内容中。

【文化体制改革】 2017年，乳山市加强意识形态领域建设，制订《关于建立乳山市意识形态工作联席会议制度的通知》，建立联席会议年度例会、定期调度、事项会商、情况通报等制度，统筹协调全市意识形态工作，研究确定全市意识形态工作的重大政策、制度以及重点任务，协调解决体制机制问题和工作进展中的重点、难点问题。制订2017年全市新闻发布会工作计划，建立“常态化新闻发布+例行新闻发布”机制，围绕经济奖励政策、创建文明城市、违法建设治理等主题组织召开新闻发布会12场。完善提升农村（社区）综合文化服务中心，实现冯德英文学馆、图书馆、文化馆、美术馆、民俗艺术馆、镇文化站“五馆一站”免费开放。创新公共文化服务运行体制，投入500万元向社会力量购买文艺培训、文艺创作表演等公共文化服务。推进文化馆、图书馆总分馆制建设，初步建成镇级分馆各15个，组织实施免费送戏下乡等21项文化惠民实事，丰富群众文化生活。

【司法体制和社会治理体制改革】 2017年，乳山市制订《关于进一步加强和完善信访工作七项机制的意见》，明确建立领导接访和干部下访机制，完善信访复查复核、公开听证、律师参与接访工作等制度，引导群众依法依规解决诉求，提升信访工作法制化水平。实行信访系统数字证书身份认证，推动信访系统与群工部民生热线信息互通，提高工作效率和信访工作规范化水平。推进司法体制和社会治理改革工作，为全市601个村、25个社区配备法律顾问，实现“一村（社区）一法律顾问”全覆盖。完善法律援助案件质量同行评估机制，建立乳山市级法律援助案件质量评估专家律师库和承办律师库。健全普法依法治理工作机制，制订《关于完善国家工作人员学法用法制度的实施意见》。推进公共法律服务体系建设，完善提升乳山市级公共法律服务中心，建设镇级公共法律服务中心9个，村级司法行政工作室实现全覆盖。推进综治中心建设和网格化服务管理工作，加强专职调解员队伍建设，为15个镇街聘任专职调解员，筑牢立体化治安防控体系。拓展“枫桥经验”，创新律师和专职调解员参与矛盾化解工作模式，建立诉调对接工作机制，完善矛盾纠纷多元化解体系，构建共建共治共享的社会治理新格局，获全国平安建设先进市、全省社会治安综合治理先进市等称号。

【社会事业体制改革】 2017年，乳山市制订机关事业单位考核意见，在26个单位推广试运行机关事业单位工作人员日常考核管理系统。推动公立医院法人治理结构建设，拟订《乳山市公立医院法人治理结构建设工作实施方案》，实现公立医院人员控制总量备案，收回空余编制46名。完善事业单位登记指南和登记工作流程图，实现事业单位法人设立、变更、注销登记“全事项”，受理—审核—核准—复核—办证“全流程”网上办理，办理设立登记7项、变更登记42项。完成校长职级制改革试点工作，开展校长交流轮岗、培养培训，完成校长年度绩效评价。实施全市统一的城乡用工和就业服务制度，健全完善覆盖城乡的就业信息发布平台，鼓励企业吸纳安置农村富余劳动力，对符合政策规定条件的给予就业岗位补贴。加快分级诊疗服务体系建设，乳山市人民医院与北京大学人民医院建立合作型医疗联合体，乳山市中医院及所有基层医疗单位与威海市中医院建立三级医疗联合体。

【生态文明体制改革】 2017年，乳山市以创建生态文明建设示范区为抓手，建立企业环境信用“红黑榜”管理制度，将30家重点污染源纳入评价范围，从制度和机制上保障“绿水青山”。加强生态保护、修复与开发，严格执行全市湿地总体规划，做好乳山河湿地保护与恢复工作，实施潮汐湖湿地公园项目，丰富滨海度假内容，提高环境吸引力。开展群众性绿色创建活动，推进荒山绿化造林，全面落实河长制，明确市、镇、村三级河长827名，充分发挥河长在河湖管理和保护方面的作用，推动全市河道环境实现水清、岸绿、景美。

【党的建设制度改革】 2017年，乳山市坚持党建工作衔接配套，制订《充分发挥“两代表一委员”作用的实施意见》《进一步加大一线考察力度加强督查考核结果运用工作的实施意见》《乳山市关于建立容错纠错机制的实施办法》《乳山市“海纳英才”计划》等指导性文件。坚持问题导向，围绕抓班子、带队伍，实施“三维比对分析”经常性全面性考察干部机制，推行组工纪检干部到镇区部门蹲点调研、年轻干部“双向挂职”和“导师带徒”3项机制。围绕抓基层、打基础，探索推行农村党组织和党员“十星级”管理机制，全面强化党在农村领域的引领作用，建立机关企事业单位党组织和在职党员直联社区网格机制，推动城市党建工作。围绕转作风、提效能，开展“六知一创”学习、“一线标兵”评选、“我为基层解难题”等9个专项活动，创新建立农村党组织和党员“十星级”测评管理体系，发挥星级评定管理云平台作用，通过量化考核、挂牌公示等方式，将党建、业务和重点工作全面贯穿于“双十星”管理之中，让党组织管理有“标尺”、党员行为有“准则”、衡量党组织和党员有“刻度”。

【纪律检查体制改革】 2017年，乳山市对国家监察体制改革试点工作提前、做好资料汇编，通过网络媒体党报党刊、专家访谈等多渠道，收集整理改革试点工作的新知识、新观点、新理念，为领导决策提供参考10期。把人员转隶和全面融合作为重中之重，使9名检察院转隶人员与原纪委人员混编使用，2名转隶人员担任市监委委员并分管4个室部，增强转隶干部归属感和认同感。探索建立纪检监察室包片工作制度，开展“两学两促”学习教育活动，举办深化监察体制改革集中教育培训班，支持干部“走出去”参加各类培训、专题辅导150人次。全年受理问题线索316起，比上年增长272%；运用监督执纪“四种形态”处理干部195人次；立案101起，暂给予党纪政务处分100人次。

（市委办）

精神文明建设

【概况】 2017年，乳山市以创建全国文明城市为抓手，推进精神文明建设，做好文明市民培育、志愿服务、乡村文明、未成年人思想道德教育等工作。

【乡村文明行动扎实推进】 2017年，乳山市在601个村（居）全部建立组织规范、运转有效的红白理事会，开展宣传委员登讲台、妇女代表进庭院、专业讲师下基层、志愿服务进村庄等活动，推行喜事新办、厚养薄葬、丧事简办等移风易俗文明风尚。全市参与各类宣讲培训活动16万人次，村庄覆盖率100%，群众满意率90%以上。

【文明出行专项整治实施】 2017年，乳山市制订《文明出行专项提升整治行动方案》，重点实施“礼让斑马线、规范停车、不车窗抛物、

7月20日，乳山市交通文明志愿者开展志愿服务活动 （宣传部提供）

排队上下车”文明出行四项行动。安装监控探头，施划停车位和候车区域标识，整治乱停乱放和乱闯红灯等现象。全市2.1万名机关、企事业单位干部职工和村两委班子成员在家庭轿车上张贴“文明出行、礼让斑马线”标识，3000名机关干部带头参与文明交通志愿引导活动。中小学校结合文明校园创建开展文明上下学活动，交警、教师、家长、社会志愿者联合维护上下学秩序，保障学生安全。

【省级“四德工程”示范市创建】 2017年，乳山市做好省级“四德工程”示范市创建活动，创建评选一批“优榜”，完善更新镇村“善行义举四德榜”，上榜率40%，覆盖率100%。推进美德社区、美德学校、美德机关、美德企业建设，打造一批“四德工程”建设示范单位、示范村、示范广场。结合“中国好人”学习教育活动，评选表彰道德模范、身边好人、榜上人物等道德典型，10人获得威海市级以上好人称号。创新开展“鲜花送文明”活动，送鲜花表彰凡人善举30次。启动第四届道德模范评选活动，收到社会各界推荐典型1000个。发布诚信红黑榜，每季度首月15日前，通过部门网站、报纸、电视台、乳山宣传网、乳山文明网发布红黑名单，并在乳山市政务服务中心大厅内的诚信平台上连续刊播。全年发布2期，1200个单位及个人上榜。

【志愿服务力量整合】 2017年，乳山市整合主要民间志愿力量，在民政部门注册成立乳山市爱心帮困服务中心，建立100平方米办公场所，吸收9支社会志愿力量入驻，在文明办统筹指导下开展工作。招募11个爱心商家，成立“学雷锋”爱心服务站，常态化为市民群众提供饮水、充电等便民服务，服务群众500人次。启动成立老年志愿服务队，协调5个城市社区和老年体协组建百人文明出行志愿服务队伍，配备服装、指挥旗、背包、水杯等上岗装备，开展14次岗前培训，每天在全市12个斑马线路口、公交站点、学校周边引导市民文明出行。

【未成年人思想道德建设加强】 2017年，乳山市设置府前中学、第二实验小学两个海选点，组织5000名中小学生开展“国学小名士”经典诵读活动，选拔3名优秀选手参加山东省、威海市级电视大赛。加强中央和山东省级彩票公益金支持乡村少年宫建设，开展第三届全省乡村少年宫乒乓球、书法成果展示

选拔活动。加强校外未成年人心理健康教育，联合领航教育中心成立乳山市校外未成年人心理健康辅导中心，打造宣泄室、团体辅导室、个体辅导室等活动中心，开通心理咨询热线，开展大型心理辅导、家长学校等活动4次，服务家长及中小学生3000人次。

（杨立超）

生态文明建设

【概况】 2017年，乳山市坚持生态优先、绿色发展理念，努力打造生态宜居城市。开展拆违、清河、治污、造林系列行动，推进化工产业安全生产转型升级、户外广告治理、砂石资源整治。森林覆盖率达到34.8%，市区大气优良天数327天，大气环境质量优良率91.3%。

【节能降耗达标】 2017年，乳山市万元GDP能耗下降5.92%，完成威海市政府下达的全年下降3.43%的节能目标任务。拥有威海市级以上资源综合利用企业6家，综合利用工业固体废弃物53万吨，利用率88%以上。

【饮用水源地调整】 2017年，乳山市对集中式饮用水水源地保护区进行调整、撤销和划定。调整龙角山水库饮用水水源地保护区，将乳山河水源地调整为备用水源地并划定乳山河水源地保护区，安装界标、交通警示牌、宣传牌。不定期排查集中式饮用水水源地，对发现的问题及时整改，保障全市饮用水安全。

【环保网格化监管工作推进】 2017年，乳山市第二污水处理厂提标改造工程和经济开发区污水处理厂及配套管网工程完工，出水水质由原来的一级B提高到一级A；经济开发区污水处理厂开工，设计处理规模为2.5万立方米/天，出水执行一级A标准。清理整治违规燃煤小锅炉，排查出10蒸吨及以下燃煤小锅炉100台，全部拆除或改造；督导使用10吨以上燃煤锅炉的重点单位进行超低排放改造，乳山热电公司、龙峰硅胶、海大塑胶、大洋硅胶、明珠硅胶、东方硅胶、外事翻译学院等单位及乳山热电公司北郊车间完成改造。将24家危险废物产生企业纳入日常监管。全年开展噪声扰民夜查15次。

7月31日，乳山河风光　（耿翠红摄）

【环保监测率100%】 2017年，乳山市监测省控以上河流断面监测3个、市控河流断面17个，集中式饮用水源地2个、监测断面2个，乳山市功能区噪声5个点位、城市区域环境噪声201个点位、城市道路交通噪声22个点位。对5家省控以上重点污染源进行监测，监测率均达到100%。在企业排污口安装电子眼和废水、废气自动监测设备进行实时监控。抓好水源地监测，在每月64项水质监测分析基础上，7月进行一次监测全分析，共109项。

【环境质量持续提升】 2017年，乳山市辖区内近岸海域海水水质达到《海水水质标准》二类标准要求，水质状况优，达标率100%。乳山河、黄垒河、徐家河、白沙滩河、龙角山水库、台依水库水质等各监测指标年均值达到相应的功能区环境质量要求，达标率100%。其中，乳山河流域、龙角山水库水质各项监测指标均达到国家《地表水环境质量标准》（GB3838—2002）Ⅲ类标准，黄垒河达到Ⅳ类标准。城市环境空气质量符合《环境空气质量标准》（GB3095—2012）二级标准。空气质量指数年均值55，市区大气优良天数327天，大气环境质量优良率91.3%。城市区域环境噪声等效声级昼间年均值52.1分贝，交通干线噪声昼间年均值67.9分贝，均达到相应环境噪声功能区标准要求。

（耿翠红）

“五城联创”工作

【概况】 2017年，乳山市“五城联创”工作坚持领导责任、网格管理、常态测评、群众监督等长效机制，各级各部门分工负责，广大市民积极参与，取得重大进展。在创建全国文明城市过程中，坚持创建为了群众、创建依靠群众、创建成果让群众共享理念，被命名为全国文明城市。在创建全国卫生城市中，坚持“为民创卫、科学创卫、精准创卫、长效创卫”思路，被命名为“国家卫生城市”。打造“健康乳山”，

全国文明城市奖牌（宣传部提供）

构建起以政府为主导、责任部门为基础、全民共同参与的居民健康保障体系，居民健康水平和幸福指数持续提升，发展健康产业。12 月，乳山市被确定为山东省首批健康城市试点。在创建全国食品安全城市中，加大人财物力投入，营造全方位宣传格局，实现食品安全监管持续加强、食品质量持续改善、人民群众持续受益。主动顺应形势向新型智慧城市转型升级，9 月，电子政务管理中心在智慧城市管理办公室挂牌并承担起相关职能，重点以集约化建设为中心推进硬件设备和应用系统整合，2 月，编写《乳山市新型智慧城市顶层设计方案》和《行动方案》，6 月 30 日，邀请智慧城市领域领导、专家组成 5 人评审小组召开专家评审会。通过“五城联创”，乳山硬件设施、城市环境、文明程度、公共服务得到提升，群众幸福感和满意度不断增强。

【乳山市获“全国文明城市”称号】 2017 年 11 月 14 日，乳山市在全国 167 个提名的县级城市中以第 18 名的成绩被国家文明委命名为“全国文明城市”。在创建全国文明城市过程中，乳山市始终坚持人民城市为人民的工作导向，把创建全国文明城市作为造福百姓的民生工程和群众积极参与、共建共享的民心工程，连续 3 年在山东省 13 个全国县级文明城市提名城市创建群众满意率电话调查中综合排名第一。

【核心价值观主线突出】 2017 年，乳山市在创建全国文明城市过程中突出社会主义核心价值观灵魂主线。将核心价值观融入 1.7 万块景观式公益广告，每天至少 20 次在媒体刊播，在 5000 处单位和商户电子屏、10 万个购物袋以及系列主题公园（社区）刊播，实现公共场所、建筑围挡、生活小区、窗口单位等 17 类宣传载体全覆盖。网上网下一起抓，通过宣传栏、微信等方式传播迎接十九大和学习宣传贯彻十九大精神公益广告 2000 次。将核心价值观纳入各级党委（党组）理论中心组学习内容和党员干部教育培训课程，融入市民公约、居民公约、行业规划。抓好未成年人教育引导，创作、传唱 14 首社会主义核心观组歌，通过主题班会、歌颂比赛和各类媒体摄像头等形式，让核心价值观在校园唱响。通过广场舞、扇子舞、文艺汇演等形式，让群众感悟核心价值观。推动志愿服务活动制度化、专业化、项目化，116 支文明单位志愿服务队、6 万名注册志愿者和社区义工参与志愿服务活动 5 万次，结对帮扶留守儿童、空巢老人等困难群体 5000 人。开展文明出行专项提升整治行动，推进“四德榜”建设。挖掘城市文化积淀和文化传统，弘扬红色文化。

【创建全国文明城市督查机制落实】 2017 年，乳山市创城办在日常督导检查的基础上，联合健康办、纪委成立联合督查组，按照“统一部署、实地检查、量化打分、通报反馈”的模式，对文明创建巡查中发现的问题进行实时反馈、销号管理，确保整改落实。乳山市主要领导奔赴

9 月 12 日，中共乳山市委书记周兵（前排右）督导全国文明城市创建工作（辛戈摄）

一线，亲自调度，各部门单位靠上抓创城，确保创建工作上下贯通、协调联动。坚持网格化管理，组织党员干部每周到责任网格开展环境整治、秩序规范等志愿服务活动。常态化开展文明交通服务日活动，3000 名机关党员干部认领 45 个交通路口。深化文明社区、文明校园、文明家庭等创建活动，激发群众的积极性和主动性，吸引群众广泛参与。自 9 月 29 日始，确定每周五为“义务劳动日”，巩固创城成果。

【城市环境专项整治行动开展】 2017 年，乳山市以居民生活需求为导向，治理背街小巷、老旧小区、施工现场、城乡结合部等卫生死角，实施违章建设拆除、集贸市场提升、“门前三包”管理等 10 项城市环境专项整治行动，一批“城市顽疾”得到有效根治。实施向阳、东山等 10 个老旧小区环境综合整治，完成 5 条主干道、60 条非主干道、30 条背街小巷路面、路灯、盲道、排水管道动态维护管理，城区夏南河、炉上河及支流河道清淤 3.5 万立方米。乳山市内商业街区、主要道路、各类公共建筑重点完善无障碍设施。改造提升集贸（便民）市场 10 个，拆除各类违法建设 5200 处，清理占道经营、乱堆乱放 2000 处，清理非法小广告 2 万处。购置无人机对城市卫生环境进行动态巡查，通过空中 360 度全区域、无死角拍摄发现盲区盲点。

【乡村文明行动推进】 2017 年，乳山市继续开展城乡环卫一体化，以清理存量垃圾、卫生死角、管护盲区为重点，开展垃圾大清运、环境大改善、面貌大变样的美丽乡村环境卫生整治活动，投入近亿元，新增农村垃圾桶 3 万个，清运存量垃圾总量 70 万吨，农村 1934 名保洁员实现[illegible]管理、统一考核、统一着装上岗，在山东省率先实现城乡环卫一体化全覆盖，在 2017 年下半年山东省群众满意度电话调查中列全省第 7 位。持续推进移风易俗行动，开展文明单位助力精准扶贫志愿服务活动。

（杨立超）

【乳山市获“全国卫生城市”称号】 2017 年 1 月，乳山市通过创建国家卫生城市国家评估。4 月，通过创建国家卫生城市国家综合评审。7 月 14 日，被全国爱国卫生运动委员会办公室命名为 2015—2017 周期全国卫生城市。获评全国卫生城市后，乳山市保持标准不降、力度不减、机制不变，巩固和深化创卫成果，加大城市综合监管和整治力度，完善城市垃圾收运系统，加快公厕升级改造步伐，加强农贸市场规划建设管理、食品安全监管和城乡环境卫生整治，建立健全长效管理机制，为每三年一次的复审做准备。

（王欣）

【健康生活方式倡导】 2017 年，乳山市依托各类媒体平台，全方位普及健康知识、传播健康文化。开展系列体育健身活动、健康教育培训，促使运动、健康理念深入人心，掀起全民健身热潮。发放健康教育宣传材料 32 万份，组织健康教育专题讲座和培训 40 次。开展“万步有约”职业人群健走激励大奖赛活动，“一评二控三减四健”专项行动和“健康杯”有奖征文、书法作品大赛，“健康乳山·美好生活”全民摄影大赛等活动，倡导健康文明生活方式。打造“健康细胞”工程，开展健康机关、健康企业、健康医院、健康学校、健康社区、健康家庭“六个创建”活动，评选出健康单位 28 家、健康社区 69 家、健康学校 13 家。

【乳山市入选山东省首批健康城市试点】 2017 年 12 月，乳山市被确定为山东省首批健康城市试点，海阳所镇被确定为首批健康乡镇试点，海阳所镇海阳所村被确定为首批健康村镇试点。以人的健康为核心，从广泛的健康影响因素入手，重点改善健康文化、培育健康人群、优化健康服务、构建健康社会、营造健康文化，提高居民健康水平，并顺利通过国家暗访组暗访。

【环境和食品安全整治活动开展】 2017 年，乳山市牢固树立“绿水青山就是金山银山”理念，坚持生态优先、绿色发展。开展燃煤锅炉拆除、机动车排污防治、餐饮油烟治理等重点工作，结合落实河长制开展河道综合治理工程，发动 8000 家企业增设安全环保设施，采购 108 辆纯电动公交车。坚持管理体系建设和治理能力提升两手抓，推进全领域、全方位、全覆盖的食品安全管理体系。构建市镇村三级监管体系，对

4 月 22 日，第二届全国“万步有约”职业人群健走激励大赛乳山赛区启动仪式举行

（食药监局提供）

57 家初级农产品生产单位建设可追溯体系，对 78 家食品生产企业实行分级分类管理，组织各类生产经营检查 5500 次。

【卫生体育事业基础夯实】 2017 年，乳山市对县级公立医疗机构进行布局调整和资源整合，完善分级诊疗模式，研究智慧医疗方案，扩大医联体远程会诊、预约挂号业务量，建立区域医疗影像中心，强化镇村医疗机构网底功能，为市民健康提供保障。完善城市和农村社区健身设施，85.5% 的社区配备体育健身设施，金牛山公园、东苑公园、晨读园公园、人民广场、东方广场等 5 处健康主题公园以及天水路健康主题长廊均设置健康步道。新建足球场 4 个、篮球场 6 个、排球场 2 个、网球场 2 个，新增体育健康设施 40 处。金碃岭体育公园于 6 月 1 日正式开放，建有田径场、足球场、网球场、羽毛球场、篮球场等运动场地及 15 个老年活动区、儿童游乐场等休闲娱乐场地，健身步道 1.6 公里，绿化面积 5 万平方米。

【健康产业培育】 2017 年，乳山市引导和支持健康新业态、新模式发展。推动发展赛事经济，举办金鼎杯·2017 乳山银滩全国自行车邀请赛、山东省第七届全民健身运动会空竹比赛、纪念建军 90 周年“中复康杯”全国门球赛暨第二届全国休闲养生门球赛等体育赛事。培植健康产业链条，推动关联产业融合，带动健康养生养老、健康休闲旅游等产业发展，繁荣医养结合、托管经营等新兴业态。做好体育、文化、教育、医疗四大产业综合体的健康元素建设设计。滨海新区科学规划健康产业示范园、新兴产业园、安全食品产业园，明确医养结合、相关联产业功能分区，培育大健康产业。

（卫计局）

【食品安全监管设施升级】 2017 年，乳山市推广食品安全基层监管机构“十个一”标准和“5+1”人员配备模式，投入 382 万元对全市 16 个基层监管所按照食安市创建标准配备“执法 + 快检”车辆、快速检测箱、执法记录仪等设备，全部配齐至少 5 名执法人员、1 名政府购买服务聘用工作人员。14 个涉农镇全部设立农安办，配备至少 2 名专职农安员，按标准配齐设施设备。投入 1400 万元用于乳山市检验检测中心办公场所及仪器设备升级改造。将食品安全风险系数较高的食品业态、区域、品种作为抽检重点，完成食品抽检 3480 批次，达到 6 批次 / 千人口。

【食品安全源头防控】 2017 年，乳山市通过“放心农资”下乡宣传周、春秋季农资市场执法检查等活动，分期对全市农资店开展农资经营法律法规培训超过 100 场次。实行农资经营告知制度，全市农药配送中心通过经营告知的农药产品数量 1500 种，肥料配送中心备案的肥料数量 620 种，种子配送中心备案的种子数量 80 种，从源头上保证农资产品质量。落实准入准出管理，指导食用农产品种植基地建立健全田间生产档案，实行投入品安全使用制度、农产品质量追溯制度和责任人追究制度。以索证索票、进货查验为重点，在 3 大农贸批发市场全面推行食用农产品市场准入制度，在食品经营业户中全面推广“一票通”，通过入市登记、质量检测、信息公示、不合格退市等措施，规范市场经营行为，实现产地准出和市场准入无缝衔接。实行病死畜禽无害化处理。投资 2000 万元建设威海市泓禧动物无害化处理中心（威海市唯一一家专业病死畜禽无害化处理企业），设计年处理各类病死畜禽 3.5 万吨。以镇兽医站为依托，建设病死畜禽收集点 14 个，建设规模养殖场收集暂存点 55 个，屠宰厂和孵化厂暂存点各 1 个，配备 GPS 定位系统箱式病死禽运输车 4 辆、冷库 1 座，按照标准对养殖场户和无害化处理厂进行补贴，构建病死畜禽无害化处理长效机制。

【食品行业监管力度加大】 2017 年，乳山市投资 159.2 万元，完成贸易城、黄山路和金谷园 3 大市场升级改造工作，通过第三方审计机构审核验收，3 大市场均设有蔬菜农药残留检测室，每天开展蔬菜农药残留检测工作，并将检测结果在市场内醒目位置公示，对不合格产品要求下架封存。下半年，在贸易城市场、黄山路市场开展省级规范化农贸市场创建试点。将全市“三小”业户（小作坊、小餐饮和食品摊点）纳入监管范围，建立“三小”监管信用档案，推行“六项标准”，规范“三小”经营行为。投入 695 万元在城区设置 6 处便民市场（摊点群）由过去的“马路市场”提升为整齐划一、干净整洁的便民市场。加强对食品生产小作坊的改造升级，新增小作坊登记 62 家。实行分级分类监管，按照食品生产经营分级分类监管和黑名单管理办法，完成全市 3683 家食品生产经营单位的分级评定，确定风险等级、监管频次和检查内容，实行“一户一档”。鼓励企业开展 HACCP 和 ISO22000 体系认证，认证比例占规模以上企业的 91.6%。推行餐饮单位餐饮量化分级评定，A 级 61 家，B 级 924 家，B 级以上餐饮店占比 75.2%；全市 63 家学校食堂量化分级全部 B 级以上，其中达 A 级的 28 家；对 42 家便民早餐店进行现场规范和备案管理。开展“守护舌尖安全”等 26 项专项整治；食品生产环节重开展 11 项重点产品整治；流通环节开展 9 项专项整治；餐饮服务环节进行 10 次集中检查。审结食品安全案件 215 起，罚没款 119 万元，比上年同期增长 20%。创建省级餐饮示范街 2 条、食品小作坊集中加工区 1 处，创建示范单位 100 家。

【食品安全宣传教育形式创新】 2017 年，乳山市推行食安教材进课堂，围绕学生科学三餐、食堂就餐、购买食品、食物中毒预防等方面，编写图文并茂的食品安全读本，纳入学生课程表。在乳山电视台开设《食安报道》电视专栏，每年播出

24期，宣传示范典型，曝光违法行为。依托“电影下乡”活动，委托电影公司播放食品安全科普宣传片、农村集体聚餐食品安全监督管理办法、食品安全举报奖励办法等，公布食品药品投诉举报电话，在全市601个村、25个社区巡回播放累计6000场次。

（食药监局）

【政务网络云资源平台搭建】 2017年，乳山市集中部署搭载组织部远程教育系统和党建平台、群工部民生平台、人社局绩效考核系统等9个单位、11套应用系统，使用虚拟服务器24台。逐步完成分布在电子政务外网上的乳山市纪委、乳山市发改局、威海市公共资源交易中心乳山分中心等15家单位业务系统的迁移和部署，强化硬件共用和信息共享，逐步实现大集中、大整合。

【政府网站集群扩建升级】 2017年，乳山市政府网站集群扩建升级项目一期建设和运行效果良好，乳山市在各级政府网站抽查中均未出现问题。增补上线单位子站18家，累计45家。开发建设门户网站英文版和手机APP，使政府网站使用更方便、浏览更快速、宣传更广泛，提升政府网站集群的使用效果和受众范围。

【乳山市民网推广】 2017年，乳山市民网完成75条新增服务事项加载，组织开展线下“走进机关”现场宣讲、线上“最喜爱美食评选”推广活动，完成APP新版本改版升级。为市民提供200项方便、快捷、精准的服务内容，拓宽与民沟通渠道，提高政务服务和公共服务效率。

2月17日，乳山市智慧城市运营管理中心工作人员查看监控视频（辛戈摄）

【智慧社区信息管理平台建成运行】 2017年，乳山市在全国率先以融合、开放、共享理念建设智慧社区综合服务平台，探索智慧社区建设新模式。为确保项目切实可用，组织对房管局物业管理办公室和3个社区、21家物业公司进行调研，并召开2次项目座谈会。年底，项目建设完成并上线运行。

【威海市民卡推广】 2017年，威海市统一部署向各市区推广应用市民卡。乳山市协调公交公司完成与公交卡系统并轨，组织召开市民卡推广应用培训会议。全市机关事业单位采集基础数据13524条，16个镇区采集基础数据311356条，合计324880条。确定10所学校进行智慧校园改造，与乳山市农商行洽谈合作事宜。

【大数据中心项目建设推进】 2017年，乳山市推进全市政务信息资源共享交换，2月，赴常熟和张家港学习考察，制订乳山市大数据中心项目初步方案。根据2017年10月发布实施的《山东省政务信息系统整合共享实施方案》，结合与威海市电政中心对接情况，乳山市智慧城市建设管理办公室启动将大数据中心项目规划建设重心向应用开发转移。

【政务信息资源目录编制】 2017年，威海市部署全市政务信息资源目录编制暨普查工作后，乳山市迅速响应，建立工作机制，召开工作部署和培训会并迅速推进工作任务。进行平台录入，录入单位62家目录2517条，因无政务外网或非独立法人报送表格单位11家目录132条，合计梳理目录2649条。

（王丽梅）

· 战国 陶敦

· 汉代 陶奁

· 西汉 陶卮

· 新石器时代大汶口文化 陶碗

责任编辑：吕素坡

新石器时代大汶口文化 陶支座

党政群团

Party and Government Organizations and Non-government Bodies

中共乳山市委员会

【概况】 2017年，中共乳山市委员会团结带领全市广大党员干部群众，以中共十八大及历次全会和中共十九大精神为指导，统筹推进“五位一体”总体布局，协调推进“四个全面”战略布局，全面贯彻新发展理念，强化“党建是重要引领、发展是第一要务、稳定压倒一切”意识，实施“三化引领、四城共建”发展战略，全市经济、政治、文化、社会、生态文明建设和党的建设都取得新成绩。年内完成地区生产总值546.79亿元，比上年增长7.9%。公共财政预算收入31.8亿元，增长9%。外贸进出口总值59.2亿元，增长10.8%。

【产业结构优化】 2017年，乳山市实施“产业强市、工业带动、突破发展服务业”战略，加快改造提升传统产业，大力引进新兴产业，发展壮大新兴业态，推动产业向中高端迈进。召开产业振兴大会，在工业经济11个领域出台“一揽子”政策，采取“奖+投”模式，3年内每年安排1.5亿元直接向实体经济“输血”，重点投向技改贴息、研发补助、人才招募、智能装备奖励等领域。推进“政产学研金介”合作，建立高校产业化基地、产业研究院等合作平台20个，山东省级以上创新平台达到24家，高新技术产业产值比重达到25.1%。坚持“房子是用来住的、不是用来炒的”定位，加大“去库存”力度，引导银滩闲置房产转型新上健康养生项目，变“包袱”为“财富”，全年完成“去库存”119万平方米，2年累计达到180万平方米。深化“旅游+”发展理念，推动旅游与健康养生、文化、农业、渔业、体育等关联产业融合发展，推进大乳山、马石山、胶东育儿所等旅游项目串联提升，乳山市被评为全国“2017十大休闲度假旅游目的地”，福如东海文化园跻身国家AAAA级旅游景区。现代农业提质增效，依托乳山市农业资源优势、品牌优势和质量优势，新增20公顷以上农业园区15处、农产品质量可追溯基地20家，新增家庭农场54家、各类农民专业合作社184个，威海市级以上农业龙头企业达到44家。

5月2日，乳山市产业振兴大会召开　（辛戈摄）

【城乡面貌改观】 2017年，乳山市实施“全域城市化、市域一体化”发展战略，实施总投资47.7亿元的道路桥涵、园林绿化、供水供气等7大类市政设施工程，投资同比增长56.7%，确定体育中心综合体、文化产业综合体、乳山市人民医院搬迁等3个大型项目，金碃岭体育公园成为群众健身休闲重要场所。在滨海新区实施总投资7.8亿元的河道治理、道路建设等6大类重点工程，提升重点区域承载力。着力补齐基础设施短板，乳山口港获批国家一类开放口岸，莱西—荣成高铁、乳山口大桥、文莱高速、S207省道外移等重大交通基础设施工程推进，综合交通体系加快打造。扎实开展美丽乡村标准化建设，对马石山、胶东育儿所红色教育基地沿线46个村进行一体规划、连片成方整治，打造东尚山、下石硼、玉皇山后、田家4个精品示范村，构建产业融合发展、区域连片开发新格局。

【民生福祉提升】 2017年，乳山市坚持以人民为中心，增进民生福祉，促进社会统筹和谐，提高群众满意度。持续加大民生投入力度，把保障和改善民生放在更加突出位置，推进城区供热基础改造、城区河道综合治理等年度投资58.7亿元的310项便民利民实事；改善城乡环境，实施向阳、东山等10个老旧小区环境综合整治，改造棚户区2829户，全市601个村城乡环卫一体化工作全部通过检查验收，在2017年下半年山东省群众满意度电话调查中列全省第7位，比上半年提升13个名次，移风易俗工作列全省第19位，完成农村改厕1.7万户。投入2.29亿元改造升级农村公路66.9公里，方便农村群众生产生活。面对连续多年的特大干旱，不等不靠，集中力量组织实施院里水库调水、正甲夼水库调水、乳山河地下水库建设等重点水利项目，保障城区不限水、农村不断水。加大精准扶贫力度，压实市镇村三级书记抓扶贫主体责任，坚持用“绣花”功夫抓好扶贫脱贫攻坚工作，形成产业基地带动、实体企业创办、股份合作共赢等产业发展模式，45个省定贫困村全部确定产业扶贫开发项目，累计实施产业发展项目94个，乡村车间总数达到329个，45个省定贫困村、17919

名建档立卡贫困人口全部脱贫。推动社会事业优质均衡发展，稳妥解决中小学“大班额”问题，提升全市教育设施水平，实施府前路学校、第二实验小学、第一中学等扩建改造，完成特殊教育学校迁建，按照国内一流标准规划新建光明街小学，开工中小学综合实践教育基地。深化医疗卫生体制改革，加快医联体建设，稳步推进分级诊疗，家庭医生签约25.1万人，乳山市人民医院加盟青岛大学医疗集团、烟台毓璜顶医院、山东大学齐鲁医院，基层医疗服务水平提升。获国家卫生城市、国家节水城市、全国群众体育先进单位等称号。

【党的建设加强】 2017年，乳山市牢固树立“抓好党建是最大政绩”理念，压实两个责任。规范党内政治生活，乳山市级领导带头，引导各级党员干部严格执行“三会一课”、民主生活会、组织生活会和谈心谈话制度。落实市级领导分包镇区、企业、重点项目、创城网格和包村联户等工作责任制，为干部作出表率。坚持党管干部原则，建立“五看一听”和“三用三不用”干部选任机制，注重在招商引资、项目建设、创城、违建治理、信访维稳等重难点工作中培养锻炼干部。启动五年人员倍增、优秀人才遴选、干部素质提升和干部分级考核“四大工程”，激发干部队伍活力。调整完善科学发展综合考核意见，将机关作风和效能建设纳入，将考核向一线工作人员延伸。开展“基层组织建设提质增效年”活动，探索实施整镇推进、整部门（系统）推进、整市提升，创新开展农村党组织和党员“双十星”评定管理，提升基层党组织和广大党员的先锋意识。做好新一届农村、城市社区“两委”换届选举工作，建立农村后备人才数据库，整治软弱涣散党组织30个，增强基层党组织的战斗力和凝聚力。推进区域化党建工作，规范街道“大工委”、社区“大党委”运行，在经济开发区和城区街道高标准打造党群服务中心，构建开放共享的党群服务平台。集中推进“两新”组织“两个覆盖”，全市“两新”组织党组织达到343家。组建巡察机构，围绕坚持党的领导、加强党的建设、全面从严治党、党风廉政建设和反腐败斗争等方面开展2轮巡察工作，对9个部门开展“政治体检”。开展“监督执纪问责年”活动，出台“廉洁乳山”实施意见，构建全链条、闭环式的责任落实机制。在威海市率先建立领导干部落实党风廉政建设主体责任纪实制度，严格落实中央八项规定精神，狠刹“四风”“庸懒散”“不作为慢作为乱作为”现象，集中整治和查处侵害群众利益的不正之风和腐败问题。全年立案110起，给予党政纪处分126人。加强机关作风建设，以建设学习型、创新型、服务型、效能型、廉洁型“五型”机关为目标，以“走出乳山看乳山、高标追赶快发展”为主题，倡树“学、比、勤、廉、严”五字作风，在全市组织开展“一线标兵”“我为基层解难题”“执纪强基促廉”等主题活动，组织开展向“全国优秀公安局”市公安局和全国公安二级英模王伟学习活动。

【重要决策和工作部署】 2017年4月28日，乳山市委、市政府下发《关于鼓励经济发展的若干规定（试行）》，提出科技创新奖励、品牌创树奖励、金融机构增设和推进企业挂牌上市奖励、内资招商奖励、外资招商奖励、对外经贸奖励、旅游发展奖励、现代农业发展奖励等8条鼓励经济发展政策规定，以充分调动全市上下参与经济建设的积极性，努力推动全市经济高质量发展，奋力开创新时代美好乳山建设新局面。

2017年6月29日，乳山市委下发《关于充分发挥“两代表一委员”作用的实施方案》，要求“两代表一委员”认真履行职责，规范行使权力，发挥好参政议政作用，紧紧围绕全市经济社会发展和党的建设等中心工作，主动建言献策；积极投身实践。发挥好桥梁纽带作用，经常深入生产和工作一线，认真做好联系服务党员群众工作，进一步增进感情、凝聚人心；发挥好先锋模范作用，坚决执行党的路线方针政策，在工作生活中带头争创佳绩、争作表率。

2017年8月10日，乳山市委、市政府下发《关于进一步加强机关作风建设的实施意见》，要求深入贯彻落实山东省第十一次党代会、威海市第十五次党代会和乳山市第十四次党代会精神，全力推进中央、省、威海市作风建设规定落实，大力倡树“学、比、勤、廉、严”五字作风，切实改进干部工作作风，提高行政效能，推动机关作风建设常态化、长效化，为加快建设经济富强、文明和谐、绿水青山的幸福乳山提供强力保障，以务实作风、优异成绩迎接中共十九大胜利召开。

2017年12月16日，乳山市委、市政府下发《关于做好村“两委”换届选举工作的实施意见》《关于做好城市社区“两委”换届选举工作的实施意见》，要求各镇（街道）坚持政治标准，强化农村党组织带头人队伍建设，大力选拔优秀人才进入村“两委”班子，着力加强农村基层基础工作，充分发挥村党组织直接教育党员、管理党员、监督党员和组织群众、宣传群众、凝聚群众、服务群众作用，推动农村基层组织建设全面进步全面过硬，为实施乡村振兴战略、坚决打赢脱贫攻坚战、加快推进农业农村现代化、提前全面建成小康社会、实现现代化幸福乳山建设提供坚强组织保证。

2017年12月27日，乳山市委、市政府下发《关于印发乳山市新旧动能转换重大工程总体方案的通知》，要求加强组织领导，强化政策支撑，健全体制机制，把新旧动能转换作为推动改革发展、激发市场活力的主线，在上级深化改革的大框架下先试先行、大胆创新，推动全市经济高质量发展，加快新一轮产业结构突破，建设现代化经济体系，努力推动经济发展质量变革、效率变革、动力变革。

2017年12月29日，乳山市委、市政府下发《关于印发支持非公有制经济健康发展意见的通知》，提出深化“放管服”改革、创新融资模式、完善企业法人治理结构、加快企业创新升级、积极引进人才、减轻企业负担、抓好企业家队伍建设、开拓国际市场、落实产权法律制度、构建新型政商关系等10条意见，要求各单位进一步引导非公有制企业在加快新旧动能转换中实现转型升级、突破发展，持续推动非公有制经济健康发展。

【重要会议】

中共乳山市第十四次代表大会 于2017年1月20—21日在乳山市中心会议室召开。大会选举出中共乳山市委委员33名、市委候补委员6名、市纪委委员25名，出席中共威海市第十五次代表大会代表52名。通过《关于中共乳山市第十三届委员会工作报告的决议》和《关于乳山市第十三届纪律检查委员会工作报告的决议》，批准周兵同志代表中共乳山市十三届委员会所作的《践行新理念、引领新发展，为加快建设现代化幸福乳山而努力奋斗》的报告。大会号召全市各级党组织和广大共产党员更加紧密地团结在以习近平同志为核心的党中央周围，在山东省委、威海市委的坚强领导下，不忘初心、继续前进，奋发有为、开拓进取，为加快建设现代化幸福乳山而努力奋斗。

中共乳山市委十四届一次全体会议 于2017年1月21日在乳山市委四楼会议室举行。会议选举周兵、宫本杲、李国徽、丁甫春、战国生、樊西民、卫炜、孔祥雷、李映华、纪华艳为中共乳山市第十四届委员会常务委员会委员，选举周兵为中共乳山市委书记，宫本杲、李国徽为中共乳山市委副书记。新当选的市委书记周兵在讲话中要求市委一班人时刻牢记近平总书记“不忘初心、继续前进”的重要指示，时刻保持昂扬向上的精神状态、攻坚克难的顽强意志和锐意进取的干事激情，践岗履责、围绕奋斗，共同书写乳山发展史上新的精彩篇章。

全市经济工作会议 于2017年1月5日在乳山市中心会议室召开，乳山市级领导班子全体成员，各镇、城区街道、滨海新区、经济开发区，经济主管部门领导班子成员，其他市直部门、单位、驻乳机构党政主要负责人，市人大、政协内设机构主要负责人，市纪委派驻纪检组组长，市属国有企业董事长、总经理，各类重点企业负责人参加。会议学习贯彻中央、省和威海市经济工作会议精神，总结2016年工作，研究部署2017年经济工作，动员全市上下进一步统一思想、坚定信心，抢抓机遇、加压奋进，大力推动经济社会平稳健康发展，以优异成绩迎接中共十九大胜利召开。

1月20日，中共乳山市第十四次代表大会开幕　（辛戈摄）

全市工作总结表彰会议 于2017年2月4日在乳山市中心会议室召开，乳山市级领导班子全体成员，各镇（街道）、滨海新区、经济开发区副科级以上领导干部，市直各部门和驻乳机构主要负责人及部分机关干部；市属国有企业董事长、总经理，部分企业主要负责人；受表彰的先进单位主要负责人和受表彰的先进个人参加。会议回顾总结2016年度全市工作情况，表彰先进单位和先进个人，部署2017年度全市机关作风建设有关事宜，动员全市各级转变作风，真抓实干，加压奋进，开拓创新，推动各项工作再上新台阶、再创新佳绩。

乳山市纪委十四届二次全体会议 于2017年2月13日在乳山市中心会议室召开，乳山市级领导班子全体成员，乳山市纪委委员，各镇（街道）党政主要负责人、纪（工）委书记，滨海新区、经济开发区和市直各部门、单位及驻乳机构主要负责人、分管纪检工作的负责人，市属国有企业董事长、总经理，市纪委各派驻纪检组成员及纪委机关各室主任参加。会议学习贯彻十八届中央纪委七次全会、山东省纪委十届八次全会以及威海市纪委十四届八次全会精神，总结2016年全市党风廉政建设和反腐败工作，部署2017年工作任务。

全市乡村振兴、精准扶贫工作会议 于2017年4月4日在乳山市中心会议室召开，乳山市级领导班子全体成员，各镇（街道）党（工）委书记、镇长（主任）、分管农业、扶贫的班子成员，市直各部门、单位、各驻乳机构主要负责人，市属国有企业董事长、总经理，各村支部书记和部分村委会主任，45个省定贫困村驻村第一书记，部分涉农企业、农业合作社和家庭农场负责人参加。

会议学习贯彻习近平新时代中国特色社会主义思想和中共十九大精神，以及习近平总书记在参加十三届全国人大一次会议山东代表团审议时的重要讲话精神，认真落实中央和山东省、威海市农村工作和扶贫开发工作会议精神，总结工作，查找问题，对乡村振兴战略进行动员部署，号召全市各级开创“三农”工作新局面，为加快建设现代化美好乳山奠定坚实基础。

全市农村暨扶贫工作会议 于2017年4月20日在乳山市中心会议室召开，乳山市级领导班子全体成员，各镇（街道）党（工）委书记、分管农业的副镇长（副主任），市直各部门、单位、各驻乳机构主要负责人，市属国有企业董事长、总经理，部分涉农企业和农业合作社负责人参加。会议贯彻落实上级农村和扶贫工作会议精神，总结2016年以来乳山市 “三农”和扶贫开发工作，要求全市各级查找问题，明确思路，加强领导，狠抓落实，推动 “三农”工作再上新台阶，确保扶贫开发任务完成。

全市产业振兴会议 于2017年5月2日在乳山市中心会议室召开，乳山市级领导班子全体成员，各镇（街道），滨海新区、经济开发区及部分经济主管部分领导班子成员；其他市直部门、单位和驻乳机构主要负责人；市属国有企业董事长、总经理；市级重点企业、成长型企业及相关企业主要负责人参加。会议分析产业发展现状，明确产业振兴思路、方向，调整完善乳山市鼓励经济发展有关政策，激发全市上下抓产业促发展的干劲，提振企业加快发展壮大的信心，要求全市各级以强有力的领导、大力度的举措、高效率的服务，推动乳山产业结构转型突破，为乳山长远发展奠定坚实基础。

全市推进“两学一做”学习教育常态化制度化工作座谈会 于2017年5月11日先后在乳山市中心会议室和第二会议室召开，乳山市委常委，市人大常委会主任，市政协主席；各镇（街道）党（工）委书记、副书记、组织委员；市直部门、单位党委（党组）书记、分管负责人；滨海新区、经济开发区党工委主要负责人、分管负责人；各企业党委书记、分管负责人；有关驻乳单位党委书记、分管负责人参加。会议学习贯彻习近平总书记重要指示精神和中央、省委、威海市委部署，要求全市各级以严格的精神和务实的作风，高标准、高质量推进“两学一做”学习教育常态化制度化。

中共乳山市委十四届三次全体会议 于2017年11月5日在乳山市中心会议室召开，乳山市委委员、候补委员出席会议，不是市委委员、候补委员的市人大、市政府、市政协领导班子成员；市纪委委员；各镇（街道）党（工）委书记；市直各部门、单位主要负责人，国税局、地税局、公路局、供电公司、人民银行等部分驻乳机构主要负责人；市委巡察组组长；各市属国有企业主要负责人；市第十四次党代会部分基层一线党代表列席会议。会议深入学习贯彻中共十九大精神和省委十一届二次全会、威海市委十五届三次全会精神，听取和讨论市委书记周兵受市委常委会委托作的工作报告，审议通过《中共乳山市委关于深入学习贯彻党的十九大精神的意见》和《中国共产党乳山市委员会工作规则》。

【市委办公室4项工作位列威海市三市区第一名】 2017年，乳山市委办公室当好参谋助手，搞好协调服务，强化督查考核，狠抓决策落实，保证市委机关高效有序运转。建立健全几大班子办公室主任联席会议制度，加强几大班子间的沟通协调，每周通报市级领导班子及常委所在部门办公室本周重点工作完成情况和下周重点工作安排，统筹抓好协调调度。承担的预备役、深化改革、保密工作、维稳工作4项威海考核指标，在三市区均位列第一；获山东省党委系统信息工作先进单位、威海市密码工作先进单位，被预备役师党委表彰为先进预备役营；拟写的市委主要领导署名文章《大力倡树“学比勤廉严”作风》被中央政策研究室《学习与研究》刊发推广，拟写的“城乡基础教育优质均衡发展的乳山经验”作为山东省12个地方改革案例之一上报中央改革办。

【市委办公室参谋服务水平提升】 2017年，乳山市委办公室每天筛选中央、省、威海新闻，济青烟威及其他地区经验做法，作为《今日参考》升级版，报市委领导参阅；围绕新旧动能转换、乡村振兴战略、全域旅游等，编写《学习与借鉴》10期、领导参阅8期、《乳山信息》18期，为领导决策和指导基层工作提供参考借鉴，被乳山市委、市政府主要领导批示4期。完成重大会议综合材料撰写工作，拟写领导讲话及各类材料900篇，进一步提升以文辅政水平。在威海市级以上刊物发表调研文章35篇，其中省级13篇，中央级2篇；拟写上报各类信息40余篇，被威海市级采用25篇、省级采用15篇，2017年度信息工作考核列威海市第二名。

【督查和考核工作方式创新】 2017年，乳山市委办公室建立完善“一单、一账、一表、一线”制度，即督办通知单、督办事项工作台账、工作推进落实情况表、一线实地督导，进一步规范工作流程，增强督查工作即时性、严肃性、实效性。全年办理领导批示件426件、市委常委会议定事项259件、临时交办事项168件，对分办事项全过程跟踪督导，做到件件有落实、事事有回音。科学发展综合考核由综合性考核向综合与单项同步转变，完善多维度评价体系，使考核结果更加公平合理；考核形式由年终一次性考核向日常考核转变，建立季考核通报评价机制，推动考核工作常态化；考核对象由只考核单位及主要负责人向具体责任人转变，逐级压实责任，层层抓落实，充分发挥考核评价激励作用，推动重点工作落实。

【市委办公室政务工作效率提升】 2017年，乳山市完善办公室会务组织流程，对重要会议、重要活动超前介入、统筹协调，合理安排、讲求时效，进一步提高会务活动服务质量，全年组织筹备各级各类会议200次。接待工作中严格落实中央“八项规定”精神，主动沟通协调，认真安排路线，全年接待各级各类活动80批次。牵头拟定《关于严格落实相关工作制度进一步改进工作作风的通知》，严格落实公文拟制、报送、管理要求，做到不积压、不丢失、不泄密，累计处理各级各类文电3000件，密级文件回收率100%。完成主渠道密码通信设备换装工作，开展保密意识和保密知识“两识”教育等培训活动，发放保密工作宣传卡片1万份。

（市委办）

8月8日，中共乳山市委书记周兵（正面中）到午极镇石字岘村上党课 （辛戈摄）

【“两学一做”学习教育常态化制度化】 2017年，乳山市研究制订《关于推进全市“两学一做”学习教育常态化制度化的实施方案》，组织召开全市“两学一做”学习教育工作座谈会，传达上级会议精神并对相关工作进行部署。为全市40405名党员发放党建小书包、党员徽章和党内生活记录本，启用新《基层党组织工作记录簿》，严格落实“三会一课”、主题党日、谈心谈话、组织生活会、民主评议党员等制度，将“两学一做”学习教育融入日常、抓在经常。开展向邵本道、王伟同志学习活动，开展庆祝建党96周年系列活动，“七一”前后，开展走访慰问、“党内关爱”主题演讲征文、文艺会演等5个系列活动，乳山市级党员领导干部带头到所联系企业、村党支部参加指导组织生活，走访老党员和困难党员639人，发放慰问金105.6万元。

【组织工作】 至2017年年底，乳山市有基层党委56个、党总支43个、党支部1571个。全市各级党组织贯彻落实中共十九大精神，以开展“两学一做”学习教育常态化制度化为契机，以选贤任能、固本强基、引才聚才为重点，推动组织工作与发展大局深度融合，提升组织工作科学化水平。根据上级有关改革要求，完成公立医院法人治理结构改革、综合行政执法体制改革、监察体制改革、盐业体制改革。

【农村党组织和党员“十星级”管理机制推行】 2017年，乳山市在全市农村推行党组织和党员“十星级”管理机制，增强党员“四个意识”，破解党建与工作“两张皮”现象。对党组织设置班子坚强、队伍优良、经济发展、乡村文明、社会稳定、群众满意等10颗星，对党员设置理想信念、组织观念、品行表现、义务奉献、攻坚克难、致富带富等10颗星。为每颗星设置正面和负面清单，列出基本标准和先锋标准，让党组织和党员保有目标、争有方向。采取党内党外联动评、定性定量精准评、注重长效动态评3种评星方式严格评星，评星结果与村级组织运转保障经费、“四职”干部补贴、班子整顿等挂钩，与党员评先选优、即时关爱挂钩。

【基层党建创新推进】 2017年，乳山市在农村领域实施基层党建“整镇推进、整市提升”工程，集中打造23个示范点，其中6个被评为威海党建示范点；启动农村和城市社区“两委”换届选举工作，探索集中会场设置、自荐报名、“一票两用”“一会两票”等做法。在城市领域推行街道“大工委制”、社区“大党委制”，深化共驻共建机制，开展机关企事业单位党组织和在职党员进社区“双报到”工作，组织130家单位3740名党员到社区报到；在街道社区高标准建设18个党群服务中心，发挥阵地引领、宣传、服务和凝聚功能。“两新”组织领域，深化园区党建工作，成立园区综合党委，探索推行园区党建“三四五”工作法。在机关领域制定机关党建督导考核细则，实行痕迹管理、全程纪实，创建地税局“爱洒税苑”、群工部“机关为民服务”等党建品牌。在国企领域推动党建工作要求写入公司章程，落实党委书记、董事长“一人兼”；实施“一企一品”工程，打造水务集团“水润”党员志愿者服务队，推行公交公司“固定、移动、联通”组织生活工作法。

【党员队伍从严管理】 2017年，乳山市举办党员发展对象培训班，培训320名党员发展对象和专兼职

10月30日，乳山市基层党建示范引领现场会召开（辛戈摄）

组织员，取消10名培训不认真、成绩不合格发展对象资格。在农村、城市社区开展党员集中轮训，全市19981名农村、城市社区党员参加培训，参训率99.6%。党员组织关系转接建立"考察"机制，党员持流动党员证参加转入地组织生活，经党员评议、镇（街道）党（工）委扩大会议研究通过后，方准予转入。抓实"三会一课"、谈心谈话、组织生活会和民主评议党员等制度，落实主题党日制度。在党员纯洁性教育活动基础上完善暂缓登记党员管理机制，探索建立不合格党员处置流程。

【省定贫困村"第一书记"配强】2017年，乳山市加强"第一书记"队伍建设和管理，发挥"第一书记"在推动省定贫困村经济建设和社会发展的带头人作用。在2016年选派45名优秀中青年干部到贫困村担任"第一书记"的基础上，2017年根据人员调动、工作实绩等情况调整17个村的"第一书记"，确保省定贫困村"第一书记"配齐配强。在加强"第一书记"微信群管理使用基础上，升级更新"第一书记"e线管理平台，通过平台实现通知公告下发、平时签到考勤、日常沟通交流，对"第一书记"工作实行实时动态监督和网上全程管理。落实驻村保障经费，根据《关于发放市直机关驻村"第一书记"生活补助费的通知》规定，为"第一书记"发放日常生活补助、考核补助共计69.06万元，保障其日常工作开支，激发干事创业热情。有22名工作成绩突出、表现优异的"第一书记"被提拔重用。

【领导班子和干部队伍选优配强】2017年，乳山市做好干部队伍专题调研，开展人力资源和机构编制情况、领导班子业绩表现情况、干部队伍现实表现情况的"三维比对分析"，汇总形成42万字专题调研汇报和3万字领导专报，为乳山市委进一步客观公正评价干部、科学精准选配干部提供重要参考。调优配强领导班子和干部队伍，根据专题调研掌握了解情况，坚持注重导向激励、事业发展、优化结构、多方印证、队伍稳定，分3个批次调整干部370人次，干部队伍年龄、学历结构得到优化。

【干部队伍成长提升工程实施】2017年，乳山市实施人员倍增计划，围绕把人力资源总量提高至合理水平的目标，按照"统筹余额、以退定进、补齐差距、留有余地"原则，统筹规划谋划5年机关事业进人计划，平均每年增加400人左右。根据岗位余缺情况，通过考试面向全市机关事业单位选配32名干部进入重要职能部门，促进人岗相适，进一步提升干部队伍专业化水平以及与事业发展的契合度。开展多维挂职锻炼，从市直部门及各镇（街道）择优选派30名优秀年轻干部进行双向挂职锻炼，选配部分市直部门新考录机关事业单位工作人员到镇街进行挂职锻炼，充实基层农村"两委"换届人员力量，丰富青年干部经验阅历，拓宽其成长成才空间。在机关事业单位全面推行导师带徒，将科级领导干部及经验丰富的优秀干部纳入导师库，结对帮带近5年新考录年轻干部，手把手教方法，帮助年轻干部快速成长。

【干部分类分层培训】2017年，乳山市紧扣全市发展大局，突出理论武装、党性教育和能力培训，发挥党性教育基地作用和党校主阵地作用，分类分层次精准开展干部教育培训。以发展需要和干部需求为导向，组织全市42名县级干部分期参加威海市中共十九大专题学习班；连续举办6期全市科级干部中共十九大精神专题学习班，采取个人自学、领导辅导和动员、专家授课、撰写学习体会相结合方式，集中对全市940名科级干部全部轮训，同时围绕新任职科级干部暨青年干部、新录用公务员暨事业单位工作人员、纪检监察干部、企业家、政法综治干部、统战干部、信访干部、机关支部书记、人大代表和政协委员等举办12个主体班次，累计培训干部5000人次。举办学习山东省党代会精神及开放型经济、文明城市创建、应急管理、政务公开等8个专题培训。规范化抓实基础管理，集中10天时间组织22家单位培训基层干部1500人次。围绕宣传贯彻山东省党代会精神、新旧动能转换、党风廉政教育、习近平总书记"7·26"重要讲话、保密形势和管理、党内问责和心理健康等举办6期"乳山讲堂"，邀请山东省委党校、国内有关高层次专

11 月 22 日，乳山市科级干部党的十九大精神第一期专题学习班举行（辛戈摄）

家学者进行高端专题宣讲。

【"海纳英才"计划实施】 2017 年，乳山市出台《关于实施乳山"海纳英才计划"的意见（试行）》，每年设立 1000 万元人才工作专项资金，对 6 个方面 25 项具体措施逐一明确扶持政策。出台乳山市首席技师、乳山市有突出贡献的中青年专家等 8 个本土人才选拔管理办法。组织相关部门赴 150 家重点企业实地走访调研，解读人才政策，了解企业人才项目需求。全年发放各类人才项目资金 549 万元，其中人才奖励 360 万元，科技平台奖励 189 万元。围绕企业发展需求，有计划地引导帮助企业建设科技创新平台，引进高层次人才。全年新增院士工作站、企业技术中心、工程实验室等山东省、威海市创新平台 12 个，引进产业紧缺人才 2 人、大学生聚乳创业人才 1 人，柔性引进医疗卫生专家（团队）8 个，获评威海市级重点专科 2 个。邀请国内高校 60 名专家学者到乳山市召开产学研大会，签订产学研合作项目 36 项，合作研究开发新技术、新产品 40 项。中国留学人才全球高新技术（乳山）研发基地揭牌，搭建引进人才平台。与鲁东大学开展校地企合作。

【远教辅导专家联系扶贫村工作机制建立】 2017 年，乳山市按照"强化管理、创新学用、服务发展"原则，结合农村扶贫工作，组织实施基层党员群众教学资源需求调查工作。制定实施远教辅导专家联系扶贫村工作机制，选派 35 名远教辅导专家到省定贫困村开展一对一"送智"帮扶工作，并开通"乳山先锋"云课件资源库。相关经验做法被山东省委组织部"灯塔网"和新华网推广。

【远程教育功能拓展】 2017 年，乳山市委组织部采取"远教定功能 + 企业搞研发"的市场化运作方式，开发远程教育"智能集控"播出平台。围绕全市中心和重点组织工作，制作《星火燎原乳山红》《阳光三资漾清风》等党建经验和人物专题片 13 部、新闻 21 条，围绕王伟和杨秀丽拍摄的人物专题片被山东卫视《齐鲁先锋》栏目采用；反映乳娘精神的红色主题纪录片《乳娘情》被山东省委组织部选用，代表山东省参加中组部 2017 年度课件观摩评选活动。在 6 月召开的全国党员教育创作人员骨干培训示范班上，《红色的爱之血肉相连》被作为山东省唯一一个学习观摩作品在会上进行推广。在全市范围内开展党建微视频征集活动，征集课件 22 部，引进技术辅导推广类课件 200 部，在乳山电视台《乳山党建》和《远教视窗》栏目编排节目 148 期，播放各类课件 200 部。按照山东省委组织部统一部署，完成"灯塔——党建在线"平台基层党组织、党员基本信息采集录入，做好平台日常管理使用。做好农村"两委"专科学历教育工作，104 名符合报名条件的村"两委"干部有 61 人被录取。把公交服务与党建宣传相结合，在 56 辆新能源公交车上播放党建视频节目。

【调研信息参谋服务】 2017 年，乳山市委组织部围绕领导讲话、工作汇报、专题党课、调研报告等拟写综合性材料 80 篇。向上级组织部门报送创新亮点信息 50 篇，1 篇被山东省委组织部门、8 篇被威海市委组织部门内刊刊发。落实全员调研工作机制，在山东省级以上党报党刊、微信公众号发稿 20 篇。全年编发《乳山组织工作》《乳山组工信息》《组工参考》刊物 18 期，编印《红色教育引领农村综合改革材料汇编》。抓实网宣引导工作，每月下发网评写作参考主题，组织基层联系点和大学生村官撰写省级网络有影响力文章 500 篇；监测上报网络舆情、跟发帖 2000 条，集中引导 12 次。

（组织部）

【宣传思想文化工作经验全省交流】 2017 年，乳山市宣传思想文化战线掌握意识形态工作领导权，发挥特色资源加强文化建设，培育重大典型，创新新闻舆论宣传引导模式。乳山市委宣传部在东尚山村布展山菊花电影展览馆、乡情记忆馆和胶东名士刘勃展厅 3 个展馆，向全社会征集美丽乡村广告语 167 条。策划乳山春节联欢晚会、新春秧歌会演，文化、科技、卫生"三下乡"活动和消夏晚会。被评为全省优秀调研和部刊信息工作联系点，作为唯一县级市在全省会议交流发言，15 个单位被评为威海市"学理论、懂政策，做明白人”理论大众化普及示范点。

【中共十九大精神集中宣讲】 2017年，乳山市在市内新闻媒体开设“砥砺奋进的5年”“深入学习贯彻党的十九大精神”等专栏，向基层党组织和广大党员干部群众下发《十九大报告辅导读本》《中国共产党章程》等理论学习书籍10万本（册），开展中共十九大精神集中宣讲52场次，各级开展互动式宣讲600场次，在全市掀起学习宣传贯彻热潮。

【全市党委（党组）中心组集体学习2000次】 2017年，乳山市委制定党委（党组）理论学习中心组学习管理办法，从制度建立、规范管理、档案整理入手，从严抓好各级中心组建设。乳山市委理论中心组集中学习研讨23次，全市各级中心组集体学习2000次。

【“齐鲁时代楷模”王伟典型事迹宣传】 2017年，乳山市充分挖掘“全国公安系统二级英模”王伟典型事迹，第一时间向上级推荐，王伟被授予“齐鲁时代楷模”称号。组织市内媒体对王伟事迹进行集中报道，山东省委宣传部、山东省公安厅组织《大众日报》、山东电视台等17家省主流媒体进行重点宣传报道，在全省掀起向先模典型学习热潮。

【15个文化产业项目入选威海市“五个一”重点项目库】 2017年，乳山市组织创作编排大型现代吕剧《邵本道》，举办全市汇报演出并在烟台胶东大剧院进行公演。开展第二届“乳山文学艺术奖”评选，评选出6大类、34件获奖作品。组织策划消夏文化展演、大型歌咏会、舞动文明广场舞大赛等5大类、19项重点宣传文化活动，丰富群众文化生活。制订《关于扶持文化产业发展的意见》，注重文化产业项目培育，15个项目进入威海市“五个一批”重点项目库。组织举办全市文化产业专题培训，召开4次产业联席会议，对产业招商、统计分析、考核机制进行研究，加快推进产业发展。

4月29日，吕剧《邵本道》首演 （辛戈摄）

【舆论引导工作加强】 2017年，乳山市举办常态化新闻发布及例行新闻发布14场，成功举办首次全国文明城市创建“创新·担当·作为”媒体说政新闻发布会。自编自导乳山首部原创网络短剧《乳山那些事儿》，制作H5版乳山宣传视频。通过“乳山发布”官方微信微博推送乳山市市长宫本杲英文版城市代言，点击量过亿人次。组织央视网华人频道《为家乡推介》栏目录制，参与鸿基金“7·27”中国社群思维日、中国企业海外高峰形象论坛等活动，提升宣传规格和层次。建立融媒体新闻宣传模式，以传统媒体+“一网两微两端一报”提高新闻宣传渗透力，全年累计在新媒体平台上发布各类信息超过2万条。同时，组织开展“乳山产业结构三年突破”“品位山东乳山行”等媒体行活动，提高新闻宣传覆盖面。引入舆情监测系统，实现24小时在线全天候监测，缩短舆情发现时间，提高舆情监控

6月14日，乳山市创建全国文明城市新闻发布会举行 （孙轶琰摄）

准度，撰写《网络舆情专报》37 期、《网络舆情动态》155 篇。

（杨立超）

【党外知识分子社会服务示范基地建立】 2017 年 5 月，乳山市委统战部根据物流园电商、物流人才聚集的实际，依托乳山市华润物流有限公司建立党外知识分子联谊会社会服务示范基地。借助这一平台，通过开展服务活动、组织学习培训、典型示范引领、专题调研、文艺交流、联络联谊等多种形式，促进会员之间联系沟通，吸引更多党外知识分子凝智出力，助推经济社会发展。年内组织党外专家人才开展以送文化、送医疗、送法律、送农技为主要内容的“同心服务”活动 5 次，组织牡蛎、茶产业、物流等重要课题专题调研 3 次，使该基地成为广大党外知识分子施展才华的舞台。

【乳山归国留学人员创业示范基地建立】 2017 年 5 月，乳山市委统战部依托乳山市伯瑞蓝莓基地建立乳山归国留学人员创业示范基地，旨在通过发挥阎勇等归国留学先进典型示范表率作用，带动更多归国留学人员创业创新，在本职岗位上建功立业，同时以基地为平台促进与山东省、威海市欧美同学会以及省内外知名企业等组织、企业的联系交流，在人才、技术、信息等方面进行合作。基地建成以来，开展创新创业大讲堂、人才沙龙、留学生企业恳谈会等联谊、培训活动 4 次，外出参观考察学习活动 1 次，举办创新创业专题培训 7 场次，发布招商创业类信息 40 项。

【城区街道统一战线服务中心成立】 2017 年，乳山市委统战指导成立城区街道统一战线服务中心，设有统战工作办公室、统战成员活动室、人才管理中心、社会组织孵化器等场所和配套设施，集统战宣传教育、建言献策、队伍建设、联谊交友等功能为一体。建成启用后，突出双向服务、联谊交友、宣传展示、队伍建设等功能，支持和服务统战对象，同时有效整合辖区内知联会、商会、侨界等统战团体，以及“俏夕阳·爱心服务队”“传承经典”戏曲俱乐部、“笔墨丹青”书法协会等公益组织的资源和力量，发挥党外代表人士、新社会阶层人士、非公经济人士、归国留学人员等的专业和特长。根据社区群众需要，组织知联会志愿服务队、侨界志愿服务队、民族宗教人士志愿服务队等开展服务活动 20 次。

9 月 4 日，乳山市非公有制企业走访调研座谈会召开 （统战部提供）

【统一战线专家服务团组建】 2017 年，乳山市委统战部遴选出一批科技、卫生、文化、教育、法律等界素质好、业务水平高、热心公益事业的党外人才，组建统一战线专家服务团。年内结合精准扶贫、新农村建设、社区建设、企业转型发展等，组织“四下乡”“惠民直通车”等“同心系列服务”活动 18 场次，发放法制宣传资料 1500 份、农技知识汇编 950 册、农业科普资料 800 份，开展法律问题咨询 300 人次，为群众免费查体 600 人次，组织送戏下乡 2 场次，直接服务社区群众 3000 人次。

【企业走访调研活动开展】 2017 年，乳山市委统战部牢固树立“围绕发展抓统战、抓好统战促发展”的理念，按威海市委统战部部署，牵头组织各部门于 8 月底 9 月初开展 “下基层、摸实情、提对策” 企业走访调研活动，走访企业 146 家，归纳共性意见建议 20 条，形成访调研报告。建立统战干部联系服务会员企业制度，每人负责联系 30 家企业，定期组织干部到企业走访，听取非公经济人士诉求，提高服务效率，打通为企服务“最后一公里”，年内走访企业 114 家，为企业解决困难 10 个，促进合作 7 项。

（统战部）

【未来 5 年机构编制资源配置谋划】 2017 年年初，乳山市要求各单位根据人员结构现状及与周边市区同行对比情况，对本单位机构编制配备、人员队伍优化等方面提出合理化建议和意见。汇总后，对上报数据进行了核对、梳理，进行研究分析，谋划今后 5 年机构编制资源配置意见，为提高用编进人科学性打下基础，联合撰写的报告得到威海市委原书记批示。根据整理的数据，收回部分职能弱化或工作任务减少又存在空余编制的单位编制，分配给市场监管局、水利局等编制余额不足单位，优化配置编制 600 名。

【“放管服”改革强力推进】 2017

年，乳山市编办会同相关部门，对照省定通用目录，梳理出镇（街道）行政权力事项目79项。比对国家、山东省和威海市取消、下放、调整的行政权力事项，采取单位自报和集中审核相结合的方法，完成22个单位117项事项调整，规范行政权力行为。为简化优化公共服务流程、方便基层群众办事创业，参照向社会公布的市镇两级公共服务事项目录，指导各镇（街道）和乳山市直相关单位完成服务指南编制工作。围绕解决困扰基层群众“办证多、办事难”问题，选择部分镇街、社区、村庄进行实地专题调研，摸清需要基层提供的证明盖章事项等材料，在反复与业务上级及部门沟通协调的基础上，向社会公布乳山市取消调整的证明和盖章类材料目录，涉及14个单位、42项材料。同时，公布保留的33项年检和11项政府指定培训事项，编制完成乳山市级第一批“零跑腿”和“只跑一次”事项清单。乳山市级257项行政许可事项中，全程网办事项239项，在线预审事项16项。对所有内容通过市政府门户网站、市编办网站、山东政务服务网（乳山）等网站对外公布。

【公立医院法人治理结构建设】 2017年，乳山市编办在前期事业单位法人治理结构建设试点基础上，推进公立医院法人治理结构建设。将卫计局所属5所公立医院全部纳入实施范围，制订实施方案，出台完善相关配套政策。与组织、人社、卫计部门沟通，完成首届理事会组织架构建设，理事会严格按照理事长、执行理事、职工理事、外部理事的人数、结构设置，兼顾加强实施法人治理后公立医院党的领导体制建设，科学搭配党组织领导班子，按照“双向进入，交叉任职”要求保证理事会、管理层的党员比重。同时，通过网站向社会发布征集公告，组建外部监事、外部理事人才库，向5所公立医院选派首批外部监事4人、聘请外部理事19人。

【民生需求相关机构设置调整】 2017年，乳山市编办围绕解决民生需求做好机构设置调整工作。与教育局共同研究，结合城区学校布局实际，以满足素质教育发展要求和城区入学需求为目标，提出设立中小学综合实践教育基地、光明街小学、松山路幼儿园的建议。围绕增强“政治性、先进性、群众性”要求，配合乳山市委完成群团机构改革任务，设立青少年活动中心、妇女儿童活动中心、科技工作者服务中心等股级机构。围绕行政综合执法改革，到农业、国土、行政执法、滨海新区等部门及多个镇（街道）走访调研，结合实际制订改革方案，乳山市委、市政府通过后会同组织、人社、财政等部门开展人、财、物的划转、整合工作。

（于琛）

5月15日，中央编办监督检查司司长田玉萍（左三）到乳山市调研“放管服”改革工作

（辛戈摄）

【机关党务】 2017年，乳山市直机关工作委员会落实乳山市委提出的“党建是重要引领”要求，推进“两学一做”学习教育常态化、制度化建设，至年底，辖党支部148个，其中乳山市直党支部77个，下属党支部33个，离退休党支部38个，正式党员2763人，预备党员50人。

【体验式机关学习方式实行】 2017年，乳山市直机关工委落实每周五学习日制度，每季度对市直83个单位集中学习情况督导检查一次，提升干部队伍业务知识和理论水平。开展“听讲评”系列活动，组织乳山市机关干部集中学习4次。开展“共品书香”系列活动，通过推荐书目、品读文章、品评交流等方式，培养干部爱读书、读好书的良好习惯。举办“沐浴书香、逐梦前行”学习党的十九大精神演讲比赛，59个单位部门99名干部参加比赛，丰富机关学习内容。4月20日，以“警醒、感悟、自信、坚定”为主题，组织乳山市96名市直机关党支部书记赴胶东（威海）党性教育基地开展现场教学培训。

【“五型”机关建设推进】 2017年，乳山市直机关工委加强“学习型、服务型、效能型、廉洁型、创新型”机关党组织建设。从基础抓起，从“三会一课”召开、活动场所建设、党费收缴、支部换届等着手规范基层机关党组织建设。通过“书记抓、抓书记”促进机关党的建设，1月组织召开2016年度市直机关党（总）支部书记抓党建工作述职评议会议，现场评比打分。开展“市直机关优秀党员”活动，突出优秀典型示范带动作用，自3月开始经过层层推荐、择优遴选、征求意见等环节，评选出10名“市直机关优秀党员”进行表彰。请乳山电视台对10人分别制作个人先进事迹宣传片，在乳山电视台开辟党建专栏进行事迹展播。新确定入党积极分子19名、发展对象51名，纳新全程“阳光操作”。6月30日，组织43名预备党员在冯德英文学馆举行入党宣誓仪式。检查乳山市直机关事业单位晚上和节假日值班情况1000次；与乳山市纪委联合对乳山市直机关事业单位上班在岗、请销假、工作时间上网情况抽查4次；结合创城对机关事业单位环境卫生进行拉网式检查，下发整改督办单87份。

【优秀党建品牌评出10家】 自2015年起，乳山市直机关工委在所辖78个市直机关党（总）支部中开展党建品牌创建活动。按“一年见成效，两年大提升，三年亮品牌”要求，各单位党支部不断提升工作理念和机关精神，细化创建措施，推出许多特色鲜明、主题突出、内涵丰富的党建工作品牌。2017年，乳山市机关工委对上报53家品牌进行初选，将入围23家“优秀党建品牌”单位申报材料汇总成册，评选乳山市纪委监察局“忠诚卫士”、检察院“铸造忠诚”、商务局“精诚兴商、务实惠民”等10家“优秀党建工作品牌”。

【机关文体活动开展】 2017年，乳山市直机关工委联合乳山市委宣传部、乳山市文广新局、乳山市总工会共同组织“不忘初心、永跟党走”乳山市直机关庆“七一”文艺晚会。联合体育局举办羽毛球、乒乓球等体育活动，组织第十六届乳山市直机关篮球赛，乳山市直机关、事业单位及驻乳部门25个单位19支代表队参加。

【机关群团工作开展】 2017年，

8月8日，“乳山农商银行杯”2017年市直机关篮球赛举行 （孔晓辉摄）

乳山市直机关工会委员会摸底贫困职工和劳模，看望困难劳模1名、困难职工20名，发放慰问金53000元。机关团工委开展青年文明号争创活动，13个团支部和多个青年组织开展青年志愿者活动800次。机关妇女工作委员会开展“社会妈妈”活动，拉手贫困中小学生6名。

（孔晓辉）

【党史研究】 2017年，乳山市党史市志办公室以存史资政育人为根本，坚持贴紧大局、统筹谋划，推进党史成果转化、党史征集研究、党史宣传教育等工作。坚持把党史场馆建在旅游线路上和城区人口聚居区的思路，结合重点区域规划部署和胶东党性教育基地建设，加快推进红色展馆建设。新华制药公司、北京八路军山东抗日根据地研究会及临沂、滨州、潍坊等地党史系统20个团队到乳山市学习考察场馆工作。

【红色乳山革命根据地旧址打造】 2017年，乳山市党史市志办牵头在诸往镇下石硼村布展，打造红色乳山革命根据地旧址群。指导修缮7套古巷老屋，将革命遗址串点成线，建成胶东人民兵工历史陈列馆、革命医疗机构历史陈列馆、北海银行历史陈列馆、胶东军区被服厂旧址纪念馆4个纪念馆，修缮党员秘密联络点、秘密修枪组、新华药厂3个旧址，设计“扫荡”遗址、室外制药、古井石磨、隐藏地洞等室外场景。组队赴山东省档案馆、烟台市档案馆调查，与外迁红色机构对接查找史料，挖掘下石硼村红色资源，设计布展大纲和布展小样，撰写讲解词并指导讲解员。征集印钞机、织袜机、掩埋机床、兵工瓷碗、行军锅等革命文物220件、文献照片600份。为开展党性、党史教育提供乳山特色教学现场，被威海市列入胶东党性教育基地的特色体验区，得到各级领导、党史专家和党员群众好评。

【马石山十勇士纪念馆改陈史料征集】 2017年，乳山市党史市志办公室会同相关部门对马石山十勇士纪念馆进行改陈布展。对接原27军、徐州王杰部队、八路军太行纪念馆，补充故事和照片30处，馆内第一部分展陈内容全部更换，并调整讲解词，至4月底全部完成。

【胶东特委诞生地纪念馆筹备】 2017年，乳山市党史市志办公室结合黄垒河产业带规划，会同冯家镇筹备胶东特委诞生地纪念馆。翻阅

10月10日，威海市委原书记孙述涛（左一）调研下石硼村红色乳山革命根据地旧址（辛戈摄）

党史书籍，赴济南、烟台查找档案，到烟台、威海、招远等地参观场馆，向革命后代收集资料，挖掘胶东特委创建史、相关人物和事件，同步征集胶东党的思想、组织、作风建设布展史料。请党史专家现场指导，帮助设计指导布展。

【红色乳山革命根据地史料挖掘工作推动】 2017年，乳山市党史市志办公室挖掘性挖掘乳山革命史料。整合单位干部、马石山中心讲解员、抗战研究会成员以及革命后代力量，筛选镇级8名党史爱好者参与，分阶段有计划开展史料挖掘、整理、调查工作。年内，形成胶东兵工、胶东公学、医院、银行、学校等革命史料210篇。考证王殿元烈士证等史料，充实《马石山1942》内容。

【《胶东育儿所》读本编写】 2017年，乳山市党史市志办公室组织编写红色教育读本《胶东育儿所》。收集整理胶东育儿所图片、文字资料，系统考证收录胶东育儿所筹建发展历程、科学管理规范以及广大乳娘和保育员的感人事迹，展现红色乳山革命根据地的历史和贡献，为重温红色记忆、传承红色基因提供地方特色教材。聘请2名文字工作经验丰富的人员作为副主编，保证书稿质量。至2017年年底，《胶东育儿所》完成初稿。

【《威海名人》资料征集】 2017年，乳山市党史市志办公室配合乳山市委办公室，为主牵头征集《威海名人》资料。会同武装部、教育、科技等10家责任部门，联系对接全国各地在政治、经济、军事、文化、科技、教育等领域有突出成就或重大影响的乳山籍知名人士254人，上报240人，被收录111人。

【红色乳山革命根据地旧址品牌打造】 2017年，乳山市党史市志办公室征求党史专家意见，到井冈山等地党史部门学习先进经验，提炼出乳山市胶东早期抗战根据地核心区的历史定位。向城市文化品牌研讨会、国家级文物保护单位评选考察组及美丽乡村专家会等推介宣传红色乳山品牌，提升影响力。向市委提出“理清红色革命文化历史、提升红色文化旅游产业特色品牌形象的建议”和“关于胶东育儿所教育基地完善提升的建议”。

【外迁红色机构对接】 2017年，乳山市党史市志办公室开展乳山外迁红色机构对接活动。对接新华制药公司、新华医疗器械公司，对方到乳山市参观红色教育基地、寻记新华制药旧址；陪同乳山市领导到徐州73809部队（王杰部队）参加庆祝华东坦克队成立70周年活动；到南京际华3503公司进行对接，达成在乳山市建立教育基地意向。此外，还与山东省立医院、烟台环球集体等取得联系。通过该项活动的开展，加深相互了解，查找考证史料，助力产业对接。

【党史成果“六进”活动开展】 2017年，乳山市党史市志办公室开展进机关、进社区、进农村、进校园、进企业、进军营活动，达到服务社会、服务发展效果。向各镇（街道）、市直部门、“两代表一委员”、宾馆酒店发放《乳山年鉴》《红色乳山》等书籍，增加“古风书室”藏书量，向社会各界累计赠书党史、市情书籍2200册。支持特色市情馆建设，为乳山市廉政警示教育基地、中小学生实践教育基地、地税系统教育基地、王伟纪念馆、劳模纪念馆、南黄党史民俗馆等提供史料支持。为社会提供革命历史、建置沿革、姓氏由来、风土人情等方面查询服务80人次。为烟台党史爱好者提供史料支持，合作编写《胶东妇女运动史料》。

【党史高层次宣传推介】 2017年，在上年推介舞台剧《胶东育儿所》成为山东省庆祝建党95周年重点节目基础上，乳山市党史市志办公室拓展党史宣传推介层次。1月，为山东省青年艺术团、舞蹈艺术团创作乳娘题材舞剧提供史料支持、提出思路建议。3月，山东电视台庆祝建军90周年晚会总导演霍静经党史专家介绍到乳山市采风，向其推介马石山英雄群体事迹，提出创作思路建议，促成山东电视台编排情景剧《马石山十勇士》。7月，乳山市领导应邀出席录制现场。8月，该节目在山东电视台播出。联系对接革命后代及八一制片厂筹拍乳娘题材电影《生死相依》，联系对接中国组毒协会会长出资600万元并自主完成电影剧本创作。

【百名革命后代赴乳山开展“红色胶东行”活动】 2017年9月15—21日，百名革命后代开展“喜迎十九大、红色胶东行”活动，追寻父辈战斗足迹，重温红色历史。19日，革命后代一行到乳山市参观威海马石山红色教育基地、胶东育儿所教育基地、下石硼红色乳山革命根据地旧址，并在马石山举行纪念活动。

【改革开放实录和县委书记口述史编修】 2017年，乳山市党史市志办公室联合档案部门完成县委书记口述史征集对象署名文档并全部数字化，完成书记回忆文章24篇，采访2名县委书记。按照即时存史的思路，在修改送审《改革开放实录》威海卷6个专题基础上，调度落实乳山卷编修方案，组织镇（街道）和部门梳理改革开放事业发展变迁专题文稿。配合乳山市委办公室做好《威海名人》资料集，会同武装部、教育、科技等10家责任部门联系对接乳山籍名人254人，上报240人资料，111人被收录。

（吕素坡）

【威海市党校系统科研工作现场会召开】 2017年，乳山市委党校遵循“党校姓党”原则，秉持政治建校、质量立校、人才强校、从严治校办校方针，争当全省县级党校排头兵，主动服务市委中心大局，教学、科研各项工作齐头并进，山东省委党校常务副校长徐闻2次对经验做法做出批示。向山东省委党校推送现代吕剧《乳娘》，在济南首场演出反响强烈。威海市党校系统科研工作现场会在乳山市委党校召开，威海市党校系统教学观摩竞赛中该校2名参赛教师分获一、二等奖。

【党校现场教学开展25场次】 2017年，乳山市委党校突出现场教学，组织学员到胶东党性教育基地、济宁干部政德教育基地、乳山廉政警示教育基地开展现场教学25场，共2300人次。利用乳山市丰富的红色教学资源，开发党建、精准扶贫、现代农业、生态文明等现场教学点32个，打造红色胶东、乳娘精神等精品课5个，开展对外办学。配合胶东党性教育基地接待培训外来学员800人次。

【党校教学互动参与和自主管理方式实行】 2017年，乳山市委党校在科级干部培训班、青年干部培训班及初任培训班学员中开展学员登讲台、学员主持授课、研讨交流等活动，让学员展示自我、锻炼提高。开展学员搞调研活动，教师与学员结成对子，辅导完成调研报告，提高调查研究能力。开展拓展训练活动，参与创城等公益性劳动，增强学员挑战自我的信心和团队精神。探索实行专兼职教师跟班管理制度，全程跟班，与学员同吃、同学、同住，随时掌控学员动态；成立班委会、建立微信群，加强自我管理；实行全脱产半军事化管理，建立考勤台账，记录在校表现，进行量化考核。

10月19日，革命后代“红色胶东行”参观威海马石山红色教育基地（王浩摄）

【党校科研课题完成12项】 2017年，乳山市常委会专题研究加强党校工作的意见，决定增设党校科研处，配备专兼职科研人员，解决党校科研力量不足问题，乳山市财政向党校划拨科研专项经费20万元。乳山市委党校创新科研工作机制，形成促进科研工作提升合力。通过领导点题、利用社会资源、与相关部门沟通对接等途径，提高理论高度。修改完善工作绩效考核办法，将科研成果与评先选优、职称评定、干部任用等挂钩，年内完成山东省委党校系统课题8项、威海市社科重点课题4项；在山东省级以上理论刊物发表文章8篇，在全省党校系统研讨会上论文获奖11篇，在威海党校系统理论研讨会上论文获奖3篇。创办《党校科研专报》，将有价值的科研成果呈送市级领导，编印5期。《我市传统村落保护与开发亟待加强》等3项科研成果被乳山市委主要领导批示。

（单华伟）

【山东省老干部转型发展研讨会做典型发言】 至2017年年底，乳山市有离休干部259人，其中抗日战争时期的70人，解放战争时期的189人；行政机关80人，事业单位94人，企业单位84人。2017年，乳山市对老干部政治上尊重、经济上照顾、精神上关心，加强老干部思想政治工作，组织老干部开展有益活动。建成老干部人才交流中心，建设老年大学远程教育网络，组织开展“我为乳山发展进一言”活动，挖掘红色史料6万字、照片100幅。乳山市委老干部局在山东省第三期深入推进老干部工作转型发展研讨班上做典型发言。

【山东省首家县级老干部人才交流平台建立】 2017年，乳山市委老干部局联合人社部门建成全省首家市（县）级老干部人才交流中心，投资10万元。平台建立后，打通老干部人才与企业、社会对接的“最后一公里”，采集有需求意向平台153家，确定可操作、可实施的项目和岗位667个，签订《老干部团体（个人）服务见证书》200份，为老干部发挥作用提供平台支撑。

【老干部“我为乳山发展进一言”活动开展】 2017年，乳山市委老干部局为激发老干部为乳山市改革发展建言献策的热情，在乳山市老干部中开展“我为乳山发展进一言”活动。发动乳山市老干部聚焦中心大局，围绕政治、经济、文化、教育、科技等领域深入基层调研，撰写调研报告或论文，征集各类稿件200篇，从中精选出18篇文章结集成册，送乳山市委、市政府领导和有关部门决策参考。

【老干部学习宣传贯彻中共十九大精神活动开展】 2017年，乳山市在中共十九大召开后安排部署老干部学习宣传贯彻十九大精神。10月31日，制定下发《关于全市离退休干部学习宣传贯彻党的十九大精神的实施方案》。11月2日，召开乳山市离退休干部学习宣传贯彻党的十九大精神动员会，组织县处级老干部、各离退休干部党支部书记和基层老干部代表集体学习《十九大精神传达提纲》。印制“一张图，带你看懂十九大报告”宣传彩页2000份发放给乳山市离退休干部，县处级老干部采用亲自上门送方式发放，用直观形式让老干部学习十九大报告中内容和亮点。11月23日，举办老干部党支部书记培训班，进行“牢记使命担当、走进新时代”十九大精神专题培训，引导老干部把中共十九大精神学习好、领会好、贯彻好。

【关心下一代工作获肯定和表彰】 2017年，乳山市关心下一代工作委员会组织“五老”宣讲团走进校园、社区，开展“党史国史”专题讲座；在乳山市范围内开展“五老”登记建档工作，经筛选登记管理“五老”志愿者2882人并发放证书；开展成员单位办实事活动，乳山市25个成员为关心下一代工作办实事56件；组织乳山市关工委有关领导及“五老”志愿者代表到威海参加“五老”志愿者培训班，下初镇关工委常务副主任宋文阳作典型交流发言。7月5日，山东省关工委常务副主任崔曰臣等领导到乳山市调研青少年党史国史教育工作；11月13日，威海市关工委到乳山市调研关心下一代工作，对乳山市工作经验及做法给予肯定。2017年，乳山市委老干局、乳山市教育局获评“全省关心下一代工作先进集体”，冯家镇党委副书记、关工委副主任宫大勇，下初镇党委副书记、关工委副主任李山，乳山寨镇老干办主任、关工委办公室主任于书刚，乳山市老干部活动中心副主任林峰屹获“全省关心下一代工作先进个人”称号。

【山东省“规范化示范老年大学”争创】 2017年，乳山市老年大学以争创全省“规范化示范老年大学”为目标，创新完善市老年大学办学模式，提升大学文化软实力。新学期，招生突破1600人，设专业29个，教学班达70个，创历年新高。确定老年大学校徽、校训、校风、教风及学风，制作老年大学宣传片，建设大学独立网站，与乳山市报社联合开办《乳山时讯》老年大学专版，首期发行量5000份。在老年大学教师学员中组织开展“我与老年大学”主题征文及优秀班级、最美教师、最美班长、最美志愿者评选活动；组织老年大学师生参加威海市老年大学首届诗词楹联大赛活动，上报参赛作品130幅。投资40万元开发建设老年教育远程系统，将3所镇级分校与乳山市老年大学配套联网，并开通中国老年大学协会主办的网上教学点播系统。

【老干部政治待遇落实】 2017年年初，乳山市召开全市老干部情况

11月3日，中组部老干部局副局长杨保平（左二）到乳山市调研离退休干部党建工作（老干部局提供）

通报会；组织担任过县处级以上实职的老干部参加全市春节晚会、观看吕剧节目《乳娘》等；分批组织县处级老干部和全市老干部党支部书记和各镇（街道）老干部代表观摩乳山市经济社会发展情况；举办老干部党支部书记培训班4期；组织离退休干部参观学习郭永怀事迹陈列馆、天福山起义馆等威海红色教育基地；开展“建言十九大”问卷调查，掌握老干部思想动态；以地级威海市成立30周年为契机，在老干部中开展“美丽威海30年”“回眸美丽威海”“美丽威海礼赞”等主题征文及书法绘画摄影展系列活动。免费为退休、离岗县处级领导及乳山市离退休干部支部书记订阅《老干部之家》《家庭健康》；通过“老干部之家”网上党建平台，为乳山市50个离退休干部党支部开通“网上党建平台e支部”。投资30万元升级改造老干部活动中心多功能舞台；举办第七届老年人台球赛、乳山市老年人乒乓球比赛、乳山市老年人象棋比赛和市老年大学元旦文艺汇演、建校15周年书画摄影展等；组织4支队伍参加“小汤温泉杯”全国老兵门球赛并取得优秀成绩；组织老干部和老年大学学员积极参加乳山市庆“七一”文艺汇演、“七一”合唱比赛及2017年威海市老年大学毕业汇报演出等；组织老年大学、老干部艺术团联合举办迎“八一”消夏晚会；开展第三届“枫叶情·畅谈十八大，喜迎十九大”老干部楹联征集活动。

【老干部生活待遇落实】 2017年春节前，乳山市为乳山市离休干部发放慰问品，组织走访慰问担任实职县处级以上的老干部及居住在烟台、威海等地的老干部；开展“即时关爱”活动，及时为困难老干部送去党组织的关怀；为乳山市66名困难离休干部遗属发放共计10万元救助金；为乳山市260名无工作离休干部遗属发放取暖补贴28.6万元；提请乳山市政府减免36家困难企业所属52名离休人员医保金；争取乳山市退休干部经费列入财政预算，争取将离休干部特需经费标准由原来每人每年500元调整为每人每年1000元；“七一”前组织为乳山市离休干部进行健康查体，对部分行动不便的老干部组织医务人员上门体检；开展“向老干部承诺、为老干部办事、请老干部监督”活动，乳山市90个单位向老干部承诺办实事295件次。

（李毅）

【民生诉求办结率100%】 2017年，乳山市委群工部以服务发展、服务民生、服务群众为主线，抓好民生诉求办理、常态化联系服务群众、部门包村等工作。发挥民生服务平台作用，完善民生诉求汇办、分办、联办、查办、督办、追办等办理流程和机制，集中受理群众咨询、求助、建议、投诉等事项。加大民生诉求事项的跟踪督办，制订《关于加强民生诉求事项督办落实的实施意见》，梳理督办落实重点，明确督办落实程序。对群众不满意、需现场查看、有推诿扯皮等事项，加大现场联席办公和联席会议督办力度，同时建立与乳山市委督查办、乳山市政府督查办三方联合督办机制，每周筛选、汇总、上报需督办落实事项，实行领导批办、联合督办，实行销号管理，确保民生诉求“事事有回音、件件有落实”。全年报请市级分管领导批办诉求事项20件，现场查看督办民生诉求事项件36次、141件。全年受理民生诉求20885件，办结率100%，办结满意率98.59%。向乳山市委、市政府上报专报179期，提出研判意见建议77条。

【乳山民生服务热线列入“山东标准”建设行动计划】 2017年，乳山市委群工部提升民生诉求办理质效，围绕升级换代民生热线系统，实现诉求受理办理“四个便捷”。建立以服务提供标准为核心，包括服务通用基础标准、服务保障标准在内的服务标准体系。注册乳山民生服务热线商标，于7月底被列入2017年度“山东标准”建设行动计划。

【联系服务群众体系完善】 2017年，乳山市委群工部强化群众工作指导员到村“面对面”工作，完成群众工作智能化管理系统数据更新，全年收集群众诉求1326条，全部予以解决。围绕全国文明城市创建工作，制订《关于进一步提升群众满意度的工作方案》，组织开展创建文明城走访宣传活动，提高居民对创城的知晓率、支持率。督促相关主管部门围绕义务教育、基本医疗、居住环境、文化生活、社会治安等方面从群众不满意的地方改起，建立长效机制，提升群众满意度。

【部门包村工作扎实开展】 2017年，乳山市委群工部落实行包村工作即时跟进督导落实机制，对各部门包村工作进展情况实行销号管理，并现场督导推进，每月一调度、每季度一公开、每半年一通报，提高包村工作实效。落实乳山市委关于红色教育基地提升工作的部署，制定《关于红色教育基地沿线村包扶工作安排的通知》。组织开展红色教育基地沿线村集中环境整治月活动，引导各包村部门参与红色教育基地沿线村环境综合整治，改善包扶村环境卫生水平。全年各包村部门为包扶村投入资金及物资折款760万元，办实事195件，帮扶项目100个，开工建设95个。

（群工部）

【乳山市扶贫办获评全省先进集体】 2017年，乳山市召开扶贫开发领导小组全体会议4次，“乡村车间”建设、产业项目建设现场会及各类专题调度会议12次，开展专题调研活动，落实包村部门责任，发挥“第一书记”作用。为每名建档立卡贫困户安排帮扶责任人，市镇4111名干部结对联系10717户贫困群众，实现单位定点扶贫和干部联户双向全覆盖、常态化。脱贫攻坚工作取得阶段性成效，全市17919名建档立卡贫困人口、45个省定贫困村实现脱贫退出。

10月12日，乳山寨镇仇家兴村旱稻扶贫项目获丰收　（辛戈摄）

2017年度乳山市扶贫开发领导小组办公室被山东省扶贫办评为全省脱贫攻坚先进集体。

【威海市扶贫产业项目建设现场会在乳山市召开】 2017年，乳山市支持贫困村实施产业扶贫项目，按照1∶1配套比例为每个贫困村投入30万元专项资金，共计1350万元。在扶贫产业选项立项上坚持重选择、保底线、重规范、保安全的原则，以不亏损为前提，以稳盈利为目标，成立扶贫项目评审委员严格把关论证。45个省定贫困村投资1400万元集中发展产业项目28个，其中6个镇（23个村）采取镇级领办、多村联建模式，集中本镇贫困村财政专项扶贫资金，建设规模化产业扶贫基地6处，主要发展农业园区、苹果交易市场、育苗基地等；其余村发展产业项目22个，包括光伏发电、果蔬种植、畜禽养殖、休闲采摘等。对全市2015—2017年度利用财政专项扶贫资金发展的94个产业项目开展“回头看”活动，对问题进行整改。乳山市扶贫办与财政、审计等有关部门不定期对扶贫资金的到位情况和使用情况进行监督检查，实行跟踪管理。7月26日，威海市扶贫产业项目建设现场会在乳山市召开。

【“乡村车间”和农村加工点达到329处】 2017年，乳山市因地制宜，推进就业保障、农村道路、农田水利、饮水安全等28个专项扶贫计划，重点实施道路“户户通”、通水、村级组织场所建设、卫生室建设等工程，实现“五通十有”薄弱环节重点突破，形成行业扶贫攻坚合力。推进实施“精准扶贫直通车”品牌项目工程，开展“金晖助老”“靓居工程”“泛海助学”等活动。围绕“就业扶贫”主线，设立奖补资金，鼓励企业到村开办“乡村车间”，发展“炕头经济”经纪人，为贫困群众在家门口就业创造条件。全市有“乡村车间”和农村加工点近329处，实现45个省定贫困村全覆盖，从事钩花、刺绣、剪线头等炕头作业的经纪人227人，直接带动20000名妇女就业。包村部门经常指导和协调解决包扶村里在发展中遇到的问题，各帮扶部门单位、企业和个人直接投入款物价值超过1120万元。

【扶贫信息动态调整】 2017年，乳山市反复核查录入国家系统的贫困人口、重点村数据，扶贫数据精准度处于威海市前列。组织人社、公安、国土、交通运输、市场监管、农机等部门进一步进行数据比对，核查出资产过高人员4703户、8990人，做出清退处理。将家庭收入不能稳定达到4500元或在“三保障”等方面出现问题的农村群众1170户、2120人，认定为市定标准贫困人口，纳入帮扶范围。筛选确定“贫中之贫、困中之困”人员2174户、3803人，进行优先保障和重点帮扶。

【扶贫工作督导检查加强】 2017年，乳山市开展脱贫成效“回头看”活动。以户、村为单位分别建立脱

9月5日，山东省信访局副局长刘兴磊（右一）到乳山市调研工作
（吴春茂摄）

贫成效清单。乳山市扶贫办联合纪委、组织部、财政局、审计局、农业局等部门开展大型督查活动6次，走访村庄225个次、走访贫困户1120户次；乳山市人大组织代表对全市2017年度产业项目建设情况进行现场督导检查，对工作连续滞后的镇和部门进行约谈。聘请第三方评估机构，对重点村经济收入、财政专项扶贫资金管理及产业项目运行情况进行检查评估。完成94户建档立卡贫困户危房改造任务，为236名因特殊情况未参加居民基本医疗保险的贫困人口补办参保手续，实现应保尽保。制定镇（街道）和部门档案精细化提升工作方案，并对落实情况开展2次督导检查，通过档案规范化建设确保扶贫工作真实有效、有据可查。

【乳山市与枣庄市市中区扶贫协作开展】 2017年，乳山市积极与枣庄市市中区对接，结合两地特点和各自优势开展扶贫协作。制订《关于乳山市与枣庄市市中区开展扶贫协作的指导意见》和《乳山市一市中区扶贫协作三年规划实施方案》，市领导2次带队到市中区对接交流。拨付扶贫协作资金192万元至市中区，实施“六大帮扶工程”，着力改善民生。枣庄市市中区选派挂职干部分3批到乳山市挂职。

（于大海）

【获全国信访系统先进集体称号】 2017年，乳山市信访局以“减总量、降存量、提质量、走在前”为目标，夯基础、强规范、提质量，化积案、促稳定，推动信访秩序、信访局面持续好转。年内受理各类信访事项1912件，比2016年上升35.6%，其中群众来信和网上投诉事项1087件，比2016年上升52%；群众来访825起、3050人次，比上年分别上升19%、上升21.3%；集体访91起、1998人次，比上年分别下降5%、上升22.7%。7月，乳山市信访局被国家信访局授予“全国信访系统先进集体”称号。

【网上信访服务平台建设加快】 2017年，乳山市信访局为群众搭建便捷诉求平台，把矛盾化解在基层、把问题解决在当地。加快网上信访服务平台建设，投资10万元在接访大厅和各镇（街道）信访接待场所安装信访自助服务系统，引导群众通过网络提出信访诉求。群众通过网络反映问题比上年上升140%，采用非走访形式的信访案件占信访总量的比重达57%。通过半年努力，全市重复访和越级访比上年分别下降15%、20%。

【信访工作流程再造】 2017年，乳山市信访局从方便群众信访、规范信访工作行为角度出发，围绕贯彻落实《信访条例》《山东省信访条例》等法规政策，对所有工作流程进行再造。执行《山东省信访事项复查复核办法》，提升复查工作质量。收到群众复查申请34件，不予受理20件，复查14件，1件经威海复核终结。推进信访听证工作落实，按要求应召开听证会176件，实际听证78件，听证率44.3%，化解率34%。全市初信初访及时受理率和按期办理率全部达到100%，化解率达到86%，群众满意率达到90%。采用点对点轮训、集中培训方式，对基层单位分管信访工作责任人、信访专兼职信访干部培训50场次、200人次，基层责任单位办理初信初访、网上录入、满意度评价、档案管理工作水平明显提高。

【矛盾风险隐患排查和领导接访工作加强】 2017年，乳山市排查四类矛盾风险隐患41起，交办41起；加大经常排查、集中排查密度，对集体信访矛盾隐患提前介入、及时化解。把群众反映强烈的热点难点问题全部纳入领导接访，乳山市市领导当场提出工作意见及建议，并由与会单位共同诊断积案症结所在，集中力量解决。2017年，乳山市级领导共批示案件88件，化解46件，化解率52.3%。第一时间把群众反映强烈的45项初信初访案件交办，并压缩办理期限，减少矛盾积累和问题上行。乳山市初信初访及时受理率和按期办理率全部达100%，信访群众对信访局的满意率达到98%以上，对责任单位的满意率达90%。

【信访积案化解36件】 2017年，乳山市集中开展信访积案攻坚活动，强化“五个一”工作责任，分级建立台账，制定化解进度表，将每起案件的调查、处理、教育、稳控等责任全部落实到具体单位、责任领导和责任人，综合运用帮扶救助、思想疏导、法治教育等方式，做到“不欠政策账、不欠程序账、不欠感情账”，最大限度地予以化解。年内累计化解信访积案36件。

（吴春茂）

【邀请台商到乳山实地考察6次】 2017年，乳山市委台湾工作办公室（乳山市政府对台事务办公室）通过“请进来、走出去”方式，开展招商工作。先后赴北京、厦门、福建、青岛、泰安等地开展招商，6次邀请台商及知名央企、民企到乳山实地考察，促成中金国泰与中国梦促进会（台湾）合作开发腾甲庄古村落项目。编制《对台精准招商手册》，汇集上百家台湾知名企业，为乳山市招商引资提供参考。同时，通过台胞微信圈宣传乳山市招商环境、相关政策。强化与岛内行业协会等中介组织的常态化沟通，及时了解掌握岛内行业信息动态和产业发展方向。

【与台湾开展经贸文化交流】 2017年，乳山市邀请台湾光彩协会、中国梦促进会等协会、青岛海经委等企业协会组织到乳山市进行经贸交流考察。以文化为纽带，在玉虚观举办海峡两岸（威海）道教文化研讨，在台依湖开展两岸书画文化交流，邀请台北市山痴画会会长李沃源及港澳台美协会部分会员参展，为第五届国际酒庄文化艺术节召开祝彩。组织基隆社区交流会，在山东外事翻译学院开展两岸大学生以“青创”为主题的交流活动，增强岛内大学生的历史认同感和归属感。

（张鹏）

乳山市人民代表大会

【概况】 乳山市第十七届人民代表大会常务委员会于2017年1月换届产生。至2017年年底，有代表238名，常委27名。乳山市第十七届人民代表大会常务委员会下设办公室、人事代表工作委员会、内务司法工作委员会、财政经济工作委员会、农业和农村工作委员会、科教文卫工作委员会、城乡建设与环境资源委员会、民族宗教工作委员会、预算工作委员会。2017年，乳山市人大常委会围绕全市改革发展稳定大局，履行法定职责，监督和支持“一府两院”开展工作，为促进经济持续健康发展和社会全面进步做出积极贡献。制定审议意见的办理办法、专题询问和质询办法，提高意见建议执行率、落地率。加强人大专门委员会建设，继续推行重大事项调查制度，协助常委会做好监督工作。抓好重大事项改革，按照与上衔接要求确定改革事项。

【乳山市十八届人民代表大会第一次会议】 2017年1月23日下午至25日下午，乳山市第十八届人民代表大会第一次会议在乳山华玺大酒店召开，238名人大代表出席，出席市政协十届一次会议的全体委员以及不是市人大代表的市委常委、政府副市长、市直部门、人民团体、驻乳单位主要负责人，各镇镇长，城区街道办事处主任、人大常委会办公室副主任列席会议。会议听取并审议听取乳山市政府工作报告、乳山市人民法院工作报告、乳山市人民检察院工作报告，听取乳山市人大常委会工作报告。会议选举姜翠萍为乳山市第十八届人大常委会主任，选举高翠玲、矫伟宏、高波、孙保广、侯常青为乳山市第十八届人大常委会副主任，选举马锡卓、王丛涛、王全利、王春深、王贵贤、邓憬汉、冯罡、刘乐广、许大林、许丰财、孙国乐、孙厚强、李江成、宋强、张成、陈凤梅、周范鹏、赵红日、姜国臻、姜朝晖、姜福潭、徐武林、徐和平、高书鹏、唐克波、薛连文、鞠红燕为乳山市第十八届人大常委会委员，选举宫本杲为乳山市人民政府市长，选举战国生、宫洪霞、袁国选、许鹏、曹永刚为乳山市人民政府副市长。会议选举选举原永忠为乳山市人民法院院长，连业文为乳山市人民检察院检察长。会议选出出席威海市第十七届人民代表大会代表共65名。会议通过乳山市第十八届人民代表大会专门委员会组成人选名单。会议期间收到36件建议、批评和意见，由乳山市人大常委会人事代表工作委员会分理后转交市政府及有关部门研究处理。

1月23日，乳山市第十八届人民代表大会第一次会议开幕 （辛戈摄）

【人大常委会会议】

十八届人大常委会第一次会议 于2017年4月27日在乳山市人大五楼会议室举行。会议通过乳山市人大常委会2017年工作要点，通过乳山市第十八届人民代表大会常务委员会代表资格审查委员会组成人员名单，审议通过乳山市人大常委会系列规章制度，听取并审议乳山市人民法院关于执行工作的报告，听取并审议乳山关于深入推进破坏环境资源犯罪、危害食品药品安全犯罪专项立案监督工作的报告。

十八届人大常委会第二次会议 于2017年6月23日在乳山市人大五楼会议室举行。会议听取并审议乳山市人民法院关于提升审判和执行工作质效情况的报告，听取并审议乳山市人民检察院关于查办和预防职务犯罪情况的报告，听取并审议市政府关于金融创新工作情况的报告，审议《关于进一步加强民事行政检察监督工作的决议》和《关于进一步加强行政执法检察监督工作的决议》，审议乳山市人大常委会关于市人民法院提升审判和执行工作质效、乳山市人民检察院查办和预防职务犯罪、乳山市人民政府金融创新工作的调查报告，接受邓憬汉、于丹辞去乳山市第十八届人大代表职务的请求，任命王崇伦为乳山市人大常委会农业与农村工作委员会副主任、赵永祥为乳山经济开发区人大工作委员会主任，免去邓憬汉的乳山市人大常委会办公室副主任职务、盛志全的乳山市滨海新区人大工作委员会主任职务。

十八届人大常委会第三次会议 于2017年7月26日在乳山市人大五楼会议室举行。会议审议通过《关于批准〈乳山市人民政府关于申请将乳山市城市景观建设及提升改造

PPP 项目政府付费资金支出纳入预算管理的意见〉的决定》。

十八届人大常委会第四次会议于 2017 年 8 月 4 日在乳山市人大五楼会议室举行。会议听取并审议乳山市人民政府关于 2017 年上半年国民经济和社会发展计划执行情况的报告，听取并审议乳山市人民政府关于乳山市 2017 年上半年财政收支预算执行情况、地方政府债务情况及预算调整方案的报告，听取并审议乳山市人大财政经济委员会关于乳山市 2017 年预算调整方案的审查报告，听取并审议乳山市人民政府关于办理代表建议、批评和意见情况的报告，审议乳山市人大常委会财政经济工作委员会关于计划、财政情况的调查报告，审查乳山市人大常委会第一次会议审议意见落实情况的报告，任命李江成为乳山市人大常委会人事代表工作委员会主任、郑秀珍为乳山市人大常委会办公室副主任。

十八届人大常委会第五次会议于 2017 年 10 月 11 日在乳山市人大五楼会议室举行。会议听取并审议乳山市人民政府关于乳山市 2016 年财政决算情况的报告，听取并审议乳山市人民政府关于 2016 年度本级财政预算执行和其他财政收支审计情况的报告，听取并审议乳山市人大常委会财政经济工作委员会关于 2016年乳山市决算情况的审查报告，听取并审议乳山市人民政府关于突破发展服务业的报告，审议乳山市人大常委会财政经济工作委员会关于突破发展服务业的调查报告，审查乳山市人大常委会第二次会议审议意见落实情况的报告，决定任命唐大鹏为乳山市人民政府副市长，决定任命马如意为乳山市人民检察院检察员，决定免去张华超、闫丰君的乳山市人民检察院检察委员会委员职务。向被任命工作职务的人员颁发任命证书，会议结束新任命工作职务人员向宪法宣誓。

十八届人大常委会第六次会议于 2017 年 11 月 23 日在乳山市人大五楼会议室举行。会议听取审议乳山市科技局、乳山市人社局、乳山市文广新局、乳山市卫计局的工作报告，并对其工作进行评议；听取审议乳山市人民政府关于将乳山市平安城市工程 PPP 项目财政预算支出纳入未来年度财政预算的议案；听取审议乳山市人大财政经济委员会关于乳山市人民政府将乳山市平安城市工程 PPP 项目财政预算支出纳入未来年度财政预算的审议报告；审议乳山市人民政府工作部门主要负责人、乳山市人民法院副院长、乳山市人民检察院副检察长的履职报告，并对其进行评议；审查市乳山人大常委会第四次会议审议意见落实情况的报告；审议乳山市人大常委会关于市本级预算监督办法、关于加强市本级部门预算审查监督办法的若干规定、关于对乳山市人民政府举债的审查监督办法；会议接受常贵德辞去乳山市第十八届人大代表职务的请求；会议决定任命梁翔宇为乳山市人民检察院检察员、检察委员会委员、副检察长，任命王晓通为乳山市人民政府副市长。

【人大常委会审议和调研工作开展】 2017 年，乳山市人大常委会在常委会会议上听取审议乳山市人民政府关于金融创新工作情况的报告，关于乳山市 2017 年上半年财政收支预算执行情况，地方政府债务情况及预算调整方案的报告，关于办理代表建议、批评和意见情况的报告，关于乳山市 2016 年财政决算情况的报告，关于 2016 年度本级财政预算执行和其他财政收支审计情况的报告，关于突破发展服务业的报告；审议乳山市人民政府工作部门主要负责人、市人民法院副院长、市人民检察院副检察长的履职报告，并对其进行评议；围绕全市工作重点，组织委员和代表调研美丽乡村建设、五城联创、电子商务、精准扶贫、全市重点项目建设、便民利民实事落实等工作，提出建议和意见 90 条。

【人大常委会开展执法监督】 2017 年，乳山市人大常委会综合运用听取审议执法情况报告、执法检查等形式，在常委会会议上听取审议《关于进一步加强民事行政检察监督工作的决议》和《关于进一步加强行政执法检察监督工作的决议》，乳山市人民法院关于执行工作的报告，乳山市人民检察院关于深入推进破坏环境资源犯罪、危害食品药品安全犯罪专项立案监督工作的报告，乳山市人民法院关于提升审判和执行工作质效情况的报告，乳山市人

10 月 19 日，乳山市人大常委会主任姜翠萍（中）带队调研重点工业项目建设情况 （于琦摄）

民检察院关于查办和预防职务犯罪情况的报告，对食品安全法、旅游法、森林法、环保法贯彻实施情况进行执法检查。审议和调研中，围绕食品药品安全，加强传染病防治，维护游客合法权益、加强森林绿地的保护和植被恢复、加强环境综合整治等提出建设性意见，促进有关法律法规在乳山市的正确实施，推动相关工作开展。以提高审判质效、加强法律监督、推进平安建设为主题，建立起动态监督机制，对审判、检察、公安机关保持经常性的执法检查，督促司法部门创新工作机制，加强队伍建设，提高依法办案水平和效能。

【人大常委会开展工作评议】 2017年，乳山市人大常委会先后评议乳山市发改局、乳山市审计局开展落实常委会议审议意见情况，督促有关部门对审议意见提出的问题进行整改。对乳山市科技局、乳山市人社局、乳山市文广新局、乳山市卫计局4个部门工作评议征求意见121条，对乳山市政府序列部门15名履职人员向人大代表征询意见和建议167条，乳山市委、市政府主要领导对代表意见高度重视，分别作出办理批示。部门和履职人员根据领导批示有针对性地改进工作，优化行政审批流程和经济发展软环境。

【人大代表作用发挥机制创新】 2017年，乳山市人大常委会规范市县两级代表小组建设，以有活动场所、有活动制度、有活动计划、有活动档案、有群众建议箱、有代表建议卡“六有”为目标，采取典型引路、抓点带面的方法，推动6个威海代表小组、19个乳山代表小组建设制度化、规范化。开展每名代表每季度联系走访一次选民、接待一次人民群众、参加一次代表小组集体活动，每年至少提出一条建议、至少为群众做一件实事、向选民报告一次履职情况“六个一”活动。开展威海人大代表向乳山市人大常委会述职工作，推动代表工作制度化、常态化、长效化。规范代表履职档案管理，将代表的工作情况及时录入履职管理平台，记入个人档案，实现全过程、痕迹化管理。开展代表主题活动，围绕乳山市委、市政府关于推动红色教育基地建设向红色旅游产业发展决策部署，集中市县两级以上人大代表的力量，特别是企业界代表的力量，开展“红色基地·赤诚的爱”——人大代表助力红色教育基地沿线村建设主题实践活动，助力沿线村经济建设、党的建设、精神文明建设和基础设施建设等各项事业，提升红色旅游产业发展水平。邀请山东省人大常委会人事代表工作委员会原副主任马效东为230名威海市、乳山市人大代表授课，进一步提升代表综合素质。

【镇级人大建设规范化】 2017年，乳山市人大常委会指导各镇制定落实镇人大主席团闭会期间工作职责和主席团会议制度；制订工作计划和监督计划；建设代表小组活动室，开展代表小组活动，提高工作的科学性和实效性。制定镇人代会筹备及会议规范，统一会议程序，进行全程指导，提高镇级人代会质量。

（鞠晓佳）

乳山市人民政府

【概况】 2017年，乳山市人民政府学习贯彻中共十八大、十八届历次全会和十九大精神，紧扣乳山市第十四次党代会、十八届人大一次会议确定的目标任务做好各项工作，实现该届政府履职的良好开局。全年完成地区生产总值546.79亿元、社会消费品零售总额262.08亿元、公共财政预算收入31.76亿元。加快9大类便民利民实事实施，投入规模和覆盖范围均创历史新高。

【产业转型升级】 2017年，乳山市围绕高质量发展要求，以供给侧结构性改革为主线，推进新旧动能转换重大工程，促进经济发展质量变革、效率变革、动力变革，在全省县域科学发展评比中排名第15。工业带动能力增强，开工泓联水转印纸等8个投资过亿元项目，签约燃气发动机改造、泛海阳光新能源等总投资191亿元的42个重点项目，项目投资规模、产业层次、业态分布、在手资源明显好于往年。规模以上工业增加值、用电量、税收分别比上年增长8.5%、3.4%和19.7%。农业产业化水平提高，启动总投资100亿元的台依湖酒庄酒产业小镇项目，新建20公顷以上农业园区15处，新增农产品质量可追溯基地20家，争创国家地理标志证明商标10个，数量居全国县级首位，乳山绿茶、大姜、草莓进入农业部“名特优新农产品”名录，乳山绿茶获“中茶杯”全国名优茶评比一等奖。现代服务业加快发展，建设村级淘宝服务站点114个，福如东海文化园跻身国家AAAA级旅游景区、入选全国优选旅游项目，台依湖酒庄生态文化区获评山东省旅游休闲重大工程项目，乳山市被评为全国“2017十大休闲度假旅游目的地”。产业基金实现突破，成立新兴产业投资公司，组建总规模60亿元的清科母基金及海洋牧场、全域旅游、文化产业、新动能、新能源、新材料等7个子基金，设立注册资本9.6亿元的2家融资租赁公司，与獐子岛、中金国泰等知名企业和金融机构签订基金合伙协议，通过基金撬动推进科威机器人、星宜新材料、现代海洋牧场等项目实施。

【发展活力释放】 2017年，乳山市强化科技对经济发展的驱动作用。深化“政企校研金”协同创新，引进中国留学人才全球高新技术研发基地，开展与中人民解放军国军事科学院、中科院海洋所等高端院所的产学研对接活动，新增院士工作站1家、省及威海市创新平台5个，2家企业被认定为国家、山东省知识产权优势（示范）企业，2家企业入围山东省中小企业创新竞技行动，140家企业列入山东省科技型企业数

11 月 22 日，山东科威机器人公司加工车间（辛戈摄）

据库，规模以上工业企业研发投入占国民生产总值比重提高到 1.7%，高新技术产业产值占规模以上工业总产值的比重达到 25.1%。实施产学研合作项目 300 项，引进海外博士、高校院所专家教授 80 人，新增威海市以上企业创新平台 40 个，新认定高新技术企业 17 家，高新技术产业产值占比提高 6.5 个百分点。乳山市被评为“全国科技进步先进市”“山东省知识产权试点市”和“山东省科学城市”。发挥创业对产业培育的带动作用，发放创业担保贷款 1351 万元，城镇新增就业 5712 人、失业再就业 2848 人。

【城市功能完善】 2017 年，乳山市实施总投资 6.1 亿元的 52 项城建重点工程，启动总投资 30 多亿元的城市综合体项目，推进 10 个片区、69 万平方米的老旧小区改造，完成 6.5 亿元的输变电改造和乳山河地下水库、院里水库引调水等供电供水保障工程，改建商业街、青山路等 11 条主干道路，金碃岭体育公园建成开放，成功争创国家节水城市、山东省城市设计试点城市。促成一批事关乳山长远发展的重大战略工程，莱荣高铁正式启动，乳山口大桥完成立项，乳山口港获批国家一类口岸，文莱高速、省道 S207 绕城段改造加快推进，乳山人民多年夙愿得以实现。

【镇村特色彰显】 2017 年，乳山市严守耕地规划“红线”，结合土地利用总体规划调整，划定永久基本农田 508 公顷，新增建设用地规模 667 公顷。建设“美丽乡村”，理顺农村公路管养、道路绿化管护、城乡环卫一体化管理体制，打造东尚山、下石硼、田家、玉皇山后 4 个省级美丽乡村精品示范村，提升马石山红色教育基地沿线环境，铺设乡镇燃气管线 14.5 公里，改造县乡路 66.9 公里，城镇集中式饮用水水源地水质达标率保持 100%，601 个村环境综合整治、铁路沿线环境整治全部通过省级考核验收，海阳所镇获批省级特色小镇和绿色生态示范镇，午极镇获批省级宜居小镇，城乡环卫一体化群众满意度调查列全省第 7 名。

【生态质量改善】 2017 年，乳山市开展拆违、清河、治污、造林系列行动，推进化工产业安全生产转型升级、户外广告治理、砂石资源整治，明确市镇村三级河长 827 名，清理整治“散乱污”企业 247 家，淘汰治理 10 蒸吨及以下燃煤锅炉 314 台，关闭搬迁畜禽养殖场 224 家，修复废弃矿井 110 个，完成雨污分流 35.3 公里、海岸线修复 1.6 公里，治理河道 48 条、132 公里，绿化造林 2 万亩，大气环境质量优良率达到 91.3%，违建治理综合排名居威海首位，通过中央环保督察和国家海洋督察。

【社会事业发展】 2017 年，乳山市实施年度投资 58.7 亿元的 310 项民生工程。新建 15 处示范性残疾人社区康复站，完成 163 户农村危房改造，推行政府救助保险，发放创业担保贷款 1351 万元。城镇新增就业 5712 人、失业再就业 2848 人，将 1.2 万名城乡低保及农村五保对象纳入居民基本医疗保险，为 5470 名重度残疾人提供护理补贴，弱势群体基本生活得到保障。实施“精准扶贫直通车”品牌项目工程，45 个省定贫困村、10074 户省定贫困户全部脱贫摘帽。实施总投资 4 亿元的 10 个学校改扩建项目，启动中小学综合实践教育基地建设。开放城市书房，新增文化惠民受益人群 1 万人，被授予“中国秧歌之乡”称号、首获“全国群众体育先进单位”。对 3.4 万人进行免费“两癌”筛查，家庭医生签约服务 10 万个家庭、25.1 万人，以全省第一名通过慢病防控示范区国家复审。深化“平安乳山”建设，开展“利剑打假”行动，办理民生诉求 2.5 万件、群众满意率 98.6%，化解信访积案 36 起，被评为“全国平安建设先进市”。以全国县级第 18 名成绩创成全国文明城市，成功创建国家卫生城市、国家食品安全城市。

【重要会议】 2017 年 1 月 6 日，乳山市代市长宫本杲主持召开第十七届人民政府第 26 次常务会议，听取并研究《关于提高我市居民基本养老保险基础养老金标准的意见》和《关于滨海新区改善区域人居环境建设项目融资的意见》。

2017 年 1 月 16 日，宫本杲主持召开第十七届人民政府第 27 次常务会议，听取并研究《2017 年政府工作报告》《关于支持乳山农村商业银行健康发展的意见》和政府融资有关工作，传达学习1月11日各级安全生产会议精神。

2017年1月22日，宫本杲主持召开第十七届人民政府第28次常务会议，听取并研究《2016年度经济奖励政策兑现意见》《关于落实我市公务员（含参公人员）年度考核奖励及奖金发放的情况汇报》和《关于红色教育基地沿线村包扶工作安排的实施方案》，研究确定上报山东省及威海市2016年度安全生产工作先进单位和先进个人名单，调度部署棚户区改造等有关工作。

2017年2月9日，乳山市市长宫本杲主持召开第十八届人民政府第1次常务会议，听取并研究《关于组建市政府经济顾问团的意见》《关于实施以奖代补政策落实严重精神障碍患者监护责任实施方案》《乳山市现代海洋牧场建设实施方案》《关于组建乳山市北茶发展有限公司的意见》《乳山市现代公共文化服务体系建设工作实施方案》《乳山市推进基层综合性文化服务中心建设实施方案》和《2017年镇区一般公共预算收入任务安排》。

2017年2月28日，宫本杲主持召开第十八届人民政府第2次常务会议，听取并研究《乳山市海岸带修复整治的思路及建议》《乳山市法治政府建设实施意见》和《关于三大集团增加资本金的意见》。

2017年3月14日，宫本杲主持召开第十八届人民政府第3次常务会议，听取并研究《关于成立融资租赁公司及并购基金的合作协议》和《关于成立现代农业产业基金的合作协议》，安排部署近期重点工作。

2017年3月31日，宫本杲主持召开第十八届人民政府第4次常务会议，听取并研究《关于拨付农村社区建设补助资金的意见》《关于贯彻威发〔2017〕8号文件精神深入推进农业供给侧结构性改革加快培育农业农村发展新动能的实施意见》《乳山市2017年度招商引资工作考核意见》，研究调度威海市级重点项目和与外合作重点项目进展情况。

2017年4月13日，宫本杲主持召开第十八届人民政府第5次常务会议，听取并研究《乳山市关于理顺农村公路建设管养体制的意见》《乳山市道路绿化带管护办法》《乳山市市管企业负责人薪酬制度改革实施意见》《乳山市市管企业负责人薪酬管理办法》和《乳山市市管企业负责人经营业绩考核办法》，研究部署农村“三资”管理、与以色列蓝色经济中心合作等重点项目、招商引资政策兑现操作流程等事宜。

2017年4月25日，宫本杲主持召开第十八届人民政府第6次常务会议，听取并研究《乳山市鼓励经济发展的若干规定》《关于实施乳山“海纳英才计划”的意见》《乳山市文化产业发展奖励意见》《关于推动工业经济转型升级的意见》《关于推进乳山市规模企业挂牌上市融资的实施意见》《乳山市海洋牧场发展奖励意见》《关于进一步推进大众创业万众创新的实施意见》和《关于与正威公司解除乳山项目协议的意见》，研究部署产业园区布局调整、有关基金设立运作、经济顾问聘任等方面工作。

2017年5月5日，宫本杲主持召开第十八届人民政府第7次常务会议，听取并研究《乳山市全面实行河长制工作方案》《关于进一步提升我市城乡环卫一体化工作的实施意见》《关于调整棚改工作机制的意见》和《2017年国运公司经营业绩考核办法》，传达学习威海市一季度经济形势分析会议精神，听取调度重点与外合作项目进展情况。

2017年5月23日，宫本杲主持召开第十八届人民政府第8次常务会议，听取并研究《关于组建乳山市投资决策委员会的意见》《关于进一步加强公共资源交易活动监督管理工作的补充意见》《乳山市新兴产业发展投资有限公司组建方案》《关于梳理镇（街道）行政权力事项目录的意见》和《关于更换部分校车和公交车的意见》，听取全市安全生产工作情况汇报、全市环境保护工作情况汇报、全市党风廉政建设工作情况汇报。

2017年6月2日，宫本杲主持召开第十八届人民政府第9次常务会议，听取并研究《乳山市安全生产行政责任制规定》《乳山市畜禽养殖布局规划方案》《乳山市企业应急互助基金管理办法》《乳山市企业助保金贷款管理办法》和《关于进一步理顺完善公车管理机制的意见》。

2017年6月8日，宫本杲主持召开第十八届人民政府第10次常务会议，听取并研究《关于结对帮扶青海省门源县北山乡的实施方案》。

2017年7月7日，宫本杲主持召开第十八届人民政府第11次常务会议，听取并研究《乳山市网格化环境监管工作实施细则》《乳山市海岸带综合整治工作方案》《关于退役士兵安置和权益保障工作方案》《乳山市医疗卫生服务体系“十三五”规划》和《关于与省土地储备中心合作储备土地的情况说明》，传达张惠同志到乳山调研产业结构突破工作要求及威海市政府全体（扩大）会议精神。

2017年7月25日，宫本杲主持召开第十八届人民政府第12次常务会议，听取并研究《关于金投公司与北京清科集团合作设立母基金的意见》《关于设立中国留学人才创新创业天使和风险投资基金的意见》《乳山市产业发展投资管理意见（暂行）》和《乳山市禁养区畜禽养殖污染专项整治实施方案》，听取贯彻鲁安明电〔2017〕4号精神深入开展安全生产大检查实施方案、化工产业安全生产转型升级专项行动情况汇报。

2017年8月11日，宫本杲主持召开第十八届人民政府第13次常务会议，听取并研究《关于乳山口港获批一类开放口岸后续相关工作安排的意见》《关于交通局申请购置电动公交车所需资金的意见》《关于交通局申请乳山兴港海上游乐有限公司更新陆岛交通客渡船所需资金的意见》《关于加强全市物业综合管理的实施方案》《关于在市场体系建设中建立公平竞争审查制度的实施意见》和威海市化工产业安全生产转型升级专项行动责任落实督查组来乳督查情况汇报，传达中央第三环境保护督察组督察山东省工作动员会议精神、8月1日威海市财政工作会议精神。

2017年8月25日，宫本杲主持召开第十八届人民政府第14次常务会议，听取并研究《关于缓解胜利街人民医院段交通压力的意见》《关于乳山市机动车驾驶员培训有限公司、乳山市机动车检测有限公司脱钩事宜的意见》《关于加强和改进新形势下公安基层基础工作的实施意见》《乳山市公立医院法人治理结构建设工作实施方案》《关于淘汰禁养区和低端畜禽养殖场及专业户的补偿方案》和《乳山市畜禽养殖布局规划（2017—2021年）（修订）》。

2017年9月21日，宫本杲主持召开第十八届人民政府第15次常务会议，听取并研究《关于大力发展装配式建筑的实施意见》《关于红色教育基地改造提升工程概算费用的说明》《关于政府举债融资清理甄别的意见》《关于乳山市公共交通有限公司车辆报废的情况说明》和《关于乳山市平安城市工程PPP项目基本情况的报告》，听取关于中央环保督察交办件查办及环境突出问题综合整治攻坚有关情况汇报、关于十九大安全保卫和信访维稳工作情况汇报，传达李克强总理在新一轮世界科技革命和产业变革若干前沿领域发展态势专题讲座上的讲话精神，关于国家、山东省金融工作会议精神及乳山市防范金融风险工作贯彻落实情况，关于山东省市化工产业安全生产转型升级专项行动有关会议精神。

2017年10月10日，宫本杲主持召开第十八届人民政府第16次常务会议，听取并研究《关于进一步完善医疗救助制度全面开展重特大疾病医疗救助工作的意见》《关于建立健全临时救助制度的意见》《关于全面开展“救急难”工作的实施方案》《关于提高中小学班主任津贴标准的意见》《关于为农村公办幼儿园配置幼儿专用校车的意见》和《关于涉税财物价格认定工作的实施方案》。

2017年10月19日，宫本杲主持召开第十八届人民政府第17次常务会议，听取并研究《乳山市市管国有企业投融资监督管理暂行意见》《关于建立市管国有企业重大事项报告和备案制度暂行意见》《关于向乳山市国有资本运营有限公司增加注册资本金的意见》《关于加快推进公共法律服务体系建设的意见》《关于开展“一村（社区）一法律顾问”工作的实施意见》和《乳山市创建省级医养结合示范市方案》，听取乳山市政府各领导同志十九大安保维稳工作调度落实情况汇报。

2017年11月2日，宫本杲主持召开第十八届人民政府第18次常务会议，听取并研究《乳山市综合行政执法体制改革方案》《关于落实威海市创建“全国质量强市示范城市”工作的实施方案》《关于加强品牌建设的实施意见》《关于进一步加强认证认可工作的实施意见》《医疗、文化、体育综合体项目规划建设推进意见》《关于乳山市城市国有资产经营有限公司变更第三期企业债券申报材料的意见》和《关于设立乳山智慧城市建设发展基金的框架协议》，传达学习中国中产党第十九次全国代表大会会议精神。

2017年11月20日，宫本杲主持召开第十八届人民政府第19次常务会议，听取并研究《乳山时代海洋牧场规划实施方案》《乳山一期（10万亩）海洋牧场建设项目招商方案》《乳山一期（10万亩）海洋牧场建设项目招商细则》和《乳山市慈善总会慈善资金管理办法》，调度部署产业招商和项目建设有关工作。

2017年12月11日，宫本杲主持召开第十八届人民政府第20次常务会议，听取并研究《2018年度威海市级备选重点项目》《乳山市行业协会商会与行政机关脱钩实施方案》《乳山海洋产业基金（一期）设立及运作方案》《关于申请资金偿还建行融资的意见》《乳山市人民政府重大行政决策程序规定》和《关于2015—2017年市管企业负责人基本年薪基数测算的意见》，听取关于保障国家海洋督察和清理取缔海洋涉渔“三无”船舶攻坚行动开展情况的汇报。

2017年12月21日，宫本杲主持召开第十八届人民政府第21次常务会议，听取并研究《关于推进价格机制改革的实施意见》《关于调整我市幼儿园收费标准规范收费管理有关事项的意见》《乳山市河长制相关工作制度》《乳山市河道及水利工程管理范围和保护范围划定工作实施方案》和《关于促进房地产业平稳健康发展的意见》《乳山市新旧动能转换重大工程总体方案》，听取全市区域金融风险防控工作情况汇报。

2017年12月27日，宫本杲主持召开第十八届人民政府第22次常务会议，听取并研究《关于2018年度拟实施便民利民实事项目及资金来源情况说明》和《2018年度拟向社会公开承诺的便民利民实事重点项目情况》《2018年财政预算安排意见》《关于金融支持新旧动能转换的实施意见》《乳山市盐业体制改革实施方案》《关于支持非公有制经济健康发展的意见》和2018年全市经济工作思路。

【重要决策部署】 2017年3月29日，《乳山市人民政府关于印发〈乳山市国家慢性非传染性疾病综合防控示范区建设实施方案〉的通知》要求以提高居民健康水平为核心，以控制慢性病危险因素、建设健康支持环境为重点，规范开展慢病监测、干预和评估，拓展慢性病防控领域，丰富慢性病干预管理手段，促进全生命周期健康，为推进健康乳山建设奠定坚实基础。

2017年4月28日，《乳山市人民政府关于进一步推进大众创业万众创新的实施意见（试行）》确定到2019年，全市每年新注册企业不少于1500户、个体工商户不少于4000户，市场主体总量年均增长12%以上，全社会创业文化氛围更加浓厚。要求坚持创新发展理念，继续推进深化改革，进一步简政放权、优化服务、营造均等普惠的创业创新环境，最大限度释放各类市场主体创业创新活力。

2017年6月2日，《乳山市人民政府关于印发乳山市安全生产行政责任制规定的通知》要求本市行政区域内各镇区以及有关部门落实安全生产行政责任制，坚持管行业必须管安全、管业务必须管安全、管生产经营必须管安全和谁主管谁负责、谁审批谁负责、谁监管谁负责的原则，明确责任分工，切实抓好各项安全生产工作。

2017年6月6日，《乳山市人民政府关于印发乳山市畜禽养殖布局规划方案（2017—2021年）的通知》要求根据乳山市生态保护红线规划，综合考虑各区域主体功能定位及生态功能重要性，在与生态保护红线格局相协调前提下，以饮用水水源保护区、自然保护区的核心区和缓冲区、风景名胜区、城镇居民区、文化教育科学研究区等区域为重点，兼顾江河源头区、重要河流岸带、重要湖库周边等对水环境影响较大的区域，科学合理划定禁养区范围，切实加强环境监管，促进环境保护和畜牧业协调发展。

2017年6月10日，《乳山市人民政府关于印发乳山市国有林场改革实施方案的通知》要求实行最严格的国有林场、林地和林木资源管理制度，立足国有林场实际，稳步推进改革。根据乳山市国有、集体场圃实际情况，按照山东省和威海市提出的符合条件的生态林场在自愿的基础上，将乳山市大乳山林场按照国有林场改革方案进行改革，切实推进生态公益林场均等化发展。

2017年11月7日，《乳山市人民政府关于加强品牌建设的实施意见》明确构建企业主体、市场导向、社会参与、政府推动的品牌建设机制，使全市品牌建设基础进一步夯实、品牌建设环境明显优化、品牌培育能力显著增强、自主品牌数量和知名品牌数量显著增加、品牌价值显著提升、品牌建设成果惠及经济发展，形成一批质量水平较高、核心竞争力较强的国内外知名品牌，大幅提升“乳山品牌”美誉度和影响力。

2017年11月20日，《乳山市人民政府关于公布第七批乳山市文物保护单位的通知》确定为充分挖掘、保护和利用乳山市丰富的红色文化资源，使红色基因在新时期得到激活与传承、革命传统和精神得到弘扬与践行，现将新华制药厂旧址、胶东育儿所遗址等6处红色遗址公布为乳山市第七批文物保护单位。

2017年12月27日，《乳山市人民政府关于公布第五批非物质文化遗产代表性项目名录的通知》要求各级各有关部门、单位要充分认识做好非物质文化遗产保护工作的重要性和必要性，坚持“保护为主、抢救第一、合理利用、传承发展”的原则，充分发扬非物质文化遗产的优秀文化价值和科技价值，切实做好非物质文化遗产的整理、保护、管理、传承、传播和开发利用工作。

2017年12月29日，《乳山市人民政府关于印发乳山市盐业体制改革实施方案的通知》明确紧密结合乳山实际，综合推进盐业体制改革，完善食盐批发环节专营制度，理顺专业化食盐监管体制，加强食盐储备体系建设，到2017年年底全面完成上级盐业体制改革工作任务，建立起新的行业管理和食盐质量安全监管体系。

【政府办公室文字参谋服务提升】 2017年，乳山市人民政府办公室紧扣中心工作、全市大局，强化务实作风、时间观念和担当精神，做好综合服务和以文辅政工作。全年拟写领导讲话材料210篇、各类汇报材料160篇，下发各类文件460件，审阅各类稿件840篇。加大对社会热点问题调研，为领导决策提供及时准确参考，全年编印《政务信息》26期、《领导参阅》9期，在威海市以上政府部门和刊物中发表外宣调研文章17篇，威海市以上政务信息得分346分。

【组织集中评审项目85个】 2017年，乳山市按照“工作项目化、项目清单化、清单责任化、办结时效化”的原则，建立全市重点项目推进管理平台，完善项目调度推进工作机制，提高项目管理效能，推进重点项目建设。全年组织集中评审项目85个。

【人大代表建议、政协委员提案办复率100%】 2017年，乳山市十八届人大一次会议期间市人大代表共向市政府提出建议、批评和意见36件，其中农业农村方面16件，道路交通方面8件，城市管理方面5件，文教卫生方面3件，社会事务方面3件，企业服务方面1件。乳山市政协十届一次会议以来，政协委员共提出提案59件，其中农业旅游方面8件，城建管理方面15件，道路交通方面14件，文教卫生方面9件，企业服务方面9件，社会事务方面4件，办复率100%。

【审查政府规范性规划、文件12件】 2017年，乳山市政府审查《乳山市畜禽养殖布局规划方案》《乳山市医疗卫生服务体系“十三五”规划》2件，审查《乳山市安全生产行政责任制规定》《乳山市产业发展投资管理意见（暂行）》《乳山市慈善总会慈善资金管理办法》等政府规范性文件10件。

【法律顾问提供服务349次】 2017年，乳山市政府聘请12名政府法律顾问，建立党政一体法律顾问制度和政府法律顾问数据库，推动全市党政机关依法履职、依法决策、依法办事。法律顾问团提供法律论证意见190次，代理行政诉讼、仲裁法律事务49件，提供其他法律服务200次。

【行政执法行为监督力度加大】 2017年，乳山市全面推行行政执法公示制度、执法全过程记录制、年度重大执法决定法制审核制度。清理乳山市行政执法人员清单、行政执法主体清单，督促行政执法部门制定实施细则，重新理顺行政处罚基准、裁量标准。乳山市政府3项和34个市政府部门13项执法信息在政府网站公示。重点监督非煤矿山治理、食品药品监管、海岸带整治、环境保护等重点领域执法情况，共开展专项监督10次。抽查行政执法案卷87本，通报发现的部分程序存在瑕疵、卷宗文书制作不规范、调查取证程序不规范、归档装订不规范等问题，进一步规范执法行为。

【行政诉讼和行政复议规范化建设】 2017年，乳山市配备行政复议窗口、听证室等工作场所和相关设备，进一步优化复议工作流程，完善行政复议与行政调解、信访工作、司法救济多元化纠纷解决机制有效衔接。全年受理行政复议案件43件，办结43件，其中通过调解后当事人主动撤回5件，法定期限内办结率100%。建立行政复议纠错和行政诉讼败诉报告工作制度，严格行政机关负责人出庭应诉。

【开展政府专项督查56次】 2017年，乳山市政府办公室围绕市政府重要会议、各级领导批示和年度重点工作的督导落实，按照“工作项目化、项目清单化、清单责任化、办结实效化”的工作要求，坚持市政府督查办公室专项督查、市政府办公室全员督查、多部门配合联动督查相结合的督查工作模式，实现督查工作的痕迹化和常态化管理。全年开展专项督查活动56次，督办年度重点工作270项，办理各级领导批示件1410件，转办群众来信240件。

【应急基础管理工作增强】 2017年，乳山市以“稳固基础、提升层次、增强实力”为目标，以加强政务值班、信息报告和应急处置为重点，扎实推进应急管理体系和保障能力建设，夯实基层应急基础管理工作，全面提升突发事件应急处置水平。

【信息公开机制完善】 2017年，乳山市贯彻落实《条例》《办法》规定，按照“公开为常态、不公开为例外”的原则，加强制度机制和平台建设，推进决策、执行、管理、服务、结果以及重点领域信息公开。强化信息发布和解读回应，扩大公开范围，细化公开内容，丰富公开渠道，完善制度机制，加强调度检查，保障群众知情权、参与权、表达权、监督权的实现，发挥政务公开对建设法治政府、服务型政府和廉洁政府的促进作用。

（政府办）

【机关事务局代账机关经费支出减少4.02%】 2017年，乳山市机关事务管理局本着“管理上层次、服务上水平、工作创一流”理念，为机关工作运转提供保障。全面理清多年来固定资产账实不符状况，对市委办、政府办、组织部等9家代账单位固定资产进行盘点核资。根据《党政机关厉行节约反对浪费条例》规定，按照“大项开支有预算、正常开支按进度”管理办法，加强代账机关单位行政经费预算管理和执行监督，全年经费支出6900万元，比上年减少4.02%。针对代账单位在报销过程中可能存在的虚列开支、不合规发票等行为，严格遵守财经法规办事，该退回的退回，该补办的补办，确保各项经费开支合理合规、手续完整。尤其在公务接待没有公函、借会议培训名义虚开餐费住宿费、因公临时出国没有事先预算审批、国内差旅多领冒领补贴等环节，加大督导审核力度，督办不合规手续20次，涉及代账单位10家。

【机关办公用房清理腾退16651平方米】 2017年，乳山市机关事务局做好党政机关事业单位办公用房清理腾退工作。乳山市直党政机关事业单位有办公面积86864平方米（其中办公室面积44473平方米、服务用房面积为36748平方米、设备用房5643平方米、附属用房24377平方米）。腾退办公用房总面积16651平方米，其中已为部分租借场地办公单位及部分新增人员办公单位、新成立单位、社区新成立居委会及办公场所不足的居委会统筹安排使用办公用房9644平方米；闲置办公用房7007平方米。

【公共机构节能能源消耗上报率位居威海第一】 2017年，乳山市机关事务局做好公共机构能源资源消费统计工作。督促、指导全市各公共机构完成2017年前三季度“山东省公共机构能源资源消耗统计系统”网上填报工作，定期审核、汇总各单位部门上报的能耗消费数据，上报率位居威海各区市第一名。组织开展公共机构节能宣传活动，6月，在全国节能宣传周期间，组织开展“节能有我，绿色共享”的主题宣传活动。参加公共机构生态文明作品宣传活动，选送的文学作品类《过时小姐》获2016年全国公共机构生态文明宣传作品征集活动文学作品三等奖。推进节约型公共机构示范单位创建，协助乳山市第一中学创建威海市级节约型公共机构示范单位，发挥引领带动作用。

【公务用车集中监管平台建立】 2017年，乳山市强化公务用车日常管理。在对全市党政机关事业单位车辆实行动态管理的基础上，进一步强化日常管理，办理公务车辆注册、转移等手续137个，包括注册登记36辆，转移登记77辆，变更车牌号4辆，注销登记20辆。完成公务用车调配、调换工作，根据2016年山东省公务用车制度改革总体部署，给滨海新区、经济开发区等29个单位调配、调换公务用车51辆，给热力集团、城投集团等9个国有企业调配用车20辆。做好公车拍卖处置有关工作，委托威海中地拍卖有限公司通过中国行业拍卖协会网络拍卖平台，对评估的143辆公务用车进行网上公开拍卖，确保拍卖工作公开、公正、透明，拍卖价款307万元。

根据上级要求，为加强车改后保留车辆的监管，2017年上半年设立乳山市公务用车集中监管平台，与威海市监管平台进行无缝对接，实现统一监管。协调移动公司对监管平台的设备进行安装调试，对车改后保留的车辆安装调试GPS和北斗定位，对保留车辆的各单位管理人员进行监管平台操作培训。完善公车调度服务中心。乳山市公车调度服务中心8月正式成立，为副科级事业单位，全年出车次数7460次，行驶里程78万公里，为机关正常运转提供优质服务。

【机关事业单位编外聘用人员管理】 2017年，乳山市办理新招聘人员入职手续315人次，办理辞职及退休手续42人次。及时做好社会保险费缴费基数申报工作，共为公益岗聘用人员缴纳社会保险金7316789.85元，缴纳住房公积金1248514.92元。目前，退役士兵公益性岗位签订合同160份。

【机关办公区、生活区管理】 2017年，乳山市机关事务局结合“五城联创”工作，为改善机关办公区及部分小区环境，投资530万元进行改造升级。完成政府办公楼维修改造、市委办公文化墙及零星维修工程的整修、红十字会办公楼维修、中心会议室路面硬化2400平方米，完成部分小区改造。

【机关服务工作加强】 2017年，乳山市机关事务局更新改造中心会议室大厅及机关食堂二楼多功能厅音响设备，音质效果明显提升，接待市直机关日常会议、培训服务210场次。提升机关食堂和市民服务中心食堂的经营管理水平，就餐满意率提升。指导机关幼儿园投资110万元抓好园舍设施、教职工队伍建设，投资130万元对教学设施设备、用电设施更新改造及新上大型综合游乐设施等。

（姜琳）

【政务服务“一窗式”“一门式”改革实施】 2017年，乳山市政务服务中心管理办公室深入推进“互联网+政务服务”，推动“一窗式”“一门式”服务模式改革，加强政务服务平台建设应用，进一步简化优化服务，强化监督管理，政务服务效能实现提升。根据威海市要求，结合实际制订《乳山市推行政务服务“一窗式”“一门式”政务服务模式改革实施方案》。在乳山市市政务服务中心推行“一窗式”改革，设立建设工程项目、市场主体设立、社会经济事务3个“一窗式”功能区，并分别设立综合受理窗口，由中心管理办配备工作人员，负责统一收取申请材料和送达办理结果。企业、群众只需要在“一窗式”功能区面对一个窗口提交一次材料，即可进行业务办理、获取审批结果。在镇级便民服务中心推行“一门式”改革，指导各镇（街道）按照威海市统一标准制作门头、刊板，12个镇（街道）对便民服务中心进行新建、扩建，新增大厅面积2000多平方米，增幅150%。建立镇级便民服务中心进驻事项目录，将68项政务服务事项纳入中心集中办理，并统一印制服务指南摆放在窗口。同时，各镇街便民服务中心均设立综合受理窗口，实行柜员化服务，实现办事群众“进一个门，找一个窗，办所有事”。10月，威海市“一门式”改革专项考核组实地验收，并给予高度评价。

【建设工程项目和市场主体联审联批推进】 2017年，乳山市推进建设工程项目和市场主体设立联审联批，即将多个审批部门集中到一起，实行一站式审批，方便企业一次办理手续。政务服务中心管理办会同发改、国土、规划、住建4个牵头部门对建设工程项目审批链条上的事项进行全面梳理规范，建立5个阶段事项目录，并制定《乳山市建设工程项目模块化审批流程再造实施细则》。在政务服务平台上部署建设工程项目模块化审批系统，将联席会议、联合踏勘等配套机制纳入网上办理流程，与山东省投资项目在线审批监管平台相结合，实现一个编号网上申请，一张表格在线填报，一个流程图动态管理。同时，会同乳山市市场监管局对市场主体设立联审联批进行流程再造，推行后置许可事项跟踪联办。建立市场主体设立后置许可事项目录，将42项行政许可事项纳入联审联批，并制定《市场主体设立后置联审联批工作制度》。在政务服务平台上部署市场主体设立跟踪联办系统，与“双告知”系统同步运行，根据注册登记的经营范围，为申请人提供办理所有后置许可事项的申请材料目录，做到一次性告知。

【政务服务平台办理事项35000件】 2017年，乳山市政务服务中心管理办加强政务服务平台建设，大幅提升“零跑腿”和“最多跑一次”事项比例。根据上级要求，督导相关单位使用政务服务平台办理业务，定期开展检查，并建立台账，列入考核。年内，通过政务服务平台办理各类政务服务事项35000件，事项办结率100%。

【“零跑腿”“只跑一次”事项清单公布】 2017年，乳山市政府办印发《关于公布第一批市级“零跑腿”和“只跑一次”事项清单的通知》，确认“零跑腿”事项239项、“只跑一次”事项16项。在乳山市政务服务中心选择部分比较成熟的部门窗口作为试点先行推广，并协调中国邮政EMS业务进驻中心设置窗口，建立部门窗口与邮政窗口邮寄业务联动机制，及时为办事群众免费提供快递邮寄服务。年内办理“零跑腿”和“只跑一次”业务32件。

【政务服务事项办理群众满意率99.9%】 2017年，乳山市政务服务中心管理办按照应纳尽纳原则，梳理全市的政务服务事项实施清单，并通过乳山市政府办印发《关于公布纳入市政务服务中心和部门大厅（分中心）集中办理的政务服务事项的通知》，将39个部门、538项政务服务事项纳入政务服务中心集中办理，将150项政务服务事项纳入6个部门大厅（分中心）集中办理，基本实现乳山市政府提出的“市政府各部门、单位不得要求企业和群众到部门（单位）科室办事”工作目标。年内电话回访1236人次，信函回访218人次，走访企业12家，发放调查问卷100份，满意率99.9%。

（王丹）

【威海市公共资源交易平台规范化现场会在乳山市召开】 2017年，威海市公共资源交易中心乳山分中心坚持问题导向，严格监督促规范，主动服务促发展，夯实基础促管理。国有土地使用权网上交易工作由国土部门移交，乳山市公共资源交易项目全部进入中心交易。年内组织各类交易活动345场，成交总额56.7亿元，比2016年分别增长78.8%和91.1%。制定《关于进一步加强公共资源交易活动监督管理工作的补充意见》，工作范围涵盖交易全过程。7月，威海市公共资源交易中心在乳山市召开公共资源交易平台规范化建设现场会，推广乳山市经验。

【公共资源交易流程规范】 2017年，威海市公共资源交易中心乳山分中心会同住建、财政部门制定《建设工程项目招标投标工作流程》《货物和服务采购工作流程》，逐一明确各个节点具体任务、责任单位、工作时限。优化投标保证金代收代退工作流程，第一时间应退尽退，保障投标企业合法权益。对重点项目主动介入、容缺受理，复杂项目牵头召开协调推进会，提高工作效率。分析100份投标文件，制作成案例丰富、建议具体的PPT课件，组织投标企业开展专题讲座，帮助投标人提高标书质量，降低废标率。对发现的不同项目重复采购等问题及时提出调整建议，节约资金20万元。严把招标采购文件审核关，对发现存在问题的63份文件提出具体修改意见130条。探索实行施工组织设计由赋分项改为合格审查项，只保留投标报价、部分项工程清单和企业业绩赋分3个赋分项目，使评标评审更加客观。项目管理人员社保证明和投标人业绩全部实行网上查询、现场和网上公示，使评审工作更加刚性化。对5个施工监理项目进行不打招呼式现场抽查，发现问题按程序转交有关部门依法处理。

【招标代理机构管理考核办法完善】 2017年，威海市公共资源交易中心乳山分中心修改完善代理机构管理考核办法，对招标采购代理公司严格管理考核。年内3家公司分别被暂停1～6个月不等的政府投资项目代理业务，典型问题被通报曝光，违规收费如数退还投标人。引导代理机构签署行业自律公约，增强其自我管理、自我提高能力。召开代理机构作风建设会议，提高代理机构规范从业自觉性。

（耿颖）

【因公出国境团组办理13个】 2017年，乳山市外事侨务办公室按照各级加强因公出国管理的有关规定和要求，要求每名出国（境）人员签订因公出国（境）团组保证书，遵守外事纪律，维护良好形象。严格执行因公护照和出访报告上交工作，确保上交率100%。年内办理因公出国（境）团组13个，共28人次；办理APEC商务旅行卡7人次。

【以色列和美国客人到乳山访问】 2017年3月27日至4月1日，以色列蓝色经济中心首席技术官尤瓦尔·拉宾一行3人到乳山市访问，洽谈对接中以科技产业基金及合作协议签署等事宜。12月6日，美国国务院海洋和国际环境科学事务办公室官员唐古明、美国国务院中国事务办公室官员艾莉森·史威尔等一行5人到乳山市访问，参观大乳山国家级海洋公园，通过此次到访推进威海—纽约海洋垃圾防治“伙伴城市”合作进程，推动中美海洋垃圾防治成果共享机制建立，促进中美双方务实合作。

【涉外渔业综合管理工作开展】 2017年，乳山市外侨办制订《关于在海上涉外渔业综合管理工作中牵头做好领事保护和提供协助帮助工作的实施方案》，相关部门各司其职，协同做好应急处置工作。按《乳山市涉外渔业综合管理督查工作实施方案》，乳山市外侨办负责乳山

3月31日，中国（乳山）·以色列蓝色经济合作签约暨中以科技创新中心揭牌仪式举行
（辛戈摄）

寨镇渔业综合管理督查工作，落实三级包保责任人，每半月实地督查一次。

【海外乳山籍华人华侨同乡会成立】 2017年4月，乳山市以澳大利亚海外联络站为依托，成立海外乳山籍华人华侨同乡会，澳华国际集团董事长刘秀华担任会长，在墨尔本、布里斯班等主要城市募集乳山籍或愿意为乳山建设出力献策的热心人士为会员，年内发展14人。通过同乡会牵线搭桥，开展侨商看乳山活动，4月27日和7月5日，刘秀华两次带领海外侨商来乳参观考察。通过同乡会加大乳山对外推介力度，扩大乳山的海外知名度，为海外招才引资打下基础。

【外侨招商服务工作推进】 2017年，乳山市外侨办对引进项目进行跟踪服务，加强对威海市泰亨电机有限公司、威海潮森建材公司和华信食品服务力度，帮助对接设备购置、股权合作等事宜。赴北京、上海、太原等地开展招商活动，到上海对接“可消失信息”防伪标签生产设备购置、覆膜封装合作洽谈等项目。跟踪“可消失信息防伪标签”在手项目，帮助企业制订计划，确保该项目12月注册完毕，2018年开工投产。为台依湖酒庄董事长陈春萌申报“山东友好使者”称号。

【侨胞侨眷救助服务工作开展】 2017年上半年，乳山市外侨办为30名归侨侨眷办理身份认定手续。1月，对52名归侨发放困难补助金共计90150元；3月，对12名归侨侨眷按照归侨1000元、侨眷800元标准发放救助金，对1名做心脏瓣膜手术的归侨发放医疗救助金10000元；4月，开展贫困归侨侨眷调查活动和医疗救助对象调查；10月，看望慰2名贫困归侨，发放贫困补助2000元。做好侨务信访工作，接待包括政策疑问、银滩房产纠纷、工资待遇等来访3起、4人次，满意率100%。利用贺年卡、电子邮件、电话、微信等形式，与海外重点侨胞保持联络。11月，组织归侨侨眷代表、侨资企业代表以及侨务工作者20人集中学习中共十九大精神。

（姜新）

【公务接待】 2017年，乳山市政府办接待各级客人260人。客人到乳山主要检查、督导工作，较集中的领域有产业发展、红色教育基地建设等方面工作。

国家卫生城市专家组到乳山市进行技术评估 1月12—13日，国家卫生城市技术评估专家组组长、吉林省爱卫办副主任王哲率队对乳山市创建国家卫生城市工作进行技术评估。乳山市委书记周兵主持汇报会，乳山市委副书记、代市长宫本杲作工作汇报，山东省卫计委监察专员张丽艳、17个网格分包市级领导出席会议。

国家慢性病综合防控示范区专家组到乳山市评估 9月8日，国家卫计委疾病预防控制局副巡视员孙新华带领专家组，在山东省、威海市相关部门负责人陪同下，到乳山市开展国家慢性病综合防控示范区建设技术评估，乳山市领导周兵、宫本杲、宫洪霞陪同相关活动。在技术评估会上，专家组听取乳山市慢性病综合防控示范区建设工作情况汇报，与相关部门进行访谈，查阅示范区建设档案资料。随后，实地查看健康单位、健康主题公园、健康一条街、健康小屋等健康支持性环境建设及创新亮点等工作。

绿城台依湖酒庄酒产业小镇项目签约暨启动仪式举行 12月19日，绿城中国董事局主席刘文生一行到乳山市签约绿城台依湖酒庄酒产业小镇项目。威海市政府副市长周永迪，乳山市领导周兵、宫本杲、战国生出席签约暨启动仪式，周永迪讲话，宫本杲、刘文生分别致辞，乳山市政府、绿城集团、台依湖集团三方就绿城台依湖酒庄酒产业小镇项目签约。

山东省统筹推进胶东党性教育基地建设专题研讨会与会人员考察胶东育儿所教育基地 8月25日，山东省统筹推进胶东党性教育基地建设专题研讨会一行70人，在威海市领导霍高原、刘运陪同下，到乳山市实地考察胶东（党性）教育基地组成部分——胶东育儿所建设工作，乳山市领导周兵、李国徽、樊西民陪同考察。

（政府办）

政协乳山市委员会

【概况】 中国人民政治协商会议乳山市第十届委员会于2017年1月换届产生。至2017年年底，有委员207名，常委35名。政协乳山市十届委员会下设办公室、委员活动工作室2个办事机构及三胞联谊委员会、经济委员会、科教文史委员会、提案法制委员会4个专门委员会。2017年，政协乳山市委员会围绕全市中心工作，履行政治协商、民主监督、参政议政职能，建真言、谋良策、出实招，在新形势下实现履职新作为，彰显工作新特色，为推动全市经济社会发展做出贡献。

【政协第十届乳山市委员会第一次会议】 于2017年1月22下午至25日上午，中国人民政治协商会议第十届乳山市委员会第一次会议在乳山华玺大酒店召开。会议听取和审议政协第九届乳山市委员会常务委员会工作报告，审议政协第九届乳山市委员会常务委员会关于提案工作情况的报告（书面），列席乳山市第十八届人民代表大会第一次会议，选举王祥芹为政协第十届乳山市委员会主席，李新权、丛宝云、曲华良、于馗、张平为副主席，审议通过政协第十届乳山市委员会第一次会议决议。

【政协常务委员会会议】

十届一次常委会议 于1月25日在华玺大酒店国宾厅举行。会议审议通过市政协各专委会组成人员名单，研究划分委员日常活动小组

1 月 22 日，政协乳山市第十届委员会第一次会议开幕　（政协提供）

并确定小组负责人。

十届二次常委会议　于 4 月 21 日在市政协五楼会议室举行。会议审议通过《政协乳山市委员会关于进一步发挥政协界别作用的意见》和《政协乳山市委员会委员述职办法（暂行）》，听取市安监局关于全市安全生产工作情况汇报，听取市农业局关于全市农产品质量安全管理情况汇报，听取市民政局关于全市社会组织发展情况汇报。

十届三次常委会议　于 6 月 23 日在市政协五楼会议室举行。会议听取市人社局关于全市人才培养、人才引进工作情况汇报，听取市经信局关于全市企业家队伍建设情况汇报，听取市科技局关于全市科技创新工作情况汇报。

十届四次常委会议　于 8 月 22 日在市政协五楼会议室举行。会议协商通过不再担任委员名单，审议通过有关人事事项。

十届五次常委会议　于 9 月 19 日在市政协五楼会议室举行。会议协商通过不再担任委员名单，听取市政府关于政协十届一次会议以来委员提案办理情况通报，听取市文广新局关于全市文化惠民工作情况汇报，听取市智慧办关于全市智慧城市建设工作情况汇报。

【围绕中心工作开展协商议政和民主监督】　2017，政协乳山市委员会召开全委会议 1 次、议政性常委会议 3 次。围绕新旧动能转换，组织开展“全市重点项目建设”“海洋产业转型升级”“品牌建设和质量强市”等视察监督和协商座谈活动，实地视察项目、企业 12 个，有针对性提出协商建议 60 个，推动相关工作改进。委员提出的“完善中小企业公共服务平台建设”“发挥电子商务龙头企业的示范作用”“大力发展民宿经济”“挖掘红色旅游资源”等建议提案，为相关领域经济转型发展提供参考。围绕补齐发展短板、提升乳山经济持续发展能力，常委会确定人才培养、人才引进、科技创新、企业家队伍建设等议题，召开专题议政性常委会议，听取相关部门工作汇报，组织开展协商讨论，提出意见建议。围绕“五城联创”，组织委员对全市食品药品安全监督管理、农产品质量安全管理、智慧城市建设等工作进行协商调研和民主监督，提出意见建议 30 条。围绕生态文明建设，开展“双月协商座谈会”活动，组织委员赴外地考察调研、座谈交流，并联系实际向乳山市委、市政府提出加快构建以生态经济为特色的现代产业体系、一体高效的环境基础设施体系、全民参与的生态文化体系“三大体系”建设的工作建议。围绕营造良好发展环境，组织委员参与党风廉政监督工作，推荐委员担任重点工作监督员，组织委员参加市委、市政府开展的各类民主评议活动和执法监督、庭审旁听、座谈交流及重点工作意见征集等活动，助推全面从严治党，促进机关作风。

【政协委员提案办理 90 件】　2017 年，政协乳山市委员会以促进发展

11 月 1 日，乳山市政协委员调研农业项目　（辛戈摄）

为主题，以维护群众利益为主线，发挥提案工作主抓手作用。十届一次会议期间共征集提案90件，合并立案59件，其中公路、交通方面13件，城市管理方面20件，文教卫生方面10件，农业农村方面6件，行政执法方面5件，商贸旅游方面5件，成为反映民生诉求的重要渠道。在市委、市政府的高度重视和各承办部门的共同努力下，所有提案均在规定时限内办理答复完毕，办复率100%。其中积极可行、已被采纳并解决的有55件，占提案总数94%。很多提案建议转化为党政部门推进工作的思路和强化工作的有效措施，一批涉及群众切身利益的问题得到及时解决，实现提案办结率和满意率双赢，提案的作用得到有效体现。

【《乳山文史资料》第九辑征编】 2017，乳山市政协文史资料研究会成立，宗旨是挖掘乳山市历史文化资源。征集编纂《乳山文史资料》第九辑，分为8个篇章，20万字，再现自建国初期至20世纪70年代乳山市重点项目以及农业学大寨、“战山河”工程项目建设情况，填补这一时段历史记载的空白和不足，留存历史记忆。

【政协系统迎接十九大作品展举办】 2017年，乳山市政协系统“绘幸福乳山迎十九大召开书画·摄影·剪纸”作品展举办，20名新老政协委员用60幅作品从不同角度展现乳山市市优美的自然风光、独特的人文底蕴，赞美以习近平总书记为核心的党中央治国理政的新思路。

【政协委员主题活动开展】 2017年，政协乳山市委员会紧扣发展需要、立足委员需求，开展“界别活动月”“社情民意信息月”和“爱心助学”微公益等主题活动，为委员履职打造平台。累计开展“爱心义诊”、文化下乡等惠民活动27场（次），走访企业34家，为群众办实事做好事200件；收集反映社情民意信息70条，其中，“跨界水环境污染治理”“加快专业市场建设”等信息分8期以《社情民意专刊》形式呈报市委主要领导；政协委员通过“爱心助学”为贫困学生捐款12万元，在救助困难职工、贫困群众等慈善活动中，捐款捐物35万元，树立政协委员关心社会、回报社会的形象。建立十届政协委员微信群，拓宽政协机关与政协委员之间、委员之间沟通渠道，打造起长效、快捷的双向联系方式。

【政协委员履职机制完善】 2017年，政协乳山市委员会完善健全规章制度，加大教育培训力度，提升委员能力素质。制订《关于进一步发挥政协界别作用的意见》，建立健全政协领导分工联系界别小组工作机制，完善界别活动组织和服务保障机制。举办委员任前培训班和履职培训班，提升委员的政治意识、大局意识和履职能力。组织委员集中观看《警钟》《镜鉴》警示教育片，赴环翠、荣成、文登等地红色教育基地参观学习，引导委员不忘初心、严格自律。

（孙学成）

中共乳山市纪律检查委员会

【概况】 2017年，乳山市纪律检查委员会聚焦主业主责，狠抓监督执纪问责，推动全面从严治党向纵深发展，全市党风廉政建设和反腐败工作取得新成效。开展执纪审查“攻坚夺旗”活动，对上级纪委交办重要问题线索进行梳理汇总、交办核查，一个月内查结上级交办问题线索15起。全年立案110起，给予党政纪处分126人次。截至2017年年底，乳山市纪委监察局内设办公室、组织部、宣传部、党风政风监督室、信访室、案件监督管理室、案件审理室、第一纪检监察室、第二纪检监察室9个室及4个派驻纪检组（监察室），共有干部62人。

【廉政纪实制度在威海市率先推行】 2017年，乳山市在威海市范围内率先推行领导班子及领导干部落实党风廉政建设主体责任纪实制度，变“纸上谈责”为“行动见责”，层层压实管党治党政治责任。组织4个派驻纪检组对全市110个部门单位廉洁风险预控工作进行检查，督促建立廉洁风险防控机制并汇编形成《廉

10月21日，乳山市级领导班子成员到威海市廉洁教育中心接受反腐倡廉教育 （辛戈摄）

洁风险预控手册》。运用“四种形态”落实廉政警示谈话制度，做到“四个必谈”，累计谈话1100人次。

【查处违反中央八项规定精神案件13起】 2017年，乳山市探索建立领导干部操办婚丧喜庆事宜“两报告一承诺”制度，坚持暗访、查处、追责“三结合”，深挖细查隐形变异“四风”。全年查处违反中央八项规定精神案件13起，处理17人，给予党政纪处分6人。

【查处群众身边不正之风和腐败问题47起】 2017年，乳山市纪委聚焦惠农领域，紧盯关键环节开展专项整治，严肃查处虚报冒领、截留私分、优亲厚友、吃拿卡要等突出问题，让“微腐败”无处藏身。全年查处群众身边不正之风和腐败问题47起，处理59人，给予党政纪处分41人。

【“庸懒散”“中梗阻”专项治理开展】 2017年，乳山市开展“庸懒散”“中梗阻”专项治理。围绕节后纪律作风、创城攻坚、专项资金使用等开展督导检查，推动机关作风持续好转。全年开展监督检查37次，发现问题4起，处理党员干部7人。对贯彻落实乳山市委市政府重大决策部署情况进行监督检查，严格落实《中国共产党问责条例》，围绕党风廉政建设责任制履行不到位等问题，对2个党组织和15名党员干部进行问责处理。

【乳山市委首轮巡察开展】 2017年，乳山市委完成首轮巡察，“一拖二”启动二轮巡察，同时配合威海市委巡察组做好三轮巡察。针对共性问题举一反三，督促相关部门堵塞危房改造、扶贫救助、涉农补贴等制度漏洞15项，挽回各类经济损失180万元。

【镇级纪委实现纪律审查“零突破”】 2017年，乳山市纪委将全市15个镇（街道）划分为4个片区，建立纪委常委包片制度，高标准打造4个镇级纪委标准化谈话场所，每月召开督导调度会，现场指导解决制约难题，落实“约法三章”，督促镇级纪委纪律审查快推进、早突破。年内，15处镇（街道）纪（工）委均实现纪律审查“零突破”。

【廉政警示教育基地建设推进】 2017年，乳山市加快推进党风廉政警示教育基地建设，规划五大篇章，融入地方特色，打造省内一流的廉政警示教育平台，在加紧施工建设中。建立工作台账，细化任务分解，推动“廉洁乳山”建设向纵深发展。邀请威海市纪委领导为全市党员领导干部上廉政公开课，开展廉政宣讲活动，受教育党员干部4000人次。突出“关键少数”，组织700名科级以上干部参加“学党纪、讲规矩、守纪律”知识测试。录制《案与纪》警示教育专栏23期，以案说纪、以案说法。挖掘传统文化中的廉洁基因，举办廉政书画作品展、“树最美家风·创最美家庭”家庭助廉、《乳山清风》廉政主题歌曲创作征集等活动，宣传廉洁理念，弘扬新风正气。

（陈永成）

7月20日，威海市纪委副书记张立春（中）到海阳所镇海阳所村调研印章管理工作 （陈永成摄）

社会团体

【乳山市总工会机构和管理机制改革】 2017年，乳山市总工会服务全市中心工作，突出工会主责主业，推进工会改革创新。截至2017年年底，乳山市总工会共有基层工会组织728个，工会会员5.3万人。下设办公室、财务部、组宣部、生产保障部、职工服务中心5个部室。2017年，按上级群团改革工作要求，乳山市委下发《乳山市总工会改革实施方案》。按“强基层、强支撑、强服务”的工作思路，改革工会机构设置，新设立生产保障部，相关业务职能从职工服务中心中剥离出来，同时增加职工服务中心人员编制；改进镇街工会管理机制，按照全市企业和职工人数分布情况，将17个镇街、开发区划分为3个工会工作区，依托城区、经济开发区、滨海新区设立工会工作站集中办公，变平均用力为集中用力、精准发力，优化社会化工会工作者管理和使用。

【家庭服务业工会联合会成立】 2017年6月22日，乳山市家庭服务业工会联合会成立，首批覆盖企业18家，职工330人。工会联合会成立后，通过平等协商签订各项集体合同，统一行业工作和工资标准，促进行业职工队伍稳定和企业健康有序发展。乳山市总工会投入资金5万元，帮助建设“妈妈小屋”、职工活动室、职工图书室等，组织开展金牌月嫂技能大赛、育婴知识讲座、职工大合唱、服务进社区、亲子互动等活动，使职工感受到“娘家人”的温暖。9月18日，威海市总工会现场观摩乳山市家庭服务行业工会建设。

8月7日，乳山市总工会开展“夏送清凉”活动　（孔俊娟　丁飞摄）

【首届“乳山工匠”评选】 2017年，为弘扬劳模精神，助力企业发展，乳山市总工会联合乳山市人社局开展首届“乳山工匠”评选工作。4月28日，乳山市委、市政府召开乳山市首届十大工匠命名表彰大会，授予乳山供电公司变电检修工于同帅等10人“乳山工匠”称号。在乳山电视台、《乳山时讯》设立“乳山工匠”事迹专栏，9月，在金洲集团、供电公司举办“工匠精神”宣讲活动，倡树尊重劳动、尊重知识、尊重人才、尊重创造的风气。

【职工技术创新竞赛活动开展】 2017年，乳山市总工会以助推企业发展为主题开展职工技术创新竞赛活动。8月31日，与乳山市人社局联合举办乳山市职工职业技能竞赛，14支代表队、92名选手参赛，23名选手获奖，5家单位获“优秀组织奖”。年内，全市征集合理化建议4022条，推广科技创新成果38项，师徒结对186对。5家企业、10个班组被授予“乳山市职工技术创新竞赛示范企业”“乳山市职工技术创新竞赛创新班组”称号，6个职工创新工作室被命名为“乳山市（高技能人才）创新工作室”，4个劳模（工匠）创新工作室被命名为“威海市劳模（工匠）创新工作室”。

4月28日，乳山市首届十大工匠命名表彰大会举行　（陈岩摄）

【扶助职工特色品牌活动开展】 2017年，乳山市总工会实施“春风行动”，联合乳山市人社局发放宣传手册5700份，提供岗位5200个，1500人入场求职，达成就业意向382个。实施“夏送清凉”，投入资金13.79万元，为高温作业的一线工人送去消暑用品1000份。实施“金秋助学”，为考取本科院校的12名困难职工子女发放助学奖金37000元，为9名单亲女职工和贫困农民工发放帮扶款9000元。实施“冬送温暖”，春节前对644户困难职工给予救助，发放救助金86.7万元。实施“第八期爱心互助保险工程”，参保人数24021人，辅助项目6810人。

【工资集体协商企业制度覆盖率96%】 2017年，乳山市总工会与乳山市人社局等4部门联合发布《关于开展2017年工资集体协商“集中要约行动”的通知》，集中开展工资集体协商工作，重点加强规模企业和区域行业工资集体协商。签订区域行业工资集体合同16份，企业单独签订工资集体合同118份，覆盖企业489家，覆盖职工3.5万人，建会企业覆盖率96%以上。新建10个企业示范点、2个区域行业协商示范点，完善职代会制度、厂务公开制度和工资集体协商制度并形成长效机制。

做好《山东省企业工资集体协商条例》学习宣传贯彻工作，6月13日，乳山市总工会等4部门联合举办"企业工资集体协商法律法规知识竞赛"。

【职工文体活动开展】 2017年，乳山市总工会开展一系列职工文体活动，丰富职工精神文化生活。9月22日，举办"喜迎十九大，弘扬工匠精神，争当岗位标兵"乳山市职工演讲比赛，22名一线职工获奖。9月29日，组织职工130人参加"中国梦·劳动美·幸福路"喜迎十九大地级威海市成立30周年乳山市职工大合唱比赛。开展"双送"服务活动，即送图书进企业活动，在企业新培育乳山市级"职工书屋"15个；送文艺演出进企业活动，"五一"期间开展活动7场。

（陈岩）

【共青团乳山市镇团委换届完成】 2017年，共青团乳山市委完成市镇团委换届，围绕构建"凝聚青年、服务大局、当好桥梁、从严治团"工作格局，拓宽团属阵地，丰富团的活动内容，在基层团员青年中开展"1+100"团干部联系青年工作。2017年，组建共青团系统网宣网评队伍，强化网络正面宣传和舆论引导工作。依托省级青少年维权岗、省级青少年社工示范点、省级青年志愿服务站，掌握青少年诉求、维护青少年权益。

【青少年理想信念主题教育活动开展】 2017年，共青团乳山市委组织开展系列理想信念教育主题实践活动。以"喜迎十九大"为主题，组织少先队员创作书信、绘画作品，传唱《自由歌》《文明歌》；以"在党的关怀下成长"为主题，在乳山市少先队开展"小小演说家"大赛；以"青春迈步成才路、不忘初心跟党走"为主题，组织40名青少年参观红色教育基地，重温入队、入团、入党誓词，激发其爱国主义信念；以"勇做时代的弄潮儿"为主题，组织各中学、大中专院校通过主题团日方式，贯彻学习十九大精神，活动累计40次。开展"十大杰出青年""最美青年""青年岗位能手"等评选活动，利用广播、电视、报纸、网站等媒体，对各类青年典型总结和挖掘。围绕助人为乐、诚实守信和孝老爱亲等核心内容，开展"青年典型面对面""学习十九大·好人进校园"等主题宣讲活动，引领广大青少年崇德向善、见贤思齐。

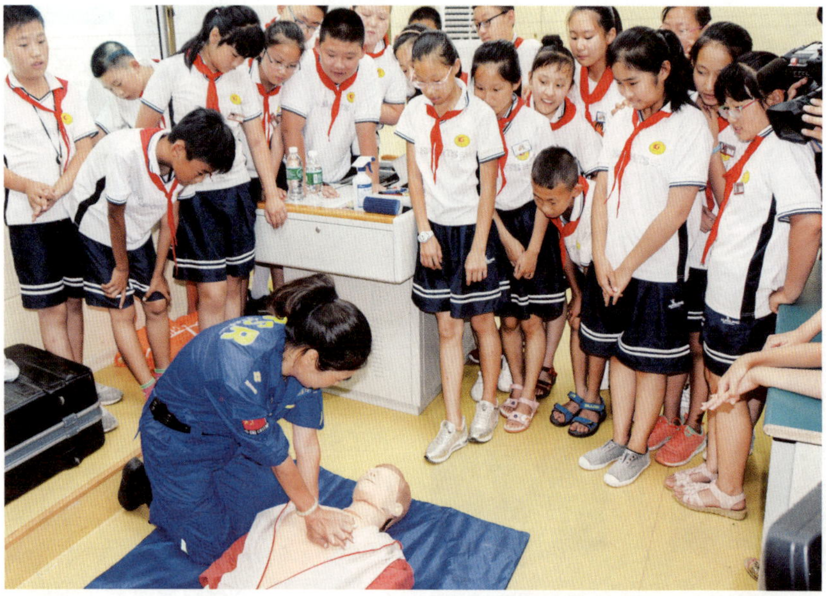

7月7日，乳山团市委联合蓝天救援队在黄山路小学开展"珍惜生命、自护青春"暑期安全教育活动 （刘雨 宋小纯摄）

【青春扶贫品牌创树行动推进】 2017年，共青团乳山市委根据精准扶贫工作总体部署，开展"靓工程""金晖助老"和"牵手关爱"等精准扶贫直通车项目。为15个镇（街道）116户建档立卡贫困户粉刷墙体，招募160名青年志愿者为80名65周岁以上失独、留守老人开展常态化帮扶活动400次，帮扶物资2万余元；发动青联委员与7户建档立卡贫困家庭"一对一"结对帮扶，提供资金、物资等合计3000元。以"希望工程"行动为桥梁，向上级团委和社会各界争取和筹集资金，为乳山市172名中小学生发放助学金12.5万元，为112名儿童免费赠阅《小金星报》；在西苑学校、崖子镇中心学校建立爱心书屋，捐赠图书2000册。

【青年就业创业主题活动开展】 2017年，共青团乳山市委组织团干部和青年赴烟台芝罘区创业孵化园、烟台市特殊教育学院和久鼎电商等开展观摩座谈、岗位体验交流、电商培训等活动，并协助乳山市雅泰制衣有限公司等6家企业申请鲁青基准贷、鲁青担保贷730万元。

【"青春志愿蓝、点滴故乡情"主题活动开展】 2017年，共青团乳山市委启动"青春志愿蓝、点滴故乡情"主题活动，公开招募选拔假期返乡大学生志愿者，集中开展文明礼让、创城宣传、金晖助老、关爱留守儿童等志愿服务活动，并带领大学生志愿者到马石山红色教育基地接受爱国主义教育，参加机关开放体验日活动并观摩学习乳山绿色文旅产业，让更多大学生切实感受并深入了解家乡历史文化和发展现状。开展"威爱而来·幸福牵线"青年交友联谊会，吸引近百名单身青年参加，为青年提供扩展人际交流、寻找婚恋对象的平台。

【"青年之声"平台累计浏览量237.9万】 2017年，共青团乳山市委以"青年之声"平台为依托，发挥“青少年成长联盟”“心理咨询联盟”等专家团体的作用，及时回复青少年在面对压力、挫折、婚恋、就业、创业等方面遇到的困惑。乳山市“青年之声”平台青年之声累计浏览量237.9万，专家数113人，提问回答总数1.7万个。

（李娟）

【胶东育儿所被命名为“山东省妇女爱国主义教育基地”】 2017年，乳山市妇联以马石山、胶东育儿所红色文化为主线，结合美丽乡村建设，做好红色沿线村基层基础提升工作，提升农村妇女活动阵地。加强与上级妇联沟通衔接，宣传推介乳山市红色文化。全国妇联宣传部以及《中国妇女报》《中国妇运》报社相继到乳山，考察红色教育基地建设情况。2017年年底，胶东育儿所被山东省妇联授予“山东省妇女爱国主义教育基地”并授牌。

【“创意无限”手工艺品大赛举办】 2017年，乳山市妇联主办，乳山市扶贫办、文广新局、科技局、报社、广播电视台协办“创意无限”手工艺品大赛，旨在引导广大群众参与手工艺品制作，选拔培育一批手工艺品技术骨干、致富带头人，挖掘一批市场潜力大、区域特色鲜明、附加值高的手工艺品精品，推动乳山市手工艺品从分散向规模化、市场化、产业化发展。大赛历时3个月，10月20日，在成创乳山众创空间举行决赛。大赛收到106名参赛者的329件作品，评选出一等奖5名、二等奖10名、三等奖20名。

10月20日，“创意无限“手工艺品大赛评委现场打分　（仝庆凤摄）

【妇联组织改革推进】 2017年，乳山市妇联优化机构设置；完成村妇代会改建妇联工作；投资5万元规范管理“妇女之家”，推进基层基础提升工作；在威海吉利食品有限公司等非公有制经济组织成立妇委会，在三江服饰有限公司建立“三江妇女微家”，依托城区街道党群服务中心建立妇女工作服务站，使妇联组织的服务和活动延伸到妇女群众生活最小单元。

【留守儿童和单亲特困母亲关爱】 2017年，乳山市妇联开展“让爱留守——社会妈妈牵手关爱留守儿童”活动，招募128名社会爱心人士“一对一”结对帮扶留守儿童。举办“同心携手、关爱母亲”爱心公益活动，与英华尊尚美业合作，为30名单亲特困母亲提供救助金共计3万元。

【女性安康工程妇女儿童公益培训启动】 2017年，乳山市启动“关爱母亲、共筑幸福”女性安康工程，推广女性安康保险，增强女性风险抵御能力。政府出资10万元购买服务，妇联负责管理和监督，社会培训机构承担活动，开办电商微商、美术书法等16种类型符合妇女儿童需求的培训班，提升妇女儿童素质。

【文明家庭创建活动开展】 2017年，乳山市妇联开展“寻找最美家庭”活动，年内开展晒家庭幸福生活、议良好文明家风、讲家庭和谐故事等各类活动15场次，参与妇女2000人，涌现威海市级最美书香家庭18户。与乳山市纪委联合举办“树清廉家风·创最美家庭”主题宣讲活动，以好家风涵养好作风促党风政风带社风民风。开展“父母学堂”公益讲座进基层活动，组织家庭教育专家骨干深入镇、村、社区，举办家庭教育公益讲座20场次，2000名家长受益。开辟“舞前十分钟”微课堂，利用广场舞开场前10分钟时间，组织妇女骨干宣讲社会主义核心价值观、红色文化、中共十九大精神等知识。开展“新农村新生活”培训活动，重点面向农村妇女开展家居美化、家庭教育等方面培训45场次，培训妇女3000人次。

（仇小民）

【乳山市科学技术协会】 2017年，乳山市科学技术协会做好群团改革工作，在加强科普信息化建设、服务科技工作者、规范基层科普活动、乳山市老年科技工作者协会理事会换届等方面进行探索。获山东省基层科普行动计划奖补单位2个，山东省级“科学关爱和谐”示范单位1个，威海市“科普惠农示范工程”奖补单位4个、带头人2名，威海市级科普教育基地1处、科普示范社区1个、科普惠农服务站2处。

【乳山市首届水火箭大赛和人工智能大赛举办】 2017年，乳山市科协举办首届乳山市水火箭大赛和首届乳山市人工智能创新大赛，收到参赛作品100件，被中国科协评为

"2017年全国科普日优秀活动"。"全国科普日"期间，举办首届科普知识有奖竞赛，组织各镇（街道）群众参加全国农民科学素质网络竞赛，组织12个社区、4000名居民到科普体验场馆参观学习，8所学校2000名中小学生到科技馆参观，发放科普资料4万份。

【精准扶贫专家服务行动实施】 2017年，乳山市科协制订《精准扶贫专家服务行动实施方案》。年内，为10个村提供科技上门服务，与30名群众进行电话、微信对接，提供农业种养殖书籍500本及科技明白纸3000份。服务红色教育基地沿线提升，开展实用技术讲座5次，开展送科技下乡62村次，发放实用技术及健康养生科普宣传明白纸、科技书籍6000份（本）；在石硼村等4个村新建科普宣传栏，实现42个科普宣传栏内容持续更新。

【获"山东省老科协先进集体"表彰】 2017年，乳山市老科学技术工作者协会指导润丰牡蛎养殖农民专业合作社"乳山市太平洋三倍体牡蛎养殖基地"项目，其三倍体单体牡蛎成品年产量15万公斤，销售收入260万元，该项目被确定为2017年度威海市老科协"农业科技示范基地"。采用远程教育、科技下乡、"互联网+"等形式服务社会，参加科技讲座25场，利用qq、微信和电话等答疑解惑50个。结合生产实际开展调查研究，撰写有价值的建言献策11篇。乳山市老科协获山东省老科协先进集体表彰，5人获省先进个人及成果奖。

【基层科普活动开展】 2017年，乳山市科协面向农村开展"送科技下乡"活动，立足社区开设"科普大讲堂"，年内累计发放资料40种、书籍2000册、明白纸10000份。依托网站、微信、微博等科普信息平台开展科普活动，与乳山电视台合作定期播出《科普大篷车》栏目。新建科普宣传栏20个，更新社区、村科普宣传栏150个（次）。实施"基层科普行动计划"，争取奖补资金20万元，指导松山社区和牡蛎协会打造优质科普教育基地。牡蛎协会在推广牡蛎新品种和新技术、提升品质规模、扩大销售等方面积极发挥作用，组织会员参加全省农产品品牌推优创新活动。2017年，乳山市在府前路学校建成乳山市首家校园科技体验馆，集趣味性、情境性、艺术性于一体。邀请中科院研究员张厚英在白沙滩镇中心学校和府前路学校举办科普报告会。获威海市级青少年科技创新一等奖9项、二等奖10项、三等奖34项；在第32届省青少年科技创新大赛中，获一等奖11名、二等奖7名、三等奖23名。推荐教师李辉上榜第六届"山东科普奖"。在山东省农产品品牌推优创优活动中推报牡蛎等23个项目，推报4家企业参加科技信息企业推广应用服务项目；推荐《常用礁型礁区布局规划设计研究》等8篇作品参加第十三届威海市自然科学优秀学术成果奖评审，获奖4篇；组织科技工作者参加山东省第11届青年科技奖评选活动和科技工作者创新大赛活动；开展威海智库专家遴选，向上推报专家3名。组织申报威海科技信息服务项目签约企业3家，牵线3家企业加入威海市机电工程与自动化学会。

（姜曙利）

12月20日，乳山市科协组织专家到崖子镇田家村讲授苹果管理技术
（姜曙利摄）

【获评全国、全省"五好"县级工商联】 2017年，乳山市工商业联合会优化营商环境，促进非公经济健康发展为主线做好工作，走访调研解决企业问题，组织会员企业扶贫帮困，开展工商联系统招商引资活动取得成绩，分别被全国工商联、山东省工商联评为全国和山东省"五好"县级工商联。

【乳山市工商联第八次代表大会召开】 2017年4月27日，乳山市工商联第八次代表大会召开。将一批信誉好、素质高、热心公益、乐于奉献的企业吸纳到工商联组织，产生执委127名，比七届执委会增加42名，有2个同行业协会和15个镇街商会。企业行业领域进一步拓宽，涉及工业、农业、建筑、贸易、旅游餐饮、社会事业等各领域。将金融办、国运公司、相关银行及成创科技孵化器有限公司等单位吸收为副主席单位，更好地为会员企业开展服务。

【企业走访调研行活动开展】 2017

年，乳山市工商联组织对执委企业全面走访3次，收集合理化建议12条、企业对外合作意向信息2条。对企业遇到的困难进行分类整理，整理形成《关于乳山市民营企业发展现况的调查》报告，被乳山市委主要领导批示。7月7日，乳山市政府组织相关部门召开专题会议研究工商联执委企业问题，使企业反映问题大多数得到解决。2017年，乳山市工商联建立干部联系服务会员企业制度，每名干部联系30家企业，及时沟通联络；年内，组织企业家观摩交流9次。为推动乳山市营商环境建设，于2月通过乳山市统计局民调中心开展民营企业营商环境电话调访，筛选215家企业，围绕6方面问题进行访问，整理出4方面建议上报乳山市委。11月，召开营商环境考核专题会议，分解营商环境考核任务，督促各镇区加大对辖区内企业走访联络力度。

【工商联系统招商引资活动开展13次】 2017年，乳山市工商联开展招商引资活动13次。7月，邀请淄博市12名企业家走进乳山参观；9月，邀请枣庄市18名企业家到乳山市观摩；11月，通过威海市工商联组织所属异地商会20名企业家到乳山市参观考察，召开投资环境说明会，其中2家企业与乳山市企业达成初步合作意向。

【参与扶贫帮困会员企业45家】 2017年，乳山市工商联组织45家会员企业参与到扶贫工作中，在贫困村建立各类农产品基地133公顷，与贫困村共同开发农业产业项目15个，设立加工点9个，吸纳农村剩余劳动力520名。同时，联系威海莆田商会、威海浙江商会，为乳山市169名贫困学生捐款捐物13万元，莆田商会还建立长期捐助关系。

（赵妍燕）

【乳山市残疾人联合会】 2017年，乳山市残疾人联合会落实残疾人帮扶政策，提高服务质量，完成镇、市两级残联换届工作。开展残疾人基本信息专项调查数据更新，掌握乳山市残疾人基本需求和服务状况信息。协调地税入库残疾人保证金247万元，提前超额完成全年任务。实施无障碍改造残疾家庭100户，开展普法维权活动20人次。

【精准康复服务覆盖1610人】 2017年，乳山市残联联合教育局、民政局、财政局等7个部门制订《乳山市残疾人精准康复服务实施方案（2017—2020年）》。加大精准康复工作网络建设力度，建立以市级康复中心为龙头、镇级康复指导站为主、村级康复站为基础的三级康复网络。依托新型社区在全市建设15处示范性残疾人社区康复站，配备康复器材。年内，为1610人提供精准康复服务，康复服务率超过75%。

【获评“威海市优秀残疾人就业扶贫基地”4处】 2017年，乳山市残联规划建设威海市级扶贫基地3处、乳山市级扶贫基地6处，共安置残疾人就业120名，辐射带动残疾人创业20人。大洋硅胶、极北绿茶有限公司、春艺果蔬专业合作社、丰泰革制品公司被评为威海市优秀残疾人就业扶贫基地。

【精准扶贫残疾人270户】 2017年，乳山市残联以45个省贫困村的建档立卡贫困户为重点，筛选270户贫困户和在贫困边缘的残疾人家庭，通过基层党组织和第一书记结对帮扶，每户给予扶持资金2000元，用于帮助其购买生产资料，新上种植、养殖、加工等项目。

【残联“阳光学堂”开办】 2017年，乳山市残联根据残疾人身体条件和新业态下就业需求开办“阳光学堂”，探索文化创业就业模式，为9名残疾人常年传授剪纸、葫芦画、油画、雕刻等技艺。“阳光学堂”残疾艺人宫本森、段晓林等志愿者创作的作品在乳山首届“创意大赛”中获一等奖2个、二等奖1个、三等奖3个。年内，乳山市三级培训人数40人次，新增残疾人就业160人。

【残疾人救助工作扎实开展】 2017年，乳山市残联对市内8000人次各类享受政府补贴的残疾人进行调查摸底，统一建档立卡。协调发放医保补贴2700人，发放两项补贴8444人次，救助儿童35名，实施白内障复明手术180例，为470名精神病患者提供免费服药救助，为27名符合条件的残疾人办理提前领取养老金手续。在“助残日”等节点组织开展“送法律上门”“送康复上门”“送温暖上门”等助残活动。

（臧向东）

【乳山市文学艺术界联合会】 截至2017年年底，乳山市文学艺术界联合会共有乳山市作家协会、书法家协会、美术家协会、摄影家协会、女书画家协会、吕剧协会、音乐家协会、收藏协会、舞蹈协会、戏剧家协会10个协会。2017年，坚持文艺为人民服务、为社会主义方针，着眼既出人才、又出精品，引导文艺创作者深入生活、扎根基层，挖掘乳山地域文化资源，创作文艺精品，促进全市文化艺术事业繁荣发展。

精品创新工程实施 2017年，乳山市文联组织实施精品创作工程。单增科散文集《穿透岁月的歌谣》由团结出版社出版，李振华纪实散文集《宋词诞生的地方》由山东画报出版社出版，刘方计长篇神话小说《不夜·女娲后传》由山东人民出版社出版，张敬滋主编的综合文集《大乳山文集》由团结出版社出版，滕连庆短篇小说集《红披肩》由黄海数字出版社出版，王爱玲散文集《砂砾集》由团结出版社出版。宋英杰完成《神马侠》《行走的靴子》《关公战秦琼》3部剧本创作，尚未正式公开发表。作协会员在威海市以上纸制媒体发表各类体裁作品180篇，其中山东省级以上50篇，地市级230篇。与乳山市健康城市建设办公室、乳山市卫生和计划生育局联合举办“健康杯”“健康乳山、美好生活”有奖征文大赛，与乳山市公共交通公司联合举办“乳山公交杯”——讲述公交人的故事有奖征文。办好《大乳山》文学季刊。参加第二届“乳山文艺奖”评选活动，34件作品获一、二、三等奖，22件作品获特别荣誉奖。

“艺术走进千家万户”活动开展 2017年，乳山市文联组织开展艺术走进千家万户活动。组织书法家协会、美术家协会会员到农村、企业、学校送文化下乡；完成山东省“百县千村”书法下乡活动任务，组织书协会员向大孤山镇小孤山村赠送书法作品和春联；组织举办“开门见山”书画展、“故乡的记忆”“大海·故乡”主题摄影展、鞠仁波书画展、于月奎书法展、程克油画展、邵志杰美术作品展、庆“五一”书画作品展、“大乳山下”六人中国画作品展、“清风乳山”书画展、第六届长寿之乡“福寿杯”书法展、乳山市女书画家协会成立三周年书画展、“喜迎十九大”系列书画展、“大美乳山”乳山市庆祝威海市建市三十周年美术作品展等展览；举办“健康杯”书法大赛；开展“学习贯彻十九大·摄协文艺志愿行”活动；在诸往镇东尚山村举行“乳山摄协创作基地”揭牌仪式；作协组织会员到乳山市总工会举办专题公益讲座4次，举办“乳山优行教育名家写作经验专题报告会”公益讲座，会员李振华到上海交通大学参加学术交流活动。

（于月奎）

7月12日，大乳山滨海旅游度假区

· 战国 铜戈

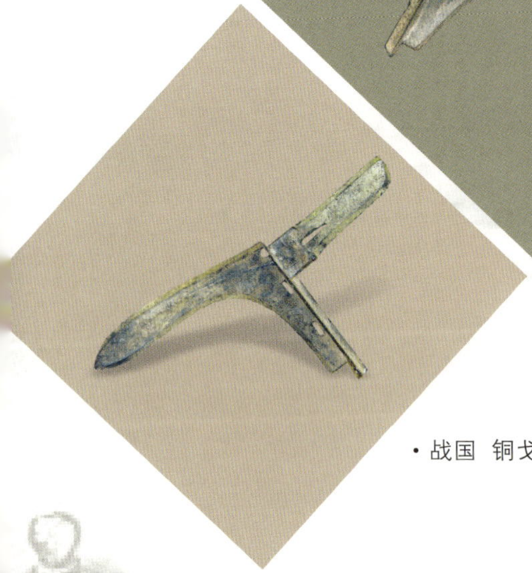

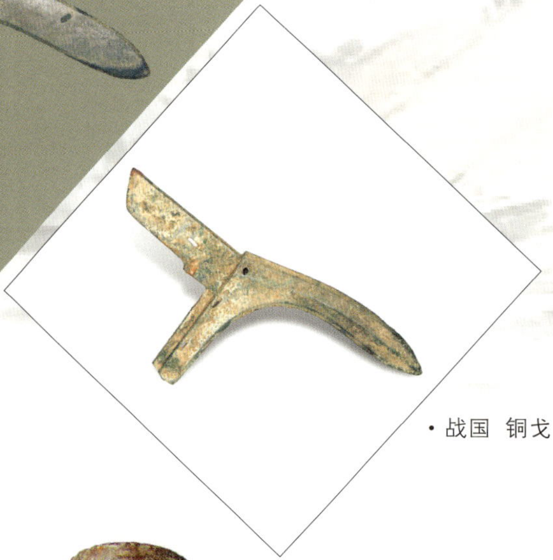

· 战国 铜戈

· 战国 铜戈

· 清代 铁炮

· 战国 铜矛

· 战国 铜剑

· 战国 铜剑

责任编辑：王　浩

·战国　铜戈

法治·军事

Rule of Law, Military Affairs

政法与综治

【概况】 2017年，乳山市政法综治部门深入贯彻落实各级党委政法工作会议精神，大力推进队伍建设、法治建设、平安建设，着力创新社会治理模式，为建设现代化幸福乳山营造和谐稳定的良好环境。乳山市先后被评为全国平安建设先进县（市、区）、全省社会治安综合治理先进县（市、区）。

【向王伟学习活动开展】 王伟，乳山市公安局巡特警大队教导员，牺牲在工作岗位上。2017年，乳山市政法系统开展学习王伟活动。举办王伟先进事迹巡回报告会，演出节目11个、演职人员98人、观众722人；按照乳山市委市政府关于“六知一创”的工作要求，开展“比学赶超”活动，倡导“学、比、勤、廉、严”五字作风，重点反思、查找、整改谋划工作中存在的问题，制订对标学习实施方案，组织外出对标学习活动，推进政法机关思想观念、工作作风的转变，促进工作提速增效。

【社区网格化管理全覆盖实现】 2017年，乳山市推进市、镇、村三级综治中心建设。制订《乳山市镇村综治中心建设工作方案》，按照“一厅四室”标准和五联工作机制，推进三级综治工作中心规范化、实战化建设工程，发挥维护社会和谐稳定的综合平台作用。规范社区网格化管理，出台《关于推进社区网格化管理工作的指导意见》，将全市划分为1188个网格，配备3564名网格管理人员，实现网格化管理全覆盖，规范网格队伍选配、管理运行机制、考核奖惩等。

【治安动态监控联网平台建成】 2017年，乳山市推进立体化治安防控体系建设，构筑城区、城郊、农村、沿海、边界“五大视频监控圈”，在城市社区配备专业保安队伍、在农村社区加强农村治保队伍建设，在企事业单位推进单位内安保队伍建设，在公共场所组建专业化巡警“四支队伍”，网络全面监控，以“雪亮工程”为载体，在全市安装摄像探头3.5万个，与物业公司、派出所等治安动态监控平台实现联网，构建视频大数据体系。

【引入社会力量参与纠纷矛盾化解】 2017年，乳山市开展涉法涉诉信访积案集中化解与信访积案化解“攻坚夺旗”活动，每起案件确定一名包案领导、一名分管领导及具体工作人员，向信访当事人所在镇、区（单位）进行通报，要求所在镇、区（单位）确定包案领导及包案责任人，层层压实责任，担负化解责任，确保案件真正有人管；强化重点信访维稳问题责任追究，结合威海市《关于加强重点信访维稳工作问责的通知》文件精神，拟定乳山市《关于加强重点信访维稳工作问责的通知》，明确十九大期间重点信访维稳的问责情形、问责主体、问责方式等；制订乳山市《关于建立律师和社会调解力量参与各类矛盾纠纷问题化解机制的实施意见》，组织律师和社会调解力量参与化解各类矛盾纠纷和信访案件，在部分乡镇设立专职人民调解员，以司法所为依托，引入律师和社会专业调解力量参与镇、村矛盾化解。在每个村（社区）设立一名法律顾问，化解镇、村信访矛盾问题。

【十九大期间安保维稳工作落实】 2017年，乳山市组织专项督导组，聚焦暴力恐怖事件、群体性事件、个人极端事件、安全事故事件“四类风险”，做好十九大安保维稳工作。明查暗访全市宾馆旅店、网吧、学校医院、车站码头、寄递物流、散装汽油、危爆物品等重点部位、场所、行业的安全管理情况，惩治各种渗透破坏活动、暴力恐怖活动、民族分裂活动及宗教极端活动，防范危害国家安全和政治稳定的案事件；开展打击“盗抢骗”犯罪、“百日扫毒”等专项行动，开展打黑除恶打霸治痞专项行动，全面打响“三年禁毒人民战争”；自2月下旬开始，组织市公安局、市场监管局、房管局、滨海新区等部门，实施市、部门、区域三级联动，落实“会商研判、协调调度、专班进驻、联动打击、数据支撑、群防群治”六项措施，打击治理滨海新区非法传销活动。

（王家美）

公 安

【概况】 2017年，乳山市公安机关以十九大安保为主线，围绕提升人民群众获得感、幸福感、安全感总目标，打好维护稳定主动战、打防管控整体战、基层基础攻坚战、公安改革纵深战和“四项建设”持久战，公安工作和队伍建设双推进，维护新时代国家安全和社会稳定的能力和水平提升。5月19日，在全国公安系统英雄模范立功集体表彰大会上乳山市公安局获评“全国优秀公安局”。

【公安单位27个集体、43人次获县市级以上表彰奖励】 2017年，乳山市公安局以打造学习型、创新性、服务型、效能型、廉洁型“五型”机关为抓手，通过政治建警、素质强警、从严治警、文化育警，队伍作风优化，整体素质能力提升，出现“全国公安系统二级英雄模范”“齐鲁时代楷模”王伟先进典型。年内组织开展“学习王伟、永葆忠诚、整顿作风、提升能力”“迎接十九大忠诚保平安”等系列主题教育实践活动，推动“两学一做”学习教育常态化、制度化；开展警体达标常态化季测，达标率93.12%，民警警务实战能力提升。通过创新宣传手段、丰富宣传内容等方式，加大宣传力度，在国家级媒体发稿108篇、省级媒体发稿500篇、地市级媒体发稿1200篇，通过“乳山警方在线”微信公众号等新媒体发稿900条，提升乳山公安工作社会影响力。实施警务督察积分制考核，

5月11日，王伟先进事迹报告会在威海机械工程高级技工学校举行（辛戈摄）

推进警务评议系统应用，队伍的遵规守纪意识增强，职业化警队管理机制完善，群众满意度提升。27个次集体、143人次受到县市级以上表彰奖励。

【刑事案件破案率达100%】 2017年，乳山市按"情报先行、重点稳控、严厉打击"要求，做好情报信息收集研判、风险隐患排查、重点群体稳控、信访维稳、网络舆情引导处置等工作，牢牢掌握维稳主动权，影响国家政治安全和社会政治稳定案（事）件零发生。坚持大案小案齐抓、破案追赃并重，组织开展打击"盗抢骗"犯罪、惩治整治传销等系列专项行动，保持对违法犯罪的严打高压态势。立刑事案件817起，比2016年下降5.3%；破各类刑事案件2497起，比2016年提高28.5%，抓获刑事作案成员329人，刑拘262人，逮捕167人，追回上网逃犯117人。破获毕某巍故意杀人案、于某童抢劫强奸案等重大刑事案件和2起现行命案，八类主要刑事案件破案率达100%。破获恶势力团伙11个，抓获恶势力团伙成员54人，破获各类刑事案件12起。立盗抢骗案件669起，比2016年下降10.6%；破盗抢骗案件2287起，比2016年上升30.2%；抓获"盗抢骗"犯罪嫌疑人154人，追缴并返还涉案财物价值171万元。破获涉毒刑事案件21起，抓获犯罪嫌疑人13名，查获吸毒新增人员24名，强制隔离戒毒15人，缴获冰毒3060克。

【经济犯罪和传销案件侦破78起】 2017年，乳山市侦破经济犯罪案件42起，抓获犯罪嫌疑人66人，涉案金额4750万元，避免和挽回经济损失1500万元，比2016年分别上升425%、450%、37.68%、400%；破获组织、领导传销活动案36起，抓获犯罪嫌疑人46人，捣毁传销窝点600处，遣返底层传销人员1500人。

【"守护舌尖安全"专项活动开展】 2017年，乳山市结合创建国家食品安全城市工作，开展"守护舌尖安全""利剑打假"等专项行动，加强线索摸排，强化专案经营，打源头、除团伙、端窝点，惩治危害食品药品安全犯罪。侦破生产、销售有毒有害食品案15起，生产、销售假药案7起，抓获犯罪嫌疑人28人。

【侵财性案件发生率降低】 2017年，乳山市实行"网格化"巡逻、武装巡逻、便衣反扒等灵活机动方式开展巡逻，按巡防工作方案及考核细则要求进行科学合理考核。通过巡逻共抓获违法犯罪嫌疑人182人，街面"两抢一盗"等侵财性案件发案率比上年下降3.7%。

【平安城市工程PPP项目启动】 2017年10月14日，乳山市平安城市工程PPP项目合同签约。11月15日，乳山市组织召开建设推进会，共同研究解决项目建设中遇到的问题，推进工程项目早日建成并发挥效益。乳山平安城市工程PPP项目总投资1.66亿元，新建高清监控点位3937个、探头5807个，对乳山市主要场所、干道、交叉路口及行政村出入口等重点部位进行全天候监控和智能交通管理，构筑全方位公共安全技防体系。

【公共安全形势保持平稳】 2017年，乳山市继续推进"平安行·你我他"行动，研究制定实施意见及考核评分细则，印发情况通报16期，新排查整治道路安全隐患23处。严查严管路面，开展渣土车整治、治超百日行动、酒驾整治等专项行动，严管严控营运客车、大型货车、校车等重点车辆，查处交通违法行为83000起，其中，酒后驾驶453起，醉酒驾驶126起，货车超载389起。推进文明城创建工作，施划停车位6229个，安装道路交通标志753面，安装道路交通隔离护栏44250米，查处车辆乱停乱放行为18000起。管控智能交通，投资238万元，在乳山市区21处路段安装50个点位的不礼让行人抓拍系统，利用电子监控系统查处交通违法行为11.3万起。通过召开危爆物品安全管理会议、开展从业单位安全检查等方式，及时发现整改安全隐患，确保危爆物品安全管理到位；检查涉危涉爆单位178家次，整改隐患28处，行政处罚涉及易制爆危险化学品违法行为73起；开展治爆缉枪专项行动，收缴各类枪支7支、子弹1000发、炸药3公斤、雷管10枚、战争遗留爆炸物3枚，乳山市公共安全形势持续平稳。

【基层警务运行效能提升】 2017

6月9日，乳山市交警夜查酒驾现场 （宫文灵摄）

年，乳山市以增强基层实力、激发基层活力、提高基层战斗力为标准，围绕“机制改革、派出所建设、社区警务”等方面开展工作。按照“精简、统一、效能”原则，将原有18个内设机构精简合并为11个，警务运行效能进一步提升。从一线单位提拔副科级干部14人，调整股级干部49人，大部分安排到派出所任职，业务大队仅保留专业人才和业务骨干，其余警力全部充实派出所。对缺乏派出所工作经历的民警，分期分批到派出所工作两年以上，新招录民警全部分配到派出所。通过内部挖潜和轮岗交流，城区派出所警力平均达到20人，派出所民警达到总警力的41.03%。依托居委会、村委会等设立51个警务室，高标准完成“1+2+N”社区警务模式，51名专职社区民警面向全局遴选，54名辅警由乳山市政府统一招录，294名网格员由镇（办）协调充实。将“一村一警务助理”经费纳入财政保障，每人每月发放岗位补贴300元左右，为警务室配备电脑、信息采集等办公设备，为599名警务助理统一配发服装和手机。研究出台《社区民警工作职责》《辅警和警务助理工作职责》《社区民警考核细则》等制度规定，为社区和农村警务工作的开展提供制度保障。

【警察教育培训基地和公安行政服务大厅设立】 2017年，乳山市投资182万元，对乳山市委党校训练场所进行改建升级，合建警察教育培训基地。依托乳山市政务服务中心，投资600万元设立公安行政服务大厅，将出入境接待大厅、户政接待大厅以及胜利街派出所、商业街派出所、金岭派出所、夏村派出所户籍业务入驻政务服务中心，推行“一门式受理、一次性告知、一站式办结、一条龙服务”的窗口服务新模式，营造高效便民服务环境。

【公安单位受立案制度改革】 2017年，乳山市推进受立案制度改革，公安局机关设立案件管理中心，交警大队及18个派出所设立案件受理室。细化行政案件、刑事案件受案立案工作流程，提供具体操作标准。依托执法闭环管理系统实行案件网上集中统一管理，全面加强对受立案工作的流程管控、动态监督和问题整治，杜绝案件体外循环，提升公安机关执法公信力。

【户籍制度改革】 2017年，乳山市全面落实居民身份证异地受理、挂失申报和丢失招领“三项户籍制度”。受理威海市内异地身份证56张，审核签发乳山市内异地证706张，受理省内异地证93张，审核签发省内异地证649张，受理省外异地证310张，审核签发446张，挂失居民身份证7663张。推进无户口人员户口登记工作，开展摸底调查，在严格审查基础上，分类研究、妥善解决，补录登记无户口人员90人。完善集体户籍管理制度，放宽集体户设立程序和条件，方便务工人员进城落户。

【警务实战指挥长制度推行】 2017年，乳山市健全完善警务实战指挥体系，推行指挥长制度，设立指挥长岗位，制定《110报警服务台指挥长工作职责》，构建快速高效的指挥处置机制，接群众报警、求助151203起，日接警量460起，其中有效报警22908起，比2016年上升11.1%。通过指挥调度直接抓获上网逃犯和布控人员11名，公安机关的指挥调度能力、快速反应能力、应急处突能力提升。

【执法办案积分考核机制完善】 2017年，乳山市推行执法办案积分考核机制，出台相关补充规定，对积分考核办法进行完善，使其更符合实际。每月开展一次执法质量考评，实现办案水平、惩治质效全面提升。年内，法制部门共审核刑事案件359起、移送起诉316起，审核裁决行政案件450起、拘留（含并处罚款）553人、单处罚款292人。办理行政复议案件10起、行政诉讼案件8起，实现“零撤销、零败诉”。

【典型案例选介】

“1·4”系列流窜盗割通信电缆案 2017年1月4日，乳山市育黎镇多个村庄连续发生通信电缆被盗割案，办案民警调取案发现场周边主要道路和出入乳山市卡口监控，对重点时段的可疑车辆进行碰撞比对。经大量工作，锁定山东海阳籍盗窃犯罪嫌疑人毛某（男，24岁）、毛某（男，23岁）有重大作案嫌疑，在展开布控抓捕工作的同时，办案民警积极做亲属的思想工作，劝其投案自首。迫于压力，2月6日、8日，两名嫌疑人先后到乳山市公安局投案自首，并交待自2016年9月以来，合伙驾车先后窜至乳山市、莱阳市、栖霞市等地12个村庄盗割通信电缆10起，涉案价值20万元。

“2·1”特大盗窃临街商店案 2017年2月1日凌晨，乳山市区国安路一临街商店被盗。经侦查发现，案发前一嫌疑男子曾骑摩托车到案发现场踩点，后在高格庄村失去踪迹，民警重点在该村及周边村庄展开排查，最终锁定赵某（男，34岁，乳山市高格庄村人）有重大作案嫌疑。2月5日，民警在高格庄村将赵某抓获，经审讯，犯罪嫌疑人赵某交待自2015年12月以来，先后窜至乳山市乳山口镇、城区办、夏村镇、海阳所镇等地盗窃临街商店20起，盗窃香烟2000条，涉案价值40万元。根据其交待，专案组民警先后将涉嫌销赃的王某（男，47岁，烟台牟平区人）、郑某（女，49岁，烟台牟平区人）、王某（男，60岁，乳山市人）抓获归案。

“3·27”系列流窜盗窃通信基站案 2015年3月起，乳山市诸往镇、育黎镇等地连续发生多起采用打洞、破窗等手段入室盗窃通信基站电缆案。案发后，乳山市公安局迅速成立专案组开展侦破工作。经长期勘查串并，视频研判，结合梳理排查前科重点人员，锁定王某（男，32岁，山东省沂水县人，住烟台市莱山区）有重大作案嫌疑。经长期布控，2017年3月27日，办案民警在烟台警方配合下，在莱山区初家街道大郝家村将王某抓获，缴获被盗基站电缆一宗。经审讯，王某交待2015年3月以来，先后窜至乳山、文登区及牟平区等地盗窃通信基站30起，涉案价值10万元。

“7·5”故意杀人案 2017年7月10日11时许，乳山市公安局接吉林省长春市新区警方通报：毕某（男，30岁，吉林省长春市人）到当地派出所投案，称其于7月9日19时许在乳山市乳山寨镇寨东村租房处将前妻刘某杀死。经现场勘验，确认刘某系他杀，遂第一时间固定提取相关证据，并派员赴长春审讯押解毕某。经审讯，毕某交代7月9日19时许，因琐事与前妻刘某发生争执，其持水果刀猛刺刘某颈部致其死亡的犯罪事实。7月14日，办案民警将毕某押解回乳山。

“9·5”特大QQ诈骗案 2017年9月5日，乳山市接连发生两起盗用他人QQ帐号、冒充QQ好友以朋友生病住院急需钱为由实施诈骗的案件，两受害人被骗3000元。案发后，乳山市公安局成立专案组，历时两个多月缜密侦查，破获特大QQ诈骗团伙，抓获4名海南籍犯罪嫌疑人黄某（男，24岁）、李某（男，27岁）、辛某（男，22岁）、谢某（男，22岁）。破获发生在乳山市的QQ诈骗案2起，带破该团伙在山东、江西、湖北、海南等地实施的QQ诈骗案300起，涉案价值30万元。

（宋文杰）

检　察

【概况】 2017年，乳山市人民检察院牢牢把握司法改革新形势新任务要求，坚持以党建为引领、以执法办案为中心、以深化“六型”基层检察院建设为抓手、以司法责任制改革为动力，忠实履行法律监督职责，各项检察工作协调推进、稳步发展，获“全省检察文化建设示范院”称号。

【惩治腐败零容忍】 2017年，乳山市人民检察院坚持有案必查、有腐必惩，立查贪污贿赂犯罪12件、15人，渎职侵权犯罪6件、7人。其中，查办处级干部4人、科级干部3人，大要案11件12人；法院作出判决8件9人，有罪判决率100%，为国家挽回经济损失730万元。依法查办威海北洋电气集团股份有限公司原党委书记、董事长谷某等4人涉嫌贪污、挪用公款案，立案侦察威海市房产服务中心原副主任宫某犯挪用公款罪被判处有期徒刑6年，在社会上引起强烈反响，彰显检察机关惩治腐败力度不减、零容忍态度不变的鲜明态度。

【职务犯罪预防工作开展】 2017年，乳山市人民检察院持续对台依湖文化旅游建设等重大项目开展同步预防，创新性引入大项目预防职务犯罪约谈制度，由预防特派员主动约谈大项目企业重点人员6人次。为乳山市工程招投标、政府采购等领域建设项目提供行贿犯罪档案查询1327人次，有效监督公共资源交易活动，促进社会诚信体系建设。开展“预防职务犯罪邮路”活动，提高预防工作精准程度。深入职务犯罪易发多发的惠农扶贫等领域和重点行业，开展警示教育讲座10场，组织24个单位参观警示教育基地，受教育1200人。

【刑事检察】 2017年，乳山市人民检察院把握社会治安新形势和刑事犯罪新动向，履行捕诉职责，受理审查逮捕案件174件、214人，受理移送审查起诉案件426件、540人。维护政治稳定和国家安全。对社会关注重大敏感案件，严格依法审查、提前介入，妥善办理孔某醉酒超速驾驶致2人死亡的“3·23”重大交通肇事案、刘某等纠集百余人聚众扰乱社会秩序案等重大影响案件。在国有土地保护、食品药品安全和土壤污染防治等领域专项整治中，对非法采挖河沙的犯罪嫌疑人依法作出批捕决定；快捕快诉制售假药、有毒有害食品案件32人，其中豆某等10人犯生产、销售假药罪均被判处有期徒刑3年以上。

【开展“两个专项”立案监督工作】 2017年，乳山市人民检察院联合开展食品药品等领域安全大检查2次，监督立案撤案14件，追捕追诉29人，其中监督立案的犯罪嫌疑人王某涉嫌销售不符合安全标准食品案，避免32吨冒充食用盐的工业盐流向餐桌。加强刑事审判监督，依法办理刑事抗诉8件9人，其中发回重审2件、改判3件。提出抗诉的王某贪污案由原判缓刑改判为有期徒刑1年6个月，并处罚金人民币10万元，有力维护司法公正。

【获评“全国一级规范化检察室”】2017年，乳山市开展清理判处实刑罪犯未执行刑罚专项活动，王某等2人被监督收监执行。对580名监外执行罪犯进行定期考察和跟踪监督，及时纠正监外执行违法，有效防范脱管、漏管现象发生。加强对看守所刑罚执行和监管活动监督，落实在押人员合法权益保护，开展羁押必要性审查工作，对15名没有继续羁押必要的在押人员建议变更强制措施。严格落实联合安全检查与自行安全检查制度，强化对监管安全隐患和漏洞排查，有效防范监管安全事故的发生。乳山市人民检察院是威海检察系统唯一入选的基层院，驻看守所检察室被最高人民检察院评为“全国一级规范化检察室”。

【民事行政案件办理105件】2017年，乳山市人民检察院建民事行政检察多元化监督格局，办理民事行政案件105件，较2016年增长304%，其中，提请抗诉和建议上级检察机关提请抗诉5件，发出检察建议59份，对生效裁判监督案件经法院再审改判7件。常态化开展虚假诉讼监督工作，依法办理5起担保贷款虚假诉讼案件，涉案金额55万元，及时为当事人挽回经济损失，避免信誉受损。把为人民群众解决实际问题贯穿执法办案始终，通过支持起诉方式在检察环节促成诉前和解，为27名农民工追回拖欠5年的12万元工资款，获赠“心装百姓、忠诚履职”锦旗，检察日报、人民网、正义网等多家媒体进行报道。

【社会风险研判和预警防范稳控机制落实】2017年，乳山市人民检察院落实社会风险研判和预警防范稳控机制，受理群众来信来访294件，全部依法规范妥善处理，做到息诉罢访、案结事了；在全国“两会”“一带一路”高峰论坛、十九大等重大活动期间，排查处置风险案件12件。加大司法救助力度，为8名刑事被害人申请司法救助金13万元，检察工作群众满意度提高。

【新检察权运行模式实施】2017年，乳山市有序推进检察人员分类管理，落实符合检察职业特点、突出检察官主体地位要求，形成以12个办案组、26名独任检察官为主体的办案组织。实施新检察权运行模式，制定完善检察官职权清单和随机轮案规则，入额院领导全部编入业务部门直接办案。制定责权利有机统一考评制度，建立检察官办案档案，努力构建公正高效检察权运行机制和公平合理司法责任认定、追究机制，实现“谁办案谁负责、谁决定谁负责”目标。

6月7日，乳山市人民检察院举行首批入额检察官宪法宣誓仪式
（检察院提供）

【监察体制改革配合完成】2017年，乳山市贯彻中央、山东省委和威海市委关于监察体制改革决策部署，以高度的政治责任感和历史使命感支持和配合改革。做好反贪污贿赂、反渎职侵权、职务犯罪预防等部门的机构、编制、人员、装备、案件线索、档案资料等情况的调查摸底工作，积极、稳妥、扎实、有序地做好职能划转，人员编制划转20名，确保思想不乱、人心不散、工作不断。配合谋划改革后各项业务衔接，如期高质量完成改革任务。

【开展公益诉讼工作】2017年，乳山市人民检察院专题报告民事行政诉讼监督及行政违法行为检察监督工作，乳山市人大常委会作出《关于进一步加强民事行政检察监督工作的决议》《关于进一步加强行政执法检察监督工作的决议》。召开全面开展公益诉讼工作新闻发布会，增强各行政机关对于公益诉讼重要性的认识，为公益诉讼工作顺利开展奠定基础。在生态环境和资源保护、国有资产保护、食品药品安全等重点领域排查出一批案件线索，针对在矿山恢复治理中履职不到位情况，依法提起行政公益诉讼，取得良好社会效果。

【乳山市人民检察院内设机构调整】2017年12月28日，乳山市监察体质改革后。乳山市人民检察院内设机构变为20个，分别为办公室、政治处、检察委员会办公室、案件监督管理中心、人民监督员办公室、监察室、监督督察办公室、侦查监督科、公诉科、未成年人刑事犯罪检察科、刑事执行检察局（下设监外执行检察科、驻看守所检察室）、民事行政检察科、控告申诉检察科、检察技术科、法警大队、行政装备科、派驻滨海新区检察室、派驻经济开发区检察室、派驻诸往检察室、派驻冯家检察室，下设股级事业单位1个（信息服务中心）。

【检察院青年干警受表彰人数及成绩位列威海市第一】 2017年，乳山市人民检察院加强业务素质能力建设，以青年干警联合会为依托，创新青年干警教育培养使用机制。选聘首批11名资深检察官作为青年干警导师，从思想、业务和生活等方面对青年干警“传帮带教”；开展案例研讨、主题论坛、业务竞赛等活动20余次，解决业务短板，提高职业素养，经验做法获评威海市检察机关年度创新成果一等奖。1名干警获“全省优秀公诉人”称号，1名干警获全省控告申诉业务能手，3名干警获威海市业务标兵，获奖人数和成绩名列威海各市区第一名，实现历史性突破。多名干警撰写理论调研文章在最高人民检察院和省人民检察院理论研讨会上获奖。在威海市年度政法人物评选和乳山市十大杰出青年评选中，乳山市2名干警榜上有名。

【获全省基层检察院群众满意度测评第二名】 2017年，乳山市开展检务督察28次，发出督察通报12份，确保从严治检要求落到实处。严格落实重大事项向乳山市委、人大专题报告制度，加强与代表委员、人民监督员的日常联系，通过举办“检察开放日”、寄送《阳光检务》专刊、上门征求意见、创新“两微一端”宣传平台等形式，自觉接受外部监督，检察机关社会满意度提升。在全省检察机关微信影响力排行榜中，“乳山检察”公众号名列前茅；在2017年度全省基层检察院群众满意度测评中获第二名。

（检察院提供）

法 院

【概况】 2017年，乳山市人民法院突出基本解决执行难和司法责任制改革两项重点，协同推进队伍建设、审判管理和信息化建设，各项工作取得进展。全年受理各类案件8781件，审执结9352件（含旧存），比上年分别提高17.4%和19.9%。

【法官单独职务序列改革推进】 2017年，乳山市人民法院推进法官单独职务序列改革，首批遴选43名入额法官，以“1+1+1”和“1+N”形式，组建完成34个审判执行团队。近90%干警充实到办案一线，以团队作为办案和管理单元，打造符合司法权运行规律组织架构。取消院庭长对未参加审理案件裁判文书签发权，落实对干预案件进行记录问责“两个规定”，保障法官依法独立认定事实、适用法律、作出裁判，明确法官办案责任，实现“让审理者裁判，由裁判者负责”。推行院庭长办案常态化，院庭长承办案件3538件，占结案总数37.8%，员额法官人均结案217件，分别比上年提高80%和106.7%，服判息诉率、调撤率分别比上年提高0.7和0.2个百分点，发改率比上年下降0.9个百分点，审理周期平均缩短17.8天，审判质效得到“双提升”。研究制定《绩效考核实施细则》，直接将绩效考核和责任追究触角延伸至法官、司法辅助人员和司法行政人员，实行扁平化管理，确保“权责利相统一”。

【联动执法办结案件比上年提高40.7%】 2017年，乳山市人民法院与公安局签署推进解决执行难协作备忘录，与发改局、人民银行等22个部门实施联动惩戒，推动形成综合治理、联动惩戒格局。设立执行指挥中心，启用单兵系统，保障警务执行，推动执行工作信息化、规范化。推进网络化查控，共查询冻结银行存款7000万元，查询不动产467件。7月1日推行网络司法拍卖后，网络拍品73件，成交20件420.5万元，成交率76.9%，溢价率21.1%，实现“零佣金、高效率、全公开”。规范执行案款管理，开通执行案款“一案一账号”。实施悬赏执行、律师调查令制度，调动社会力量查人找物。强化立审执衔接和财产保全，实施执行保全238件次，确保生效裁判权益及时兑现。自动巡查“终本”案件，发现有可供执行财产案件207件并恢复执行。将确无可供执行财产的被执行企业依法导入破产程序，在威海市率先取得“执转破”零突破。先后开展

6月9日，乳山法院首批员额法官集体进行宣誓　（人民法院提供）

拒不申报财产和申报不实、行政非诉、小标的额、涉村（居）委员会、涉金融、涉民生案件等16次凌晨集中行动，媒体全程跟踪曝光，共拘传拘留罚款190人，被执行人当场履行及与申请执行人和解83件，共计1075.9万元，实现高压惩治常态化。通过最高人民法院失信名单库、全市诚信“红黑榜”发布失信名单2218个，利用报纸、电视、微信、微博等平台，展示执行举措和工作成效，营造褒扬诚信、惩戒失信社会氛围。全年执结各类案件3290件，比上年提高40.7%。

【推进刑事诉讼制度改革】 2017年，乳山市人民法院推进以审判为中心刑事诉讼制度改革，共审结各类刑事案件384件，比上年提高6.7%。审结生产、销售假药犯罪案件7件19人，生产、销售有毒、有害食品犯罪案件7件10人。惩治贪污贿赂和渎职犯罪，审理职务犯罪案件21件25人，特别是依法审理威海北洋电气集团股份有限公司原董事长谷某等4人涉嫌贪污、挪用公款多项犯罪，威海市房产服务中心原主任毕某某涉嫌贪污千万元大要案，配合威海市推动全市反腐败工作深入开展。审结各类民事案件3189件，比上年提高0.5%。其中，审理婚姻家庭、赡养抚养、继承等案件1752件，交通事故、医疗损害等侵权案件582件，房屋买卖、租赁、物业纠纷等案件344件，劳动争议、劳务合同等案件200件，农村土地承包、征收补偿等案件29件。审结各类商事案件2325件，比上年提高9.4%。为企业创新发展提供法律支持意见17条，审理各类合同纠纷案件2146件，金融借款、民间借贷、保险、票据等金融案件1280件，建设工程、房地产开发等案件130件，推动5家企业重整、8家“僵尸企业”经破产清算退出市场，安置2300名职工，加速有效资产重新配置。审结行政诉讼案件59件，比上年提高7.3%。加大协调、调解力度，化解案件29件，占结案总数49.2%，促进行政争议实质性解决。健全行政机关负责人出庭应诉机制，负责人出庭应诉率达88.9%。为39名生活困难当事人申报司法救助金61万元，实现司法救助法治化。为105名生活困难当事人缓减免诉讼费86万元，保障弱势群体合法权益。处理各类来信27件（次）、来访63人（次）。审查申请再审、申诉案件14件，依法决定再审5件。强化服判息诉工作，服判息诉率92.3%，位于威海市各法院前列。

【多元化纠纷解决机制构建】 2017年，乳山市人民法院构建多元化纠纷解决机制，投资200万元，改造诉讼服务中心、诉调对接中心。实行院庭长导诉制度，加强诉前分流处理。自诉调对接工作启动以来，诉前调解分流89件、调解成功76件、司法确认8件、立案后调解分流863件、调解成功845件，实现矛盾纠纷多元化解。

【案件繁简分流机制健全】 2017年，乳山市人民法院制定《民商事案件繁简分流和调解速裁操作规程》，事实清楚、案情简单、争议不大民商事案件在立案后先进行调解。设置交通事故、婚姻家庭、小额诉讼速裁团队，简化审判程序，缩短案件审理周期，共调撤案件800件。

【获评“山东省老年人公益维权服务示范站”称号】 2017年，乳山市人民法院坚持亲情教育为主、司法惩罚为辅原则，对不履行赡养义务人员开展一对一私人定制化解，经教育主动履行率达67.4%。通过电话沟通、上门走访等方式，回访已结赡养案件，确保赡养义务得到履行，山东省老龄办、山东省法院等六部门联合授予乳山市人民法院首批“山东省老年人公益维权服务示范站”称号。

【1944—2017年纸质卷宗电子化】 2017年，乳山市人民法院推进审判流程、庭审直播、裁判文书、执行信息“四大公开平台”建设，将1944年至2017年的库藏档案22万本纸质卷宗全部扫描形成电子卷宗，实现历史卷宗数字化保护。

（蔡佳）

司法行政

【概况】 2017年，乳山市司法局发挥司法行政法治宣传、法律服务、法制保障等职能优势，推进“法治乳山”建设，各项工作扎实推进。全年举办大型法律宣传活动12次，开展各类咨询活动280次；办理各类公证事项4108件；办理法律援助案件176件，减免代理费用35万元；接收安置帮教对象438人。

【获“山东省公共法律服务示范中心”称号】 2017年，乳山市推动普法依法治理工作向纵深发展，在报纸、电视台、电台开设法制专栏，定期进行普法宣传，利用媒体举办普法宣传节目50期；通过发放明白纸、开展法律咨询、张贴标语横幅、主题普法等形式，确定不同对象学法重点，到市、镇、农村人员集中街头广场开展普法宣传活动。全年举办大型法律宣传活动12次，开展各类咨询活动280次为推动乳山市经济、社会事业全面协调可持续发展创造良好法治环境。2017年，乳山市公共法律服务中心获得“山东省公共法律服务示范中心”称号。

【办理公证业务4108件】 2017年，乳山市公证处落实《公证人员日常行为规范》《公证卷宗装订规定》要求，完善工作管理制度，公证业务办理规范、效率提升。全年办理各类公证事项4108件，其中，国内公证2029件，涉外公证2079件，取得良好社会和经济效益。

【律师执业管理加强】 2017年，乳山市现有律师事务所5家，执业律师33人。乳山市司法局以提高法律服务人员社会责任意识为切入点，采取以会代训形式，强化对法律服务人员理想信念教育，查找其在执业思想、服务能力、工作作风等方面存在问题，强化执业管理，结合执业资格年度审验，按照标准严格审查评分，以考评结果作为年度审验、评先选优主要依据。在乳山市公共法律服务中心设置律师工作窗口，安排律师轮流坐班，参与矛盾纠纷化解、法律宣传、法律援助等公益事业。同时设置法律服务监督台，公示乳山市律师照片、执业证号以及监督电话，接受社会监督。年内，律师参与法律宣传18次，办理法律援助案件58件，参与矛盾纠纷化解237件。

【法律援助办理门槛降低】 2017年，乳山市法律援助中心有工作人员5人，辖设基层法律援助站19个。降低法律援助门槛，扩大受援范围，老年人、残疾人、农民工等出示有效证件，即可办理法律援助；同时将原来月收入低于600元予以办理法律援助标准，放宽到月收入低于1080元；给予讨薪农民工、请求赡养老年人或者诉请抚养青少年法律援助；成立法律援助志愿者队伍，组织基层司法所法律专业知识者参加法律援助志愿活动。免费为人民群众提供法律咨询服务，解答当事人法律疑难问题，使法律援助惠及更多群众。年内，办理法律援助案件176件，减免代理费用35万元。

【基层专职调解队伍建立】 2017年，乳山市司法局将预防化解社会矛盾作为重点工作，建立调解组织网络，提高行业、专业人民调解社会矛盾能力，在卫生、环保、交通、建设、食品等行业建立综合性调解委员会；在村（居委会）挑选经验丰富、具有一定法律知识人员，建立专职调解员队伍，并在全市推广。多渠道提升调解工作实效性，开展排查化解矛盾专项活动，建立矛盾纠纷排查处理机制，集中力量化解矛盾。全年共调处各类纠纷4719起，调处率达到100%，使人民调解在化解矛盾、平息纠纷中发挥重要作用。

【社区矫正安置升级】 2017年，乳山市进一步加大对刑释解教人员衔接管理力度，利用安置帮教对象网络信息资源数据库系统，实现安置帮教工作信息化管理。在具体管理工作中，实施分类管理，做到重点对象重点管理，确保安置、帮教责任落实。全年接收安置帮教对象438人，安置438人，乳山市安置帮教对象重新犯罪率稳定在2%以下。

【安置帮教对象重新犯罪率低于2%】 2017年，乳山市进一步加大对刑释解教人员衔接管理力度，利用安置帮教对象网络信息资源数据库系统，实现安置帮教工作信息化管理。在具体管理工作中，实施分类管理，做到重点对象重点管理，确保安置、帮教责任落实。全年接收安置帮教对象438人，安置438人，乳山市安置帮教对象重新犯罪率稳定在2%以下。

（马强）

人民武装

【概况】 2017年，乳山市各级武装机构以习近平强军思想为统领，维护核心讲政治，聚焦打仗抓准备，狠抓落实促改革，打牢基础保稳定，武装工作呈现稳步发展、整体提高的良好局面。乳山市人民武装部（以下简称人武部）被威海军分区表彰为政治工作先进单位。

【国防动员准备工作推进】 2017年，乳山市人武部坚持把加强军事斗争国防动员准备作为贯彻十九大精神的具体实践。组织国防动员准备检验评估，现场办公解决实际问题，组织军地单位合署办公。组织开展全市民兵组织整顿工作，突出抓好民兵队伍建设，民兵队伍质量提升。高标准抓好征兵工作，深入开展"征兵宣传进校园"活动，落实常委议军会、军事日活动、党管武装述职等制度，党管武装工作进一步制度化、规范化。年内，乳山市国防动员委员会召开3次专题会议部署调度，做好国防动员检验评估工作。各镇（街道）党工委书记研究解决兵役登记、民兵整组、兵员征集等工作中的新情况、新问题，乳山市国防动员工作稳步推进。

【全民国防教育加强】 2017年，乳山市人武部开展"维护核心、听从指挥""讲政治、严规矩、守纪律"等专题教育活动，确保编制体制调整改革顺利推进。加强全民国防教育，开展"国防教育进校园"和全民国防教育月系列活动，在乳山市高中设立"军人荣誉·母校荣

1月5日，马石山烈士陵园省级国防教育基地揭牌仪式举行（辛戈摄）

光”军旅学子风采栏，积极开展“基层党管武装工作好书记”和“关心国防建设先进个人”评选活动。夏村镇镇党委书记王永照被威海市委、军分区党委表彰为“基层党管武装好书记”，乳山市公安局特巡警二大队大队长邵吉东、乳山市林业局局长于晓东被威海市国防动员委表彰为支持关心国防建设先进个人。

【战备能力提升】 2017年，乳山市人武部深化应急作战问题研究，修订完善方案预案，规范日常战备秩序，升级改造相关科室，完善作战数据库，加强民兵应急分队战备设施建设和民兵队伍指挥通信建设，提高战备建设水平。年内，严密组织集训，瞄准实战需要抓备战，狠抓机关和民兵训练，组织基干民兵训练和应急分队检验拉动，组织民兵教练员和基层武装部长参加威海军分区强化集训，提高应急应战能力。

【省级国防教育基地揭牌】 2017年，乳山市开展国防教育活动，马石山烈士陵园作为加强国防教育重要阵地以及开展党员先进性、纯洁性和群众路线教育实践活动重要载体，发挥国防教育示范基地功能和作用。1月5日，马石山烈士陵园举行省级国防教育基地揭牌仪式，威海军分区司令员出席仪式并揭牌。全年到马石山烈士陵园接受教育人数达10万人次。

（管水锁）

人民武警

【概况】 2017年，武警部队乳山市消防大队接处警431次，出动警力5410人次，出动车辆890辆次，其中灭火173起。武警部队乳山市边防大队构建“依岛控海、依岸治海、依陆管海”海陆立体管控体，接处警3509起，查破各类案件648起，治安处罚176人，抓获网上逃犯11人，化解各类矛盾纠纷865起，组织开展治安清查60余次，维护辖区治安秩序。

【消防安全形势保持平稳】 2017年，乳山市将消防业务经费由每年60万元增加到180万元，投入189.9万元购置消防个人防护装备，投入195.7万元更换老旧消防器材。投入170余万元分别对消防大中队的办公区、指挥中心、会议室、健身房以及士官公寓等营房进行改造和装修。开展冬春火灾防控、夏季消防安全检查等专项行动，累计检查单位5898家，发现并督促整改火灾隐患5900处，对20家单位实施行政处罚，罚款148.5万元，比上年上升469%，查封单位1家，责令停业整顿单位8家，行政拘留2人。公安派出所共检查“九小”场所13373家，比2016年上升341%，对21家单位、411人进行治安处罚，处罚款12.23万元，比2016年上升413%。建立有效联勤联训机制，定期指导辖区微型消防站开展消防训练，举办微型消防站业务技能大比武活动。建立消防重点单位安全管理人、微型消防站、公安派出所所长、派出所驻所文员、社区安全管理人和全市物业公司等6个微信工作群，及时发布工作通知，实现信息共享、互联互通。乳山市火灾起数比上年下降6%，直接财产损失52.1万元，消防安全形势相对平稳。

【边防大队正规化建设提升】 2017年，武警部队乳山市边防大队以中共十九大安保为主线，以完善治安防控体系和提高部队实战能力为重点，坚持抓班子、带队伍、保稳定、促发展，强化基层基础工作，边防工作和部队建设再上新台阶。开展“固边3号”“固边4号”“卫海2017”等专项行动。加强指挥中枢建设，构建高效指挥体系。改造升级大队级海防视频监控中心和6个边防派出所勤务指挥室。成立白沙滩快反班，增设一支10人应急处突力量，承担巡逻防控、治安清查、港船管理、应急处突等任务。坚持分类抓建，精简大队机关，完善基层领导班子和干部队伍配备。围绕基层基础建设三年攻坚行动，合理调整合并库室，开展营房改造，完成各边防派出所会客室、勤务指挥室、综合服务大厅、办案区、厨房、宿舍改造，促进正规化建设提档升级。

【边防辖区海陆立体管控体系构建】 2017年，乳山市以大队级海防视频监控中心和派出所勤务指挥室为龙头，以海防视频监控站及沿海一线高清监控、社会面监控为支撑，以海岛、社区警务工作为主体，以“三队一班”（执法机动队、港船管理队、海巡队、快反班）应急力量为主力，构建“依岛控海、依岸治海、依陆

10月17日，冯家镇中心学校开展消防安全演练 （孙轶琰摄）

管海”海陆立体管控体系，提升边防辖区反恐维稳工作成效。

（宋文杰）

人民防空

【概况】 2017年，乳山市防空办公室履行“战时防空、平时服务、应急支援”工作职责，推进“两防一体”和“准军事化”建设。乳山市人防地面指挥中心通过山东省专家组验收。

【人防工程受理审批48项】 2017年，乳山市防空办受理人防工程审批事项48项，结合人防工程信息普查，开展全市人防工程使用维护管理情况检查，督导竣工人防工程单位落实安全生产责任，进行人防工程信息数据、安全管理情况立卷建档。

【开展人防宣传教育】 2017年，乳山市人防办按照人防宣传教育进机关、进学校、进企业、进社区、进网络“五进”要求，开展多种形式的宣传教育活动，提高市民的人防意识。组织在校学生参观人防工程，结合警报试鸣开展人防宣传进社区、进学校等活动；通过人防宣传看板、LED大屏幕、印发人防知识宣传册，提高市民防空意识；通过各类新闻媒体，行风热线、乳山新闻、民生关注等栏目报到乳山市人防工作开展情况；利用网络媒体宣传人防知识，开通人防官方微博、微信。

【防灾警报鸣响宣传开展】 2017年，乳山市人防办在参加威海市应急装备展示活动中，向市民展示乳山市最新型人防警报器，讲解装备特点以及各种警报信号识别。举行“防空防灾警报试鸣日”活动，检验全市防空警报系统，增强市民的防空意识。修编《乳山市突发人防工程事故应急预案操作手册》和《乳山市突发人防工程事故应急预案》。通过预案的修订，提高预案的可行性与实用性，确保突发事件发生时能够及时进行相关处置。

警报信号根据威海市《关于在全市城市统一实施防空防灾警报试鸣制度的通知》，定于每年5月24日（1898年5月24日英军强登威海卫之日）为全市城市（含威海市区及荣成、文登、乳山3市）防空、防灾警报试鸣日，认真组织警报试鸣。警报信号分为预先警报、空袭警报、防灾警报、解除警报四种。每种警报间隔时间为3分钟。预先警报：鸣36秒，停24秒，反复三次；空袭警报：鸣6秒，停6秒，反复15次；防灾警报：鸣15秒，停10秒，再鸣5秒，停10秒，反复三次；解除警报：连续鸣响3分钟。至2017年，乳山市警报器总数达到25台，实现乳山城区警报音响全覆盖。

（林超）

◆ 乳山杂色蛤 ◆

杂色蛤在乳山俗称蚬子，是近岸滩涂和浅海盛产的主要贝类之一。乳山杂色蛤享誉海内外。

乳山杂色蛤壳长20～40毫米，是一种广温性的海产小型双壳贝类。生长迅速、养殖周期短，适应性强，离水存活时间长，是一种适合于人工高密度养殖的优良贝类。主要采用滩涂播撒的养殖方式，投资少、见效快，是水产养殖户的首选养殖贝类之一。

乳山杂色蛤养殖区主要分布于乳山湾、白沙湾、塔岛湾。乳山东部的黄垒河和西部的乳山河无污染，为海区提供大量的营养盐，促进了乳山杂色蛤生长所需的海洋基础生物的繁殖和成长。经测定，养殖区的理化指标达到国家一类养殖海区标准，因而乳山市养殖的杂色蛤质量和产量都明显高于其他海域，成为远近闻名的杂色蛤盛产基地。

杂色蛤味道鲜美，经济实惠。每100克杂色蛤鲜肉中，含蛋白质12.1克，脂肪1.6克，还含有丰富的钙、磷、铁等矿物质、多种维生素及氨基酸、牛黄酸等，是很好的营养食品。同时，杂色蛤肉有滋阴润燥、利尿、化痰、软坚散结的功效。蛤肉炖熟食用，一日三次，可治糖尿病；蛤肉与韭菜经常配食，可治疗肾虚所致的口渴、干咳、心烦、手足心热等症；常食杂色蛤，对甲状腺肿大、黄疸、小便不畅、腹胀等也有很好的功效。乳山的杂色蛤多为鲜食，如清蒸蛤、辣炒蛤、蛤汤等，也可以制作罐头、蛤干、烧制干蛤等。

近年来，乳山市生产的杂色蛤除供应国内市场外，在国际市场上也非常畅销，其中日本市场对乳山杂色蛤大加青睐，乳山每年向日本大量出口活蛤和冻鲜蛤肉，成为创汇的海产品之一。

·金代 “正隆元宝”
方孔圆钱

·辽代 “寿昌元宝”
方孔圆钱

·明代 “万历通宝”
方孔圆钱

·明代 “崇祯通宝”
方孔圆钱

·清代 “天保通

·金代 “大定通宝”
方孔圆钱

·宋代 “庆历重宝”
方孔圆钱

·宋代 “大观通宝
方孔圆钱

·宋代 “淳化元宝”
方孔圆钱

·宋代 “太平通宝
方孔圆钱

·宋代 “崇宁重宝”方孔圆钱

清代 “道光通宝”方孔圆钱

·清代 “光绪通宝”方孔圆钱

·清代 “康熙通宝”方孔圆钱

孔椭圆钱（日本币）

宋代“熙宁重宝”
方孔圆钱

责任编辑：吕素坡

经济管理与监督

Economic Management and Supervision

- ◎ 发展规划与综合调控
- ◎ 国有资产监管
- ◎ 审计监督
- ◎ 物价管理
- ◎ 市场监管
- ◎ 质量检验检测
- ◎ 粮食行政管理
- ◎ 食品药品监督
- ◎ 安全生产监管
- ◎ 统计工作

发展规划与综合调控

【概况】 2017年，乳山市围绕“三化引领、四城共建”发展战略，推进新旧动能转换，在立项审批、信用体系、跑上争资、改革创新等方面成效显著。深化“放管服”改革，在全省率先建立“自主备案、信用承诺”新模式，国务院“放管服”督查组实地督查给予充分肯定；莱荣高铁启动，通用机场列入全省规划，乳山口大桥成功立项；抓好省级信用试点创建工作，公共信用信息平台在全省12个试点城市率先投入使用，数据归集由81万条增至1200万条；全程指导双连制动耐磨材料工程实验建设，实现乳山市省级工程实验室“零突破；全市累计争取无偿资金8.4亿元，完成年度计划130%。乳山市发展和改革局8次被乳山市委市政府主要领导批示肯定，获“山东省青年文明号”称号。

【率先建立“自主备案、信用承诺”服务模式】 2017年，乳山市深化立项审批制度改革，以简政放权、放管结合、优化服务、提速增效为重点，在全省率先建立“自主备案、信用承诺”新模式，企业足不出户即可完成立项备案工作，实现社会投资“零障碍”“零跑腿”“零等待”，提高服务效率，激发投资活力，做法被国务院放管服督查组给予充分肯定，工作走在全省前列。全年累计办理项目立项1799个，项目总投资比上年增长150%，占威海市在线备案总数35%以上。

【争取无偿资金8.4亿元】 2017年，乳山市加强统筹协调，创新工作思路，改进跑上争资考核办法，实行分类定标、分档考核，充分调动部门跑上争资积极性主动性，全市跑上争资再创新高。全市29个部门共上报各类项目230个，累计争取无偿资金8.4亿元，完成全年计划指标任务130%。其中，乳山市发展和改革局争取争取无偿资金11184万元，完成年度计203.3%，龙角山水库增容工程是近年单体水利项目争资最多的一次。

【乳山市产业发展总体规划编制完成】 2017年，乳山市发展和改革局坚持着眼长远、高点定位，做好经济运行、规划谋划、分析监测，加快新旧动能转换。突出抓好规划谋划落实，以推进供给侧结构性改革为主线，注重新旧动能指标科学配比，科学编制2017年度国民经济和社会发展计划指标。起草全市产业发展总体规划，对区域空间布局、产业发展方向、园区功能定位和基础设施建设等进一步规划明确，提出“环湾经济”发展新概念、新思路。强化宏观经济分析，发布产业投资导向，编发发改专报和动态50篇，为乳山市领导加强宏观经济指导提供有效依据。

【5个项目列入省级新旧动能转换重点项目库】 2017年，乳山市结合全市产业发展实际及全市“十三五”规划，研究拟定《乳山市新旧动能转换重大工程总体方案》，围绕蓝色经济、健康养生、基础设施等领域，研究提出10个重大事项、67个重大项目和3个考核指标，列入山东省级新旧动能转换重点项目5个、威海市级9个；抓好威海市域资源助力乳山产业突破，对接威海国企强企、金融科技、外贸流通、科研院所，签约威海市域资源助力乳山产业项目55个。

【全程跟踪重大项目】 2017年，乳山市坚持统筹谋划、服务全局，加快推进重大项目立项，全程跟踪辅导龙角山水库增容、体育综合体、医疗综合体、海岸带生态修复等项目立项，全面提升城市承载能力。围绕莱荣高铁、通用航空机场、乳山口大桥等重大基础设施建设，协调妥处难点问题，推动莱荣高铁正式启动，乳山口大桥完成立项，通用机场列入省规划，打造功能完善、互联互通的综合支撑体系。

【加强项目筛选和调度】 2017年，乳山市发展和改革局围绕稳增长促投资，强化项目筛选和日常工作调度，推进18个威海市级重点项目、11个威海市服务业重点项目建设。会同相关部门超前谋划2018年便民利民实事，围绕文教卫生、城建交通、农林水渔、社会民生等领域汇总8大类482个项目，概算总投资176.36亿元，年度总投资78.94亿元。加大资金项目监督力度，启动“双随机一公开”工作，通过中央预算内资

7月20日，中共乳山市委书记周兵到乳山市信用中心调研（孙艳璐摄）

金项目检查、蓝色经济区专项资金检查确保资金规范使用。

【公共信用信息平台率先投入使用】 2017年，乳山市加快推进信用体系建设，抓好山东省级信用试点创建工作，“信用乳山”网站及公共信用信息平台在全省12个试点城市率先投入使用，归集数据信息由81.6万条增加到1200万条。在市场准入、行政审批等重点领域广泛开展信用承诺、信用审查和分级分类管理，建立完善行政许可处罚“7天双公示”制度、诚信“红黑榜”制度及守信联合激励失信联合惩戒机制，信用体系建设工作走在全省前列，于8月在威海信用体系推进会上作典型交流发言。

【省级工程实验室实现零突破】 2017年，乳山市超前做好山东省级平台建设咨询，引进第三方机构，全程跟踪指导服务，双连公司无铜陶瓷耐磨材料工程实验室获批省级工程实验室，实现乳山市省级工程实验室”突破；华隆生物科技活性肽研发工程实验室成功获批威海市级工程实验室。推动人才团队建设，落实海纳英才计划，协助相关企业做好项目包装，台依湖田园综合体人才项目通过山东省级答辩和现场评审，乳山顺泰果蔬合作社创始人入选威海市人才产业工程特聘专家。

【煤炭消费减量替代目标任务完成】 2017年，乳山市转变经济发展方式，加快产业结构突破，配合做好环保督查、化工转型、海洋督查等专项检查工作。开展建设碳排放权交易市场前期工作，协助山东省级专家组对乳山市5家列入碳排放核查的企业进行数据核查，并帮助企业解决技术难题，为争取免费碳排放配额打好基础。推进煤炭消费减量替代工作，通过淘汰燃煤小锅炉、“煤改电”“煤改气”、推广绿色节能环保建筑材料、光伏发电等多种措施，推动企业绿色发展、创新发展、转型发展实现至2017年年底煤炭消费总量比2012年减少5.3万吨减量替代目标。

（孙艳璐）

国有资产监管

【概况】 2017年，乳山市国有资产监管部门围绕国有资产保值增值，完善监管制度及配套办法。截至2017年年底，乳山市行政事业单位共186户，总资产49.64亿元，总负债19.05亿元，净资产30.59亿元；乳山市国鑫资产经营管理有限公司和乳山市城市国有资产经营有限公司总资产195.82亿元，总负债52.01亿元，净资产143.81亿元，融资到位资金14.48亿元。

【市管国有企业负责人薪酬考核制度完善】 2017年，乳山市相继制定《乳山市市管企业负责人薪酬制度改革实施意见》《乳山市市管企业负责人薪酬管理办法》《乳山市市管企业负责人经营业绩考核办法》《乳山市市属国有企业功能界定与分类方案》《划分市管企业负责人薪酬等级的通知》等一系列文件，规范乳山市管国有企业负责人薪酬考核制度。

【国有资产清产核资工作实施】 2017年，乳山市国有资产管理局制定《关于建立市管国有企业重大事项报告和备案制度的暂行意见》和《乳山市市管国有企业投融资监督管理暂行意见》两个文件，履行出资人职责，防范经营风险。根据《乳山市市管国有企业清产核资工作方案的通知》，联合人社、审计等部门对全市51家市管国有企业及子公司的人员构成、经营状况、财经纪律执行情况等方面进行资产清查。随着乳山港一类口岸获批，为尽快发挥其功能效应，推动企业做大做强，将顺通路桥工程公司、港航基础工程公司、兴港海上游乐公司股权划转至乳山港港务有限公司，组建乳山港务集团有限公司。

【行政事业单位资产管理规范化】 2017年，乳山市落实行政事业单位国有资产管理制度，把资产配置、使用、处置、收益收缴、信息报告等具体工作规范化、法制化。加强资产信息统计工作，截至2017年年底，乳山市行政事业单位共186户，总资产49.64亿元，总负债19.05亿元，净资产30.59亿元。各有关单位撤销、分立、合并需划转资产时，及时办理资产划转、注销登记及占有产权登记手续。探索创新资产盘活模式，对全市国有资产和自然资源进行全面摸底调查，在此基础上将有效资产分批装入公司，壮大国有企业资产规模，盘活闲置资产。

（兰胜玲）

【收取国有资产收益570万元】 2017年，乳山市国鑫公司、城资公司按期收取国有控股、参股企业财务报表，动态监测权属单位财务运营情况，帮助企业查找问题。按时出席企业股东会、董事会和监事会，依法履行监管职责，确保国有资产增值6%以上。配合有关部门落实《乳山市市管企业负责人薪酬管理办法》，对威海星歌服饰有限公司、乳山市建筑工程质量检测有限公司主要负责人经营业绩考核。把关审核威海星歌服饰有限公司、乳山市建筑工程质量检测有限公司等企业处置、购置重要资产等重大经营事项，防止国有资产流失。加强与国有参股、控股企业衔接，全年收取金洲集团等企业国有资产收益570万元，及时上交国库。

【融资到位资金14.48亿元】 2017年，乳山市国鑫公司、城资公司拓宽融资渠道，为城市建设提供保障。与北京银行、青岛银行等银行机构对接，筛选两河综合治理项目、滨海新区基础设施建设等融资项目，探讨以债权融资、结构化融资、理财融资等模式进行运作，截至年底资金到位14.48亿元。以水源拦蓄工程为建设项目，拟包装发行第三期企业债5.6亿元，初审材料于7月上报国家发改委后，根据反馈意见与券商对接抓紧整改，同时与中合担保公司合作，追加担保增信措施，加快审批速度，降低发行成本。

（孙玉文）

【乳山市国有资本运营有限公司】乳山市国有资本运营公司成立于2015年4月30日，注册资本20.1亿元，系国有控股企业，辖城投集团、热力集团、水务集团、乳山港公司、公交公司、大酒店、金投公司、土地开发公司、园林开发公司、汇众孵化器公司、旅游发展公司、新能源科技公司、北茶公司、海洋发展、创业投资等子公司。2017年年底，总资产156.94亿元，净资产69.46亿元。累计融资21.73亿元，年内完成投资3亿元。

国资运营产业基金设立 2017年，乳山市国运公司创新国资运营模式，组建产业基金。设立新材料产业基金，规模4.5亿元；新能源产业基金，规模5亿元；海洋产业基金，规模3.3亿元；茶产业基金，规模10亿元。

开进口信用证14笔 2017年，乳山市国运公司借鉴外地经验，培育外贸发展新动能。与天津津维迅达合作开展精金矿贸易，开拓投资渠道，开进口信用证14笔，实现进口额4702.18万美元。同时，运作到位外资2513万美元。

经营性租赁资产管理 2017年，乳山市国运公司做好经营性租赁资产日常维护、管理，及时汇总到期房产信息，进行公开招租，年内对外招租房产62处，收入231万元。

（高群）

审计监督

【概况】 2017年，乳山市审计局围绕全市工作中心，创新审计思路，履行审计职能，完成各类审计项目62个，为实现新常态下经济发展提供保障。

【财政预算执行审计】 2017年，乳山市审计局在财政预算执行审计中突出“三个关注”：关注预算编制和执行情况，在审查预算编制、追加和执行情况基础上，审查部门预算细化、国库集中支付、国有资本经营预算等各项财政措施贯彻落实情况；关注存量资金使用效率，在注重预算单位存量资金使用情况审查同时，对债务主体存量资金使用效率加强审查，促进资金使用效益提高；关注“三公”经费执行情况，开展公务支出公款消费审计，对5家一级预算单位本级及其下属预算单位进行专项审计，促进厉行节约和规范管理。

【离任审计领导干部30名】 2017年，乳山市审计局发挥经济责任审计在权力制约和监督中的作用，对30名领导干部进行离任审计，将审计出的43条问题反馈给单位整改，提出56条工作建议。

【安居工程和扶贫资金使用情况审计】 2017年，乳山市审计局根据上级审计机关统一部署，组织实施保障性安居工程审计，提出7方面整改建议，督促相关部门整改落实；组织实施精准扶贫政策落实和资金管理使用情况跟踪审计，促进资金到位、项目落地、政策生效。

【领导干部自然资源资产离任审计探索】 2017年，乳山市审计局根据上级审计机关部署，探索领导干部自然资源资产离任审计，结合大孤山镇党委主要负责人离任审计同步开展试点，为下步全面推广开展该项工作积累经验。

【重点行业审计】 2017年，乳山市审计局紧盯风险易发高发领域和环节，做好对相关行业、企业审计工作，揭示风险隐患、反映突出问题、查找体制机制性障碍，为乳山市委、市政府科学决策提供依据和参考。围绕规范燃气行业的特许经营开展审计调查，针对发现的问题拟写审计专报，提出强化基础设施配套费使用监管等6条建议。

【镇村财务审计】 2017年，乳山市审计局围绕加强镇级财务管理，集中检查镇级专项资金、“三公”经费等情况。针对发现的普遍性问题，形成《关于加强镇级财务管理的建议》审计专报。围绕服务村级换届，围绕规范村级权力运行、提升基层治理水平，牵头组织开展村级审计督查工作，统一审计方式、统一审计内容、统一业务指导、统一督导调度，将村务财务、经济活动等情况审计清楚，找准影响村级运行的突出问题，为开展农村“两委”换届提供一手资料。

【国有企业审计】 2017年，乳山市审计局开展国有企业审计，进行清产核资，着重关注人员、账面、投融资、实物资产、在建工程、重大经济决策情况，摸清企业家底，全面真实、完整准确一掌握全市国有企业资产状况，为科学评价和规范考核企业经营绩效及国有资产保值增值提供依据。

（宫秀娟）

物价管理

【概况】 2017年，乳山市物价局加强市场价格监管，做好为民价格服务，维护价格秩序稳定。全年受理各类诉求140件，答复率100%。以“价比三家”价格信息服务活动为载体，对百姓关注的60个主要民生商品加强价格监测发布，利用市区LED电子屏幕及物价局信息网站发布价格监测信息。

【政府定价产品价格调整】 2017年4月，乳山市调整政府定价、政府指导价管理的旅游景区门票价格优惠政策。6月，调整非居民用管道天然气和车用天然气销售价格。8月，调整普通行业和特殊行业用水综合水价，明确有关收费等问题。同月，联合住建局发布《关于试行两部制供热价格的通知》。12 月底，调整水资源费和污水处理费标准，建立居民生活用水阶梯价格制度。

【价格认定受理 85 起】 2017 年，乳山市物价局做好价格认定受理、勘查工作，客观、公正、及时出具价格认定结论。全年完成涉案、涉纪价格认定 85 起，标的额 188 万元，为公安、司法机关提供价格依据。2 月，组织人员到青岛等 4 地市考察学习，研究探索涉税价格认定工作。10 月，联合国税局、地税局等 6 家单位出台《关于涉税财务价格认定工作的实施方案》，财政局将有关服务经费列入 2018 年民生实事预算，采取购买服务方式进行数据采集、建库工作。

【“放管服”价格调研与政策落实】 2017 年，乳山市物价局组织对生活垃圾处理、减税降费举措、涉企经营服务性、天然气和幼儿园收费等 10 种价格收费政策情况开展调查研究，掌握第一手资料，做好成本测算监审工作。梳理 2013 年以来落实上级政策文件情况，检查各项政策是否落实到位。联合财政局对收费目录清单进行动态管理，通过网站公开。8 月，联合财政局等 4 家单位发布《关于制定清理规范涉企经营服务性收费工作方案的通知》，落实上级关于清理规范涉企收费的政策。审核景区、发电企业、医疗服务单位等资料，出台文件或协调上级落实优惠政策。

【实施公平竞争审查制度】 2017 年 9 月，乳山市政府下发《关于印发在市场体系建设中建立公平竞争审查制度的实施意见的通知》。乳山市物价局两次牵头召开公平竞争审查工作联席会议，印发《乳山市公平竞争审查工作联席会议工作规则》《乳山市建立和实施公平竞争审查制度工作方案》。对各有关部门（镇区）建立工作机制、严格审查增量、有序清理存量等工作提出要求和安排，明确工作关键环节和重要时间节点，推动公平竞争审查制度落实落地，构建规范公平竞争的市场秩序。

【价格检查覆盖 9 类经营项目】 2017 年，乳山市物价局在元旦、春节、国庆等节假日和旅游旺季开展各类价格监督检查活动 50 次。采取市场巡查、提醒告诫和受理举报等方式，检查酒店、宾馆、道路客运、旅游景点、房地产经销商、电力和医院等 9 类经营项目，对部分经营单位提出告诫，对 5 家单位违法行为进行处罚。

【“双随机、一公开”价格监管制度实施】 乳山市物价局 2016 年 12 月底建立“双随机、一公开”制度，于 2017 年 7 月开通“双随机、一公开”双监管平台，随机抽取检查对象和检查人员。区分餐饮服务、商品房生产销售和电商等单位，组织各类经营者召开价格政策推进会、告诫会，开展价格纠纷源头监管 5 次。10 月，建立完善执法全过程记录制度、重大执法决定审核制度，规范执法行为，自觉接受社会监督。全年受理价格和收费方面举报投诉、来电、来信、来访等受理各类诉求 140 件，答复率 100%。

【建立价格诚信“红黑榜”】 2017 年 5 月，乳山市物价局建立价格诚信“红黑榜”，9 月发布信用建设方案，及时归集填报数据，按时公开检查结果，使价格违法单位受到社会舆论监督。

（隋秀泉）

市场监管

【概况】 2017 年，乳山市推进“先照后证”改革，加强事中事后监管，发放双告知 7800 份、承诺书 8900 份。推进“五证合一”登记制度改革，5114 户企业实现“五证合一”。推进企业简易注销登记，257 户完成简易注销程序。全面实行网上登记，完成网上设立、变更、注销申报 9000 笔，网上申报率达 98% 以上。指导帮助企业进行产品标准公示，共公示 89 家企业、352 项标准，分别比上年增长 294% 和 140%。指导企业和协会申报注册 10 个地理标志证明商标。

【商事制度改革】 2017 年，乳山市推进商事制度改革，服务经济发展。推进“先照后证”改革，加强事中事后监管。严格履行“双告知”制度，发放双向告知 7800 份、承诺书 8900 份。进一步放宽住所登记条件、经营范围及企业名称使用限制，注册资本实缴制变认缴制，基本取消注册资本各种限制。推进“五证合一”登记制度改革，提高行政服务效能，5114 户企业实现“五证合一”。推进企业简易注销登记，257 户完成简易注销程序。全面实行网上登记，完成网上设立、变更、注销申报 9000 笔，网上申报率达 98% 以上。

【质量强市和品牌创建】 2017 年，乳山市政府印发《乳山市落实威海市创建“全国质量强市示范城市”工作的实施方案》《关于加强品牌建设的实施意见》等文件，建立质量工作联系会议制度，推动质量强市成员单位将产品质量工作与其他工作同部署、同检查、同考核。同时，乳山市政府办公室印发《关于加强认证认可工作的实施意见》等文件。全年新增管理体系认证证书数量 19 个。推进乳山牡蛎省级农业标准化试点工作和乳山政务服务热线标准化试点工作并立项，于 2019 年进行验收。组织 100 家企业参加威海市质监局组织的首席质量官培训，组织 200 家企业举办乳山市质量品牌提升培训会。对 36 家重点产品生产企业进行监督检查，抽查产品 200 批次，组织 72 家重点生产企业负责人签订产品质量主体责任承诺书。3 家企业申请山东名牌产品、2 家企业申请山东服务名牌。确定乳山牡蛎作为中国地理标志产品重点培育对象，

7月27日，黄山路商贸市场　（田甜摄）

通过山东省、威海市质监局初审。指导企业和协会申报注册“乳山文蛤”“乳山牡蛎”“乳山葡萄”“乳山茶”“乳山大花生”“乳山蓝莓”“乳山对虾”“乳山蜢子虾酱”“乳山黍米”“乳山樱桃”10个地理标志证明商标。

【三大农贸市场创城暗访零扣分】2017年，在乳山市创建全国文明城市过程中，乳山市市场监管局围绕卫生、文明劝导、车辆管理、店外经营等管理细项，对贸易城市场、黄山路市场、金谷园市场、向阳社区网格等推行网格管理责任制，明确每名干部和市场物业管理单位的创城职责。在国家和省两级专家暗访中，三大农贸市场未扣分。

【清查涉嫌传销场所1000处】2017年，乳山市市场监管局联合公安、房管、滨海新区等单位多措并举惩治传销。对传销窝点采取断水断电行政强制措施，防止传销分子回流。对涉嫌传销财物由市场监管局、公安局依据各自职权依法扣押，解决传销案件“取证难”问题。以房产中介整治为重点，规范经营秩序。对涉嫌传销人员信息登记造册，将2000条传销人员信息录入到国家工商总局惩治传销规范直销信息系统。通过邮寄抵制传销材料，引导涉嫌传销人员家属参与。通过电视台、微信公众号等方式对传销案例进行剖析引导。全年开展专项行动6次，立案70余起，罚没款近70万元，联合公安部门入户清查涉嫌传销场所1000处，教育、遣散传销人员2500人，发放惩治传销宣传资料9000份。

【市场监管领域专项执法行动开展】2017年，乳山市市场监管局组织开展限制不正当竞争和垄断经营专项整治行动、流通领域商品质量监管执法行动、“红盾护农”专项执法行动、工业产品质量安全风险排查整治专项行动、强制性标准执行情况监督执法行动。执法领域涉及公用企业、房地产行业、教育、医药领域，成品油、天然气、液化气、服装、建材、化肥、农药等涉及国计民生的重点商品。查办各类经济违章违法案件38起，有效整顿全市市场环境。

【特种设备安全监察机制创新】2017年，乳山市市场监管局检查围绕资源条件、质保体系、人员持证情况，检查19家气体充装单位，其中5家车用气瓶充装单位均配备自动控制装置。停用燃煤小锅炉16台，拆除及去功能24台。对全市范围内大型超市、酒店、车站等公众聚集和人员密集场所开展电梯安全大检查，检查电梯使用单位26家。要求100家重点企业通过特种设备公示栏将设备情况、人员持证情况、计量器具情况予以公示，便于市镇上下联动，提高监管效率。发出安全监察指令书130份，立案处罚2起，保证全市5791台特种设备平稳运行。9月份，山东省质监局组织全省质监系统安全监管领域的专家到乳山市

3月14日，乳山市市场监管局在利群广场开展“3·15”国际消费者权益保护日宣传活动　（徐向磊摄）

现场观摩涉氨制冷特种设备安全监管新模式，推广乳山经验。

【受理消费者投诉396起】 2017年，乳山市市场监管局与乳文明办、商务局、食品药品监管局等8个部门举办“3·15”国际消费者权益日活动，围绕“网络诚信消费无忧”年主题发放宣传材料1200份，接受市民咨询417人次，销毁侵犯注册商标专用权白酒120箱，假冒伪劣运动鞋50箱。开展“5·20”世界计量日宣传活动，现场发放民用四表计量宣传册、诚信计量宣传单、节能降耗宣传单等500份。全年受理消费者投诉396起，处结率达98%以上，为消费者挽回经济损失87.1万元。

（徐向磊）

质量检验检测

【概况】 2017年，乳山市检验检测中心贯彻落实乳山市委市政府工作部署，推进县级食品安全检验检测资源整合项目，提升检验检测水平。完成食品、农产品、农村饮用水及企业委托等定量检测3672批次，其中政府安排创城检测2524批次，企业委托检测1148批次，并依据检测结果，风险评估分析乳山市食品、农产品、饮用水等质量安全状况，每季度上报市政府质量安全简报1期，对质量安全状况存在问题提出相应解决对策及建议。

【县级食品检验检测资源整合试点项目实施】 2017年，乳山市打造威海市最大的区域性检验检测机构，推进县级食品检验检测资源整合试点项目，通过竣工质量验收，进入第三方审计决算阶段。项目实施后，将极大提升食品、农产品、饮用水及农业投入品、农业种养殖环境等的检验能力和范围。

【助力威海市成功创建国家食品安全城市】 2017年，乳山市检验检测中心完成创建国家食品安全城市检测任务。一线化验人员放弃节假日、双休日，加班加点做好各项创城检验检测计划，定期向乳山同市政府主要领导报送检测情况汇总分析报告，每季度向乳山同市五大班子报送质量工作简报并发送各相关执法监督管理部门。

【检验检测实验室安全责任制落实】 2017年，乳山市检验检测中心将实验室危险化学品安全管理纳入工作业绩考核，推动实验室安全责任层层落实到位。完善实验室安全生产管理制度，加强学习和宣传，狠抓落实，提高安全生产意识。加强硬件投入，在药品库等重点场所加装防盗门、防盗网和红外线报警装置等安全设施，消除安全隐患。化易制毒、危化品等药品管理，建立双人双锁管理制度，确保物品台账与使用登记账、库存物资之间的账账相符、账实相符。

【检测检测能力提升】 2017年，乳山市检验检测中心选派10人次赴山东省、威海市检验检测机构参观学习，提高业务能力。按照新《实验室评审管理细则》要求，修订质量管理手册和程序文件，规范样品流转和收发等各项程序，强化样品库和试剂库管理，推进实验室管理规范化和程序化。检定气相、液相、原子吸收仪、分光光度计、水分测定仪等仪器设备，保持仪器设备处于良好运行状态。完成山东省质监局认证处组织的水质和着色剂能力验证工作，以全部满意结果通过验证。强化日常监管，通过山东省质检局和威海市质监局飞行检查。

（宋晓波）

粮食行政管理

【概况】 2017年，乳山市全面落实粮食安全行政首长责任制，进一步加强粮食安全保障能力建设，提高经济发展质量和效益。全市粮办工业企业累计完成销售收入32311万元，实现利润1712万元。

【储备粮轮换工作完成】 2017年，乳山市粮食局发挥市场经济条件下粮食购销主渠道作用，全年收购小麦7088吨，轮换出库小麦5500吨，完成储备粮轮换工作。乳山市粮食储备库进行智能化升级改造，加大粮食储存安全管理力度，全部采用先进电子测温、低氧储存，达到数量准确、质量完好，连续34年保持“四无（无害虫、无霉变、无仓鼠、无事故）粮仓”市称号。

【粮食产后服务体系建设】 2017年，乳山市粮食局争取到无偿资金300万元，确定乳山振华海洋食品科技有限公司、乳山金果花生制品有限公司、乳山市君达粮油有限公司3个企业为粮食产后服务体系项目建设企业。通过粮食产后服务中心项目建设，提高粮食综合生产能力、减少粮食损失、促进农民增产增收，进一步提高粮食产业化水平。

【实施粮食民生工程】 2017年，乳山市粮食局实施政府放心粮油、粮食质量安全监管和农户科学储粮“三项工程”。以优化放心粮油服务网点布局和促进工程建设提档升级为着力点，加大政策和资金扶持力度，鼓励、支持骨干涉粮企业参与配送中心和放心粮店建设，提高放心粮油覆盖面。从店容店貌、货物摆放、明码标价、台账管理、服务质量、环境卫生等方面入手，进一步规范“放心粮油店”管理，组织商户筹措资金进行店面改造。参与国家食品安全城市创建，建立健全市、镇、企业三级粮食质量监管体系；加强流通环节原粮质量和卫生管理，重点抓好粮食收购、储存和流通等关键环节质量检测，杜绝不合格粮食入市；落实《乳山市粮食质量安全突发事故应急预案》，建立粮食质量安全责任制和责任追究制度，实施“放心粮油店”经营商品定期抽检和质量安全事故应急、追溯等制度，检测粮油样品500份。

【粮食行政执法“三项检查”开展】 2017年，乳山市粮食局履行粮食市场监管职能，落实“双随机一公开”工作要求，采取定期检查和专项检查相结合等方式，抓好粮食库存、粮食政策、粮食市场“三项检查”。开展《粮食流通管理条例》和《2017年小麦最低收购价执行预案》宣传，夏收期间组成夏粮收购执法检查组，查处在粮食收购活动中违反国家粮食收购政策、无照收购、超范围经营、违反粮食价格政策行为，维护粮食流通秩序。夏粮收购期间开展集中巡查活动12次，检查粮食收购点12处，查处高水分粮2宗，涉粮30吨。年内，检查辖区内有粮食收购资格的购销、加工企业3次。

（田甜）

食品药品监督

【概况】 2017年，乳山市食品药品监督管理局结合山东省级食品安全示范城市和国家食品安全示范城市创建工作，履行监管职能，提升监管能力，引导生产者和经营者诚信经营，推动食品药品安全形势持续稳定向好。强化食药监管所规范化建设，按国家食药监局标准设立监管所内设机构，完善办公设备和生活设施。

【食品抽检批次比上年增长227.47%】 2017年，乳山市食药监局以农兽药残留、非法添加非食用物质、滥用食品添加剂等问题突出领域为重点，扩大抽检监测范围，增加抽检监测频次。全年食品监督抽检计划2551批次，比上年增加1772批次，增幅227.47%，达到4.5批次每千人。按照标准、规范、实用原则，推进食药监管所食品安全快速检测体系建设，购置1辆食品快检车作为机动力量，在16个监管所全部建立食品快检室，定期开展快检。累计组织“两会保障”、黄山路市场、金谷园农产品批发市场、贸易城市场、乳山寨镇大集、冯家镇大集、“你送我检”等食品快检154次，完成食用农产品农药残留快检2200批次。计划年内在15个镇区级便民服务中心、24个社区、4个大型商场超市设置食品药品信息查询终端，构筑食品药品安全屏障。

【“三小”行业三年规范提升行动启动】 2017年，乳山市结合《山东省食品小作坊小餐饮和食品摊点管理条例》贯彻实施，制订《乳山市食品小作坊小餐饮和食品摊点规范提升行动实施方案》，将全市“三小”业户纳入监管，启动“三小”三年规范提升行动。对154家小作坊进行规范提升，对符合条件的124家办理登记，登记数量列威海市第一位。将城区划分为19个网格，每个网格定人、定岗、定责。指导城区7处便民摊点群升级改造成便民市场，分区设置熟食区、海鲜区、蔬菜区，统一管理流动摊贩，彻底告别“马路市场”，保障老百姓吃上放心食品。对餐饮单位坚持日常监管与量化分级相结合、动态考评与年度考评相结合，全面加强餐饮服务领域食品安全量化分级管理。完成餐饮量化分级评定1296家，其中A级61家，B级1108家，C级127家。B级以上餐饮店占比90.2%。全市67家学校食堂量化分级全部达到B级以上，其中达到A级标准的28家。开展食品摊点备案登记94家。

【争取食品安全先进市专项资金108.97万元】 2017年，乳山市食药监局为推进“食安山东”示范创建和山东省级食品安全先进市创建，向山东省食药监局争取专项资金共计108.97万元，用于提升食药监所规范化建设、监管执法能力建设、食品药品检验检测能力建设等工作。

【食品安全追溯体系完善】 2017年，乳山市食药监局进一步完善源头可控、去向可查、问题可溯、责任可追的食品安全追溯体系。召开3次食品批发商会议，将食品销售台账格式从档案盒形式逐步推广为粘贴册形式，强化“一票通”开具内容，并监督批发商送货时及时粘贴台账。重点培育山东省级食品流通经营示范店13家、省级餐饮示范街2条、餐饮示范单位（食堂）70家，威海市级餐饮示范单位（食堂）100家、示范街4条。依托中韩食品与生物科技产业园、经济开发区海洋食品产业园两个食品生产基地，12家规模以上食品生产企业中取得GB/T22000或HACCP认证企业比例达到75%，其中肉制品生产企业达到100%。对食品实行分级分类管理，提高食品安全监管针对性。

3月5日，乳山市食药监局食品批发商落实主体责任推行“一票通”会议举行 （食药监局提供）

【食品药品领域专项治理力度加大】2017年，乳山市食药监局重点围绕农村食品安全、学校食堂、肉类及其制品、网络订餐、农贸市场、调味品、食品添加剂、韭菜、小饭桌等食品隐患领域开展专项整治。中共十九大召开期间，开展食品生产流通全领域隐患排查，检查食品药品经营单位4516家次，下达责令改正通知书1517份，并调整监管信用档案，未发生重大食品安全事故。为保障旅游旺季银滩旅游度假区食品安全，将银滩划分为6个网格区域，组织11个监管所30名骨干力量，编排6个专项整治小组，对季节性营业餐饮单位进行集中治理规范，整治餐饮单位245户，取缔无证经营13户，下达责令改正通知书172份。组织7次早餐市场专项检查，重点对非法使用含铝添加剂的经营行为进行查处，对全市42家便民早餐店进行现场规范和备案管理。

【食品药品执法办案调度督导制度实施】2017年，乳山市食药监局完善执法办案调度督导制度。一般程序案件立案258起，审结案件215起，罚没款119万元，比上年增长20%。实行食安、农安、公安"三安联动"机制，与农业、畜牧、海渔、公安、卫计等部门实现执法数据、资源、信息共享，形成监管合力，加大食品安全违法犯罪惩治力度，分别移交公安局、畜牧局、农业局处理案件5件、1件、1件。

（孙丽杰）

安全生产监管

【概况】2017年，乳山市以推进安全生产领域改革发展为主线，以防范遏制重特大事故为目标，持续开展安全生产大排查快整治严执法集中行动，推进风险分级管控和排查治理双重预防体系建设，开展安全生产大检查和非煤矿山等重点行业领域转型升级以及专项整治，有效遏制各类事故发生，全市安全生产形势总体稳定向好。

【安监编制和机构增加】2017年，乳山市安全生产监察大队新增编制5名，并增设案件审理室。根据威海市政府安全生产委员会关于基层安全生产监管队伍建设检查情况的通报，对镇区基层安全监管队伍机构、编制、岗位津贴发放、监管装备和执法车辆配备等方面问题进行整改。

【完善安全生产责任体系】2017年，乳山市调整市政府安全生产委员会成员单位，编制出台《安全生产"十三五"规划》。制定《乳山市安全生产行政责任制规定》，进一步明确政府各部门及镇区的安全生产监管职责，理顺监管体制。修订完善《安全生产工作目标绩效管理考核评分细则》，将负有安全生产监管职责的市直部门纳入赋分考核范围。出台《乳山市安全生产巡查工作制度》，创新安全生产监督检查方式。制定《关于对安全生产领域失信生产经营单位及其有关人员开展联合惩戒的合作备忘录》，建立并严格执行安全生产"黑名单"、失信联合惩戒机制，强化安全生产诚信约束。

【安全生产风险分级管控和隐患排查治理】2017年，乳山市政府下发《关于进一步做好安全生产风险分级管控和隐患排查治理双重预防体系建设工作的意见》，要求各部门加快推进双重体系建设。乳山市安全生产监督管理局培育标杆企业，开展培训推广活动，多次依托标杆企业举办双重预防体系现场观摩培训，涵盖矿山、危化、工贸、职业健康等多个行业领域，推广和普及双重预防体系建设标准、工作要求和具体方法。至2017年年底，全市11家矿山企业、7家危险化学品企业、14家化工企业、45家规模以上工贸企业及建筑施工、城镇燃气、旅游、民爆等行业领域11家标杆企业完成建设。

【安全生产隐患大排查快整治严执法集中行动开展】2017年，乳山市结合上级要求和本地实际，下发持续深入开展大排查快整治严执法集中行动方案等系列文件，从安监、公安、住建、交通、海渔、市场监管6个部门抽调人员成立6个督查组，每季度末对16个镇区、16个部门和3个市属企业进行实地督查，确保阶段性任务落实到位。密集组织开展全市安全生产大检查、百日攻坚治理、岁末年初安全生产大检查等专项行动，并协调、督促有关部门强化重点领域监管，专项开展建筑施工、渔港码头、道路安全等检查和治理，排查治理事故隐患，严厉惩治非法违法行为。全年检查生产经营单位2501家次，查处各类问题隐患2546项，完成整改2052项，对11家企业进行立案处罚，对尚未整改的隐患均下达整改指令书，责令限期整改。

【安全生产重点行业领域专项整治】2017年，乳山市开展安全生产重点行业领域专项整治。非煤矿山方面，完成在产矿山"四评级"（安全、环保、资源利用、质量效益）任务，对10家在产矿山进行综合评级，落实分类监管措施、汛期防范等阶段性工作。危险化学品方面，推进危化品安全综合治理，开展危化品摸底调查、重点企业安全"体检"等工作，进一步掌控底数、找准症结，按地域建立安全风险分布档案和重大危险源档案。烟花爆竹方面，合理布点，严格审批，对参加培训且考试合格的184家零售点发放零售许可证，加大经营旺季安全检查力度，确保不出问题。工贸行业方面，推进涉氨制冷等专项整治，全市39家涉氨制冷、13家金属冶炼企业全覆盖检查，查处问题和隐患730条，指导企业逐一整改销号。同时，开展涉爆粉尘、有限空间等一系列专项治理活动。

【完成职业病危害申报企业147家】2017年，乳山市加强职业卫生工作，完成职业病危害申报企业147家。

督促企业开展职业病防治培训，定期开展职业病危害因素检测和员工健康查体，依法进行职业病危害申报并加强员工个体防护。

【危化品基础信息库建立】 2017年，乳山市安全生产监督管理局绘制全市危化品分布图，将全市危化品生产、使用、经营企业及加油站、烟花爆竹批发等高危企业总体分布图、企业厂区布局平面图、危化品存储罐区序列图集中绘制在一张地图上，以便全面直观掌握全市危化品企业及危险源总体情况。同时，将危化企业基本信息、危险因素各类及数量、特性、应急处置方法以及应急救援物资等汇总装订成册，形成信息库存。与乳山市应急办、公安消防、环保、交通、交警等部门实现信息共享，以便发生突发情况时进行精准救援。

【安全生产宣传教育和应急管理】 2017年，乳山市加大安全生产宣传教育力度，在《乳山时讯》开设专栏普及安全知识常识，开展“安全生产月”“《安全生产法》宣传周”“《职业病防治法》宣传周”等活动，强化企业全员安全培训，推进安全生产宣传教育进企业、进学校、进机关、进社区、进农村、进家庭、进公共场所。各镇区、部门组织安全生产应急处置桌面推演，同时要求所辖企业根据实际情况进行不同类型、不同形式的应急演练，并将组织较好的企业演练情况刻录成光盘发给其他企业学习。

（王帅）

统计工作

【概况】 2017年，乳山市强化统计工作基层基础，推进重点领域改革创新、统计信息化和统计法治建设，提高数据质量、提升服务经济发展能力。开展第三次全国农业普查、1%人口抽样调查、粮食产量调查等工作。

【第三次全国农业普查完成】 2017年，乳山市开展第三次全国农业普查工作。组织2665名普查员入农户及农业生产单位进行入户登记，实施农业普查报表录入、审核、改错、验收等相关工作，按时保质保量上报普查数据。共普查农户13.94万户、规模户1750户、农业经营单位1862家。

【1%人口抽样调查完成】 2017年，乳山市开始布置1%人口抽样调查工作。与群众日常生产生活错时入户登记走访，做好登记备案，确保信息获取准确、快速、有效。

【粮食产量调查完成】 2017年，乳山市开展粮食产量调查。按照规定时间、方法、步骤做好夏粮预产及实割实测工作，确保各调查点计算方法正确、源头数据真实。正确把握生产形势，充分考虑各种因素对粮食作物产量影响，对调查数据进行全面、客观、科学的分析评估，确保粮食产量数据不出现趋势性偏差和大的误差。

【社情民意调查汇集群众意见建议3526条】 2017年，乳山市完成“城乡环卫一体化调查”“全国文明城市测评调查”“全市企业家情况调查”等调查问卷。调查访问市民2万户，汇集群众意见建议3526条。通过多种渠道反馈给有关部门，使一批群众意见建议得到落实，架起与群众之间沟通的桥梁。

【固定资产投资统计改革实施】 2017年，乳山市统计局按照投资统计新旧制度双轨运行的改革要求，主动适应“投资统计对象由项目统计转变为法人单位，投资额计算方法由形象进度转变为财务支出法”两大变化，强化培训指导，确保新旧两套制度运行顺畅。建立统计部门牵头，相关部门、镇区参与固定资产投资项目报送联席会议制度，畅通统计数据交流渠道，加快项目资源额有效整合和共用共享，实现固定资产投资数据精准匹配。

【企业名录库维护管理创新】 2017年，乳山市统计局加强准“四上”单位（规模以上工业企业、资质等级建设企业、限额以上批零企业、国家重点服务企业）核查、单位申报，强化部门间资料交换共享机制，会同部门、联动专业动态监测各类法人企业的“生老病死”。解决“三新”经济主体入库难等问题，加强对各专业新增单位“成长”情况跟踪，提高单位申报及时性和入库率。

【统计业务全流程质量管理】 2017年，乳山市统计局组织各专业人员对“四上企业”进行走访检查，将

1月2日，乳山市第三次全国农业普查工作人员现场登记 （王英男摄）

发现的停产、倒闭企业从名录库中予以剔除；对上报数据不真实的企业，区分不同情况进行处理，对达标企业督促其严格执行联网直报各项规定，加强主要指标与历史数据及相关指标的逻辑性、关联性比对审核，保证上报数据真实可靠，对不达标的按规定进行转库。

【统计预测分析水平提升】 2017年，乳山市统计局建立完善统计联席会议制度，强化部门间协调合作，提升国内生产总值和农业、工业、投资、服务业等主要经济指标数据的预判预警水平。密切关注经济形势，及时抓好月度、季度经济运行监测分析工作和专题调研，客观反映经济运行中的新变化新特点新情况，为领导科学决策提供依据。开展结构分析。发挥统计信息主渠道作用，着重在产业结构、投资结构、行业结构等方面加强分析，进一步反映乳山市科学发展、转型升级进程。完成统计分析16篇、统计调研4篇、统计信息200篇。通过资讯平台发布统计数据，管好用好统计微博、微信平台，定期加载进度数据；通过乳山政府网站开设“政府数据”专栏，定期发布主要经济数据，加强与社会公众互动，强化统计舆情监测应对。

（徐英）

◆乳山芋头◆

芋头是天南星科芋属植物芋的块茎，又名水芋、毛芋、芋艿、旱藕等。芋头有多头芋、大魁芋、多子芋等3类栽培品种，乳山芋头属于多子芋。乳山人又根据口感和用途把芋头分为两种：一种叫“菜芋头”，水分较多，个头大、产量高，适合做菜用；另一种叫“草芋头”，是传统品种，个头小一点，水分少，产量相对较低，适合蒸煮食用。21世纪初，又从莱阳引进又圆又大的“孤芋头”。乳山芋头栽培历史悠久，但以前栽培面积较小，主要是农民在自留地里栽培少量芋头用于自己食用，大规模栽培芋头从1986年左右开始。经过多年发展，乳山市的芋头栽培面积逐步扩大，主要集中在乳山寨镇、育黎镇、诸往镇、午极镇、大孤山镇，其他各镇村也有零星种植。近年来，乳山市深入推进农业产业结构调整，积极引导扶持广大农民发展芋头产业，芋头种植面积不断扩大，仅午极镇就形成以上万口、下万口、土心头、车道为主的芋头种植产业带，以湘沟、泽上、中庄等为主的十几个专业村，全镇芋头总面积400公顷，年产量达1800万千克。至2013年，乳山芋头栽植面积1447公顷，年产量61100吨。乳山芋头销往全国各地，加工的芋头主要销往莱阳龙大食品集团、莱阳北海冷藏集团等几家大型加工企业，经加工后出口到韩国、日本等国家。

乳山属于典型的暖温带海洋性季风气候，四季分明，冬无严寒，夏无酷暑，气候温和、季节性温差较小、雨水丰沛、光照充足、无霜期长。累年平均日照数为2572.7小时，平均气温11.8℃，平均降水量744.4毫米，平均无霜期205天。降水春秋少、夏季多、冬季少，6—9月份降水量约占全年的70%，降水分布具有雨热同期的特点，生长季节光照和积温充足，与乳山芋头的物候期相吻合，非常有利于乳山芋头果实的膨大。从土壤类型来看，乳山市种植芋头的土壤以棕壤为主，土体深厚，质地较好，保供性能好，土壤有机质含量较高。根据农业局土壤肥料部门的检测结果，乳山土壤速效氮、磷、钾为50%～101%、2%～70%、30%～77%之间，同时土壤富含锌、铁、硼、钙、镁、钼等芋头生长必须的中微量元素，这些都为乳山芋头营养成分优质化提供了最佳条件。乳山独特的自然生态环境条件，孕育了乳山芋头的独特品质。

乳山芋头常作一年生作物栽培，营养丰富，主要含淀粉、蛋白质以及钙、磷、B族维生素、钾、镁、维生素C、钠、胡萝卜素、铁、烟酸、皂角甙等多种成分，具有调节中气、化痰、通便、益胃健脾、添精益髓、增强人体的免疫功能等功效，可做羹菜，亦可代粮，还可制淀粉，自古被视为重要的粮食补充或救荒作物。蒸煮熟的芋头，柔软爽滑，无异味，易消化，是儿童的上好食品。在历史上，因乳制品极少，乳山大多数家庭的孩子断奶后都是以芋头为主食。此外，芋头还是很好的药食两用植物，据《本草纲目》记载，芋头可“宽肠胃，充肌肤，滑中”；“冷啖，疗烦热，止渴”；“和鱼煮食，甚下气，调中补虚”；“十月晒干收之，冬月食不发病”。《中国植物志》里说芋头“块茎入药可治乳腺炎、口疮、痈肿疖疮、颈淋巴结核、烧烫伤、外伤出血，叶可治荨麻疹、疮疥”。

· 宋代 铁镰

· 宋代 铁镢

· 宋代 铁铲

责任编辑：高献东

·宋代 铁犁铧

农 业

Agriculture

·宋代 铁锨

综　述

【概况】 2017年，乳山市调整优化农业产业，扶持龙头企业发展，推进农业标准化生产，全市农业和农村经济发展势头良好。全年实现农林牧渔业总产值93.98亿元，比上年增长0.8%。其中农业48.19亿元，增长0.5%；林业1398万元，增长8%；畜牧业16.06亿元，下降3.6%；渔业27.56亿元，增长3.2%；农林牧渔服务业2.03亿元，增长13.4%。乳山市全体居民人均可支配收入25390元，农村人均可支配收入16016元，分别比上年增长9.3%和8%。

2017年乳山市农村农业基本情况

表3

项　目	单　位	数额	比上年±%
年末耕地总资源	公顷	58459.67	-0.1
常用耕地	公顷	58459.67	-0.1
其中：水浇地	公顷	11663.38	-0.2
临时性耕地	公顷	—	—
农业主要物资消耗	—	—	—
农村用电量	万千瓦小时	11432	-0.1
农用塑料薄膜使用量	吨	1366	-2.7
地膜使用量	吨	751	-6.4
地膜覆盖面积	公顷	8283	0.5
农用柴油使用量	吨	22599	0.3
农药使用量	吨	2847	1.4
农用化肥使用量（按实物量）	吨	138372	0.8
农用化肥使用量（折纯计算）	吨	39381	0.6
乡村人口与从业人员	—	—	—
乡村户数	万户	14.69	-18.7
乡村人口	万人	36.47	-21.2
乡村劳动力资源	万人	23.36	-20.9
乡村人口从业人员	万人	20.34	-20.9

【“两河”流域农业特色产业规划布局建立】 2017年，乳山市在实施农业规划布局上，重点打造黄垒河生态养生产业轴和乳山河休闲旅游产业轴“两河”流域特色产业区域。其中黄垒河生态养生产业轴长45公里，规划半径2.5公里，控制面积225平方公里，涉及3个镇内45个村，分为下初镇中药材种植区、冯家镇特色农业种植区和南黄镇旅游采摘区；乳山河休闲旅游产业轴长64公里，规划半径2.5公里左右，控制面积320平方公里，涉及6个镇170个村，分为上游优质林果产业区、中游高效葡萄种植区和下游采摘垂钓产业区。

（王琰）

【农资经营告知范围达1126种】 2017年，乳山市开展经常性农资市场检查和放心农资下乡宣传周、季节性专项农资市场检查执法活动，出动执法人员400人次，检查农资经营单位538家，立案查处违法经营案件18起。坚持农资经营告知制度，公开告知农资产品1126种，从源头上确保农资产品质量，促使农资经营市场不断规范。

（冷振腾）

【“三品”认证种植业产品82个】 2017年，乳山市新增农产品质量认证6个单位8个产品。其中无公害农产品认证产品1个，绿色食品认证产品6个，有机食品认证产品1个。至年底，全市有效期内“三品”认证产品（种植业）82个，包括苹果、花生、生姜、蔬菜等，其中无公害农产品13个单位16个产品，绿色食品27个单位57个产品，有机食品3个单位9产品，“三品”认证面积1.67万公顷。“乳山绿茶”“乳山大花生”“乳山苹果”等6个产品通过农业部农产品地理标志登记。创建全国绿色食品原料“乳山苹果”和“乳山大花生”标准化生产基地面积2.2万公顷。2017年，乳山市新增3家省级农业产业化龙头企业。至年底，全市拥有威海市级以上农业产业化龙头企业37家。

（张强）

【休闲农业示范园区新增52处】 2017年，乳山市以山东省、威海市开展休闲农业和乡村旅游示范创建工作为契机，以打造乳山河休闲旅游产业带和黄垒河生态养生产业带为出发点，发展各类休闲农业示范园区52处，其中以台依湖葡萄酒庄为代表的规范运营型休闲园区26处，以德禧农业示范园为代表的提升达标型休闲园区11处，以双山农业公园为代表的新建培育型休闲园区15处。

（王琰）

【农产品品牌创建7个】 2017年，乳山市实施农产品品牌提升计划，通过产品质量安全，发展品牌基础、品牌创建，形成品牌合力，推动农业资源优势转化为产业优势和品牌优势。乳山市万和食品有限公司的“养生仙贝”牌扇贝、福喜（威海）农牧发展有限公司的“欧喜”牌肉

5月12日，乳山市农业局举办农资经营单位培训班　（农业局提供）

食鸡系列产品被认定为山东农产品知名品牌。乳山市恒裕食品有限公司的“亨裕”牌糖水洋梨罐头、华隆（乳山）食品工业有限公司的“东宝”牌花生制品、乳山市金果花生制品有限公司的“海洋”牌山东大花生、威海吉利食品有限公司的“御姜堂”牌大姜系列产品、乳山志合果蔬有限公司的“茂盈”牌苹果被认定为威海农产品知名品牌。乳山绿茶、乳山生姜、乳山草莓入选2017年度全国名特优新农产品目录。

农村经济

【概况】　2017年，乳山市以促进农村经济发展、农民增收为目标，实施农村产权制度改革，强化农村集体“三资”管理，促进农村经济持续健康发展和农民收入稳步增加。年内全市实现农村经济总收入5180524万元，农民人均纯收入17050元，比上年分别增长4.97％和4.59％。

2017年乳山市农村经济总收入和农民人均纯收入前15名的村

表4

村　名	农村经济总收入（万元）	村　名	农民人均纯收入（元）
乳山口镇打磨村	43404	城区办金碃岭村	26598
乳山口镇寨前村	38510	海阳所镇南夼村	22600
城区办东耿家村	36014	城区办黄埠崖村	22248
乳山口镇旗杆石村	31294	乳山口镇旗杆石村	22053
乳山口镇西里村村	31124	城区办夏东村	21697
城区办夏东村	30585	乳山口镇寨前村	21497
乳山口镇南唐家村	29796	乳山口镇兰家村	21022
乳山口镇秦家庄村	29566	城区办东里村村	21000
乳山口镇兰家村	27047	海阳所镇后山于家村	20800
乳山口镇宅口村	26611	海阳所镇小石口村	20736
乳山口镇改造夼村	23538	乳山口镇打磨村	20416
乳山口镇岚子村	22924	乳山口镇宅口村	20343
乳山口镇毛家村	20094	乳山口镇高格庄村	20147
南黄镇南黄村	19740	城区街道曹城村	20139
乳山口镇西耿家村	18876	乳山口镇南唐家村	20126

（王自伟）

【农村产权制度改革完成247个村】　2017年，乳山市委市政府重视农村集体产权制度改革，推进农村集体产权制度改革。坚持因地制宜，推行“一村一策”政策，保证改革顺利开展；对经营性资产、非经营资产和资源性资产清产核资，规范和完善各类经济合同，实行台账管理。按照“盈余共享、风险共担”原则，健全集体收益分配制度，确保股民利益，让群众真正成为集体资产的所有者、管理者、受益者，切实享受到改革释放的红利。完成107个村（其中省定贫困村13个）的农村集体产权制度改革工作，在工商部门登记注册成立经济股份合作社，注册资本1.9亿元，注册股东61599个。自2013年开展农村集体产权制度改革至2017年年底，全市共完成247个村的农村集体产权制度改革，其中省定贫困村32个。注册资本总额6.47亿元，注册股东总数133320个。有9个镇52个村进行分红，累计分红2979.75万元，其中2017年分红941.84万元。

【农村土地流转总面积16085.6公顷】　2017年，乳山市新增土地规模经营流转面积1026.67公顷。至2017年年底，全市土地流转总面积累计达到16085.6公顷，土地流转总户数103136户。其中，在土地流转总面积中土地规模经营流转面积8666.7公顷。

【农村经济审计601个村】　2017年，乳山市实施村级审计、建立村级工作督查制度，在村两委换届审计工作中，由中共乳山市委组织部牵头，审计局、财政局、农业局配合，由乳山市泰和会计师事务所对全市601个行政村2015—2016年度农村集体各项经济活动及损益等有关情况进行审计，审计金额447149万元。此项工作自2017年4月开始，当年8月底对所有村完成第一轮村级审计工作，每年开展1次。

【农民专业合作社新增184家】　2017年，乳山市久大海珍品养殖专

12月12日，乳山市农业局举办全市农村集体"三资"管理培训班（农业局提供）

6月28日，乳山市农业局工作人员对夏村镇台依湖酒庄精准扶贫基地进行土地流转政策解读（农业局提供）

业合作社、乳山市在强柞蚕良种繁育专业合作社、乳山市爱母茶叶专业合作社、乳山市小康蔬菜专业合作社4家农民合作社省级示范社通过省级监测；乳山市久大海珍品养殖专业合作国家农民合作社示范社通过国家级监测。新增农民专业合作社184家。至年末，全市拥有国家农民合作社示范社2家、农民合作社省级示范社14家、农民合作社威海市级示范社50家。各类农民专业合作社1357个，成员总数160265人。其中，农民专业合作社1070个，成员数23544人；农民专业合作社联合社30个，成员数166个；农村土地股份专业合作社10个，成员数2844人；农村经济股份合作社247个，成员数133711人。

【家庭农场新增52家】 2017年，乳山市新增家庭农场52家、威海市级示范场3家。省级家庭农场示范场乳山市新自然家庭农场通过省级监测。至年末，全市拥有家庭农场省级示范社3家、家庭农场威海市级示范场10家。经工商部门注册家庭农场429家，注册资本（金）25700万元，从业人数1771人。按行业分类：种植业338家，其中粮食产业45家；畜牧业15家，其中生猪产业6家；渔业1家；种养结合27家；其他48家。按企业类型划分：个人独资企业146家，个体户270家，有限责任公司（自然人独资）13家。

（王自伟）

种植业

【概况】 2017年，乳山市农作物播种面积7.58万公顷，比上年减少2.2%。其中，粮食作物播种面积3.73万公顷，比上年减少0.8%；经济作物播种面积1.9万公顷，与上年基本持平。全年粮食总产量20.02万吨，比上年减少4.4%。蔬菜及瓜类种植面积0.76万公顷，比上年减少0.65%，总产量38.48万吨，减少1.43%。

2017年乳山市主要农作物播种面积及产量

表5

品种	面积（万公顷）	比上年±%	单产（公斤/公顷）	比上年±%	总产（万吨）	比上年±%
小麦	1.38	−2.8	3770	−34	5.2	−35.8
玉米	1.82	0	6527	+15.5	11.91	+15.7
地瓜	0.29	+3.6	7745	+12.4	2.25	+17.2
花生	1.9	+0.26	3980	+1.5	7.52	+1.3
大豆	0.23	−4.2	2738	+7.8	0.63	+3.3

6月2日，乳山市农业局在南黄镇南黄村新品种展示中心召开小麦新品种展示观摩会 （农业局提供）

【粮食高产平台建设项目推进】 乳山市自2016年10月始实施建设粮食高产攻关田面积10公顷、示范区面积666.67公顷的粮食高产创建平台建设项目。2017年在南黄镇南黄村建设小麦新品种展示中心6.67公顷，展示各种小麦品种30个；在徐家镇洋村、乳山寨镇小管村、冯家镇东官庄村各建设1处小麦镇级示范点，面积3.33公顷，展示小麦新品种10个；同时在上述地点建设同等规模玉米示范基地，展示玉米品种76个。重点推广烟农5158、烟农999、青丰1号、伟科702、隆平206、郑单958、登海605、登海618等新优品种，全市优良品种覆盖率100%。6月7日，山东省农业厅组织专家对小麦产量进行复核测产，万亩示范区小麦单产554.5千克。9月28日，省农业厅组织专家对玉米产量进行复核测产，万亩示范区玉米单产671千克。小麦玉米两季单产1225.5千克，完成单产1200千克产量指标要求。

【测土配方施肥技术覆盖面积达53333.33公顷】 2017年，乳山市完成2016—2017年度国家测土配方施肥项目共采集土壤样品420个，化验2100项次，化验项目包括土壤pH、有机质、碱解氮、有效磷、速效钾。农户自测样78个，化验390项次；在崖子镇、下初镇、午极镇、诸往镇、乳山寨镇设置20个土壤肥力定位监测点，监测土壤养分动态变化；举办培训班10期、组织专家召开配方研讨会1次，发布大配方3个，编制8种主要作物栽培技术管理月历，组织现场观摩活动3场；以正式文件和在媒体方式按时发布配方29个，其中小麦7个、玉米10个、花生5个、苹果蔬菜7个；建立化肥减量增效集成示范区2个，小麦玉米粮田示范区66.67公顷，果树示范区17.33公顷；因地制宜探索、总结出小麦、花生、苹果3套化肥减量增效技术模式。全市测土配方施肥技术推广覆盖面积53333.33公顷，减少不合理用肥960吨。

【农田土壤墒情监测及信息发布机制建立】 2017年，乳山市农业局在乳山市境内设置土壤墒情监测点9处，分别位于井子村、姜家庄村、北江村、塔庄村、下万口村、下初村，其中旱地小麦3个，水浇地小麦3个，共花生水浇地、旱地3个。在之前基础上开展监测，全年监测20次，根据墒情监测结果、气候条件、作物生长情况编制墒情简报并发布，下发各镇、各种粮大户、优秀合作社，为农户制定管理措施提供依据，全年发布土壤墒情简报20期，上传至乳山农业信息网，并将监测数据及报告发送到中国节水农业信息网“全国土壤墒情监测管理系统”，为政府进行农业结构调整和农业相关部门指导农民抗旱、抗逆和适种适管提供科学依据，适时灌溉、农田蓄水保墒提供指导。

【省级水肥一体化工程示范项目完成】 2017年，乳山市农业局通过宣传培训、试验示范、现场观摩、项目带动、技术扶持等多措并举，完成水肥一体化建设面积1999.93公顷。其中苹果656公顷，梨树133.33公顷，葡萄199.33公顷，大樱桃66.67公顷，桃20公顷，草莓350公顷，蔬菜66.67公顷，蓝莓253.33公顷，茶叶153.33公顷，苗木86.67公顷，高丽参20公顷。年内，省级2017年水肥一体化工程示范项目完成，建成133.33公顷高标准茶叶水肥一体化示范园，白沙滩镇孔家庄的乳山市九龙山旅游开发有限公司30公顷、海阳所镇山后于家村的乳山市爱母茶叶专业合作社26.67公顷，海阳所镇大庄村的虎山飘香茶叶专业合作社40公顷、南黄镇北斜山村威海威茗茶业有限公司36.67公顷，总投资325万元。其中省补助资金200万元，实施主体自筹125万元。水肥一体化的建设可实现节水25%～40%、节肥30%～50%、肥料利用率提高20%以上，灌溉水利用率达到80%以上的目标，农产品增产10%以上，品质有效改善。

【酸化土壤PH值提高0.2个单位】 2017年，乳山市在果园、蔬菜基地推广应用功能性有机肥和土壤调理剂346.67公顷，粮田应用功能性有机肥和土壤调理剂584.67公顷。推广应用功能性有机肥3637.15吨，土壤调理剂1750.3吨。果园和粮田亩增产10%左右，化肥使用量减少15%以上，酸化土壤PH值提高0.2个单位以上。

（李汉燕）

【小麦种植补贴发放2659万余元】 2017年，乳山市实施耕地地力保护

5月25日，乳山市农业局工作人员实地勘查小麦受灾情况

（农业局提供）

补贴（小麦种植补贴）、种粮大户（含种粮家庭农场）补贴项目。开展耕地地力保护补贴工作，组织各村对农户种植小麦面积进行实地丈量，按照1875元/公顷标准发放补贴。年内，为1.42万公顷小麦发放补贴资金2659.66万元。对种粮大户，经自愿申报、村初核、镇审核、村镇两级公示及乳山市种子站审查，补贴21户，其中小麦补贴面积155.87公顷，补助有机肥132吨。

【政策性农业保险理赔金额1481万元】 2017年，乳山市实施小麦、玉米、花生政策性农业保险。小麦、玉米每公顷保险费用225元，其中农户缴纳45元，国家补贴180元；花生每公顷保险费用240元，其中农户缴纳48元，国家补贴192元。年内全市承保小麦1.42万公顷、玉米1.77万公顷、花生1.49万公顷。2017年，全市因灾理赔1481.36万元，其中小麦因旱灾理赔1416.11万元，花生因涝灾理赔65.25万元。通过政策性农业保险理赔保障农民切身利益，为农民恢复灾后再生产打下坚固基础。

【农作物病虫害防治面积18.63万公顷】 2017年，乳山市遵循“预防为主、综合防治”植保方针，全面开展测报和农作物病虫害防治工作，试验推广植保新技术、新成果，开展绿色防控和专业化防治，为农业生产安全提供有力保障。全年发布病虫情报17期，其中，长期预报2期，中、短期预报共15期；向省测报站报送病虫害模式报表5期。2017年，全市农作物病虫草害发生总面积18.63万公顷，发生程度为中等发生（3.06级），发生程度比上年略高（2016年2.98级），发生面积较上年增加3.79万公顷。其中，病害发生面积9万公顷，发生程度为3.24级，发生程度较2016年下降0.05级，在病害中，重发生和偏重发生的有小麦纹枯病、花生叶斑病、玉米小斑病和锈病；虫害发生面积4.6万公顷，发生程度为2.05级，发生程度较上年下降0.47级。农田草害发生面积为5.17万公顷，发生程度为3.0级，发生面积较上年增加0.97万公顷。2017年，全市有害生物防治总面积18.63万公顷，防治面积占发生面积100%，挽回粮食损失3.63万吨，挽回油料损失2.09万吨，挽回水果损失10.6万吨，挽回蔬菜损失3.49万吨。实际损失粮食0.19万吨、油料0.11万吨、果菜0.74万吨。

【农作物病虫害发生特点分析】 2017年，乳山市小麦蚜虫发生呈减轻趋势。发生面积0.53万公顷，发生程度1级。小麦条锈病是近年最重一年，发生面积0.13万公顷，发生程度1级。二代棉铃虫发生呈加重趋势。由于春季气温偏高，前期降水偏少，导致产卵早、卵量大，卵量为近10年最高的一年，且发生期较常年提早7～10天，发生面积1万公顷，发生程度3级。玉米锈病、小斑病发生重。进入7月以来，境内降雨次数多，降雨量大，7—8月的高温高湿气候条件导致玉米锈病和小斑病发生重，玉米锈病发生面积1万公顷，发生程度3级。玉米小斑病发生面积1万公顷，发生程度2级。

【获山东省小麦条锈病防控工作先进集体称号】 2017年，乳山市继续推行小麦“一喷三防”、玉米“一防双减”、花生“一控双增”等技术措施，开展新技术宣传指导。同时，引导企业参与农作物病虫害统防统治服务，年内新增1家农作物统防统治服务组织威海三智科技有限公司，利用植保无人机开展农作物病虫害防治工作，在小麦、玉米、花生、大姜、甘薯、旱稻等作物上开展防治作业，提高农作物病虫害防控效率，减少农药使用量。加强重大病虫害应急防控工作。对5月11日和5月25日相继在乳山寨镇圈埠村和徐家镇洋村发现的小麦条锈病，采取应急措施，配发应急防控药剂，组织指导开展应急防控作业，同时下发“小麦条锈病发生防治警报”，组织农技人员开展查治工作，控制条锈病的发展蔓延。由于工作得力，山东省农业重大病虫害防治与农产品质量安全指挥部授予乳山市植物保护站2017年山东省小麦条锈病防控工作先进集体称号。

（王炜）

果　业

【概况】 2017年，乳山市果园总面积13050公顷，较上年减少1.2%，果品总产量46.87万吨，较上年减少3.6%。其中，水果总产量46.18万吨，较上年减少4.5%。干杂果0.69万吨。全市果品收入21亿元，其中，苹果收入18.9亿元。

【大宗水果收购价格下降】 2017年，由于上半年严重干旱，7—8月份又大量降雨，光照不足，红富士苹果着色差，品质下降，苹果价格较上年降低。嘎啦苹果一级果率10%～20%，每千克3.0～3.4元，二、三级果率30%～40%，每千克1.2～1.6元；红将军苹果一级果率30%～40%，每千克5.2～5.6元，二、三级果率30%～40%，每千克3元左右；红富士苹果一级果率30%～40%，80厘米以上的6.4～7元/千克，二、三级果率20%～30%，每千克3.6～4.0元。梨产量和价格均与上年持平。葡萄产量比上年增加，价格在3～5元/千克，与上年持平。桃和大樱桃产量与价格均与上年持平。

【果树病虫害发生较重】 2017年，受8月份强降雨影响，套袋苹果黑点病发生严重，发生面积占50%左右，果品质量受影响占20%以上。腐烂病发生较重，原因是果园负载量过大，果农过于追求产量，只注重春季防治，忽视秋季防治，错过防治关键期。梨小食心虫危害范围广，苹果、梨、桃、枣等果树上均有危害，发生面积2000公顷以上，危害程度超过桃小食心虫，是近十年最严重一年。绿盲蝽危害加重。由于果园普遍采用壁蜂授粉，为防止用药伤害壁蜂，在花前苹果露红期用药许多果园不加杀虫剂，导致绿盲蝽危害有逐年加重趋势。

【苹果现代集约栽培示范园新增5处】 2017年，乳山市继续实施现代农业生产发展资金苹果产业项目，获山东省财政扶持资金600万元，在冯家镇消水河村、东官庄村，育黎镇老由古村，大孤山镇河南村和午极镇石字岘村建成成方连片面积在13.33公顷以上的苹果现代矮砧集约栽培示范园5处，总面积73.3公顷。年内，申请“2017年乳山市高效特色农业发展项目”，获山东省财政扶持资金500万元，分别在乳山市冯家镇东官庄村和午极镇中庄村建立2个苹果现代矮砧集约栽培示范园，总面积46.7公顷。

【被列为国家苹果技术体系示范县】 2017年，乳山市被列为国家苹果产业技术体系威海综合试验站示范县，进行水肥一体化的推广应用。11月，在威海市农业科学院的带领下，安排工作人员到新疆阿克苏考察苹果生产，主要学习新疆在果树苗木繁育及管理方面的经验，指导全市苹果苗木繁育与生产。

2017年乳山市水果业主要品种生产情况

表6

品种	面积（万公顷）	比上年±%	产量（万吨）	比上年±%
苹果	1.12	−1.5	42.3	−4.8
梨	0.05	−2.1	1.12	−6.2
葡萄	0.09	+0.4	1.59	+0.5
桃	0.03	+6.6	0.78	+2.9

（王进）

茶 业

【概况】 2017年，乳山市加大茶叶品牌质量宣传力度，组织企业参加茶叶展销会，提高乳山茶叶知名度，包括乳山绿茶、胶东红、齐鲁红等品牌。年内，茶园总面积528公顷，主要分布在白沙滩、乳山寨、南黄、徐家、海阳所等沿海镇，由于春季干旱，春茶产量较上年减少0.2%。

【山东北宗茶业有限公司成立】 2017年2月，乳山市根据威海市政府对乳山茶产业发展的安排要求，组织对乳山市茶产业进行摸底调查，重点调研威茗等7家茶企业，撰写专题调研报告。在此基础上，与乳山市国运公司对接，成立山东北宗茶业有限公司（北茶公司子公司），推进“北茶小镇”项目建设。

6月14日，山东省茶叶体系专家到乳山指导茶园管理技术

（农业局提供）

【国内外茶叶发展及技术考察活动开展】 2017年5月，为加大茶产业发展力度，学习茶产业发展先进模式，乳山市政府组织赴浙江省西湖区、浙江省湖州市安吉县、福建省武夷山市、四川省峨眉山市、青岛市黄岛区和崂山区等全国茶叶优势产区考察，对接政府、茶企、市场等方面负责人，学习茶产业发展先进经验。2017年9月，由乳山市政府领导带队，到日本静冈、三重、京都等地区考察茶产业发展情况，主要学习日本茶叶制作技术及茶园机械化采摘技术。

【七家茶企业参展中国国际茶博会】 2017年5月，乳山市政府组织正华、极北、威茗、水云春、凤凰山、爱母、五童七家茶企业及合作社参加了农业部在杭州主办的“2017年首届中国国际茶博会”。展会期间，乳山市茶企业整合资源，抱团打造乳山茶品牌参展，在展会中凸显乳山展区，成为展会关注焦点，茶叶品质得到客户认可。

【茶树种植区域遥感规划完成】 2017年，乳山市聘请日照茶叶科学研究所和山东建筑大学遥感与GIS研究中心到乳山实地考察，并通过卫星遥感技术对乳山市茶树种植区域进行总体规划，为乳山市茶产业可持续发展奠定坚实基础。

（王进）

畜牧业

【概况】 2017年，乳山市合理规划畜牧产业布局，推进有机废弃物资源化综合利用体系建设，促进全市畜牧业生产与生态环境全面协调可持续发展。至年底，全市生猪存栏24.9万头，家禽存栏量1484.30万只。

【畜禽免疫率达到100%】 2017年，乳山市完善疫病防控体系建设，开展春、秋两季重大动物疫病集中强制免疫工作，共免疫畜禽583.69万只（头），免疫率达到100%；加大动物疫情监测力度，全年累计开展抗体检测猪984头、牛300头、羊948只、家禽13.54万只。完善病死畜禽收集体系和暂存点建设，加强与公安、食药监、卫计、保险公司等部门联动，严厉打击收购、贩运病死畜禽违法违规行为，至年底，共处理病死猪4.7万头、羊314只、牛5头，生猪定点屠宰场病害肉21.15吨。

【畜产品质量安全监管抽检合格率达100%】 2017年，乳山市充分利用镇村“赶大集”，向群众宣传私屠滥宰带来的危害，倡议主动举报私屠滥宰，规范市场秩序，全年发放宣传材料600份；加大抽检力度，全年完成抽样监测工作200批次，其中兽药20批次、生鲜乳4批次、鸡蛋20批次，禽肉及副产品30批次，畜肉30批次，畜尿30批次、猪饲料28批次、鸡饲料30批次、其他饲料8批次，合格率达100%；强化执法力度，年内，查处畜牧违法案件11起。全年出动执法人员400余人次，检查养殖场（户）2000家次、兽药生产经营单位56家次、饲料生产经营企业80家次。

【畜禽养殖环境改善工作完成】 2017年，乳山市整治畜禽养殖污染，改善生态环境，在全市范围内开展畜禽养殖环境综合整治工作，对全市养殖场、大型畜牧养殖企业、规模较大的养殖专业户粪污收集设施进行全面改造提升建设，全市480家养殖场和规模较大的养殖专业户整改验收完毕，威海督办81家禁养区内养殖场（户）关闭搬迁工作完成，“乱排乱放”现象得到治理，减少畜禽养殖污染。2017年，乳山市制订出台《乳山市畜禽养殖废弃物资源化利用实施方案》，对全市畜禽养殖废弃物资源化利用进行整体规划。将全市规划为4个有机废弃物资源化利用区域，实行区域化畜禽养殖粪污处理，改善生态环境。

（马正欢）

林 业

【概况】 2017年，乳山市围绕生态文明建设和旅游兴市战略，抓好以沿海防护林建设为重点的荒山绿化、绿色通道、退耕还林等绿化工程和绿色通道管护、中幼林抚育等工程。年内，全市林业用地面积63210公顷，其中森林面积45801公顷（包括防护林面积24039公顷，用材林面积1151公顷，经济林面积20611公顷），灌木林12297公顷，固定苗圃850公顷，未成林造林地2807公顷，无林地1455公顷，林木蓄积88.5万立方米，森林覆盖率34.83%。

【成片造林完成1369.8公顷】 2017年，乳山市荒山绿化造林采取混交造林方式，荒山中、下部栽植1～1.5米高的黑松，山上部栽植二年生黑松容器苗，山沟山腰部栽植紫叶李、黄连木等彩色树种，实施带状、块状、株间等混交模式，常绿树种、落叶树种和花灌木等树种相结合的造林方式。年内，完成成片造林1369.8公顷，其中，防护林面积564.8公顷，经济林面积707.73公顷，用材林面积97.27公顷。完成义务植树栽植树木230万株，完成育苗面积933公顷；创新造林管护方式，变以往造林管护一包1年为一包3年，重点加强对32826.67公顷国家、省级、威海市级重点生态公益林保护。新建绿色通道58.9公里，折实造林面积100公顷。推行“联户互抚，出资代抚，承包专抚”等方式，投资350万元，完成16个林场2333.3公顷中幼龄林抚育工作，修枝2333.3公顷。

【森林防火宣传教育深入开展】 2017年，乳山市加大森林防火宣传教育力度。3月9日，组织实兵防火演练；根据林情、火情，划定高火险区、高火险期，全市共张贴防火通告、禁火令3万份。通过微信公众号发送文字图片宣传资料，发放致学生家长一封信5万份，发放致全市人民一封信3万份，播放防火动漫、防火警示片300次，发送防火手机短信18万条。在有线电视中设置电视防火开机画面，对重点林区经营户逐户发放致林区经营者一封信3000份。在寒衣节、清明节等节日开展“鲜花换烧纸”活动，提高群众防火意识。开展森林防火源头治理行动，乳山市森防指办成立4个督导组，不定期督导检查。强化专业队伍建设，专业消防队员达到63人，各镇、林场分别建立一支半专业森林消防队，建成24小时值守集中食宿点52处。

【森林无公害防治率及监测覆盖率100%】 2017年，乳山市实施时间、组织、人员及要务“四统一”防控机制，病虫害防治面积达到1.07万公顷，无公害防治率及检测覆盖率达到100%，监测覆盖率100%。完成松材线虫病防控，清理病死松木2万株，处理伐桩2.6万个，死树鉴定率95%，死树伐除率100%。完成15个镇的古树名木普查工作，共普查古树名木223株。完成湿地保护规划工作，按照威海市总体规划进行保护。发布森林保护情报5期，全年防治作业面积9066公顷，其中，防治松毛虫、松针褐斑病及松树枯枝病400公顷；防治美国白蛾施药作业面积8000公顷次，释放周氏啮小蜂2亿头，剪除网幕3.8万个；全市有害生物无公害防治率100%，有虫株率0.5%，叶片保存率97%，监测覆盖率100%，测报准确率95%，种苗产地检疫率98%，调运检疫率97%，死树鉴定率95%，死树伐除率100%，无林业有害生物成灾现象发生。

（张学平）

水　利

【概况】 2017年，乳山市落实“节水优先、空间均衡、系统治理、两手发力”工作思路，推进河长制，实施城市应急引调水工程，开展农村应急抗旱打井和农村饮水安全巩固提升工程。至年底，乳山市有大型水库1座、中型水库4座、小型水库106座、塘坝773座、机电井2325眼，流域面积50平方公里以上河流15条，农村饮水工程570处，农村规模化水厂4座。

1月3日，威海市冬春水利建设现场会在乳山市召开　（辛戈摄）

【河长制严格落实】 2017年，乳山市推进河长制工作进度。8月底，市、镇两级全部制订出台河长制工作实施方案，确立市、镇、村三级183条河道名录，明确市、镇、村三级827名河长，完成市、镇、村三级河长组织体系构建。结合河长制工作需求，新充实配备30名河库巡查员，编制完成183条河道“一河一策”综合整治方案和“一河一档”整治台账，开展19条河道综合治理工作和明春需治理的48条河道规划设计工作，工程总投资2229万元。

【小型农田水利重点县工程投入2110万元】 2017年，乳山市实施小型农田水利重点县工程，新增高标准农田693.33公顷，推广微灌、低压管灌高效节水灌溉方式，新建平塘15座，新建大口井20眼、泵站22座，维修加固塘坝18座，工程总投资2110万元。

6月15日，院里水库引调水工程施工　（王凯丽摄）

【城区应急引调水工程完工】 2017年，面对连续三年的干旱形势，针对乳山唯一水源地龙角山水库水源告急的紧急状况，乳山市在上年完成乳山河拦蓄引调水工程、花家疃水库引调水工程基础上，继续实施投资2177万元、管道长度14公里的院里水库引调水工程和投资1885万元、管道长度17.2公里的正甲夼水库引调水工程。通过4大引调水工程，每日新增供水能力10万立方米。截至2017年8月，旱情得到有效缓解，累计调水1800万立方米，实现应对连年干旱城区“不限水、不停水”目标。

【乳山河地下水库工程建设】 2017年，乳山市实施乳山河地下水库工程建设。乳山河地下水库是威海市第一座地下水库，是乳山市一项重点民生工程。工程位于乳山河流域下游，分为上、下级库，水库规模为中型，总库容2197万立方米。主要建设内容为新建乳山寨橡胶坝、凤台顶橡胶坝、于家庄橡胶坝3座橡胶坝、7.6公里地下截渗墙、生产桥及管理设施等。工程总投资20492万元，于2016年12月开工建设，通过科学调度，倒逼时限，倒排工期，于2017年12月底提前完工并通过验收。

【农村饮水安全工程实施】 2017年，为保障农村供水水源和水质安全，乳山市投资1570万元，实施农村应急抗旱打井156眼；投资1000万元，为456个村新上单村水质消毒处理设施，实现农村水质消毒处理全覆盖。

【水资源管理制度严格落实】 2017年，乳山市落实最严格水资源管理制度，着力加强用水总量控制管理，做好计划用水管理，抓好水资源论证审批管理、取水许可管理、取水许可证年度审验、水土保持方案审批管理、水土保持监督检查、水行政审批及水行政执法、水利“放管服”、多证合一、水利简政放权等工作，加大水资源费和水土保持补偿费的征缴力度，共收取水资源费350万元（不含自来水），水土保持补偿费47万元。

【涉水安全事故“零发生”】 2017年，乳山市立足“防大汛、抗大洪、抢大险”，落实防汛抗旱行政首长负责制，重点抓好防汛责任落实、河道行洪安全、水库塘坝度汛、城市防洪排涝、山洪灾害防治、防汛抗旱宣传等重点工作，分别投资120万元和180万元，对台依水库、院里水库、花家疃水库3座中型水库和部分小型水库进行维修养护；投资1600万元，对74座塘坝进行除险加固；投资1300万元，完成白沙口九期防潮堤1700米主体工程。加强小型水库管护力度，为全市106座小型水库落实管护人员120人；推动花家疃水库提档升级，创建省一级规范管理单位；开展水利系统安全生产大快严集中整治行动，全年没有涉水安全生产事故发生。

【库区移民项目16项完成】 2017年，乳山市改善库区移民村生产生活条件，投资533万元，完成16个库区移民项目建设，实施饮水、交通及水利设施配套工程建设，解决移民吃水用水及交通问题。做好移民后期扶持人口核查工作，加强对移民后扶直补人员的动态管理，完成全市大中型水库移民人口年度审核任务。

（田明泉）

农业机械

【概况】 2017年，乳山市拥有农用拖拉机中、小型62172台，总动力60.42万千瓦；大中型3027台，总动力12.11万千瓦；拖拉机配套机具11.34万部。当年机耕面积44814公顷，机播面积53650公顷，免耕播种面积20678公顷，其中小麦7108公顷，玉米13570公顷。当年农机化投入2173.5万元，其中，财政投入255.1万元，农民个人投入1918.4万元。

【农机购置补贴机具202台】 2017年，乳山市实行“全价购机、定额补贴、县级结算、直补到卡”的补贴方式，全年共落实补贴资金218.101万元，补贴机具202台，受益户数163户。除传统农田作业机械外，粮食烘干机、秸秆打捆机、现代果业生产机械等新型适用机具保有量实现较大突破，促进全市农机装备水平的提升。

【农机管理工作推进】 2017年，乳山市对全市各农机生产厂家、销售公司、维修网点集中进行安全监督检查5次，排查消防、环保、电气焊操作等安全生产隐患，签订《安全生产承诺书》；全面排查全市45家农机专业合作社，劝导无实际经营的合作社及时到工商管理部门核准注销；免费为跨区作业机手检验车辆、发放作业证，引导下载“农机通”，及时提供服务信息。进行秸秆粉碎还田全面禁烧巡检。组建作业应急服务队，保证机械正常运转。

【秸秆综合利用技术推广】 2017年，乳山市大力推进秸秆综合利用，开展秸秆粉碎还田。将小麦联合收获机安装使用秸秆切碎器、秸秆焚烧情况列入镇年度考核内容，严禁未安装还田装置或检验不合格机械进地作业。推广使用抛撒式小麦秸秆切碎机，开展小麦机收—秸秆还田—玉米直播“一条龙”作业和订单作业。实行小麦秸秆打捆。召开小麦机械化打捆现场观摩会及机手培训会，推广大型小麦秸秆打捆机，利用补贴资金对秸秆捡拾压捆机实行敞开补贴。机收小麦秸秆打捆1466.67公顷，城乡环卫一体化工作成效增强。探索秸秆综合利用新途径。将茎穗兼收型玉米联合收获机和秸秆压捆机配套使用，使玉米秸秆连穗切碎打捆青贮或玉米摘穗后秸秆切碎打捆黄贮，成为畜牧养殖业优质饲料。促成“一户一社”实现购机作业，筹建玉米机械化青贮收获示范基地1处，打造“秸秆—养殖业—沼气—种植业”农业生态经济循环模式。

【农机扶贫攻坚战展开】 2017年，乳山市采用政策脱贫、自力脱贫、服务脱贫、项目脱贫等形式，打好扶贫攻坚战。政策脱贫上，利用补贴政策，对山东省定贫困村购机农户优先给予补贴，进一步提高惠农补贴指向性、精准性和实效性；自力脱贫上，对全市5个省定贫困村成立的农机专业合作社给予政策支持和技术指导，鼓励合作社开展代耕代种、托管（半托管）农机作业服务；服务脱贫上，举办2期扶贫培训班，聘请技术骨干现场授课，提升农机使用、操作水平。推行送检下乡服务，加强农机安全宣传，为农机脱贫提供安全保障；项目脱贫上，为包扶村投入健身娱乐器材，投资6万元建设1处果蔬大棚。

【农机安全服务进社区村活动开展】 2017年，乳山市农机管理部门继续推行到社区村开展免费服务。全年共服务14个镇、130个中心社区，检验车辆4065台（套），考试驾驶员36人，注册登记、变更登记农业机械142台，驾驶证、行驶证换（核）、补发425本。

（侯玉红）

◆ 乳山地瓜 ◆

地瓜是豆科藤本植物豆薯的块根。又称沙葛、土瓜、凉瓜、凉薯、薯瓜、番薯。中国中南、西南地区及福建、台湾、等地均有栽培。

乳山地瓜产地主要分布于夏村镇、海阳所镇、白沙滩镇、大孤山镇、南黄镇、冯家镇、下初镇、午极镇、育黎镇、崖子镇、诸往镇、乳山寨镇、乳山口镇、徐家镇。乳山属胶东低山丘陵区，暖温带东亚季风型大陆性气候，具有气候温和、温差较小、雨水丰沛、光照充足、无霜期长的特点，历年无霜期平均205天，生长期平均降水量591毫米，大多集中在7—8月份，累年平均日照数为2572.7小时。乳山地瓜多种植在丘陵地带，光照足，接受光能多，白天吸热多，晚上放热快，有利于提高昼夜温差，增加干物质的积累，同时有利于地瓜中淀粉的积累，淀粉含量高；乳山土壤多为棕壤，通气好，排水快，不仅有利于甘薯膨大，而且有利于微生物的活动，加快土壤中有效养分的转化，乳山地瓜个头均匀，外皮光滑，颜色新鲜，筋少面多，而且糖度适中，淀粉质丰富。

自清乾隆十七年境内引进地瓜开始，地瓜成为乳山的重要作物。由于地瓜耐瘠薄、耐干旱、产量高，地瓜曾是乳山市主要的粮食作物之一。20世纪70年代，乳山的农业科技人员在栽培技术上不断改进，积累了丰富的经验，创造了多项栽培新技术，在全国进行推广，获得连年丰收，创造了“乳山经验”，乳山也被誉为“地瓜县”。历史上种植面积最大的年份为1964年，面积为26333公顷，超过了小麦的种植面积；1971年以前，亩产（鲜薯，下同）在1000公斤以下；1971年以后，产量逐年增长；1975年全县春夏甘薯21600公顷，平均亩产2314.5公斤；1977年虽然遇到罕见大旱，全县19133公顷春夏甘薯平均亩产仍达到1905公斤。其中一个大队23公顷春夏甘薯平均亩产达到3312.5公斤，并有平均突破5000公斤大关。

随着生活水平的提高，地瓜不再作为人们生活中的主食，现在种植地瓜主要是用于食品的调节，部分农民种植地瓜用于出售给淀粉厂加工粉条。目前乳山市地瓜种植面积在3333公顷左右，种植品种主要为丰收白、烟薯1号、徐薯18等品种，上述品种地瓜淀粉含量在20%以上，含量较高，深受淀粉厂欢迎，所以现在仍保留较大的种植面积，地瓜收获后，直接送淀粉厂用于加工淀粉，然后加工成粉条，鲜地瓜的收购价格在每公斤0.8元左右，按照每亩2500公斤的最低产量，亩效益在2000元左右，相比其他农作物效益较高。

截至2017年年底，乳山市地瓜加工企业主要有两家，分别为乳山华美淀粉制品有限公司、乳山市赤家口粉条厂，另外有十几家规模较小的淀粉加工厂。规模最大的乳山华美淀粉制品有限公司，成立于1990年，是中美韩三方合资的威海市农业重点龙头企业，是全国大型粉条、淀粉生产企业之一，专业生产鲜地瓜淀粉和地瓜粉条系列产品，所生产的“三田”牌地瓜粉条50%销往美国、加拿大、澳大利亚、日本、韩国等国家或地区，地瓜淀粉50%销往韩国，拥有日处理鲜地瓜1800吨和年产粉条6000吨的生产线各1条。公司所生产的“三田”地瓜淀粉及地瓜粉条采自乳山优质无公害的新鲜地瓜精制而成，现代设备与传统加工工艺相结合的原理，素有“人造鱼翅”之美誉，被乳山市政府指定为答谢来宾的民俗特产，乳山旅游局评选为十大优质品牌之一，在国内外市场上享有很高声誉。

· 金代 双耳罐

· 元代 四系罐

· 元代 四系罐

· 金代 四系罐

责任编辑：高献东

海洋与渔业

Ocean and Fishery

- ◎ 综　述
- ◎ 海洋管理
- ◎ 渔政管理
- ◎ 渔业发展
- ◎ 水产品质量安全监管
- ◎ 产业化及品牌建设
- ◎ 科技推广
- ◎ 渔业企业选介

综　述

【概况】 2017 年，乳山市坚持陆海统筹，构建创新、高效、包容现代海洋渔业发展体系，推进海洋渔业转型升级、提质增效。全市水产品总产量 42.53 万吨，其中海洋捕捞 3.39 万吨、海水养殖 38.68 万吨，淡水养殖 0.46 万吨；实现水产品总产值 46.69 亿元，比上年增长 1.32%；水产品养殖总面积 11906 公顷，其中海水养殖面积 11573 公顷、淡水养殖面积 333 公顷；水产品加工企业 60 家，加工能力 18.36 万吨 / 年，2017 年加工总量 14.27 万吨，产值 21.69 亿元，比上年增长 11.63%。主要加工品种有牡蛎、鳕鱼、鱿鱼、海蜇、虾仁等。

【海洋生态修复工作机制建立】 2017 年，乳山市结合本地实际，制定乳山市海岸带修复与整治工作方案，重点开展乳山湾东流区蓝色海湾生态修复、和尚洞渔人码头改扩建、南泓渔港建设、和尚洞至浪暖口段海岸带整治修复、潮汐湖生态修复二、三期和小青岛综合整治修复六大工程，实现海岸带修复规范化、长效化。其中乳山市银滩海岸带整治与近海生态修复项目当年开工建设。

【扶持海洋牧场建设意见出台】 2017 年，乳山市出台扶持海洋牧场建设的意见（试行），给予 10 万～30 万元奖励以提升海洋牧场苗种供给水平，包括水产原良种基地、“育繁推”一体化现代渔业遗传育种中心和新品种研发基地等类型建设；给予 10 万～50 万元奖励以建设海洋牧场示范区，包括新建投礁型、底播型、装备型、游钓型、田园型等五大类海洋牧场； 奖励 5 万～20 万元鼓励融合发展休闲渔业，重点扶持休闲海上游钓基地、休闲陆上池塘垂钓基地。扶持海洋牧场建设意见出台，对推进全市海洋牧场建设，加快海洋产业转型升级产生积极意义。

12 月 18 日，海洋牧场示范区建设启动仪式举行　（李强摄）

2017 年乳山市水产品产量统计表

表 7　单位：吨

项目	总计	海水捕捞与养殖			淡水养殖
		小计	捕捞	养殖	
总产量	425336	420768	33916	386852	4568
一、鱼类	22250	17682	15583	2099	4568
其中：白姑鱼	3470	3470	3470	—	—
黄姑鱼	159	159	159	—	—
鲅鱼	774	774	774	—	—
梭鱼	728	728	728	—	—
沙丁鱼	988	988	988	—	—
鲳鱼	1909	1909	1909	—	—
小黄鱼	1023	1023	1023	—	—
带鱼	199	199	199	—	—
鲐鱼	22	22	22	—	—
马面鲀	102	102	102	—	—
其他	12966	8308	6209	2099	4568
二、甲壳类	14632	14632	13824	808	—
其中：虾	12259	12259	11690	569	—
蟹	2373	2373	2134	239	—
三、贝类	367934	367934	2764	365170	—
四、藻类	17809	17809	—	17809	—
五、头足类	667	667	667	—	—
其中：乌贼	38	38	38	—	—
鱿鱼	205	205	205	—	—
章鱼	166	166	166	—	—
六、其他水产品	2044	2044	1078	966	—
其中：海蜇	488	488	488	—	—

海洋管理

【概况】 2017 年，乳山市加强海洋环境监测，完成县级海域动态监管建设项目，科学应对浒苔灾害，加大海洋执法力度，实现海洋经济可持续发展。

【县级海域动态监管建设项目配备完成】 2017 年，乳山市配合山东省海洋与渔业厅完成县级海域动态监管建设项目，计算机工作站、测绘专用仪器、无线基站、应急监测车等海域动态监管软硬件设备到位，乳山市海域动态监管中心机构批复成立；推进海域使用权招拍挂工作，规划 47 宗、9066.67 公顷海域进入海洋产权交易中心交易，实现海域使用权出让公开、公正、公平。

【浒苔应急处置工作展开】 2017 年 6 月中下旬到 8 月初，浒苔为集中爆发期，多为江苏近海漂来。2017 年，乳山市全面做好浒苔应急处置工作，实现浒苔日上日清。全市累计出动人员 3808 人次、机械车辆 6041 台次、船只 89 艘次，处置浒苔 17.32 万吨，其中无害化处置浒苔 4.47 万吨，保护海洋生态环境和沿海渔业、旅游活动正常开展。

6 月 25 日，乳山市组织机械化清理浒苔 （杨大杰摄）

【海洋环境监测体系完善】 2017 年，乳山市根据《2017 年山东省海洋生态环境监测工作实施方案》要求，完善近岸海域趋势性监测等涵盖海洋环境监测、环境监管监测、公益服务监测和环境风险监测 4 大项、6 大类监测体系。在全市海域布设 33 个监测站位，对海域水文气象、海水水质、近海污染与生态状况等项目进行跟踪监测，全年获得监测数据 6000 个。组织开展银滩海水浴场日常监测、养殖区加密监测、浒苔灾害风险监测和赤潮监控区监测等项目。通过高密度的水质监测与信息发布，为全市海洋经济发展提供信息支撑。

【海洋巡查执法力度加大】 2017 年，乳山市海监部门落实岸段负责及近岸海域定期巡查制度，将旬巡查制改为周巡查制。全年开展岸线巡查 140 次，出动执法艇 55 次，检查各类用海项目 121 宗。查处违规填海项目 1 起，结合“海盾 2017”“碧海 2017”“蓝剑 2017”、无居民海岛专项执法等行动，采取监控设备和现场巡查等手段对市内涉海大项目、海洋特别保护区项目、近岸海域海洋类工程项目加大跟踪监管力度，消除海洋违法行为。

渔政管理

【概况】 2017 年，乳山市围绕捕捞渔具管理、伏季休渔管理、涉渔“三无”船舶管理等重点内容，开展系列整治活动，严格渔政执法，维护捕捞生产秩序。

【渔港渔船规范管控】 2017 年，乳山市严管严控渔港码头加油车进出和电气焊使用；为乳山口、南泓、和尚洞 3 处渔港安装高清摄像头 15 个，并与边防部门联网，实现共管共防；为辖区 60 马力以上 260 艘渔船更新安装北斗卫星定位终端设备；开展渔船集中整治活动，加强涉渔“三无”船舶清理取缔工作，拆解“三无”船舶 344 艘；对辖区 754 艘捕捞渔船构建起县、乡、村三级管控体系。

【伏季休渔期群体性违规事件零发生】 2017 年，乳山市制定伏季休渔、海蜇管理等专项工作方案，成立海陆联合执法小组，落实船籍港、转港审批、海查陆处与执法协作等制度，对辖区渔船做好监管，对重点区域做好监控：执法船中国海监 4037、中国渔政 37502 船长时间在南黄岛、小石口、南夼、和尚洞等区域进行巡查；中国渔政 37528 船蹲守乳山口湾口门，对乳山口区域渔船进行监管。同时，对海上定置网具（老牛网）进行清理，严查“地笼网”等禁用渔具。陆地执法组对渔港、码头及渔船停泊点进行不定时巡查和夜间突击检查，安排专人不间断监视渔港监控视频，及时掌握渔港内动态。查获违规案件 45 起，查处率达 100%。没收并销毁地笼网 1200 余套，清理圈网 40 套，2017 年伏休期间，未出现群体性违规事件。

【强化渔业安全生产管理】 2017 年，乳山市进一步强化渔业安全生产责任意识，与船东（船长）签订《渔业安全生产守法作业承诺书》815 份，与系统工作人员签订承诺书 33 份；

强化渔港渔船管理站监督管理职能，掌握渔船动态信息，增加并升级渔港视频监控设备15个；在辖区内各渔港码头、人员集中地张贴40副渔业安全宣传标语，印制发放2200册《渔业安全生产手册》。组织开展12期“渔民安全生产和渔船管控教育培训”活动，培训渔民2200人；进一步加强执法力度，深入开展渔业安全生产大检查和隐患排查治理，查获违禁渔具1200套，违法行为立案30起，办结30起，通过各类渔业执法检查督导，有效维护良好渔业生产秩序。

（海渔局）

渔业发展

【概况】 2017年，乳山市以渔业资源增值、渔业产业优化、水产品质量安全为重点，加快推进渔业转型升级。全年新建标准化生产基地2处，放流各类苗种3.62亿尾（只）。

【良种培育引进扩繁力度增大】 2017年，乳山市加大养殖优良品种研发培育、引进及良种扩繁力度。与中国海洋大学、青岛前沿种业公司等院所公司合作，引进“海大1号”“海大2号”、三倍体牡蛎等优势特色品种；正洋海珍品培育“海大1号”“海大2号”牡蛎水体1300立方米，出苗量1亿粒以上。海渊水产培育三倍体牡蛎水体1300立方米，出苗量1.4亿粒以上。依托山东科合海洋高技术有限公司，成功申报2015—2016年国内渔业油价补贴转移支付圆斑星鲽种业建设项目。项目主要包括新建高标准砖混结构种质保存、选育及苗种繁育工厂化车间2600平方米，提升改造原有种质保存、育苗车间3600平方米，建设封闭式循环水系统、物联网水质监控系统、环保调温系统、尾水处理系统，提高检测及实验水平，硬化园区道路，功能分区，绿化美化厂区，将科合公司打造成现代种业企业。

【海水养殖标准化程度提升】 2017年，乳山市以“健康养殖、资源节约、环境友好、产品优质”为方向，创新养殖技术，推动现代养殖业发展。依托龙汇水产、林海园艺等公司，建立高效、节水、节能、节地、减排的陆基精准清洁生产模式，实现南美白对虾、大菱鲆等养殖品种的陆基标准化养殖；依托海渊，完善养殖尾水梯度利用设施、水质净化等设施，修复池塘底质环境，打造节水、减投、减排的生态高效标准化池塘；依托威海蓝色金田公司，实行深水抗风浪网箱，建设现代化养鱼模式。陆基标准化、池塘改造、深水网箱等项目获批，提升海水养殖业的标准化程度，实现传统养殖模式向现代养殖模式跨越。

【渔业资源增殖放流工作推进】 2017年，乳山市渔业资源增殖放流工作稳步推进。在塔岛湾、乳山湾、白沙湾等近海海域共放流各类苗种3.62亿单位，放流品种主要包括中国对虾、日本对虾、海蜇、梭子蟹、金乌贼幼乌、黑鲷、圆斑星鲽、牙鲆8个品种，恢复乳山海域的渔业资源，实现渔业经济可持续发展。

水产品质量安全监管

【概况】 2017年，乳山市围绕质量安全监管、质量追溯和品牌建设等方面开展工作，水产品质量安全监管能力得到进一步提升，质量追溯工作取得成效。

【提升水产品质量安全意识】 2017年年初，乳山市对全市育苗、工厂化养殖生产单位进行“拉网式”摸底排查，签订质量安全责任状，做到各项数据真实可靠。配合农业部、省、市主管部门完成160个样品抽检，完成自检样品70个，涉及海参、牡蛎、大菱鲆、南美白对虾等10个品种。联合公安局、食药监局等单位开展“水产品质量安全专项整治”“国庆节、中秋节水产品质量安全专项检查活动”等活动，重点检查各项制度落实情况、生产许可证持有情况、是否存在和使用禁用渔药情况，对发现的问题责令整改。不定期出动水产品质量安全流动宣传车，在沿海六镇进行巡回宣传40次，开展水产品质量安全科普宣传教育活动15场。举办水产品质量安全培训班、水产品协管员培训大会等培训6次，提高质量安全监管人员、水产养殖育苗单位负责人、管理人员的质量安全意识。

【无公害养殖模式推广】 2017年，乳山市推广无公害养殖，为乳山市尚玉牡蛎养殖场新申请无公害产地产品认证，为乳山东方海洋科技股份有限公司乳山分公司等3家企业复查换证，使无公害水产品认证面积达到全市水产养殖总面积85%以上。在山东科合海洋高技术有限公司建立大菱鲆质量安全追溯体系，利用渔业通检测设备，提升企业疫病防控、质量检验和环境监测等方面的技术服务能力。

产业化及品牌建设

【概况】 2017年，乳山市围绕加快以牡蛎为特色的海洋产业提质增效、转型升级，创建“中国牡蛎之乡”品牌，规划启动现代海洋牧场建设，同时着力打造省级休闲渔业公园，实现海洋渔业产业向标准化、生态化、品牌化发展。

【海洋牧场示范区启动】 2017年，乳山市针对海上传统养殖模式组织松散、管理粗放实际，聘请专业团队，历时7个月，完成32000公顷海洋牧场调查和建设规划以及一期6666.67公顷招商方案。由国运公司牵头，成立时代海洋牧场运营公司，负责海洋牧场的总体运营和招商工作。按照养殖有规划、生产有标准、质量有追溯的要求，计划用5～6年时间分3期逐步实现海上养殖从“散户养”向“牧场养”，从“重产量”

向“重品质”转变。2017年，乳山市通过国有资本引导，吸引金融资本和社会资本共同参与，筹集3.3亿元一期海洋牧场发展基金，年底一期333.33公顷海洋牧场示范区正式启动。同时，结合海阳所牡蛎小镇建设，同步规划净化物流中心、研发中心、营销中心、加工中心等陆上配套设施，明确以牡蛎为基础的技术研发、精深加工、商贸物流等不同功能分区。通过海上牧场、陆上中心一体规划、联动发展，最终形成海陆接力、遥相呼应，一、二、三产业深度融合的新格局。

【省级休闲渔业公园项目申报成功】 2017年，乳山市依托台依湖、马石山和南洋生物等项目，申报省级休闲渔业公园项目。该项目主要建设专业钓位、渔业文化长廊、观光大坝、停车场、监控室等设施，建设四季钓场、亲海拾贝区、渔家乐餐饮区和迎宾服务区等不同功能分区，打造山东省知名的休闲渔业公园。

【一批海洋经济新兴项目成功申报】 2017年，乳山市借助威海市入选“第二批海洋经济创新发展示范城市”契机，与上对接，成功申报“功能型海洋生物蛋白饲料添加剂制备及产业链构建项目”“节能型海洋温控装备研制及产业链构建项目”和“海洋监测监管无人机平台及轻型载荷产业化关键技术集成及产业链构建项目”，扶持温喜生物、远深新能源、三智科技，打造“新产品、新技术、新应用”产业链协同创新综合体，提升海洋经济创新发展示范能力。

【获“中国牡蛎之乡”称号】 乳山牡蛎是“乳山三宝”之一，获得国家地理标志证明商标，被农业部认证为无公害水产品。全市养殖面积和产量在全国县级市中名列第一。2017年，乳山市为强化品牌引领作用，扩大“乳山牡蛎”地标优势，举办“乳山牡蛎品鲜汇”活动，从海洋文化摄影展、牡蛎嘉年华、牡蛎旅游精品路线发布仪式、牡蛎体验之旅、牡蛎产业发展高峰对话等7个方面，深挖乳山牡蛎品牌文化，树立品牌标杆。被央视“经济半小时”“走遍中国”“消费主张”等多个品牌节目和新华社、香港大公报等知名媒体采访和深度报道。为保护好知名品牌，推广牡蛎质量追溯体系，全市溯源授权主体数量增至20家，实现来源可查询、去向可跟踪、责任可认定。2017年，中国水产流通与加工协会授予乳山“中国牡蛎之乡”称号。

1月8日，中国（乳山）牡蛎产业发展高峰对话举办　　（大众网提供）

科技推广

【概况】 2017年，乳山市深入实施科技兴海，强化海洋科技创新，促进科技成果快速转化，不断引进新技术和新品种，深入推动渔业生产可持续发展。

【水产科技成果快速转化应用渠道建立】 2017年，乳山市加快实现科技人员直接到户、良种良法直接到塘、技术要领直接到人的科技成果快速转化应用渠道，建成由3名专家、19名技术指导员、234名示范户和1100名辐射带动户组成的水产科技服务网络。技术指导员为养殖户检测水质提出调水改底方案，检测病害提出防治措施，解决技术难题42个，海参示范面积1700公顷，牡蛎示范面积5346.67公顷。

【水产品新技术新品种引进推广】 2017年，乳山市围绕渔业主导产业发展需要，开展水产品新品种、新技术、新模式引进、试验和示范活动。建成1处渔业科技试验示范基地，示范面积66.67公顷，在示范基地开展牡蛎筏式生态育肥养殖技术、魁蚶牡蛎立体养殖技术、贝藻浅海生态养殖技术、牡蛎单体三倍体养殖技术4项新技术试验示范。开展三倍体牡蛎的养殖示范推广，推广单体三倍体牡蛎苗2000万粒约333.33公顷，附壳三倍体牡蛎苗500万片433.33公顷，共计766.66公顷；为弥补三倍体牡蛎产业链的苗种短板，主导青岛前沿海洋种业有限公司与乳山市海渊水产养殖育苗场合作建设三倍体牡蛎苗种繁育基地1处，育苗水体1600立方米，繁育三倍体牡蛎附着苗700多万片（2亿多粒苗）；继续引进俄罗斯红参苗种，在海阳所镇、乳山口镇等海参主养区开展养殖示范推广，年内推广面积66.67公顷；继续推广“海大1号”“海大2号”新品种，提高全市牡蛎良种的覆盖率，年内推广面积达3333.33公

1月8日，乳山市领导、贝类行业相关专家参观台依湖集团 （大众网提供）

顷；推广刺参微生态水质改良技术和牡蛎筏式生态育肥养殖技术，到位率和入户率达到95%；在山东省贝类产业创新团队首席专家的帮助和指导下，开展魁蚶底播养殖及牡蛎魁蚶立体养殖技术示范，底播魁蚶苗3160万粒，底播面积达206.67公顷，利用牡蛎养殖海区和饵料资源，单位海域产值得到较大增长。

渔业企业选介

【威海市恒源渔业有限公司】 成立于2012年2月。注册资本3000万元，固定资产6000多万元，拥有职工103名。为中国远洋渔业协会会员，山东省远洋渔业协会理事单位，拥有农业部远洋渔业企业资格、交通部申办海员证资格以及自理报关报检资质。公司致力于远洋渔业开发，特别是南太平洋金枪鱼钓业。以斐济的苏瓦港作为渔船补给基地，渔场辐射所罗门至大溪地公海。加快发展印度洋远洋渔业，以毛里求斯的路易斯港为渔船补给基地，发展金枪鱼钓船和灯光围网船等，逐步实现产业规模化。2017年，公司实施南太平洋和印度洋公海作业金枪鱼项目，作业渔船7艘，完成产量4015吨，产值4237万元，实现利润910万元。

【山东科合海洋高技术有限公司】 山东科合海洋高技术有限公司为股份制企业，地处乳山市徐家镇。始建于2001年，公司注册资金1200万元，总资产2000万元。公司园区占地11.33公顷，建有综合办公楼3000平方米、餐厅楼900平方米，实验楼1000平方米。工厂化标准育苗车间12000平方米，室外养殖池12.6公顷，可进行室内、室外苗种培育生产和实验。公司是省级水产健康养殖示范场、省级现代渔业园区、省级圆斑星鲽原种场、威海市“海水地方名优珍稀苗种繁育”工程技术研究中心、威海市水产品质量可追溯试点单位和威海市科技型中小企业。公司种质培育和苗种繁育的主要生产品种有大菱鲆、圆斑星鲽、美洲黑石斑、牙鲆、海参等，其中圆斑星鲽为公司特有品种，纳入2016年省级增殖放流品种。公司年生产繁育各类海水鱼苗400万尾，繁育海参苗种4000千克，销售优质海参种0.5万千克。公司产品辐射山东、辽

6月6日，海蜇增殖放流 （潘玉兰摄）

东半岛地区。2017年，公司主营收入510万元，实现利润100万元。

【乳山华信食品有限公司】 乳山华信食品有限公司原名乳山正洋食品有限公司，位于乳山市乳山口工业园，成立于2002年6月，注册资本11829.4579万元，现有职工1600余人。公司拥有万和食品、华信食品、海珍品育苗、海丰养殖等7个全资子公司和威海正洋海洋生物技术研究院、威海久业仓储物流有限公司、乳山市华信牡蛎养殖专业合作社等8个关联企业，是一个集研发、育苗、养殖、加工、检验、冷链物流、贸易等为一体的综合经济实体。注册成立起乳山市华信牡蛎养殖专业合作社，吸收社员220人，采取“合作社＋基地＋社员”方式，带动社员共同养殖共同致富。公司为农业部水产健康养殖示范场、农业部经济海藻遗传学与育种创新团队、高新技术企业、山东省农业产业化重点龙头企业、山东省水产健康养殖示范场、山东省现代渔业示范园区、山东省工业旅游示范点、山东省消费者满意单位等，先后取得北美认证、欧盟认证、美国HACCP、BRC、MSC等国际性权威认证及国内QS食品安全生产许可证。注册“养生仙贝”商标、“金龟岛”商标、“HOPE WELL”商标等。取得冷冻扇贝柱、盐渍裙带菜的绿色食品A级认证和栉孔扇贝、裙带菜、牡蛎、龙须菜的无公害农产品认证和无公害农产品产地认证。2017年，公司完成销售收入8亿元，进出口总额2.2亿美元，利税1520万元，出口创汇连续多年位居威海市同行业首位，贝类加工销售位居山东省首位。

◆乳山无花果◆

无花果属桑科，为榕属落叶灌木，亚热带落叶小乔木，又名天仙果、明目果等。无花果实际上也是有花的，只是它的花器构造和开花过程比较特殊，花朵深深地埋藏在肥大的囊状花托里，花托顶端又凹陷进去，把雌雄花包在其内，外观只见果而不见花，故名“无花果”。

无花果大约有5000年的栽培历史，原产阿拉伯南部，后传入叙利亚、土耳其等地，地中海沿岸诸国栽培最盛。大约在汉代传入中国的新疆，现在除东北、西藏和青海外，全国多地都有栽培，以新疆和山东半岛沿海地区最多，乳山是重要产地之一。过去，乳山的无花果大多是以庭院栽植为主，主要在房前屋后栽植，少量在野外栽植。在徐家镇车门口村西面的山谷里，曾有一株植于20世纪50年代的无花果树，自地面生出五根树干，其中最粗的两根，直径接近40厘米。在乳山银滩对面海中的官家岛上，有两株直径三四十厘米的无花果树。自20世纪90年代开始，乳山市南黄、徐家、白沙滩等镇开始成片连方栽植无花果，步入产业化轨道，栽植的无花果园主要以休闲采摘园为主。种植户成立无花果专业合作社，形成产供销一条龙，到2018年，乳山市无花果已发展到253公顷。

无花果品种很多，达1000个左右，按照是否经过授粉才能结实，可分为普通型、野生型、斯密尔型和中间型4类。乳山的无花果属于普通型，不需授粉即可结实，主要品种有青皮、布兰瑞克等，一般春秋两季结果，6—11月陆续成熟，果实皮薄无核，肉质柔软，甜美如蜜。果实的营养价值极高，除含有18种氨基酸、有机酸、特殊功能酶和维生素外，还含有硒、磷、钙、铜、铁、镁、钾等多种元素，其中有8种是人体必需的氨基酸。鲜果含糖量为15%～24%，成熟无花果的可溶性固形物含量高达24%，多为人体可直接吸收的果糖和葡萄糖，维生素C含量是桔子的2.3倍。而且，无花果生产过程中不需要施用任何农药，是真正的绿色食品。

无花果的根、叶、枝、果均可入药，治疗多种疾病，它所含的佛手柑内酯、补骨脂素等成分有防癌抗癌效果。无花果除鲜食、药用外，还可加工制干、制果脯、果酱、果汁、果茶、果酒、饮料、罐头等。无花果干无任何化学添加剂，味道浓厚、甘甜，在市场上极为畅销。无花果汁、饮料具有独特的清香味，生津止渴，老幼皆宜。

无花果喜温暖湿润的海洋性气候，喜光、喜肥，不耐寒，不抗涝，较耐干旱，在中国华北内陆地区如遇−12℃低温新梢即易发生冻害，−20℃时地上部分可能死亡，因而冬季防寒极为重要。无花果又是一种防污抗污的环境保护树种，能抵御二氧化碳、二氧化硫、硝酸雾、苯、粉尘等有害气体的污染。它树姿优雅，叶片大，具有良好的吸尘效果。因此是城市、机关、学校、医院及工矿区绿化的优良树种。

· 宋代 铁斧

· 宋代 铁杈

· 宋代 铁犁镜

· 唐代 铁釜

责任编辑：王 浩

·宋代 铁马镫

工 业
Industry

·宋代 铁凿

综　述

【概况】 2017年，乳山市实施“产业强市、工业带动、突破发展服务业”战略，加快转变发展方式，推动新旧动能转换。大力发展机械配件和装备制造、食品与生物科技、健康旅居三大重点产业，扶持培育新材料、新能源与节能环保三大新兴产业，打造高端装备制造、新材料、食品与生物科技、服装创意设计、高端精细化工五大产业园区，着力提高经济发展质量和效益。至2017年年底，乳山市拥有工业企业（单位）1892家，其中，规模以上工业企业355家，规模以下1537家。工业企业中内资企业279家，港、澳、台商投资企业12家，外商投资企业64家；大中型企业65家，小微企业290家。实现销售收入791亿元，利税60.43亿元。

【产业转型升级步伐加快】 2017年，乳山市工业企业围绕“产业强市，工业带动”战略，深化供给侧结构性改革，加快实施新旧动能转换，重点培育装备制造、绿色食品和生物科技、纺织服装、新材料、节能环保五大产业集群。开工泓联水转印纸等8个投资过亿元项目，签约燃气发动机改造、泛海阳光新能源等总投资191亿元的42个重点项目，项目投资规模、产业层次全面优化提升，规模以上工业增加值、用电量、税收分别增长8.5%、3.4%和19.7%。推动乳山市产业向高质量、高端化发展。

【企业重点技术改造投资超25亿元】 2017年，乳山市围绕传统产业加大技术改造投入，扩大生产规模，提高产品质量，32家重点企业、38家成长型企业稳步发展，2017年重点实施远深新能源节能环保清洁型水源热泵项目、双连制动环保型摩擦材料汽车刹车片项目、伯特利二期项目及原车间技术改造项目15个，累计完成投资25.48亿元，全部竣工投产，形成一批新经济增长点。伯特利、金洲矿业、龙峰硅胶等12家企业纳税过千万元。

【产业政策引领】 2017年，乳山市委市政府出台《关于推动工业经济转型升级的意见》，对企业实施品牌创建、龙头企业扩规生产、技术创新、改造等项目给予资金扶持，提供扶持资金1711.3万元；对纳税贡献较大企业授予“纳税明星企业”称号并予以奖励；对突出贡献企业家授予“突出贡献奖”；2017年，争取威海市提供《加快新旧动能转换促进工业企业提质增效》《中小企业发展专项资金管理办法》资金共787万元。

12月18日，威海科技暨服务业助力乳山产业突破发展合作推介会在乳山举行　（辛戈摄）

【威海市级以上科研创新平台38家】 2017年，乳山市引导企业加大科研创新力度，提升产品科技含量，加强核心技术能力。指导伯特利创建省级企业技术中心，鑫宝食品被认定为省级“一企一技术”研发中心，虹洋水产、宏伟食品被认定为威海市级企业技术开发中心，鑫宝食品、华隆食品被认定为威海市级工业设计中心。至2017年年底，全市拥有省级企业技术中心11家，威海市级企业技术中心15家，威海市级工业设计中心4家，威海市“一企一技术”研发中心8家，威海市级“专精特新”中小企业31家。

【威海迪尚集团服装水洗项目落户乳山】 2017年，乳山市利用无形资产、先进技术、市场资源等优势，引进市外企业参与资产重组、资本运作或市场合作。促成华信食品引入红塔集团资本、三盛汽车与北京三兴汽车、汇泉服装与威海迪尚集团等20项合作，与外合作成为企业快速膨胀重要途径，引进投资1亿元威海迪尚集团服装水洗项目，历时4个月时间完成安装、调试、生产，带动乳山市服装产业发展。

【实施“机器换人”工程】 2017年，乳山市引导企业释放潜在产能，实施“机器换人”工程，推进“智能工厂”建设，组织专业机构对全市重点企业开展生产自动化会诊活动，引导企业新上各类机器人、机器臂等设备或自动生产线，解决用工难题，提高生产效率，把潜在产能转变为显在产值。建立企业机器换人数据库，邀请专家对入库企业进行现场诊断，帮助企业制订改造方案，伯特利、力久电机、华邦精冲等15家企业进行生产线智能化、自动化改造，累计完成投资1.2亿元，提升企业装备水平，为乳山市企业装备智能化发展奠定基础。

链接：机器换人，是推动传统制造业实现产业转型升级的一项重要举措。是以现代化、自动化的装备提升传统产业，推动技术红利替代人口红利，成为新的产业优化升级和经济持续增长的动力之源。对于技术进步、提升劳动力素质、提高企业生产效率、促进产业结构调整、推进工业转变发展方式等具有重要意义。

2017 年乳山市规模以上工业企业主要产品产量完成情况表

表 8

产品名称	计量单位	生产量
铁矿石原矿	吨	134381.00
小麦粉	吨	20839.00
饲料	吨	23539.00
其中：配合饲料	吨	18063.00
鲜、冷藏肉	吨	128202.00
冷冻水产品	吨	204080.00
乳制品	吨	4546.00
固体及半固体乳制品	吨	4546.00
其中：乳粉	吨	4546.00
罐头	吨	25014.00
饮料酒	千升	15842.00
其中：白酒（折 65 度，商品量）	千升	5148.00
啤酒	千升	10694.00
软饮料	吨	31439.69
包装饮用水	吨	8873.00
果汁和蔬菜汁类饮料	吨	22566.69
布	万米	599.00
化学纤维短纤布	万米	20087.91
亚麻布（含亚麻≥ 55%）	万米	20087.91
蚕丝及交织机织物（含蚕丝≥ 50%）	万米	516.00
无纺布（无纺织物）	吨	279.01
服装	万件	4139.00
梭织服装	万件	1199.70
其中：羽绒服装	万件	947.01
西服套装	万件	910.67
针织服装	万件	252.69
家具	件	48947.00
其中：木质家具	件	48947.00
机制纸及纸板（外购原纸加工除外）	吨	1915.00

续表 8

产品名称	计量单位	生产量
纸制品	吨	27450.00
其中：瓦楞纸箱	吨	13384.00
单色印刷品	令	283932.00
多色印刷品	对开色令	68191.00
硫酸（折 100%）	吨	95426.29
合成氨（无水氨）	吨	31825.88
农用氮、磷、钾化学肥料（折纯）	吨	117705.64
磷肥（折五氧化二磷 100%）	吨	117705.64
涂料	吨	6778.00
初级形态塑料	吨	25149.00
塑料制品	吨	39934.00
泡沫塑料	吨	3560.00
塑料人造革、合成革	吨	0.00
水泥	吨	794558.22
商品混凝土	立方米	314014.00
石膏板	万平方米	4214.00
天然花岗石建筑板材	平方米	98586.00
生铁	吨	153971.00
铸铁件	吨	66518.00
铸钢件	吨	29398.00
锻件	吨	28857.18
粉末冶金零件	吨	9969.00
金属切削机床	台	1612.00
泵	台	4850.00
液压元件	件	1283.00
衡器（秤）	台	1416.00
模具	套	89315.00
电动机	千瓦	159666.00
交流电动机	千瓦	159666.00
电子元件	万只	4.53
钟	只	31224.00
自来水生产量	万立方米	1406.00

（丁培坚）

【2017 年纳税明星企业】

五星级纳税明星企业（2 家）： 乳山金鼎房地产开发有限公司、山东乳山农村商业银行股份有限公司。

四星级纳税明星企业（1 家）： 乳山市富大房地产有限公司。

三星级纳税明星企业（8 家）： 威海伯特利萨克迪汽车安全系统有限公司、国网山东省电力公司乳山市供电公司、乳山松海房地产开发有限公司、乳山市益天房地产开发有限公司、山东双连制动材料股份有限公司、山东金洲矿业集团有限公司、乳山市长城住宅开发有限公司、威海龙峰硅胶有限公司。

二星级纳税明星企业（19 家）： 乳山市城投置业有限公司、乳山国泰城建开发有限公司、乳山市大陶家房地产开发有限公司、威海佰德信新材料有限公司、乳山市春华建设工程有限公司、泰山石膏（威海）有限公司、山东鲁菱果汁有限公司、山东乳山工艺品有限责任公司、乳山华凯投资有限公司、山东天安房地产开发有限公司、山东日信工业有限公司、山东路氏和顺房地产开发有限公司大乳山分公司、乳山市烟草专卖局（营销部）、日照丽城建设发展有限公司乳山山译分公司、乳山市中创工程有限公司、山东力久特种电机股份有限公司、乳山华信食品有限公司、威海恒邦化工有限公司、乳山市腾达房地产开发有限公司第一分公司。

一星级纳税明星企业（29 家）： 华隆（乳山）食品工业有限公司、福喜（威海）农牧发展有限公司、威海市明珠硅胶有限公司、乳山益正公路工程有限公司、中国建设银行股份有限公司乳山支行、山东昂仕集团有限公司、威海海大塑胶有限公司、乳山天骄村镇银行股份有限公司、乳山市海天集团有限公司、中国平安财产保险股份有限公司乳山支公司、中国工商银行股份有限公司乳山支行、山东省昆仑路桥工程有限公司、乳山振华海洋食品科技有限公司、威海同仁食品有限公司、利群集团乳山购物广场有限公司、中国人民财产保险股份有限公司乳山支公司、威海华邦精冲科技股份有限公司、乳山市金果花生制品有限公司、乳山市振兴铸钢有限公司、乳山市龙马服装有限公司、乳山恒裕食品有限责任公司、乳山山水水泥有限公司、威海汇清环境技术有限公司、乳山亚细亚机电有限公司、威海韩孚生化药业有限公司、特来蓓丝特印染（乳山）有限公司、乳山市富地渔具有限公司、乳山市双丰机床制造有限公司、乳山市内燃机配件厂。

2017 年乳山市工业主要经济指标

表 9

项　目	单位	实际完成
全部工业		
工业总产值（当年价）	亿元	861.94
工业销售产值（当年价）	亿元	846.94
主营业务收入	亿元	852.71
规模以上工业		
工业总产值（当年价）	亿元	799.02
工业销售产值（当年价）	亿元	785.22
其中：出口交货值	亿元	157.22
主营业务收入	亿元	790.99
工业产品产销率	%	98.27
利税总额	亿元	60.43
其中：利润	亿元	37.18
资产总计	亿元	660
总资产贡献率	%	11.05
资产负债率	%	42.66
全部从业人员年平均人数	人	67308

（丁培坚）

2017 年乳山市规模以上工业企业主要经济指标

表 10　　　　　　　　　　　　　　　　　　　　　　　　　　　　单位：万元

项　目	企业单位数	其中：亏损企业	工业总产值（当年价）	工业销售产值（当年价）	其中：出口交货值	资产总计	主营业务收入	利税总额
总　计	355	53	7990225	7852236	1571235	6599978	7909971	604287
内资企业	279	44	6082024	6008308	859516	5174620	5994539	467879
国有企业	4	2	24242	22092		150900	21951	−510
集体企业	1		85550	77803	32436	35684	81223	4314
联营企业	1		25994	26214	2403	5592	25013	852
其他联营企业	1		25994	26214	2403	5592	25013	852
有限责任公司	58	8	1553220	1542721	161253	1671206	1527853	154077
其他有限责任公司	58	8	1553220	1542721	161253	1671206	1527853	154077
股份有限公司	8	3	325530	309310	34308	354487	327413	8819
私营企业	207	31	4067489	4030168	629116	2956752	4011087	300327
私营独资企业	55	9	1169292	1152024	155260	793025	1160427	73336
私营合伙企业	7		114404	113736	53125	59452	110823	11399
私营有限责任公司	139	20	2698060	2677434	395487	2030759	2656352	209677
私营股份有限公司	6	2	85733	86974	25244	73516	83486	5914
港澳台商投资企业	12	2	248305	242574	81329	180499	250894	14667
与港澳台商合资经营企业	5		103152	98062	39220	61070	105204	6267
与港澳台商合作经营企业	2		77426	77169		44077	76207	4140
港澳台商独资企业	4	1	65835	65451	42110	63463	67391	4174
港澳台商投资股份有限公司	1	1	1892	1892		11889	2092	86
外商投资企业	64	7	1659895	1601354	630390	1244860	1664538	121741
中外合资经营企业	26	4	771737	732855	253262	531533	791878	51221
外资企业	36	3	877393	859062	373349	707507	861553	68914
外商投资股份有限公司	1		3779	3779	3779	1580	3779	126
其他	1		6986	5658		4239	7328	1481

（丁培坚）

工业园区

【省级开发区地方财政收入排名 36 名】 乳山经济开发区于 1992 年 12 月经山东省人民政府批准成立，2009 年 2 月，与乳山口镇合并，辖 41 个村。总面积 107 平方公里，海岸线长 35 公里，拥有国家一类开放港口——乳山口港。乳山长途汽车站坐落区内。1992 年起，共引进各类项目 333 个。2017 年，地方财政收入 1.48 亿元，全省省级开发区排名第 36 位。

【建立中国留学人才全球高新技术研发基地】 2017 年，经济开发区围绕提升临港产业、机械装备制造产业、海洋食品产业、新材料产业四大特色产业园区，坚持招大引强与招才引智相结合，通过产业基金引导以及国有资本撬动，引进投资 1.5 亿元威海力磁电气项目、总投资 3 亿元江苏天鸿集团金猫机器人山东生产基地项目、威海伯特利萨克迪汽车安全系统有限公司增加投资 3 亿元伯特利二期膨胀扩规工程。与中央统战部直属中国留学人才发展基金会合作设立总规模 10 亿元创新创业天使和风险投资基金，共建全国唯一授牌中国留学人才全球高新技术乳山研发基地，打造海外技术精英归国创业“桥头堡”和海外人才离岸创业基地。赴京津冀、“长三角”“珠三角”及省内重点城市开展精准招商活动100次；2017年，引进新项目13个，其中过亿元项目7个，重点跟踪对接12个意向项目。

【企业技改扩规工作推进】 2017年，乳山经济开发区投资7.5亿元重点实施伯特利、华信食品、博诺制衣、振华食品等12家企业技改扩规工作。其中，伯特利汽车投资1.5亿元汽车零部件生产扩规建设及旧车间改造项目、华信食品投资5000万元贝类加工车间改造项目基本完工。

【威海市级以上创新平台新增6家】 2017年，乳山经济开发区新增威海市级以上创新平台6家，其中省级3家，分别是威海伯特利萨克迪汽车安全系统有限公司省级企业技术中心、双连制动山东省无铜陶瓷耐磨材料工程实验室和山东润发环保科技有限公司院士工作站。双连制动、力久电机、昊安金科等9家企业申报成为高新技术企业，拥有专利授权200件、省级以上科技成果鉴定26个和“省农业科技园区”1个。乳山经济开发区拥有力久电机、金牌生物科技、华邦精冲、昊安金科、佳利制衣等挂牌上市企业5家。

【园区基础设施建设工程投资6278万元】 2017年，乳山经济开发区投资6278万元推进园区硬化、绿化、亮化工作，促进基础设施建设全面提档升级。重点实施河道治理工程、道路亮化工程、新建道路工程、起步区改造工程4项便民利民实事工程。其中，完成道路改造路基底基层工程、雨污排水工程，总长9000米；完成厦门路、石狮路、福州路、温州路等9条道路绿化工程树木搬迁工作，总计6000棵。

（王青霞）

【滨海新区】 乳山市滨海新区成立于2012年12月26日，是“一体化”大威海新格局和乳山“南部提升”战略重要组成部分，区域规划总面积348.94平方公里。按产业布局规划和打造特色园区长远目标，规划银滩旅游度假区、大乳山滨海旅游度假区、海湾新城、新兴产业园、塔岛湾海洋生态国家级海洋特别保护区、食品与生物科技产业园、科技产业园7个功能片区。2017年，乳山市滨海新区统筹推进招商引资、项目建设、基础配套、社会稳定，实现公共财政预算收入15646万元，全区高峰期入住人口约6.6万人。

【优化滨海区发展环境】 2017年，乳山市承接金长城、台湾城等银滩4个问题小区妥处的时机，成立专门工作班子，建立联席会议机制，运用法制思维启动山海天、富海花园两个小区破产重整程序，稳妥有序推动问题化解，受理上级转办及网上投诉事项较2016年下降13%，群众满意度提升。在中共十九大召开期间，建立健全信访维稳三级网格，形成统筹推进、共同维稳合力。公安、房管、市场监督等部门联动配合，保持对区内传销、房产中介等违法行为高压整治态势，区域保持和谐稳定发展大局。

【滨海新区招商项目层次质量提高】 2017年，乳山市滨海新区“走出去”和“请进来”80次，洽谈项目120个。落地项目4个、签约实施9个。其中引进泓联水转印纸项目实现当年开工当年投产目标，创造区域项目建设新速度、服务新标杆；引进泛海阳光健康能源、菲密亚保健品等20个产业大项目；搭建哈尔滨新区国合基地、中科院两大招商平台，达成铁路轨道检测车等科技含量高、产品定位高端产业项目；引进云南新兴职业学院医养护理专科、莫斯科航空大学中国分校等项目带动，构建城区对接、产城融合格局；完成城市文化宣传片、主题曲、微电影等一系列文化作品5部（首），协调举办“金鼎杯·2017乳山银滩全国自行车邀请赛”等赛事，营造银滩与外良好形象。

【滨海新区便民基础设施工程总投资17.6亿元】 2017年，乳山市滨海新区开展年度总投资17.6亿元道路工程、绿化亮化、景观建设、生态修复、附属配套五大类基础设施配套和民生实事工程建设，实施城市环行公交、便民市场改造、小区用电性质变更、引进现代化物业管理等生活保障工程；沙滩管护、黑臭水体治理、创建全国文明城市、城乡环卫一体化等城市环境提升工程，补齐制约发展短板。依托海湾新城规划建设国际文化教育产业基地，引进文化、医疗、教育等国内

6月12日，乳山市滨海新区 （滨海新区提供）

外高端健康服务配套项目。

【滨海新区城市形象打造】 2017年，乳山市与山东卫视品牌策划中心合作，对滨海新区城市形象进行整体包装策划，通过微信、电视台、电台等媒体推出城市文化宣传片、主题曲、微电影等一系列文化作品5部（首），受到较好社会评价；协调举办"金鼎杯·2017乳山银滩全国自行车邀请赛"、金鼎集团十周年庆典等重要赛事和大型活动，借助赛事活动塑造银滩对外良好形象。

（徐园园）

【纺织染整工业园】 于2003年经威海市人民政府批准成立，总规划面积6平方公里，一期规划面积3平方公里，分纺织染整、服装加工、化工助剂3个区域，是乳山和威海地区唯一一处以纺织染整为主导产业的专业特色园区。

【纺织染整工业园重点项目建设推进加快】 2017年，纺织染整工业园新上永源食品料酒项目，续建转让完善城西科技孵化中心，并引入威海迪尚华悦项目。永源食品料酒项目厂房车间改造完毕，设备安装基本完成，进入调试阶段；城西科技孵化中心转让给威海迪尚华悦项目，由迪尚集团投资4000万元开展服装水洗和毛衫加工等项目，配套服装研发展示功能，打造服装水洗加工、毛衫织造加工多位一体样板化工厂，车间主体完工，内外墙涂料、门窗安装工作基本完成，传达室配套完工；佑成纤维公司完成设备升级改造，技改投资600万元；兴进纤维技改投资200万元；特来蓓丝特进行车间改造，设备升级换代；艾文科技项目二期工程完成前期地质勘探和施工图设计工作；4家企业新上天然气新能源清洁型锅炉。

【纺织染整工业园环境评估验收工作推进】 2017年，纺织染整工业园协调相关职能部门完善办理佑成纤维土地证手续，介入兴进纤维和宝时化工项目用地手续办理工作，处理历史遗留问题。金潮染织、大得利染业、丽浦维尔印染、特来蓓丝特印染、佑成纤维、吉兴染色、兴进纤维等企业新上污水预处理设施。兴进纤维、宝时化工、吾星纤维、特来蓓丝特、吉兴染色、正华纺织6家企业完成环评验收，金潮染织、大得利、佑成纤维等5家企业进行环评验收工作。

【纺织染整工业园基础设施配套完善】 2017年，纺织染整工业园基础设施配套再提升，招商环境得到改善。海峰街西首绿化提升，敷设天然气管道，完成园区蒸汽老旧主管网整体更新改造，完善基础设施配套。截至12月，园区企业生产总产值达到3亿元，实现税收1700万元。

【城区工业园】 位于城区深圳路东侧，北依乳山市城区，南接经济开发区，总占地面积5.65平方公里。2013年由乳山市统一规划，由原城区科技工业园、夏村镇工业园、大孤山工业园、长庆工业园整合而成。

【福喜调理品车间项目完工并投入使用】 2017年，城区工业园重点推进中立车智能立体泊车位项目、明珠环保餐具生产项目、佳利制衣扩规生产项目及福喜调理品车间项目建设工作。中立车项目建成，明珠项目规划文本、立项审批、环评手续等办理完成，加快办理土地手续上报国土资源局。佳利制衣项目老厂房改造完工，新建车间和研发中心主体完工，部分设备进场。福喜调理品车间项目于10月完工并投产使用。

【城区工业园基础配套设施完善】 2017年，城区工业园重点修缮营口路、威海路、青岛路以及唐山路路基和路灯设施，同时做好周边道路绿化工作，美化园区整体环境。

【纺织服装特色小镇规划建设】 2017年，乳山市在城区工业园深圳路以东地块规划纺织服装特色小镇，对已有服装产业产业升级。佳利制衣完成前期入驻工作，新厂区装修建设完工即可投产使用。

（庞毅敏）

黄金工业

【山东金洲矿业集团】 山东金洲矿业集团（以下简称金洲集团）是以黄金勘探、采选为主业的省属矿山企业，公司前身是乳山县（市）金矿。1970年4月建矿，2003年改制为山东黄金矿业股份有限公司（上市公司股票代码：600547）控股子公司，辖控股子公司山东金洲集团千岭矿业有限公司和山东金洲集团富岭矿业有限公司。企业总资产10亿元，职工1190人。2017年，完成黄金产量1137.36公斤，比上年增长5.31%；营业收入3.31亿元，利润总额7088万元，比上年分别增长7.51%和4.92%；税收2942万元，比上年增长0.94%。2017年，获山东黄金集团"安全环保奖""乳山市纳税明星企业""威海市劳动关系和谐企业""威海市职工技术创新竞赛示范企业""山东省企业设备管理优秀单位""山东省安全生产工作先进企业"等称号。

【金洲集团黄金产量1137.36千克】 2017年，金洲集团采取指标倒推、现场办公、劳动竞赛等方式，全力保供矿、保运转，提高采出矿质量和效率，全年累计生产黄金1137.36千克。推行内部市场化运营模式，深挖技术和管理潜力，实现选矿经济技术指标最优化。打通-905米和-1145米中段两条脉外大巷，实现35线主井和23线盲风井深部贯通，解决深部通风问题，为探矿、采矿工程推进创造有利条件。全年累计投入坑探工程量4105米，坑内钻探6682米，新增矿石量27.21万吨、金属量596千克。

【金洲集团"双重预防体系"建设通过山东省安监局验收】 2017年，金洲集团推进零工亡、零重大环保事故的"双零"目标落实。年内，逐级签订安全环保责任状，实现安全压力逐级传递、安全责任落实到人。推进风险分级管控和隐患排查治理"双重预防体系"建设，排查风险点54个、危险源264个，落实分级管控措施。全年举办井下火灾、一氧化碳中毒、尾矿库溃坝等大型安全演练活动6次，达到检验预案、锻炼队伍、提升安全应急处置能力和水平的目标。投入资金1100万元，推进深部地压控制、安全装备升级等安技项目实施，创造稳定安全生产环境。树立"绿水青山就是金山银山"理念，加大环保专项治理力度，完成尾矿库除尘装置自动喷灌改造、燃煤锅炉煤改油改造、选矿废水零排放工艺优化改造等项目，矿山清洁生产和"三废"利用水平再上新高度，打造"山东黄金，生态矿业"环保品牌。12月底，公司通过山东省安监局"双重预防体系"建设验收，达到省级标杆企业标准。

链接："双重预防体系"是构筑防范生产安全事故的两道防火墙。第一道管风险，通过定性定量方法把风险用数值表现出来，并按等级从高到低依次划分为重大风险、较大风险、一般风险和低风险，让企业结合风险大小合理调配资源，分层分级管控不同等级风险；第二道是治隐患，排查风险管控过程中出现缺失、漏洞和风险控制失效环节，整治失效环节，动态管控风险。安全风险分级管控和隐患排查治理共同构建起预防事故发生的双重机制，构成两道保护屏障，遏制重特大事故发生。

【金洲集团获国家实用新型技术专利授权】 2017年，金洲集团加大科研投入和技改力度，采取职工创新工作室创建、工匠精神宣讲、岗位技能比武等形式，引导员工参与创新活动，激发创新动力。年内，4名职工获得"齐鲁工匠"提名奖、威海工匠、乳山工匠称号，孙徐军、宫福祝创新工作室被评为威海市劳模（工匠）创新工作室。"一种提升机全数字闸瓦间隙在线监测装置"成果获得国家实用新型技术专利授权，"千米竖井井筒巡视装置研究与应用""英格庄北区矿体侧伏现象与F1断裂上盘交汇处矿体富集规律研究及找矿效果"等15个科技项目获山东黄金集团、威海市总工会及中国黄金协会奖励。

4月10日，乳山市非煤矿山应急救援演练在金洲集团开展

（张岩峰摄）

【金洲集团企业文化建设推进】 2017年，金洲集团以宣传和践行集团文化为主线，多维度、深层次推进企业文化建设，凝聚发展合力。举办职工趣味运动会、"孝行山金，感恩相伴"有奖征文比赛；参加乳山市职工演讲比赛、威海建市30周年企业职工歌咏比赛等活动，提振职工精神，展示职工风采，坚定职工企业文化自信；加强思想道德建设，开展社会主义核心价值观宣传贯彻、省级文明单位创建、"善行义举"四德榜评选等活动，培育健康企业风尚；开展困难职工帮扶救助工作，全年发放救助款26.21万元，救助职工家庭96（户）次；履行社会责任，组织和参与"慈心一日捐""爱心助学""新农村建设"等社会慈善和公益活动，赢得社会各界好评，企业美誉度和影响力提升。

（张岩峰）

【乳山市金华矿业有限公司】 乳山市金华矿业有限公司（以下简称金华公司）成立于2007年，2012年完成企业改制，是青岛金王集团控股子公司，注册资金1亿元。集黄金矿产资源勘察和采选为一体，是山东威海地区集探矿、采矿、选矿能力于一体黄金采选企业，采选能力为800吨/日。公司拥有唐家沟矿区，有竖井6条。辖设采矿车间、选矿车间、生产技术部等部门，有员工148名，项目部4个，采掘人员300人。2017年，营业收入3537.37万元，利润总额-38.98万元，上缴税金125.13万元。

【金华公司井下出矿量239950余吨】 2017年，金华公司调配人力资源，完成生产任务。井下架设供电线路、风水管路3800米；修理井下低压变压器、电盘箱20台（套），节约消耗1万元；做好井下物资废旧利用，与采矿车间在井下建立废旧物资回收点，定点存放、筛选，可回收物资为公司节省材料费28828元。井下探矿、采矿能力扩大，完成井下掘进工程15385米，出矿量

7月12日，金华矿业厂区 （金华公司提供）

239950.12 吨，生产黄金 308 公斤。

【金华公司选矿回收率达 93.37%】 2017 年，公司项目部在井下增加坑内钻一部，验收井下钻孔 87 个，钻探量 5208.4 米，为井下探矿工作提供数据指导。2017 年，公司完成选矿处理量 22.2 万吨，精矿产量 15454.99 吨，选矿回收率 93.37%。

（蔡春梅）

冶金工业

【概况】 威海鑫山集团有限公司（以下简称鑫山公司）组建于 2006 年，是以铁矿石采选、生铁冶炼、短流程铸件加工等于一体综合性企业。鑫山公司拥有冶炼铸造生铁高炉 2 座，配套机械化烧结、高炉喷吹煤粉、高炉富氧喷吹、烟气脱硫等先进工艺。2017 年，鑫山公司拥有职工 1020 人，总资产 41355 万元，年产铸铁 12 万吨。

【再获“全国铸造用生铁生产基地”称号】 2017 年，鑫山公司为应对订单大增，扩大产能。增加人员，从铁矿抽调 91 名放假人员到铁厂，铁厂抽调精兵强将，充实铸造队伍，铸造生产人员由原来的 30 人增加到 60 人，生产作业由原来的两班倒增加到三班倒，在保证产品质量前提下，产量大幅增加。扩建新厂房，扩大原生铁场铸造车间生产面积。完善生产工艺，铁机竣工投产，改造铁水车轨道，铁水运输更加安全便捷，方便铸造生产；上马高炉炉前除尘等新环保设施，升级改造易地铸铁环保设施。条件总体达标，鑫山公司再次被工信部评选为“全国铸造用生铁生产基地”。

【营销、采购管理加强】 2017 年，鑫山公司面对市场价格变化形势，在抓住一批老客户基础上，开拓新用户，开发新市场。通过网上比对、信息反馈等途径，紧盯市场行情，使产品销售综合价格高于全省平均水平。坚持“先付款、后发货”原则，货款回收率继续保持 100%。大宗原材料采购，保证原料质量，享受优惠政策。备品备件等辅助材料采购利用“买方市场”捕捉市场信息，修订供需协议，降低库存数量。销售空间向南方扩展，年销售近万吨。

【矿山环境治理投资 40 万元】 2017 年，鑫山公司在强化物资管理、维护好矿山秩序前提下，办理采矿许可，完成水土保持方案、土地复垦方案、地质环境治理方案编制、评审、备案工作。投资 40 万元进行环境治理，厂区主要道路全部硬化，扩大厂区植树绿化面积，物料遮挡和覆盖率达 95%，通过威海市清洁生产年度审核和山东省环保易地执法检查，为环境影响评价打下基础。推进人工砂销售工作，年销售人工砂 8.4 万立方米。

【生产管理标准化程度提高】 2017 年，鑫山公司实施员工伤病假、管理干部请假、智能考勤等管理制度和手段，加强工作纪律，全年解除违反管理制度员工劳动合同 34 人。提升安全生产能力，进行岗前培训、专题教育、知识考试、举办系列活动，员工安全意识普遍增强。安全检查常态化、专业化、规范化，检查出隐患及时进行整改。提升管理标准化层次，推进质量管理体系、环境管理体系、职业健康安全管理体系、能源管理体系四项体系认证，一次性通过年度外审。借助给日本客户生产配重的契机，进一步加强整理、整顿、清洁等为主要内容的 3S 管理，改进现场管理和文明生产。

（郑洪林）

机械工业

【概况】 2017 年，乳山市规模以上机械制造及金属制品工业企业 71 家，全年实现工业总产值 184.51 亿元，销售收入 182 亿元，利税 12.74 亿元，出口交货值 17.03 亿元，销售收入和利税总额分别占乳山市规模以上工业总量 23% 和 21.08%。主要产品产量：金属切削机床 1612 台，液压元件 1283 万件，交流电动机 15.97 万千瓦。

（丁培坚）

【双连新材料公司实现销售收入 2 亿元】 双连新材料公司是国内汽车刹车片专业生产厂家、国家认定高新技术企业，拥有省级技术中心和省级汽车摩擦材料工程技术研究中心，是商务部和国家发改委授予全国首批 116 家汽车零部件出口基地企业之一。公司成立于 2001 年，注册资本 3000 万元，建筑面积 6.5 万平方米，主要生产汽车用盘式片和鼓式片，拥有 2000 余种盘式片和鼓式片型号，年产量达 4000 万片。

该公司与国际知名汽车配件商TRW公司合作，产品远销北美、欧洲、澳大利亚、南美等20多个国家和地区，为美国通用、福特和克莱斯勒三大汽车公司配套使用，是中国摩擦材料行业首家向美国汽车主机厂供货的原配供应商。2017年，实现销售收入2亿元，税收2760万元，进出口总额2485万美元。

（姜新设）

【山东力久特种电机股份有限公司】山东力久特种电机股份有限公司（以下简称力久公司）于2003年12月成立，位于乳山经济开发区山海大道22号，是集科研、生产、销售、服务于一体特种电机生产企业。至2017年年底，有职工397人，其中工程技术人员90人。拥有各项专利94项，各类加工设备528台套，各种检测量具、仪表710台套，建有先进电动机型式试验检测中心，年产能力达300万千瓦。主要产品有特种电机、标准电机和电机控制系统。以特种电机为主导，拥有NEMA、YE3、YE2（YX3、GX）、YVP、TYP、YXKK等20个系列、3000个规格电机品种，产品与服务广泛应用于石油机械、包装机械、冶金机械、造纸机械等行业，在石油机械、包装机械、冶金机械等行业处于业内首创。公司先后被中国电器工业协会中小型电机分会评为“中小型电机分会工作先进单位”，并被授予“全国中小型电机行业优秀企业”称号；公司“压缩机专用高效率三相异步电动机系统”获威海市科学技术奖三等奖；“TYPL系列隔爆型永磁变频电机直驱螺杆泵地面系统”和“TYP系列超高效永磁变频调速电动机”入围2017年山东省节能环保产品新技术、装备（产品）推广目录；“YE3系列超高效三相异步电动机”入围“节能政府采购清单第21～23期”。2017年，全年完成产量116万千瓦，营业额2.4亿元，实现利税2193万元。

【青岛力久电机科技有限公司成立】2017年11月，力久电机科技有限公司在青岛市成立青岛力久科技有限公司，是继北京毕捷电机技术有限公司、美国INC公司之后，力久公司设立又一子公司。公司利用青岛区位优势、人才优势和市场优势，吸纳人才、拓展市场，推动公司未来健康、可持续发展。

【力久公司营销中心建立】2017年，力久公司邀请专家进行营销管理系统全面调查和咨询诊断，探索新营销模式。在专家诊断建议基础上，公司整合营销资源，成立营销中心，下设市场与行业部、国际业务部、客服与保障部和区域销售管理部，建立新营销模式和管理考核制度，打造新营销体系。

【力久公司智能制造设备及大型成套技术装备应用】2017年，力久公司以智能制造为方向，加大设备更新改造力度，推广应用智能制造设备及大型成套技术装备，2017年，成套设备采购花费210.83万元，解决高速冲槽机送料手、小高速绕线机、设计制作H160-355机座接线盒安装孔、吊装孔钻孔铰丝专用数控机床等生产发展中难点问题，降低员工劳动强度，提高产能、劳动效率，加快公司设备自动化、智能化步伐。具有自主知识产权的高速冲槽机送料手年批量生产1.2万台，为公司创造价值1100万元。

【TYP系列超高效高速永磁变频电动机获国家外观专利】2017年，力久公司研发TYP系列超高效高速永磁变频电动机，具有启动运行平稳、宽调速范围、无级调速、智能测试参数等特点，可替代传统通用电机，适用范围广，可用于机床、泵类等领域，节能效果显著；研发YXKK系列高压高效三相异步电动机，具有效率高、结构紧凑、运行可靠、使用寿命长的优点；优化整合TYP、YE3、NEMA三大系列产品，完成通用化、系列化和标准化设计，提高公司产品竞争力。2017年，公司研发获国家外观专利。

（于真真）

【山东科威机器人落户经济开发区】科威机器人成立于2017年8月，注册资金1亿元，落户山东省乳山市经济技术开发区，占地4.67公顷，配备33000平方米数字化、智能化车间，7000平方米办公楼及研发中心和配套设施。科威机器人主要从事：机器人自动化设备及零部件技术研发、制造、销售及技术服务，机器人加工中心专营业务，机器人操作系统开发与应用。技术特点为：多关节六轴机器人，工业机器人本体，机器人自动化关键零部件，智能控

9月8日，科威机器人生产线 （经济开发区提供）

制系统和伺服电机研发、制造、销售及工业编程软件开发和经营，工业机器人集成用户维护、保养和软件升级 4S 服务。能够为汽车制造、食品、建材、电力、船舶、航天等工业制造业量身打造智能化生产线及其解决方案。

6月7日，伯特利萨克迪汽车公司生产线　（经济开发区提供）

【伯特利萨克迪汽车安全系统有限公司】 伯特利萨克迪汽车安全系统有限公司始建于 2012 年 12 月，是由芜湖伯特利公司和印度萨克迪公司合资成立新型汽车零部件生产企业，以下简称伯特利公司。位于乳山经济开发区开拓三路 2 号，占地面积 4 万平方米，是专业铝制汽车零部件生产企业。2017 年，拥有固定资产原值 2.79 亿元、净值 2.38 亿元、职工 563 人，其中工程技术人员 23 人。公司采用先进差压铸造工艺，主要生产设备（生产线）有铸造、机加工，年生产铸铝转向节 500 万件。2016 年，公司扩大产能，投资 3 亿元启动二期工程，规划建筑面积 2.6 万平方米，打造中国最大铸铝转向节生产基地。2017 年，销售收入 5.72 亿元，上缴税金 3221 万元。

【山东省日信工业有限公司】 山东省日信工业有限公司成立于 1995 年 12 月，由日本日信工业株式会社与乳山临港园林绿化有限公司合资成立，注册资本 6400 万元，主要生产销售摩托车制动器及汽车制动器配件、汽车发动机支架等。公司拥有生产摩托车刹车总成及配件铸造、加工、化成、抛光、组装等整套生产流水线和以生产摩托车、汽车刹车橡胶密封件为主橡胶件生产线，年可生产系列制动器 500 万件（套）、橡胶件 1200 万件，其中 80% 出口日本。公司在国内主要客户有新大洲本田摩托车有限公司、五羊本田摩托车有限公司、建设雅马哈摩托车有限公司、林海雅马哈公司、大长江铃木公司、广州本田汽车有限公司等。2017 年，实现销售收入 1.6 亿元，税收 1215 万元，进出口总额 1262 万美元。

9月2日，山东省日信工业有限公司厂区　（经济开发区提供）

8月5日，佰德信新材料有限公司生产线　　（经济开发区提供）

【威海佰德信新材料有限公司】　威海佰德信新材料有限公司建于2000年，位于乳山经济开发区，占地10万平方米，建筑面积4.5万平方米，是由美国太平洋工业发展有限公司在中国投资兴建的外商独资企业。2017年，公司拥有固定资产原值1.4亿元，净值8622万元，职工380人，其中工程技术人员30人。主要从事汽车用尾气净化处理载体催化剂材料、光电子材料和纳米材料等高端产品的研发与生产，是国内汽车尾气处理技术达到欧Ⅳ、欧Ⅴ以上排放标准的企业。产品覆盖国内所有合资品牌汽车生产企业，80%销往欧美等国际市场，年生产能力1万吨。2017年，实现销售收入2.1亿元，税收1635万元。

（经济开发区）

建材工业

【概况】　2017年，乳山市规模以上建材工业企业23家，实现工业总产值18.79亿元，销售收入18.43亿元，利税2.04亿元，出口交货值101万元，销售收入和利税总额分别占乳山市规模以上工业总量2.33%和3.38%。主要产品产量：水泥79.46万吨，商品混凝土31.4万立方米，石膏板4214万平方米，天然花岗石建筑板材9.86万平方米。

【乳山山水水泥有限公司】　位于育黎镇曹家村北，309国道北侧，隶属山东山水水泥集团有限公司。固定资产原值5439万元，净值3369万元。拥有水泥球磨机生产线2条，从事新型干法水泥生产，年产能力100万吨。主要产品有P.C32.5R、P.O42.5、P.O42.5R水泥。2017年，生产水泥71万吨，比上年增长41%，实现销售收入1.3亿元，上缴税金389万元。

（武红）

【乳山市极丰水泥有限公司】　位于乳山市午极镇，占地面积5万平方米，建筑面积0.86万平方米。1997年，由乳山市第三水泥厂改制成立。拥有固定资产原值4000万元，净值3500万元，职工68人，其中工程技术人员12人。辖原料车间、水泥粉磨车间、水泥包装车间。生产设备球磨机1台，水泥圆库2座，主要生产普通硅酸盐水泥、复合硅酸盐水泥，年产能力70万吨。2017年，完成工业总产值4220万元，利税371万元。公司申请生产普通硅酸盐水泥PO52.5生产许可证获批。“鲁厦”牌水泥系列产品质量达到国家GB175-1-2007标准，获“威海市知名商标”称号。

（王洪芳）

【泰山石膏（威海）有限公司】　始建于2013年，位于乳山市下初镇驻地，总投资4亿元，占地面积12.5公顷，建筑面积5万平方米，为资源综合利用、生产建材型企业。主要产品纸面石膏板和装饰石膏板，年产4000万平方米纸面石膏板和年产800万平方米装饰石膏板生产线各1条，纸面石膏板生产线达到国内领先水平。产品辐射青岛、烟台、威海等地区，是胶东半岛最大的纸面石膏板生产企业，市场占有率50%。公司年综合利用工业副产品石膏40万吨，节约堆存占地100公顷（高度6米），解决化工废渣占地和污染，实行资源综合利用。2017年年底，公司拥有固定资产原值15146万元，净值13798万元，职工165人，其中工程技术人员12人。实现销售收入24862亿元，上缴利税8408万元。公司先后获授权专利12件，受理待授权专利9件。2017年，被威海市授予“威海市企业技术中心”等称号。“泰山”牌系列石膏板获“中国环境标志认证产品”“中国绿色建材名优品牌”“中国建筑装饰协会信得过推荐产品”等称号，被建设部指定为“国家康居示范工程选用部品与产品”。“泰山”牌纸面石膏板被评为“中国名牌产品”，“泰山”牌商标被认定为“中国驰名商标”。

（孔庆涛）

纺织与服装工业

【概况】　2017年，乳山市规模以上纺织与服装工业企业62家，全年实现工业总产值108.54亿元，主营业务收入106.63亿元，利润总额3.86亿元，出口交货值49.14亿元，主营业务收入和利润总额分别占乳山市规模以上工业总量13.98%和11.48%。主要产品产量：布25808万米，服装1239万件。

（丁培坚）

【山东乳山工艺品有限责任公司】　公司始建于1956年，1991年改制，位于乳山市胜利街131号，占地面积1.19万平方米，建筑面积2.55万平方米，拥有固定资产原值4658万元，净值2526万元，职工420人，其中技术人员30人，是大型服饰生产出口企业。辖服装厂、衣衫厂、抽纱厂3个分厂。公司主要产品有各类梭织服装、各类机织毛衫、家纺产品等，其中，“艺涟”牌家纺产品被评为山东名牌、山东省著名商标、“威海老字号”。主要生产设备有970台，年生产能力800件套，产品出口美国、意大利、巴西等国家，主要客户有沃尔玛、蔻丝、杰西潘尼、梅西等，加工品牌有TOMMY，NAUTICA，CK、O’SLIVER等名牌。公司先后购置全自动电脑机织机、全自动模板机、高速缝合机等设备34台，完成技改投资150万元。至2017年年底，完成工业总产值13815万元，工业增加值2908万元，完成销售收入13815万元，出口创汇820万元，完成利税1350万元，分别比上年增长8%、8.3%、8%、28.7%。公司被评为山东省“厚道鲁商”四星级单位；获威海市消费者满意单位、威海市劳动关系和谐单位称号；被乳山市评为“纳税明星企业”称号，位列“乳山市诚信红榜”。

（宫锡玲）

【威海星歌服饰有限公司】 成立于2006年5月，位于乳山市世纪大道北金水街6号，占地面积1.2万平方米，建筑面积1.3万平方米，是集来料加工、一般贸易、品牌开发为一体的大型加工国有企业，公司主要产品分男装、女装、童装、家纺4大系列，滑雪装、羽绒服、棉衣、运动装、夹克等50个花色品种。“笙歌”牌系列产品被评为山东国际知名品牌，“笙歌”商标是山东省著名商标，“笙歌查迷孩童装”是山东省唯一在美国与中国同时注册的童装品牌，“笙歌休闲装”是山东省名牌产品。产品远销日本、土耳其、意大利、美国、德国等十几个国家和中国香港等地区。主要生产设备300台，年生产能力70万件（套）。

8月10日，山东乳山工艺品有限责任公司电脑机车车间（宫锡玲摄）

7月1日，威海星歌服饰公司在日本举办展会（姜月霞摄）

6月10日，山东富豪菲格尔皮具有限公司参加广交会展会（夏紫飞摄）

2017 年，公司加强企业内部管理，合理调配管理人员，减少行政费用。积极参加深交会、华交会，参加土耳其服装展会、日本东京成衣展、德国慕尼黑服装展等，加强与国外客商接触和交流，提高公司在服装行业知名度。至 2017 年年底，公司拥有固定资产原值 3300 万元，净值 2980 万元，职工 290 人。完成工业增加值 3800 万元，出口创汇 1200 万美元，利税 660 万元。

【山东富豪菲格尔皮具有限公司】 成立于 1996 年 3 月，位于乳山市天津路富豪工业园，占地 12 万平方米，建筑面积 6.7 万平方米。主导产品为“菲格尔”品牌箱包皮具。拥有职工 390 人，其中技术人员 38 人。固定资产原值 5508 万元，净值 3760 万元。主要生产设备 800 台（套），产品远销欧美及日本、澳大利亚、韩国等 30 个国家和地区。2017 年，公司以广州设计中心为依托继续开发新产品，提高国际市场订单承揽能力，促进国内市场开发，参加广交会、华交会及 2017 日本东京秋季交易会，先后同法国、日本、巴西等国家客户达成合作意向。扩大网上销售，增加在“淘宝”及阿里巴巴等电商平台网络销售力度，培育公司新的经济增长点。全年生产各类箱包皮具 68 万只，完成工业总产值 5900 万元，工业增加值 1720 万元，出口交货值 4180 万元，出口创汇 620 万美元，利税 390 万元。

（夏紫飞）

电力工业

【概况】 2017 年，境内有风力发电企业 2 家，供电企业 1 家。220 千伏变电站 2 座、110 千伏变电站 5 座，35 千伏变电站 18 座，变电总容量 142 万千伏安；220 千伏线路 6 条，110 千伏线路 9 条，35 千伏线路 33 条，总长度 541 公里；10 千伏线路 111 条、长度 1616 公里，公用配变 1351 台、容量 28 万千伏安，覆盖供电区域 1665 平方公里。

【国网山东乳山市供电公司】 成立于 1977 年 3 月，2015 年 12 月由国网山东省电力公司子公司改制为分公司（以下简称供电公司）。至 2017 年年底，公司固定资产 9.4 亿元，在册职工 932 人，担负着全市 22 万客户的电力供应与服务工作。全年完成售电量 12.22 亿千瓦时。获全国“守合同重信用单位”称号，山东省“重点工程立功竞赛先进集体”“电力行业安全生产先进单位”国网威海供电公司“先进单位”等称号。

【供电公司获山东省“安全生产先进单位”】 2017 年，供电公司组织安全培训 16 期、3400 人次，为生产一线配置安全防护用具 4254 套。加强作业现场管控，首次引入现场作业全过程监督管控平台，领导干部和管理人员到岗到位监督 1050 人次，下发反违章督察通报 130 期、通知书 93 份，完成安全措施整改 272 处。推行输变配专业化管理，实施精益化检修，安全优质完成春秋检任务 275 项，排查消除各类隐患 1827 项。实行八级事件“说清楚”、七级及以上事件专题分析制度，八级及以上电网、设备事件比上年下降 22.08%。推动政府将反光膜治理纳入全社会综合治理工作，形成政府主导、政企合作、专项考核长效机制，全年清理反光膜 120 万公斤，反光膜引发故障跳闸比上年下降 68.75%。配合完成省公司大震应急演练工作，开展春节保供电等演习 6 次，增强跨专业、跨部门、跨层级联合应急保障能力。稳妥应对负荷四创新高考验，完成重要保电任务 80 项，得到地方党委政府、社会各界高度评价。公司获山东省“安全生产先进单位”称号。

【配网改造入围国网公司“标准化示范工程”】 2017 年，供电公司高质量完成乳山电网发展诊断分析报告，城乡电网规划报告通过地方评审，基建项目获核准 2 个，编制完成中低压项目 222 项。强化基建安全、质量和进度管控，35 千伏车道、诸往、崖子站等 4 项工程按期建成投运，解决 110 千伏下初站、35 千伏诸往站等 5 座变电站的单主供电源和主变不满足“N-1”问题。成立一流配网办，建立与“一流配电网”建设相适应的管理机制和工作流程，强化人财物和信息支撑。农网项目竣工 297 个，新建改造中低压线路 256 公里，消除全部高损变压器 300 台，线路联络率由 54.6% 提升至 71.2%，“N-1”通过率由 29.09% 提升至 60.36%，户均容量从 0.98 千伏安提升至 1.37 千伏安。强化配网建设典型设计、标准工艺应用，人

8 月 8 日，国网山东乳山市供电公司维修电路　（张杰摄）

石村台区改造工程入围国网公司“标准化示范工程”，大庆Ⅱ线工程获评省公司“配电网优质工程”，争取60万元对口帮扶村修建水库、光伏发电设施等。

【推出“网格化”供电服务模式】 2017年，供电公司行风评议位列乳山27个公共服务部门第1名。加强营销基础管理，深入排查整改异常数据3502条，升级终端7535只，采集成功率、终端在线率全省领先。坚持投诉“说清楚”“四查”监督等工作机制，明察暗访服务窗口11个，整改问题32项。推广“电e宝”“掌上电力”1.6万户，预约制服务率超过25%，电子化服务覆盖率超过40%。深化“五个一”标准化抢修，深入推进配网抢修指挥平台和台区综合监控系统应用，推广使用配网抢修手持终端22套，平均恢复送电时间缩短17%。开展带电作业和零点作业1000次，减少停电8.6万时·户。与热力集团达成3.3万户“多表合一”协议，建成并上线运行1403户。服务清洁能源发展，建成投运充电站6座，完成光伏工程并网7项。形成政企联合改造老旧小区电力设施机制，首批老旧小区改造5个、2700万元政企资金率先落实。

【供电公司获威海市“爱国拥军模范单位”称号】 2017年9月5日，威海市“拥军拥属拥政爱民”命名表彰大会召开，国网乳山市供电公司被中共威海市委、威海市人民政府、威海军分区授予“爱国拥军模范单位”称号。乳山供电公司与乳山市武警、消防、雷达站驻军部队等结成双拥共建单位，利用八一建军节开展慰问，电网迎峰度夏期间开展军民攻坚大会战，举办军企篮球联谊赛、舞会友谊赛等，丰富部队文化生活。部队帮助公司进行新进大学生入职军训，领导干部全封闭准军事化管理强化培训，邀请官兵为职工进行消防知识及有关国防知识讲座等，提高员工的综合素质。军队、公司双方相互支持，共建共促，促进公司改革发展和部队的全面建设，为建设和谐社会做出积极贡献。

（张杰）

2017年全市用电结构一览表

表11　　单位：万千瓦时

项　目	全年用电量	比上年 ±%
农林牧渔水利业	10695	2.64
其中：排灌	58	45
工业	64321	3.50
其中：轻工业	16991	0.93
重工业	47330	5.77
建筑业	4926	8.45
交通运输、仓储、邮政业	1059	11.71
信息传输、计算机服务和软件业	1325	8.87
商业、住宿和餐饮业	5292	1.73
金融、房地产、商务及居民服务业	1447	5.24
公共事业及管理组织	4228	6.74
城乡居民用电	28864	5.74
其中：乡村	13127	0.09
城市	15737	10.96

说明：此表不含其他企业自行发电用电量

（张杰）

食品与饮料工业

【概况】 2017年，乳山市规模以上食品与饮料工业企业85家，实现工业总产值192.78亿元，主营业务收入191.23亿元，利润总额6.08亿元，出口交货值73.65亿元，主营业务收入和利润总额分别占乳山市规模以上工业总量25.08%和18.08%。主要产品产量：饮料酒19969千升，软饮料3.07万吨，小麦粉0.82万吨，鲜、冷藏肉6.58万吨，罐头3.13万吨，乳制品5317吨。

（丁培坚）

【山东鲁菱果汁有限公司】 成立于1992年8月14日，系山东中鲁果汁食品工业公司与日本三菱商事株式会社共同成立的中外合资经营企业。2014年3月，鲁菱公司整体搬迁至徐家镇中鲁工业园，建设用地9.56公顷，项目投资总额1.5亿元。生产能力为：处理能力50吨/小时的浓缩苹果清汁生产线1条，年生产浓缩苹果清汁2万吨；处理能力30吨/小时浓缩苹果浊汁生产线1条，年生产浓缩苹果浊汁5000吨。2条生产线具备清汁和浊汁同时生产功能。主要生产浓缩苹果清汁、浓缩苹果浊汁、梨汁等产品。公司建设储存能力2万吨冷库，确保产品质量稳定。构建销售网络遍布美国、日本、俄罗斯等20个国家和地区。在中国同行业中率先通过ISO 9000体系认证、果蔬汁HACCP体系认证和KOSHER认证，无条件通过美国FDA审核，与可口可乐、雀巢等国际大公司保持良好合作关系。2017年，公司生产各类产品1.53万吨，产品质量合格率100%。销售各类果汁2.1万吨，实现销售收入1.34亿元，净利润606万元。

（李志伟）

【华隆（乳山）食品工业有限公司】 华隆（乳山）食品工业有限公司（以下简称华隆公司），成立于1993年

6月8日，华隆公司研发的肽好乐产品　（单春玲摄）

7月，是中外合资企业，法人代表刘芳友。公司位于乳山市徐家镇驻地，占地面积44万平方米，建筑面积12.9万平方米，拥有总资产2.8亿元，固定资产原值3856万元，员工202人，其中，高级管理人员及科技研发人员24人。公司辖设乳山市华隆生物科技有限公司、山东众合食品有限公司、乳山市华隆种业有限公司。是集花生系列制品、脱水果、蔬菜、小分子活性肽、即食冲调粉等生物科技产品的研发与生产、种业加工及销售为核心产业的多元化企业集团。产品60%销往日本、韩国、美国、东南亚等国家和地区。“东宝”牌商标为山东省著名商标。2017年，实现销售收入1.2亿元，上缴税金548万元，出口创汇498万美元。

【“华隆东宝”品牌纳入山东农产品知名品牌目录】　2017年，华隆公司以客户需求为出发点，实施服务商营销策略。新增自有品牌4家、贴牌客户6家，拓宽销售渠道。将“华隆东宝”“爱福瑞”“鲁老生”“太好乐”等自有品牌增加注册产品品种，为调整营销产品结构提供基础保证。2017年“东宝”品牌纳入山东农产品知名品牌目录。

【华隆公司蛋白肽产品研发】　2017年，华隆公司与山东省农业科学院开展合作，实现资源共享，成立活性肽及功能食品研发共建实验室、山东省农科院科技成果中试基地以及国家863计划项目成果转化示范基地，提高软实力水平。对产品市场推广起积极作用。初步构建起较完善蛋白肽原料产品体系。探索储备相关蛋白肽制备工艺，储备发展至蛋白肽6个品系，11种蛋白肽产品。

【华隆公司产品通过有机绿色食品认证】　2017年，华隆公司按照国际标准、工艺规程，严把产品原料收购、生产加工和成品出厂“三关”。年内，华隆公司通过ISO 9000体系换证、BRC认证、深圳沃尔玛公司道德审核及其他公司验厂、产品通过有机和绿色食品认证，确保食品质量安全。

（单春玲）

【山东鲁酱酒业有限公司】　2014年，由原国营乳山酿酒厂改制成立，隶属松海集团，位于乳山市滨海新区新兴产业园内，占地18公顷。主要产品有多酒精度数圣仙牌白酒、38度和53度为主鲁酱牌白酒，产品销售由烟台、威海地区扩大到淄博、济南、临沂等省内各地以及东北、华北地区，并出口韩国。2017年，被威海市总工会评为威海市模范职工之家。

【鲁酱白酒总产量达3000吨】　鲁酱酒业有限公司拥有生产技术中心、企业技术研发中心、品鉴文化中心和中心化验室（配备原子吸收仪、分光光度计、安捷伦气相色谱仪等先进设备）。投资2.2亿元，建设5000平方米综合办公大楼，6000平方米包装车间，2万平方米酿造车间，1万平方米浓香型及清香型白酒发酵生产车间。拥有浓香型窖池200个，酱香型窖池32个，清香型窖池72个，2条现代化灌装线，3000平方米半地下通风式酒窖，储酒容量3000吨不锈钢酒罐。2017年生产浓香型白酒、

6月27日，山东鲁酱酒业公司酿造车间　（鲁酱酒业公司提供）

9月10日，乳山恒裕食品有限责任公司在日本千叶食品展区

（李志欣摄）

清香型白酒、酱香型白酒各1000吨。完成销售收入2100万元，利税300万元。

【鲁酱白酒酿造工艺获自主知识产权】 2017年，鲁酱酒业有限公司与中国科学院成都生物研究所、贵州省白酒研究院、贵州大学酿酒与食品工程学院、茅台股份有限公司等知名酱香酒机构共同攻关，在传统工艺中实现功能微生物强化制曲，在蒸馏取酒时加入强化酒醅，用古法酿造出优雅细腻、醇厚饱满的低度酱香型白酒，获得国家发明专利。公司拥有自主知识产权酱香型、浓香型及清香型白酒生产工艺。

【乳山恒裕食品有限责任公司】 2005年，在乳山威美食品有限责任公司基础上整体改制为股份制企业，占地7.8万平方米，建筑面积2.8万平方米，成品储藏面积8000平方米，冷库储藏能力6000吨。是中国境内最早向国外市场出口罐头制品的专业厂家之一。拥有生产线9条，其中国产制罐线2条，罐头生产线4条，包装生产线1条，进口罐头生产线2条；达到国际化标准的空罐车间、供料车间、实罐车间、包装车间4座。公司拥有自营出口权，年出口率占85%。洋梨罐头、芦笋罐头、大樱桃罐头头是公司出口创汇主导产品，出口量居全国前列，产品远销美国、加拿大、日本、澳大利亚等50个国家和地区。取得BRC、IFS、KOSHER、HACCP等多项国际认证和QS、绿色食品等国内认证，2017年，公司出口额2408万元，销售收入5286万元，实现利税578万元。

（李志欣）

【乳山市曙光啤酒有限公司】 成立于1987年10月，1998年改制为有限责任公司。厂区占地3.5万平方米，拥有固定资产3110万元，职工120人。2017年，公司在确保产品质量前提下，应用新技术、新设备，加大新产品开发力度，2017年，研制出新时代威岛啤酒，满足消费者不同需求。完成销售收入966万元，上缴税金232万元。

公司投资100万元，将老式燃煤锅炉改为燃气锅炉，投资40万元改造污水处理系统，增加污水处理能力确保达标排放，取得污水排放许可证。公司通过ISO 9001国际质量体系认证，威岛商标被评为“山东省著名商标”主要产品“威岛”牌啤酒，被认定为“山东名牌”产品，被农业部认定为全国乡镇企业创名牌重点企业，被授予“山东省重合同守信用企业”“威海市文明单位”等称号。

（徐世峰）

10月11日，夕照睡美人 安浩摄

5月17日，乳山湾

·清代 青花狮子纹瓶

·民国 粉彩花鸟纹将军罐

·民国 粉彩庭院侍女纹瓶

·清代 青花花卉纹瓶

责任编辑：高献东

·清代 青花缠枝双喜将军罐

旅游·会展

Tourism, Convention and Exhibition

◎ 综　述

◎ 旅游规划与项目建设

◎ 旅游市场开发

◎ 旅游行业管理

◎ 景区景点

◎ 旅游线路

◎ 会展业

综　述

【概况】　2017年，乳山市旅游局抢抓全域旅游发展战略机遇，树立“一切是旅游、旅游是一切”的发展理念，在作风上求新求变，在工作中抓严抓实，突出规划引领、产业融合、改革创新，不断完善设施配套，使乳山市旅游业实现转型升级跨越式发展。2017年，全市接待国内外游客1052.7万人次，实现旅游综合收入65.8亿元，分别比2016年同期增长8.2%和10.1%，全市旅游业呈现健康稳步发展势头。2017年，新增国家AAAA级旅游景区1家——福如东海文化园，新增国家AA级旅游景区1家——胶东育儿所，全市国家A级景区数量达13家。

【春节期间游客量稳步攀升】　2017年春节黄金周期间，乳山市各大景区景点策划推出一系列冬季旅游和节庆活动，旅游市场繁荣有序。黄金周期间，主要景区接待游客12.5万人次，比上年增长8.7%；实现旅游收入4448.7万元，比上年增长7.8%。为迎接春节假期，旅游局提前谋划，引导多福山景区、小汤温泉、圣水宫、福如东海、大乳山等景区策划推出免票、半价票等多项优惠活动，并借助景区微信平台、乳山旅游公众号、乳山旅游网、大众旅游网等平台宣传景区活动，吸引各地游客。其中，多福山景区新业态项目玻璃栈道的开通，吸引大量市民及外地游客前来登高尝鲜。

【自助休闲游增速提升】　2017年，乳山市周边游、休闲短途游继续成为市场主流，在私家车普及、高速公路免费等因素“催化”下，旅游消费走向个性化，自助自驾游呈现迅猛增长势头，占假日旅游市场游客20%。假日期间，到乳山国内游客主要来自省内、北京、天津、上海、浙江、重庆等省市，“青烟威”自驾车短线体验游已成为乳山假日旅游的主力军。春节期间，乳山市正华石佛山等乡村旅游点迎来草莓采摘旺季，同时还可以欣赏大秧歌表演，参与滑草、植物园观光、篝火晚会等娱乐活动。正华石佛山景区与青岛旅行社共同推出春节旅游直通车活动，与多福山景区、小汤温泉景区联合推出2日游线路，吸引大量游客。假日期间正华石佛山景区与小汤温泉景区共接待游客10.6万人。

7月26日，国外游客在银滩海岸享受清凉海风　（仝庆凤　杨大杰摄）

【假日旅游市场安全事故零投诉】　2017年，为确保中外游客在乳山市度过一个欢乐、祥和、平安的春节黄金周，节前旅游局成立假日工作组，对乳山市各景区、酒店等涉旅企业的旅游安全、市场秩序、服务质量管理等进行督导。公布假日值班和投诉电话，坚持24小时值班制度，严格值班、记录、处理和交班制度，认真受理游客咨询，及时为游客排忧解难。2017年春节期间，全市旅游市场繁荣、和谐，游客满意度较高，未发生旅游安全事故，无旅游投诉。

（秦子凯）

旅游规划与项目建设

【概况】　2017年，乳山市为整合旅游资源、推进开发保护，加快全市整体旅游价值提升，聘请专业机构编制《乳山市乡村旅游规划》《乳山市旅游发展总体规划》《乳山市红色旅游概念性规划》《马石山景区修建性详细规划》和《乳山红色教育旅游路线提升规划》等重点规划，为乳山市全域旅游长远发展提供科学指导。推进景区创A升级，指导福如东海文化园成功创建为国家AAAA级旅游景区，指导胶东育儿所红色教育基地创建为国家AA级旅游景区。指导天禄生态园、圣水宫道教养生休闲度假区、午极镇蓖麻高效产业示范基地申报创建威海市中医药健康养生旅游示范基地。

【旅游发展格局规划完成】　2017年，乳山市旅游局抓规划谋划，树立大发展格局，将全市作为一个开放式大景区来打造，形成“处处是景、时时见景”和“旅游即城市、城市即旅游”的全域旅游发展格局。聘请专业机构编制《乳山市乡村旅游规划》《乳山市旅游发展总体规划》《乳山市红色旅游概念性规划》《马石山景区修建性详细规划》和《乳山红色教育旅游路线提升规划》等重点规划，为乳山市全域旅游长远发展提供科学指导。先后组织班子成员、相关科室赴镇区、景区调研指导26次，重点推动旅游规划实施落地、解决规划落地过程中所遇到的难题，让规划谋划不再是“纸上谈兵”。

【旅游资源摸排工作推进】 2017年，乳山市组织力量，对全市旅游资源进行摸底调查，绘制乳山全域旅游资源分布图和全域旅游采摘资源分布图，建立全域旅游项目工作台账，明确每个项目基本情况、特色优势、存在问题及下步发展方向，制定下发《乳山市乡村旅游准入规范简本》《乳山旅游项目打造良性循环图》，按照部门分工形成责任任务推进表，倒逼部门、镇区发挥部门职能指导。

【旅游品牌创建工作推进】 2017年，乳山市将福如东海文化园景区推荐为全国优选旅游项目，台依湖酒庄生态文化区推荐为山东省旅游休闲重大工程项目，指导福如东海文化园创建国家AAAA级旅游景区、胶东育儿所培训基地，创建AA级景区，指导天禄生态园、圣水宫道教养生休闲度假区、午极镇蓖麻高效产业示范基地，申报威海市中医药健康养生旅游示范基地。丰富乳山市旅游业态，推动乳山市旅游发展进程。

【重点旅游项目完成投资3.82亿元】 2017年，乳山市重点旅游项目总计划投资5.48亿元，完成投资3.82亿元。其中，岿山寺理想家园，年度投资5200万元，中医药养生阁主体施工，天王殿、东西厢房主体框架完成；台依湖国际酒庄生态文化区，年度投资6200万元，完成桃源溪谷大棚和博物馆主体工程建设；福如东海文化园，年度投资6800万元，进行文化展览馆、福如东海戴斯大酒店的装饰装修；后山于家房车营地，年度投资3400万元，完成环山主干道已拓宽整修及24个生态木屋和30个充电桩订购，完成整体绿化，获得“汽车自驾运动基地”称号。争取资金208.6万元，完成年度计划189.6%。

（秦子凯）

旅游市场开发

【概况】 2017年，乳山市旅游局加大旅游市场宣传力度，树立全域旅游城市形象。以“母爱乳山”品牌为总揽，实施“品牌建设”与“营销推进”双结合战略，通过发展高铁游，拓展入境游，做热省内游，促进乳山市旅游市场保持良好发展势头；通过与威海大众网合作，开展形式多样线上、线下旅游体验活动，提升景区知名度，吸引游客走进乳山。

【开拓俄罗斯市场】 2017年，乳山市针对俄罗斯客源地市场，加强旅游宣传推介与交流合作，借助威海——俄罗斯客机开通的机会，推进对俄旅游信息宣传服务平台建设；8月、9月两次邀请俄罗斯旅行商考察团队到乳山市考察踩线。

【“寻味乳山”旅游名吃评选活动举行】 2017年，“寻味乳山”旅游名吃评选专家认定暨名吃品鉴会在乳山市华玺大酒店举行，以旅游餐饮带动相关产业发展为目标，打造乳山旅游新品牌和新亮点。走访40多家餐饮单位，征集参赛菜品130

3月15日，乳山市十大旅游名产颁奖仪式举办　　（旅游局提供）

12月2日，“寻味乳山”旅游名吃评选专家认定暨名吃品鉴会在乳山市举行　　（旅游局提供）

个，采用互联网＋的方式、线上＋线下集合，利用“乳山旅游”微信公众号投票参与，累计投出51143票，点击量达到41万，活动邀约300名省内外游客参加现场品鉴，共评出“乳山旅游名吃”“乳山旅游招牌菜”各10个。通过名吃评选活动，提升乳山市旅游城市的品牌影响力。

【“蓝色海岸 红色文化”采风行活动举行】 2017年，为进一步加大乳山市“蓝色海岸，红色文化”旅游的开发和建设，挖掘和打造更多的乳山旅游产品、旅游景点、旅游美食和旅游乡镇等特色品牌，乳山市旅游局组织“蓝色海岸，红色故里——乳山邀请你！”活动，通过全媒体推广力度，新媒体宣传手段，互联网营销模式，将乳山城市品牌和特色旅游推向全国，家喻户晓。

【乳山旅游宣传】 2017年，乳山市利用新媒体，强化母爱乳山品牌宣传。旅游局官方网站发布信息200余条、微信220余条、微博320余条，其中7月份乳山旅游官方微信在全省新媒体影响力指数排名中由第一季度的55位跃居全省第5位。

【省内外旅游市场拓展】 2017年，乳山市为拓展山东省内旅游市场，提升乳山旅游品牌在主要客源地的影响力和知名度，乳山市旅游局坚持“走出去 请进来”战略，2017年3月、4月、6月、7月、10月，乳山市旅游局携乳山市旅游集散中心、大乳山滨海旅游度假区、福如东海文化园、天禄生态园及全市重点旅行社赴省内枣庄、临沂、淄博、潍坊、泰安、烟台，省外杭州、西安等地市开展专题旅游推介会8场次；9月邀请“十大文化旅游目的地旅行商踩线团”来乳山市考察，11月邀请上海市旅游局携30余家旅行商来乳山市考察踩线。通过各类推介考察活动，乳山市旅游企业与外地旅游企业在两地旅游线路、旅游产品、客源输送等方面达成多项共识，签订50余份合作协议，推动乳山市客源市场拓展范围。

【母爱乳山旅游品牌建设】 2017年，乳山市与《新航空》《新商旅》和《旅游世界》等旅游杂志开展专项合作，共推出41期43页杂志栏目；与济南电视台开展合作，拍摄乳山市景区旅游体验类节目《多福山的传说》《吃喝在乳山——爱母绿茶、牡蛎、海鲜大锅》《吃喝玩乐在乳山——正华山庄与伯瑞蓝莓》《人文乳山情非遗传人潘周画家赵殿玉》《爱旅游走进台依湖·探寻酒庄文化》等并在省内目标客源市场滚动投放800余期；7月份与香港卫视合作拍摄《映像·乳山》，投放于香港卫视、youtube“魅力中国”网络平台等媒体，拍摄《大美乳山欢乐颂》城市音乐片，立足省内市场，培育业洲市场，打好省内外、国内外市场营销组合拳，在宣传母爱乳山旅游品牌的同时为景区景点带来客源。加大高铁媒体宣传力度，通过济南铁路局每日运行的149车次，播放“母爱乳山·养生福地”旅游宣传片，向乘客和游客展示以“母爱”“养生”为引领的乳山丰富的旅游资源和产品，推动乳山高铁旅游新形象的品牌的传播。

（朱晓琳）

旅游行业管理

【概况】 2017年，乳山市旅游局落实《中华人民共和国旅游法》，依法加强全市旅游行业管理，组织开展安全生产检查，做好旅游行业创城工作，完善旅游投诉体系，推进放管服改革，加强社会信用体系建设。

【旅游业安全生产大检查】 2017年，为切实做好全市旅游行业安全生产工作，乳山市旅游局在春节期间、“两会”期间、暑期旅游旺季期间、十九大期间等多次开展旅游行业安全生产大检查，明察暗访旅游企业安全生产工作，确保节假日期间旅游行业安全生产，重点检查落实旅游安全生产责任制情况及应对突发事件的防控准备、应急预案、报告制度、防范措施的落实情况。经过检查发现问题，并进行督导整改，确保了旅游行业的安全运转，全年未发生安全事故。

【旅游投诉办结率达100%】 2017年，乳山市执行《旅游投诉暂行规定》，依法、及时、公正处理旅游投诉，坚持旅游投诉电话24小时畅通，及时处理旅游投诉和游客信访工作，使所有投诉第一时间、第一地点得到有效处理。1—12月份，旅游执法监察大队受理旅游投诉50件，其中A级景区31起，旅行社18起，星级饭店0起，其他投诉1起，办结50件，办结率100%。

【推进旅游“放管服”改革工作】 2017年，为深入推进乳山市政府职能转变，旅游局加强领导，提高认识，加强监督检查，确保各项“放管服”工作落到实处。定期开展工作情况调查，剖析存在问题和原因，扬长避短，狠抓落实，提高决策水平。强化工作分管者责任，按照“谁主管，谁负责”原则，对责任不落实者严格实施责任追究。经过改革工作的推进，审批服务质量得到行政相对人普遍认可，满意程度高，全年没有接到行政相对人投诉举报。

【乳山旅游业信用建设】 为加强旅游市场监管，表扬先进、批评落后，进一步提升旅游服务管理水平。2017年，乳山市旅游局定期发布旅游诚信“红黑榜”，评选出游客反映好的旅行社、景区、饭店，并在旅游网站进行发布，着重检查旅行社发布虚假旅游广告、旅游合同欺诈、“零负团费”等违规行为，并监督违规旅行社限期整改，打造文明、诚信旅游环境。全年共公布4期旅游诚信“红黑榜”，无行政处罚案件发生。

2017 年全市 AAA 级以上旅行社一览表

表 12

单位名称	电话	等级	地址
乳山市春秋旅行社有限公司	6634566	AAA	乳山市胜利街 83 号
乳山市和顺旅行社有限公司	6635119	AAA	乳山市胜利街 104 号

2017 年全市国家 AA 级以上景区一览表

表 13

景区名称	等级	地址
乳山市银滩旅游度假区	AAAA	乳山市滨海新区
大乳山滨海旅游度假区	AAAA	乳山市海阳所镇
福如东海文化园	AAAA	乳山市滨海新区
正华石佛山景区	AAA	乳山市乳山寨镇
小汤温泉度假村	AAA	乳山市冯家镇
圣水宫道教养生休闲度假区	AAA	乳山市冯家镇
多福山国际养生旅游度假区	AAA	乳山市白沙滩镇
金牛谷生态农业观光园	AAA	乳山市午极镇
岠嵎山风景区	AAA	乳山市乳山寨镇
台依湖国际酒庄生态文化区	AAA	乳山市夏村镇
乳山市益天生态旅游观光园	AAA	乳山市白沙滩镇
马石山红色教育基地	AA	乳山市诸往镇

2017 年全市三星级以上饭店一览表

表 14

名称	电话	等级	地址
国际大酒店	6870189	四星	乳山市胜利街 71 号
乳山宾馆	6606699	三星	乳山市商业街 121 号
东海宾馆	606588	三星	乳山市青山路 57 号
香榭丽舍大酒店	6855555	三星	乳山市宁波路北
银滩大酒店	6778888	三星	滨海新区长江路中段
金海假日酒店	3603999	三星	滨海新区长江路中段
望海山庄大酒店	6791088	三星	海阳所镇工业园
正华山庄大酒店	6614046	三星	乳山寨镇赤家口村西

（胡宇馨）

景区景点

【概况】 乳山市旅游资源丰富，截至 2017 年底，乳山市有 A 级旅游景区 13 家，其中，国家 AAAA 级旅游景区 3 家，AAA 级旅游景区 8 家，AA 级旅游景区 2 家。省级旅游度假区 1 处；省级以上农业旅游示范点 13 个，其中国家级 1 个；省级工业旅游示范点 5 个、旅游强镇 5 个、特色村 13 个。

【银滩旅游度假区】 位于乳山市东南部，距市区 15 公里，位于中国著名旅游开放城市青岛、烟台、威海三市的中心地带，南濒黄海，与日本、韩国隔海相望。银滩旅游度假区始建于 1992 年，1994 年 7 月被山东省人民政府批准为省级旅游度假区，2002 年 10 月被国家旅游局批准为国家 AAAA 级旅游区。度假区规划控制面积 65 平方公里，海岸线长 21.7 公里，拥有 871 公顷的海边防护林带，3 个大型海水浴场，可供 10 万游人沐浴，可开展多种水上游乐项目。度假区天然质朴，沙质洁白，水质清澈，有“东方夏威夷”的美誉，新华社前社长穆青先生曾为这里题书：天下第一滩。是养生、休闲、旅游、度假的理想之地。度假区先后荣获“中国自驾车旅游品牌十大景区提名”“山东最具竞争力旅游度假区”“山东省十佳旅游景区”“中国最美六大海岸线之一”等称号。

【大乳山滨海旅游度假区】 位于乳山市南部海滨，濒临黄海，与青岛、烟台、威海三个旅游城市之间车程均在 1 小时左右。2004 年 8 月被山东省发展和改革委员会批准立项，由山东乳山维多利亚海湾旅游开发有限公司（2012 年更名为股份有限公司）投资建设，计划投资 30 亿元。2005 年开工建设，2006 年 8 月建成开放。2009 年，被国家旅游局批准为国家 AAAA 级旅游度假区。度假区以大乳山为中心，海陆面积 60 平方公里，山、海、滩、湾、岛资源齐全，景观丰富，环境优美，春温秋爽，冬暖夏凉，被誉为“北方三亚”，总体规划为乳山湾旅游风情镇、母爱文化片区、福地养生片区、幸福休闲片区、海洋公园片区 5 大片区，是一处集观光旅游、休闲度假、文化娱乐、养生康体于一地的综合性大型滨海旅游度假景区。获“山东旅游最具成长力品牌”“中

8月19日，银滩旅游度假区大拇指广场 （旅游局提供）

12月25日，2017年全球旅游目的地峰会暨合作伙伴年度大会举办 （旅游局提供）

3月11日，大乳山滨海旅游度假区泓兴寺 （旅游局提供）

国十佳休闲胜地”“中国旅游品牌十大景区”“中国休闲旅游最佳目的地”“国际知名旅游景区”“山东省十大齐鲁文化新地标”“国家级海洋公园”“国家水利风景区”“山东最具人气休闲旅游景区”“第四届中国最令人向往的地方”和“最受网民好评的旅游景区”称号。并被选定为中华母亲节永久性会址、国际休闲产业协会永久性会址、美中贸易发展协会旅游度假基地、“山东省文化产业示范基地”“山东省环境教育基地”、中国妇女报社采风基地、中国社会科学院疗养度假基地和山东省文化产业示范园区。

泓兴寺 原名泓兴院，始建于南北朝北魏时期，距今已有1600年的历史，唐贞观十二年曾因地震损坏重修，2012年5月18年经山东省佛教协会及当地政府、宗教部门批准重建并举行开光仪式。寺院整体为仿明清宫殿式建筑，总占地面积1.33万平方米，建筑面积3462平方米，由山门、天王殿、大雄宝殿、藏经楼、法堂等四进殿堂及众多配殿组成，依山面海，曲径通幽，享有“海天佛国”之称。

海天康乐园 沙滩总长约2000米，陆地、沙滩共占地34.87万平方米，建有梦幻蓝天滨海娱乐场、凝海闻涛休闲区、海水浴场区、深海潜水俱乐部。其中，梦幻蓝天滨海娱乐区长1000米，占地21.9万平方米，区内设摩托艇、魔毯、拖坠降落伞、橡胶船、帆板、深海潜水、沙滩排球、沙滩摩托车等娱乐项目及休闲沙吧、营帐、树林草地广场、售卖亭、综合服务站等设施。

国际会议中心 位于大乳山景区核心景观区，建筑面积4600平方米，可提供会议及餐饮接待，设有会议厅、宴会间及多功能厅，会议厅装有多国同声传译系统、视频会议系统、计算机网络系统，可承接各种高端会议。

长寿廊 展示长寿之乡乳山市的百岁老人和景区内3个村的80岁以上老人的影像。

巡福天路 从三神牌山至笔架

山，全长2200米，沿途有百福广场、万福山、祈福台、奶奶庙、触摩顶等景点。

大乳山母爱文化苑 分为孝道文化区和母爱文化区。展示以中国传统剪纸工艺为灵感打造的母爱图腾，营造母爱文化氛围。

【福如东海文化园】 位于国家AAAA级旅游度假区——乳山银滩旅游度假区，占地106.67公顷，海域使用面积1.07平方公里。福如东海文化园是以“福文化”“东渡文化”及“东夷文化”为主题打造的大型文化旅游综合开发项目，主要包括一轴——“福如东海”文化旅游主轴，二带——滨海景观带和沿着长江路的绿化景观带，三区——“福如东海”书画院区、“福如东海”度假酒店区和“福如东海”游艇俱乐部区三个主题游览区。2012年，中国美术创作研究基地山东省基地在园区落户。同年，被评为国家AAA级景区。2014年8月，被威海市委宣传部确定为重点文化企业。2017年福如东海文化园创建为国家AAAA级旅游景区。2017年度完成投资6800万元，正在进行文化展览馆、福如东海戴斯大酒店的装饰装修建设。

【正华石佛山景区】 位于乳山寨镇赤家口村西，占地200公顷，毗邻国家级森林公园——岠嵎山森林公园。主峰石佛山海拔326.4米，因其远观如一弥勒佛仰卧观紫微星而得名，景区峰奇谷幽，森林覆盖率90%，空气含有丰富负氧离子，形成独特天然氧吧。景区内有百年古树200棵，并有胶东地区唯一映山红林带及百亩樱花林；开辟13.33公顷向阳坡地种植茶叶，带动“茶园采风及采摘体验游”发展；特色养殖场内饲养观赏及食用动物梅花鹿、马鹿、孔雀、珍珠鸡、火鸡、野猪、家猪；奇珍植物园位内栽种珍稀植物香蕉、芒果、柠檬、辣椒树、茄子树等，采用无土栽培与有机栽培技术，打造独特植物景观。正华石佛景区集绿色无公害蔬菜、应季水果采摘，滑草、漂流，特色植物园观光，餐饮、住宿、垂钓、登山、迷宫于一体，打造多功能娱乐休闲景区。2010年，“正华大乳山”绿茶获威海首家“山东名牌”称号。2013年，正华石佛山景区被评为国家AAA级景区。

【小汤温泉度假村】 坐落在乳山市区东北20公里的冯家镇，是集温泉洗浴、餐饮、住宿、会议、娱乐为一体的现代化温泉度假村景区。延续唐时距今约1400年的老汤原址兴建，属纯天然温泉。2013年12月，被评为国家AAA级景区。泉水温常年保持在70℃左右，富含锶离子和偏硅酸、硒等矿物质。度假区设有热带雨林园景观温泉区，可供1000人同时沐浴，可供300人住宿的客房，会议室、餐厅、户外拓展基地及采摘园7个。

5月17日，福如东海文化园书画院 （旅游局提供）

【圣水宫道教养生休闲度假区】 位于冯家镇孔家村西。圣水宫，又名玉虚观，为省级重点文物保护单位，名列《中国名胜辞典》。景区内群山绵亘、林峦深邃、清泉奔涌，素有“小昆嵛”之美誉，自古就以山异水奇闻名遐迩，自然人文景观丰富。据史书和碑碣记载，唐贞观年间在此建庙曰“圣水宫”。其鼎盛时期在金元，曾是全真教三大圣地之一。度假区为国家AAA级景区，占地130.67公顷，规划投资1.2亿元，主要规划为弘道区、道教养生休闲区、生态农业观光区，其中弘道区投资6079万元，竣工的玉虚观、财神宫、百草园、文昌塔、大仙堂等对外开放。

【多福山国际养生旅游度假区】 威海·多福山国际养生旅游度假区由威海多福山旅游开发有限公司（山东省日照市知名企业日百集团控股公司）投资，于2009年开工建设，2012年8月被评为国家AAA旅游景区，2013年5月正式开园纳客，规划面积10余平方公里，总投资11.9亿元。景区内多福山峰奇岩险，绿树苍翠，自古以“古刹”“庙会”“圣水”“奇石”闻名，素有“小泰山”的美誉。其“左青龙、右白虎、前朱雀、后玄武”的风水格局和山巅天然形成的“负阴抱阳”景观也极为罕见。景区范围内谷深涧幽，植被繁茂，空气中丰富的负氧离子与从海上吹来的负氧离子相汇聚，含量高达5万~6万每立方厘米，被誉为“天然的氧吧”。山上的野生中草药材品类丰富，如灵芝、紫参、银杏、金银花、艾蒿、止血藤等达160余种。还拥有优质的矿泉水层，水内富含对人体有益的多种微量元素。据检测，当地的土壤中含有较高的微量元素硒，有利于健康长寿。山顶部存有距今1000余年历史的碧霞宫旧址，近代文物部门又在多福山及周边发现元代寺庙遗址和古碑石刻文物，使这里更具有科考和历史研究价值。景区内建有碧霞元君祠和霄龙禅寺，每年农历四月十五举行盛大的多福山庙会，期间来祈福许愿的善男信女达数万众，已成为景区最具特色的大型节庆活动。另有“玉液天池”“圣水泉”“长寿泉”等6大名泉圣水和“寿星石”“玄武献寿”“金蟾戏凤”“伯牙忆琴”“钟馗醉酒”等72处奇石景观。

景区依托独有的自然养生资源，国内外知名养生专家担纲，在保持纯天然原生态的基础上，以“养生文化”为核心，以“神韵多福，养生净土”为主题，传承“道法自然、天人合一”思想理念，将度假区规划为“一心”——综合服务中心、“一镇”——卢塞恩养生小镇、“四区”——道教祈福区、禅修体验区、森林休闲区、温泉度假区，打造一座“参禅、悟道、祈福、养生”的历史文化名山，力图建成集观光旅游、养生度假、休闲娱乐、宗教朝圣、商务会议于一体的大型综合性养生度假胜地。

景区的建设列入《乳山市养生文化产业发展规划》，并于2013年8月揭牌被正式评为山东省首个“长寿文化研究基地”。景区的建成对提升整个乳山市“长寿之乡，养生福地”的旅游品牌有重要意义。

景区2017年新增玻璃滑道、玻璃栈道、滑草3个旅游新业态。多福山高空玻璃滑道是山东省首条透明悬空玻璃滑道，全长238米，坡度25度，号称山东第一滑，全程落差89米，悬浮地面，百分百透明玻璃，滨海仙山美景尽收眼底。多福山玻璃栈道，是胶东第一条玻璃栈道，建于景区主峰碧霞元君祠东侧峭壁之上，全长130米，落差88米，有20平方米观景看海台。多福山滑草场项目位于多福山景区霄龙禅寺祈福广场西侧(景区入口前行20米处)，整个项目占地5.3亩，滑道长度70米，坡度29度，绿化面积3000余平方米。

【金牛谷生态农业观光园】 位于乳山市午极镇午极村北郊。总投资2.8亿元，占地约200公顷，为国家AAA级景区。以打造“胶东蓝莓第一园”为目标，建设集农业生产、科技示范、休闲娱乐、旅游度假、环境保护于一体的综合开发项目举办蓝莓产业文化节，实现旅游与农业融合发展。景区投资1.2亿元，栽植树木1.8万棵、蓝莓56.67公顷、树莓3.33公顷、茶叶6.67公顷、其它果树26.67公顷，完成滑草、滑索等游乐项目及农业采摘园、烧烤广场、婚庆长廊、四合院、木制别墅等项目建设。

【岠嵎山风景区】 位于乳山市区西18公里处，四周群山环抱，中间形成“人”字形峡谷，岠嵎山以此得名。岠嵎山地质奇特，原系海底山脉，后因太古到中生代的造山运动和燕山运动，构造当今秀俏天成、奇石林立的自然风貌。景区总面积1204公顷，主峰海拔599.5米，有植物180种、国家保护树种70种、动物170种、林地总面积746公顷，是天然动植物王国。岠嵎山奇石因地貌奇特险峻，怪异嶙峋，如禽如兽，似人似物，而为齐鲁一绝，有“天然石雕园、植物园、天然氧吧”之称。2002年12月，被批准为国家级森林公园，2009年3月，被评为国家AAA级旅游景区。

6月5日，多福山国际养生旅游度假区空中全景图 （旅游局提供）

【绿城台依湖酒庄酒产业小镇】 由绿城台依湖集团投资开发建设，总规划10万亩，种植葡萄9万亩，建设300座酒庄，打造中国最大的酒庄产业集群。依托乳山当地优良的葡萄种植环境，以台依湖水域为中心，投资3000万从法国引进葡萄破碎机、除梗机、全氮气保护气囊压榨机，意大利全自动灌装线，法国原产橡木桶，聘请原拉菲集团首席酿酒师，与国内外葡萄酒技术机构合作，从葡萄种植到酿造全程严控，酿造高标准酒庄酒，打造集葡萄种植与酿造、现代农业、科普文化、采摘体验、休闲旅游与度假为一体的综合项目。

台依湖以葡萄酒文化为主题，打造葡萄酒学院、葡萄酒博物馆、葡萄酒主题小镇等核心体验项目，配备超五星级酒店、水上娱乐、商业休闲场所、葡萄科普体验园等，主题鲜明、格局清晰，按照国家AAAAA级景区标准规划建设，力争打造万亩葡园、千亩水景、千亩公园、百亩湿地四大生态景观，缔造中国乃至全世界最大的酒庄生态文化区和葡萄酒产业集群。2015年被评为国家AAA级景区。

【益天生态旅游观光园】 位于乳山市白沙滩镇徐家埝村北，规划占地980亩，计划投资2.12亿元，园区坚持生态优先的原则，将现代特

9月21日，岠嵎山风景区全景 （旅游局提供）

色农业与生态旅游相结合，规划道观人文区、生态采摘区、生态园林区、水苑娱乐区、商务餐饮区等5个功能区，是一座集体育休闲、采摘体验、宗教养生、旅游观光、商务活动等为一体的现代旅游景区。2014年被评为山东省农业旅游示范点和精品采摘园，2016年被评为国家AAA级旅游景区。

道观人文区：位于益天生态观光园西北部，新建成的青龙观总投资4000多万元，在原旧重建，气势磅礴，设置典雅，焕发新光彩，为广大道教信徒、香客游人提供拜道、进香、旅游、休闲、度假场所。

水苑娱乐区：位于生态园大门入口处，湖中有观赏鱼，湖畔绿地环绕，该湖为自然湖人工改造而来，碧波荡漾，景色秀丽。湖中可垂钓，赏鱼，观景，亲子划船休闲。

生态采摘区：种植有苹果、大小樱桃、海棠、大枣、山楂、板栗、桃子、梨、杏、柿子等采摘树种。步入秋冬季节，园内各色树木，风光无限。果园内果树成荫，十几余种新鲜水果可供游人采摘、品尝、选购，让游客休验田园之乐。

生态观光区：种植成片的樱花、美人梅、榆叶梅、木槿、紫薇、紫荆、月季、金桂、玉兰、垂丝海棠、木瓜海棠、红叶石楠、耐冻、紫藤、凌霄、丁香、流苏、菊花、紫叶李等。春夏季节，树阵花海列队绽放，林荫路绿树环绕，湖中碧莲亭立，让人留恋忘返。

商务餐饮区：位于园区中部的仿古建筑四合院，整体外观油漆彩画雕梁画栋，古色古香，院内种树种花，幽雅宜人。木质仿古床榻和茶具，给人老北京王府井之感。坐在庭院中，有别喧嚣都市的随意和自然让人身心放松。步入其后花园，错落有致的花草，假山瀑布、小桥流水，石桌椅和竹藤休闲桌椅各占一边，不时有麻雀飞落地面，清静雅致，游客在此可品茗休憩养生避暑，体验老北京王府贵族生活。

【马石山红色旅游区】 马石山位于乳山市西北隅，海拔467.4米，是胶东的名山。山体呈东西走向，从北面远眺，像一匹头西尾东的骏马，头、耳、鬃、背、臀清晰可辨，又因山多岩石，故名马石山。这里峰岭巍峨，山势陡峭，怪石嶙峋，森林茂密，鸟类繁多，保持着原始山林特有的秀美风貌。景点有姊妹石、棋盘石、五凤楼、天梯、勃鸽塘、威海马石山红色教育基地，为乳山著名自然景区。同时，这里是抗日战争时期，日军制造骇人听闻的“马石山惨案”发生地、马石山反“扫荡”突围战发生地，是省级重点文物保护单位，著名的红色旅游圣地。2015年被评为国家AA级旅游景区。

姊妹石 马石山西麓井乔家村旁，乳山河上游水潭龙湾岸边，耸立两尊高三丈许的巨石，其形似一对婷婷玉立的少女，仪态端庄，相互偎依在一起，人们称其“姊妹石”。

五凤楼 马石山主峰西南2.5千米处，陡峭的石崖上，有一天然而成的石窟，石窟分为上下两层，上层又有前后两窟，两窟中间相通：前窟门窗俱全，明柱支撑，飞梁走檐，造工精巧；后窟为一石洞，明亮宽敞，可容纳数十人。远观石窟，酷似人工凿建的石楼，当地人称其为五凤楼。

棋盘石 马石山主峰西坡有一巨大的方形岩石，周围松林芳草环绕。巨石紫黑色，高约3米，顶端平坦如砥，可容十余人围坐。令人称奇的是，巨大的岩石上，中间部分有纵横交错的岩石纹理，形似棋

7月8日，威海马石山红色教育基地 （宁志浩摄）

盘，“格线”清晰。

通天梯 马石山主峰以西的悬崖峭壁间，有一条斗折蛇行、层层相接的登山石阶，远眺似一条通向陡峭山顶的石梯，人们称其为“通天梯”。

鹁鸽塘 在“五凤楼”的西北处，有一狭窄的深谷，谷深30余米，深谷两侧岩壁陡峭险峻，是攀岩爱好者的绝妙佳地。岩壁经过风化形成许多小石洞，成为鸽子的栖息地，常年有大批野生鸽子在此繁衍生息，故称其为“鹁鸽塘”。

威海马石山红色教育基地 1942年11月，日本侵略军及伪军2万多人，对抗日根据地进行拉网合围式“大扫荡”，24日在马石山残杀抗日军民500多人，制造“马石山惨案”。在反扫荡斗争中，胶东抗日军民同日本侵略军进行殊死搏斗。1970年10月，乳山市为纪念在“马石山惨案”中牺牲的抗日军民，在此修建马石山烈士陵园，分革命烈士纪念塔、抗日烈士纪念堂、广场、烈士陵墓和接待室与管理人员生活区4部分。1985年，许世友上将、林浩少将为革命烈士纪念堂题词。1990年6月被山东省人民政府批准为省级烈士纪念建筑物重点保护单位。2005年12月，被批准为山东省爱国主义教育基地。2013年被省政府列为省级文物保护单位，2014年被列入第一批国家级抗战纪念设施、遗址名录，马石山十勇士英雄群体为中国五大著名抗日英雄群体之一。马石山十勇士馆展示胶东抗战简史，日寇制造马石山惨案罪行，马石山十勇士及其他英雄群体视死如归、舍生取义救民众英雄事迹，军民情深、血肉相连同生死的事迹及缅怀先烈等内容。

4月3日，胶东育儿所纪念馆 （旅游局提供）

【胶东育儿所纪念馆】 胶东育儿所位于乳山市崖子镇田家村，距离乳山市区40公里。抗战时期，牟海县（今乳山市）境内，党的活动较早，群众的革命基础非常好，是胶东第一个全域解放的县区。乳山党政军机关、八路军兵工厂、敌后医院、胶东公学、制药厂等常驻扎在这一带的村庄。田家村周边地区是胶东抗战的大后方，胶东育儿所就在抗战烽火中的田家村迅速发展起来。2017年评为国家AA级旅游景区

为加强党员干部教育，推进红色文化建设，2016年5月，乳山市在原胶东育儿所旧址、胶东行政主任公署旧址上修缮建成胶东育儿所教学点，建筑面积7520平方米，布展面积763.8平方米，由胶东育儿所纪念馆、胶东育儿所旧址两大部分组成，共10处展室，展出刊板222幅，实物427件。其中，胶东育儿所纪念馆布展面积250.7平方米，分为三个展室，主要展示胶东育儿所筹建发展历程、乳娘哺育乳儿故事、乳儿感恩寻亲的故事、乳娘精神的传承等内容，设有影像播放室。旧址部分布展面积513.1平方米，包括胶东育儿所旧址、胶东行政主任公署旧址、幼儿生活室、伙房及三个复原的乳娘人家，共七个复原展室，给学员现场直观感受。

通过聆听胶东育儿所乳娘感天动地的故事，参观旧址实物、实景，感受革命战争年代群众与党和人民军队生死与共、以命相助的鱼水深情，体会党群军民之间相互依存、守望相助的血肉联系，理解密切联系群众是党的性质和宗旨的体现，是区别于其他政党的显著标志，也是党发展壮大的重要原因；领悟人民群众是共产党人的乳娘，正是人民群众的以命相助，推动党的事业不断取得新的胜利。增强任何时候都勿忘母恩、视群众为父母的群众观念，增强植根人民、服务人民的行动自觉，传承好忠心向党、感恩图报、坚贞不屈、慷慨无私的乳娘精神，凝聚起实现中华民族伟大复兴中国梦强大力量。

（朱晓琳）

旅游线路

【滨海休闲一日游】

线路安排 银滩旅游度假区—大乳山滨海旅游度假区—台依湖酒庄。

线路具体介绍

上午银滩旅游度假区、大乳山滨海旅游度假区，游玩看海，放松身心。

中午大乳山滨海旅游度假区，品尝东海海鲜大锅。

下午台依湖酒庄，参观葡萄酒庄，参与葡萄采摘酿造，品尝美酒，打水上高尔夫，搭乘游艇，参观婚庆礼堂、天鹅湖酒吧和房车营地，享受葡萄酒庄园主生活方式。

晚上台依湖酒庄，海盗船餐厅就餐，木屋别墅住宿。

【滨海休闲二日游】

线路安排 多福山国际养生旅游度假区—福如东海文化园—银滩旅游度假区—大乳山滨海旅游度假区—小青岛渔家乐。

线路具体介绍

第一日　上午多福山国际养生旅游度假区，登山观海，体验玻璃栈道、玻璃滑道、滑草，游览霄龙禅寺；福如东海文化园，参观皮草城、旅游商品超市购物、游览三观亭等；银滩旅游度假区，游览天下第一滩银滩旅游度假区。

中午银滩大酒店，就餐。

下午大乳山滨海旅游度假区，海天康乐园游玩，摩托艇海上游览，参观东方琉璃塔、泓兴寺、药师佛大殿。

晚上耕渔酒店，品尝东海海鲜大锅，住宿。

第二日　上午小青岛，渔家风情体验，从乳山口港乘船到小青岛，垂钓、赶海、参与拔笼收牡蛎。

中午渔家乐，吃特色渔家饭。

下午从小青岛乘船返回。

【红色古村二日游】

线路安排　马石山—东尚山村—下石硼村—田家村。

线路具体介绍

第一日　上午田家村，参观胶东育儿所纪念馆、胶东育儿所旧址，聆听胶东育儿所乳娘故事，感受革命战争年代群众与党和人民军队之间血肉联系。

中午田家村，体验农家乐。

下午马石山，参观马石山红色教育基地，重温光辉历史，感受党和人民军队与群众生死与共光辉历程。

晚上下石硼村，体验农家乐，住当地民宿。

第二日　上午下石硼村，参观抗战时期的枪械维修旧址、秘密医院、兵工厂、印钞厂、被服厂、胶东公学等红色遗址。

中午下石棚村，体验农家乐；

下午东尚山村，游览古建筑群，体验大山深处“山水童话”，留住乡村记忆。

【乡村慢生活一日游】

线路安排　徐家埝村—益天生态园。

线路具体介绍

上午益天生态园，深入田间果园采摘果实。

中午徐家埝村，在“一泊花港”民宿内动手做农家饭；

下午徐家埝村，体验“一泊花港”民宿区，品味远离城市喧嚣的宁静，享受大自然。

【康体养生二日游】

线路安排　圣水宫—小汤温泉—徐家埝—益天生态园。

线路具体介绍

第一日　上午圣水宫，参观圣水宫清玉虚观，膜拜全真七子之一的王玉阳故地。

中午圣水宫，品尝斋饭。

下午小汤温泉，参观动植物园，体验采摘项目，体验归仁汤温泉，享受大自然。

晚上小汤温泉，泡温泉。

第二日　上午徐家埝，体验“一泊花港”民宿区，漫步生态绿道，品味远离城市喧嚣的宁静。

中午徐家埝农家院动手做午饭。

下午益天生态采摘园，采摘果蔬。

【滨海养生温泉一日游】

线路安排　极北绿茶采摘园—圣水宫道教养生休闲度假区—小汤温泉。

线路具体介绍

上午极北绿茶采摘园，走进茶园采茶、品茶、参观制茶工艺。

中午极北农家乐，吃特色农家饭

下午圣水宫，参观圣水宫清玉虚观、膜拜全真七子之一王玉阳的故地；

小汤温泉，参观动植物园，泡温泉。

（朱晓琳）

会展业

【概况】　2017年，乳山市组织乳山市金果花生制品有限公司、华隆（乳山）食品工业有限公司、威海吉利食品有限公司等12家企业参加境外展会17次，拓展出口渠道，开拓新兴市场。组织企业参加第中国进出口商品交易会、中国国际食品和饮料展览会、华东进出口商品交易会等境内展会。

【第42届日本国际食品及饮料展参展】　2017年3月7—10日，第42届日本国际食品及饮料展在日本千叶幕张国际展览中心举办，乳山市组织乳山市金果花生制品有限公司、华隆（乳山）食品工业有限公司、威海吉利食品有限公司3家企业参加该展会及同期“山东品牌农产品东京展”。展会期间，开展企业形象宣传、促销和贸易洽谈活动，了解世界行业新信息和新动态。

【第121届中国进出口商品交易会参展】　2017年4月15日—5月5日，第121届中国进出口商品交易会在广州举行。乳山市组织乳山镇善汽车装饰用品有限公司、乳山市永丰铆钉厂、乳山莱西尔工艺品有限公司、威海星歌服饰有限公司等8家企业参加。通过参展，宣传产品品牌，提高产品知名度。

【中国华东进出口商品交易会参展】　2017年3月1—5日，第27届中国华东进出口商品交易会在上海举行。乳山市组织山东富豪菲格尔皮具有限公司、乳山和信制衣有限公司2家企业参加。

（商务局）

· 南北朝 “常平五侏”圆钱

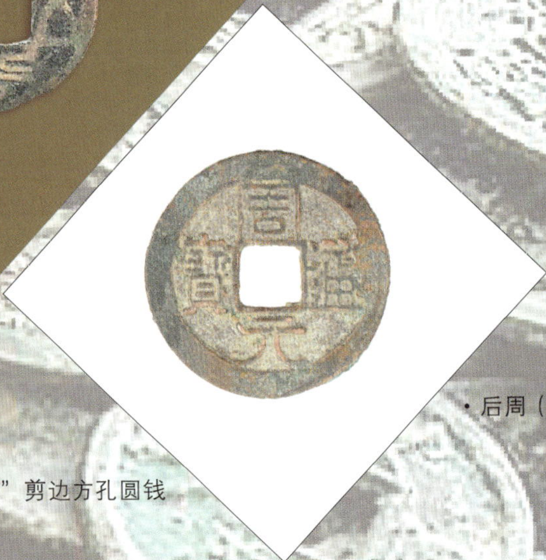

· 后周（五代） “周元通宝”方孔圆钱

· 汉代 “五株”剪边方孔圆钱

· 汉

· 唐代 “开

· 唐代 “乾元重宝”方孔圆钱

责任编辑：孙方圆

商贸·服务业

Industry of Services in Commerce and Trade

综 述

【概况】 2017年，乳山市围绕新旧动能转换重大工程部署，自我加压，创新实干，推动商贸服务业转型升级和对外开放跨越发展。全年实际利用内资168.7亿元，比上年增长15.1%；实际到账外资56437万元，比上年增长10.3%；完成外贸进出口592059万元，比上年增长10.8%。全市社会消费品零售额完成262.08亿元，比上年增长10.3%，商贸运行健康有序，市场消费繁荣活跃。

【新开工3000万元以上项目23个】 2017年，乳山市紧抓中韩自贸区地方经济合作示范区和威海市国家服务贸易创新发展试点政策机遇，落实全面精准招商战略，推动对外开放向纵深发展。坚持"走出去"和"请进来"相结合，集中开展赴青岛、"珠三角""长三角"等100余次及赴美国、韩国、日本、欧洲等10余次集中招商活动，邀请北京、上海、比利时、韩国等120批次客商到乳山考察，为招商引资、扩大开放搭建新平台。2017年，全市新开工投资3000万元以上项目23个，其中山东泓联特种纸、伯特利二期、龙彩新材料等过亿元项目9个，签订泛海阳光、燃气发动机、湿法锂电池隔膜等13个过亿项目。

【商务诚信体系建设步伐加快】 2017年，乳山市商务局印发《关于对商贸流通领域相关失信责任主体实施联合惩戒的备忘录》《关于建立商务诚信"红黑榜"发布制度的实施方案》《乳山市商贸流通领域信用体系建设》，进一步提升乳山市商贸流通领域信用体系建设，通过企业信用认证和等级评价体系、守信激励和失信惩戒机制、信用红黑榜发布制度，加快商务领域信用体系建设步伐。2017年，乳山市泰和典当有限公司、乳山市振宇电脑网络有限公司、乳山市华润物流有限公司、乳山市母爱大姐家政服务有限公司、威海久鼎电子商务孵化器有限公司、乳山顺泰果蔬专业合作社6家企业登乳山市商务诚信"红榜"。

商贸业

【概况】 2017年，乳山市商贸业坚持以繁荣市场、保障供应为目标，以扩消费、惠民生为主线，以转方式、调结构、促发展为方向，搭建流通载体，完善经营网络，优化业态布局，开拓城乡市场，推动全市商贸流通经济持续平稳较快发展。全年实现社会消费品零售额262.08亿元，比上年增长10.3%。其中，果品、蔬菜类零售额1.2亿元，增长21.4%；肉、禽、蛋奶及水产品类零售额1.9亿元，增长34.4%；汽车类零售额7.7亿元，增长13.9%；酒、饮料及茶叶零售额增长20.4%；文化、体育用品类零售额增长32.5%，中西药品类零售额增长17.5%，电子出版物及音像制品类零售额增长23%。

【食用农产品合格供应商项目通过验收】 2017年，乳山市商务局组织青艺果蔬、小康蔬菜2家企业申报山东省食用农产品合格供应商项目。配合威海市商务局、项目组多次对企业创建工作现场指导，按要求完成材料申报、产品检测、企业管理信息化等方面准备工作。2017年11月，通过山东省商务厅考核验收。

【查处侵权假冒商品案件208起】 2017年，乳山市落实惩治侵犯知识产权和制售假冒伪劣商品工作，制订《2017年乳山市打击侵犯知识产权和制售假冒伪劣商品工作要点》，完善联络员、信息报送和数据统计工作制度及工作监督考核办法。围绕互联网侵权盗版、农资、车用燃油、食用盐、烟草、消毒产品、食品药品、注册商标、专利侵权等重点领域，组织开展惩治侵权假冒专项整治活动。年内，全市共查处惩治侵犯知识产权和制售假冒伪劣商品案件208起，罚没款项90.74万元。

【乳山市海天集团有限公司】 乳山市海天集团有限公司是一家集宾馆、酒店、摄影、彩扩、洗浴、健身、食品加工等行业为一体的综合性集团公司。现有连锁加盟单位27家，其中"三星级涉外"宾馆3家，总床位1000个，总餐位10000个。现拥有固定资产9000万元，员工1000余人。公司推行领导层控股、规范的股份制运作方式，完善"四统一、一独立"的经营模式。大力推进便民、利民工程，实施政府"放心早点"工程，成立早点配送中心。打造全新食品配送中心，公司发展成为集月饼、大饽饽、水饺、豆腐、粽子、喜饼、面条、花生油、包子等加工于一体的产业化生产基地，2017年，被评为威海市"主食产业化示范基地"。投资800万元在开发区建设食品加工中心，面积6000平方米。2017年，全年营业额5047万元。

【利群集团乳山购物广场】 利群集团乳山购物广场是利群集团第21座万米商厦，于2005年4月28日营业。位于乳山市商业街东段、贸易城北侧，总建筑面积达3万平方米，是乳山市最大的集购物、餐饮、娱乐、休闲体验于一体的综合性购物中心。经过13年发展，完成商场扩建，商场布局调整，品牌结构优化，经营范围涵盖影院、儿童娱乐、儿童培训及早教、男女服装、箱包皮具，家电、化妆品、黄金珠宝、日用百货、食品生鲜等，并推出利群网商项目，将网上购物与实体店相结合，网络营销与传统营销相结合，利用线上线下双重渠道拓展业务。商场设有室外停车位200余个，满足广大顾客停车需求。与肯德基、汤姆家的牛排、彤德莱、陕十三、阿香米线、丹香合作，提供美味可口的特色食品。2017年，企业秉承"倡导低价、为您节省每一分钱"经营理念，保证每天生鲜、肉类食品天天新鲜。先后获"乳山市消费者最喜爱的品牌”“百姓最喜爱的消费品牌”“威海市消费者满意单位”“威海市安全生产单位”“山东省第二届食品安全诚信单位”“治安保卫工作先进集体”“消防安全先进单位”“乳山市纳税明星企业”称号。2017年全年营业额13712万元。

【乳山振华商厦有限公司】 原系威海华联集团乳山商厦，成立于2000年11月26日，位于乳山市城区繁华地带，北临商业街，东靠富山路，上下两层，营业面积达1万余平方米，是乳山市第一家大型、综合性商业服务企业。2006年年末，改制为综合性大型股份制商业企业；2009年5月，更名为乳山振华商厦有限公司。2017年，发扬“团结、务实、开拓、创新”的企业精神，秉承“荟萃精品、服务大众”的经营理念，把“满足消费者需求，维护消费者利益，把微不足道的小事做得完美无瑕”作为企业服务宗旨，强化和完善经营管理机制，贯彻执行《消费者权益保护法》《产品质量法》及《新“三包”规定》等法律法规，抵制假冒伪劣商品，强化员工管理，开展优质服务活动，以诚实守信的经营，为消费者提供满意放心服务和宽松和谐的购物环境。2017年全年营业额6100万元。

【乳山振华购物中心】 位于乳山市最繁华的商业中心，于2013年12月28日营业，总建筑面积3万平方米，是集购物、休闲、娱乐、美食餐饮等多功能于一体的综合性购物中心。2017年，以市场为向导，以消费者需求为目标，秉持“荟萃精品，服务大众”经营理念和“优质服务赢市场，科学管理创高效”管理理念，发扬团结、务实、开拓、创新的振华精神，以提升消费者生活品味为宗旨，打造符合乳山市民消费需求的中、高档购物中心。商场设备先进，功能齐全，配有双向电梯、自动消防系统、中央空调、电子商务系统等，尽显现代商业气息。中心汇集国内外名优品牌，不断进行商品层次提升和商品结构调整，繁荣乳山区域市场，满足乳山市民高品质生活需求。2017年全年营业额11000万元。

【山东家家悦集团有限公司】 2017年，家家悦集团乳山区域坚持创新驱动，深入实施“互联网+”战略，推动企业快速发展。抓好线下实体门店扩张，强化网络建设密度，增强城市社区渗透能力，打造一刻钟便民生活服务圈。加快门店升级改造，推出第二代升级大卖场，根据顾客需求进行品类优化，为消费者提供专业化、精准化、个性化服务。以农村电商为突破口，加快线上线下融合，在现有农村店设置农村电商服务处，让农民足不出户就可以享受到电商带来的便利服务。拓展国际采购渠道，在欧洲、美洲、大洋洲、东南亚等地区开发海外采购基地，进一步增强差异化竞争能力。抢抓中韩自贸示范区机遇，加快与韩国企业对接合作，拓宽韩国商品进口渠道，开展跨境电商业务，为消费者提供韩品直邮服务。推广物流标准化，引进笼车、托盘等标准化载具，推广笼车装卸、带板运输，降低物流成本，提升物流综合运营效率。完善商品流通追溯体系，利用电子信息化手段，对所有食品进行单品管理，实现所有食品整体可追溯，确保为消费者提供质量安全可靠的商品。

【农副产品批发市场】

贸易城农贸市场 位于深圳路中段，1993年由威海金桥房地产开发有限公司出资建设，占地1.6万平方米，分为交易大棚、海鲜早市和3个经营区，其中交易大棚位于市场中心，占地8000平方米，设计摊位220个；海鲜早市位于市场大棚南侧，占地1100平方米，固定摊位56个、流动摊位20～30个，每日1:00—7:30营业，经营海鲜批发为主；3个经营区在交易大棚外围，门市房62个。贸易城中心市场以经营海鲜产品为主，干货、蔬菜、水果、肉蛋为辅。2017年，营业额1.6亿元，是乳山市最大的综合性农副产品交易市场。

金谷园农产品批发市场 位于乳山市区世纪大道北端，由乳山市金谷园农机市场有限公司于2009年5月融资建设，2010年6月开业。总投资1.12亿元，占地7.9万平方米，建筑面积4.7万平方米。有农副产品交易大厅3个，其中蔬菜交易大厅营业面积6000平方米、固定摊位60个，水果交易大厅营业面积3800平方米、固定摊位60个，肉类交易大厅营业面积2000平方米、固定摊位36个。门市房220个，全部入驻业户。市场以蔬菜、水果批发为主，干货、海产品、小商品、肉蛋禽等农副产品为辅。2017年，营业额8.4亿元，是乳山市唯一一家农产品批发市场。

黄山路商贸市场 位于黄山路北段，由城区街道办事处金碃岭村委会投资建设，于2005年5月营业。投资800万元，占地2800平方米，摊位380个（其中门市房75个）。主营蔬菜、水果、禽类等农副产品，水产品为辅。2017年，营业额17万元。

【义乌小商品城建设】 位于乳山市区向阳街35号，由个人筹资518万元，望海房地产开发有限公司兴建，占地5000平方米，经营面积1万平方米，设计摊位288个。主要经营服装、日用百货、小家电、文体、床上用品、工艺品等。2017年，营业额360万元。

【放心粮油服务网点规范管理】 2017年，乳山市优化放心粮油服务网点布局，进一步加大政策与资金扶持力度，支持骨干涉粮企业参与配送中心和放心粮店建设，提高放心粮油覆盖面。全年规范化管理“放心粮油店”10处，提升店容店貌、台账管理、服务质量、环境卫生水平，便于市民就近选购好粮油。

【烟草专卖实现利税1亿元】 2017年，乳山市烟草专卖局（营销部）学习贯彻中共十九大精神，把握“创新创业、深耕基层，精细精准、厚植基础”的发展定位，开展“自律互助小组建设”“客户营销故事”等创建活动，全面提升卷烟零售客户经营能力和水平。全年销售卷烟1.63万箱，实现单箱收入2.66万元，利税1.04亿元。年内，获乳山市委“二星级纳税明星企业”称号。

【烟草网格化专卖管理模式完善】 2017年，乳山市以“齐鲁之盾(2017)”专项行动为依托，落实“打大户、断渠道，疏小户、提意识”的工作思路，坚持和完善网格化管理模式，通过错时检查、“5+2”、应急人员重组等检查方式，强化对互联网、物流快递、毗邻市场、宾馆酒店等重点环节的监管，全面提升监管实效性和针对性。全年查办违法案件186起，涉案卷烟178.62万支，涉案总值138.93万元，其中查获万元以上违法案件60起，破获符合公安部、国家烟草专卖局标准网络案件1起，判刑4人。

（张磊）

【中石化成品油销售4.25万吨】 2017年，中国石化销售有限公司山东威海乳山石油分公司在营加油站15座，为乳山市成品油经营主渠道，保障乳山市工、农、渔业生产，交通运输及居民日常生活用油供应。年内，销售成品油4.25万吨，非油品累计销售1793万。

【市区7座加油站完成三次油气回收改造】 2017年10—11月，先后对乳山市区7座加油站进行3次油气回收改造，为改造的各加油站制定油气回收综合治理实施方案，确保改造施工安全。改造后油气挥发量削减九成，进一步改善乳山市区大气质量，提升环境水平，为周边市民提供更洁净安全的生活环境。

【“三夏”期间柴油每升降低0.6元】 根据威海市石油公司统一部署，“三夏“期间，乳山市石油公司开辟“绿色通道”，提早动员，做好“三夏”“三秋”保供和送货上门服务，确保用油畅通。“三夏”农忙季节，柴油每升降低0.6元，价格为4.89元/升。开通乳山寨、海洋所、大孤山、冯家、下初等镇站5座加油站为保供站，保障乳山市小麦颗粒归仓。

6月29日，“以练为战·防患未然”安全生产月消防演练举行

（石油公司提供）

【“以练为战·防患未然”安全生产月联合演练】 6月29日，乳山市石油公司联合乳山市公安消防大队，组织辖区内15个加油站在乳山第一加油站举行“以练为战·防患未然”安全生产月消防演练及教育培训活动。以第一加油站卸油现场油罐车为假想着火点，重点围绕油罐车卸油过程中的初期火灾扑救、人员快速疏散以及配合消防大队进行灭火实战拉动能力演练。

（刘晓雁）

【获评“全省供销合作社系统先进集体”】 2017年，乳山市供销合作社联合社（以下简称市联社）有下辖企业6个、基层社16处，领办协办各类农民专业合作社92处，成立镇级农民合作社联合社13个、区域性农民合作社联合社2个、专业

5月8日，乳山市委统战部部长孔祥雷（左一）到大孤山供销社智能配肥站调研

（滕旭光摄）

8月24日，山东省供销社理事会副主任许广民（左三）到乳山市供销为农服务中心调研　　（滕旭光摄）

协会4个，系统职工750人，总资产3.7亿元。2017年，市联社全面落实乳山市委市政府“强基础、重规范、转作风、树形象”工作要求，推进素质提升、为农服务能力、招商引资、精准扶贫、项目建设等方面工作，获评2017年度“全省供销合作社系统先进集体”。

【市联社“对标学习”活动开展】2017年，乳山市联社组织机关干部、基层社主任赴安徽肥西县、江苏泗阳县、沛县三地就基层社改造、资产盘活利用、开放办社等方面进行考察学习，开阔视野，查找不足。组织人员参加威海市社组织的省内六县市电子商务先进经验考察活动，加快推进电子商务服务体系建设，提升县域电商平台和乡村电商服务站点的服务水平。多次组织人员赴文登区供销社开展“对标学习”活动，学习“西洋参”节筹办、电子商务等先进办社经验。组织参加中国农产品流通经纪人协会组织的协会第二届五次理事会、省供销社组织的县域电子商务推进会暨山东农村电子商务产业联盟成立大会，坚持学习与改进工作相结合，提升业务能力。

【为农服务中心“多功能”综合体新增3处】2017年，乳山市依托辖属企业供销三农物资配送有限公司投资315万元，在育黎、下初建成两处为农服务中心；依托辖属供销农业服务有限公司投资120万元，建成1400平方米崖子镇为农服务中心，为崖子镇38个村的5600名果农进行果树技术培训。连同原有的服务中心共同组成区域内为农服务骨干力量，辐射服务周边5公里、4000多户农民，形成集农资配送、测土配肥、技术培训、合作指导、统防统治等多种服务功能于一体的“综合体”，推进农村流通现代化，促进现代农业发展、农民增产增收。

【“乳山大姜”进入全国互联网地标产品50强】2017年，乳山市依托华润宜家电子商务有限公司投资241万元，建设测土配肥站2处、440平方米日用品仓储库1处和夏北村电商运营中心，完善平台和网络建设，配备物流配送车辆8辆。大姜生产技术协会和众合蔬菜专业合作社签订“乳山大姜”商标使用协议，进一步扩大“乳山大姜”品牌知名度。“乳山大姜”品牌打入全国互联网地标产品50强。经中国农产品区域化品牌评估，“乳山大姜”品牌价值达到13.82亿元。

【食盐营销网络体系完善】2017年，乳山市以现有营销网络体系为基础，做好网点登记、台账设立等基础信息工作，登记用户基本情况、盐的用途、购盐品种、年用盐量。走访超市和销盐大户，了解市场动态，以服务对象满意为标准，通过科学调度、产品直供等措施，提高供应保障能力和行业服务水平。与用盐企业签订用盐协议，根据用盐企业用盐时间，制订出入库方案，保质保量、及时送达，同时根据企业用盐数量，对直供盐产品价格实行阶梯式优惠，实现互惠双赢。年内，累计销售食盐2326吨，其中，小包装食盐1353吨，饲料添加剂（NaCl）829吨，小工业盐2224吨，精制工业盐78吨。

【排查没收违法盐产品32.94吨】2017年，乳山市组织盐政执法人员排查全市盐业市场，重点监督检查食品加工业户、餐饮饭店、学校食堂，严厉打击购进、使用假冒伪劣食盐、工业盐的违法行为。加强边界市场盐政管理，采取地毯式巡查，经常性检查边界地区，通过“三下乡”、走村入户等活动开展盐业法律、法规宣传，强化边界地区经营户守法经营意识，规范盐业市场购销秩序。以食品安全委员会联席会议为平台，协同有关职能部门，以“堵源头、端窝点、查大案要案、查在途私盐”为重点，加强信息沟通、协调配合，实现联合执法常态化、经常化。全年共查办涉盐案件25起，没收违法盐产品32.94吨，上缴罚没款18828元，刑事拘留2人，涉盐案件处结率100%，盐政执法继续保持无错案。

（王君君）

【乳山市工贸资产经营公司】2017年，乳山市工贸资产经营公司（以下简称工贸资产公司）加强企业监管，妥善处理各类热点难点问题，维护系统稳定。年内，获“山东省十九大安保维稳先进单位”“威海市文明单位”称号。

热点难点问题妥善处理 2017年，工贸资产公司针对系统内企业

负债多、历史欠账多、下岗职工多、信访案件多等历史遗留问题，以及涉军、事改企和企业破产重组等引发的新问题、新矛盾，秉承“直面问题，勇于担当，解决问题”思路，排查不稳定因素，化解矛盾隐患。每月一次全面排查，对排查出的矛盾隐患，建立专门台账，逐案落实具体责任人和化解方案，一周一调度，半月一汇总，一般矛盾纠纷在本系统内得到及时有效化解。对工贸资产系统内涉军人员全面摸排走访，填写《乳山市退役士兵基础信息采集表》230余份，集中整理和反馈走访过程中反映的保险、工资和就业等问题。围绕十九大安保维稳，织密信息预警“干群网、稳控网、调解网、隐形网”，确保稳控对象盯得严、稳得住、防得牢。年内，获评“山东省十九大安保维稳先进单位”。

企业安全生产监督管理 2017年，工贸资产公司通过组织安全生产知识竞赛、张贴安全生产宣传挂图、发放安全生产宣传手册等方式，开展安全生产知识宣传教育，提高干部职工安全生产意识。组织开展“安全生产月”及“安全生产大快严检查”活动，对企业安全生产进行无遗漏检查。年内，公司安全生产领导小组到企业开展安全生产大检查活动12次，查处一般安全隐患8处，整改率100%，全系统未发生安全生产事故。针对辖属停产、半停产、留守企业较多，部分国有资产闲置，历史遗留问题较多的实际，对企业的国有资产、房屋租赁合同、资产负债损益等情况逐个摸底，完善“一册一簿三库”服务功能，为闲置资产有效利用提供数据保障。

老旧小区改造升级 2017年，工贸资产公司争取资金264万元，对向阳小区、黄山小区等14个老旧小区水电管道进行改造升级，免费为1490户居民更换水电智能表，方便居民缴费。对小区内的自来水、污水管道全部清理改造。全年共申请维修基金10.23万元，维修职工宿舍楼顶2900余平方米，改善居民居住环境。

招商引资与对外贸易

【概况】 2017年，乳山市以“工业制造项目、高新科技项目”引进为招商引资重点，制作推出“乳山市招商投资促进”微信公众服务平台，更新完善项目推介、优势企业、闲置厂房等数据库资源，实现市内外招商信息对称和资源共享。加强重点区域招商引资，组织20余次精准对接活动，打造政商云信息平台，最大限度提高招商的精准度和成功率。利用威海试点机遇，开展“旅游购物”招商引贸活动，重点培育外贸新业态，鼓励企业开拓新兴市场，深化“一带一路”沿线国家贸易合作。年内，全市实际利用内资168.7亿元，比上年增长15.1%；实际到账外资56437万元，比上年增长2.3%；完成外贸进出口592059万元，比上年增长10.8%。

【引进新开工项目44个】 2017年，乳山市组织500余人次赴美国、韩国、北京、上海、杭州、青岛等地区开展招商引资活动，引进鸿联特种纸、龙彩新材料、三宝酵素等44个新开工项目。6月，市长宫本杲率团赴美国、加拿大开展经济交流考察活动，就项目合作与加拿大海兰德食品公司、美国太平洋工业公司、美国OSI集团等企业进行对接洽谈。6月，在上海市举办“山海有情·母爱无边”产业招商推介活动，45位客商和专家受邀参加，签约工业4.0电池装备及牡蛎生物科技2个项目，达成大姜秸秆提取大姜素项目、生产工业化中餐项目和游艇制造项目3个意向项目。8月，市委书记周兵率滨海新区、经济开发区、招商促进局等单位负责人赴上海、杭州开展经济交流活动，对接浙江合大太阳能科技有限公司、上海晶科电力、上海又新生物科技有限公司、上海国际汽车创新港、车创Auto Space公司。引进浙江合大太阳能科技有限公司投资10亿元的泛海眼光新能源产业项目。10月，在北京市海淀区东升科技园举行“情系家乡·助力发展”乳山市投资环境及产业发展座谈会，20余位威海籍老乡受邀参会，重点推介乳山对外合作项目，调动老乡为家乡招商引资热情。

【京沪深重点区域招商推介活动举办】 2017年，乳山市招商促进局围绕京沪深等重点区域，以上海、北京南北两个招商部为抓手，举办上海“山海有情·母爱无边”产业推介会、上海“新时代·新格局·新发展”智能制造产业上海投资合作交流会、上海企业界山东籍老乡推

11月16日，中共乳山市委书记周兵（左三）考察石墨烯项目
（招商促进局提供）

介会、北京"情系家乡·助力发展"乳山市投资环境及产业发展招商推介等各类大型推介活动10余次，靠前一对一拜访客户300余人次，捕获有价值信息26条。

【引进外资项目17个】 2017年，乳山市共引进外资项目17个，合同外资84605万元人民币，实际到账外资56437万元人民币。项目类型上，科技创意类、贸易类企业突出，推动乳山市现代服务业向深层次发展。项目体量上，鸿达迅驰贸易等公司总投资超过千万美元，为乳山市新旧动能转换注入强大动力。威海伯特利萨克迪公司二期扩建、福喜农牧屠宰车间升级改造等项目建设稳步推进。

10月12日，"情系家乡·助力发展"北京推介会召开
（招商促进局提供）

2017年乳山市新设外资项目汇总表

表15 单位：万美元

序号	企业名称	总投资	合作方式	批准时间	所在地
1	乳山松丸贸易有限公司	200	独资	2017.3	经济开发区
2	乳山蓝色海洋商务咨询有限公司	20	独资	2017.3	经济开发区
3	威海三宇机械有限公司	200	独资	2017.6	经济开发区
4	乳山华信衡安融资租赁有限公司	4600	合资	2017.6	经济开发区
5	乳山市金彩旅游发展有限公司	3000	合资	2017.7	城区办
6	乳山天光盐农产品有限公司	7	独资	2017.8	乳山口
7	乳山市百望融资租赁有限公司	10000	合资	2017.8	城区办
8	乳山鸿达迅驰贸易有限公司	9000	独资	2017.8	经济开发区
9	山东富可融资租赁有限公司	20000	合资	2017.9	滨海新区
10	乳山润福科技企业孵化器有限公司	100	独资	2017.10	经济开发区
11	乳山市龙之梦国际贸易有限公司	150	独资	2017.10	育黎
12	乳山思罗贸易有限公司	50	独资	2017.11	滨海新区
13	乳山进晴一贸易有限公司	10	独资	2017.11	诸往
14	威海恩成不老莓有限公司	10	独资	2017.12	白沙滩
15	山东富华恒越文化创意有限公司	60	合资	2017.12	崖子
16	乳山市永恩农产品有限公司	10	独资	2017.12	南黄
17	乳山晶可贸易有限公司	15	独资	2017.12	经济开发区

8月7日，乳山市市长官本杲考察汉能移动能源产业园项目（招商促进局提供）

【进出口贸易总额592059万元】2017年，乳山市实现进出口592059万元，比上年增长10.8%。其中，出口458847万元，增长4.0%，进口133212万元，增长42.8%。开展“外贸企业大走访”活动，坚持常态化联系服务企业机制，围绕在建企业促投产、贴近企业讲政策、深入企业送服务，强化对外贸企业服务保障，外贸进出口增长较快，全市外贸进出口过1000万美元企业达22家；以推行国际标准、国际认证为基础，鼓励企业创建国际自主品牌，支持企业在境外开展商标注册、体系认证和专利注册；鼓励企业开拓国际市场，深耕“一带一路”沿线新兴市场，加大对乳山三宝、花生、水产品等特色农产品宣传力度，提升乳山特色农产品国内外知名度；优化贸易结构，扩大优势产品出口，全市农副产品、机电产品出口分别达到239897万元和118100万元；鼓励大宗资源类商品进口；扩大韩国市场出口，鼓励企业抱团参加韩国经贸洽谈活动，加大农海产品等对韩优势产品宣传推介，支持企业抢订单、拓市场，对韩贸易总额突破133930万元，比上年增长48%，成为拉动全市外贸增长的重要增长点。

乳山市对外贸易进出口情况

表16 单位：万美元

项目	进出口		出口		进口	
	金额	增幅	金额	增幅	金额	增幅
合计	592059	10.8%	458847	4.0%	133212	42.8%
按贸易方式划分						
一般贸易	305529	7.9%	261263	-3.7%	44266	274.1%
加工贸易	256939	6.8%	169877	3.3%	87062	14.6%
其他贸易	25399	361.3%	23515		1884	-65.6%
按大类商品划分						
纺织服装	95012	59.1%	93117	62.4%	1895	-19.2%
农产品	239897	2.7%	166330	-3.4%	73567	19.9%
机电产品	118100	-11.1%	102668	-9.0%	15432	-22.8%
高新技术产品	3462	21.0%	652	-45.7%	2810	69.1%
按地域划分						
美国	129434	-0.8%	118506	-0.4%	10928	-5.3%
日本	91455	2.5%	79998	2.1%	11457	5.4%
欧洲	118449	21.7%	63621	23.1%	54828	20.2%

9月20日，韩国孵化器项目在乳山市正式签约　（商务局提供）

【中韩自贸区经济合作参与度提升】 2017年，结合乳山市产业特点和企业发展需求，对韩交流工作采取以政府为引导，积极开展民间交流形式，引导企业和民间团体与韩国商业协会对接合作，促进对韩经贸交流。驻韩办人员先后多次赴韩与大邱庆北机械组合、韩中经济贸易促进协会、安山商工会所、河南企业人协会、釜山异业种协会等协会团体进行对接，加强与各协会的沟通和信息交流，提高招商引资精准度和时效性，寻求各专业领域合作；同时根据企业需求，组织智创科技孵化器、久鼎电商、润德水产等多家企业赴韩开展对接洽谈，其中，促成智创科技企业孵化器与韩国KCI化学品公司在贸易方面、久鼎电商与韩在合作发展跨境电商方面达成初步合作意向；润德水产、龙马服装、金牌饲料等企业扩大对韩方面业务。邀请韩国爱恩思自动化株式会社、韩国国民产业开发株式会社、敏祐株式会社等韩国企业来我市进行商贸洽谈，达成新的合作共识。其中，成功引进三宇机械项目、韩国科技企业孵化器项目，深化与韩在机械制造、科技创新领域合作；促成韩国爱恩思公司与三盛科技就中韩合作生产高档房车方面达成初步合作意向。

现代服务业

【概况】 2017年，乳山市推进“互联网+”行动，加快完善电子商务发展环境，主动承接农村电商、跨境电商等新型经济业态，推进电子商务普及应用。发挥专业园区在电商产业发展中的聚集优势，推动金谷之园电商产业园、智创电商产业基地、海阳所电商产业园3个专业电商园区发展，基本形成“专业园区为平台、品牌项目为带动、人才培训为支撑、各类电商业态齐头并进”的电商产业发展格局。继续推动家政服务业“互联网+”发展模式，加大投资力度，推进家政服务网站和手机APP客户端建设，建立线上签约、线上投诉处理与线下特色服务站联动的运行机制，进一步优化家政服务结构，解决广大市民生活实际问题。

【家庭服务机构97家】 2017年，乳山市家庭服务机构97家，其中，家政服务类65家，家政中介类14家。其中，乳山市母爱大姐家政服务有限公司、乳山居雅保洁有限公司、乳山市福万佳家政服务有限公司、乳山市家家顺家政服务有限公司、乳山市广联家政服务有限公司和乳山银滩助手家政服务有限公司5家为家政服务企业，其余均为个体工商户，注册资金10万以上24家，5～10万元22家。家庭服务机构主要集中在城市社区，城区街道办事处向阳、金丰、静园、利群、幸福、府苑、怡园、富大、腾达、松山、龙山、东里、府前、华冠14个社区内有家庭服务机构39家，其余12家分布在各乡镇社区。

【母爱大姐家政公司】 始创于2013年，为乳山市家庭服务行业龙头、山东省人力服务十大品牌企业。业务范围涵盖家政服务、月嫂培训、

2月21日，“移动传媒时代的区域电商之路”专题讲座举办
（商务局提供）

亲子早教、月子护理、养老养生等方面，辖有东生劳务服务公司、乳山市母爱大姐职业培训学校和母爱好宝贝早教咨询有限公司、母爱大姐健康养生咨理有限公司、乳娘月子护理有限公司等分公司，在静园、久久发、西馨园社区设立5家连锁服务网点。母爱大姐家政服务有限公司是威海市重点扶持的家政企业、乳山市商务局诚信单位、妇联定点服务单位。2013年，被山东省家庭服务业工会联合会评为“年度山东省家庭服务业诚信服务先进单位”，被乳山市民政局评为“A”级社会组织；2014年，被评为山东省人力服务十大品牌。2015年，乳山母爱大姐家政服务公司牵头成立乳山市家庭服务行业协会。2016年，投资60万成立华冠社区日间照料中心、母爱大姐诊所、康复理疗中心；投资30万开通母爱大姐网络信息平台及手机APP，实现线上签约，线下跟踪服务；投资28万元，新增禅心妈妈月子药膳调理师及保健按摩师培训项目，进一步扩大就业，解决富余劳动力。

【电子商务企业和个体商户380余家】 2017年，乳山市登记在册的电子商务企业180余家，个体网商户200余家。金果花生等传统企业成立专门的电子商务运营部门或将其从传统企业中剥离，成立独立法人企业。华信食品与智创电子商务产业基地合作，开发蒜蓉粉丝等产品进行网上销售。金茂电器、利群、振华、家家悦等传统流通企业均依托线下资源优势开展电子商务，开设网上商城，推进传统零售业与电子商务的互动发展，发挥其品牌信誉、采购分销渠道和实体店用户体验良好等优势，逐步推进电子商务和实体商业良性互动发展。

【金谷之园电子商务产业园二期工程开工】 金谷之园电子商务产业园位于乳山市城区世纪大道20号，是乳山市首个专业电子商务产业园区。园区集名优产品展示、线上推广、电商孵化、仓储物流、生活服务等功能于一体，产业园内设电子商务公共服务中心，由金谷之园电子商务有限公司负责运营。项目总投资1.1亿元，占地35亩，建筑面积近5.3万平米。一期工程投资4700万元，建筑面积1.37万平方米，分为3400平方米的特色文化体验馆、3400平方米的电商办公区、5300平方米的仓储物流区和1600平方米的农村电商专区等四大区域。农村电商专区内设农村淘宝县级服务中心，为村级服务站提供物流、培训、金融等多种服务。金谷之园二期工程开工建设，主要用于电商办公和大学生实习创业孵化器基地及配套的公寓和美食小吃、咖啡屋、储蓄所、医疗所等服务设施，为孵化器企业和创业大学生提供良好的生活环境。

8月8日，乳山市专业招商人员业务培训会议召开　（商务局提供）

【智创电子商务产业基地进驻电商100家】 智创电子商务产业基地位于乳山市南部滨海新区，由上海华东理工科技园有限公司和北大青鸟集团共同建设运营，规划占地120亩，配套1.9万平方米的孵化大楼和1.1万平方米的物流园。基地突出电商增值高端服务，配备专业的电商推广和电商讲师团队，为入驻企业提供电商运营、培训等服务。2017年，基地吸引近100家电商运营和服务企业进驻，并在淘宝特色中国版块开设“山东馆乳山基地”和“淘宝特色中国·乳山馆”，在京东开设“中国特产·乳山馆”等。2017年，乳山市积极引导智创电子商务产业园大力发展牡蛎产业，创建以牡蛎为核心的互联网品牌，园区内企业三宝农庄获评山东省“互联网＋品牌”创建重点培育企业。

【海阳所电子商务产业园入驻企业签约32家】 海阳所电子商务产业园位于海阳所镇德泰银海商贸城，由威海久鼎电子商务孵化器有限公司负责运营，总投资1.2亿元，规划建筑面积2.5万平方米，主要功能区包括：仓储物流基地、大学生创业中心、特色海产品展示厅、电商培训中心、单身公寓及餐饮休闲娱乐区等。镇政府出台《海阳所镇电子商务促进电子商务扶持办法》，支持园区依托海阳所镇牡蛎资源，主打“乳山牡蛎”品牌，打造“互联网＋养殖户”运营模式，鼓励引导养殖户借助特色海产品展示厅、赶海网以及第三方电商平台，构建“线下体验交流、线上购物创收”的电子商务生态链条，带动产业园和养殖户共同发展。2017年，园区签订入驻电商企业30家、快递物流企业2家。

【威海久鼎电子商务孵化器有限公司】 成立于2015年9月，是一家由多年从事淘宝、天猫、京东等电商平台运营和推广优化的人员组建电商服务公司，致力于为众多中小电商企业提供有价值的服务模式，为传统企业提供电商代运营、培训及技术指导服务，帮助企业摆脱电商运营瓶颈，完成企业电商化转型。2017年，公司拥有员工42人，平均年龄26岁，有5年以上电商行业从业经验的专家级核心运营人员10人。立足于电商客户需求，精细做无线运营环节，在业内率先采用倒推式逆向互联网产品思维，对合作线上品牌进行一对一策划，实行社群电商与平台电商相结合的销售模式。久鼎电商独家代销的产品“御姜糖”牌姜糖线上年销售额达300万元，龙晨淀粉的粉丝线上年销售额达700万元，生蚝线上销售额达900万元，“双十一”海鲜全行业预热排名第六、单类销量冠军。

【乳山三宝农庄有限公司入围山东省互联网品牌培育企业】 公司组建于2014年12月，注册资金200万，办公面积360平方米。设产品部、设计部、运营部、客服部和仓储物流部，有电商专业人才20人，涉及软件开发、网络应用、艺术设计、电子商务、广告策划及仓储物流多个流域。是专注于农特产品网上销售的电子商务公司，旗下有淘宝皇冠店“乳山三宝农庄”、企业店铺“食安乳山”和京东店铺“中国特产·乳山馆”。依托位于乳山智创电子商务产业基地的优势，与乳山世康牡蛎养殖合作社、乳山伯瑞蓝莓种植基地、乳山南黄镇无花果种植基地和乳山华信食品有限公司等企业合作，实施以乳山牡蛎、乳山蓝莓、乳山无花果、华信粉丝扇贝为代表的乳山农特产品触网销售，在淘宝网“牡蛎”类目下销量排名第一，“扇贝”综合排名第一，“蓝莓”类目下排名前三，通过互联网触达网络买家1200万人次，整体年销售额达800余万元。2017年，入围山东省互联网品牌培育企业。

◆乳山西施舌◆

西施舌俗称海蚌，属软体动物门，瓣鳃纲，蛤蜊科，是一种双壳贝类动物，也是珍贵的海洋底栖贝类，个体较大，是可与鲍、刺参相媲美的海珍品，具有很高的营养价值，属于我国蛤蜊科贝类中经济价值较高的品种。《本草纲目》记载西施舌为“润肺脏、益精补阴要药”。

乳山西施舌主要生长在乳山市附近海湾内的浅水沙滩中，落潮时钻入沙下6～7厘米深处躲藏，涨潮后钻出沙层捕食海藻及浮游生物。乳山属暖温带东亚大陆性气候，近海表层水温年平均15℃，盐度平均29.3‰。东部的黄垒河和西部的乳山河为乳山境内的两大入海河流，这两条淡水河没有工农业污染，并为海区提供大量的营养盐，自然环境非常适合西施舌生长繁育。乳山西施舌壳长达10～12厘米，体重200～400克，肉味细而脆，味道鲜美，既含有较高的蛋白质，也具有较高的药用价值，肉、壳都可入药，具有清热、利湿、滋阴、化痰、通淋的作用。20世纪70年代末，乳山市西施舌年产量最高达到50多吨，创历史最高水平。乳山西施舌养殖技术路线主要为采用人工控温、光、饵料进行育肥促熟，氨海水浸泡法刺激产卵，使用拟肾上腺素诱导幼虫附着变态，以棕绳与细沙为附着基立体采苗，采用虹吸法淘沙筛苗，分级培育，蓄水养殖，从而较大地提高单位水体的出苗量，实现工厂化育苗及产业化养殖。经过多年养殖，乳山市在贝类养殖方面积累了丰富的经验，多项科研成果获农业部、山东省及威海市科技进步、“丰收计划”和“星火计划”奖，具有成熟的西施舌繁育和养殖技术。但由于捕捞过度等原因，野生西施舌产量逐年下降，为有效保护和合理利用西施舌资源，乳山市建立省级西施舌种质资源保护区，实现保护生物多样性。保护区所在地白沙口到浪暖口海区海底以沙质为主，海流稳定，水温适宜，饵料丰富，为西施舌的生长提供可靠保障。

·明代 青花瓷碗

·清代 黄地绿彩花卉图碗

·唐代 执壶

·清代 青花盘

责任编辑：王　浩

·清代 青花花卉盘

城乡建设·环境保护

Urban and Rural Construction, Environmental Protection

- ◎ 城乡规划
- ◎ 城市管理
- ◎ 市政基础设施建设
- ◎ 城镇化建设
- ◎ 房地产开发与管理
- ◎ 招投标监管
- ◎ 建筑业
- ◎ 环境保护

城乡规划

【概况】 2017 年，乳山市修编总体规划，强化规划宏观调职能，启动乳山市《城市总体规划（2016—2035）》《城市发展战略研究》《城市综合管廊及海绵城市建设专项规划》《村庄建设规划》《海阳所及海湾新城片区雨水规划》《海阳所及海湾新城片区污水规划》的编制及评审工作。探索经济社会发展规划、城乡规划，推动海阳所牡蛎小镇及海湾新城片区基础设施建设、通用航空小镇选址、台依湖国际葡萄酒庄等市级重大项目进展。2017 年，13 个片区棚改工程方案审批成功，保障棚改工作顺利推进。9 月，乳山市入选山东省首批城市设计试点城市。至 2017 年年底，乳山市建成区面积 60.25 公顷，其中，城区 34.2 公顷，银滩 26.05 公顷。

【移动端系统建立规划】 2017 年，乳山市建立完善技术审核机制和方案评审议程。年内，召开 32 次城市规划技术审核小组会，对 115 个重点项目的规划建筑方案进行技术审查；协助市府筹备 4 次城乡规划委员会会议，对 14 项重要规划设计方案进行审议，办理规划方案审批手续 153 件次。根据“放管服”要求，发挥政务服务平台作用，推进行政审批从面对面办事向全程网上办理转变。年内共受理审批事项 122 项，按期办结率 100%。开展移动端系统研发及集成，建立规划一张图 IPAD 移动端系统，利用移动端规划专题数据处理最新遥感影像，便捷工程选址，方便现场办公；组织召开关于项目建设规划审批及批后管理流程培训会议，对建设项目在用地规划审批、工程规划审批及规划批后管理方面法律规定、具体流程及所需材料等方面做出解读，解决建设项目在规划环节面临新情况、新问题。

【违法建设清理工作展开】 2017 年，乳山市强抓源头管理，突出服务理念，规划批后管理全程实行预警机制，采取总体告知、分节点提示、巡查中提示等多种措施，规范工程建设行为，保障规划批后管理顺利进行，将违法建设行为消除在萌芽状态。根据红色教育基地建设任务分工，参与、配合、督促沿线 6 镇治理摸排出 244 处违建。共受理并查验规划验收材料 45 次，组织相关科室实地规划竣工验收 45 次，共计验收面积 768088.82 平方米。为 22 处新建建设项目，共 58 个楼座设立规划批后管理档案，并按规划批后管理程序跟踪监管 25 处在建建设项目，共 62 个楼座。按照《乳山市违法建设治理行动分类处置意见》要求，结合部门规划认定职能，对摸排出 25835 处违法建设进行分类，确定乳山新达食品有限公司研发中心等 49 处违法建设可补办规划手续，夏村镇中心幼儿园、乳山市西苑学校等 59 处违法建设可办理暂时保留手续，拆除其余 25727 处违法建设。核查回复省督察办下发 4 个疑似违法图斑；6 月，对省城乡规划第六督察组在乳山开展规划巡察工作提出的督查意见进行反馈；8 月，反馈省城乡规划第六督察组在乳山开展城市生态资源保护及建设用地容积率调整专项巡察活动提出的督查意见；协助督察员完成海岸带保护和利用情况调研报告。

【新一轮镇总体规划修编工作启动】 2017 年，乳山市为发挥规划引领作用，推动和服务全市经济发展，市规划局立足本职，发挥专业协调指导作用，组织启动新一轮镇总体规划修编工作。6 月 20 日，规划局组织省规划设计院、市规划院及各镇相关负责人召开对接协调会议。本轮镇总体规划调整主要是以解决问题为导向，通过对各镇总体规划在实施过程中发现问题集中梳理和讨论研究，确定解决问题路径，制订更加优化布局方案，使镇域空间结构、产业布局、生态环境更为科学合理、美丽宜居，实现镇区生活、生产、生态融合发展。此次规划调整主要解决镇级基础设施、公共服务设施、生态环境保护、建设用地布局及农村社区等问题。各镇结合各自实际，围绕镇总体规划修编工作提出热难点问题，省规划院及市规划局相关负责人在现场均予解释说明，对下一步各镇总体规划修编开展奠定基础。

【城市道路积水排查工作推进】 2017 年 6 月 25 日正午，乳山市降大雨，短时雨量太大，排水系统面临考验。为确认排水系统工作情况，乳山市规划局组织人员冒雨对城区主要积水路段进行现场调研勘查，积累第一手资料，以推动城市基础设施建设上档升级，保障市民安全便捷出行，提升城市宜居水平。

【项目建设规划审批及批后管理流程培训会召开】 2017 年，根据乳山市市委办关于加强全市基础管理工作要求，7 月 1 日，上午规划局组织召开关于项目建设规划审批及批后管理流程培训会议。会议就项目建设总体流程、规划环节审批流程，结合工作实际做出解读，重点对建设项目在用地规划审批、工程规划审批及规划批后管理方面法律规定、具体流程及所需材料等方沟通交流，并为建设项目在规划环节面临新情况、新问题等提出解决措施。

【雨水规划和污水规划评审会议召开】 2017 年 9 月 12 日，乳山市规划局组织召开《乳山市海阳所及海湾新城片区雨水规划》和《乳山市海阳所及海湾新城片区污水规划》评审会议。会议邀请孟广明、常来军、都治国、孙运磊 4 名高级工程师为评审专家，财政局、国土局、住建局、海渔局、水利局、滨海新区、海阳所镇、水务集团相关单位参加会议。会议听取中国市政工程中南设计研究院关于专项规划汇报，与会专家进行评审，予以通过，同时也提出针对性建议和意见。《乳山市海阳所及海湾新城片区雨水规划》和《乳山市海阳所及海湾新城片区污水规划》对海阳所镇及海湾新城片区雨水和污水进行统筹规划，对分期建设雨水和污水提升设施及管网起到控制和指导作用。

【规划管理放管服改革推进】 2017年，乳山市规划局做好行政审批取消和下放事项承接公开工作。编制乳山市城乡规划管理局审批事项业务手册、服务指南并向社会公布，从源头上杜绝暗箱操作现象；按照行政审批“三集中、三到位”有关要求，将8项行政审批事项全部进驻政务服务中心，提升行政效能和服务水平。推进行政权力网上公开透明运行工作，加强和创新事中、事后监管，通过“放管服”改革全国信用信息共享平台，为放管结合、加强事中事后监管提供抓手和支撑。同时按照权力事项清单规定，在乳山市政府行政权力网上平台电子备案，确保清单动态调整到位，与山东省、威海市权力清单保持无缝对接；推行信用承诺机制并纳入信用信息共享平台，进一步强化监管。坚持窗口行政审批并联审批制度，推进政务服务一窗式受理、一网式审批、一章式审批和一站式服务运行机制。针对不同情况，采取“容缺受理”、开设绿色审批通道、一对一等方式，为企业提供规划服务。建立简化优化公共服务流程台账，编制规划公共服务事项目录，定期上报工作进展情况，推行“双随机、一公开”制度，切实规范监管程序。加大平台设施硬件建设，在规划局网站上开辟“双随机、一公开”监督制度专栏；开展人员培训，补齐工作人员操作技能短板；建立随机抽查事项清单、执法检查人员名录库、执法检查对象名录库；公开检查信息，定期将信息上传至规划网站，确保检查信息时效性。

（王波　王忠阳）

城市管理

【概况】 2017年，乳山市结合“五城联创”工作，在全市开展城市道路、园林绿化、给水排水及基础设施建设等工作。全年完成道路挖掘审批47项、空白地补植10万平方米，修复坑洼路面25360平方米，修复道板11000平方米，新增及维修盲道板1200平方米，整修路沿石2020米，沥青修补路口350平方米，银金大道清理水沟垃圾杂草18000米。

（王欣淑）

【铁路沿线环境整治工作扎实推进】 2017年，乳山市行政执法局发挥牵头抓总作用，按照“突出重点、营造特色、分步实施、标本兼治”工作思路，强化铁路沿线7个乡镇、13个部门和单位工作调度，把铁路沿线环境治理融入城乡一体化整治工作，把绿化美化工作与林业荒山绿化工作结合，坚持高标准、严要求，推进各项工作开展，以第一名成绩通过省督导组检查验收。共清理垃圾、土石方11.97万余立方米，平整场地11.02万平方米，清理煤堆30余吨，拆除违建7处，面积1137平方米，粉刷垃圾广告180平方米，完成绿化里程11.85公里，绿化面积18.34万平方米，栽种绿化树木26.1万余棵，清淤河道3500米，砌筑排水沟、挡墙120米，铺设管道400米，覆盖遮挡网2000余平方米。

【乳山市违法建设治理考核夺魁】 2017年，乳山市建立“市、镇区部门、村（社区）”三级联动机制，以市区、镇驻地为中心，以红色教育基地、主要道路、铁路沿线为主线，重点突破、辐射周边、全面铺开，妥善处置各类存量违建；制作电脑版和手机版乳山市违法建设治理信息管理系统，将3万余处违建信息录入系统，建立违法建设电子数据库，实行网络化销号管理。登录手机版系统可以实现“掌上办公”，实现违建治理数据系统自动识别和流程化管理；将市区划分为18个片区网格，由行政执法局牵头，房管局、城区街道办按照各自职责分工配合进行集中拆除。威海市共在乳山组织召开2次现场观摩会，乳山在威海市7个市区年终考核中排名第一，共计拆除违法建设6286处，拆除面积47.2万平方米，补办手续3万余平米。

【清理占道经营违规行为1万余处】 2017年，乳山市采取市场化运作、早中晚错时加班、重点区域巡查、网格日常监管、严管重罚等措施，强化网格化管理，规范占道经营，杜绝占用城市道路（包括人行道）从事门窗加工、店外经营、摆摊设点等违法违规行为，消除道路安全隐患，维护市容秩序。依托城市管理调度指挥平台，发挥信息采集员作用，自我加压派单，确保市容环境不留死角。全年共清理流动摊点等占道经营1万余处、探头经营1.8万处。

【烧烤业户纳入规范化管理】 2017，乳山市在2016年政府补贴更换环保烧烤炉具基础上，将全市213户烧烤业户纳入规范化管理。结合环保督察工作，针对群众反映烧烤油烟污染问题，自5月开始，坚持夜间错时执法，重点加大对夜间露天烧烤、室外就餐、私人休闲烧烤等整治力度，共查处违规烧烤业户72户，改造排烟管道18处，确保室内烧烤油烟达标排放、室外整治成果不反弹。

【户外广告招牌设置水平提升】 2017年，乳山市对市区主次街道、背街小巷户外广告进行规范整治，共制作安装6596处道旗广告、108处大型立柱公益广告、1339处路牌公益广告，拆除各类违规广告牌匾2756处，清理落地广告灯箱1218个，更新破损广告、门头2820处。对镇驻地门头牌匾提档升级，按照统一规划设置标准和工作程序，整治改造街道两侧广告招牌，对 14 个乡镇、114 处不符合规划标识标牌进行拆除，完成 1566 处门头招牌改造任务，提升镇区驻地街道两侧广告招牌设置水平。

【推进市容环境整治】 2017 年，乳山市从抓精细化、长效化管理入手，以“治理乱点、消除盲点、营造亮点”为目标，组织开展“十乱”集中整治行动，重点对乱挂乱晒、乱泼乱倒、乱堆乱放、乱贴乱画等现象进行集中整治。实行严管重罚，通过加大执法巡查力度，落实“严管重罚”制度。实行错时执法，重点强化中午 11:30—14:00 和夜间 17:30—21:30 时段管理，杜绝管理上“真空”。针对夜间门市闭门后室外乱堆乱放严重问题，每周至少组织开展 2 次早晚集中清理行动，确保全天管理无盲点，改善城区容貌环境。采取“清理与治理”相结合方式，组织中队开展乱贴乱画集中整治行动，聘请 4 名协管员，专业负责对城区主次干道两侧公共场所张贴、涂写小广告进行清理，每天 5 点前准时上岗，确保上班前清理完毕。强化与公安等部门配合联动，加大对非法小广告行为治理，形成齐抓共管高压态势。共清理乱贴乱画 42560 处、乱挂乱晒 5865 处、乱堆乱放 12148 处。

【洗、修车和二手车市场经营秩序规范】 2017 年，乳山市联合交通、交警等部门，牵头建立联席审查机制，统一修车行业标准、经营范围及条件，对全市 89 家汽车修理及装潢店进行规范整治，引导洗、修车门店入室、入院规范经营，完成整改 86 家，取缔 3 家，拆除室外修车地沟等配套设施 23 处。联合交警部门对全市 17 处二手车交易点位进行排查，查处违停二手车、车身违贴广告车辆 100 余辆，规范全市洗、修车和二手车市场经营秩序。

【扬尘腥水案件查处 312 起】 2017 年，乳山市联合住建局等部门开展集中整治行动，依法查处随意倾倒抛洒建筑垃圾以及运输车辆未采取覆盖、密闭措施，造成泄露遗撒违法行为。利用城市管理调度指挥平台加大对扬尘、腥水污染、散流物体运输车辆污染路面事件信息采集量，第一时间发现问题并分类处置，共查处各类扬尘腥水案件 312 起，遏制扬尘污染环境问题。

6 月 5 日，乳山市城市管理行政执法局对红榜商户进行认定
（吴增辉摄）

【门前三包星级挂牌管理方法实行】 2017 年，乳山市在与 5300 户业户签订责任状基础上，进一步深化“门前三包”管理，强化宣传教育，每季度对“门前三包”管理情况进行一次综合检查评审，采取星级管理与诚信红黑榜两个软势力方法，督促商户落实“门前三包”责任制。2017 年，共评定出红榜 71 家，黑榜 41 家，实行星级挂牌管理，有效规范门前三包秩序，确保“三包”区秩序规范、干净整洁。

【民生诉求案件办结、回访满意率双百】 2017 年，乳山市通过开展“五走进”活动，增强和提高为民服务能力和水平，受理民生诉求案件 192 件、电话举报投诉案件 348 件，实现案件办结率、回访满意率双百；进入一般程序案件 36 起，结案率 100%，罚款 81 起，罚款金额 50600 元，全部依法依规妥处，未出现 1 起争议性案件；受理智慧城管派遣案件 7822 件，处置率达 99.02%；处理市创城办等部门督办单 53 份、人大提案 2 份、政协提案 2 份，为群众协调解决广场舞扰民、乱搭乱建、马路市场等各类热、难点问题 2000 余起，处结率 100%。

【樱桃市场便民疏导点设置完成】 2017 年，乳山市加强对市区 52 处小修理摊点和 30 处早餐点规范管理，强化市场管理公司督导考核，落实统一审批、统一管理、统一硬件设施配备，确保周边环境卫生整洁；进一步完善摊点群管理制度，由专人负责对城区 7 处便民摊点群、2 处自产自销经营区和 1 处早市规范管理，打造城市管理亮点，引导流动摊点入群规范经营；为解决樱桃果农销售难的问题，按照“便民利民、疏堵结合、以疏为主”原则，在工商银行东设置一处樱桃市场便民疏导点，统一划线定位、提供遮阳伞等工具，限定经营项目、时间，指定专人负责规范管理，免费设置 60 处樱桃销售摊位，供果农集中销售，打造以便民利民为主旨市场管理新模式。

市政基础设施建设

【概况】 2017年，乳山市区道路长度359.67千米，面积668.51万平方米，人均城市道路面积33.41平方米。桥梁86座，路灯2.02万盏。排水管道长度765.90公里。污水年处理量1433万吨，污水处理率97％。供热管道长度341千米，燃气管道长度351.79千米。

10月6日，商业街道路改造完工 （刘向亮摄）

【城区道路改造推进】 2017年，乳山市实施商业街、青山路、滨河街等12条道路建设改造工程，完成道路更新80.06万平方米。至2017年年底，投资1.4亿元，新增道路长度11.12千米、道路面积24.38万平方米，其中人行道铺装6.5万平方米，城区道路总长度359.67千米，路面总面积668.51万平方米，比上年各增长3％。

【园林绿化工程升级改造】 2017年，乳山市复工建设金碃岭公园、新华街东段绿化工程、能源路绿化工程。开工建设东高速路口提升改造工程、南高速入口提升改造工程、青山路绿化升级改造工程、潮汐湖景观建设工程。其中金碃岭公园于2017年6月完工，绿化总面积9.3万平方米，新华街东段2017年完工，绿化总面积5.5万平方米，南高速入口、东高速路口提升改造工程，于2017年7月完工，完成绿化总面积45.93万平方米。至2017年年底，青山路绿化升级改造工程完成绿化面积15.17万平方米，能源路总绿化面积28.38万平方米。乳山市空白地补植完成20万平方米，累计新增绿化面积124.28万平方米。

【城市防汛设施提升】 2017年，乳山市成立48个共2487人应急抢险队伍，备足抢险物资、器材和设备，防汛物资沙土袋1.5万条、砂石14707立方米、抢险车196辆、水泵42台、发电机39台，对防汛车辆、设备进行全面检修、保养；对河道、检查井等清淤8000立方米，完成污水管网铺设44公里，新增雨水管网8.86公里。海绵型公园绿地项目完成河滨公园改造工程、金碃岭公园建设工程；新华街东段绿化、能源路绿化优化工程完成；海绵型道路项目完成华山路、泰山路、滨河街、河滨北路等人行道板渗透铺装，新增海绵城市面积2.2平方千米。

11月10日，官地便民摊点群 （吴增辉摄）

【城市供气管网安装改造】 2017年，乳山市住建局办理燃气开工手续34个，燃气竣工验收备案18个。实施燃气“镇镇通”工程，福喜至309国道（车道站）、徐家镇管道工程安装16.8公里。加大燃气基础设施配套建设，完成隆成林语、幸福小区、城市之光等小区庭院管网建设27个，累计敷设燃气管线10公里，至2017年年底，全市燃气管网总长度达到408.8公里，全年新增居民燃气用户1.5万户，居民总用户15.96万户、新增公共福利用户45户，公共福利用户总计187户。

【城市供热系统升级改造】 2017年，办理热力开工审批手续32个，热力竣工备案手续14个，新增供热面积80万平方米，累计供热面积530万平方米。加大热力设备检修、管道新建、改造力度。投资600万元对新热电厂4台锅炉、北郊分厂2台锅炉、华地热力2台锅炉等主辅

8月26日，金碃岭公园　（辛戈摄）

设备进行检修和维护，完成30个换热站设备更新、维修保养工作。按照环保超低排放标准，投资5400万元对新热源厂两台116兆瓦热水锅炉、两台75吨/蒸汽锅炉的脱硫、脱硝和除尘设施及配套设施进行超低排放改造。投资46万元新建新华街、杭州路等供热管网1.55千米；投资1385万元对商业街主管道，威海技校、豪门小区庭院管网及城区250个小区1700栋楼供暖阀门进行检修和维护保养；投资500万元对染整工业园1800米老化的蒸汽管道进行改造。

【城市照明维护】 2017年，乳山市住建局按照“便民利民实事”和“五城联创”工作统一安排，市区部分路段路灯设备进行新建和改建，更换老旧路灯变压器13台，能源路等路段新上路灯箱变4台。在市区主干道和背街小巷补齐缺失灯杆176基，调整歪斜灯杆730基，维修检查井660次。商业街更换电缆2600米。广州路、金银大道、开发街等路段路灯电缆进行防盗加固43000米。完成商业街高压电缆改造，浦东路与新华街箱变搬迁工作。采购更换胜利街道路两侧54套路旗灯箱。青山路路口渠化工程按照总体进度完成灯具采购工作并完成新华街路口土建工程。

【道路环境卫生机扫率90%】 2017年，乳山市环卫处将城区道路清扫保洁包干到5个作业队，另设1个中、晚保洁队负责富山路、商业街、胜利街等乳山市区繁华路段卫生保洁，增加街道巡回清扫频次及作业时间。道路清扫车、高压清洗车、护栏清洗车不间断进行道路、护栏清扫与清刷，防止扬尘产生，提高道路清扫保洁水平，机扫率达到90%。

【垃圾清运实现日产日清】 2017年，乳山市环卫处调整垃圾清运班次和清运时间，按照城区垃圾桶投放情况实行7辆压缩车划片清运，1辆压缩车负责午餐时段城区生活垃圾清运，6辆拉臂车负责镇中转站压缩后的垃圾清运。年内，日均清运生活垃圾500吨，垃圾清运及时率达99%，主街道垃圾桶清洁率99%。在垃圾填埋区四周铺设防尘网2.5万平方米。

【垃圾焚烧计量统计】 实行抽样检测和日常检测相结合方法，严禁建筑垃圾、泥土等不符合标准的垃圾进入发电厂，保证垃圾焚烧发电厂设施正常运营。年内，不达标垃圾40车、506吨。做好每日入厂垃圾量准确统计，为各镇（街道）城乡环卫一体化工作考核做好基础数据储备。

【城市环境质量保障措施落实】 2017年，乳山市制定防汛、除雪应急预案，进行相应物资储备，每月开展“车保日”活动2次，开展安全生产培训24次，培训760人次，车辆普查检修1344车次，应急演练2次，出动130人次，坚持以“以雨雪为令，雨雪降即动”，雨中清淤，雪中清雪，保证特殊天气的应急管理，最短时间内完成工作任务，保证城市道路及时保洁，确保市民顺畅通行。

【城乡环卫一体化机制完善】 2017年，乳山市住建局以日常督导检查、开展集中整治相结合的方式，重点关注“三大堆”、村头街尾、房前屋后、排水沟、河道、连村路环境整治工作，推行“村收集、市转运、集中处理”模式。采取“立体式”考核机制，协同文明办、扶贫办及城乡环卫一体化各成员单位组成检查小组，联合考核或聘请第三方对全市15处镇（街道）及辖村、垃圾中转站环境卫生进行集中检查考核，实行销号管理，限期整改，跟踪复查，确保落实到位。2017年，全市环境卫生整治督导考核活动开展9次，全市601个村全面进行督导，立查立改，整改率达到90%，实现生活垃圾减量化、无害化和资源化，垃圾无害化处理率100%。

（王欣淑）

【乳山市水务集团有限公司】 成立于2013年10月18日，实行城市输水、供水、排水、中水回用以及污水收集等领域一体化管理。全年完成供水1520万吨，水费回收率98.6%，管网漏失率19.4%，完成水检820次，水质综合合格率达100%。2017年，乳山市围绕“安全保障是第一责任”的理念，落实工作目标、工作重点、工作措施、工作考核上，年内未发生影响城市供排水运营的安全生产事故。

【旱情科学应对】 2017年，乳山市遇历史罕见严峻旱情中，乳山市水务集团快速反应、科学应对，从预测调度、应急取水、多水源取水、

9月6日，乳山市环卫处进行镇村垃圾清运　（柳振华摄）

水质保障、预案细化等环节着手打出抗旱保水组合拳。面对因旱情导致原水质量不稳定情况，深度论证活性炭、二氧化氯预处理措施以及减药增效工程，通过加大水质监测，提升制水工艺，保障到户水质。乳山市区至银滩DN1000管道全线贯通，提升滨海新区、海湾新城等片区供水保障能力，破解水压历史难题。年内供水保持稳定，出厂水综合合格率100%，管网水内控合格率上升到99.99%，比2016年增长0.01%，维护乳山市经济社会发展大局。

【供水安全隐患排查182项】　2017年，乳山市坚持问题导向，突出常态管理与专项行动相结合，开展大检查大整治。通过专业分类、岗位筛选等方式，累计排查各类隐患182项，明确责任主体，跟进防范措施，妥善解决危化品购置存储、水厂锅炉使用管理等突出问题和薄弱环节，体系运行更趋完善。

【供水便民服务优化】　2017年，乳山市以群众满意为导向，不断创新思路举措，持续加强行风硬件软件建设，各类用户意见建议反馈及时率、办结率达100%；推出供水“30分钟服务圈”“有求必应”“党员先锋岗”等优质服务新举措，年内900余次抢修及维护作业优质高效；组建“党员联合先锋服务队”，促进党群融合，保持行业整体服务水平。关注民生，救弱帮困，组织赞助大型公益活动6次，帮助解决徐家镇王家庄村修路资金问题；服从大局，克服困难，在第三水厂率先启动“煤改电”，助力全市环保督查整改工作顺利开展。

【供排水PPP项目统筹推进】　2017年，乳山市区供排水项目包全年开工项目7个，包括污泥处置中心、经开区污水处理厂、二污提标升级改造、城区河道综合治理、老城区供水管网改造、老城区雨污分流、高位水池整修项目，其中污泥处置中心、二污提标升级改造、高位水池整修3个项目完工，完成投资1.7亿元；银滩年内供排水开工项目4个，包括滨海新区高位水池、滨海新区雨污分流、银滩污水厂除臭、徐家工业园污水管网，滨海新区高位水池、雨污分流、污水厂除臭3个项目完工，完成投资0.28亿元，满足合同要求。

【污水处理154万立方米】　2017年，乳山河备用水源工程于3月开始组织实施，年内主体施工基本完成；滨海新区污水收集主干管，HDEP钢带增强波纹管DN400—DN500的管网工程共20公里，3月份开工，历时9个月完工。2017年，完成污水收集220万立方米，处理污水154万立方米，累计削减COD2700吨、BOD860吨、氨氮170吨、总磷190吨。

【城市河道整治工程完成】　2017年，乳山市启动城市河道整治攻坚，针对景观河道循环差、水质恶化实际，投资80余万元，投入1100余人次、90余台机械设备进行集中清理，落实专人常态巡查保洁，满足创城要求。结合公园绿地建设，对小干河污水外溢、淤积等进行专项治理，赶抢工期，为乳山市民提供整洁舒适休憩环境，集中整治城市河道和排水干河11.2公里，清捞漂浮物120余吨，护坡坍塌维修350立方米；城市排水设施完好率达到99%以上。

【乳山市城市建设投资集团有限公司】　乳山市城市建设投资集团有限公司（以下简称城投公司）成立于2013年，辖乳山市绿城园林、市政建设工程、城投物业等6家有限公司，与威海市北洋电气集团股份有限公司合资成立乳山智慧城市网络技术有限公司，与岭南生态文旅股份有限公司、岭南设计有限公司合资成立乳山市岭南园林绿化有限公司。2017年，城投公司获“乳山市级文明单位”，绿城园林有限公司获“省级园林绿化示范单位”“创建全国文明城市先进单位”，城投置业有限公司获威海市“棚改优秀单位”，建设白沙滩片区“松海小镇云天苑”住宅楼获“二星级绿色建筑设计标识”。年内，城投公司组织实施乳山市重点工程建设项目27个，总投资2亿元。

【11项重点建设工程完工】　2017年，城投公司完成商业街改造工程、唐山路、华山路道路建设等11项重点工程，沥青盖被9.2万平方米，安装雨水管道8000米、污水管道1500米；完成党校门前路口改造、胜利街东西出口人行道等临时工程。

【10项重点绿化工程完工】 2017年，城投公司完成路口渠化绿化工程、行道树栽植工程等10项重点工程，共栽植乔木2.6万余株、灌木22万株、地被87万株、草花24万株、草坪16万平方米，更换市区道路、公园、广场花箱草花14万株；配合其他市政工程建设，搬迁苗木15.5万株。

【市政项目建设推进】 按照养护要求，对市区道路路面进行整修，共修补路面1.8万平方米，维修铺装人行道板6700平方米、路沿石2300米、锁边石300米，更换维修水漏270套、检查井20套，加固桥梁1座，铺设盲道7700平方米，增设无障碍通道400处。在市区各渠化路口，利用五针松、黑松、油松、球类等植被对原有绿地进行改造，栽植苗木33万株；按照"模纹横到边、纵到沿，黄土不露天"要求，对金银大道、北环路、世纪大道、东立交、南立交等裸露地进行补植，补植乔、灌木8万株、地被67万株、草坪6.7万平方米；完善基础设施建设，优化服务功能，对市区各公园广场、街道绿地内破损健身器材、排椅等园林设施进行维修，维修健身器材40组、排椅60个，整修铺装面积1500平方米，维修更换破损、丢失的喷灌井盖198个，为广大市民营造舒适休闲娱乐环境。

【棚户区改造力度加大】 2017年，城投公司协同住建局、财政局、质监站、监理公司等部门对各片区进行检查，确保无质量和安全事故；对遗留问题主动协调、全程跟踪，确保及时解决。加快2016年棚改项目推进进度，新建14个片区，完成13个片区施工和监理招投标工作，12个片区进行主体施工；推进2017年棚改工作，会同住建、土地、规划、财政以及各棚改镇、街道办等单位到棚改片区了解情况，指导拆迁安置协议签订，为融资需求报告和可研报告提供资料。

【市政府门户网站系统整体升级】 2017年，乳山市政府门户网站系统整体升级二期、市政府英文版网站及便民服务移动手机端、市滨海新区管理委员会网站建设6个项目验收；滨海新区网络改造、数据中心二期建设项目完成；信访局外网视频系统、市政府应急会商系统完成，并收回项目贷款；重大项目综合管理系统完成；乳山市公安户籍、出入境管理大厅及民政婚姻登记处数据中心建设3个项目研发施工。

【PPP项目建设完成投资5000万元】 2017年建设城市绿化景观建设及提升改造PPP项目共有5个，分别为金碃岭公园绿化工程、疏港路南段绿化工程、新华街东段绿化工程、能源路绿化工程及潮汐湖景观工程，其中前3项已完成，完成投资5000万元。

（徐楠）

7月2日，乳山市能源路建设工程海阳所镇邹格村北桥涵施工（辛戈摄）

【乳山市热力集团有限公司】 该公司成立于2013年10月18日，是市政府规划组建的国有独资企业，公司注册资本5271.39万元，现有干部职工245人，其中热力集团公司职工223人，电业职工22人。下设办公室、党群工作部、财务审计部、生产技术部、企业管理部、物资供应部，辖乳山热电有限公司、乳山图曼热力安装有限公司、乳山市万佳热力服务有限公司。负责城市供暖（供热范围为城区深圳路以西区域）、供汽、发电，城市供暖、供汽工程设计、建设和管理维护，资产经营管理等。

设备检修 2017年，乳山市投资500余万元，完成新热源厂4台锅炉和北郊分厂2台锅炉主辅设备检修、维护和保养；投资5424余万元，完成新热源厂4台锅炉脱硫、脱硝和除尘设施及配套设施超低排放改造。

热网建设 2017年，乳山市投资1350万元，完成商业街5700余米老化供热主管道更换改造；投资720万元，新增城区调压站101个，安装电动调压阀门127台套，有效解决城区热量分配不均匀现象；投资500余万元，完成染整工业园1630米老化蒸汽管道更换改造；协助银滩热力完成银金大道7000米供热主管道的建设。

优化服务 2017年，乳山市启用全新供暖热线平台系统，开通"400-631-6123"服务电话，供暖期间24小时受理居民咨询和投诉，打造一站式客户服务平台。增加供暖缴费网点和方式，新增中国工商银行和中国农业银行各网点，增加微信、网上银行、手机APP、网站等缴费方式，最大限度地方便居民缴费。

加大供暖宣传力度，采取网站、微信、电视台、报纸及发放供暖须知、供热服务手册等方式，宣传供热法规、供热设施维护及供暖注意事项等基本常识，做好供暖服务工作。完善服务机制，规范服务管理，实行首问负责制，保证用户诉求“事事有回音、件件有答复”，年内受理群众诉求、报修和意见18000余项，处理及时率100%，回访投诉人满意率100%。

城镇化建设

【概况】 2017年，乳山市镇村中心以推动新型城镇化建设、促进城乡一体化为目标，棚户区改造、农村危房改造、农村改厕、新型城镇化建设、美丽乡村建设、小城市试点申报、重点示范镇和特色小镇申报、传统村落申报及保护、宜居小镇及宜居村庄申报等工作。年内，规划审批14个片区，危房改造163户，农村改厕30642户，申报传统村落2个、特色小镇1个、美丽宜居小镇1个。

【棚户区改造进度加快】 2017年，乳山市住建局改造14个片区共2829户，其中回购存量房安置867户，货币补偿安置355户，新建安置1607户，货币化安置比例43%，总投资约18.71亿元。加快棚户区改造工程，研究制定《乳山市棚户区改造管理办法》，指导全市棚改工作；建立“日调度、周汇总”的棚改工作机制，每周组织成员单位参加棚改例会，解决棚改工作中存在搬迁、安置等问题；至2017年年底，签订完成棚改片区协议26个，棚改获批国开行授信额度41.39亿元，26个片区规划文本获审批通过。

【危房改造完成163户】 2017年，乳山市住建局发挥组织协调作用，中央重要惠农政策有效实施。2017年各镇危房改造共163户（建档立卡贫困户94户），到账专项资金242.6万元。与各镇合作，对本年度申请补助资金的农村危房改造实施鉴定，按照2017年危房改造实施方案施工。至2017年年底，改造完成163户，聘请第三方专家验收合格。

【农村改厕列为重点民生工程】 2017年，乳山市将农村改厕列为重点民生工程，组织动员相关部门和农村群众加快推进农村改厕工作，用三年时间实现全市农村无害化厕所全覆盖。委托山东致恒工程管理有限公司、山东华正工程管理有限公司进行验收，对户主身份证、卫生间及外部设施进行拍照存档，确保此项惠民利民政策落实到位。至2017年年底，按照第三方清点数，全市完成农村改厕30642户。

【人口市民化阶段性任务完成】 2017年，乳山市根据《威海市新型城市化规划（2015—2020年）》，按照“优先发展沿海各镇，沿海镇带动内陆镇”城镇化发展思路，住建局与山东省规划设计院进行乳山市新型城镇化规划编制工作。至2017年年底，《乳山市新型城镇化规划（2016—2020年）》完成；人口市民化阶段性目标任务完成，外来人口市民化650人，城中村城边村居民市民化7524人，就地转移人口市民化1.2万人。

【美丽乡村示范村创建】 2017年，乳山市推动标准化建设及精品示范创建工作，打造“全域美丽、城乡一体、青山绿水、乡风文明、生活美好”美丽乡村。聘请国内规划设计团队策划、规划，建设东尚山、下石硼、田家、玉皇山后4个威海市级精品示范村。指导各镇开展市级美丽乡村连片示范区创建，2017年，规划红色教育等美丽乡村连片示范区12个，建设东尚山、下石硼、青山、井乔家4个省级示范村，带动全市69.4%村庄达到《建设规范》综合评价B级标准。

【红色旅游示范村建设升级】 2017年，乳山市以红色旅游示范村建设与红色教育基地提升、文化传承保护、生态环境利用、集体经济发展相结合，打造“一村一景，一村一品，一村一韵”特色村落，重点以马石山红色教育基地为中心，下石硼、东尚山、玉皇山后、田家村为节点，形成集红色旅游、绿色生态和民俗文化于一体红色教育旅游产业。

【特色小镇创建申报工作启动】 2017年，乳山市根据《山东省人民政府办公厅关于印发山东省创建特色小镇实施方案的通知》，开展特色小镇创建申报工作，邀请山东省住建厅专家开展“创建特色小镇、

4月18日，玉皇山后村村貌 （姜大伟摄）

美丽宜居乡村”洽谈会，探讨乳山市创建特色小镇、美丽宜居乡村发展思路。考察夏村“台依山谷”葡萄酒小镇、海阳所牡蛎小镇、白沙滩东方田园文旅小镇、南黄茶叶小镇、崖子红色小镇建设并进行现场指导。至2017年年底，海阳所镇获批山东省海阳所滨海养生小镇创建。

【省级传统村落、美丽宜居小镇和村庄申报】 2017年，乳山市住建局组织各镇开展第四批山东省传统村落和宜居小镇申报工作。至2017年年底，海阳所镇赵家庄村，大孤山镇大史家村、东林家村，诸往镇东尚山村，乳山寨镇南司马庄村成功申报传统村落，冯家镇、海阳所镇、乳山口镇、午极镇和海阳所镇后山于家村成功申报美丽宜居小镇和美丽宜居村庄。

（王欣淑）

房地产开发与管理

【概况】 2017年，乳山市有房地产开发企业88家，其中三级资质13家，四级资质35家，暂定资质32家。全年办理施工许可证50份，施工许可面积104.31万平方米；办理竣工验收备案21份，竣工面积48万平方米。

【保障性住房获上级奖补资金600万元】 2017年，乳山市房管局制订《关于2017年度廉租住房保障工作的通知》，以电视台、报社、乳山发布等形式进行廉租住房宣传，152户住房困难家庭通过社区居委会、城区街道办事处（开发区）、公安、民政、不动产登记等部门审核，获《廉租住房货币补贴资格证》，财政部门发放廉租住房货币补贴款56.88万元。规范公共租赁住房管理，根据省住建厅《关于做好山东省公租房工作调度云平台运行的通知》要求，市房管局将2011年以来1364套公租房项目开工建设、分配、入住信息录入管理平台，实现公租房建设、分配、运营全过程管理。获上级拨付600万元保障性住房奖补资金，合理确定项目奖补金额，确保资金发挥最大效益。

【老旧小区改造9182户受益】 2017年，乳山市房管局按照政府出台《关于加强全市物业综合管理实施方案》文件要求，在全市物业服务小区开展“物业服务百日提升达标”活动，重点整治楼道乱堆乱放、贴小广告、垃圾箱保洁、病媒生物消杀等活动。累计清理小区小广告4.8万平方米；粉刷楼道4000平方米；清理乱堆乱放、垃圾死角3000处；拆除乱搭乱建、违章建筑51处；补绿6000平方米；路面硬化8500平方米；更换垃圾箱600个；督导整治物业服务办公场所27个，达到实地测评标准；新增公益广告宣传栏200个。2017年，老旧小区改造项目10个，涉及9182户，总建筑面积69万平方米，总投资1.1亿元。

【房产交易实行网签全覆盖】 2017年，乳山市房管局理顺工作流程，整合物业查验、房屋面积管理、专项维修资金管理、预售管理、楼盘表管理等业务，制定业务流转单，提高办事效率。将网络设备及服务器搬迁至智慧办乳山数据中心，由智慧办进行管理维护，房产网络系统纳入乳山市“网络安全防护管理专区”。与广东南方数码科技有限公司合作，推进数据共享“中间库”建设，实施房产交易系统全面升级改造，实现预售商品房、现房、二手房交易合同网签全覆盖，防范交易风险，保障交易安全。进行房地产有形市场建设，召开进驻企业、中介机构运管座谈会，制定房地产有形市场运营规则，规范房地产企业、中介机构行为和房地产有形市场运营，围绕房地产业去库存、稳定市场，发挥有形市场示范引导作用。2017年，组织房地产销售活动8次，大型房地产展销活动1次。

9月28日，海阳所镇全貌　　（姜自立摄）

【房地产资金监管】 2017年，乳山市房管局加强住宅专项维修资金和商品房预售资金监管，采取实地走访、沟通、下达整改通知等方式加强资金追缴力度，确保资金安全和保值增值，保障业主权益。全年归集资金4019万元。受理资金支用申请35个，项目预算资金202.54万元，其中支付92.29万元。办理维修资金业主过户45笔；签订维修资金代收代缴协议23个，约定8316套49.59万建筑平方米房屋代收资金2743.79万元。执行预售资金专户专用制度、预售资金存缴制度，实行台账跟踪追缴制度、客户监督制度和客户委托存缴制度。2017年，列入预售资金监管企业48家，监管预售项目115个，预售资金专用账户余额1.13亿元。缴存预售资金2.79亿元，拨付用于支付工程建设及税费的预售资金共计2.22亿元，新增预售监管项目21个，9家开发公司13个预售项目取得综合验收备案证并完成期房转现房工作，办理取消资金监管手续，解除监管资金1529.6万元，受理退房申请37笔，退付预售款1139.7万元。

【国有土地房屋征收】 2017年，乳山市房管局会同天平、大地测绘评估公司及财政局、国土局对政府拟征收体育产业综合体项目、医疗综合体项目进行勘测，计算出拟征收房产补偿费和拆除、搬迁等其他费用，出具评估报告及测绘数据，完成体育综合体涉及泰兴物资贸易、世芝手套征收工作，医疗综合体项目涉及海燕水产、大圣冷饮征收和拆除工作。

【房产中介市场监管】 2017年，乳山市房管局联合市场监督管理局、行政执法局、物价局、滨海新区等部门，对徐家镇、海阳所镇售楼处和房地产中介机构进行检查，清理整顿乱摆摊点售房4处、乱发售房广告机构6处。全年开展集中检查26次，检查开发企业售楼处30家，中介机构627家，集中清理常家庄、小陶家等集市乱摆摊点75个，驱散违规发放宣传材料人员96名，没收违规宣传材料1.2万份，调查处理群众反映违规销售信访投诉38起。

（贺明文）

【部分房地产开发企业简介】

乳山国泰城建开发有限公司 成立于1985年，1993年取得二级房地产开发资质，2001年在山东省房地产行业首家通过ISO 9001质量管理体系认证，是山东省房地产行业的龙头骨干企业。公司现有干部职工92人，其中专业技术人员43人，辖设营销部、工程部、办公室、财务部和供应部。公司下属的民安物业服务有限公司管理住宅小区及组团28个。公司集住宅、别墅、商业网点及物业服务为一体的多功能综合性开发建设集团，成功开发建设世纪花园、宏泰花园、银泰海景花园等20个楼盘，累计开发面积达300万平方米；其中世纪花园小区获得省建设厅颁发的“首届城市优秀住宅小区银奖”和“省级花园式小区”称号，东山小区先后被授予“精神文明示范小区”和“威海市优秀住宅小区”称号。年内，总施工面积6.27万平方米，竣工面积4.74万平方米。完成销售收入8823万元，上交各项税费1000万元，实现净利润1300万元。

乳山市益天房地产开发有限公司 成立于2001年，具有房地产开发企业三级资质。技术管理人员290人，先后开发胜利花园小区、海渊小区、城东二区、祥和小区等项目，开发面积100万平方米。开发的小区被评为“无质量通病住宅工程”，威海市“花园小区”，威海市“科普文明社区”，益天花园小区被评为威海市“城市优秀住宅小区”“优秀户型”奖、山东省优秀住宅小区。2017年，销售收入2.1亿元，税金748.11万元。

乳山市恒信房地产开发有限公司 成立于2003年7月，注册资金3200万元，是国家房地产开发资质三级企业，公司先后开发海润观海苑小区、蓝湖观海苑小区、嘉盛苑小区、黄金花园小区、德泰银海商贸城等房产项目。德泰银海商贸城被列为威海市重点建设项目，总建筑面积5.2万平方米，涵盖物流、海产品、农副产品、旅游特色产品等商业区，实现年营业额达5亿元，提供就业岗位5000人。公司连续十年被评为威海市级“守合同重信用企业”。2017年，完成销售收入1680万元，完成利税185万元。

乳山市富大房地产有限公司 成立于1984年，是集房地产开发、建筑施工、安装、建筑幕墙、建筑门窗和室内外中高档装饰装修、物业

4月8日，国泰城建开发有限公司开发的银泰海景花园小区（高科摄）

管理为一体多元化企业，辖设乳山市富达建设工程有限公司及乳山市富安物业服务有限公司，是国家“房地产开发肆级”“装修装饰专业承包贰级”“建筑幕墙专业承包贰级”企业。公司占地面积4.87万平方米，固定资产3200万元。先后开发富大丽园一区、二区、富新花园、观海听涛等项目，公司连续多年被乳山市委、政府授予“纳税明星企业”“慈善爱心、无私奉献”称号。2017年，被评为威海市第十一届消费者满意单位。2017年，公司完成销售额3.5亿元，实现税金4189万元。

（王欣淑）

招投标监管

【概况】 2017年，乳山市对于国有投资项目，执行国家发改委公布招标工程具体范围和规模标准，除国家规定情形外，实行公开招标。重大基础设施和民生项目开辟绿色通道，实行容缺受理。招标工程编制资格预审文件和招标文件，使用国家标准文本和省示范文本。按照《山东省建设工程评标专家管理办法》做好评标专家初审、复审及培训组织工作。加强评标专家实时监控和动态管理，确保评标工作公正公平规范有序进行。至2017年年底，全市公开招投标项目78个，工程造价15.81亿元。

【全国法院失信被执行人禁止参与项目投标】 2017年，乳山市住建局按照《国务院办公厅关于促进建筑业持续健康发展的意见》，依法进行招标工程建设项目，招标人在资格预审公告、招标公告、投标邀请书及资格预审文件、招标文件中明确规定“被列入‘全国法院失信被执行人信息公布与名单查询系统’或‘信用中国’网站的失信被执行人禁止参与本项目的投标”。在评标阶段，招标人、招标代理机构、评标专家委员会到相关网站复核投标人是否为失信被执行人。对招标代理机构、本辖区范围内评委及招标从业人员失信情况定期进行查询，优先选择无失信记录招标代理机构；清退在聘用期间成为失信被执行人评标专家；招标人、招标代理机构在聘用招标从业人员，明确规定对失信被执行人处理办法，查询相关人员失信被执行人信息，属于失信被执行人的招标从业人员按照规定进行处理。

【房地产业信用评价监管力度加大】 2017年，乳山市住建局对房地产开发企业在人员配备、经营管理、业绩、税收、慈善及市场行为等方面进行综合性考评打分排名，评审结果在乳山市住房和城乡建设局网站以及新闻媒体上公布。建设主管部门对房地产开发企业信用评价活动进行动态管理，对提高开发企业综合素质，推动全市房地产业平稳健康发展发挥重要作用。

（王欣淑）

建筑业

【概况】 2017年，乳山市有建筑企业69家，其中施工总承包企业48家（外地进乳施工总承包企业9家），专业承包21家，从业人员2万人。年内，累计办理安全监督手续39份，累计监督工程67个，建筑面积170万平方米，涉及施工单位25家，监理单位4家；安全在建工程41个，建筑面积125万平方米，其中市区工地17个，建筑面积45万平方米。办理竣工验收备案工程38个，工程面积82.52万平方米。

【建筑业资质动态管理考核】 2017年，乳山市住建局开展建筑业企业资质动态考核，重点考核企业生产经营、注册类与非注册类技术人员、技能岗位持证上岗、技师持证上岗、违法违规及不良行为、安全生产许可证持有等情况，检查中对资质条件存在一般性问题和不足的企业，下达告知书19份，督促企业及时整改完善。

【商混建筑企业监督管理加强】 2017年，乳山市住建局开展商混企业试验室管理专项检查，规范预拌混凝土生产企业试验室质量行为。加强商混企业扬尘治理，落实商混企业密闭生产、厂区道路硬化、场外堆料无缝覆盖等7个100%要求，引导企业重视环保生产，开展自查自纠，整改到位。加强商混生产用砂、石子等原材料抽检工作，落实《关于加强预拌混凝土和预拌砂浆原材料质量管理的通知》要求。每周对商混用砂、石子抽检一次，每月抽检水泥、矿物掺合料一次，经有资质的检测机构检测合格。督导7家商混企业安装启用预拌混凝土质量追踪和动态监管系统。

【建筑材料质量监管】 2017年，乳山市质监站加大建筑材料质量监管力度，加强钢筋、石子、砂、水泥、粉煤灰、保温材料使用质量管理，重点对主体在建工程使用钢筋等材料进行抽查，对带“E”钢筋使用、钢筋场外加工等情况进行监督巡查。抽检钢筋原材43份、石子28份、砂51份、水泥7份、粉煤灰7份、保温材料20份、透水砖2份，抽检结果全部合格。

【市政工程质量排查】 2017年，乳山市住建局推行市政工程样板引路制度，加强市政工程细部处理。参建单位按照规范要求进行验收，推行人行道板铺装、污水管网工程、行车道井盖安装工艺等方面实施样板引路制度，促进工程实体质量标准化建设。加强日常监督巡查，每周开展巡查一次，重点检查设计文件落实、工程实体质量和关键岗位到岗履职情况，规范参建单位质量，促进市政工程稳步提高。指导市政公司在唐山路工程推行新版本工程资料整理软件。

【工程质量检测机构管理升级】 2017年，乳山市住建局开展工程质量检测领域突出问题专项治理活动。下发《关于开展工程质量检测领域突出问题专项治理活动的实施方案》，坚持检测机构和施工现场检查联动，每季度开展一次检查，了解检测机构真实情况，发现问题整改到位。进行检测行业运行情况调研，召开工程质量检测行业法人代表座谈会，探讨全面开放全市检测市场后如何规范检测市场、如何提升企业自律水平以及企业如何提高自身质量管控等。开展建设工程见证取样员登记工作，提高见证取样员素质，组织见证员、取样员考试，有56人次通过指纹、头像等信息采集。

【优质工程创建】 2017年，乳山市创建“泰山杯”工程1个，山东省优质结构工程2个，威海市优质结构工程5个。

2017年乳山市获“泰山杯”工程一览表

表17 单位：平方米

施工单位	工程名称	建筑面积（万平方米）	结构形式
乳山市正华装饰有限公司	山东外事翻译职业学院威海校区图书馆精装修工程	1.9	框架

2017年乳山市创建山东省优质结构工程一览表

表18 单位：平方米

施工单位	工程名称	建筑面积（平方米）	结构形式
威海正华建工集团有限公司	光明街小学综合教学楼	12440	框架剪力墙
威海建设集团股份有限公司	山东外事翻译职业学院实验实训楼	21639	框架

2017年乳山市创建威海市优质结构工程一览表

表19 单位：平方米

工程名称	施工单位	结构	面积（平方米）
光明街小学综合教学楼	威海正华建工集团有限公司	框架剪力墙	12440
山东外事翻译职业学院实验实训楼	威海建设集团股份有限公司	框架	21639
金鼎银龙湾8号楼	江苏南通三建集团股份有限公司	框架剪力墙	16184.89
乳山市西苑学校小学教学楼、 实验楼	乳山市恒基建筑工程有限公司	框架	8131
文旗大厦	乳山市春华建设工程有限公司	框架剪力墙	15011

【装配式建筑从业人员培训】 2017年，乳山市住建局组织全市房地产（开发）、施工、监理、设计等单位技术、质量负责人，到威海观摩混凝土预制构件加工制作过程。2017年11月，组织建设、监理、施工企业等专业人员到威海参加全市工程质量安全提升三年行动推进会暨质量安全管理标准化工地观摩会议，学习落实市场主体责任、质量安全标准化、BIM技术应用、装配式建筑、绿色施工、建筑科技、安全体验、钢结构构件加工生产过程和不同结构类型钢结构建筑模型，提高参训人员专业素质，全年组织参训人员110名。

【安全生产隐患整改】 2017年，乳山市住建局下发各类安全生产检查文件14份，累计排查施工现场安全隐患200条，下发隐患整改通知书73份，停工整改通知书58份，针对发现的隐患，监督企业限期整改落实。鼓励企业争创省市级安全文明工地，突出细化施工现场安全防护设施标准化、定型化、工具化水平，施工现场安全防护设施全部按省标准图集制作，物料分类堆放整齐，悬挂名称、品种、规格等标志牌。工程外立面采用全新密目网进行封闭，脚手架必须规范搭设，架体统一刷新油漆，提高施工现场安全文明管理水平。签订《乳山市建筑施工防汛工作责任书》，在建工程制定防汛预案，成立应急抢险队伍，储备应急抢险物资，确保城市防汛工作顺利完成。2017年，申报威海市级安全文明工地8个。

2017年乳山市创建威海市级安全文明工地一览表

表20　　单位：平方米

施工单位	工程名称	建筑面积（平方米）	结构形式
乳山市建业工程有限公司	乳山市南江村棚户区安置区24号、25号楼	9261	框剪
乳山市恒基建筑工程有限公司	乳山市西苑学校二期工程	10741.56	框剪
乳山市春华建设工程有限公司	乳山市文旗大厦工程	15011	框剪
江苏南通三建集团有限公司	金鼎·银龙湾北区2-3#楼	32442	剪力墙
乳山市诸往建筑有限公司	国网山东省电力公司乳山市供电公司海阳所供电所	688	框架
乳山市同盛建设工程有限公司	乳山市夏南棚户区改造二期工程6号、7号、9号、10号、12号、14号、15号、19号住宅楼	22152	框架
烟建集团有限公司	乳山海湖家园5#楼	34999.4	核心筒框架
威海正华建工集团有限公司	乳山市实验学校新建工程	54634.89	框架

【在威海市建筑职业技能大赛中获奖】 2017年10月26—27日，威海市建筑职业技能大赛在东部滨海新城公共服务区工程现场举办，大赛设砌筑工、抹灰工、钢筋检测员、水泥检测员等8个工种。乳山市组织3家检测机构共15人参赛，其中乳山市银滩检测工程有限公司获得团体竞赛优秀奖，乳山市益天工程质量检测有限公司在水泥安定性测定竞赛项目中1人获奖，乳山市银滩工程检测有限公司在理论知识竞赛中1人获奖。

【农民工工资实行银行卡支付】 2017年，乳山市住建局推行农民工工资实行银行卡支付制度。在完善劳动合同、民工登记备案、工资发放公示、工资支付月报基础上，施工企业根据进场民工信息，为农民工办理银行卡，发放工资时通过银行转账，杜绝个别“包工头”截留工资行为，维护农民工合法权益。10月，开展施工现场农民工工资支付情况专项检查，结合日常工程进度及日常管理特点，对工程项目拖欠情况进行研判分析，集中进行管控，确保拖欠隐患不失控。落实约谈问责机制，坚持发生一起投诉，启动一次约谈，对发生拖欠行为施工企业及拖欠工程款导致施工企业拖欠农民工工资的房地产开发企业，即时对第一责任人和直接责任人启动约谈问责机制，及时化解矛盾。年内，协调处理劳资纠纷29件，涉及农民工工资100万元。

（王欣淑）

【部分建筑施工企业简介】

乳山市白沙滩建筑工程公司 成立于1976年，注册资本金2192万元。公司是集土木建筑、水电暖安装、铝塑门窗制作安装、幕墙工程施工为一体的股份制国家二级总承包施工资质的企业。现有在职职工290人，招用农民工2000人，其中高、中级专业技术管理人员270人。公司是山东省首家通过ISO：2000国际质量体系认证的建筑企业之一。共创建省优工程39项，荣获山东省建筑工程质量最高奖——泰山杯奖14项，创建市优工程201项，获山东省经济效益金杯奖，质量效益银杯奖和推广应用新技术省级示范工程奖及山东省安全文明工地奖，国家工程建设优秀质量管理小组三等奖、山东省建筑业优秀成果奖。2017年，公司生产总值1.2亿元，实现利税602万元。

威海正华建工集团有限公司 成立于1994年，辖设建工、装饰、房地产、物业管理、木业、药房10个子公司。主要经营建筑施工、房地产开发、物业管理、装饰设计施工、酒店、旅游等。企业通过ISO 9001、ISO14001、OHSAS18001三体系认证，注册资本9400万元，有固定员工800人，各门类专业技术人员齐全，其中一级建造师6人，高级工程师3人，工程师30人，环境艺术设计人员8人，公司职能机构、办公设施、机具设备完善，是威海极具影响力的民营企业。公司先后获山东省“守合同重信用”企业、省级“文明诚信民营企业”、山东省“消费者满意单位”“山东省建筑装饰行业优秀企业”等称号。施工的乳山市医院综合楼荣膺省内最高质量殊荣，获2015年度山东省建筑施工质量“泰山杯”奖，施工的光明街小学工程被评为2017年“省级安全文明工地”“省级优质结构工程”。2017年，实现销售收入3.6亿元，上缴税金148万元。

乳山市战胜建筑工程有限公司 成立于2001年1月，位于乳山市区黄山路北首，房屋建筑工程施工总承包二级资质企业。公司主要从事土木工程建筑、水电暖安装、建筑装璜等业务项目，具有承建28层或单跨度36米以上的房屋建筑工程的技术能力。公司承建山东泛海阳光能源有限公司年产2GW组件项目、威海星宜新材料科技有限公司年产2亿平方米锂电池隔膜项目、乳山市交通综合枢纽站沿街综合楼、地下车库及人防工程施工等项目。连续多年被评为“农民工管理先进企业”“信用评价A级企业”“守信用重合同企业”。2017年，实现营业收入4520万元，上缴税金255万元。

乳山市中创工程有限公司 成立于2002年，注册资本2000万元，主营房屋建筑工程及钢结构工程、金属门窗工程施工。公司为房屋建筑总承包二级企业，占地面积5.07公顷，资产总额5000万元，固定资产2400万元。承建的鼎盛食品有限公司冷库、车间被评为市级安全文明工地；钢结构车间研究制作的钢柱半自动摘钩器获全市建工系统优秀QC成果一等奖；乳山市首个新农村建设项目——海阳所镇陈家村建筑面积1.9万平方米安置多层住宅一期工程被评为省级安全文明优良工程，连续两年被威海市评为诚信A级企业和农民工先进管理集体。2017年，棚户区改造四期项目进入基础施工阶段，全年实现销售收入0.7亿元，上缴税金185万元。

（王欣淑）

环境保护

【概况】 2017年，乳山市环境保护深入学习贯彻《中华人民共和国环境保护法》及中共十九大精神，牢固树立“绿水青山就是金山银山”理念，深刻领会“人与自然和谐共生”的丰富内涵，推进环境监管、总量减排、处理和答复来信来访等专项工作，抓好污染治理、项目把关、审批效能、环境监管等重点工作。年内，环境优良天数327天，大气环境质量优良率91.3%。城镇集中式饮用水水源地水质达标率均保持100%。区域环境噪声和交通噪声均达到国家相应功能区标准。

【环境质量提升】 2017年，乳山市加大环保投入，强化环境监管，乳山市环境质量稳步提升。乳山河、黄垒河、徐家河、白沙滩河、龙角山水库、台依水库水质等各监测指标年均值达到相应的功能区环境质量要求，达标率100%。其中，乳山河流域、龙角山水库水质各项监测指标均达到国家《地表水环境质量标准》（GB3838—2002）Ⅲ类标准，黄垒河达到《地表水环境质量标准》Ⅳ类标准。城市环境空气质量符合《环境空气质量标准》（GB3095—2012）二级标准。空气质量指数年均值为55，市区大气优良天数327天，全年优良率91.3%。城市区域环境噪声等效声级昼间年均值52.1分贝，交通干线噪声昼间年均值67.9分贝，均达到相应环境噪声功能区标准要求。

【废水、废气污染源治理】 2017年，乳山市积极推进第二污水处理厂提标改造工程和经济开发区污水处理厂及配套管网工程，二污提标

4月8日，乳山河水源地调整为备用水源地。图为乳山沟 （耿翠江摄）

改造工程于2017年10月完工，将出水水质由原来的一级B提高到一级A；新建经济开发区污水处理厂设计处理规模为2.5万方/天，出水执行一级A标准，工程于2017年开工，年底正在有序施工。对全市范围内的违规燃煤小锅炉进行清理整治，共排查出10蒸吨及以下燃煤小锅炉100台，拆除或改造燃煤小锅炉100台，占全部工作的100%；对使用10吨以上燃煤锅炉的重点企业，督导其完成超低排放改造工作，乳山热电公司、乳山热电公司北郊车间、龙峰硅胶、海大塑胶、大洋硅胶、明珠硅胶、东方硅胶、外事翻译学院等企业已完成超低排放改造。

【固体废弃物治理】 2017年，乳山市24家危险废物产生企业纳入日常监管范围。全年出动50人次开展夜查15次，遏制噪声扰民行为。

【饮用水水源地保护】 2017年，组织对乳山市集中式饮用水水源地保护区进行重新调整、撤销和划定工作，对龙角山水库饮用水水源地保护区进行了调整，将乳山河水源地调整为备用水源地，并对乳山河水源地保护区进行划定。针对调整后的水源地保护区，环保局组织开展界标、交通警示牌、宣传牌的制作设立工作，以便于让公众了解水源地保护区的新范围、新规定，提高对水源地保护的意识和责任。同时，对集中式饮用水水源地保护落实部门责任，严格监管到位，不定期组织对集中式饮用水水源地进行问题排查，形成问题清单，对排查出的问题制订整改方案，明确整改时限，落实责任分工，以保障全市饮用水的安全。

【项目环评审批流程优化】 2017年，乳山市推行环评豁免制度。根据《山东省不纳入建设项目环境影响评价审批的目录（试行）》，6大类、60小类项目不再办理环评审批手续。推行限时审批制度，审批时限由60、30、15个工作日缩短至7、3、1个工作日，不需要现场勘察的项目随到随办。属《建设项目环境影响评价分类管理名录》中的环境影响登记表项目（辐射类除外），试行环境影响评价承诺备案制，提高行政审批效率。

【“12369”环保投诉热线24小时开通】 2017年，乳山市建立环保案件民意征集、即时查处、回访反馈机制，搭建民意征集平台。发挥“12369”环保投诉热线作用、实行环保案件24小时值班受理，开通乳山环保政务微博实时了解群众环保诉求，加强与市民互动交流，形成一线一网“双通道”投诉受理平台。环保投诉案件实行专人受理、专人查办，提高实时反应和案件办理能力，建立案件查办前与举报人见面沟通信息、案件办结后向举报人回访反馈情况的“双见面”制度，提高市民对环保工作的满意度。

【环境在线监测设施更新】 2017年，乳山市监测省控以上河流断面监测3个、市控河流断面17个；集中式饮用水源地2个、监测断面2个；乳山市功能区噪声共5个点位、城市区域环境噪声201个点位、城市道路交通噪声22个点位的环境质量例行监测工作；组织5家省控以上重点污染源进行监测，监测率均达到100%。在企业排污口安装电子眼和废水、废气自动监测设备进行实时监控。新建在线监测设施，与市级环保监测平台联网，由随机化、粗放式的末端排放监控、转变为实时化、精确式的全过程监控。加强大气、噪声等公共环境监测，完成银滩管委空气子站与威海、省环保局联网。抓好水源地监测，在每月64项水质监测分析的基础上，2017年7月监测一次全分析，共109项。加强龙角山水库上游来水管理力度，设立水质自动监测站并运行管理，从而掌控牟平来水水质变化情况。

【城市环境噪声达到国家标准】 2017年，乳山市城市道路交通噪声昼间等效声级均值为67.9分贝，评价等级为好；功能区声环境昼间平均等效声级达到各功能区相应标准。城市道路交通噪声及功能区声环境总体保持稳定。全市城市道路交通噪声昼间平均等效声级范围为60.2—74.4分贝，均值67.9dB（A）达到国家标准，噪声强度等级为一级，评价为好。乳山市功能区声环境在每季度第二个月各监测1次，全年共监测4次，每个监测点位每次监测24小时，其中昼间为6时至22时，夜间为22时至次日6时，监测方法采用《声环境质量标准》（GB3096—2008）附录B中定点监测法和普查监测法，依据《声环境质量标准》（GB3096—2008）标准进行评价。2017年，乳山市区道路交通噪声昼间平均等效声级集中65～70分贝之间，占道路总长的51.53%。超过70

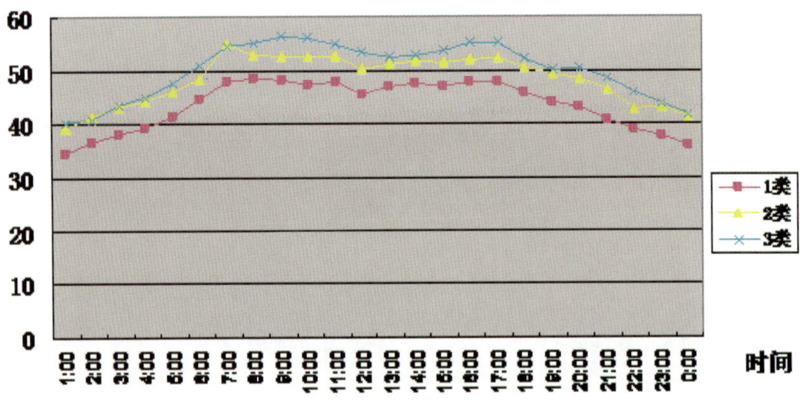

乳山市功能区声环境质量时间分布示意图

分贝的路段有 15.97 公里，占道路总长的 29.66%。

【环境空气质量达到一级标准】2017 年，乳山市区环境空气质量监测采用自动监测方法，投资工控机等设施布设与国家、省、市联网的传输系统，有 2 处子站与国家联网，银滩管委子站实现与威海市联网。2017 年的环境空气中的二氧化硫、二氧化氮、一氧化碳均达到《环境空气质量标准》（GB3095—2012）一级标准，其余的监测项目均达到二级标准。2017 年空气质量略好于 2016 年，空气质量呈好转趋势。

乳山环境空气质量指数年均值为 55。其中环境空气质量为优的天数为 114 天（空气污染指数在 50 以下），占全年总天数的 31.8%；环境空气质量为良的天数为 213 天（空气污染指数在 51 ~ 100 以内），占全年总天数的 59.5%，三级以上的天数为 31 天，占全年天数的 8.7%。与去年相比，空气污染指数不变。空气质量为优的天数增加了 10 天，空气质量级别为良的天数减少 16 天，三级以上的天数减少 2 天。优良率为 91.3%。环境空气主要污染物是臭氧日最大 8 小时，作为首要污染物的天数占 48.9%。

乳山市功能区环境噪声统计监测结果

表 21　　单位：分贝

类型/市区	疗养区（0 类）		居民文教区（1 类）		混合区（2 类）		工业区（3 类）		交通干线道路两侧（4 类）	
	昼	夜	昼	夜	昼	夜	昼	夜	昼	夜
乳山市	—	—	47.8	40.2	52.6	41.5	55.4	43.2	—	—
执行标准	50	40	55	45	60	50	65	55	70	55

说明：1 类功能区噪声数据一般低于 2 类和 3 类功能区噪声数据；1 类、2 类、3 类功能区噪声数据比较正常，即 3 类 > 2 类 > 1 类

2017 年乳山市区道路交通昼间暴露在不同声级下的分布表

表 22

声级范围 dB（A）	≤ 60	60 ~ 65	65 ~ 70	70 ~ 75	> 75
测点数（个）	0	3	13	6	0
路段长（千米）	0	10.13	27.75	15.97	0
占道路总长（%）	0	18.81	51.53	29.66	0

10 月 14 日，滨海新区潮汐湖湿地

·汉代 铜马衔

·西周 铜车軎

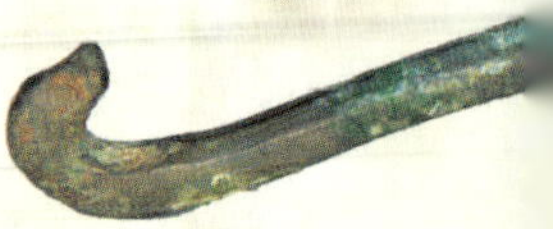

·战国 铜鼎

责任编辑：孙方圆

·战国　铜舟

·战国　铜带钩

·西汉　铜车辖軎

交通·邮政·通信

Traffic, Postal Service, Communication

◎ 交通运输与管理

◎ 公路建设与管理

◎ 港口建设与管理

◎ 邮政与物流

◎ 通　信

交通运输与管理

【概况】 2017年，乳山市公交运营线路79条，总长2642公里，公交车407辆（其中46辆为LNG型节能车，210辆为新能源型纯电动公交车），额定载客量23748人，客运量1169.3万人次，运营里程1600万公里。出租车270辆，年载客量522.8万人次，营运里程4136万公里。营运货车1607辆，货运量509万吨，货运周转量66807万吨公里。客运企业4家，一级汽车客运站1家，候机楼2家，省际包车58辆、市际班车47辆、县际班车66辆。汽车维修企业138家（不含镇驻地），机动车驾驶员培训机构4家，共有教练车134辆。年内，威海远航客运公司企业资质增至省际包车客运，获10辆省际包车资质经营权，乳山新干线新增省际包车6部，乳山客运公司新增省际包车2部。

【省、市际客运班车实名制实施】 2017年3月，乳山市实行省、市际线路班车实名制售票及查验，乳山汽车站完成实名售票系统升级改造，通过报纸、电台、电视及微信等媒体宣传，在车站售票窗口张贴告示，严把实名售票和乘车身份查验，实名制售票工作稳步推进。

【网络预约出租车专项整治】 2017年9月1日，乳山市正式受理网络预约出租汽车经营许可证等申请业务。重庆呼我出行网络科技有限公司乳山分公司、武汉斑马快跑科技有限公司乳山分公司获网约车经营许可。针对群众举报网约车违规运营数量增加较快的实际，及时开展网约车治理，出动执法人员1000人次、执法车辆500辆次，查处举报网约车91辆。推进出租车行业改革，做好出租车巡游与网络预约出租车管理衔接，组织编写网约车主“告知书”，管理约束传统出租车业户，使其避免过激行为，确保出租车市场稳定。

【城乡交通运输一体化示范县创建】 2017年，乳山市根据山东省交通运输厅、山东省财政厅等12部门《关于稳步推进城乡交通运输一体化提升公共服务水平的实施意见》要求，组织开展全省交通运输一体化示范县争创工作，推进行业管理科技化、网络化、信息化建设，完善城乡交通基础设施，深化城乡公交一体化建设，打造综合立体交通网络和现代化物流服务体系。11月30日，乳山市获评“城乡交通运输一体化示范县”。

【交通运输监管强化】 2017年，乳山市交通运输监察大队以威海I类治超站为依托，采取日常执法和不定时执法相结合、重点执法和跟踪执法相结合方式，做好超限超载超员治理工作、公路运输撒漏污染专项治理行动、国道309危化品运输车辆专项整治行动、联合治理银滩非法旅游包车行为、“老年代步车”“网约车”监督检查工作，规范道路运输市场秩序，维护行业和谐稳定。全年投入执法人员3750人次、执法车辆750辆次，检查货运车辆3000辆次，客运车辆1000辆次，查处违章货车171辆、客车102辆、网约车105辆，其中证据不足放行7辆，提起行政诉讼23起。

【公共交通服务提升】 2017年，乳山市狠抓公共交通服务管理，增加服务考核比重，提升公共交通服务质量。开展“一路文明”行动，落实文明行车、礼让斑马线等要求，为乘客提供安全舒适、卫生文明的乘车环境。根据客流分布，科学优化调整公交线路布局，在银滩新增区内环城线路3条、旅游专线1条，合理配置纯电动公交车108辆，有效提升疏运能力。

【平安交通建设】 2017年，乳山市交通运输局组织开展一系列安全生产排查整治行动。按照“定人、定岗、定责”原则，修订安全生产责任书和防汛工作责任书并逐级签订。结合春运、黄金周、小长假等重要时段，在道路运输、水路运输和县乡公路管理方面深入开展隐患排查整治集中行动，共排查并整改隐患84处。联合各行业管理部门每月对交通运输领域企业进行暗访，当面指出问题并限期整改，全年共组织开展明查暗访15次，排查安全隐患22处，并全部整改完毕。修订《乳山市交通运输局防震减灾应急预案》，于5月13日组织开展防震应急疏散演练活动，增强干部职工的安全防灾意识和应对突发事件、自救互救、疏散救援能力。编制《乳山市交通运输系统防汛抗旱应急预

5月19日，乳山市民文明有序乘公交车　（孙轶琰　任众摄）

4月27日，乳山市“潘六线”施工 （交通运输局提供）

案》，落实防汛应急物资和救援队伍，为交通运输系统防汛抗旱做好保障。

【乳山火车站连续安全运营23年】 乳山火车站隶属威海地方铁路管理局，是桃威铁路客运站之一。截至2017年年底，乳山火车站连续安全生产8317天，安全运营23年，全年完成客运量41万人。车站坚持“生命至上、安全第一、预防为主、综合治理”理念，以旅客安全为重点，牢固树立安全生产意识，全面落实安全责任，加大安全检查力度，加强安全基础建设，使安全生产有序可控。坚持强基达标、提质增效，形成长效管理制度，并持之以恒抓好落实，同时提高职工业务素质和业务技能，确保旅客和旅客列车安全，完成全年运输任务。

【营运车辆审验工作完成】 2017年7月，乳山市完成客运、公交、出租车辆年度审验工作，通过企业自检自改、车辆技术等级评定、现场查验车辆硬件设施和营运必备证件、审核车辆保险等环节，审验合格客车162辆、公交车297辆、出租车270辆，参审车辆均建立详细的维护保养和检查记录。

（丛伟）

9月22日，乳山火车站工作人员检查火车线路、设备（乳山火车站提供）

公路建设与管理

【概况】 2017年，乳山市完善路网结构，提升安保水平，为区域经济社会发展提供坚实保障。乳山口大桥、省道207乳山绕城段重大工程前期工作取得突破性进展；安保提升工程顺利实施；养护管理上档升级，红色教育线路路域环境整治成效明显，“三季有花、四季常青”行车环境日渐优美；基础设施维护加强，桥隧安保水平提升；开展“平安行·你我他”活动，加强桥下空间和违章建筑治理。截至2017年年底，乳山境内国省干线公路全长273.9千米。大幅提高农村道路通行质量，投资2.29亿元改造县乡13条线路共计66.9千米。其中，县道5条28.4千米，乡道3条15.4千米，村道5条23.1千米；投资1500万元拆除重建大桥2座、中桥2座、小桥1座，完成县乡路5道危涵改造。

【文莱高速项目土地组卷工作完成】 2017年，乳山市做好文莱高速项目工作，该路线全长133.561千米，其中，乳山境内路线长54.316千米。主线采用双向四车道标准，设计速度100千米/小时，路基宽度26米，总投资119.3564亿元。包括连接线工程在内的整个项目土地组卷工作完成并上报威海市国土部门。地面附着物首批补偿资金到位5953万元，撂荒补偿资金全部拨付。

【国道228丹东线乳山口大桥项目获省发改委批复】 线路全长3310米，起于环海公路威海段中海阳所至乳山口路段，止于琵琶岛附近市界位置，接国道228丹东线海阳段。项目采用双向四车道一级公路技术标准，设计速度80千米/小时，大桥标准宽度28.5米，接线路基宽度24.5米。针对2010年乳山口大桥项目前期工作启动后受多种因素制约未获立项批复的实际，乳山市狠抓落实，威海市、乳山市两级公路部门加强跟踪对接，协调相关部门逐个攻坚突破项目推进困难和问题。2017 年 10 月 26 日，乳山口大桥工程可行性研究报告正式获山东省发改委批复，标志着该项目工程可行性阶段工作结束，进入初步设计等工作阶段。

12 月 27 日，冯家镇路域环境集中治理现场　　（公路局提供）

【红色教育旅游线路路域环境综合提升工程实施】 2017 年，乳山市公路局改造升级国省干线公路，对国道 309 荣兰线、省道 208 烟海线等红色教育基地线路高填方路段，增设砌石挡墙，增植黑松、红叶石楠苗木 2000 株，对平交道口进行全面升级，硬化平交道口 10000 平方米，安装减速丘 606 米、警告标志 184 块、停车让行禁令标志 83 块，增设黄黑相间示警桩 1000 根。先后与冯家、育黎、乳山寨等镇政府签订改造协议，制订改造方案，联合治理穿镇村路段。在此基础上，加强路基、边坡和沿线附属设施的整修、维护，按照“整修一处，标准一处”的要求，对不同路段根据实际情况制定整修标准，完成 120 公里标准路基整修，占公路总里程 43.8%。

【公路安保应急工作强化】 2017 年，乳山市公路局实施安保工程，按照“公路安全设施整治提升”专项行动要求，联合相关部门对国省道安全隐患进行联合排查，封堵中央隔离开口 100 个，安装路侧防撞护栏 2950 米，增设高边坡金属挂网 1000 平方米，有效提高公路行车安全性。同时，强化公路防汛、清雪及应急管理。针对 7、8 月间多次强降雨险情，即时启动防汛应急预案，全体防汛人员从凌晨至夜间坚守抗灾一线，共计投入 50 万元，修复水毁 20 处，并全力做好交通疏导工作；做好除雪防滑工作，备齐应急物资，较好应对有效降雪，保证公路安全与畅通。

7 月 2 日，国道 309 荣兰线路域环境提档升级完成　　（公路局提供）

【国省道沿线智能移动巡查系统构建】 2017 年，乳山市抓好公路安全管理系统升级工程，购置巡更仪，在辖内国省道沿线全面构建起智能移动巡查系统，制定出台巡查管理办法，实行养护路政巡查相结合机制，明确责任线路、巡查时间，做到全覆盖、无盲区，有效提升路政巡查管理效率。累计巡查 215000 千米，处理事案 47 起，收取路赔费 35.1975 万元。

【路域环境综合整治全面展开】 2017 年，乳山市公路局加强公路桥下空间治理，联合各公路站出动机械设备 140 台班，清理柴草及各类垃圾 200 立方米。联合镇（街道）等部门开展集中治理，拆除违章建筑 6 处，清理占道经营 20 处，拆除非公路标志 10 块，有效维护路产路权。加强平交道口综合整治，投资 30 万元对辖区内国省干线平交道口进行全面升级，安装减速丘 606 米、警告标志 184 块，停车让行禁令标志 83 块。开展运输车辆扬尘污染治理，结合腥水扬尘治理活动，出动执法车辆 120 余次、执法人员 480 人次，靓化公路通行环境。

【列入省级“四好农村路”候选示范县名单】 2017 年，乳山市根据山东省交通厅、财政厅《关于山东省“四好农村路”示范县创建办法》

12月19日，威海市“四好农村路”工作现场会在乳山市召开

（交通运输局提供）

文件精神，开展省级“四好农村路”示范县创建活动，通过交通厅、省财政厅初选，列入2018年候选示范县名单。12月19日，威海市“四好农村公路”现场会在乳山召开，乳山市副市长许鹏、威海市交通运输局局长刘树伟及其他各区市交通局、公路处、运管处主要负责同志出席，会上对乳山近年农村公路建设、管理、养护、运营的相关情况和经验做法进行汇报。

（付伟强）

港口建设与管理

【概况】 乳山市有小青岛、旗杆石、南黄岛、挂子场4个陆岛交通码头，港航企业4家。其中，港口企业1家，水路货运企业1家，客运企业2家，拥有散货船3艘和客船12艘。2017年，完成港口吞吐量85.02万吨，货运周转量172255.7万吨公里，水路旅客发送量3.59万人，客运周转量18.31万人公里。

【乳山口港一类开放口岸正式获批】 2017年，乳山市围绕争取乳山口港水域实施一类开放，组织专门力量赴省进京，联系中央、省、市以及军方等36个部门、175个处室，历时3年。2017年6月24日，国务院以国函〔2017〕84号文批准威海港口岸扩大开放至乳山口港区，乳山口港区实施一类开放正式获批。批准的开放范围为乳山口港湾内水域，包括1450米岸线及6个泊位。开创县市口岸争取开放速度全国最快纪录，为乳山的蓝色经济发展和新兴产业培育增加新动力。

【水路客货运输量增加】 2017年，乳山市货运企业乳山鑫川航运有限公司承担国内沿海及长江中下游进行散杂货运输，有散货船3艘，总载重吨4.72万吨，货运量169.47万吨，货运周转量172255.7万吨公里。乳山市客运企业有乳山兴港海上游乐有限公司和银滩海翔海上游乐有限公司2家。其中，乳山兴港海上游乐有限公司主要承担小青岛—旗杆石和南黄岛—挂子场陆岛旅客运输，有客船4艘、快艇5艘，共188客位，全年发送旅客2.52万人，完成客运周转量16.17万人公里；乳山银滩海翔海上游乐有限公司主要承担银滩—宫家岛海上观光的旅客运输，有快艇3艘，共29客位，全年发送旅客1.07万人，完成客运周转量2.14万人公里。

（付伟强）

邮政与物流

【概况】 2017年，中国邮政集团公司山东省乳山市分公司（以下简称乳山邮政分公司）下设营业网点19处，其中，农村支局网点14处（各镇驻地均有服务网点），市区营业网点5处。乳山邮政分公司依法经营邮政专营业务，负责本辖区邮政生产、经营、服务工作。主要经营范围：邮政包裹寄递、邮政金融保险、集邮、函件、渠道平台、报刊零售等，同时承担邮政普遍服务义务。全年完成业务收入5583.8万元，比上年增长4.7%。

【主要邮政业务效益增长】 2017年，乳山邮政分公司实现业务收入5458.09万元。其中，国内函件收入54.6万元，下降0.76%；包裹业务收入94.57万元，下降1.3%；快递业务收入271.35万元，增长60.25%；邮票发行收入16.69万元，增长5.24%；集邮业务收入94.71万元，下降8.5%；报刊发行收入239.03万元，增长28.72%；代理金融收入3288.75万元，增长9.29%；代理服务收入144.79万元，增长23.91%；分销业务收入1172.84万元，下降18.36%；其他商品销售收入65.16万元，增长22.033%；其他业务收入126.7万元，增长0.93%。

【邮政综合便民平台达145处】 2017年，乳山市实施邮政便民工程，运用“互联网+”思维拓实基础平台建设。整合各专业资源优势，结合客户用邮情况，打造适应现代电子商务发展模式的线上线下一体化、开放共享的综合便民服务平台。利用“互联网+邮政”助推模式布点布局，形成便民服务圈，以买卖惠、乳山邮政系列微店等网上交易平台为抓手，加快推广买卖惠项目。年内，建设综合便民平台145处，分销收入1187.4万元，买卖惠线上订货额2598.62万元，实现收入51.8万元，电商收入 79.4 万元。

【邮政特色农产品寄递业务拓展】 2017 年，乳山市邮政分公司做足市场调研，细化开发同城标快市场、校园市场、源产地寄递市场。通过"市场分析 + 客户群定位 + 活动推动 + 专业整合 + 微营销"方式，打通各镇网点，拓展乳山源产地产品销售渠道，全年对外邮寄苹果 2 万箱、樱桃 5000 箱、地瓜 2000 箱、牡蛎收寄 2 万箱。

【乳山市华润物流有限公司货运量 3.6 万吨】 乳山市华润物流有限公司成立于 2006 年 11 月，位于乳山市西外环路，主要从事道路危险货物运输及物流配送业务。2012 年 3 月，取得道路危险货物运输经营 2 类（气体）、3 类（易燃液体）资质。2017 年，公司拥有配送车辆 3 台，停车场地面积 500 平方米。新建单、双层立体物资仓库 1.8 万平方米。拥有 10 吨以下运输车辆 15 辆，10 吨以上运输车辆 2 辆，配送车辆 3 台，配备专业的人员队伍。年内，货运量 3.6 万吨，货物周转量 235 万吨公里。

【华润物流园进驻经营户 54 家】 华润物流园创建于 2006 年 11 月，位于西外环路，占地 8 公顷，仓储面积 2 万平方米，资产 6000 万元。截至 2017 年年底，园区进驻物流、快递经营户 36 家，农资、家电、日用百货等经营户 18 家。主要经营仓储、货运配载、货运信息、货运站场、危险品运输、"三农"物资配送。"三农"物资物流配送是该园区物流支柱产业，设立乳山市"三农"物资分拨中心，开通"乳山三农网"，打造集"三农"服务、物流公交车、连锁超市、仓储配送于一体的网络服务平台，包括农资服务站、农资电子交易、供应及求购信息、今日聚焦、名优特产板块，实时发布"三农"相关政策信息，方便百姓查询利用。

通　信

【概况】 2017 年，乳山市互联网宽带传输主干网容量和传输速度提高，光纤敷设实现全市全覆盖。主干传输网带宽达 150GB/S，固定宽带入户速率城市 200 兆，农村 200 兆，全市固定宽带入户率达 98%。全市建成基站 4G 基站 355 个、3G 基站 337 个、2G 基站 310 个。

【中国联合网络通信有限公司乳山市分公司】 中国联合网络通信有限公司乳山市分公司（以下简称乳山联通公司）有员工 121 人，承担普遍通信服务和党政专用通信、应急通信等任务。乳山联通公司为社会提供移网和移网宽带业务（WCDMA、LTEFDD、TD-LTE）、固网光纤宽带、GSM、固网本地电话、信息通信技术服务、数据通信服务以及其他相关增值服务；建立个人、商户、企业网页；组建行业、部门信息化应用系统。2017 年，乳山联通公司新建基站 36 处，基站总数达 454 个，移动网络覆盖乳山市所有区域，3G 下载速率达 42 M/S，4G 网络下载速率达 150 M/S，业务收入在全省县级排名 23，各项业务综合指标全区排名第一，客户服务满意率 98.5%。

光网扩容升级 2017 年，乳山联通公司扩容升级宽带城域网和传输网，宽带出口 100G。除南黄岛通过微波宽带接入外，其他村和小区均实现光纤入户。光纤到户后，联通用户速率均提高到 100M 以上，实现"百兆起步，千兆体验"。三网融合发展迅速，乳山联通公司利用高速优质的光网宽带，向百姓推出手机、宽带、IPTV 高清电视三网融合业务，降低家庭通信费用支出。

服务质量提升 2017 年，乳山联通公司坚持"以客户为中心、用服务促发展"服务理念，提高客户感知度、满意度和忠诚度，创树全新社会形象和良好企业品牌。全年开展入户装维检查 12 次，组织营业窗口服务专项检查 24 次；接投诉工单 1869 件，处理上门投诉 1100 次；落实处理"行风热线"和"民生热线"反馈问题 465 件。严格履行装移修"480 承诺"（市区修障 4 小时，农村 8 小时，装机 8 小时；0 业务受理盲区），上级工单组和服务监察室二级监管，确保执行到位。积极参与文明城市创建活动，保持"全国模范职工之家""省级文明单位"称号。

（姜浩）

【中国移动通信集团山东有限公司乳山分公司】 中国移动通信集团

3 月 13 日，乳山联通公司办公大楼　　（乳山联通公司提供）

山东有限公司乳山分公司（以下简称乳山移动公司）下设3个城区营业厅、10个乡镇经营部。经营范围为主要经营许可证批准范围内的基础电信业务和增值电信业务。从事通信和互联网等网络的设计、投资、建设及出租；通信和互联网等设施的安装、工程施工和维修；经营与通信和信息业务相关的系统集成、漫游结算清算、技术开发、技术服务、广告业务、设备销售，并提供售后服务，商务代理服务，代收费业务。2017年，投资84.6万元，做好养老服务保障，确保政府关爱工程落地，发放“12349”话机5640部。打造便民多样化服务体系，由原有医疗、急救等9种服务项目增加到24种。

网络建设提速升级 2017年，乳山移动公司落实国家“提速降费”政策，推出流量不清零服务。继续实施“宽带中国”战略，助力乳山“智慧城市”建设。全年建成有线宽带热点591处，实现有需求的村“村村通”，有需求的小区“户户联”。加快4G网络全面、深度覆盖，4G基站总数649个，乳山市基本实现无缝覆盖。新建传输杆路170杆公里，通信管道35公里。推进“全光网络城市”建设，网速由50～100兆提升至200兆。

（纪树坤）

【中国电信股份有限公司乳山分公司】 2017年，中国电信股份有限公司乳山分公司（以下简称乳山电信公司）以提升基础业务产能为重心，以建设天翼4G和全光网“双百兆”精品网络为保障，大力发展互联网+、大数据、云和物联网等新技术新应用，实现全业务规模快速发展。

“双百兆”精品网络初步建成 2017年，乳山电信公司建成天翼4G和全光网“双百兆”2张精品网络。推进FDD 4G网络建设，全年投资600万元，进行LTE五期和六期工程，新开通4G基站21个，截至2017年年底，基本实现城区95%以上全覆盖，农村地区85%以上覆盖。4G业务感知优良率达95.5%，语音掉话率和断站率指标在全省系统内均排名第一。落实“宽带中国 光网城市”战略，全年投资800万元，实施宽带光纤到户，新接入商务楼宇、居民小区和行政村122个，全市互联网出口带宽120G，出口利用率65%，宽带端口8万个，乳山城区宽带网覆盖达90%以上。推进“提速降费”工作，主推“50M普及百兆引领”，免费提速宽带用户达到2千多户，基本实现50M起步、最高200M入户，目前乳山市电信有线家庭宽带用户平均网速达70M，100 M及以上速率宽带用户占比达到40%以上；移动业务推出大流量和不限量套餐，并搭配光网宽带和天翼高清电视业务，三网融合后用户综合价格下降50%以上。

8月20日，乳山联通公司营业员为客户介绍业务

（乳山联通公司提供）

服务水平提升 2017年，乳山电信公司秉承“用户至上、用心服务”理念，围绕“服务社会、和谐发展”行风建设主题，构建和谐融洽的企业和客户关系。开展装维服务专项提升活动，电信装机平均时长、修障平均时长和装机履约率几项主要指标在全省系统均排名前列。落实三级自营厅服务达标，每季度根据省公司综合满意度评价及暗访数据采样，分析客户综合度及营业厅服务达标情况，采取一月一个重点服务达标项，有针对性分步提升；加强各渠道节日营销行为管控，营业厅内公布投诉电话和用户意见簿，用户满意度98%以上。

（于娜娜）

【乳山联通网络助力“智慧城市”建设】 2017年，乳山联通公司发挥技术、人才、网络、平台核心优势，运用物联网、云计算、移动互联网技术，参与乳山电子政务、党建、教育、交通、安全等方面信息化建设。8月，乳山联通公司对乳山市教育系统各学校进行网络升级改造，为乳山市“教育资源系统”“威海智慧教育云平台”提供稳定可靠的网络支撑。9月，为多个镇政府提供云视频会议平台，实现不同地点、不同终端、不同网络间快速音视频沟通；完成公安“一村一警”警务助理终端配备，实现村内警情快速发现、上报和处置。

（姜浩）

【人口健康信息专网建成】 2017年，乳山市投资300万元，建设人口健康信息专网，实现人民医院、中医院、银滩医院等各大医院，市、镇等卫生计生机构、社区卫生服务站、村级卫生室等管理机构信息互联，方便医疗信息在医疗卫生领域、各参与主体间共享互通，实现医疗信息共享，医疗服务水平提升。该平台的建成，使患者用较短的等待治疗时间、支付基本医疗费用，可享受安全、便利、优质的诊疗服务。

至年底，全市规划建设363处网络平台全部完工。

【平安城市监控网络建成】 2017年，乳山市投资350万元，建设平安监控网络，在预防、发现、控制、打击违法犯罪，提供破案线索，固定违法犯罪证据等方面优于人防、物防，同时也是智慧城市的重要载体和数据源。通过融合警务数据、城市运行数据，构建警务云、经济云、民生云等，为智慧城市建设提供有力支撑，满足城市管理、交通管理、能源管理、环境保护、应急指挥等多方面需求，提升城市可视化管理水平和政府应急处置能力。至年底，全市规划建设228处网络平台全部完工。

（纪树坤）

【智慧城市建设信息化产品研发】 2017年，乳山电信公司从4G网络和信息化产品应用切入，助推企业和政府部门信息化改革。通过智慧党建系统、智慧安监系统、智慧交通系统等应用，优化政府职能部门工作流程，将政府部门部分人工作业交给后台云端处理，提高工作效率。推出云网融合业务，将云计算产品同互联网专线结合，为企业提供一站式服务，降低企业成本，助力企业信息化发展；针对技术力量薄弱企业，联合本地互联网公司，打造基于“天翼云”的软件应用，向企业直接提供云端服务，进行定制化开发，为企业新旧动能转换提供信息化支撑。

（于娜娜）

◆ 乳山贻贝 ◆

贻贝，俗称海红，属软体动物门双壳纲翼形亚纲异柱目贻贝科贻贝属。贻贝有两个闭壳肌，前面的一个很小，后面的一个很大，属于异柱类。乳山海区饵料丰富，黄垒河和乳山河的大量淡水注入海区，海水咸淡适宜，非常适合贻贝生长。据分析，乳山贻贝每百克鲜贝肉含蛋白质10.8克、糖2.4克、灰分2.4克、脂肪1.4克，干制贻贝肉蛋白质含量高达59.3%。乳山贻贝还含有多种维生素及人体必需的锰、锌、硒、碘等多种微量元素。乳山贻贝的营养价值高还由于它所含的蛋白质有人体需要的缬氨酸、亮氨酸等8种必需氨基酸，其含量大大高于鸡蛋以及鸡、鸭、鱼、虾和肉类等必需氨基酸的含量。另据研究，乳山贻贝脂肪中还含有人体所必需的脂肪酸，其饱和脂肪酸的含量，较猪、牛、羊肉和牛奶等食品为低，不饱和脂肪酸的含量相对较高。贻贝还有很高的药用与食疗功效。据《本草纲目》记载，贻贝肉能治“虚劳伤惫，精血衰少，吐血久痢，肠鸣腰痛”。现代有关药书记述，贻贝性温，能补五脏，理腰脚，调经活血，对眩晕、高血压、腰痛、吐血等症均有疗效，而治夜尿吃贻贝效果甚好。乳山贻贝中含有维生素B12和B2，对贫血、口角炎、舌喉炎和眼疾等亦有较好的疗效。

1972年秋，白沙滩公社养殖场在官家岛首次试养贻贝成功。1973年在葫芦湾试养，放养方式是将附着基连挂于浮绠上进行垂养，苗种从烟台等地引进。当年养殖0.02公顷，收获鲜贝1吨。此后，贻贝养殖面积迅速扩大，养殖区域扩展到东小青岛周围海区、乳山口外西岸等处。1977年，全县养殖贻贝达333公顷，产鲜贝9085吨。1978年后贻贝价格下调，产品滞销，养殖面积急剧下降。1980年，贻贝养殖面积下降到31公顷，产鲜贝1430吨。1981年后，随着港养对虾的兴起，贻贝作为对虾鲜活饵料的需要再度得到发展，每年平均增养27公顷。1992年，贻贝养殖面积达246公顷，产鲜贝14404吨。养殖海区主要在官家岛—腰岛—南黄岛—竹岛—小青岛一带。1993年后，全市放养面积稳定在200公顷左右，亩产鲜贝5～7吨，亩效益1000～2000元。2017年，养殖面积达313公顷，产量达7200吨。

12月26日，岠嵎山瀑布

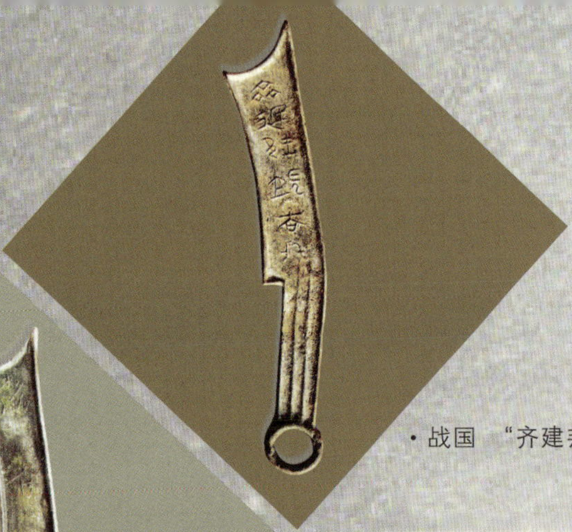

· 战国 “齐建邦𨑹法化”刀币

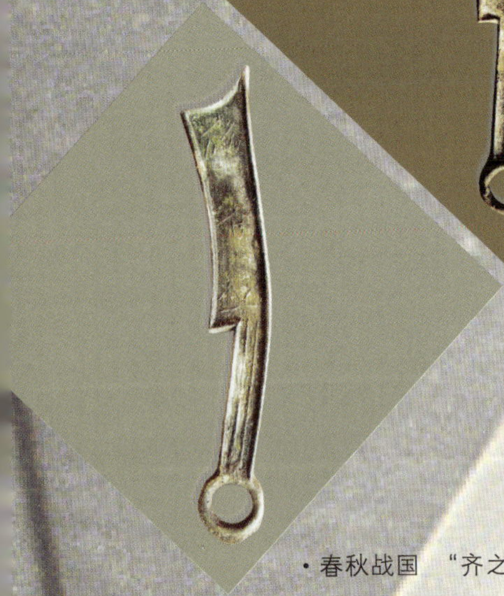

· 春秋战国 “齐之法化”刀币

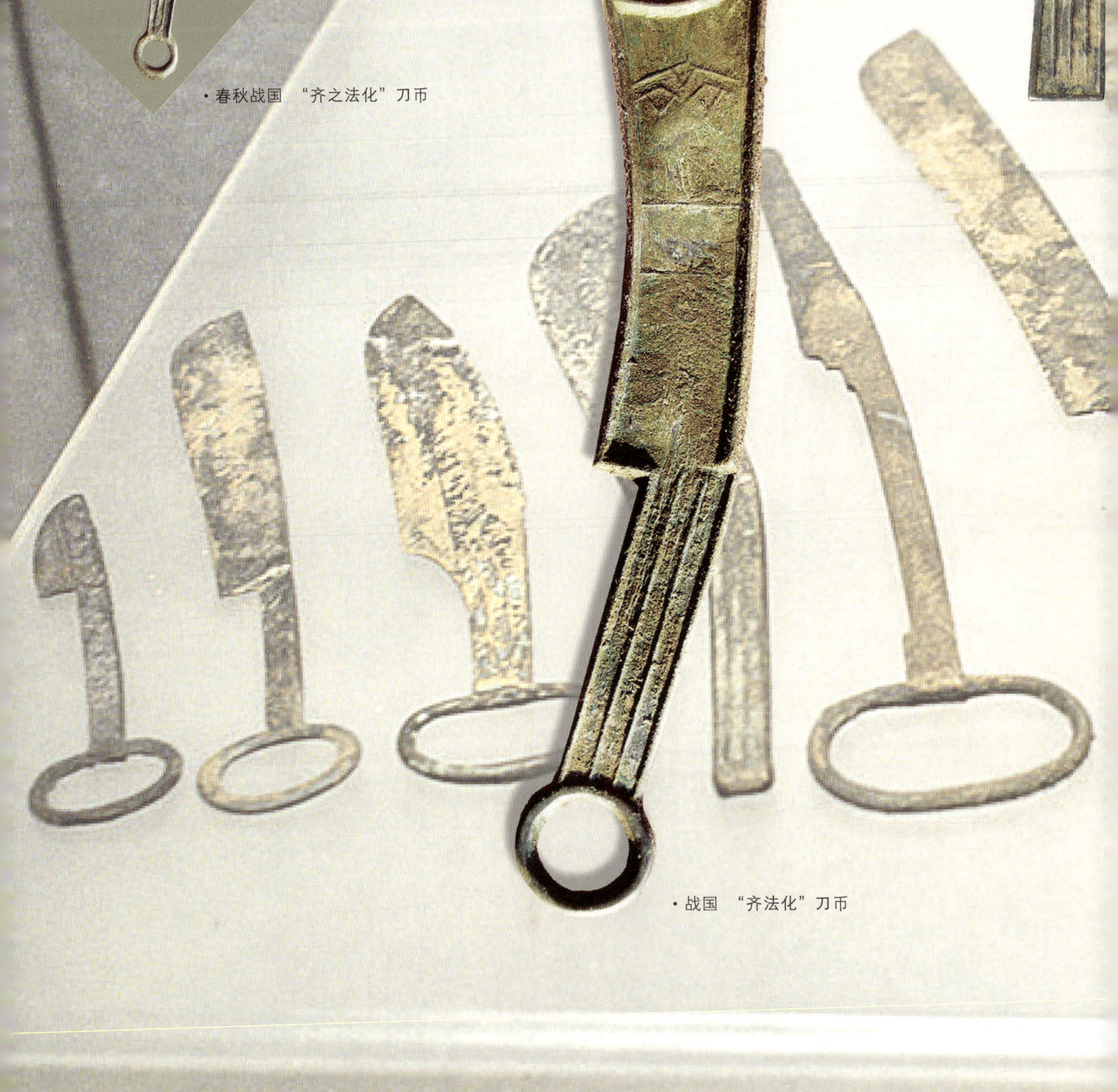

· 战国 “齐法化”刀币

责任编辑：吕素坡

·西汉王莽时期 货币

财税·金融·保险

Finance and Taxation, Banking, Insurance

◎ 财　政

◎ 国家税务

◎ 地方税务

◎ 金　融

◎ 银　行

◎ 保　险

◎ 证　券

◎ 担保和民间融资机构

财　政

【概况】 2017年，乳山市践行“经营财政”和“绩效财政”理念，创新资金、资源、资产、资本循环转化模式，实现滚动增收，收支预算执行情况良好。全市一般公共预算收入31.8亿元，完成预算100%，比上年增长9%。全市一般公共预算支出43.9亿元，完成预算106.8%，比上年增长6.7%。

2017年乳山市财政收入执行情况统计表

表23　　　　单位：万元

项目	金额	比上年（±%）	占年度预算%
公共财政预算收入合计	317559	9.00	100.00
1. 税收收入	244617	4.81	96.33
（1）增值税（50%）	46957	124.84	157.37
（2）营业税（50%）	2696	−92.72	269.60
（3）企业所得税（40%）	10085	59.17	128.83
（4）个人所得税（40%）	3740	56.29	116.00
（5）资源税	707	90.57	168.74
（6）城市维护建设税	6783	16.07	83.93
（7）房产税	4234	29.76	114.84
（8）印花税	1675	−15.15	75.08
（9）城镇土地使用税	11816	−0.19	88.33
（10）土地增值税	106385	27.88	104.12
（11）车船使用和牌照税	1910	23.46	109.27
（12）耕地占用税	16844	−21.43	51.73
（13）契税	30785	−12.14	64.46
2. 非税收入	72942	25.87	114.63
（1）专项收入	7505	−4.27	65.52
（2）行政事业性收费收入	22347	208.45	321.68
（3）罚没收入	3691	11.38	98.58
（4）国有资本经营收入	28463	−25.98	65.50
（5）国有资源（资产）有偿使用收入	10902	894.71	1061.54

2017年乳山市财政支出执行情况统计表

表24　　　　单位：万元

项目	金额	比上年（±%）	占年度预算%
公共财政预算支出总计	438782	6.65	106.80
1. 一般公共服务支出	43029	3.57	100.07
2. 国防支出	165	81.32	179.35
3. 公共安全支出	15274	4.85	104.43
4. 教育支出	112767	6.67	104.07
5. 科学技术支出	8837	7.18	103.38
6. 文化体育与传媒支出	6201	1.49	99.95
7. 社会保障和就业支出	60232	2.08	100.58

续表 24

项目	金额	比上年（±%）	占年度预算 %
8. 医疗卫生与计划生育支出	34928	1.28	98.82
9. 节能环保支出	12822	66.48	182.26
10. 城乡社区支出	12685	−19.18	83.40
11. 农林水支出	67831	14.19	113.81
12. 交通运输支出	18508	26.53	135.80
13. 资源勘探信息等支出	7599	−5.67	98.91
14. 商业服务业等支出	6014	−25.84	89.41
15. 金融支出	114	54.05	152.00
16. 援助其他地区支出	1308	6.78	106.78
17. 国土海洋气象等支出	6450	76.57	214.29
18. 住房保障支出	13921	−1.41	120.17
19. 粮油物资储备支出	966	−13.21	97.97
20. 国债还本付息支出	8535	107.92	116.09
21. 其他支出	596	−84.29	90.30

2017 年乳山市镇区财政收入执行情况统计表

表 25　　单位：万元

镇区	金额	比上年（±%）	占年度预算 %
总计	198751	21.66	105.94
海阳所	38106	15.75	100.54
白沙滩	14377	15.99	101.71
大孤山	1599	66.04	171.94
徐家	4509	70.41	155.97
南黄	874	40.51	206.62
冯家	2422	50.62	138.40
下初	4794	24.39	123.52
午极	1031	19.61	184.44
育黎	672	29.48	136.59
崖子	598	20.32	141.71
诸往	2167	18.61	78.60
乳山寨	678	51.34	135.06
夏村	3546	50.00	137.18
乳山口	7382	19.00	105.00
城区街道办	43897	29.82	110.91
经济开发区	14441	12.78	101.57
滨海新区	57656	17.63	100.18

2017 年乳山市镇区财政支出执行情况统计表

表 26

单位：万元

镇区	金额	比上年（±%）	占年度预算 %
总计	72518	19.12	105.56
海阳所	15680	15.84	101.85
白沙滩	3422	16.71	102.06
大孤山	1334	18.26	139.69
徐家	794	12.78	100.38
南黄	1021	18.17	106.13
冯家	1101	8.58	108.90
下初	1040	12.07	100.58
午极	1219	16.54	111.83
育黎	1102	13.14	101.66
崖子	1310	5.56	103.72
诸往	1097	12.40	92.89
乳山寨	1228	10.93	109.74
夏村	1786	9.71	118.83
乳山口	4087	23.96	100.62
城区街道办	12254	23.97	108.89
经济开发区	6522	18.15	104.82
滨海新区	17521	24.26	106.71

【产业投资引导基金与应急互助基金设立】 2017 年，乳山市组建产业投资引导基金，设立总规模 60 亿元清科母基金及海洋牧场等 7 个子基金，与獐子岛、中金国泰等知名企业和金融机构签订基金合伙协议，首期 6666.67 公顷现代海洋牧场启动。探索设立 1 亿元应急互助基金，帮助区域内企业渡过续贷难关，缓解企业还贷压力。

【产业精准资金支持】 2017 年，乳山市实施产业精准“输血”，科学调度资金，通过政策叠加、财政撬动和精准“输血”，弥补企业资金需求短板。注册成立乳山市新兴产业投资发展有限公司，专致于投资高新技术企业。减轻企业经营负担，全面落实结构性减税政策，并加强对企业争取各级财政奖补资金管理和拨付，确保发挥效力，全年累计拨付企业各级财政补助资金 1.9 亿元。推进财政干部包镇包企业制度，促进镇区增收、企业增效。

【PPP 项目建设完成投资 5.1 亿元】 2017 年，乳山市推进城区供排水、银滩供排水、城市绿化景观建设及提升改造 3 个落地 PPP 项目建设，截至年底，累计完成投资 5.1 亿元。

【农村综改和鲁担惠农贷试点实施】 2017 年，乳山市成功争取全国农村综合性改革试点试验项目，当年到位资金 2750 万元，吸引社会投资 1.4 亿元。争取山东省农业担保公司在乳山市设立全省首家办事处，在全省率先开展“鲁担惠农贷”试点工作，于 12 月 21 日实现首笔惠农贷落地。

【民生项目支出 35.8 亿元】 2017 年，乳山市推进中小学综合实践教育基地、西苑学校二期等教育“大班额”工程建设。将全市城乡居民养老保险基础养老金财政补助标准由每人每月 110 元提高到 120 元；将城乡居民基本医疗保险财政补助标准提高到每人每年 480 元。深化公立医院改革、基本药物制度实施，逐步推进实施 14 项基本公共卫生服务、8 项优生服务和 12 项计生服务项目。落实各项支农惠农强农政策，实施美丽乡村建设、小型农田水利项目县、农业综合开发等新农村建设项目，落实农村干部报酬和村级组织运转经费。全年累计完成民生支出 35.8 亿元，占一般公共预算支出 81.6%。

【财政监督管理机制规范】 2017 年，乳山市牢固树立法治观念，深入推进管理改革，探索完善新形势下财政监督管理机制和措施。以规划谋划为引领，精准编制财政预算；推进国库集中支付制度改革向镇区延伸，实现集中支付全覆盖。深化公

10月29日，中共乳山市委书记周兵（前排中）带队到农村综合性改革试点村调研 （财政局提供）

务卡制度改革，规范现金支出管理。加强政府债务管理，降低债务风险。稳步推进国有企业改革，完善规章制度，强化激励制约机制，促进国有经济发展，防止国有资产流失。加大“三公”经费支出控制力度，支出压减13.2%。加大政府采购监管力度，节支4899万元。完善政府投资项目全流程监管机制，累计减少不合理支出7922万元。探索推行市镇财政党的建设纵向共建机制，实现财政业务与党建工作的相互结合、互促共进。

（石立委 孙倩竹）

【农业综合开发财政投资5639万元】 2017年，乳山市为与新预算法接轨，加快农发资金支出进度，根据国家和山东省农业综合开发政策要求，2017年度和2018年度农业综合开发项目均在2017年进行申报、立项和实施，因此全市农业综合开发争取土地治理项目5个、产业化发展财政补助先建后补项目11个、产业化发展贷款贴息项目2个，财政投资5639万元。

土地治理项目 投资4251万元。2017年，乳山市根据国家及省市要求，土地治理项目继续对剩余省定扶贫村进行高标准农田建设，项目总投资4251万元（其中2017年2297万元、2018年1954万元），建设高标准农田2000公顷，具体项目分别为：2017年，冯家镇133.33公顷高标准农田建设项目（提质），财政投资280万元实施133.33公顷，项目区位于原2000年农业综合开发土地治理项目区内，涉及消水河、北刘伶庄、冯家3个村；2017年，崖子镇666.67公顷高标准农田建设项目，财政投资1457万元实施666.67公顷，其中扶贫项目区投资757万元实施333.33公顷，项目位于崖子镇康家夼、南寨、北寨、史家、田家、岛子6个行政村；扶贫项目区：项目镇周边贫困村包括崖子镇岛子、张格庄和双石，诸往镇下石硼和泊子庄，大孤山镇山东头和小孤山村，乳山寨镇仇家兴、西驾马沟、李家兴和北司马庄，共11个村；2017年，育黎镇266.67公顷高标准农田建设项目，财政投资560万元，其中扶贫项目区投资280万元实施133.33公顷，项目区涉及育黎镇城阴和汪水2个村；扶贫项目区：项目镇周边贫困村包括育黎镇南夼、于家、东横道口，诸往镇王家疃、崖后、安夼6个村；2018年，崖子镇266.67公顷高标准农田建设项目，财政投资554万元实施，项目区涉及崖子镇南马石、姜家夼、南果子、青山、枣林、井乔家6个行政村；育黎镇666.67公顷高标准农田建设项目，财政投资1400万元实施，其中扶贫项目区投资310万元实施146.67公顷，项目区涉及育黎镇白石、七甲、上宋格庄、下宋格庄、塔庄、曹家、孙家、曲水、宅子夼、北西屋、南西屋11个村；扶贫项目区：夏村镇石头圈、宋家庄、晁家庄和东泗水头，徐家镇马场和小浩口，海阳所镇薛格村和乳山口镇封赠山村8个村。主要工程包括修建拦河坝63座；修建排灌站17座；新打机电井13眼；架设输变电线路1.21公里；疏浚渠道0.5公里；埋设管道15.893公里；建漫水桥23座，建板桥12座，建涵566座；新建平塘29座；新挖大口井84眼；新建蓄水池7座；修建谷坊10座；扩建加固塘坝16座。修建田间道路27.8公里，硬化21.66公里，栽植树高不低于1.5米黑松0.8万株。

农业产业化发展项目 2017年，乳山市农业产业化发展项目投资1388万元。财政补助先建后补项目11个（其中2017年6个、2018年5个），补助资金1197万元，分别为乳山振华海洋食品科技有限公司“2017年威海市乳山市3000吨花生冷风库新建项目”拨付资金175万元，乳山市维洲地瓜种植专业合作社“2017年威海市乳山市4000万株地瓜育苗基地新建项目”拨付资金98万元，乳山市兴达樱桃大枣专业合作社“2017年威海市乳山市200公顷水果采摘园改建项目”拨付资金70万元，乳山市杉林家庭农场“2017年威海市乳山市200公顷花果基地扩建项目”拨付资金70万元，乳山市春涛家庭农场“2017年威海市乳山市15000公斤优质大樱桃设施栽培新建项目”拨付资金112万元，山东通天岭福地谷生态农庄有限公司“2017年威海市乳山市8.67公顷水果采摘园改建项目”拨付资金112万元，乳山市自力更生农产品专业合作社“2018年威海市乳山市4公顷葡萄设施栽培扩建项目”拨付资金70万元，乳山市盈禾家庭农场“2018年威海市乳山市6.67公顷葡萄设施生产基地扩建项目”拨付资金70万元，乳山市新惠果蔬专业合作社“2018年威海市乳山市40公顷葡萄生产基地扩建项目”拨付资金140万元、东百地农业科技有限公司“2018年威海市乳山市11.33公顷葡萄设生产基地新建项目”拨付资金140万元，乳山市小汤家庭农场“2018年威海市乳山市50亩葡萄生产基地新建项目”拨付资金140万元。贷款贴息项目2个，财政资金191万元，分别为威海市乳山市0.3万吨水产品收购农产品流通流动资金贷款贴息项目补助威海久业仓储物流有限公司93万元，威海市乳山市1万吨水产品收购农产品流通流动资金贷款贴息项目补助山东同兴食品有限公司98万元。

（刘东刚）

国家税务

【概况】 至2017年年底，乳山市办理国税登记16222户。其中，国有企业52户、集体企业62户、私营企业3365户、股份企业1351户、涉外企业129户、个体工商户11263户。全年完成国内税收收入116615万元，增收57472万元，比上年增长97%。中央级收入完成63240万元，增收26083万元，比上年增长70%；区县级收入完成52571万元，增收30585万元，比上年增长139%。分税种情况：增值税完成94490万元，比上年增长120%，增收51591万元，其中改征增值税完成37214万元，比上年增长183%，增收24074万元，四行业营改增完成34478万元，比上年增长192%，增收22675万元；从分行业看，第一产业实现税收122万元，第二产业实现税收49993万元，第三产业实现税收66500万元。按照企业类型统计，内资企业税收93090万元，同比去年增收51583万元；港澳台及外商投资企业税收10740万元，增加1629万元；个体经营税收12785万元，增收4259万元。

2017年乳山市国税局税收情况表

表27　　单位：万元

项目	入库金额	比上年 ±%
税收合计	116615	97.17
国内“两税”	94793	119.64
增值税	94490	120.26
消费税	303	16.99
企业所得税	15325	40.02
车辆购置税	6497	28.91

2017年缴纳税款国税前20名的企业纳税人表

表28　　单位：万元

企业名称	法人代表	纳税额
乳山市供销经贸公司	周　波	20090
山东乳山农村商业银行股份有限公司	于　洋	6007
威海伯特利萨克迪汽车安全系统有限公司	袁永彬	2858
乳山金鼎房地产开发有限公司	尹　刚	2181
威海龙峰硅胶有限公司	姜　峰	2096
乳山松海房地产开发有限公司	许大林	1740
山东双连制动材料股份有限公司	姜　涛	1737
国网山东省电力公司乳山市供电公司	邢晓军	1662
威海鑫山集团有限公司	王　军	1533
威海佰德信新材料有限公司	武　伟	1405
乳山市春华建设工程有限公司	于永玲	1306
乳山光谷新力房地产有限公司	尹　刚	1218
乳山市益天房地产开发有限公司	王春深	1194
乳山市富大房地产有限公司	孙福忠	1156
山东鲁菱果汁有限公司	张继明	1136
泰山石膏（威海）有限公司	郑　申	1015
山东日信工业有限公司	高寺有三	1011
乳山市金鼎房产咨询有限公司	尹徽徽	984
山东力久特种电机股份有限公司	张　成	858
哈尔滨阳光房地产开发有限公司乳山分公司	尹　刚	755

2017年缴纳税国税前20名个体私营纳税人表

表29　　单位：万元

企业名称	法人代表	纳税额
乳山市盛德制衣厂	于　红	169
乳山市于文臣装饰部	于文臣	96
乳山市锦诚制衣厂	崔丰晶	90
乳山市润恒毛衫厂	宋向阳	74

续表 29

企业名称	法人代表	纳税额
乳山市于效涛房产信息服务处	于效涛	70
乳山市祥瑞毛衫厂	王　辉	70
乳山市恒源制衣厂	张永华	64
乳山市辉煌毛衫厂	宋吉遵	62
乳山市诚邦制衣厂	陈　伟	56
乳山市华伟毛衫加工厂	任敬伟	46
乳山市瑞壮装修服务队	于瑞壮	44
乳山市艺亭装饰服务部	田亭亭	43
乳山市彦松制衣厂	王　军	41
乳山市恒森利毛衫厂	隋明杰	40
乳山市方圆衣衫厂	郑淑芳	40
乳山市鑫宏源制衣厂	于木乔	40
乳山市蓝景服装厂	潘传京	38
乳山市永佳毛衫加工厂	林　伟	37
乳山市轩怡装饰部	姜　勇	37
乳山市林龙装饰部	林龙德	35

【税源“规模＋行业”模式精细化管理】 2017年，乳山市国家税务局按照“规模＋行业”模式，重新调整税源管理分局职责，按大、中、小企业进行分类管理，对全市大、中、小企业实行分类管理，并对涉税风险较高的中型企业按行业进行二次分类管理。工业、建筑等8个全市税收重点行业全部实施分类精细管理，一线税管人员达到69%。在组织业务骨干赴外地学习先进经验基础上，结合实际着手制作房地产、建筑等8个行业税源管理模块。围绕改造提升传统动能、培育壮大新动能、对组织收入产生重大影响的环保和地炼因素、本地新旧动能税源现状4个方面开展新旧动能税源调查，以便摸清税源底数和发展态势，培育壮大新动能，了解本地新旧动能税源现状、发展态势、发展方向、规划，并对以后税收工作做好规划建议。

【24小时自助办税机制建立】 2017年，乳山市国税局推进放管服改革，创造便民利民办税环境。自主建设“离厅式”自助办税厅，内设自助设备5台，全年通过自助发售机发售增值税专用发票3657份、增值税普通发票10947份，通过定额发票自助发售机发售定额发票1230本，通过自助代开机发售增值税专用发票1709份。根据无纸化办税相关要求，自11月中旬开始，通过电话通知、张贴公告、发送微信消息等方式，推广使用电子签章，纳税人加盖税务电子签章的电子资料具有纸质资料同等法律效力，可通过网络通过资料传递，有效避免来回跑、多头跑，至年底，为4600户纳税人审核通过办理电子签章申请，占总户数超过92%，企业完成率均超过95%，超过全省平均水平。平稳推进实名制办税试点，对企业法人、财务负责人等办税人员进行身份信息采集，整合排队机叫号、身份证件验证和人像识别系统集成应用，简并实名办税身份验证环节，提供无障碍优质办税服务，办税大厅布设20台实名认证系统，完成472户纳税人信息采集。在乳山市半年工作综合评议和综合评价两项指标中，乳山市国税局均列第一名。

【评估稽查收入贡献率达到4%】 2017年，乳山市国税局强化部门合作，严抓风险防控，提高涉税风险防控能力。建立以风控中心为主导，以纳税评估局、稽查局为主要载体风险管理专业化团队。依托风险管理系统，利用第三方信息，借助政府平台，采集财政局、住建局等8个单位工程项目信息，承接威海市国税局开发建筑房地产软件试点任务，进行软件数据采集和测试。全年风险应对户数373户，评估入库

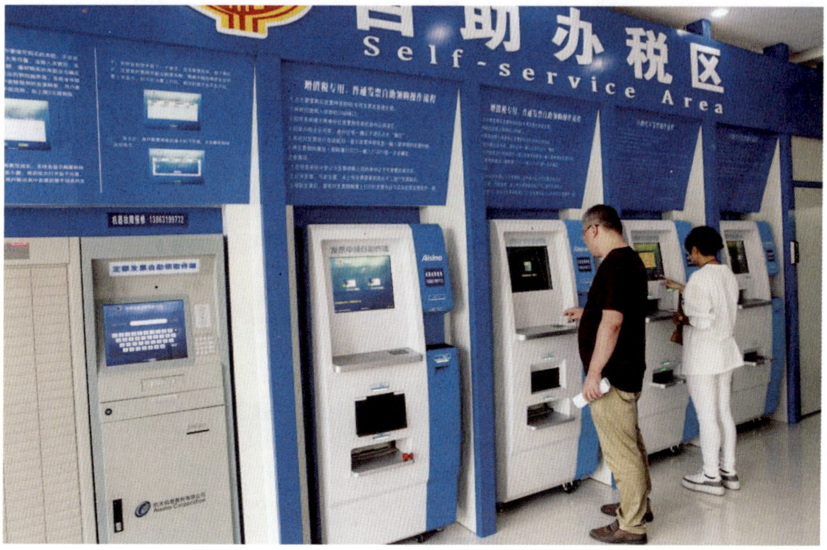

9月21日，乳山市国税局“离厅式”自助办税区　（沙婷婷摄）

税款、滞纳金、罚款 3878.11 万元，稽查完成入库税款、滞纳金、罚款合计 768.2 万元，评估稽查收入贡献率 4%。以执法督查为契机，开展自查整改工作，对税务文书完整性、税收裁量权合规性等方面加以规范；推进法律顾问制度，聘请 1 名律师承担法律咨询业务；选拔 16 名业务骨干为法制员，制定税收法制员职责等系列制度，负责对本单位或部门的税务具体行政行为，从执法主体、内容、程序和依据等方面进行审核把关，做到重点事项清单化、工作流程规范化，全年审核 10 项重点事项累计 1378 户次，将风险防控的工作重心由事后追究向事中防范转移。

【税收优惠政策兑现】 2017 年，乳山市国税局组织营改增政策、高新技术企业加计扣除、汇算清缴培训等各类辅导 30 次。为落实国务院六项减税政策，联合乳山市地税局开展专项培训，编印发放《科技型中小企业研发费加计扣除优惠培训宣传手册》，并通过网络直播形式方式对纳税人进行集中授课，实时帮助解答纳税人问题 300 个，听课人数 600 人。加大税收优惠政策以及出口退税的兑现力度，全年实现资源综合利用企业即征即退 1004 万元、残疾人就业企业即征即退 313 万、增值税小微企业免税优惠 4740 万元、农产品免税 3352 万元、营改增减税 8599 万元。274 户企业实现退税 17143 万元，办理企业出口退税 15478 万元。6 户企业享受优惠减免企业所得税 1002.66 万元，8 户企业享受研发费用加计扣除税收优惠加计扣除应纳税所得额 1556.49 万元。

【连续 2 次获乳山市直党建资料评比第一名】 2017 年，乳山市国税局推进“税海扬帆”党建品牌创建。制定基层党建工作模板，撰写 11 万字工作指引，为党建工作开展提供精准指导，得到山东省国税局、威海市国税局肯定。组织 50 名党员到马石山十勇士纪念馆、胶东育儿所等教育基地参观，举行“第一书记讲党课”等学习教育活动。在乳山市党建资料评比中，连续第 2 次在乳山市直单位中排名第一。参加威海市局组织的培训 7 期，累计培训 120 人次；组织赴厦门大学、上海财经大学、长沙税校进行集中培训；组织 40 岁以下青年干部进行集中业务学习 3 次，组织 6 名参加大比武的同志集中学习 11 次。成立 106 人“税海扬帆志愿服务队”，2 人被评为乳山市创城优秀工作者。制订《加强机关作风建设实施意见》，从日常管理、作风建设等 11 个方面明确各单位责任分工。制定《规范征管下户实施办法》，从下户内容、任务发起、下户程序、情况反馈等方面进行规范。组织开展廉政日常提醒谈话 200 人次，开展明察暗访 16 次，对出现的问题及时纠正。主动接受社会各界的监督和评议，征集各方面意见建议 90 条，及时发现、解决纳税服务和政风行风建设等方面问题 30 个。

（沙婷婷）

地方税务

【概况】 2017 年，乳山市登记地税纳税人 18075 个，其中，单位纳税人 5619 个，个体工商户 12456 个。全年组织各类收入 21.3 亿元，剔除“营改增”因素，比上年增长 11.89%。县市级完成 19.8 亿元，剔除“营改增”因素，比上年增长 9.4%。第一产业收入 148 万元，比上年减少 32.48%；第二产业收入 37755 万元，比上年增长 1.89%；第三产业收入 168895 万元，比上年增长 19.84%。全年缴纳地方税收 100 万元以上的企业纳税人 105 个，数量比上年减少 10 户。

2017 年乳山市缴纳地方税收 100 万元以上企业纳税人一览表

表 30　　单位：万元

序号	企业名称	法人代表	入库税款
1	乳山金鼎房地产开发有限公司	尹　刚	4636.39
2	山东金洲矿业集团有限公司	于　虎	2811.25
3	乳山市富大房地产有限公司	孙福忠	2784.10
4	乳山市供销经贸公司	周　波	2529.98
5	乳山市长城住宅开发有限公司	王学昭	2129.07
6	乳山市城投置业有限公司	郑　宁	1790.21
7	乳山市益天房地产开发有限公司	王春深	1651.01
8	乳山国泰城建开发有限公司	李振石	1319.32
9	山东乳山农村商业银行股份有限公司	于　洋	1293.85
10	山东天安房地产开发有限公司	尹　刚	1279.98

续表 30

序号	企业名称	法人代表	入库税款
11	乳山松海房地产开发有限公司	许大林	1088.45
12	山东路氏和顺房地产开发有限公司大乳山分公司	崔宪磊	1070.32
13	山东双连制动材料股份有限公司	姜　涛	1049.39
14	乳山市大陶家房地产开发有限公司	陶　新	997.69
15	国网山东省电力公司乳山市供电公司	邢晓军	945.60
16	威海鑫山集团有限公司	王　军	861.85
17	乳山华凯投资有限公司	林秀芹	822.48
18	福喜（威海）农牧发展有限公司	Lee Leiderman	717.14
19	威海市望海房地产开发有限责任公司乳山分公司	孙　超	657.92
20	乳山市海恒建筑工程有限公司	徐宗民	604.91
21	乳山市腾达房地产开发有限公司第一分公司	董利芹	469.76
22	威海市工田房地产开发有限公司乳山分公司	戚中瑜	446.41
23	乳山市海天集团有限公司	王从涛	443.07
24	日照丽城建设发展有限公司乳山山泽分公司	王克田	440.97
25	秦山第三核电有限公司	吴　岗	432.58
26	中国平安财产保险股份有限公司乳山支公司	肖明广	429.33
27	泰山石膏（威海）有限公司	郑　申	402.87
28	威海恒邦化工有限公司	孙瑞涛	400.41
29	中国人民财产保险股份有限公司乳山支公司	于　洁	384.90
30	山东颐和房地产有限公司	杨玉仁	380.07
31	乳山市中创工程有限公司	单创中	374.73
32	威海市旅游房地产开发有限责任公司乳山分公司	唐崇豪	355.82
33	威海伯特利萨克迪汽车安全系统有限公司	袁永彬	351.82
34	山东昂仕集团有限公司	李文刚	337.03
35	中华联合财产保险股份有限公司乳山支公司	姜大勇	331.97
36	乳山市富地渔具有限公司	王春林	317.73
37	乳山市市政建设工程有限公司	崔　鹏	292.72
38	华隆（乳山）食品工业有限公司	刘芳友	291.93
39	乳山华信食品有限公司	刘海军	291.41
40	乳山市财税培训中心	宫勇琦	275.08
41	乳山市城东房地产开发公司第一项目部	宋晓路	268.37
42	山东日信工业有限公司	高寺有三	263.63
43	乳山市水利工程有限公司	于开杰	253.97
44	山东鲁菱果汁有限公司	张继明	252.27

续表 30

序号	企业名称	法人代表	入库税款
45	威海龙峰硅胶有限公司	姜　峰	250.50
46	乳山市国有资本运营有限公司	冯　罡	249.06
47	乳山益正公路工程有限公司	张　旭	245.47
48	乳山市中高置业有限公司	王　猛	237.74
49	威海佰德信新材料有限公司	武　伟	237.57
50	中国人寿保险股份有限公司乳山市支公司	邢庆龙	234.01
51	山东乳山工艺品有限责任公司	徐瑞兰	228.04
52	山东骏翔新材料科技发展有限公司	刘洪刚	222.67
53	威海辰远置业有限公司	常　伟	222.18
54	乳山市新宇房地产开发有限公司银滩分公司	宫润轩	211.73
55	山东力久特种电机股份有限公司	张　成	205.93
56	威海市明珠硅胶有限公司	周　凯	203.38
57	威海韩孚生化药业有限公司	王玉亭	202.35
58	乳山市东风房地产开发有限责任公司	黄泽聪	200.43
59	乳山昌盛民间资本管理有限责任公司	杨　臣	194.74
60	乳山绿色动力再生能源有限公司	侯志勇	192.80
61	山东三庆置业有限公司乳山分公司	唐　辉	191.82
62	阳光财产保险股份有限公司乳山支公司	张本忠	186.54
63	乳山市城西置业集团有限公司	宋好文	184.04
64	乳山振华购物中心有限公司	刘跃华	183.22
65	乳山市盛悦房地产开发有限公司	丛胜滋	179.34
66	乳山市祥宜房地产开发有限公司	仇　亮	178.67
67	中国大地财产保险股份有限公司乳山支公司	张书周	175.54
68	乳山帝标装饰工程有限公司	许小林	170.70
69	威海众望建设工程有限公司	林贞刚	164.65
70	乳山隆利达路桥工程有限公司	宫峻青	164.49
71	乳山市安吉房地产开发有限公司	于炳喜	162.69
72	乳山国际大酒店有限公司	李　峰	162.30
73	山东乳山嘉润实业有限公司	戚纪伟	157.76
74	利群集团乳山购物广场有限公司	丁　琳	150.94
75	乳山金长城置业有限公司	李春涛	146.72
76	太平财产保险有限公司乳山支公司	王媛媛	145.84
77	威海市众和房地产开发有限公司乳山分公司	于道海	144.34
78	华电山东乳山新能源有限公司	李吉星	143.54

续表 30

序号	企业名称	法人代表	入库税款
79	乳山市金果花生制品有限公司	孙玉鼎	142.35
80	威海温喜生物科技有限公司	崔卫国	141.66
81	乳山中诚果汁饮料有限公司	刘海卫	139.97
82	中国建设银行股份有限公司乳山支行	徐　辉	134.98
83	颐中烟草（集团）有限公司	赵　昆	133.57
84	山东富豪菲格尔皮具有限公司	焦传忠	132.73
85	乳山山水水泥有限公司	刘志新	130.31
86	乳山玉龙汽车配件有限公司	宋修富	129.50
87	乳山市新宇房地产开发有限公司	周炳勤	126.51
88	中国工商银行股份有限公司乳山支行	宋　宁	125.27
89	山东省昆仑路桥工程有限公司	许丰财	124.18
90	山东泛海阳光能源有限公司	侯生中	122.46
91	威海智仁房地产开发有限公司	黄北军	122.10
92	威海金桥房地产开发有限公司	丛培山	121.88
93	乳山市春华建设工程有限公司	于永玲	120.99
94	乳山天骄村镇银行股份有限公司	尔定图	120.84
95	乳山康达水务有限公司	张思苹	119.94
96	乳山市建业工程有限公司	张　建	119.93
97	乳山市南江房地产开发有限公司	宋述波	118.84
98	威海华邦精冲科技股份有限公司	庄华传	117.30
99	中国太平洋财产保险股份有限公司乳山支公司	孙晨阳	115.08
100	威海同仁食品有限公司	于会同	106.03
101	乳山市夏东建筑工程公司	王　早	102.88
102	乳山精工包装有限公司	张书利	101.87
103	特来蓓丝特印染（乳山）有限公司	朴京柱	100.88
104	中国人寿财产保险股份有限公司威海市乳山支公司	张　伟	100.78
105	中国移动通信集团山东有限公司乳山分公司	黄嘉辉	100.52

【地税申报率和入库率均超过98%】 2017年，乳山市地税局提高征管质效，加强组织收入质量管理和风险防控，对当期税款实施实时监控，申报率达98.7%，入库率达98.3%。对房地产和建筑业开展税收预测分析，加强“营改增”后续管理。推行水资源和环境保护费税改革，丰富地方税体系；建立健全“以地控税，以税节地”耕地占用税管理模式，入库耕地占用税16843万元；深化国税地税合作机制，建立政府主导下社会化综合治税和信息共享机制，国税地税共增加税收2131.74万元。

【联合税收执法加强】 2017年，乳山市地税局完善联合治税机制，与工商、房管、国土部门加强协作，在股权转让环节征收税款235.4万元，在房产转让环节征收税款1466万元，在土地流转环节入库税款2613万元；加大欠税清理力度，累计清理房地产企业欠税1.11亿元，加收滞纳金895.2万元；执行“双随机、一公开”，开展纳税人自查和专项检查，查补税款825.07万元，罚款230万元，加收滞纳金196.37万元；同国税联合制定合作稽查方案、联合会议、信息共享、联合进户执法等方式检查，查补税款 16.7 万元。

【纳税人办税成本降低】 2017 年，乳山市地税局深化税收服务改革，优化税收服务方式，制定税务行政许可服务指南和行政许可服务规范；推行“互联网 + 税务”“五证合一”制度，开展“放管服”“最多跑一次”改革；开展税收宣传月、法治宣传日、局长服务日等活动，为纳税人提供税收宣传、政策咨询、纳税辅导等服务；推进国税地税办税服务资源共享共用，开设国税地税联办窗口，完善国税地税首问责任衔接机制，实现办税厅人员管理、办税流程、服务标准三位一体，优化办税流程、精简办税环节，降低纳税人办税成本。

【地税队伍素质整体提升】 2017 年，乳山市地税局建设党建文化教育基地，强化“爱洒税苑”党建品牌建设和党务“双示范”创建活动，提升党务建设标准化和规范化水平。开展“纪律行动推进年”活动，加强对各单位及员工问题整改情况督导检查。查找纪律风险点，利用风险库对各类风险按级别进行分类控制，以“零容忍”态度整治违规违纪行为。加强干部培训，全系统参加威海市级以上培训 18 次、39 人；参加西安交通大学培训 51 人次；参加威海市局“岗位大练兵，业务大比武”。

（杨伟强　刘文娜）

金　融

【概况】 至 2017 年年底，乳山市有银行业金融机构 13 家，本外币贷款余额 168.10 亿元，较年初增加 0.85 亿元，本外币存款余额 349.07 亿元，较年初增加 36.95 亿元。有证券公司 1 家，交易额 152.1 亿元，比上年下降 20.68%。有融资性担保公司 1 家、小额贷款公司 1 家、民间资本管理公司 6 家，民间融资登记服务公司 1 家。

4 月 13 日，乳山市银企对接暨金融助推实体经济发展座谈会召开
（孙轶琰摄）

【企业应急互助金发放 1.33 亿元】 2017 年 7 月，乳山市完善《企业应急互助基金管理办法》，根据市国有企业出资引导、民营企业自愿认缴、社会资金积极参与原则设立互助基金。全年为台依湖集团、乳山华信食品、乳山市公共交通 3 家企业续贷过桥，发放互助金累计 1.33 亿元。

【“助保贷”业务启动】 2017 年 7 月，乳山市出台《乳山市助保金贷款管理办法（试行）》，政府、银行、企业三方合作建立增信和风险控制机制，鼓励金融机构扩大信贷投放，缓解企业融资难题。主要模式为：政府提供一定额度风险补偿金（暂定额度为 1000 万元）；合作银行按风险补偿金额度的 10 倍组建“重点中小企业池”，并依照信用等级将入池企业资产抵押率由 40% ~ 50% 提高到 80% ~ 110%；企业缴纳自身拟贷款额度 3.5% ~ 6% 助保金，并提供资产抵押或第三方担保。

【“鲁担·惠农贷”业务试点】 2017 年 7 月，乳山市率先选择夏村镇和乳山寨镇开展“鲁担·惠农贷”业务试点，先后设立乳山华信衡安融资租赁有限公司和乳山市百望融资租赁有限公司，构建“政府主导、多方协作、上下联动、社会监督”农业信贷担保模式，确保借款人实际承担的综合信贷成本控制在国家规定的 8% 以内，降低农业企业担保成本。全年向农户发放贷款 4 笔 45 万元。

【国有资本运作基金设立】 2017 年 5 月，乳山市采取政府引导国有资本参与模式，组建乳山市清科产业投资母基金，成立青辰私募基金管理公司，其中清科产业投资母基金下辖海洋牧场、茶产业、中医药、大健康、港口等多支产业子基金，实现国有资本撬动作用。

【保险业务产品创新】 2017 年 7 月，太平洋财险乳山支公司与农行乳山市支行合作开展“政银保”业务，进一步放大保险增信对扩大信贷投放促进作用，全年过会 2 家企业，累计贷款金额 390 万元全部到位。10 月，乳山市金融办、财政局、海渔局联合制定《乳山市牡蛎养殖风灾指数保险实施方案（试行）》，填补乳山市海水养殖产品生产领域保险空白，全年投保 413.33，保费收入 124 万元。

【资本市场持续发展】 2017 年 4 月，乳山市政府制订《2017 年关于推进乳山市规模企业挂牌上市融资实施意见（试行）》，提高企业上市、挂牌及直接融资奖励金额，引导企业到资本市场挂牌融资。联合券商、保荐机构、会计师事务所、律师事务所等机构到企业走访，对企业财务制度、会计制度、三会记录等进行规范，有针对性地提出整改措施，截至2017年年底，累计完成规模企业规范化改制163家。筛选有意向上市、挂牌企业组建资本市场企业储备库，利用威海市域资源助力乳山金融专题活动推介企业，2017年4家企业在齐鲁股权交易中心挂牌，昊安金科、帕斯砜新材料2家企业实现股权融资2500万元。

【金融风险防控网格化管理体系建立】 2017年9月，乳山市政府成立乳山市金融风险防控工作领导小组，建立金融风险化解专门工作小组，针对担保圈、企业流动性、银行业金融机构、地方金融组织、企业债券、非法集资六大领域分别落实责任、建立台账，形成金融防控网格化管理体系。制订《乳山市防范金融风险促进金融稳健发展专项工作方案》和惩治逃废金融债务、防范和处置非法集资、排查抽贷压贷、推进企业破产重整4个专项方案，部署各单位排查风险类企业并按照一企一策化解风险。2017年9月1日，接到威海市互联网金融风险提示函后，当天实地排查乳山市易初年华商务咨询有限公司发行的虚拟货币资金去向、参与方式、参与人数、存量用户等情况，与人民银行、公安局等部门联合查处“淘金币”非法交易行为，关闭交易平台，清退融资非法资金16.5万元。

【互助金融创新发展】 2017年12月，乳山市金融办在与各镇区、街道办事处对接中“优中选优”，确定新型农村合作金融试点合作社3个，累计达到13个，协助试点合作社完善资金互助业务工作机制，规范资金流转，严格档案管理，扩大宣传范围。对接乳山市扶贫办，在《乳山市小额扶贫信贷贴息和风险补偿操作暂行办法》要求抵押担保基础上，新增保证方式为农业生产主体增信，引介阿甘担保为顺泰果蔬专业合作社进行保证担保，从威海市商业银行获得“富民生产贷”80万元，用于支付地租及补充新上蓝莓展厅建设资金。

（徐向向）

【不良贷款6000万元核销】 2017年，中国银行业监督管理委员会威海监管分局乳山办事处应对复杂严峻的经济金融形势，防范化解各类风险，推进银行业改革，提升金融服务水平，增强监管能力质效，实现辖区银行业安全稳健运行。坚守不发生系统性、区域性风险底线，组织债权银行统一摸底调查大额授信风险，加强信息沟通，通过银行间信息交流，抑制过度授信，共同防范信用风险。降低经营风险。防控重点行业风险，密切关注房地产和造船业风险变化。对不良贷款按照“真实反映，充分暴露，加快处置，能核尽核”原则进行处理，辖内银行机构核销不良贷款6000万元，

【银行业金融机构支持实体经济发展】 2017年，中国银行业监督管理委员会威海监管分局乳山办事处引导辖内银行业金融机构支持实体经济发展，分层次、有重点开展走访活动，并通过季度通报会定期调度。全年辖内银行业金融机构开展进走访活动170人次，为48户企业发放贷款4.62亿元。

（孙绍华）

【外汇管理改革推进】 2017年，中国人民银行乳山市支行按照外汇管理工作“五个转变”的要求，围绕防风险、推改革两条主线落实各项外汇管理改革措施。组织辖内涉外企业举办外汇管理政策宣讲会，分析国际国内经济金融形势和汇率变化趋势，引导市场主体合理安排购付汇行为，扩大资金流入规模，实现辖内跨境收支和结售汇持续“双顺差”，全年辖内跨境收支顺差34693万美元；结售汇顺差27092万美元，比上年增长4%。办理企业名录登记32家，进行非现场监测分析435家次，辖内企业99%享受到改革政策带来贸易便利。指导辖内外汇指定银行执行《服务贸易外汇管理指引》及其《实施细则》要求，落实各项便利化措施，利用服务贸易外汇监测系统按月开展非现场监测核查。每月监测分析辖内外汇收支形势和银行结售汇数据，实施重点企业和外汇指定银行联系制度，密切关注企业进出口、经营效益、利用外资外债等变动情况，上报制度性监测分析报告11篇。落实对涉外主体国际收支申报数据的非现场核查制度，核查数据9570笔，金额62299万美元，发出差错通知书5份。组织对中国银行乳山支行、招商银行乳山支行的国际收支统计间接申报现场核查并发出核查情况通报，按时完成贸易信贷调查工作，辖内银行机构国际收支统计申报数据在中心支局各季度考核通报中保持“零差错”。

（冷国庆）

银 行

【概况】 截至2017年年底，乳山市有银行业金融机构13家，其中政策性银行1家，国有独资商业银行4家，城市商业银行2家，农村商业银行1家，邮政储蓄银行1家，村镇银行1家，股份制商业银行3家，有营业网点92个。2017年，乳山市银行业金融机构贯彻执行稳健中性货币政策，以服务产业结构调整为主线，优化信贷结构，提升金融服务，加大对产业振兴和新旧动能转换支持力度，助推实体经济稳健发展，主要金融指标完成情况良好，金融运行平稳。至2017年年末，乳山市本外币贷款余额168.1亿元，较年初增加0.85亿元；本外币存款余额349.07亿元，较年初增加36.95亿元。全市601个村办理手机银行客户69481户。

2017 年乳山市金融指标完成情况表

表 31　　单位：万元

项目		年末余额	上年末余额	比上年增减数	比上年 %
各项存款	总额	3490672	3121154	369517.6411	11.84%
	企业存款	395936	351064	44871.55512	12.78%
	储蓄存款	2153959	2069238	84721.37	4.09%
	财政存款	11938	13024	−1085.619162	−8.34%
	机关团体存款	427207	309648	117559.4063	37.97%
	委托存款	0	0	0	0.00%
	其他存款	501631	378180	123450.9288	32.64%
各项贷款	总额	1680962	1672445	8517.084454	0.51%
	短期贷款	266488	273137	−6648.961102	−2.43%
	中长期贷款	1298493	1282952	15540.90567	1.21%
	票据融资	115793	116140	−346.737316	−0.30%
	其他贷款	188	216	−28.122801	−13.02%

【银行机构支持农业发展和精准扶贫】 2017 年年初，中国人民银行乳山市支行引导各银行机构发挥支农再贷款作用，支持现代农业发展，截至年末，累计为乳山农商银行、天骄村镇银行申请支农再贷款 4.79 亿元，为 2 家涉农法人机构提供稳定可靠的低成本资金来源。实施“金融 1+N”模式，引导银行机构推出“金融 + 新型农业生产主体 + 贫困户”等 6 种金融精准扶贫模式。开展金融支持精准扶贫大走访活动，对贫困户加强识别和分类，督导农商行、村镇银行分别对 1982 户和 1997 户建档立卡贫困户建立“一户一档”。开展“产业扶贫进万家”活动，摸清建档立卡贫困户、扶贫经营主体特色产业发展、融资需求等信息，及时向各银行机构推介对接。

【山东省融资服务网络平台推广】 2017 年，中国人民银行乳山市支行加强与发改、经信、商务部门和各银行沟通协作，推广山东省融资服务网络平台。4 月，召开全市银企对接暨金融助推实体经济发展会议，重点讲解融资服务网络平台业务开展情况，加大平台宣传推广力度。截至年末，融资服务网络平台发布企业融资需求信息 463 笔，融资需求金额 124.01 亿元，其中成功对接 237 笔，对接金额 25.62 亿元；洽谈中 46 笔，涉及金额 33.01 亿元。撰写的《乳山市推广山东省融资服务网络平台工作初见成效》获乳山市政府主要领导批示。

6 月 16 日，乳山市农商银行开展金融知识宣传活动（田甜　李晓莉摄）

【金融风险监测预警与处置】 2017 年，中国人民银行乳山市支行加强金融风险监测预警，参与处置金融风险。召开全市金融风险防控及惩治逃废债工作座谈会，提出做好金融风险防控工作具体措施。按月召开金融风险防控联席会议，组织开展企业逃废金融债务摸底排查。密切关注银行业金融机构资产质量、资本充足水平和流动性变化，发挥稳健性评估在风险识别中的作用，做好银行不良资产真实性现场评估。加强实体经济向金融部门风险传递的监测预警，关注企业债务情况和违约问题，提前掌握风险企业的融资情况和贷款分类情况。9 月，排查各银行授信 3000 万元以上企业债务。9 月，联合金融办、公安、工商等部门完成对乳山市易初年华商务咨询有限公司平台及网站的关停、公司办理注销和融资资金清退工作，妥善化解辖区代币发行融资风险。开展存款保险风险评级、保费缴纳和存款保险标识启用准备工作，准确评估投保机构风险状况，审慎确定风险等级，根据评级结果及时采取相应措施早期纠正。推进风险差别费率管理，做好每半年的保费核定、收缴等工作，确保数据准确。

【农村金融维权联络点建设 572 个】 2017 年，中国人民银行乳山市支行推进农村金融维权联络点建设，在全市 601 个村设置维权联络点 572 个。在中信银行乳山支行首创“老年人服务窗口”试点基础上，将试点单位扩大至 6 家，提升老年群体防范金融诈骗的风险意识和认知能力。“山东乳山：探索推行‘老年人服务窗口’”被新华网刊登。

【银行业社会信用体系建立】 2017年，中国人民银行乳山市支行成立社会信用体系建设工作领导小组，建立联席会议制度，组织召开13家银行业金融机构座谈会议，制订《乳山市银行业社会信用体系建设实施方案》《中国人民银行乳山市支行关于加大信息共享力度惩戒金融失信行为的通知》《乳山市社会信用主体"黑名单"管理制度》。建立诚信"黑名单"，对列入失信"黑名单"的企业和个人实行联合惩治。

（冷国庆）

【中国农业发展银行乳山市支行】 2017年，中国农业发展银行乳山市支行贯彻落实省行"党建为重、创新争先、强基控险、人才兴行"思路，履行支农职能，强化基础管理，推进各项工作。在山东省农发行系统综合指标考核中被授予"金牌行"称号。

信贷支持乡村振兴 2017年，农发行乳山支行发挥政策性银行优势，投放粮食收购贷款598万元，满足粮食收购资金供应，保证农民售粮不被打"白条"。在农村住房、改善人居、生态环境等方面加大信贷资金支持力度，全年累计投放贷款66150万元，支持地方基础设施建设和民生条件改善。支持农业产业规模化经营，全年向产业化龙头企业累计投放贷款3000万元，支持企业收购农产品和加工，以点带面帮助养殖户增收。

信贷风险防控 2017年，农发行乳山支行严格按照信贷资金申报用途规范中长期信贷资金和流动资金的支付和使用，所有贷款项目手续完备，担保措施有效，还款意愿良好，均能够按照合同约定期限及金额偿还贷款本息。

（宋词）

【中国农业银行股份有限公司乳山市支行】 2017年，中国农业银行股份有限公司乳山市支行围绕"网点转型""对公转型""一号工程"及"三线一网格"等重点工作，支持乳山市重点企业、重点项目及农户融资，提供优质高效的金融服务。较年初增加36318万元，增长12.55%；各项贷款余额134129万元。

12月17日，山东省"鲁担惠农贷"首单业务发放 （兰文彬摄）

"惠农e商"平台交易额7865万元 2017年，农行乳山市支行拓展农村市场，精选有固定经营场所的富裕农户设立惠农通服务点，并利用产品优势做好城乡结合部、经济强镇和资源富集村重点客户群营销。加大"惠农e商"拓展力度，帮助商户实现资金快速归拢。全年通过"惠农e商"平台实现交易6184笔、金额7865万元。

山东省首笔"鲁担惠农贷"投放 2017年，农行乳山市支行贯彻国家宏观调控政策，以小企业简式快速贷产品为切入点，支持发展前景好的小微企业发展，全年投放资金260万元。联合乳山市财政局及山东省农业担保公司共同开发"鲁担惠农贷"产品，截至年底，基本完成乳山市农业经营主体建档立卡工作，并于12月发放全省首笔"鲁担惠农贷"。

服务管理水平提升 2017年，农行乳山市支行开展"送金融知识下乡"，组织"进社区、进商场、进企业、进集市"等多种类型的营销宣传活动，累计组织活动30次，发放宣传单9000份。深化网点转型，加大文明服务考核力度，每月点评。加强内部基础管理，培训临柜人员，并结合营改增业务上线，防控柜面操作风险。

（兰文彬）

【中国工商银行股份有限公司乳山支行】 2017年，中国工商银行股份有限公司乳山支行发挥国有大银行优势，拓展服务渠道，创新金融产品，加大贷款投放力度，支持乳山市重点项目和重点企业，服务经济发展。截至12月末，各项存款余额249316万元，较年初增加28753万元，13.04%。各项贷款余额180841万元，较年初增加39699万元，比上年增长60633万元；发放贷款73978万元，比上年增长52634万元；全年累计上缴税金568万元。被乳山市委、市政府授予"2017年度乳务乳山发展突出贡献单位""纳税明星企业"称号，支行城东支行被评为2017年度省行级"先进单位"，营业部主任李克英被山东省工行授予"巾帼岗位标兵"称号。

重点企业和项目支持 2017年，工行乳山支行结合国家产业政策，按照"抓大、抓小、抓优、抓新"原则，加大对重点企业和重点项目以及各领域优质客户信贷支持力度，做优增量、盘活存量，促进信贷结构优化调整。重点抓好辖内优质大项目及大客户贷款投放，加大对基础设施、弱周期行业等资金需求支持，做好项目储备。全年发放政府购买服务类项目贷款5亿元。

个人住房贷款投放16552万元 2017年，工行乳山支行根据银滩房地产养老、旅游、外地客户多的特点，紧盯内重点开发商和重点楼盘，加大个人住房贷款投放力度。全年投放个人贷款16552万元，增加10660万元，推动住房市场销售。

资产证券化处置不良贷款2034万元 2017年，工行乳山支行加强风险防控，抓好违约贷款及不良贷款压降。在坚持常规清收基础上，对不良贷款采取证券化及核销等方式，降低不良率，减轻不良贷款带来的经营压力。全年通过资产证券化处置不良贷款2034万元。

服务效率提升 2017年，工行乳山支行围绕进一步提升客户满意度，进一步整治客户投诉，进一步缓解客户排长队，进一步提高客户满意率4个方面，规范营业网点服务工作。重点提升厅堂服务水平，开展“服务面貌整治”活动。加快营业网点智能化改造，打破网点传统柜面服务模式，方便客户自助办理业务，减轻柜面压力，减少客户等候时间。

（任绍军）

【中国建设银行股份有限公司乳山支行】 2017年，中国建设银行股份有限公司乳山支行贯彻宏观调控政策，落实金融监管要求，改善金融服务，各项业务稳健发展。截至年末，一般性存款余额26.62亿元，其中个人存款余额14.77亿元，公司类存款余额11.85亿元，各项贷款余额23.57亿元。缴纳各项税款755万元，被乳山市委市府授予“纳税明星企业”称号。

政府重点建设项目信贷投放 2017年，建行乳山支行突出支持实体经济发展，以助保贷、信用贷、善融贷、创业贷、税易贷、POS贷、结算透等产品为基础，降低融资门槛，简化审批流程，为小微企业发放贷款1108万元，为个体工商户发放消费经营类贷款6095万元，全年累计发政府重点建设项目贷款2亿元。

个人住房贷款发放4.36亿元 2017年，建行乳山支行做好政策性住房资金业务，提升对公积金中心和住房维修基金中心的服务工作，委托发放个人住房公积金贷款1.28亿元，累计发放个人住房贷款4.36亿元，居四行首位。

个人逾期不良率创5年新低 2017年，建行乳山支行加大不良资产管控与处置力度，严防金融风险。截至年末，个人逾期贷款3198万元，较年初下降1217万元，不良率0.4%，创5年来新低；对公贷款不良率、不良额均为零。

金融电子产品业务拓展 2017年，建行乳山支行对乳山市区5家幼儿园开办云服务网上缴费业务，解决幼儿家长交管理费的难题。400多家商户新上建行龙支付快捷支付平台，加大“慧兜圈”品牌宣传营销推广，增加移动业务金融产品的使用群体。

信贷风险防控 2017年，建行乳山支行对信贷业务、服务收费、外汇业务、理财业务、账户管理、金融统计等多个方面进行自查和整改，做到依法合规经营，加强案件防控，签订《案件防控责任书》，对案件和重大风险实行“零容忍”和一票否决。抓好柜面业务风险管控，以关键风险点、资金安全为检查重点，发挥各级管理人员监督检查职责，并强化积分管理及查后问题整改工作落实，增强全行员工风险意识和合规意识。

（曹韶玮）

【中国银行股份有限公司乳山支行】 2017年，中国银行股份有限公司乳山支行拓展服务渠道，提升服务品质，各项业务稳健运行。截至2017年年底，各项人民币存款余额145621万元，较年初增加13309万元，其中企业存款余额25491万元，较年初增加9330万元；人民币储蓄存款余额120130万元，较年初增加3979万元。各项外币存款余额4277万美元，较年初增加380万美元，其中外币企业存款余额1425万美元，较年初增加313万美元；外币储蓄存款余额67万美元，较年初增加45万美元。人民币贷款余额135898万元，较年初增加9017万元，其中零售贷款余额127748万元，较年初增加11517万元，中小企业流动贷款余额5710万元，其中乳山市重点企业韩孚生化、力久电机、振兴铸钢分别授信1500万元。

客户资源有效积累 2017年，中行乳山支行实施“挖掘计划”，加强优质客户维护，做好VIP客户营销工作，利用理财、基金销售、出国售汇、贵金属销售等业务积累客户资源，并将助农服务作为个人存款和客户拓展重要增长点来抓。年末，人民币和外币储蓄余额分别较年初增加3979万元和45万美元。

信贷结算优质客户服务 2017年，中行乳山支行强化个人住房贷款投放，加强新产品的营销，综合运用贸易融资、供应链融资等优势产品，不定期组织业务人员深入企业了解情况、掌握需求，对乳山优势集群行业和产业转型企业给予资金支持。重点营销乳山市重点项目，对接PPP项目、政府购买服务项目（棚户区改造）、产业基金项目、国运公司发债项目。

国际结算优质客户维护 2017年，中行乳山支行加强对国际结算优质客户的维护，山东双连制动材料、辰瑞纺织等企业曾有因同业让利营销有将外汇业务迁至他行的打算，中行乳山支行多次上门沟通维护，并积极为企业寻找合适的外汇保值增收产品。双连制动不仅增加大量外汇存款，而且叙作多笔大额T+1结汇和936万美元/瑞士法朗的外汇掉期业务，至12月末，仅双连制动和辰瑞纺织的两家企业的结算量就达2669.47万美元。通过授信业务带动国际结算业务发展，中行山东省分行为万和食品申请批复授信总量3000万元额度，该公司三季度以来陆续叙做进口开证和押汇等业务，国际结算业务逐步转回中行乳山支行叙做。

农村网络金融发展 2017年，中行乳山支行加大网络金融在农村辐射力度，共有助农服务网点18处，通过转账方式让群众不出家门即可办理存取款业务。加强智能化网点建设，改进工作流程，引导客户通过自助设备办理业务，提供便捷服务。

（宋颖超）

【山东乳山农村商业银行股份有限公司】 2017年，山东乳山农村商业银行股份有限公司围绕“防风险、保增长、提质量、强服务、严管理”工作思路，优化服务功能，加大信贷投放力度，为支持乳山经济社会发展做出贡献。年末，各项存款余额130.83亿元，各项贷款余额64.69亿元，分别占全市存、贷款余额的38.82%、37.18%。缴纳税金7239万元；认捐慈善基金46万元；冠名“乳山农商银行杯”大秧歌比赛、2017市直机关篮球赛，与乳山市委宣传部联合举办“消夏晚会”，为全市种养大户赠订《山东科技报》550份。被山东省总工会授予“推进协商民主强化社会责任先进单位”，被乳山市委、市政府授予“纳税明星企业”“支持地方经济建设先进单位”称号。

存款余额突破130亿元 2017年，乳山农商行细化“春天行动”考核办法，量化指标、分解到人，营造争、赶、帮、超氛围。推广存款送积分、积分兑换智e购商城礼品的营销活动。开办代收付业务，将金融服务辐射到各个领域，全年开立银行卡15.68万张；代发职工养老保险22.25万人次2.4亿元；代发社保卡62335张；代发城镇社会养老保险及新农保99.83万笔1.34亿元；代发财政工资6.28万笔3.72亿元。年末，各项存款余额130.83亿元，占全市存款总额38.82%。年内，发行同业存单4.2亿元；累计发行理财产品3期3878万元。

“三农”、小微企业及高新技术产业扶持 2017年，乳山农商行制订3年信贷结构调整发展规划，激发客户经理营销动力；成立两个零售业务部，实行流程化作业，提高消费类信贷办理效率；制订网格化营销实施方案和配档表，完善农区（社区）信用信息采集流程，做好客户基础信息采集工作。重点加大对“三农”、小微企业及高新技术产业的扶持力度，全年累计发放贷款57.17亿元。举办两届银企联谊会，现场与20户企业签订《银企战略协议书》，完善一站式公司金融服务体系，提升综合金融服务能力。推进金融业务创新，发放山东省农商行系统首批“鲁担惠农贷”3户，金额35万元；发放银税通10万元，帮助出口企业解决融资难题；推出抵质押贷款免评估制度；发放威海市农商行系统首笔“光伏贷”金额7.2万元，累计办理91户金额91.99万元；通过智e购商城办理“易贷通”业务3笔金额60万元；累计办理“家庭亲情贷”1225笔，金额3.14亿元；推进信e贷信息采集。年末，各项贷款余额64.69亿元，占全市贷款余额的37.18%。

7月9日，乳山农商银行员工到海阳所镇西泓赵家村为牡蛎养殖户送上贷款 （李晓莉摄）

金融自助设施布设 2017年，乳山农商行加快ATM、“农金通”、电话POS等金融自助设施布设力度。年末，在全市共布设有线电话POS机436台、无线电话POS机83台、自助服务终端177台、ATM机32台、CRS机31台、自助查询机20台、银联POS机605台，实现农村金融自助服务全覆盖。

电子银行业务推广 2017年，乳山农商行通过定期回访、现场开卡、动户有礼等方式提高客户动户率，大堂经理加大对客户的现场指导力度。年末，电子银行签约客户67960户，全年交易329.79万笔，交易金额118.49亿元；网上银行客户23278户，手机银行客户20439户，使农村居民享受到“足不出户可缴费，身不出村存取款”便捷金融服务。

“智e购”业务推广 2017年，乳山农商行通过公众媒体及微信公众号等多种方式进行宣传——邀请外部专业人员对商城运营人员和商户进行培训，做好商户入驻、店铺装修、信息发布、商品上架、物流配送、售后服务等工作。12月末，智e购买家用户数为10823户，较年初增长10082户；上线商户177户，较年初增长165户；交易12414笔，交易金额231.17万元。

（李晓莉）

【威海市商业银行乳山支行】 2017年，威海市商业银行乳山支行秉承热情、亲切、高效、优质的服务标准，提升服务质量。截至2017年年末，各项存款余额42.76亿元。开展“增提创”主题年活动，实地走访重点企业、重点项目，支持环保、制造等行业。

支持小微企业发展 2017年，威海市商业银行乳山支行顺应国家发展战略导向，加大对小微企业信贷支持，缓解小微企业融资难、融资贵问题。与专业市场、园区、商会等平台合作，降低小微信贷客户准入门槛，根据小微企业所处行业特点、企业生命周期的不同发展阶段，加大产品创新力度，推出“税e融”“网易贷”“房易贷”等标准化产品，实现“线上办理、线上审批、随借随还”，丰富小微金融产品体系，满足小微企业融资需求。

创业贷款和“农易贷”产品提供 2016年，威海市商业银行乳山支行与乳山市人力资源和社会保障局签订协议，为下岗再就业人群提供创业贷款。2017年，与山东省农担公司合作，针对其惠农贷业务推出“农易贷”产品，丰富贷款担保方式，拓宽农民贷款途径。

（陈大勇）

【招商银行股份有限公司威海乳山支行】 2017年，招商银行威海乳山支行秉承“因您而变”的经营服务宗旨，以“打造乳山百姓最喜爱的银行”为目标，提升“轻型银行”理念，加强对公客户群建设，大力发展国际业务。

零售客户群建设加强 2017年，招商银行威海乳山支行坚持周周有活动、月月有讲座，举办少儿理财小课堂、校园、商场、社区到老年大学等联谊活动，开展“春节送福”“三八节美甲美丽心情”“母亲节大声说出爱”等节日主题活动，提升品牌影响力。加强专业化优势产品宣传，畅通向上输送渠道。

业务水平提升 2017年，招商银行威海乳山支行开展晨会演练、夕会点评、学习日、以会代训、条线分别集训、定期考试、实战练兵等培训活动。建立激励考核机制，开展比、学、赶、帮、超营销竞赛。定期举行客户群、信用卡、超级网银等阶段性PK，提升员工业务水平。

（徐兵）

【乳山天骄村镇银行】 2017年，乳山天骄村镇银行营业部迁址，曹城支行正式开业运营。深入社区开展“金融知识进社区”“反假币宣传”等专题宣传活动，并宣传行借记卡、网上银行、存款、贷款等业务。截至2017年年末，全行各项存款余额11.91亿元，实现各项收入5186万元。

贷款投向小微企业、农户、个体工商户 2017年，乳山天骄村镇银行以发放短期贷款为主。针对种养殖户、渔民、个体工商户推出“助农贷”“助渔贷”“助商贷”等金融产品，同时深入市场调研，根据小微企业、“三农”、个体工商户生产经营情况和需求特点推出信用贷款等产品。与政府相关部门合作推出“创业贴息贷款”。

中间业务优惠 2017年，乳山天骄村镇银行根据银监部门要求，推出相关金融服务，主打“优惠牌”“免费牌”。实现跨行转账零手续费，账户管理零费用，开户、换折零费用。

（禹玉翠）

【中信银行股份有限公司乳山支行】 2017年，中信银行股份有限公司乳山支行提升服务质量，创新金融产品，加大贷款投放力度，支持重点项目和重点企业，各项业务稳健发展，被山东省银行业协会授予“普惠金融示范单位”称号。截至2017年年底，各项存款余额较年初增加3180万元，增长30%。

重点企业融资力度加大 2017年，中信银行乳山支行立足于增存增效、做大管资，早布置、抢先机、强宣传，全面展开营销攻势。截至2017年年末，个人管资较年初增加2.6亿，增幅近50%。结合国家产业政策导向，加大与政府机构及乳山市属国有企业合作，投放基础设施贷款。加大对重大工程和重点项目以及各领域优质客户信贷支持力度，做优增量、盘活存量，促进信贷结构优化调整。支持乳山市龙头企业及其上下游企业相关融资业务，重点抓好优质大项目和大客户贷款营销，并对基础设施（供热）、食品、水产加工等行业资金需求持续跟踪营销，全年累计发放贷款0.8亿元。

网点服务水平提升 2017年，中信银行乳山支行细化岗位职责，做好厅堂及临柜人员服务。执行上级行厅堂“十个一”和柜员“七部曲”要求，发挥大堂经理引导作用，提升大堂营销水平。

（于兵）

【青岛银行威海乳山支行】 2017年3月21日，青岛银行威海乳山支行正式开业，成为青岛银行在威海设立的第7家分支机构。秉承“温馨加放心，我们更努力”的服务理念，打造特色金融产品，提供全方位、专业化、综合性服务。截至2017年年底，各项存款余额16193万元，各项贷款余额1406万元。

存款业务拓展 2017年，青岛银行乳山支行以客户群建设为基础，围绕“个人营销、公私联动、厅堂掘金、效能突破、社区营销”5个方面发力，发挥绩效考核激励作用，挖掘客户潜力，拓展业务范围，提高员工整体营销能力。截至2017年年底，各项存款余额16193万元，

特色信贷和理财产品推出 2017年，青岛银行乳山支行针对不同类型企业推出信贷产品。对科技型企业，提供“专利权质押贷款”和“科创贷”；对农业企业，提供“惠农贷”；对小微企业，提供“惠营贷”贷款产品；对外贸企业，提供银贸通等。7月，发放青岛银行威海分行首笔专利权质押贷款450万元，为客户节省利息支出19.58万元，占到该笔贷款全部利息费用74.08%。同时，提供新客户专属（逢8就发）、海融宝、净值型理财、保本理财、基金定投、贵金属买卖等理财产品。

（宋玮）

保 险

【概况】 2017年，乳山市有保险机构21家，比上年增加3家，实现保费收入5.35亿元，比上年增长28.61%。其中，纳入考核的人寿保险8家，实现保费收入3.83亿元；纳入考核的财产保险10家，实现保费收入1.52亿元。纳入考核的各保险公司上缴税金2778.52万元，其中，人寿保险上缴388.53万元，增长7.93%；财产保险上缴2389.99万元，增长12.52%。

2017年乳山市纳入考核的人寿保险统计情况表

表32 单位：万元

序号	机构名称	保费收入	理赔支出	赔付率（%）	纳税额
1	中国人寿保险股份有限公司乳山市支公司	21530.24	13505.95	62.73	265.71
2	中国平安人寿保险股份有限公司威海市乳山支公司	3889.61	474.27	12.19	86.91
3	中国太平洋人寿保险股份有限公司乳山支公司	3205.18	1364.54	42.57	34.17
4	新华人寿保险股份有限公司威海市乳山支公司	5940.55	1142.11	19.23	1.49
5	阳光人寿保险股份有限公司威海市乳山支公司	—	—	—	0.26
6	泰康人寿保险股份有限公司威海中心支公司乳山营销服务部	334.00		0.00	0.00
7	华夏人寿保险股份有限公司威海市乳山支公司	1007.33	128.64	12.77	0.00
8	富德生命人寿保险股份有限公司威海市乳山支公司	2405.46	1072.86	44.60	0.00
合计		38312.37	17688.37	46.17	388.53

2017年乳山市纳入考核的财产保险统计情况表

表33 单位：万元

序号	机构名称	保费收入	理赔支出	赔付率（%）	纳税额
1	中国平安财产保险股份有限公司乳山支公司	2522.70	1265.87	50.18	574.93
2	中国人民财产保险股份有限公司乳山支公司	3865.60	5563.94	143.93	505.85
3	中华联合财产保险股份有限公司乳山支公司	3360.42	1562.19	46.49	436.03
4	阳光财产保险股份有限公司乳山支公司	1429.67	523.66	36.63	243.76
5	中国大地财产保险股份有限公司乳山支公司	1077.34	481.84	44.72	225.13
6	太平财产保险有限公司乳山支公司	1095.70	316.15	28.85	182.06
7	中国太平洋财产保险股份有限公司乳山支公司	1389.98	1613.17	116.06	147.80
8	泰山财产保险股份有限公司威海市乳山支公司	319.71	123.19	38.53	54.30
9	渤海财产保险股份有限公司威海市乳山支公司	114.68	22.49	19.61	19.35
10	紫金财产保险股份有限公司威海市乳山支公司	22.41	58.25	259.93	0.78
合计		15198.22	11530.74	75.87	2389.99

【中国太平洋财产保险股份有限公司乳山支公司】 2017年，中国太平洋财产保险股份有限公司乳山支公司加强农业政策性保险宣传，利用30天时间完成各镇村花生保险承保工作，2016—2017年，向受灾农户赔偿金额946万元，减少农户损失。向农村群众宣传农业政策性保险。实行承保、理赔专人负责，设立理赔绿色通道，全年实现保费收入1500万元，上缴税金40万元，代收车船税110万元，被上级公司授予“先进单位”称号。

（姜佳林）

【中国人寿保险股份有限公司乳山支公司】 2017年，中国人寿保险股份有限公司乳山市支公司实现保费收入1.92亿元，首年保费5887万元，首年期交3815万元，短险保费1681万元，保持乳山市寿险业保费收入、市场份额第一位。上缴利税276.1万元，为应届毕业生和社会各界人士提供就业岗位1000个。受理各类赔(给)付案件1.2万件，赔(给)付金额1.06亿元。其中满期给付8000万元，年金给付935万元，理赔给付1623.44万元。承揽乳山职工大病保险、居民大病保险、扶贫特惠保险项目，为45.3万名居民和职工提供大病保障服务，为乳山市2.65万人支付大病保险理赔金额2680万元。为1.7万名贫困人口建档立卡，累计处理理赔案件800件，支付理赔金额86万元。同时，开展少年儿童绘画比赛、组织“资产规划”“健康养生”“高考志愿填报”等专家讲座，举办以“牵手国寿、健康相伴”“关爱父母、孝行天下”“寻找20年前的你”等主题服务活动，丰富客户体验。

（于洪开）

【中华联合财产保险股份有限公司乳山支公司】 2017年，中华联合财产保险股份有限公司乳山支公司秉承“稳健发展、价值永续”经营理念，年内完成保费收入3360.42万元，赔付1562.19万元，上缴各项税收435.87万元。设立农业保险科，承接乳山公益林保险、苹果保险和育肥猪保险，当年苹果保险赔付70多元。3月，被评为“威海市第十一届消费者满意单位”；11月，经中央精神文明建设指导委员会复查合格，继续保留“全国文明单位”称号；12月，被威海市工商行政管理局评为“守信用，重合同”企业。

（姜大勇）

证　券

【概况】 2017年，中泰证券乳山胜利街证券营业部培育乳山地区资本市场，为地方政府、企业融资和居民理财等提供金融服务。截至年底，新开户798户，累计开户1.88万户，客户托管资产市值9.84亿元，股票和基金交易量152.09亿元，金融产品保有量2.18亿元，实现净利润317.1万元。与上年相比，受市场行情影响，手续费收入下降较大，融资融券业务占比和保持较为稳定。

【乳山国运公司公司债项目承揽】 2017年3月7日，乳山市国运公司公司债项目在上海证券交易所交易市场固定收益证券综合电子平台挂牌，总额8亿元。此次发债利于支持乳山市经济和社会发展、提高公共服务能力、改善民生等。

【客户理财引导服务】 2017年，中泰证券乳山营业部做好客户服务工作，举办专业投资报告会4次，邀请总部资深投资分析师讲课，普及金融知识，提升投资者投资能力。通过“95538”客户服务热线，了解客户意见及建议，认真处理客户投诉，保护客户正当权益。通过网站、微信、微信群等渠道，为投资者及时推送财经资讯及研究所研报。开展一站式服务，为客户开通锦泉汇金，做好理财、打新、创业板、融资融券等业务介绍，搭建后续服务通道。

（宋岩峰）

担保和民间融资机构

【概况】 2017年，乳山市有融资性担保公司1家，即山东阿甘担保有限公司，公司总资产32341万元；有民间资本管理公司6家，分别是乳山恒通民间资本管理有限公司、乳山昌盛民间资本管理有限公司、乳山玉辉民间资本管理有限公司、乳山市恒达民间资本管理有限公司、乳山三和民间资本管理有限公司、乳山融盛民间资本管理有限公司，资产18264万元；有民间融资登记服务公司1家，即乳山市元通民间融资登记服务有限公司。

【山东阿甘担保有限公司担保余额超6亿元】 2017年，乳山市金融工作办公室（加挂乳山市地方金融监督管理局牌子）对山东阿甘融资担保有限公司加强业务监管，不定期现场检查，监测其经营及风险状况，适时提出资本质量和资本充足率要求。截至2017年年底，总资产32341万元，在担保余额61580万元，协议放大倍数2.11，平均担保费率1.3%。担保对象多为小微企业及个体工商户，占在担保比例67%。

【民间资本管理公司投资4965万元】 2017年，乳山市金融办引导民间资本管理公司按照“支农、支小、分散”和“合规经营”原则，开展各项投资业务。截至2017年年底，乳山市6家资本管理公司资产18264万元，全年投资60笔，金额4965万元。

【民间融资登记服务公司业务215万元】 2017年，乳山市金融办指导元通民间融资登记服务有限公司开展业务，为乳山市民间借贷双方依法提供资金供需信息发布、中介、登记等综合性服务。截至2017年年底，累计登记需求金额215万元，对接成功业务5笔，金额215万元。

（李双林）

7月17日，大乳山滨海旅游度假区

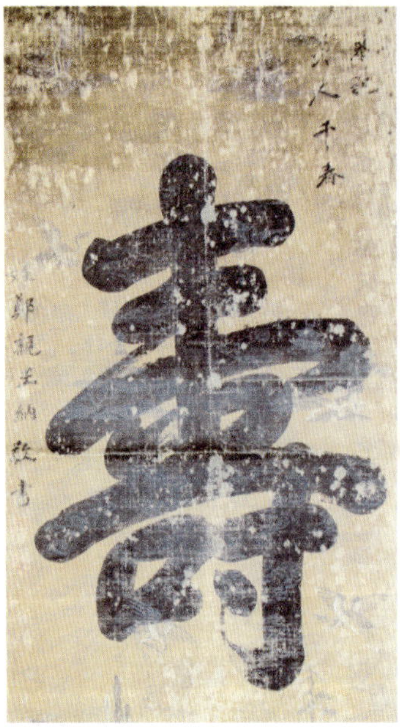

·清代 “寿”字

·清代 松筠“寿”字

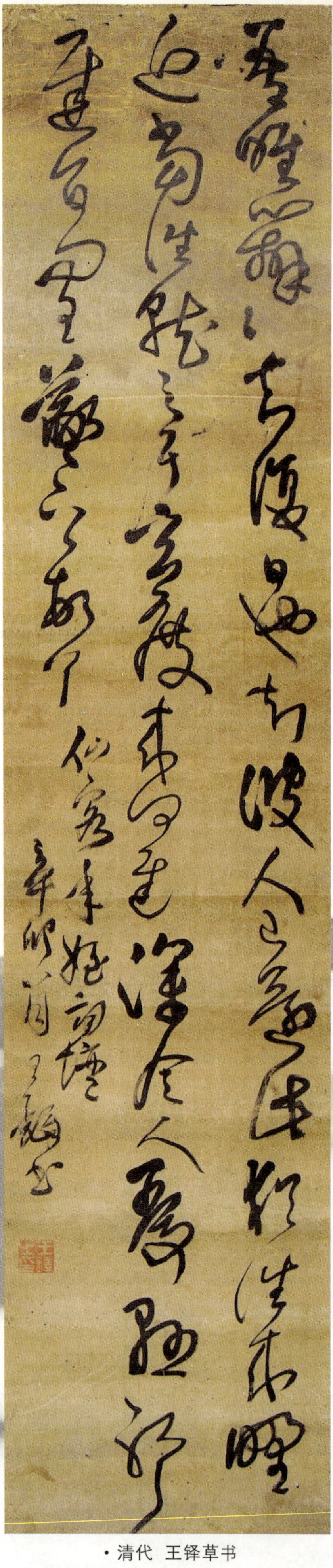

·清代 王铎草书

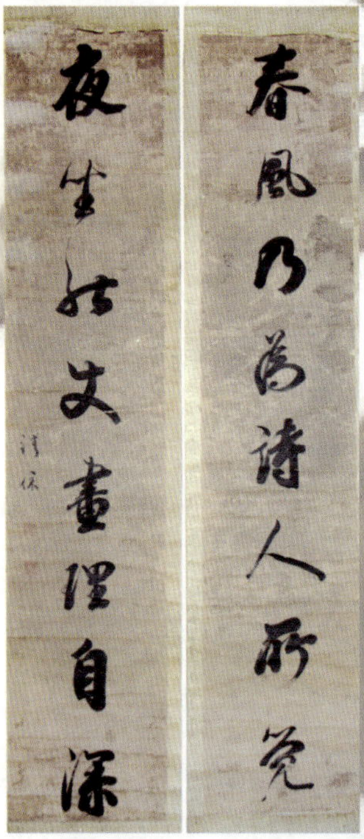

·清代 铁保行书对联

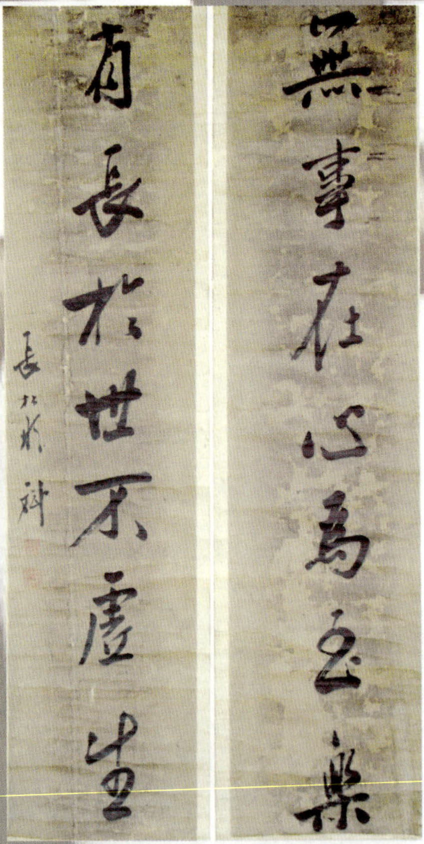

·清代 那斌行草对联

责任编辑：孙方圆

·清代 康有为行草对联

教育·科技

Education, Technology

- ◎ 综　述
- ◎ 基础教育
- ◎ 职业教育
- ◎ 高等教育
- ◎ 科学技术

综　述

【概况】 2017 年，乳山市教育局以促进学校特色发展、学生全面发展为主线，在教育系统开展“队伍素质提升年”“精细化管理深化年”活动，推进基础教育综合改革。在高中全面推行“全学科、全方位、全过程”选课走班教学，促进各类教育优质均衡发展。学前三年幼儿入园率 99.5%，小学适龄儿童入学率、巩固率 100%，初中入学率、巩固率 100%，高中阶段普及率 99.6%。年内，乳山市实验初级中学、乳山市府前路学校获评“全国青少年校园足球特色学校”，乳山市获“山东省家庭教育实验基地”“山东省家庭教育示范基地”称号。

2017 年乳山市中小学校基本情况

表 34　　　　单位：所、人

项目	学校（所）	教职工（人）	毕业生（人）	招生（人）	在校生（人）
总计	27	4322	7455	6370	28645
小学	4	1509	2619	2313	13388
初中	18	1921	2829	2633	10726
高中	3	848	2002	1401	4424
特教学校	1	28	5	23	107
中小学综合实践教育基地	1	16			

（王洪旗）

【教师队伍建设成果丰硕】 2017 年，乳山市教育系统有教职工 4420 人（含职能部门 98 人），其中，高级以上职称资格 721 人，中级职称资格 2126 人，初级职称资格 1573 人。年内，119 名教师新取得高、中级专业技术职务资格。新录用师范类本科以上毕业生 24 人。

师德主题教育活动 2017 年，乳山市教育系统开展“弘扬乳娘精神，爱岗·敬业·奉献”师德主题教育活动，评选出乳山四有好教师 50 名，乳山市文明教师 100 名，威海市师德标兵 15 名；借助乳山市红色教育资源，以“乳娘哺育生命、教师塑造灵魂”为结合点，开展“红色教育塑师德”活动；常态化开展“有偿家教和违规收受学生家长礼品礼金”专项整治、“拒绝升学宴谢师宴”“体罚学生排查”等行动；开展“教师、家长、学生三评议”活动，健全学校、师生、家长、社会广泛参与的师德监督体系，净化教育行风，优化师德师风。

教师业务培训 2017 年，乳山市进一步完善校本培训、远程研修等师训制度，创新网络教研、片区联合教研、定点联系学校、“1+2”影子工程等师训形式，构建“订单式培训＋学分制考核”师训模式。围绕教育教学改革重点和教师发展需求，组织有益讲堂 9 期，举办家庭教育公益讲座 2 期、家庭教育及心理健康广场咨询会 1 期；选派教研员、学校领导及骨干教师参加市外培训 2000 人次，承办省级培训 1 次、威海市级培训 8 次、县市级学科培训 300 余次，其中，学前、音乐、体育坚持周训常态化，促进教师专业发展。组织“信息技术应用能力、微课堂设计能力、命题组题能力”三项基本能力达标活动，与评先选优、职称评聘挂钩，调动教师主动学习、提升自我积极性。实施拔尖人才培育工程，公开选拔乳山市教学能手 124 名、学科带头人 62 名，从中推选“名师”工作团队主持人 32 名，强化拔尖人才标杆引领，促进教师队伍素质整体提升和学科教学快速发展。

教师表彰奖励 2017 年，乳山市 10 名十佳教师、100 名优秀教师和教育工作者、350 名先进教师和教育工作者、12 个教育工作先进单位获乳山市委、市政府表彰奖励。十佳教师是：崔庆旭、姜晓明、隋京亮、邵磊、万秋丽、赵祝峰、李全刚、王志德、安波、邢国胜。年内，张耘、马胜云获评山东省中小学优秀德育工作者，冯利华、董晓伟获评山东省中小学优秀班主任，李静获评山

9 月 29 日，乳山市教育系统党员干部教师思想政治素质提高培训举办　（教育局提供）

东省特级教师。

【校长与学校捆绑考核制度建立】2017年，乳山市深化校长职级制改革，建立校长与学校捆绑考核制度，考核结果与职级津贴、职级评定"双挂钩"。实施校长多向交流轮岗制度，6名校长进行交流轮岗，变低级别为高级别、农村向城区"单向"流动为"多向"流动。进一步完善职级薪酬制，落实校长职级制津贴，向70名校长发放职级津贴117万元。

【"县管校聘"管理改革启动】2017年，乳山市落实学校用人自主权，推行教师全员竞聘上岗，教师由"学校人"变为"系统人"，为均衡师资配置创造制度条件。乳山市中小学2509名教职工参加竞聘，其中，校内竞聘上岗2364人，跨校竞聘上岗145人，盘活学校人力资源，师资结构进一步优化。

（孙胜利）

【教育经费年度总投入12.85亿元】2017年，乳山市教育经费总收入12.85亿元，比上年增长6.55%。其中，财政性教育经费11.28亿元，比上年增长6.51%；教育经费总支出12.62亿元，比上年增长5.52%。建立教育经费保障机制，按标准落实中小学公用经费。年内，按照初中生均1110元、小学910元标准，全额落实初中、小学公共财政预算公用经费，到位资金2412.79万元；按照高中生均900元标准，拨付公共财政预算公用经费455.4万元；特殊教育学校按照小学生均9100元、初中生均11100元标准，拨付公共财政预算公用经费90.21万元。

2017年乳山市教育经费收入支出表

表35 单位：万元

项目		金额
经费收入	合计	128456
	公共财政预算拨款	112767
	政府性基金拨款	51
	社会捐资	567
	事业收入	14922
	其他收入	149
经费支出	合计	126157
	工资福利支出	82137
	对个人和家庭补助支出	14087
	商品和服务支出	9399
	其他资本性支出	20515
	经营支出	—
	其他支出	19

8月14日，乳山市教师"三项基本能力"首批达标验收（教育局提供）

【资助困难家庭学生5466人次】2017年，乳山市以"不让一名学生因家庭经济困难而失学"为目标，继续全面落实家庭经济困难学生资助政策，年内，共资助学生5466人次，发放资助金339.96万元。其中，学前教育阶段，发放学前教育政府助学金93.06万元，受助幼儿1551人次，减免保育费18.94万元，受助幼儿195人次；义务教育阶段，发放乘班车补助26.79万元，受助学生893人；普通高中教育阶段，发放普通高中国家助学金94.9万元，受助学生949人次，减免学费41.38万元，受助学生1532人次；中等职业教育阶段，发放中职国家助学金7.3万元，受助学生73人次；大学阶段，为省外就读的建档立卡贫困大学生免除学费4.99万元，受助学生10人次；发放残疾学生生活补助52.6万元，受助学生263人次。为192名大学生办理生源地信用助学贷款153.53万元。

（宋吉光 李进卫）

【解决"大班额"问题工程建设完成】2017年，乳山市投资4亿元，推进10个新建及改扩建学校项目建设。年内，完成光明街小学、西苑学校二期新建工程，乳山一中、乳山二中、实验中学、第一实验小学改扩建工程，特殊教育学校迁建工程。加强新建及改扩建学校内部设施配备工作，按标准配齐理化生、小学通用技术实验室教学设备和光明街等学校普教仪器、办公桌椅，配备交互式一体机、云课堂、计算机等电教器材，建设录播教室3个、乳山一中创客教室1个，为特殊教育学校配备智力检测、感统训练、多感官训练、体育康复训练等特殊学生训练和康复设备及食堂设备。全面解决普通中小学大班额问题。

【校舍改造及公办幼儿园建设投入1400万元】 2017年，乳山市投入1400万元，启动乳山一中学生宿舍楼、乳山二中食堂、第二实验小学传达室及大门改造等附属工程建设，开工松山路幼儿园建设，稳步推进校舍改造，加强公办幼儿园建设。

【中小学食暖设施改造工程投入460万元】 2017年，乳山市按照“加快解决燃煤污染问题”要求，投入460万元，实施中小学食暖设施改造工程。拆除银滩高中、乳山寨、诸往、南黄、乳山口等11所农村学校及幼儿园的燃煤锅炉，将银滩高中接入市政管网供暖，乳山寨等学校增配取暖空调138台，乳山一中、乳山二中等17所学校增配燃气灶等食堂设备146台（件）。

【光明街小学建成启用】 2017年8月，总投资5000万元的光明街小学建成竣工，净占地30929平方米，建筑面积1.25万平方米，可容纳30个教学班。9月，光明街小学正式投入使用，招收1～4年级学生693名，配备教师63人。学校教室、功能室和设施设备配套完善，交互式智能液晶多媒体、云课堂、机器人实验室、校园电视台等设施配备超过现行省规标准，为境内设施一流的现代化小学。

【教育信息化建设步伐加快】 2017年，乳山市教育局推进信息技术与教育教学工作融合发展，实现资源共建共享。年内，乳山一中、银滩高中、第一实验小学、西苑学校、白沙滩镇中心学校5所学校入选省级信息化试点校。投入1700余万元，实施乳山市校园网络升级改造工程，实现校际间万兆互联、千兆到桌面，全部办公区域和部分教学区域无线覆盖；投入400余万元，新建云机房10个、电子书包教室10个；投入130余万元，新建录播教室3个，创客教室1个。推广“威海智慧教育云平台”应用，组织培训2期，培训教师320余人次。举办电子书包应用培训12次，采取进校培训方式逐校进行，和教师面对面交流，扩大培训面，提高培训效果。25所学校完成录播教室对接智慧教育云平台“空中课堂”建设，实现课程常态化直播。开展“一师一课”“优质课”及“新媒体新技术创新课堂交流展示”评选活动，推动信息技术与学科融合发展。开展电教服务教育教学，12月，召开电教资源演示会，16所学校参与征订，征订金额27万余元，助力学校本地化资源建设，白沙滩学校被定为nobook虚拟实验试点校。

（潘成强　孙京涛）

8月29日，光明街小学工程收尾　（教育局提供）

【学校安全网格化管理体系健全】 2017年，乳山市进一步加强学校安全管理保障工作，实现校园安全零事故。开展校园安防集中整治，8月，委托专业培训机构对80名非专业保安人员进行专业技能培训，均获国家初级保安员资格证书。协调为乳山市所有中小学校安装与公安联网的“一键式”视频报警系统，会同电信部门为所有幼儿园安装集一键报警、幼儿接送考勤、日常管理等功能于一体的智慧幼儿园平台系统。开展校园安防达标系列活动，围绕校车安全、消防用电安全、食堂食品安全、校园安保、暑期防溺水安全等开展经常性、多轮次安全督导检查，停运不合规定的民办幼儿园接送幼儿车辆11辆，组织暑期安全督导4轮，实现校园安全零事故。

【学校食堂全面委托餐饮公司经营服务达17所】 2017年，乳山市组织教育系统17所学校食堂与餐饮公司签订《乳山市学校食堂经营服务合同书》，全面委托餐饮公司经营服务。制定《乳山市中小学校食堂工作标准》《乳山市中小学校食堂管理考核暂行办法》《学校食堂管理档案工作要求》等，汇编成《乳山市学校食堂经营服务管理手册》，作为指导学校食堂经营服务的规范文本。年内，组织食堂到文登、荣成参观学习2次，提升学校食堂经营服务水平。

（高光）

【农村“省级示范性幼儿园”全覆盖】 2017年，乳山市有幼儿园34所，公办及公办性质幼儿园29所，在园幼儿7890人。11月，开展第三届幼儿园区域活动展评，14所乡镇中心幼儿园参与评比，进一步提升农村幼儿教师环境创设能力。组织业务技能培训、幼儿园园长专题培训及幼儿园早教指导培训5次。组织“游戏——点亮快乐童年”主题学前教育宣传月活动，各幼儿园开展相关主题活动，向家长宣传学前教育理念和科学育儿方法。强化幼儿园安全管理与卫生监管，八部门联合检查2次，联合卫计部门对幼儿园卫生保健工作进行全面评估认定。年内，夏村镇中心幼儿园获评“山东省省级示范性幼儿园”，实现乳山市农村“省级示范性幼儿园”全覆盖。

【民办培训学校纳入年检管理】2017年，乳山市进一步规范民办教育机构管理。3月，召开全市民办教育工作会议，出台《全市民办教育工作要点》。8月，组织清理规范涉企经营服务性收费自查自清活动，落实出台的优惠政策措施，取消不合理收费项目，降低偏高的收费标准；杜绝中介机构利用政府影响违规收费，明确行业协会商会不得强制企业入会或违规收费；全面建立政府定价经营服务性收费目录清单制度，实现中央、省、市、县四级目录清单全覆盖。9月，组织民办培训学校办学行为和安全管理大检查，进一步规范民办学校办学行为和安全管理，提升办学质量。

【山东省示范性中等职业学校建设工程项目获批立项】2017年，乳山市组织乳山市职业中等专业学校（以下简称中职学校）“3+2”专业申报，挂靠山东商业职业学院，开通会计电算化、计算机与应用两个专业“3+2”中高职贯通培养项目。8月，中职学校获山东省示范性中等职业学校建设工程项目立项。实行职业学校网上招生，招收职校新生472人。年内，分专业组织师生参加中等职业教育技能大赛，5名师生在国赛中获奖，2名师生在省赛获奖，18名师生在市赛中获奖。

（李元）

【特殊教育学校“送教上门”服务】2017年，乳山市根据山东省特殊教育提升计划要求，结合城区中小学布局调整，投入1500万元，改建原实验中学校址，7月，乳山市特殊教育学校迁入。学校占地面积27723.5平方米，开设教学班7个，在校学生109名，在编教职工28人，是乳山市唯一集听障教育、启智教育于一体的特殊教育学校。暑假期间，学校对6～14周岁具有一定接受能力的重度残疾儿童少年进行摸底登记，确定送教上门残疾少年儿童30名。送教老师针对学生的发病规律、生理状态、生活习惯等制定个性化教育计划，每周上门送教2次，帮助学生学习知识，进行协调性训练和康复训练，提高学生生活、社会适应能力。

（李帅）

基础教育

【德育课程一体化全面启动】·2017年，乳山市选定黄山路学校、实验中学、乳山一中为试点学校，围绕政治认同、国家意识、文化自信、公民人格四方面16项重点内容，制定具有校本特色的课程综合实践方案。9月，以试点校做法为引领，全面启动实施德育课程一体化工作。成立德育一体化研究小组，定期开展跨学科、跨学段教研活动，为学校和学科教师实施《指导纲要》提供指导，做好跟踪研究和效果评估。4月，召开乳山市德育工作论坛暨德育课程一体化观摩研讨会，观摩德育课程一体化成果展，明确学校德育下一步工作要求。

【获评“山东省家庭教育实验基地”】2017年，乳山市举办《做有利于孩子自成长的新父母》等大型家庭教育公益讲座3次，2000余名家长参加，实现学前到高中全覆盖。加大学校管理指导力度，实施“五个一”（一班一报一会一热线一园地）家教培训工程，建立学校工作室30个，聘请家教辅导员50名，考核通过“家教指导师”180余名，组织各学校开展家长开放日活动70余次，加大家校联系合作力度。5月，乳山市教育局在山东省家庭教育工作会议上作《打造双型师长，提升共育质量》经验交流，乳山市被省教育科学研究院授予“山东省家庭教育实验基地”称号，成为威海市唯一、全省5个市县级试验区之一。11月，乳山市被省教育厅和妇女联合会评为“山东省家庭教育示范基地”。

【中华优秀传统文化进校园活动开展】2017年，乳山市开展中华传统文化进校园活动，组织传承中华传统美德、诵读国学经典系列活动。以“传承中华文明·争做美德少年”为主题，开展“地科杯”征文比赛、

3月12日，乳山市教育局家庭教育公益讲座举办　（教育局提供）

小小百家讲坛学、墨香书法展示、“新华书店杯”寻访红色足迹等系列读书活动。5月，以“诵读经典·传承美德”为主题，在第二实验小学和府前路学校举办“国学小名士”经典诵读大赛，让青少年通过诵读国学经典，将传统经典中的正能量与社会主义核心价值观有机结合，做到知行合一、学以致用。

【海阳所、冯家中心学校获评“威海市心理健康特色学校”】 2017年，乳山市开展心理健康教育特色学校创建活动，投入11.64万元，提升心理健康活动室建设，配备心理测评软件、宣泄器材、沙盘、多媒体等。加强心理健康教师培养，组织大型心理健康教育培训2次，培训人员200人次。1月，联合乳山市文明办，在教研中心成立乳山市未成年人心理健康辅导站，面向未成年人开展心理问题咨询和心理健康知识普及，强化校外心理辅导；加强25所中小学校校内心理辅导站建设，开展心理健康咨询活动，促进学生身心健康成长。5月，在人民广场举办主题为“放飞心灵、家校携手、梦圆六月”家庭教育暨心理健康广场咨询会，向家长发放《与孩子一路同行》家庭教育知识宣传材料300余份。11月，开展学生心理辅导帮扶成功转化案例评选活动，搭建交流学习平台，提升心理教师辅导水平。开展个别化心理健康教育活动，提升学校心理健康教育特色化水平，年内，海阳所、冯家中心学校获评“威海市心理健康特色学校”。

【中考改革稳步推进】 2017年，乳山市“分数＋等级”“多次考试、择优使用”的中考机制建立，进一步强化综合素质评价，弱化“分分必争”意识。落实职普招生比例大体相当规定，引导初中毕业生合理分流，稳定中职教育招生规模，年内，中职招生1398人，高中招生1405人，普通高中教育与中等职业教育协调发展。

【普通高中“生涯教育”工程启动】 2017年，乳山市启动实施普通高中“生涯教育”工程，进一步提升基础教育办学内涵。聘请哈尔滨工业大学（威海）人格与生涯教育课题组专家团队，分3个阶段组织生涯教育师资通识培训。4月，在第一实验小学举行乳山市生涯教育活动启动仪式，高中、初中干部和骨干教师240余人参加培训。4—5月，课题组专家进入3所高中进行针对性培训；对学校生涯规划课程教师进行线上、线下答疑督导，帮助学校培养生涯咨询师，更好解决学生学科选择、专业选择、志愿填报问题。11月，组织乳山市三所高中20名生涯教育骨干教师在哈尔滨工业大学（威海）进行一周封闭培训，探索实施生涯教育的路径和方法，提高学生人生规划能力。

【南京“小班化”研究专家进校指导】 2017年，乳山市坚持“以点带面、滚动发展”原则，推进小班化文化、教学模式、教学评价研究。建立配套的小班化教育师资培训体系，组织教研部门、试点学校赴小班化教育工作先行地区开展“影子培训”、观摩交流，邀请专家到乳山开设专题讲座，对干部、教师分层次进行培训指导。4月，邀请南京市“小班化”教育专家团深入试点学校实地指导，专家团成员由专职教研员和一线实验学校校长组成，帮助学校教师廓清理念、拓展思路、优化策略。11月，组织小班化改革骨干赴南京学习小班化教学管理经验。

【创建“全国校园足球特色学校”2所】 2017年，乳山市坚持文化课教育和艺体教育齐抓并举，提升学生综合素质。义务教育阶段，实施学生特长能力“2+1”（2项运动技能、1项艺术技能）项目，为学生特长发展创造条件。常态化开展体育联赛、才艺展演，举办乳山市篮球、排球、足球、乒乓球、田径、健美操“六大联赛”、才艺大赛、文艺汇演等大型活动。定期开展“自主选课日”活动，将特长小组和社团建设纳入学校办学水平重要评估指标，促进学生个性和特长发展。年内，乳山市中小学健美操项目在威海市蝉联团体冠军，包揽小学、初中、高中组金牌；畅园学校代表队在全国健美操比赛获金奖；乳山市学生代表合唱团和教师合唱团在威海市合唱比赛中获金奖；4所学校在省级器乐比赛获奖，其中1所学校获金奖。年内，乳山市创建威海市体育传统项目学校6所、威海市优秀文化艺

9月26日，乳山市畅园学校代表队在全国全民健身操舞大赛总决赛中夺冠
（教育局提供）

术传承学校4所、威海市校园足球特色学校2所、全国校园足球特色学校2所。

（教育局提供）

【府前路学校、怡园中学获评“威海市特色学校”】 2017年，乳山市继续加大特色学校建设推进力度，推进教育内涵发展，深化基础教育综合改革。3月，邀请山东省督学、山东北斗教育研究院院长贾玉德来乳山做特色学校建设专题培训，进入怡园中学和府前中学开展实地培训指导。组织校长、领导干部及骨干教师赴青岛、潍坊开展访学活动2次，学习创建经验。创办每月一期特色学校建设动态信息简报，推介经验，扎实推进学校特色建设。8月，府前路学校、怡园中学被评为威海市第四批特色学校。

【城区招生分流工作完成】 2017年，光明街小学和西苑学校二期工程项目投入使用，城区学校布局发生变化，根据“就近入学”和“解决大班额”原则，对城区中小学招生区域进行重新论证和划定。通过学生填、学校报，摸清城区学生分布情况，进行实地测、网上查，摸清焦点生活小区与学校之间的距离，为城区招生工作提供第一手资料。根据学生分布和入学半径，研究制定《城区小学招生（分流）区域调整论证分析报告》，对城区学校招生范围、生源及班额情况进行论证分析，反复修正后确定城区学校招生区域。乳山市教育局通过乳山时讯、乳山发布和乳山教育微信平台、乳山电视台、致家长一封信形式，广泛宣传招生政策、分流方案、报名入学须知、招生（分流）区域划分等。采取学生写、家长报、学籍平台导入方式，先后3次对学生家庭住址情况进行详细核实，准确圈定分流学生。分流前分别在第二实验小学、畅园学校召开分流学生家长会和新校长见面会，宣讲分流政策，介绍新校建设和发展远景，逐一解答学生家长疑问，顺利完成学生分流。

2017年乳山市小学学籍人数统计表

表36

一年级（2017）		二年级（2016）		三年级（2015）		四年级（2014）		五年级（2013）		合计	
班数	人数	班数	人数	班数	人数	班数	人数	班数	人数	班数	人数
63	2313	68	2479	68	2619	75	3011	74	2951	348	13373

2017年乳山市初中学籍人数统计表

表37

初一（2017）		初二（2016）		初三（2015）		初四（2014）		合计	
班数	人数	班数	人数	班数	人数	班数	人数	班数	人数
63	2600	71	2900	60	2344	64	2640	258	10484

2017年乳山市高中学籍人数统计表

表38

高一（2017）		高二（2016）		高三（2015）		合计	
班数	人数	班数	人数	班数	人数	班数	人数
33	1401	33	1392	35	1631	101	4424

（王忠国）

职业教育

【概况】 2017年，乳山市有职业教育学校1所，即威海机械工程高级技工学校（以下简称威海技校）。共有在校生1428人，教职工291人。毕业生就业率100%。年内，山东省示范性中等职业学校建设项目获批立项。

【威海机械工程高级技工学校在校生1428人】 威海技校位于市区北环路10号，为国家级高级技工学校、全国重点技工学校、山东省首批规范化中等职业学校，获评全国农民工培训基地、全国职工培训教育优秀示范点、山东省再就业培训定点机构、山东省乡村旅游培训基地、威海市创业就业定点培训机构和威海市金蓝领培训基地。学校占地33.3万平方米，总建筑面积10万平方米，分办公区、教学区、实训区、体育运动区、生活区五大区域。有数控、汽修、电工电子、服装、烹饪、美容美发等实训室50个，内置各类实训设备总值2500余万元。2017年，设教学班46个，全日制在校生1428名，高级职称教师57人，“双师型”教师115人。

【山东省示范性中等职业学校项目立项】 2017年4月21日，山东省示范性中等职业学校建设工程项目成功立项，获专项建设资金1000万元，用于学校人才培养改革、专业课程建设、校企合作与管理运营机制建设、现代信息技术应用与数字化资源建设、师资队伍建设等方面，完善学校内涵建设，提高人才培养质量，利于提升学校整体办学水平。

【威海技校教师教育科研水平提升】 2017年，威海技校研究出台《威海机械工程高级技工学校教学科研管理制度》，规范科研管理，建立奖惩机制，激发教师科研兴趣。年内，山东省职业教育与成人教育科学研究“十二五”规划课题结题1项，省级教学改革课题结题2项，山东省职业教育教学改革课题获立项2项，山东省职业教育精品资源共享课程《机械基础》获立项1项，威海市重点课题获立项1项，威海市一般课题获立项6项。6月，在威海市中等职业教育教师信息化教学大赛课堂教学大赛项目中，4个项目分获第一名、第四名、第六名、第七名；在信息化教学设计项目中，7个项目分获第四名、第七名。9月，在全省技工院校公共课及专业课微课教学比赛中，有41人获奖，其中获一等奖8人、二等奖17人、三等奖16人。

【威海技校师生技能大赛获奖牌39枚】 2017年，威海技校先后承办乳山市职工技能大赛，威海市中职技能大赛数控综合项目、服装项目、电焊项目、汽修项目大赛。组织师生参加全国职业院校“辰榜杯”数控铣工专业技能大赛、全国服装专业技能大赛，山东省中等职业学校数控车、数控铣、焊接加工、服装设计、钳工装配等专业技能大赛，获奖牌39枚。国赛中，1名教师获服装大赛银奖、2名教师获铜奖，2名同学获数控铣项目二等奖；省赛中，2名同学获三等奖；市赛中，6名同学获一等奖、10名同学获二等奖，2名教师获二等奖，9名教师获三等奖，5名教师获优秀指导教师奖。

【威海技校教学诊改工作纳入威海市级试点】 2017年，根据《〈山东省中等职业学校教学工作诊断与改进实施方案（试行）〉的通知》，威海技校教学诊改工作纳入威海市级试点学校名单。围绕《中等职业学校教学工作诊断与改进指导方案（实行）》中诊断项目、诊断要素、诊断点，结合学校实际，制定出台《威海机械工程高级技工学校教学工作诊断与改进实施方案》《威海机械工程高级技工学校教学工作诊断与改进制度》。组织外派培训，赴省级诊改试点学校参观学习。年内，派员赴重庆参加全国第二期诊改工作培训，赴潍坊商业学校参加教学诊断与改进工作培训班，并到该校现场观摩学习，学校诊改工作整体稳步推进。

（杨合申）

高等教育

【概况】 2017年，乳山市有高等教育学校1所，即山东外事翻译职业学院（以下简称山东外翻学院），在校生9467人，专任教师529人。设有外国语学院、国际商学院、管理学院、信息工程学院、国际交流学院等5个二级学院和1个基础教学部，开设商务英语、商务日语、国际贸易实务等34个专业。

11月29日，威海市机械制造技术职教集团评估汇报会在威海技校召开 （威海技校提供）

【山东外事翻译职业学院】 是经教育部审核、山东省人民政府批准设立的全日制普通高校，地处国家AAAA级旅游风景区乳山银滩，依山面海，景色宜人，占地106.67公顷。有省级教学成果奖2项，省级特色、品牌专业（群）8个，省级精品课程和精品资源共享课程8门，省级教学团队1个、全国和省级优秀教师5名。

学生工作队伍建设 2017年，山东外翻学院坚持学生为本工作理念，构建教育、管理、服务相结合的全员育人体系。组织辅导员参加培训、学生管理工作研讨及培训会3场；开展首届辅导员技能大赛、学工队伍单个军人队列动作集训等活动；组织7名学生管理人员参加省高校工委组织的辅导员培训会、学生管理培训，4名辅导员参加省培项目，1名辅导员获“山东省优秀辅导员”称号。

安全教育主题活动 2017年5月，山东外翻学院举办“安全生产月”系列活动；开展“平安校园”宣传活动，组织全院师生进行防火防震演练；邀请乳山市农村商业银行、中国农业银行乳山支行到校进行“金融知识进校园”专题讲座；新生军训期间，邀请乳山市公安局银滩中队全体消防官兵为全体新生进行防火演练。学生处联合保卫处组织开展“集中治理校园非机动车辆”活动，杜绝非机动车辆在校内从事商业活动行为。年内，学院开展大型安全隐患排查活动4次，更换灭火器26具、消防水带322条。

【山东外翻学院课程体系和质量监控体系建设】 2017年，山东外翻学院以应用型本科院校创建为契机，不断加强质量监控体系建设，调整专业结构，推进课程体系改革。完成省教育厅专家组对学院外国语品牌专业群验收工作；组织外国语学院英语本科“3+2”对口贯通分段培

6月4日，山东外事翻译职业学院新图书馆

（山东外翻学院提供）

养试点专业转段考核测试，英语本科“3+2”班38名同学均被山东师范大学录取。出台《关于推进课程体系改革的实施意见》，组织召开课程体系改革实施方案研讨会，不断修订完善课程体系改革实施方案。年内，共有14门课程申报校级项目，并开展省级精品资源共享课程申报。陆续印发《关于调整教学督导委员会委员的通知》《教学督导委员会章程》《二级学院（部）内部质量诊改状况多元化模糊评价系统》等文件，组织教学督导组开展“内部质量保证体系诊断与改进模糊评价系统”试测。年内，17位教学督导组专家共计听课270余次，二级学院（部）成立二级督导小组，开展相应的听评课活动。

【获评“十三五”山东省高等学校工程技术研发中心】 2017年4月，学院成立电子商务与技术研发中心，被省教育厅确定为“十三五”山东省高等学校工程技术研发中心，随后成立管理学院学术研究中心。山东省高等教育管理科学研究会高等教育发展研究中心落户山东外翻学院。加大校外科研课题申报力度，组织申报山东省社会科学规划研究项目、山东省教育科学“十三五”规划等各类课题，获立项15项。其中，山东省社会科学规划研究项目立项重点项目1项，获资助经费70000元，山东省教育科学“十三五”规划课题立项专项重点1项，获资助经费20000元，专项一般1项，获资助经费10000元；山东省社会科学基金项目职业教育研究专项课题立项重点课题1项，获资助经费2000元。年内，组织申报山东省高等学校优秀科研成果奖、威海市第二十次社会科学优秀成果奖等，获一等奖1项、二等奖1项、三等奖1项。

【山东外翻学院校园信息化建设】 2017年，山东外翻学院对核心网络设备进行万兆升级，更换出口防火墙与核心交换机，开启入侵防御和防病毒功能，过滤非法及不健康网址，增强网络安全性。与上海寰创通信科技股份有限公司建立战略合作关系，实现有线、无线网络全覆盖及一体化智能管理目标。与移动、电信合作，在2000M出口带宽基础上，接入千兆专线1条、百兆专线2条，网络总带宽达到3300M，保障校园用户网络体验。联合厂家，对学院一卡通系统进行升级，解决圈存、对账异常等问题；浙江正元智慧科技股份有限公司投资40余万元建设支付宝电子校园卡应用设备和软件，通过扫码应用，为在校师生提供更好的移动支付体验。

【山东外翻学院实训设备优化升级】 2017年，山东外翻学院实验楼三楼计算机中心建成计算机通用机房8间，可容纳854名学生同时上机，解决《计算机文化基础》合班上机问题。规范整体实训环境布局，将外国语学院分散在其他教学区域的语音室、同声传译室调整至本院，提前完成10间教室的规划布局、墙面粉刷、静电地板及网线铺设，450套桌椅板凳和近500套设备的搬迁工作。协调解决因使用年限较长、使用频率较高或操作不当引发的设备问题，实训室安装教学软件和办公软件50余次、同传设备8000余台，维护修理教学及办公设备2000余台件套2500余人次。

（刘忠伟）

科学技术

【概况】 2017年，乳山市开展科技创新活动，组织实施各类科技项目52项。促成技术合同96项，成交金额4.3亿元。全市高新技术产业产值195亿元，占规模以上工业产值比重25.48%。规模以上工业企业研究与试验性发展经费支出占生产总值1.70%，比上年增长0.13个百分点。

【科技型中小企业认定14家】 2017年，乳山市有5项科技项目获得威海市级以上各类科技计划立项。其中，2017年度山东省科技重大专项项目结转计划（第一批）和山东省科技型中小企业竞技行动等省级以上项目3项，2017年威海市重点研发计划（科技发展计划）等项目2项。威海金牌生物科技股份有限公司、威海华邦精冲科技股份有限公司、威海鲁源科技环保设备有限公司、山东双连制动材料股份有限公司、山东金聚粉末冶金有限公司等企业加大企业研发投入，获省市财政资金补助。11家企业参加高新技术企业认定，新增认定高新技术企业5家。按照国家新出台的《科技型中小企业评价办法》，认定科技型中小企业14家。

【高端研发载体7家实现提升】 2017年，山东润发环保科技有限公司被山东省科技厅批准为省级院士工作站；威海正洋海洋生物技术研究院获准组建威海市新型研发机构；智创科技企业孵化器、久鼎电子商务孵化器、智创空间、成创乳山众创空间和久鼎众创空间5家机构获批省级众创空间及企业孵化器，乳山市高端研发载体创建实现新突破。

【山东省知识产权试点工作推进】 2017年，乳山市全年专利申请677件，其中发明专利申请337件，专利授权137件，发明专利授权23件，实施专利121件，实施率88.3%。乳山市环宇化工有限公司、威海埃姆提爱矿山设备有限公司取得知识产权贯标认证证书，截至2017年年底，全市累计7家。威海鲁源科技环保设备有限公司被认定为国家知识产权优势企业，山东昊安金科新材料股份有限公司被认定为山东省知识产权示范企业。新培育伯特利汽车、温喜生物等8家专利大户，实现知识产权推动科技创新。

【山东省第一支防震救援分队组建】 2017年3月，乳山市修订完善《乳山市总体地震应急预案》，重新梳理完成《乳山市地震应急预案操作手册》《地震应急处置指南》。建立健全地震应急救援物资储备库，储备规模、种类列居威海市地震系统首位。完成防震救灾志愿者队伍建设，在册人数830人。与乳山市人武部联合组建山东省第一支防震救援分队，在册人数156人，登记各大型救援车辆26台。完成乳山市行政区域内地震次生灾害源（地质灾害概况、大型水库信息、危化品使用企业）调查统计，并建立数据库。

【地震监测预警网络建全完善】 2017年1月，乳山市完成花家疃、安夼、稗子刘家三个水位水温观测井观测设备调试与正式投测；4月，完成乳山地震台修缮与供电线路改造工作。针对原大地电场观测项目设备电极老化及周边干扰源不断增多、观测资料质量呈下降趋势的实际；11月，完成新大地电场的迁建，选址乳山市冯家镇南刘伶庄村。

【威海市首个永久性海岛地震台建成】 2017年，为加强地震监测网络合理布局，实现海陆无缝覆盖，乳山市建成威海市第一个永久性海岛地震台——乳山宫家岛地震台，并顺利通过验收。宫家岛地震台的建成填补整个威海市海岛地震台的空白，提升海域地震监测能力，并拓展乳山市地震监测台网空间布局，对整个威海市乃至山东省地震监测手段的提升是一个极大的补充与完善。

【获评“全省县级防震减灾工作目标责任考核先进单位”】 自2017年3月6日起，乳山市对行政区域内及沿海震情严密监测，每周一制定地震周会商报告、每月最后一个周一制定月会商报告，并及时向威海市地震局地震监测台网中心上报，为上级地震部门正确研判乳山地震趋势提供一手资料。完成防震减灾科普宣教与避震应急疏散演练“六进”任务，完成乳山市大孤山中心学校、乳山市府前路学校2所地震预警示范学校，府前路学校、第一实验小学、午极中心学校、实验中学4所国家级防震减灾科普示范学校申报工作。年内，乳山市获“2017年度全省县级防震减灾工作目标责任考核先进单位”称号。

【校企对接活动开展】 2017年，乳山市开展校企对接，深入推动协同创新。结合乳山市产业发展情况和企业技术需求，开展产学研协同创新，先后赴中国军事科学院、中国海洋大学、鲁东大学、中科院海洋所、山东大学、哈尔滨工业大学等10余家科研院所开展针对性对接，达成合作意向20余项。组织召开“威海科技·服务业助力乳山产业突破发展”合作推介会、全市产业振兴大会产学研分会、鲁东大学乳山校企产学研对接等活动，提升科技成果转化水平。

（于杰）

【区域自动气象观测站升级改造完成】 2017年，乳山市乡镇区域自动观测站对诸往、徐家、南黄、南黄岛4个区域自动站进行升级改造，年内，乳山市区域自动气象观测站升级改造全部完成，区域站乡镇覆盖率100%。其中，乳山寨、崖子为六要素观测（气温、湿度、气压、风向、风速、降水量），南黄镇、南黄岛、

3月20日，威海市地震局到乳山指导二氧化碳井观测数据提取工作

（科技局提供）

2017 年 8 月，龙角山水库地面燃烧炉　　（气象局提供）

徐家镇为五要素观测（气温、湿度、风向、风速、降水量），其余区域站均为四要素观测（气温、风向、风速、降水量），为乡镇农业气象服务和气象防灾减灾提供依据。

【地面燃烧式人工影响天气装置建设 3 套】 2017 年，乳山市气象局在岠嵎山、诸往镇口子村、龙角山水库建设地面燃烧式人工影响天气装置 3 套，于 6 月投入使用，在汛期增雨作业中发挥作用。年内，组织人工增雨作业 13 次，发射增雨火箭弹 120 余枚。增雨火箭和地面燃烧装置密切配合，6 月以来，龙角山、花家疃、院里 3 个水源地水库累计增容 3294 万立方米，缓解乳山市生产生活用水压力。

【自动土壤水分观测站新增 1 套】 2017 年，乳山市气象局关注土壤墒情变化，加强农业关键期气象预报，做好春耕备播期、小麦生长关键期和夏收夏种期气象服务工作，发布农业气象服务信息。9 月，冯家镇新增自动土壤水分观测站 1 套，至此，乳山市有自动土壤水分观测站 3 套。

（于春霞）

◆ 乳山缢蛏 ◆

缢蛏是双壳贝类，壳长形而两端圆，长可达 8 厘米。自壳顶到腹缘有一道斜行的凹沟，像是被绳子勒出来的，故名缢蛏。缢蛏常被简称为“蛏”，是沿海滩涂养殖的主要贝类之一。它生长快，养殖效益高，在乳山市海产品养殖生产中占有重要地位。

乳山缢蛏个体肥大，壳薄，肉质鲜嫩，食味鲜美，营养丰富，备受市民青睐。蛏肉可鲜食、蒸煮或与其它青菜混炒，均很可口；亦可加工成蛏干、蛏油等。蛏干是干海产品中的一个重要品种。无论是鲜食或加工，均须先将鲜蛏用水洗净，浸泡在 2%～3%的盐水中 2～3 个小时。缢蛏软体含有蛋白质、脂肪、糖类及矿物质和维生素，具有退热、明目、止渴、解酒毒、防治妇女劳损下血之功能。缢蛏壳则有散结、消炎、通淋和止带功效。乳山缢蛏主要分布在乳山湾。由于乳山湾内风平浪静，潮流畅通，两条大的淡水河带来丰富的陆地营养盐，且无污染，极适合缢蛏的生长。

随着养蛏技术的不断推广和经验的积累，乳山市逐步拥有了一套完整的养蛏方法。每年的 2 月上旬至 3 月上旬从南方购买蛏苗，播撒在整好的滩涂上，第二年的 9 月至 10 月是成蛏的收获期。一般采用挖捕法，即在海水退潮后，从蛏堤一端开始用长铲挖掘，边挖边捡边放入筐篓中。

·明代 玉挂件

·宋代 玉镯

·清代 玉镯

·清代 石雕花瓶

责任编辑：孙方圆

·清代 石板鱼化石插屏

卫生·体育
Health, Sports

◎ 医疗卫生

◎ 计划生育

◎ 红十字会

◎ 体　育

医疗卫生

【概况】 2017年，乳山市共有公立医疗机构24处，按服务区域分为10处市直医疗机构和14处乡镇医疗机构。2017年，卫生计生系统以提升医疗卫生服务水平为主线，健全乳山特色医疗服务体系和公共卫生防御体系，加大全面两孩政策的宣传和落实力度，卫生计生事业开创新局面。年内，乳山市被全国爱卫会正式授予“国家卫生城市”称号。获“山东省首批健康城市试点”“省级计划生育药具管理示范站”“省级卫生计生综合监督示范区”等称号，完成“国家慢性病综合防控示范区”技术评估，在全国卫生计生综合监督大会上代表山东省作先进典型发言。年内，省级医养结合示范市和省级健康促进示范市创建工作启动。

【医疗卫生体制改革深化】 2017年，乳山市强化医疗卫生领导体制和推进机制，印发《乳山市公立医院法人治理结构建设工作实施方案》和《乳山市医疗卫生服务体系“十三五”规划》，为县级公立医院发展指明方向。创新公立医院编制管理方式，实行编制备案制，五家公立医院人员控制总量1773名；推行聘用制和岗位管理制度，深化收入分配制度改革。从多角度监控医疗费用重点指标，不合理增长得到有效控制，单病种付费和临床路径管理数量增加。

【医联体服务模式推行】 2017年，乳山市强化医联体建设工作，稳步推进分级诊疗。全市建立多种形式“医疗联合体”服务模式。乳山市人民医院在继续巩固与山东省千佛山医院、北大人民医院等上级医院合作的背景下，先后与青岛大学附属医院、烟台毓璜顶医院、齐鲁医院、山东省皮肤病医院等上级医院展开深入交流与合作，在帮助医生提高业务水平的同时也使更多患者受益。乳山市市中医院与北京东直门医院签订战略合作联盟协议，以中医院国医堂为基地，定期邀请东直门医院专家坐诊、查房、授课。2017年，乳山市人民医院、中医院国医堂分别与14所乡镇卫生院、2个社区卫生服务中心签订综合、中医国医堂医联体合作协议，医联体内成员医院与核心医院实现患者双向转诊、技术人员上派学习、下派坐诊指导、设备资源共享。9月，乳山市医院与大孤山镇卫生院、中医院与冯家镇卫生院分别组建紧密型医联体，探索建立双向转诊、分级诊疗工作机制。同时加强区域医疗中心建设，包括医学检验中心、医学影像中心、医学病理中心、心电诊断中心，建设周期3年，年内，医学检验中心开始建设运营。

【人民医院新院区建设推进】 2017年，乳山市根据“十三五”卫生事业发展规划，将乳山市人民医院新址选在杭州路以东、新华街以南、珠海路以西。新院区项目占地184.6亩，规划建筑面积21.7万平方米，其中地上建筑面积14.5万平方米，地下建筑面积7.2万平方米，编制床位995张。新院区计划投资16.4亿元，其中医疗设备投资3亿元。新人民医院按现代化三级甲等综合医院的规模建设，采用国际先进的布局理念，实现全流程信息化管理，系医疗科研、健康管理、康复理疗、医养结合四位一体的医疗综合体。年内，医疗综合体——人民医院新院区项目取得红线图，新院区用地确权、规划用地许可证、环评报告

8月12日，第三届“全民健步走”活动举办　　（卫计局提供）

书批复、项目可行性研究报告批复，规划建筑方案批复，地质勘察报告审查通过，施工图审查通过。乳山市人民医院水渠改造工程约完成总进度78%。

【基础医疗机构国医堂建设全覆盖】2017年，乳山市基层卫生体系建设加力提速，服务能力全方位增强。为传承中医国粹，提升中医药服务能力，卫计局制订国医堂建设实施方案，重新规划中医门诊，整合中医药资源，完善基层中医药服务体系。国医堂建设以来，乳山市兴起“有病看中医”的就诊热潮，取得良好的社会效益和经济效益，年内全市实现基础医疗机构国医堂全覆盖。

【乳山市医疗质量安全专项整顿活动】2017年，乳山市下发《乳山市医疗质量安全专项整顿工作方案》，组织相关专家重点对基层医疗机构进行督导检查，立即整改不符合要求的项目，确保整顿活动收到实效，提高医务人员的医疗质量安全意识，消除医疗安全风险隐患。卫计局集中招标污水处理设施，落实医疗废水处置工作，各基层医疗机构正式运行。安装污水处理站的医疗机构继续加强管理，确保各项措施落实到位。

【医疗业务培训扩大覆盖】2017年，乳山市加大医疗业务培训力度。按照年初培训工作计划，组织多期业务培训，主要针对乳山市各级各类医疗机构的医务人员，开展抗菌药物临床应用、静脉输液培训、麻醉药品的管理和使用、手足口疾病防治、医师护士电子化注册、医师定期考核培训、医疗机构质量管理、医疗废物管理、病历书写 、中医适宜技术等各类培训23次，参加培训2300余人次。

【卫生应急工作加强】2017年，乳山市提升突发公共卫生事件应对能力，年内，组织应急演练4次。举办“服务百姓健康行动”全国大型义诊活动周和抗菌药物合理使用宣传周等大型宣传活动，发放各类宣传资料2500余份。开展疾病应急救助基金集中申请支付工作，确保疾病应急救助工作落到实处。及时理顺更新应急管理组织机构，开展各类应急培训5次，组织应急演练5次，修订完善各类应急预案，加强各医疗卫生单位应急物资储备，做好应急值守，及时报送各类突发事件信息，认真做好人感染H7N9禽流感等突发事件应对处置工作。

【全民健康信息化工程推进】2017年，乳山市卫生计生系统接入威海市人口健康信息化平台，安装部署区域全民健康档案系统、电子病历系统、区域临床检验系统、区域影像系统、远程会诊系统、移动医疗等全民健康信息化工程，依托乳山市人民医院、中医院先进技术和设备，共享检查和检验结果，实现医疗信息服务对象全民化、医疗卫生服务和管理智能化，缓解基层医疗机构技术瓶颈，构建互联互通、信息共享、业务协同的区域卫生信息共享协同体系。

【基本公共卫生服务均等化】2017年，乳山市合理配置公共卫生服务资源，规范基本公共卫生服务，服务经费由人均45元提升至50元，城乡居民建档率68%，“五苗”（卡介苗、脊灰疫苗、百白破三联疫苗、麻疹疫苗和乙肝疫苗）基础免疫合格接种率95%，老年人健康管理率67%，高血压患者管理率40%，糖尿病患者管理率35%。落实重大公共卫生服务项目，做好农村妇女增补叶酸和“两癌”筛查工作，免费增补叶酸1357人，“两癌”免费筛查34000人，乳腺癌18人，宫颈癌6人，宫颈癌前病变90人做好妇幼保健工作，提高6岁以下儿童和孕产妇管理率。做好艾滋病、梅毒、乙肝母婴阻断，婴儿死亡率5.07‰，孕产妇连续24年“零”死亡；加强产前筛查和新生儿疾病筛查，免费筛查新生儿2825例，筛查出可疑阳性患儿42例；有1627名乳山户籍的孕妇接受免费筛查，筛查出高风险孕妇98例，提高出生人口素质。

【区域综合防治试点示范项目推进】2017年，乳山市完成国家慢性病综合防控示范区技术评估，慢病防控实现顶层设计再优化、合力再凝聚和智能服务再升级，被誉为慢性病综合防控“乳山模式”。建设省级艾滋病综合防治示范区，形成“市—镇—村三位一体宣传网络”示范区一地一策模式。开展山东省食源性疾病监测“县乡村一体化”试点工作。高质量完成国家委托的“心血管病高危人群早期筛查与综合干预项目”。家庭医生签约稳步推进，重点人群签约覆盖率60%以上，残疾人签约73%，对贫困人口签约覆盖率100%。完成心血管病高危人群早期筛查与综合干预以及上消化道癌症早诊早治项目，以山东省复审第一通过首批国家级慢性病综合防控示范区复审，获原

9月9日，“中医健康你我他”医药健康文化推进行动开展（卫计局提供）

国家卫计委通报表彰。

【法定传染病总体处于低流行态势】2017年，乳山市通过网络直报系统报告法定传染病17种、2119例，总发病率368.60/10万人，全年法定传染病总体处于低流行态势，未发生甲、乙类传染病暴发疫情。接种卡介苗、乙肝疫苗等一类疫苗60339针次，二类疫苗38512针次，报告接种率达95%。乳山市艾滋病防治工作，以省级艾滋病综合防治示范区建设为抓手，以宣传普及艾滋病防治知识为重点，学习贯彻《艾滋病防治条例》和《山东省艾滋病防治办法》，加强高危行为干预，开展自愿咨询检测工作，扩大HIV检测覆盖面，提高艾滋病病毒感染者发现率，通过艾滋病综合防治示范区建设，有效探索适合乳山实际的艾防工作模式，对降低艾滋病发病率、营造宣传氛围、提高患者生存质量、实施国家“四免一关怀”政策起到积极作用。通过“山东省疾病预防控制中心慢性病监测信息系统”累计报告死亡、肿瘤、脑卒中、冠心病以及住院伤害病例13449例。年内，乳山市疾控中心获评“全省健康教育宣传工作先进集体”“全省传染病防制暨网络报告先进集体”“全市疾病预防控制工作先进集体”。

【获评首批“山东省卫生计生综合监督示范区”】 2017年，乳山市以深入开展“卫生计生综合监督规范年”活动为契机，继续开展各项卫生计生监督执法工作。加快推进“智慧卫监”建设，自2017年12月25日正式运行全省卫生计生监督业务应用系统。实现监督执法信息实时准确录入、上传，行政许可申请、受理、审核全程网络化，有效提高行政效率和公共服务水平。全年实现行政许可275家，其中新发194家，变更1家，复核（校验）12家，延续68家，卫计行政许可规范审批率、公示率和建档率均达100%。推进国家“随机、一公开”监督抽检工作。全年完成国家监督抽检93家，已执行单位84家，关闭9家，双随机监督抽检完成率90.32%，完结率100%。加大违法违规案件查处力度。全年查办各类违法违规案件39起，处罚金额27万元，办案率比上年同期增长34.6%，上缴国库罚没款增长55.4%。做好公共卫生监督工作，探索建立“规范执法、双向监督”机制，实现对行政执法行为事前防范、事中制约、事后监督的“全过程管理”。公共场所、生活饮用水、放射诊疗、学校卫生、消毒产品、餐饮具集中消毒、医疗机构、传染病等各专业监督户数总数1742家，实监督户次数2327次，监督覆盖率均达100%。持续深入开展打击“两非”（即非法鉴定胎儿性别和非法原则胎儿性别终止妊娠）和非法行医专项治理行动，实现乳山市全域卫生计生监督全覆盖。乳山市获首批“山东省卫生计生综合监督示范区”称号。

【健康城市创建工作稳步推进】2017年，健康城市建设活动启动以来，乳山市多点助力推进“五城联创”，发展健康产业，打造“健康乳山”。以建设健康城市为目标，倡导文明生活方式，组织开展“万步有约”职业人群健走激励大奖赛活动、“一评二控三减四健”专项行动、“健康杯”有奖征文活动、书法作品大赛活动和“健康乳山·美好生活”全民摄影大赛等。组织开展健康机关、健康企业、健康医院、健康学校、健康社区、健康家庭“六个创建”活动，创建健康单位28家、健康社区69家、健康学校13家。全方位贯彻健康策略，聚焦难点重点。在全市601个村设置协管员，形成市镇村三级监管体系，对57家初级农产品生产单位实现可追溯体系建设，对78家食品生产企业实行分级分类管理，组织各类生产经营检查5500余次。完善城市和农村社区健身设施，85.5%的社区配备体育健身设施，金牛山公园、东苑公园、晨读园公园、人民广场、东方广场等5处健康主题公园以及天水路健康主题长廊均设置健康步道。新建足球场4个、篮球场6个、排球场2个、网球场2个，新增体育健康设施40余处。探索新路径，培育健康产业。发展体育赛事，拉动区域经济，先后举办金鼎杯·2017乳山银滩全国自行车邀请赛、山东省第七届全民健身运动会空竹比赛、纪念建军90周年“中复康杯”全国门球赛暨第二届全国休闲养生门球赛等体育赛事。以旅游业为引领，协助滨海新区积极培植健康产业链条，推动关联产业融合，带动健康养生养老、健康休闲旅游

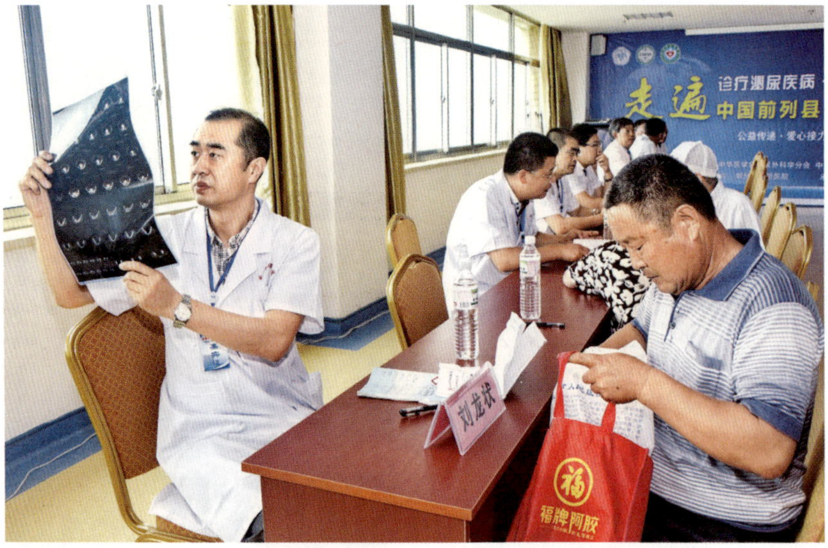

7月8日，中华医学会泌尿外科分会和中国工程师协会泌尿外科分会在乳山市人民医院举行学术交流及义诊活动　　（孔俊娟　王欣摄）

等产业发展，繁荣医养结合、托管经营等新兴业态。

【市、镇、村（社区）三级健康教育网络建立】 2017年，乳山市加强健康教育知识宣传普及，建立市、镇、村（社区）三级健康教育网络。依托卫计系统宣传栏、电子显示屏、宣传展板、候诊电视机、微博微信及网站等全面加大宣传力度。利用健康巡讲、各种重大节日、公益广告、新闻媒体宣传及进农村、进社区、进单位、进学校等活动进行广泛宣传，全面提升居民健康意识，全年举办各健康教育宣传服务活动610余场，发放各种慢病防治、健康知识等宣传材料30余万份。关爱特殊人群，积极开展“计生助福活动”“人口流动健康同行，计划生育倡导文明”“青春健康教育”“送健康、送服务”“关爱母亲健康”等主题活动和走访慰问与健康义诊行动，打造全社会共同参与的知识宣传阵地。深入开展创建省级健康促进示范市建设，全面启动健康促进社区（村）、健康促进企业、健康促进机关、健康促进学校、健康促进医院、健康家庭“六建工作”以及健康促进示范场所建设，提高全市健康促进示范覆盖面及群众受益度。开展控烟履约工作，大力开展“无烟单位”创建活动及公共场所、机关办公场所全面禁烟活动，各级医疗机构积极开展戒烟咨询和戒烟门诊服务，提高戒烟干预能力。

【行风整治持续加强】 2017年，乳山市以开展“两学一做”学习教育为契机，结合治理医药购销领域商业贿赂、“九不准”专项整治和“三增一禁”便民正风活动，委托第三方对医疗机构进行财务检查，重点审计执行党风廉政规定和财经制度方面是否贯彻落实到位，排查涉医贪腐、医德医风差等严重损害群众利益行为的问题。教育卫计系统的广大医务工作者牢固树立患者至上的服务理念，重点加强对乳山市人民医院、中医院两院医务人员医德规范培训，改变服务理念，改善服务态度，提高廉洁行医的思想意识，切实服务好群众。

（鞠佳霖）

2017年乳山市医疗卫生机构基本情况

表39

机构类别	项目	机构数（个）	床位数（张）	人员（人）	卫生技术人员（人）			
					合计	执业（助理）医师	注册护士	其他
总计		495	2234	3693	2696	1046	1139	511
医院	小计	3	1529	1725	1457	495	729	233
	综合医院	1	892	1189	990	312	519	159
	中医（民族）医院	1	517	473	407	167	180	60
	专科医院	1	120	63	60	16	30	14
基层医疗卫生机构	小计	470	679	1685	1085	504	378	203
	社区卫生服务机构	7	0	126	92	28	29	33
	镇卫生院	14	679	710	639	255	236	148
	村卫生室	323	0	504	14	14	0	0
	门诊部（所）	5	0	65	61	30	24	7
	诊所、医务室	121	0	280	279	177	89	11
专业公共卫生机构	小计	19	26	256	134	43	16	75
	疾病预防控制机构	1	0	53	40	14	0	26
	专科疾病防治机构	1	0	18	16	8	2	6
	妇幼保健机构	1	26	74	56	21	13	22
	卫生监督机构	1	0	27	19	0	0	19
	计划生育技术服务机构	15	0	84	3	0	1	2
其他	小计	3	0	27	20	4	16	0

计划生育

【概况】 2017年，乳山市人口和计生工作以提高人口素质为目标，扎实有序实施全面两孩政策，坚持和完善计划生育目标管理责任制，促进人口长期均衡发展，人口素质和结构不断优化，统筹解决人口问题合力增强。乳山市人口出生率6.94‰，合法生育率98.99%，自然增长率－3.43‰，连续21年人口负增长，新生儿先天性畸形发病率、出生缺陷发生率控制在2‰以内，群众综合满意率98%以上。

【深入落实"全面两孩"政策】 2017年，乳山市继续稳妥有序实施"全面两孩"政策，共发放一孩生育服务手册2597例，二孩生育服务手册1465例，生育证33例。统计出生3849人，较2016年减少570人（减少的主要原因是一孩出生人数减少），其中一孩出生2226人，比上年减少676人，二孩出生1583人，比上年增加102人，三孩及以上出生40人。

【重点人群扶助关怀工作实现"三个全覆盖"】 2017年，乳山市进一步加大对计划生育特殊家庭扶助关怀力度，提高计划生育特别扶助金标准和一次性临时救助金标准，开展一次性临时救助金补发工作，确认符合条件的对象215户，救助资金118.7万元；对2018年新增特殊家庭进行一次性临时救助的摸底确认，确认符合条件对象81户，救助金额63.3万元；春节和端午节两大节日对特殊家庭进行节日慰问，总户数2132户，总资金21.32万元。实现联系人制度、绿色就医通道制度、家庭医生签约服务制度"三个全覆盖"。继续建立健全流动人口计划生育基本公共服务"均等化、个性化、优质化"运行机制，以活动为载体，加强流动人口管理，提高均等化服务水平，确保流动人口计划生育公共服务均等化管理落实到位。对辖区的流动人口进行关爱宣传，发放宣传资料13000多份，发放避孕药具2800多份，开展健康义诊教育咨询460多人次；以"人口流动健康同行，计划生育倡导文明"为主题，开展流动人口健康服务活动，免费发放各种宣传手册300余份、宣传折页500余份、明白纸等资料1200余份，接受群众咨询60余人次，免费测量血压110余人次。

【计生奖扶政策落实】 2017年，乳山市严格执行计划生育农村独生子女父母奖励费、城镇失业（无业）人员独生子女父母奖励费、农村部分计划生育家庭奖励扶助资金、城镇部分独生子女家庭奖励养老补助、计划生育节育并发症人员生活补助、计划生育特困家庭社会救助、计划生育家庭特别扶助、特殊家庭代缴医疗保险和养老保险、计划生育特殊家庭扶助对象一次性救助、向计划生育特殊家庭提供免费计划生育手术服务、对符合再生育政策的特殊家庭扶助对象实施辅助生殖技术补助、特殊家庭免费查体、为原省属企业破产改制后以个人身份参保并办理退休人员发放独生子女养老补助13项奖励扶助政策，确保奖励扶助资金按时、足额发放到位。2017年，全市计划生育奖励扶助受惠对象共88973人，发放资金5609.47万元。其中，农村35400人获独生子女父母奖励费203.62万元；城镇失业（无业）人员4560人获独生子女父母奖励费26.67万元；40115人获农村部分计划生育家庭奖励扶助金3851.04万元；2024人获城镇部分独生子女父母养老补助资金194.3万元；1649人获独生子女伤残死亡家庭特别扶助资金1021.86万元；79人获计划生育节育并发症对象生活补助资金20.06万元；954户（1548人）获农村和城市计划生育困难家庭救助金111.45万元；计划生育特殊家庭代缴医疗养老保险1811人，金额41.12万元；一次性救助计划生育特殊家庭扶助对象114人，总金额28.6万元；对符合再生育政策的特殊家庭扶助对象实施辅助生殖技术补助3人，金额6万元；为1649个特殊家庭对象免费健康查体，总金额83.93万元；为原省属企业破产改制后以个人身份参保并办理退休人员21人，发放独生子女养老补助20.82万元。

（鞠佳霖）

红十字会

【概况】 2017年，乳山市红十字会认真履行职能，凝聚人道力量，

2月22日，乳山市人民医院口腔科医生王梓宁赴济南捐献干细胞归来　（孔俊娟　隋海龙摄）

弘扬人道理念，积极推进人道救助、造血干细胞捐献、遗体及器官捐献工作、应急救护培训等工作。全年发放救助资金约 17.5 万元，救助物资价值约 15 万元。造血干细胞捐献者王梓宁获评“齐鲁最美青年”称号。

【“少儿大病关爱基金”“金鼎·映刚基金”发放 16.99 万元】 2017 年，乳山市“少儿大病关爱基金”专项用于救助乳山市范围内 18 周岁以下患有白血病、再生障碍性贫血等贫困大病儿童。年内，救助患白血病、心脏病等贫困大病儿童 12 名，发放救助金 9.15 万元。“金鼎·映刚基金”主要用于救助乳山口镇中心学校以及银滩高级中学困难学生和鼓励学习成绩优异学生。全年启用基金 7.84 万元，其中，救助困难学生 15 个，发放助学金 2.84 万元，鼓励成绩优异学生 500 名，发放奖学金 5 万元。

【人道主义救助】 2017 年，乳山市红十字会向全市 440 户因灾因病致贫家庭发放大米 880 袋，价值 12.35 万元；走访慰问冯家敬老院老人，送去价值 2 万元的毛衣、7000 元的大米和温暖箱；救助困难家庭 9 个，发放救助款 5500 元。

【应急救护知识培训】 2017 年，乳山市红十字会提升自救互救知识培训质量，将红十字运动基本知识、现代救护新概念、现场心肺复苏术、现场创伤救护技术、常见急症、意外伤害和突发事件的现场救护原则及实际操作作为培训内容，重点培训下岗职工、学生、企业员工及社区红十字服务站志愿者；9 月，赴即墨市红十字会学习考察，汲取应急救护培训工作先进经验。年内，开展应急救护培训 26 次，培训 3000 人次。

【遗体（器官）及造血干细胞捐献宣传】 2017 年，乳山市红十字会加强遗体及器官捐献宣传、登记工作，向居民普及遗体器官捐献知识，宣传遗体捐赠意义，消除人们对遗体捐献的误解和偏见，全年有 13 人报名登记遗体（器官）捐献。联合《齐鲁晚报》《山东商报》、乳山电视台及报社等媒体，宣传报道 2017 年造血干细胞捐献典型王梓宁，在威海市级以上媒体发稿 5 篇，推选参与先进评选活动。5 月，王梓宁在 2017 年“齐鲁最美青年”评选活动中被授予“齐鲁最美青年”称号。年内，共采集造血干细胞志愿者血样 55 份，实现造血干细胞捐献 1 例。

（连莎莎）

体　育

【概况】 2017 年，乳山市在市、镇、村建立体育总会组织，形成市、镇、村三级体育总会网络，培训各级社会体育指导员 200 名，负责辖区内全民健身活动开展。在 601 个行政村设立全民健身辅导站或老年体协。落实国家和省体育彩票公益金 30 万元，建设户外健身基地 2 处（乳山益天体育休闲公园、乳山岠嵎山国家森林公园登山步道），为所有行政村免费配备音响等健身设备。参加省、威海市社会体育指导员培训班 3 期，培训国家一级社会体育指导员 18 名，国家二级社会体育指导员 35 名，完成乳山市 120 名三级社会体育指导员培训工作。截至 2017 年年底，乳山市拥有各级社会体育指导员 2929 名，占乳山市总人口数的 5.1‰。其中国家级 18 人，一级 235 人，二级 338 人，三级 2338 人。

【农村体育设施建设投入 170 万元】 2017 年，乳山市争取上级资金 50 万元，为红色教育基地沿线各村增配、更换健身器材，4 月底，健身器材均发放到村。争取上级扶贫专项资金 120 万元，为乳山市 45 个省定扶贫村增配、更换健身器材，淘汰更新 2012 年 1 月 1 日前安装的器材，10 月底，器材均发放到村并安装完毕。

【群众体育活动广泛开展】 2017 年，乳山市举办老年人象棋比赛、乒乓球比赛、全民健身月启动仪式暨千人健步走大赛、羽毛球比赛、奥维斯杯三人制篮球赛、“中国体育彩票杯”山东省沙滩排球锦标赛（乙组）、门球比赛、机关篮球赛、广场舞大赛、“金鼎杯”2017 乳山银滩全国自行车邀请赛等赛事。承办山东省沙滩排球锦标赛、山东省老年人空竹比赛、山东省百县篮球总决赛及威海市第五届运动会篮球专业组比赛。丰富市民的文体生活，进一步推动全民健身发展。

【竞技体育赛事获奖牌 192 枚】 2017 年，乳山市组织参加各类竞技体育赛事，获比赛奖牌 192 枚。其中，全国比赛获金牌 2 枚、银牌 4 枚、

4 月 21 日，山东省第九届千乡乒乓球威海赛区乳山初赛举办

（体育局提供）

9月5日，山东省第七届全民健身运动会空竹比赛举办 （体育局提供）

铜牌7枚，山东省比赛获金牌4枚、银牌9枚、铜牌20枚，威海市比赛获金牌71枚、银牌34枚、铜牌43枚。年内，向上级体校及专业队输送运动员32人。3—10月，组织304名运动员参加威海市第五届运动会，参加专业组17个大项、221个小项比赛，获金牌71枚、银牌34枚、铜牌43枚，总分2044分。经乳山市体育联赛选拔，37所学校526名运动员代表乳山参加威海市中小学生六大联赛。其中，中小学健美操项目在威海市蝉联团体冠军，包揽小学、初中、高中组金牌，高中组花球舞蹈啦啦项目获最佳创编奖，健美操运动水平实现新突破。

【山东省老年人空竹比赛在乳山举办】 2017年，乳山市取得山东省老年人空竹项目承办权。7月，邀请山东省空竹协会老师到乳山举办二级社会体育指导员空竹专项培训班，威海市100余名空竹爱好者参加。9月5日，山东省第七届全民健身运动会空竹比赛在人民广场举行，比赛分为集体竞赛、个人自选套路、空竹交际舞等项目。济南、青岛、烟台、淄博等地及乳山市13支代表队同台展示空竹技艺，推动空竹项目在乳山发展和普及。

【山东省百县篮球总决赛再次落地乳山】 2017年9月18日，山东省第九届百县篮球总决赛（东部赛区）决赛时隔两年再次落地乳山市。此项赛事是山东省体育总会创办的全民健身品牌赛事，乳山市篮球氛围和赛事承办能力再次得到省体育总

9月18日，山东省第九届百县篮球总决赛（东部赛区）决赛在乳山市举办 （体育局提供）

会认可，通过举办赛事进一步推动乳山市篮球水平和氛围。

【乳山市实验中学、乳山口中心学校获评“威海市足球特色学校”】 2017年，乳山市进一步推进体育特色学校建设，突出学校个性，提高学生运动能力，激发学生运动兴趣。3月，乳山市体育局、教育局联合制订《乳山市体育特色学校建设方案》。年内，乳山市实验中学、乳山口中心学校获评“威海市足球特色学校”。

【乳山市首届学生运动会成功举办】 10月21—23日，乳山市首届学生运动会在威海机械工程高级技工学校体育场举行，系乳山市历年来举办规模最大、参与人数最多的体育盛会。各镇（区）中心学校、幼儿园，市直各学校、威海机械工程高级技工学校、山东外事翻译职业学院1500余名运动员、教练员参加，分为幼儿组技能展示项目和大学组田径项目及小学男女组、初中男女组、高中男女组田径、跳绳、踢毽等项目。外事翻译学院国际商学院、乳山一中、怡园中学、白沙滩小学代表队分获大学、高职中、初中、小学组第一名，第二实验小学幼儿园、机关幼儿园、西馨苑幼儿园代表队分获幼儿组优胜奖、最佳创编奖、最佳展示奖。

【体育彩票销售总额4100万元】 2017年，乳山市体育局坚持把体彩工作作为“一把手工程”常抓不懈，通过“三个提升”，即提升网点形象、服务水平和销售总量，拓宽销售渠道。利用广播、电视、公交车车载广告等媒体及大型赛事和会议活动等形式，宣传展示体彩公益事业，推动体彩市场步入正规化、良性化轨道，体彩销量再创新高。2017年，乳山市电彩有效站点33个、在售网点44个，新增盘活终端机2台、商超店2个、竞彩店15个，淘汰落后站点11个。年内，体育彩票销售总额4100万元，超额完成3500万元的年度任务，比上年增长110.71%。

10月20日，乳山市首届学生运动会举行　（体育局提供）

· 明代　松鹤延年图

· 明代　秋山雅士题壁图

· 明代　芦雁图

责任编辑：孙方圆

· 清代　柳岸鸬鹚图

· 清代　百禄图

文化
Culture

综　述

4 月 23 日，世界读书日系列宣传活动开展　　（文广新局提供）

【概况】 2017 年，乳山市文化工作以“三化引领、四城共建”发展战略为导向，加快文化事业、文化产业发展，进一步完善公共文化服务体系，制定出台《乳山市现代公共文化服务体系建设工作实施方案》《乳山市推进基层综合性文化服务中心建设实施方案》，实施文化惠民工程，公共文化设施全面提升、群众性文化活动不断丰富。银滩海立方大型游乐场、威海银泰文化创意产业园、文化创意大厦、圣水宫文化交流中心等重点文化产业项目建设重点推进。年内，乳山市获评“山东省民间文化艺术之乡”。

【基层综合文化服务中心完善提升】 2017 年，乳山市完善提升 256 个村（社区）综合文化服务中心。通过整修家室及文体广场、整合利用村委办公室等场所、增挂门牌、张贴挂图、制度上墙、补充图书、购买文化娱乐器材等，提升文化家室宣传文化、党员教育、科技普及、普法教育、体育健身等功能。文体小广场配套阅报栏、健身器材、照明设施、有源音箱、善行义举四德榜等设施设备。2017 年年底，在威海市综合服务中心考核中合格率达 100%。

【城市书房静园分馆建成开放】 2017 年，乳山市文广新局牵头推进城市书房建设工作，12 月 19 日，城市书房静园分馆建成，正式面向社会免费开放。建筑面积 280 平方米，配置图书 1 万余册，配备自助办证机、借还书机、数字借阅机等自助设备，成为全民阅读学习新热点。

【“四馆一站”免费开放】 2017 年，冯德英文学馆、图书馆、文化馆、美术馆、各镇文化站发挥自身优势，设立品牌文化活动项目 30 余个，定期开展服务群众活动。文化馆的戏曲票友之家，图书馆的“4·23”世界读书日活动、国学经典诵读、读书沙龙、亲子故事会等，冯德英文学馆的“5·18”国际博物馆日活动、“走进文学馆、了解经典红色文化”主题实践活动、“两学一做”专题教育，书画院的精品书画展览活动，都形成品牌活动，社会反响良好。

12 月 19 日，城市书房静园分馆开放　　（文广新局提供）

【群众文化活动开展】 2017 年，乳山市围绕地级威海市成立 30 周年、庆祝建党 96 周年、迎接党的十九大胜利召开等主题，举办“巾帼心向党·扬帆正远航”庆祝建党 96 周年暨“岁月如歌”地级威海市成立 30 周年合唱会、首届“群星大舞台”暨“我要上春晚”群众文艺海选活动、秧歌汇演、广场舞大赛等文艺活动 118 余场。举办“美德乳山·民俗贺春”剪纸展，《记住乡愁》——乳山农村变迁人文纪实摄影展等书画、摄影展 20 余场。实施“一村一年一场戏”“每村每月一场电影”工程，送戏下乡 626 场，送电影下乡 7212 场，观影群众达 40 余万人。举办“爱国主义教育影片进校园”“重大节日进社区、敬老院”活动。组织开展文化服务活动进农村、进社区、进军营、进企业、进机关、进学校 200 余次。举办“唱响仁爱乳山、创建文明城市”社区广场舞培训班，

6月30日，庆祝建党96周年暨“岁月如歌”地级威海市成立30周年合唱会 （文广新局提供）

2月11日，“中国秧歌之乡”授牌仪式在乳山市政府广场举行 （文广新局提供）

2月11日，乳山市秧歌会演举行 （文广新局提供）

培训舞蹈骨干2000人次。

【获评“山东省民间文化艺术之乡”】乳山大秧歌是胶东大秧歌的典型代表，兴于清代，历经时代变迁，从内容到形式突破传统大秧歌表演套路，形成以乳山寨镇为代表的传统秧歌和以城区街道夏西村为代表的现代秧歌两种风格。乳山大秧歌遍布15个镇（街道），覆盖率100%，丰富民间文化生活，催生中国（乳山）母爱文化节、农民文化艺术节、消夏文化夜市、新春灯会等地方特色文化活动，逐渐发展为城市文化品牌。2016年8月，中国民间文艺家协会组织专家评审，乳山市被命名为“中国秧歌之乡”。2017年12月，依托乳山大秧歌，乳山市获评第五批“山东省民间文化艺术之乡”。

文学艺术

【概况】 2017年，乳山市实施“精品工程”和“文艺繁荣工程”，开展文艺进基层活动，抓实活动开展和精品创作，丰富群众精神文化生活。全年出版文集6部，23幅摄影作品获威海市级以上奖项，26位作者的书法美术作品在威海市级以上单位举办的展览中展出。

【书画展览活动举办16场】 2017年，乳山市举办书画展16场，其中，在文化中心一楼展厅展出作品900余幅；到基层举办书画笔会8次，创作书画作品180余幅。承办“开门见山——第六回当代中青年书画家作品展”，展出作品60余幅。“春之迹意”鞠仁波书画作品展展出作品50余幅；“道法自然·于月奎书法作品展”展出作品80余幅；“春暖花开”邵志杰写意花鸟展展出作品50幅；乳山市书画收藏展展出作品60幅；刘海明写生油画展展出作品50幅；庆祝五一劳动节书画作品展展出作品60幅；威海市第十七届少年儿童美术书法作品展乳山展展出作品50余幅；“筑梦未来”庆“六一”

儿童书画展展出作品72幅；乳山统一战线纪念建市30周年书画作品展展出作品60幅；乳山女书画家协会成立一周年书画作品展展出作品60幅；“喜迎十九大，清风润乳山”书画作品展展出作品60幅；乳山市“枫叶情”书画作品展展出作品60幅；“且听风吟”——李彩霞个人美术作品展，展出作品60幅；“春华秋实”乳山市美术家协会美术作品展展出作品60幅；乳山市女书画家协会会员写生作品展展出作品50幅。

【吕剧《邵本道》在央视戏曲频道播出】 2017年，现代吕剧《邵本道》获乳山市第二届“文学艺术奖”一等奖，中央电视台对剧目进行录制，在央视戏曲频道播放，在省、市剧院演出15场。打造《三女拜寿》《马前泼水》等传统古装吕剧剧目，中央电视台对《三女拜寿》选段进行录制并播放。组织现代吕剧《乳娘》申报国家艺术基金传播交流推广项目，现代吕剧《邵本道》申报国家艺术基金舞台艺术创作项目。

【文艺精品创作成果丰硕】 2017年，乳山作家单增科散文集《穿透岁月的歌谣》由团结出版社出版；李振华纪实散文集《宋词诞生的地方》由山东画报出版社出版；刘方计长篇神话小说《不夜·女娲后传》由山东人民出版社出版；张敬滋主编的综合文集《大乳山文集》由团结出版社出版；滕连庆短篇小说集《红披肩》由黄海数字出版社出版；辛明路著的《乳山民俗》由山东画报出版社出版；编辑出版《大乳山》杂志4期。郑华的作品《刘墉智减山东税》被山东省委宣传部、文化厅联合编辑的第二辑“中华优秀传统文化故事会”一书收录。组织参加威海市第十七届少儿美术书法作品展，获金奖20名、银奖60名、铜奖40名，文化馆获优秀组织奖；组织参加威海市老年艺术节书画展，获一等奖1名、二等奖2名、三等奖1名；选送3幅作品参加山东省文化厅主办的“环渤海风采”——京、津、冀、鲁、辽中国画作品邀请展，3幅作品均入选。

【摄影展览活动】 2017年，乳山市全年举办专题摄影展8次。在文化中心一楼展厅举办《记住乡愁》——乳山农村变迁人文纪实摄影展，展出图片70幅；在文化中心艺术展廊举办2017年乳山市春节联欢晚会摄影展，展出图片70幅；举办“农商银行杯”2017年乳山市秧歌会演摄影展，展出图片55幅；举办“空中天使”大天鹅摄影作品展，展出图片60幅；举办“仁爱乳山·春色满园”摄影作品展，展出图片72幅；举办乳山市二十四节气摄影展，展出图片24幅；举办“唱响仁爱乳山·创建文明城市”广场舞培训、乳山市第三届广场舞大赛、乳山市消夏文化展演摄影展，展出图片75幅；举办“一生清廉·一尘不染”荷花摄影展，展出图片60幅。

群众文化

【概况】 2017年，乳山市共组织大型群众文艺演出活动31项，包括“巾帼心向党·扬帆正远航”庆祝建党96周年暨“岁月如歌”地级威海市成立30周年合唱会、乳山市首届“群星大舞台”暨“我要上春晚”群众文艺海选活动等。举办基层文艺骨干培训班20期，培训文艺骨干2000人次。开展进社区、农村、学校、机关文化服务活动200次。

【消夏文化展演27场】 2017年，乳山市按照“政府组织、群众参与、企业搭台、文化唱戏”创办模式，以群众自娱自乐为主，通过与企业联姻的形式，举办为期3个月共27场乳山市消夏文化展演，以群众关心的事情为主题，贴近百姓生活，为市民度夏提供好去处，充实市民精神生活。年内，共展演文艺节目410个，5000人次参演。

【“仁爱乳山祥和年”春节联欢晚会举办】 2017年1月5日晚，中共乳山市委宣传部、文化广电新闻出版局和广播电视台联合主办的乳山市2017年春节联欢晚会在威海市机械工程高级技工学校文体馆举办，晚会围绕“仁爱乳山祥和年”主题，通过歌舞、小品、情景剧等表演形式，展现乳山市经济社会发展新风貌、新变化和新气象。首次开展“我最喜爱的春晚节目”评选活动，与观众增强互动，活跃现场气氛。

【“农商银行杯”秧歌汇演举办】 2017年2月11日，为活跃群众文化生活，喜庆元宵佳节，乳山市组织“农

1月5日，乳山市春节联欢晚会举办　　（文广新局提供）

6月28日，乳山市“唱响仁爱乳山 创建文明城市”社区广场舞培训（文广新局提供）

商银行杯”2017年秧歌会演，各镇（街道）15支秧歌队的1000名演员参加，出演舞龙、“大头娃娃”、腰鼓、旱船、舞扇、黑驴、花轿、送财童子等节目，万名群众观看演出。

【文艺下基层活动开展】 2017年，乳山市举办“唱响仁爱乳山、创建文明城市”社区广场舞培训班，对广场舞《心情好美》《威海之恋》《文明家园》等进行培训，17个城市社区、14个镇和滨海新区8个社区的2000名文艺骨干参加。开展“我的中国梦”书法家进万家活动3场，为群众免费书写春联1000幅，送书法200幅。

文博与图书

【概况】 2017年，乳山市深入挖掘红色文化资源，加大文物保护投入力度，修缮并公布新华制药厂旧址、胶东育儿所遗址等6处红色遗址为乳山市第七批文物保护单位。开展青山馆布展、馆藏金属器修复、育犁故城遗址建设控制地带墓葬抢救性发掘等文物保护工作，修缮保护可移动文物150余件。乳山市图书馆全年免费开放，节假日无休，开通微信微服务大厅、官方微博信息服务，读者流通人次、图书借阅册次持续增长。全年新增纸质图书8.6万册、电子图书3万册；书刊文献外借21.3万册次，总流通27.4万人次。年内，参加第六次全国县以上公共图书馆评估定级，通过专家组现场评估。

【青山村三馆展品收集布展】 2017年，乳山市文广新局牵头在青山村布展清官廉政馆、宫宝田纪念馆和许世友战地指挥所3处红色文化教育场馆。组织人员赴海阳、牟平、烟台、聊城、滨州、石家庄等地收购实物展品350件，实地走访清官后代，获历史资料20份。

【乳山市第七批文物保护单位新增6处】 2017年，乳山市编制完成《安家军寨遗址城墙加固工程》《南黄庄墓群遗址的保护展示工程》保护规划设计方案，争取列入省保单位扶持项目库。申请国家文物专项资金255万，对馆藏300余件金属器进行修复保护。公布诸往镇下石硼村新华制药厂旧址、兵工三厂修枪组旧址、胶东军区被服厂旧址、党员秘密联络点、城区街道腾甲庄村胶东育儿所遗址、冯家镇观上冯家村冯德英旧居6处为乳山市第七批文物保护单位。

【育犁故城遗址考古勘探与抢救性发掘】 2017年下半年，针对育犁故城遗址建设控制地带内新建养猪场区域发现古墓葬一案，乳山市文物所聘请日照市文物考古研究所对该区域进行前期考古勘探。组织技

6月10日，“文化和自然遗产日”活动举办（文广新局提供）

术人员对暴露的四座古墓葬进行抢救性清理发掘，最大限度降低文物损失。

【文物普法宣传扎实推进】 2017年，乳山市在人民广场举行第12个“文化和自然遗产日”宣传日活动，通过看板展示乳山市自新石器时代至近现代的各类古遗址、古建筑、近现代历史建筑等遗迹及馆藏精品文物。向市民发放宣传单和宣传册500余份，重点宣传乳山市精品文物，普及文物保护法律法规，提高市民文物保护意识。在《威海晚报》《乳山市讯》等多家报刊发表文物遗迹介绍类文章10余篇，在《威海文物》微信公众号同步宣传。

【图书馆总分馆服务模式优化】 2017年，乳山市完善提升15个镇图书馆分馆。为各分馆配备书架10组、电脑10台；提升打造10个城市社区服务点，流通图书1800册；建成30个村基层服务点，为各村基层服务点配备电脑1台、条码枪1支，并流通部分图书；建成10个机关服务点，流通图书3000余册；将243个农家书屋纳入总分馆体系，各补充图书100余册，共计31600册，同时配送十九大有关出版物，包括《党的十九大报告》《中国共产党章程》《文件汇编》《辅导读本》等。为部分镇分馆、社区基层服务点、45个贫困村、20个红色教育基地沿线村图书室流通图书42000余册。建成以市图书馆为总馆，镇图书室为分馆，村（社区）基层服务点为基础，机关、部队、学校、企业等行业分馆为补充的新型公共图书馆服务体系，实现乳山市内图书通借通还。

4月6日，“三十礼赞 逐梦扬帆”乳山市读书朗诵大赛（文广新局提供）

2月11日，“品书香、庆元宵”有奖灯谜活动（文广新局提供）

【图书馆社会教育功能发挥】 2017年，乳山市开展讲座、培训、图书推荐、朗诵比赛及各种节庆活动上百场，参与人次近万人次。其中，“品书香、庆元宵”有奖灯谜活动、“三十礼赞、逐梦扬帆”乳山市读书朗诵大赛、世界读书日宣传活动、服务宣传周活动、“扫码看书、百城共读”阅读推广活动等，得到读者积极响应。在尼山书院举办读书沙龙、国学经典诵读、亲子故事会、亲子共读、古琴培训、国画培训、亲子户外读书活动等公益活动140余期，图书馆社会教育功能得到更好发挥。

非物质文化遗产

【概况】 2017年，乳山市人民政府批准公布乳山市级非物质文化遗产代表性项目31项，其中省级4项、威海市级19项。确认市县两级非物质文化遗产代表性传承人24名，其中威海市级代表性传承人14人。2017年12月，乳山木板年画制作技艺、乳山泥塑制作技艺、乳山砂陶器制作技艺、乳山糖画制作技艺、宫式八卦掌入选第五批乳山市级非物质文化遗产名录。年内，乳山大秧歌获评山东省冬春文化惠民季活动品牌项目。

【非物质文化遗产代表性传承人】 2017年，遵循“保人就是保艺”原则，辛明路、于彬、于芳、宋文菊、段桂波五位乳山籍代表性传承人被威海市文广新局认定为威海市级非物质文化遗产代表性传承人。5 月，辛明路在第六届山东省民俗学会年会上向全省民俗专家学者推介大乳山的传说动画片，获与会人士广泛关注和好评。6 月，于芳参加威海市“文化和自然遗产日”宣传活动，每周在威海市中小学校开课传授宫家彩绘葫芦制作技艺。12 月，举行萧明魁牛郎棍收徒仪式。

【非物质文化遗产宣传推广活动】 2017 年，山东省第二届“非物质文化遗产宣传月”期间，乳山市举办大秧歌汇演活动。5 月，组织乳山钩织、乳山镂绣参加首届中华老字号（山东）博览会暨老字号品牌发展高峰论坛；组织乳山剪纸、乳山镂绣、乳山大喜饼、葫芦烙画制作技艺 4 位代表性传承人参加华录非物质文化遗产产品展示。6 月 9 日，组织宫家彩绘葫芦制作技艺传承人于芳参加威海市举办的非物质遗产文化走进威海职业学院活动；6 月 10 日，举办乳山市 2017 年“文化和自然遗产日”非物质文化遗产展演展示活动；6 月 23—24 日，组织乳山镂绣、葫芦烙画、姜家柳编三个项目代表性传承人参加第三届优秀传统文化进校园及非物质文化遗产博览会；10 月，潘周赴韩国仁川参加 2017 年华侨节中华文化庆典活动；11 月，姜仁索的草柳编作品《方笸箩》被山东工艺美术学院留校收藏；12 月，潘周受邀赴新加坡立华中学参加艺术交流活动。

（王丹）

马石山红色教育基地

【概况】 威海马石山红色教育基地包括马石山红色教育基地和胶东育儿所红色教育基地两个基地。马石山红色教育基地占地面积 1.69 万平方米，建筑面积 3100 平方米，2015 年 8 月 15 日正式对外开放，主要包括“两馆一中心”，即马石山十勇士纪念馆、乳山革命纪念馆和宣传教育中心。马石山红色教育基地先后被命名为“全国爱国主义教育示范基地”“山东省党史教育基地”“山东省国防教育基地”。胶东育儿所红色教育基地位于乳山市崖子镇田家村，在原胶东育儿所旧址、胶东行政主任公署旧址上修缮建成，2016 年 7 月正式对外开放，主要包括胶东育儿所纪念馆、胶东育儿所旧址两大部分。胶东育儿所教育基地先后被命名为“威海国防教育基地”“山东省党史教育基地”。

6 月 18 日，马石山十勇士纪念馆英烈走廊　（崔峰硕摄）

【马石山十勇士纪念馆改陈布展】 2017 年，乳山市对马石山十勇士纪念馆整体进行全面改版布置。扩大纪念馆布展面积，升级改造后展厅布展面积达 1296 平方米，布展图文总计 350 幅（约 400 平方米）。精心打造文物展柜 39 个，展出文物 70 余件套。重点打造英烈纪念走廊，设计制作烈士英名石碑 16 块，文物纪念碑数字拓片 4 幅。新增大型电子屏幕 3 处，分别讲述十勇士事迹、马石山突围战各个英雄群体和马石山十勇士纪念活动。展厅新增雾屏投影技术设备 3 台，烈士英名投影 5 套。通过改陈布展，马石山十勇士

6 月 15 日，胶东育儿所展陈情景剧《乳娘》

（威海马石山管理中心提供）

纪念馆播放控制系统更加集成，展示方式更加多样，布局展陈更加合理，更好发挥基地在弘扬主旋律、传承红色基因中的主力阵地作用。

【胶东育儿所纪念馆及旧址群优化提升】 2017年，乳山市对胶东育儿所教育基地进行深化提升，巩固红色乳娘品牌。投资90万，进行大屏幕显示系统和音视频系统改造升级，丰富教学手段。新上自助导览系统，通过自助导览棒和手机移动终端，游客即时收听乳娘故事和观看相关视频，实现基地无线网络全覆盖。先后征集文物四批，购买搜集文物370多件，重点打造农业生产、幼儿生活和游戏等民俗生产体验区，丰富布展内容和互动体验。改造提升后，胶东育儿所教育基地接待能力提升，7月5日，在中共山东省委组织部举办的胶东红色教育基地提升现场会上受到高度评价。

【马石山烈士陵园维修改造】 2017年，乳山市实施马石山烈士陵园维修改造项目。新建623平方米纪念广场，为大型重要纪念活动提供足够空间。修复改造革命遗址、红色设施，整修于克恭烈士慕、夏云超烈士慕，改造马石山突围战掩体、石墙等遗址，新修观景平台3处，打造石墙遗址甬道。改造防汛排水系统，修建纪念广场防汛排水槽、东侧林地护坡，硬化上山土路等，确保汛期安全。维修改造后，马石山烈士陵园基础设施更加完善，景点布局更加合理，观景效果更加突出，成为集爱国主义教育、革命传统教育、国防教育和休闲旅游于一体的综合性教育基地。

【参加全国性抗战文史资料展览2次】 2017年，马石山管理中心参加全国性抗日战争文史资料展览，提升红色乳山知名度。6月，组队赴合肥市赖少其艺术馆参加“纪念中国人民解放军建军九十周年暨胶东革命文献史料展”，设立马石山十勇士事迹专版，介绍马石山十勇士

9月30日，乳山市烈士公祭仪式　（威海马石山管理中心提供）

英雄事迹，获参展各方肯定。11月，赴广东参加“纪念中国人民解放军建军九十周年暨胶东革命文献史料、陆军48军176师安徽抗战文献史料联展”，推介马石山十勇士英勇事迹和胶东育儿所乳娘感人事迹，扩大马石山十勇士和红色乳娘对外知名度。

【红色教育基地宣讲服务价值提升】 2017年，马石山管理中心实施“请进来、走出去”战略，提升红色教育基地管理水平和宣讲服务水平。赴聊城影视基地等参观学习，邀请清华大学艺术学院教授刘希倬、聊城市抗战文物收藏家李强到两处基地指导布展，提升教育基地布展陈列水平；组织讲解员赴郭永怀纪念馆等红色教育基地考察学习，开展讲解员星级评定和业务考核工作，锤炼高素质讲解员队伍。年内，中国社科院、中共中央统战部、山东省委党校厅级干部学习班、山东行政学院干部学习班先后到基地参观学习。马石山十勇士纪念馆接待参观团队341批次，学员9万余人，比2016年增长15%，胶东育儿所接待参观团队428批次，学员和散客6万余人，比上年增长50%以上，发挥教育基地在弘扬主旋律、传承红色基因中的主力阵地作用。

【乳山市烈士公祭仪式在马石山红色教育基地举办】 2017年9月30日，马石山红色教育基地承办乳山市烈士公祭仪式。中共乳山市委、乳山市政府主要领导及机关干部代表、驻乳部队代表、烈士家属和老战士代表、师生代表和部分群众代表共300余人参加纪念仪式，一起缅怀先烈。

（崔峰硕）

文化产业

【概况】 2017年，乳山市出台《关于加快文化产业发展的实施意见》《乳山市人民政府关于扶持文化产业发展的意见》，优化文化产业发展外部环境。定期组织到企业调研，重点推进银滩海立方大型游乐场、威海银泰文化创意产业园、文化创意大厦、圣水宫文化交流中心等重点文化产业项目建设进度。围绕“绿色、生态、健康”主题，培育“台依山谷”葡萄酒小镇、海阳所镇牡蛎小镇、南黄镇北茶小镇等8个特色小镇，正华农林示范园、益天生态观光园、金牛谷生态农业园等16个生态绿色休闲基地，为文化产业发展提供载体支撑。立足本地优势文化资源，精心策划招商项目，鼓

励文化产业招商。年内，民俗旅游、电子商务运营中心等4个项目签约落地，数码印刷设备控制、东方田园文旅小镇等17个项目开工建设。

【公益电影下乡放映7212场】 2017年，乳山市电影公司开展公益电影下乡活动，1月1日至12月31日活动期间，乳山市601个行政村每村每月放映1次，每次1场，每村全年共放映电影12次。年内，共放映电影7212场，观众40万人次，较好落实国务院和国家广电总局提出的农村电影“2131”工程。

【新华书店升级改造工程完成】 2017年，山东新华书店集团有限公司乳山分公司（以下简称新华书店）由传统文化企业向互联网化、多元化企业转变，打造集阅读体验、文化交流和消费于一体的中高端体验式休闲文化空间。投入300万对实体门店进行升级改造，经营场所由500平方米扩建至2500平方米。创建新华教育培训机构，8月，新华神墨教育落户新华书店。在门店开辟烟草、文房四宝销售专柜，与主业互为补充。年内，新华书店实现销售1998万元，较上年增长15%，获第七届新华阅购营销奖和第11期新华阅购营销金案奖。

【“新华悦读吧”完成代购业务5521册】 2017年，新华书店近距离服务教育事业，建设校园书店，与乳山一中联合建设“新华悦读吧”，为师生课内外阅读提供最新资讯和正版图书。“新华悦读吧”向乳山一中师生提供代购服务，年内，完成代购业务5521册，计码洋200542元。

【文化市场执法检查470余家】 2017年，乳山市深化文化市场管理改革创新，文化市场综合执法水平逐步提升。制订《文化经营单位诚信“红黑榜”发布工作方案》《文化市场黑名单管理办法》，依法守法守信经营的文化经营单位上“红榜”，严重违法违规失信经营的文化经营单位上“黑榜”或列入“黑名单”，向社会公布，推进文化市场经营信用体系建设。保持文化市场日常巡查的同时，以网吧、营业性演出、歌舞娱乐、互联网文化、印刷复印、图书音像报刊、广播影视等市场为重点，组织农村文化市场集中整治、国庆和春节等重大节庆文化市场集中整治、寒暑假文化市场集中整治、舆论环境专项整治、全国“两会”和中共十九大文化市场专项保障行动，加大办案力度。2017年，检查文化市场经营单位470余家（次），出动执法人员1900人（次），办理案件42件，查缴非法出版物1200册（份），停业整顿2家，取缔非法店档摊点和不法游商5个，查缴卫星地面接收设施及其他非法设备65套（件），责令当场整改23家次，下达限期整改通知书14家次，约谈文化经营单位主要负责人16人次，发放宣传材料3000份，受理投诉举报12起，举报办结率、回复率均达100%，办结案件均无行政复议或行政诉讼。

【“扫黄打非”四进活动开展】 2017年，乳山市开展“扫黄打非”进校园活动。4月，在府前中学开展“文明办网，文明上网，传播正能量”大型签名活动，发出“远离网吧，文明上网，传播正能量”倡议书，号召广大中学生正确认识和利用网络。开展“扫黄打非”进农村活动。在镇与街道成立扫黄打非办公室，由各镇负责维稳的工作人员兼职；制作看板42张，明确其工作目标任务及责任追究机制。年内，乳山市、镇两级深入农村大集开展巡查20次，发放扫黄打非宣传材料5000份。开展“扫黄打非”进企业活动，举办文化经营企业培训班3次，有针对性地进行法律法规教育，提高经营业户法律意识。开展“扫黄打非”进社区活动，开展文化市场管理问题咨询，组织参观规范化文化经营场所，提高社区居民参与“扫黄打非”工作积极性。

【文化市场监管专项行动】

打击非法和政治性有害出版物专项行动 2017年，乳山市文化执法局惩治非法出版物和政治性有害出版物，封堵查缴抵制境外特别是香港政治性有害出版物。重点查堵妄评妄测党的人事安排、贬损党和国家领导人、扰乱社会思想、鼓吹“藏独”和新疆分裂等政治性有害出版物及“法轮功”等邪教组织反动宣传品，做到禁止境外流入、境内出版、非法印刷、市场销售、网上传播、媒体炒作。惩治境内外联

3月16日，“文明办网、文明上网、传播正能量”大型签名活动举办（文化执法局提供）

手编写出版政治性有害和非法出版物行为，防范利用境内出版、印刷、复制、发行、进口、物流快递等环节从事政治性有害和非法出版活动，查缴非法出版物1070余册（份）。

网络淫秽色情信息专项治理行动 2017年，乳山市开展互联网低俗色情信息专项整治，向社会公布举报电话和网上举报方式。“净网”行动期间，联合公安、网信办等部门，加大对乳山市互联网服务单位信息安全管理制度和安全技术保护措施监管力度，督促互联网企业落实内容、把关责任，严厉惩治含有低俗内容的违法互联网广告，清理各类网络淫秽色情有害信息130余条，防范和惩治利用网络传播淫秽色情有害信息等违法犯罪活动。

校园周边文化市场专项整治行动 2017年，乳山市建立完善中小学校园周边书刊、音像制品、电子出版物等批发零售网点台账，定期和不定期检查零售网点，重点惩治宣传淫秽色情、暴力、恐怖、迷信等有害内容及非法出版的少儿出版物。在中小学开学以及节假日前后重点时段和中小学放学重点时间，对中小学周边及文化用品商店等重点场所展开高频次巡查。年内，检查图书音像店、文化用品商店及小饭桌26家次，收缴非法出版物130余册。

非法境外卫星电视网络接收设施专项整治行动 2017年，乳山市文化执法局联合广电宽带网络公司，对全市安装使用卫星电视设施情况进行摸底排查。联合工商、公安、国安等职能部门，加大对销售、安装使用地面卫星电视设施查处力度。年内，排查销售、安装使用地面卫星电视接收设施112家次，查缴非法卫星地面接收设施等65套（件）。

【文化市场领域安全生产加强】 2017年，乳山市针对网吧和文化娱乐经营场所人员密集、业户安全经营意识不强、安全隐患多的情况，狠抓文化市场领域安全生产工作。组织执法人员逐家逐户排查，实现安全生产全覆盖、无缝隙。指导帮助文化经营业户健全安全生产档案，建立“网格化、实名制”监管名册。组织文化经营业户开展消防安全知识和法律法规培训班2期，在龙辉歌舞厅开展防灾减灾应急演练，普及消防安全知识，提高安全生产意识，全市文化经营业户参加。组织执法力量对网吧及文化娱乐场所开展安全生产大检查5次，根据执法检查情况，定期向经营业户印发《安全隐患自查自改指令书》，要求按照“五落实（整改责任、措施、资金、时限、预案）”工作要求，限期整改，确保文化市场领域全年安全生产无事故。

（单英磊）

广播电视

【概况】 2017年，乳山市广播电视台坚持“新闻立台、栏目活台、广告促台”理念，利用现有资源，加大整合挖掘力度，生活频道、农村频道、图文频道24小时全天候播出，实现所有频道24小时播出全覆盖。全年公共广播节目播出5594小时，公共电视节目播出27648小时。年内，乳山市广播电视台被山东省新闻出版广播电视局评为全省优秀传播机构。

【对内宣传主题特色突出】 围绕迎接中共十九大，开设《喜迎十九大 · 砥砺奋进的五年》《喜迎十九大 · 我的这五年》专栏，在主要频道播出《巡视利剑》《法治中国》《将改革进行到底》《大国外交》《辉煌中国》等系列电视纪录片，为中共十九大召开营造良好舆论氛围。推出《长寿之乡话长寿》栏目，通过讲述长寿老人的长寿故事，宣传乳山市长寿之乡品牌。制作完成乳山四季风光片《乳山风光》，展示乳山市不同季节的山水景观、风土人情、特色物产。持续打造《美丽乳山行》《企业形象展播》《仁爱故事》等传统栏目，宣传传统文化，推介产业形象。

【威海市级以上电视台发稿突破500条】 2017年，乳山市在威海市级以上电视台发稿500余条，其中，在中央电视台发稿12条，在省级媒体发稿40条。向央视《新闻联播》推送乳山口镇兰家村104岁刘金花老人的幸福生活，成为央视《厉害了我的国》栏目开篇之作。3月，抢抓国家出台《海岸线保护与利用管理办法》机遇，乳山市作为海岸带保护的成功案例被央视《晚间新闻》

9月3日，乳山市广播电视台播出党建栏目《党建播报》

（广播电视台提供）

栏目重点报道。6 月，山东卫视《山东新闻联播》《齐鲁先锋》栏目播发王伟先进事迹系列报道。11 月 18 日，央视晚间新闻大篇幅报道乳山市创建全国文明城市的经验做法，在威海市引起强烈反响。

【党建系列栏目策划推出 5 档】 2017 年，乳山市为推动党建引领工作理念深入实施，策划推出《党建播报》《党建视界》《案与纪》《知识窗》《纪录》5 档党建电视系列栏目，以“传播党的声音，讴歌时代风采”为宗旨，加大党建要闻、党规党纪、党建典型、党史知识等方面宣传，助推乳山党建工作创新提升。

【红色教育基地教学片顺利完成】 2017 年，乳山市广播电视台牵头制作马石山红色教育基地提升教学片 3 个，按时完成工作任务。配合马石山红色教育基地、胶东育儿所布展提升工作，对接央视、新华社等有关部门，协调提供《等着我》、大阅兵部分视频和照片原创作品，提升布展质量。

【广告创收完成 300 万元】 2017 年，乳山市做好广告创收工作，既讲政治又讲效益，利用媒体平台，抢抓广告市场，坚持常规广告、栏目合作多措并举，市内市外两个市场一起抓，在广告业务面临多媒体冲击、广告管理严格规范形势下，较好遏制创收下滑局面，全年完成各类创收 300 多万元，保障业务工作正常运转。

【传统媒体与新媒体融合发展】 2017 年，乳山市广播电视台推进传统媒体改造升级，坚持传统传播方式与新媒体传播方式融合发展。投资新上全台无缝覆盖 Wi-Fi，开通“乳山广电”官方微信公众号、“乳山广电”视频网站、手机随手拍，重要稿件实现广播、电视、微信、网络多途径传播，基本构筑起多媒体融合发展的框架。

（李丹）

【山东广电网络威海有限公司乳山分公司】 成立于 2012 年 3 月，隶属于山东广电网络威海有限公司，前身为乳山广电宽带网络有限公司。2017 年，有员工 172 人，设综合部、财务资产部、人力资源部、运行维护部、市场运营部 5 个部门。设市区营业中心、银滩营业中心 2 个营业中心，在 15 个镇、城区街道设服务站。担负乳山市有线电视传输网络规划、建设、运营和管理工作，负责中央、省、市、县广播电视节目和数据信息的安全传输。年内，获“支持地方建设先进单位”称号。

2017 年，全市有线数字电视用户 11.32 万户，互联网用户 2.4 万户。建成网络带宽 1 千兆、拥有架空光缆 2419.52 公里及地下光缆 375.76 公里的立体有线电视主干线传输网，传送数字标清信号节目 171 套。其中，数字高清信号节目 54 套，3D 节目频道 1 套，点播频道 3 套。开通 20 兆、50 兆和 100 兆宽带互联网业务，视频互动点播、电视节目时移回看等业务，为用户提供丰富的视听享受。建有 291.68 公里 SDH 环形数据传输网，最大带宽 2.5 千兆，可为全市各类用户提供视频监控、远程数据传输等业务。

（于雪芹）

报刊与网络

【《乳山时讯》编辑出版 154 期】 2017 年，乳山市报社强化大局观，增强执行力和创新力，确保新闻宣传工作靠得上、跟得紧、报得准，发挥党报舆论主阵地作用。加大学习贯彻中共十九大精神、创建文明城市、“两学一做”学习教育常态化制度化、产业经济发展、精准扶贫、民生工程等方面宣传力度，凝聚发展合力，营造促上经济社会发展良好氛围。其中，围绕落实中央环境督查转办件，开设“生态乳山 绿色发展”栏目，出报 13 期，刊发相关消息、通讯 29 篇，拍摄图片 800 余张。全年共编辑出版《乳山时讯》154 期，开辟新闻专栏 40 个，宣传先进典型 70 个。11 月，乳山市报社完成提质增量目标，由周三期改为周四期。

链接：《乳山时讯》为中共乳山市委机关报，由乳山市报社编辑出版，原名《乳山市报》，1996 年 9 月 8 日创刊，于 2001 年编入国内统一刊号。2004 年，按政策规定改为内部出版物《乳山市讯》，向机关企事业单位和农村免费赠阅。2006 年 5 月，挂靠威海日报社，改出《威海日报・乳山时讯》。2012 年 7 月，与威海报业集团脱钩，更名为《乳山时讯》并进行全新改版，为对开四版周四刊彩报，国际流行黄金报型，期发行量 1 万份，免费赠阅至市直机关、企事业单位、各镇村、社区、主要宾馆酒店、沿街主要门市部、威海市党政机关、部分离退休老干部及乳山籍在外知名人士。

【报纸与新媒体融合发展】 2017 年，乳山市报社促进报纸与新媒体融合发展。手机客户端“掌上乳山”实现 24 小时无间断滚动发布，与组织部“乳山先锋”和宣传部“乳山发布”微信公众号当期头条新闻实现“对接互传”。《乳山时讯》的重要内容和报纸电子版，均在乳山新闻网、《乳山时讯》官方微信、乳山市报社官方微博、《乳山时讯》数字报、手机报及“掌上乳山”手机客户端同步发布或推送；网络媒体获得的新闻线索，报纸及时跟进报道，实现信息共享、报网互动、融合发展。形成报纸、网站、客户端、微信、微博、电子政务杂志六大平台于一体的新闻宣传矩阵。

【乳山新闻网改版完成】 2017 年 7 月，乳山新闻网站再次改版，首页增设新栏目，扩展信息量，实现报纸新闻稿件、版面一次上传、多界面阅读，成为展示乳山形象的重要窗口。2017 年，乳山新闻网重点围绕乳山市委、市政府中心工作和全市发展大局做好新闻宣传，将《乳山时讯》每期所刊发新闻稿件全部提前一天上传，重要新闻随时上传，确保将最新的乳山资讯传送给网友。设置“今日头条”“乳山要闻”“民生关注”“新闻速递”“创城在行动”“乳山人物”“人文博览”“党建”“行风热线”等栏目，关注乳山发展，传递正能量，营造良好网络舆论环境。

链接：乳山新闻网开通于2007年5月29日，由乳山市报社主办与维护，域名为 http://www.rushannews.cn，2007年注册域名为“http://www.rs.whnews.cn”，内设新闻、时讯、时讯记者、乳报动态等22个新闻和资讯频道。2010年6月域名更改为“http://www.rushannews.com”。2011年，网站全面改版，设有时讯电子版、视频乳山、图片乳山、银滩之窗、行风热线等16个栏目版块。2013年，网站再次改版，新设乳山三宝、民生关注、民生诉求回音壁、银滩3600等栏目。2015年5月域名更改为“http://www.rushannews.cn”。

（高山）

【乳山网便民讯息更新2000余条】 2017年，乳山网结合乳山市重点工作，围绕新旧动能转换、乡村振兴、海洋经济发展等发稿1000余篇，开设“深入贯彻落实‘两会’精神”“深入学习贯彻落实省十一次党代会精神”“违法建设治理在行动”“推进农村改厕、共建美丽乡村”等专栏，全面展示乳山市经济和社会发展成就。部门上下联动，发布交通、医疗、就业、社保等便民信息2000余条，为群众日常生活提供便利。部分乳山网信息在今日头条等新媒体同步发布，扩大宣传效果。全年总访问量120万人次，更新信息4000余条。

链接：乳山网于2013年7月上线，由中共乳山市委宣传部主办，域名为 www.rushannews.gov.cn 和 www.rsxc.gov.cn。经过三次改版，开设乳山要闻、外眼看乳山、民生会客厅等50个栏目，采用图片、文字、音视频等多种形式，内容涵盖政务、经贸、视频、民情、历史文化、美食、旅游等方面，是外界认识乳山、了解乳山的门户。

【官方微信“乳山发布”关注量增加】 2017年，乳山市官方微信“乳山发布”把准舆论方向，发挥政务新媒体战斗堡垒作用。注重发挥“零成本”“秒互动”优势，借助动漫、视频、图片（表）等表现形式，将重大主题宣传与受众口味融合，通过跟评等形式，变单向枯燥传递为双向互动、多方交流，增强宣传效果。年内，推出“全国文明城市创建”“深入贯彻落实十九大精神”等10个主题性宣传板块，其中，市长用英文代言城市点击量近31万人次。秉持“准确、及时、有效”处置原则，紧跟事件热点，把握舆论导向，引导舆论发展。2017年4月，岠嵎山发生山火事件，“乳山发布”及时发布政府部门应对处置情况，掌控舆论导向先机，避免民众猜忌和恐慌。在此基础上，发布民生讯息，将“乳山发布”打造为大众办事指南。年内，发布招工信息、乳山民生实事建设、交通等民生信息250余条，服务民众60万人次。

史　志

【概况】 2017年，乳山市党史市志办公室以存史资政育人为根本，统筹推进编鉴修志、地情资料库、方志馆、红色教育基地建设等重点工作。坚持购买服务、专家修志，跟踪培训、靠前指导的思路，乳山市志评议稿按时高质完成。

【《乡愁百村记》读本汇编】 2017年，乳山市党史市志办公室组织调查整理100个村历史文化资料，汇编《乡愁百村记》读本，突出记载村庄人文历史、古建筑、特色景点和产业。推进市情资源开发和利用，在《乳山时讯》开设专栏，每周刊登，为美丽乡村建设和古村落申报打基础。

【《乳山市志》评议稿编修完成】 2017年，乳山市坚持购买服务、专家修志，跟踪培训、靠前指导的思路，协调12名离退休干部担任编辑，协调基层单位及时修改补充市志初稿，至年底，评议稿完成。8月17日，威海史志工作推进暨观摩交流会在乳山召开，系威海史志系统首次到基层召开现场会，与会人员观摩乳

8月17日，威海市史志工作推进暨现场交流会议在乳山召开

（王家洲摄）

7月11日，乳山市情网 （党史市志办公室提供）

山修志现场，围绕服务中心建设场馆两个现场，给予较高评价。

【乳山市方志馆筹建】 2017年，乳山市党史市志办公室结合文化综合体建设，筹建乳山市方志馆。与档案馆合建市情展厅、文献收藏室等，方志馆自用面积1000平方米，发挥志鉴收存、陈列展示、查询宣传、编研交流、开发利用等作用，免费向社会开放。

【市情网迁移工作启动】 2017年，乳山市党史市志办公室结合乳山市智慧城市建设，在政府网站首页设立市情栏目，完成2017年度市情资料数字化，网站内容及时维护更新。聘请专业公司设计开发手机年鉴软件，在具体年鉴内容页面嵌入图片链接，实现手机端便捷查阅年鉴资料，提高查阅利用效率。年内，乳山市党史市志办公室微信公众平台关注量达590人，更新微博850条，微信信息94条，宣传乳山市情、党史知识，为大众了解乳山及史志工作提供平台。

【乳山市方志室收藏文献资料2500册】 乳山市方志室于2005年9月建成，总面积60平方米，含书库、阅览室各1处，内设16组书柜，配备电脑、复印机、碎纸机、扫描仪、投影仪等设备，设管理员1名，健全资料入库登记、借阅等制度，建立正规化、科学化、数字化管理体系。至2017年年底，乳山方志室收藏地情、志书、年鉴、党史资料、工具书、报刊等十余个门类文献资料2500册，全部实现管理目录微机检索。其中，各级各类新旧地方志书资料222册，各地各种年鉴资料340册，党史资料780册，地情出版物78册，地情内部资料240卷（册），期刊600册，其他240册。收藏历史、地理、政治、法律、文学、年鉴等电子图书2万册。建立图片资料库，库存图片1150幅。

【史志成果信息化建设推进】 2017年，乳山市党史市志办公室坚持资料征集、编辑加工、排版设计全程电子化处理，将原有志、鉴、地情资料等各项史志产品通过光盘、U盘、地情资料库等方式保存，为史志资料存档、查证、对外服务及打造数字方志馆奠定基础。

【《改革开放实录》编撰培训开展】 2017年，乳山市党史市志办采取集中与分散相结合的形式，对乳山史志基层供稿人和编辑加强业务培训。9月21日，开展《改革开放实录》撰稿业务培训，乳山市承担改革开放实录威海卷供稿任务单位全部选派骨干参加。会上对改革开放实录资料收集、编写体例、写作方法及时间、质量、图片等方面要求进行讲解，提高参训人员对改革开放实录的认识，掌握改革开放实录撰稿规范、质量要求，为做好编修工作打下基础。

【《乳山市地方史志事业发展规划纲要（2016—2020年）》宣传落实】 2017年，乳山市党史市志办根据《全国地方志事业发展规划纲要（2015—2020年）》《山东省地方史志事业发展规划纲要（2016—2020年）》要求，结合本地实际，制定《乳山市地方史志事业发展规划纲要（2016—2020

6月25日，乳山市方志室一角 （王家洲摄）

年）》，规划谋划今后五年乳山市史志工作思路和发展方向，将《乳山市志》《乳山年鉴》《改革开放实录》等工作纳入到《乳山市三年滚动投资计划表（2018—2020）》。

（孙方圆）

档　案

【概况】　2017年，乳山市档案局全年接收归档文件2620件、电子档案2755件，收集重大活动照片223张并归类存档。全年接待档案利用者1274人次，提供档案600卷次、890件次。连续6年被威海市委、市政府授予"文明单位"称号。

6月8日，乳山市档案局开展档案执法检查工作　　（档案局提供）

【国家重点档案保护与开发项目推进】　2017年，乳山市档案局抓住国家档案局开展《国家重点档案保护与开发项目申报工作通知》时机，申报编写《炮火中的保育摇篮》读本项目，争取国家专项资金55万元，组织精干力量开展红色档案征集、修复和编写工作。赴省档案馆查阅征集重要档案资料，包括不对外开放的珍贵史料2份；先后赴烟台、威海、文登、牟平、海阳等周边地市档案馆，查找20世纪30年代相关革命历史资料20余件，照片1677张，新购置胶东革命历史相关文物及资料200件。对征集的胶东育儿所、保育员、乳娘、乳儿等相关资料和实物进行深层次整理，形成专卷，对征集进馆的珍贵史料进行整理编目，修复和仿真复制处理红色档案200份，部分档案实现数字化。与乳山市党史市志办公室合作，聘请3名史料编纂专家参与编纂《炮火中的保育摇篮》，全书34万字，印制5000册。

【革命历史档案和重要全宗文书档案数字化】　乳山市档案数字化建设工作于2016年11月启动，财政拨付45万。2017年，乳山市档案局成立档案数字化工作领导小组，对珍贵、重要、利用频繁的档案优先进行数字化扫描处理。年内，录入档案目录10万条，革命历史档案和重要全宗文书档案全部实现数字化，共计150万页，进一步推进馆藏档案数字化建设工作。

【基层镇街档案室全部建成】　2017年，乳山市出台基层综合档案室建设标准，下发《关于进一步做好当前档案管理工作的通知》，对基层单位档案工作加强监督和指导。重点推进15个镇街档案室建设工作，要求镇街各部门档案集中统一管理，制订统一标准。年内，镇街均建立专门档案室，配备必要设施，统一印制标准档案盒，档案工作实现正规、合理、有序管理。对纪委、发改局、水利局、规划局10余家市直部门档案工作进行现场指导。举办乳山市档案人员培训班，培训范围涉及镇街、市直各部门单位、驻乳机构、民营企业、学校，参训人员达200人，提升档案人员的档案专业知识和业务操作技能。8月，受邀对福喜公司兼职档案人员现场讲授企业档案管理相关知识。

【档案利用服务1205人次】　2017年，乳山市档案局为档案利用者提供高质量档案查询服务。年内，共接待各类办理离婚、复婚、落户口、贷款、房产公证、出国等档案利用者1205人次，提供档案1297卷次。减免群众查档费用，全年减免档案查询费8000元。

（周梅娟）

6月23日，乳山市滨海新区

· 杯

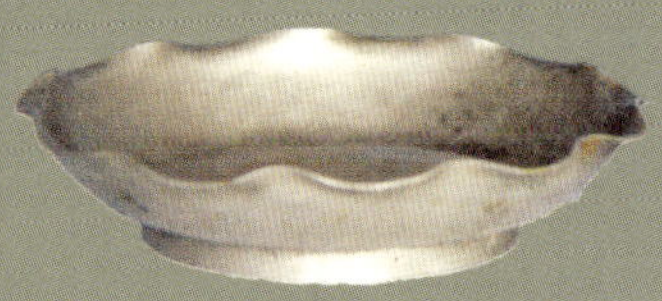

· 盘

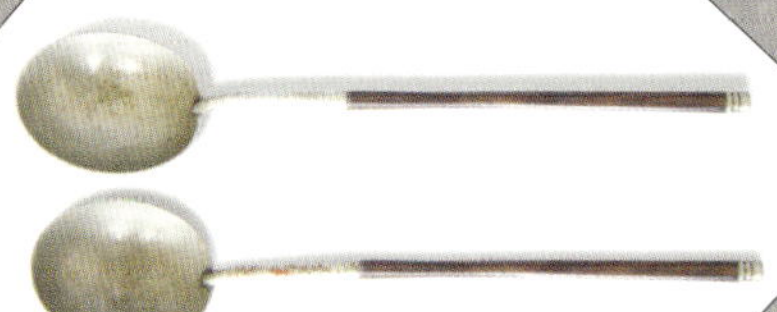

· 勺

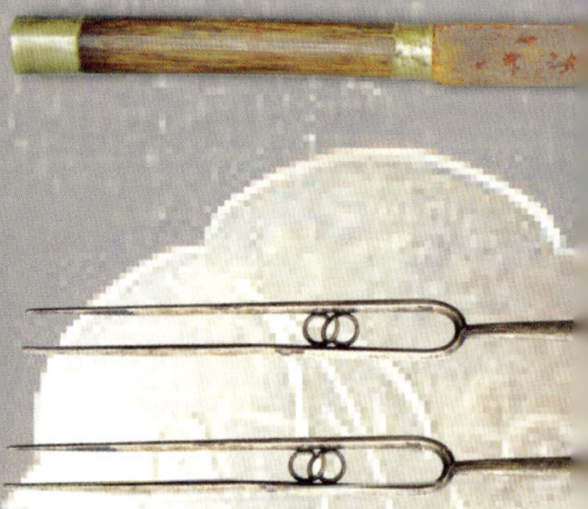

· 清代 套装银质餐具

责任编辑：吕素坡

社会生活
Social Life

- ◎ 人力资源和社会保障
- ◎ 民政事务
- ◎ 住房公积金管理
- ◎ 民族事务
- ◎ 宗教事务
- ◎ 老龄事业
- ◎ 慈善事业
- ◎ 居民生活

人力资源和社会保障

【概况】 2017年，乳山市坚持服务大局、增进民生福祉，做好人力资源和社会保障工作。乳山市就业形势继续保持平稳，新增就业再就业人员5725人，城镇登记失业率1.45%。企业职工基本养老保险、机关事业单位基本养老保险人数分别为82468人、11039人；职工医疗保险、城镇居民基本医疗保险失业保险人数分别达到365183人、53231人；工伤保险、生育保险参保人数分别达到92510人、86971人。

【新增就业再就业人员5725人】 2017年，乳山市增加招聘会举办密度，举办春季、秋季两次就业洽谈会，开展“春风行动”“就业援助月”“扶贫日”等专项活动，发挥人力资源市场促进就业主渠道作用。年内举办就业招聘会8场，267家企业参与洽谈，发放用工信息登记表5700份，提供岗位9400个，入场人数5700人，达成就业意向1011人。年内新增就业再就业人员5725人，其中就业转失业人员再就业3153人，就业困难人员实现再就业884人，转移农村劳动力1356人。

【创业担保贷款发放135笔】 2017年，乳山市在申请创业担保贷款范围涵盖法定劳动年龄内具有乳山市户籍、诚实守信、有创业愿望和具备创业条件的登记失业人员、军队退役人员、被征地农民、残疾人、随军家属、返乡农民工、大学生（即毕业5年内普通高等学校毕业生和驻威高校在校大学生，无户籍要求）等自主创业人员。贷款最高额度30万元，贷款期限3年，给予全额贴息。年内创业担保贷款审批发放135笔，总计1631万元。为各类创业人员和企业发放创业和租赁补贴264笔151.5万元。

【就业技能培训646人】 2017年，乳山市开展就业技能培训14个班期，培训646人。对有意愿从事二、三产业的农村劳动力，特别是大龄劳动力，开展保健按摩师、中式面点师、家政员、育婴师培训，其中保健按摩师332人、中式面点师176人、家政员139人、育婴师8人，均发放结业证书。

【社会保险征缴发放】 2017年，乳山市实现各项社会保险基金总收入11.3亿元。连续12年调增企业离退休、退职人员养老金，企业离退休、退职人员人均每月领取养老金增加240.17元。年内，33272人通过自助终端机或网上代扣缴纳保费。

2月26日，乳山市春季招聘会在政务服务中心举行　（于小凡摄）

企业职工基本养老保险 2017年，乳山市参加职工社会养老保险企业1470家，参保职工82468人，企业养老保险基金总收入55665万元。为5559人办理企业职工基本养老保险补缴。为66930名离退休人员和1356名遗属支付离退休费和遗属补助费155759万元，支付率100%。

机关事业单位职工基本养老保险 2017年，乳山市参加机关事业单位职工基本养老保险单位277个，参保职工11039人，机关事业单位养老保险基金总收入23594万元。为7892名退休人员支付退休费45971万元。

基本医疗保险 2017年，乳山市参加职工医疗保险121793人，参保率100%，收缴职工医疗保险费28843.8万元，支付医保费（含个人账户）37290.2万元。有离休干部260人，公费医疗参保率100%，收缴公费医疗保费281.6万元，支付离休干部医疗费651.3万元。参加城乡居民基本医疗保险365210人，参保率100%，收缴保险基金（个人缴费）7719.1万元，支出医疗费用25259.45万元。

城乡居民基本养老保险 2017年，乳山市参加城乡居民基本养老保险264293人，参保率99.8%。为114612名居民养老保险参保人员发放养老金16764.8万元。

工伤保险 2017年，乳山市参加工伤保险96609人，征缴工伤保险费2802.8万元。年内受理工伤案件503起，认定475起，支付工伤保险费2400.2万元。

生育保险 截至2017年6月，乳山市参加生育保险76952人，征缴生育保险费418.9万元，1085人享受生育保险待遇，支付生育保险费747.3万元。自2017年7月1日起，职工生育保险与职工基本医疗保险合并实施。自2017年7月1日至2017年12月31日，2946人享受生育保险待遇，支付生育津贴费812.51万元，晚育津贴192.92万元。

失业保险 2017年，乳山市参

加失业保险企事业单位1742个，参保职工53231人。年内，收缴失业保险费1982万元，为2114名失业职工发放失业金1692.4万元，代缴医保费498.3万元。

【1763人次医疗保险异地结算】 2017年，乳山市参保职工住院结算15641人次，参保居民住院结算48416人次。在全国1870余家联网结算定点医院开通跨省异地就医联网结算，范围包括省内异地安置退休、异地长期居住、常驻异地工作和异地转诊所有参保职工及参保居民，跨省和省内异地就医职工和居民合计直接结算1763人次，直接结算费用2445.04万元。乳山市人民医院、乳山市中医院、乳山市第二人民医院、乳山市银滩医院纳入跨省异地联网直接结算平台。

【建卡贫困户医保一站式结算】 2017年，乳山市实施建卡贫困户参保全覆盖动态管理，一站式结算，为2484名参保贫困人口报销各类医疗费用金额1960.53万元，降低家庭经济负担。

【工资福利政策调整兑现】 2017年，乳山市为10913名机关事业单位在职人员晋升年度考核工资，人均月增资109元。为9100名事业单位工作人员核定绩效工资总量8600万元。调整机关事业单位在职和离退休死亡后符合条件遗属补助标准，自2016年10月1日起执行，人均增资60元。落实山东省法官、检察官和司法辅助人员工资制度改革工作，为69名员额法官、检察官套改工资，人均月增资956.26元。

【机关事业单位工作人员平时考核制度推行】 2017年，为加强对工作人员的日常管理和监督，全面客观准确评价工作实绩，激励干部履职尽责，乳山市探索推行平时考核制度。在学习外地先进经验基础上，结合实际于5月制订《关于做好机关事业单位工作人员平时考核工作的通知》，平时考核工作在机关事业单位全面展开。实行周记实、月小结、季考评、年总结全过程管理，平时考核结果作为年确定年度考核重要依据和标准。在乳山市人社局设立人力资源绩效管理办公室，加强督促检查，形成责任清晰、运行顺畅的工作机制。8月，开发出网上平时考核管理系统，9月在26家单位推广试运行。12月12日，威海市人社系统人员考核管理工作现场会议在乳山市召开。

11月22日，威海市人社局到乳山市调研平时考核管理系统（于小凡摄）

【机关事业单位人员调配管理】 2017年，乳山市新录用48名公务员、112名事业单位工作人员。年度考核机关事业单位人员11286人，其中合格、称职及以上等次10981人，不称职5人，不合格10人，基本合格2人，不进行考核60人，不定等次228人。办理机关事业单位调动120人次，其中乳山市外调入5人，调往乳山市外28人，乳山市内调动31人。办理2名公务员和15名事业单位工作人员辞职手续、1名公务员辞退手续，以及1名事业单位工作人员因旷工被解除合同手续。

【军队转业干部安置14人】 2017年，乳山市接收安置军转干部14人，其中，计划安置军队转业干部7人，接收自主择业军队转业干部7人。落实企业军转干部解困政策，年内发放企业军转干部各项困难补助857.46万元，做到核算准确、发放及时。

【紧缺专业人才引进】 2017年，乳山市引进紧缺专业本科以上学历大学生416人，其中硕士以上学历大学生40人。新增留学回国人员8人。经过重新申报、考察，确定乳山市人民医院，乳山市中医院等6家单位为乳山市高校毕业生就业见习基地。组织母爱大姐、乳山工艺品、韩孚生化、华信食品4家重点企业参加2017年威海“英创会”，邀请4名专家（包含1名千人计划专家、1名外国专家）到乳山市实地考察，达成拟签约意向4个。根据乳山市“海纳英才”计划，为符合条件6名硕士发放一年住房补贴，共计57600元。推选金牌生物周万友、华信食品周伟、渔乡金牡蛎养殖合作社李向阳申报2017年度“威海市重点产业紧缺人才”，分别争取到5万元、8万元、5万元安家补贴。推选渔乡金牡蛎养殖合作社李向阳申报2017年度“留学人员企业一次性创业资助资金”，为其争取到10万元创业资助。

【劳动关系和谐企业创建】 2017年，乳山市按维护劳动关系双方合法权益，服务经济、服务民生目标。组织企业劳资人员参加威海市人力资源管理培训班、开展全员联系企业大走访，加强对乳山市120余家企业人力资源管理人员劳动法律法规培训，从源头上促进劳动关系和谐发展。开展劳动保障法律法规“进企业、进校园、进社区”活动，组织宣讲活动12场，发放宣传资料、明白纸3万份，覆盖15个镇（街道）。推动劳动关系和谐企业创建，发挥劳动关系三方协商机制作用，完善劳动关系协调组织网络，规范企业用工管理。抽查150家企业劳动合同签订、用工备案和工资集体协商情况，劳动合同签订率达到97%以上。

【劳动保障监察案件处理387起】 2017年，乳山市通过日常巡查和开展农民工工资支付、劳务派遣专项检查等方式，依法为2078名职工追讨工资760万元。年内，处理劳动保障监察案件387起，其中立案受理167起，参与协调220起。年内答复民生诉求298条、处理各类信访事项127件，接待群众来访1960人次。

【劳动人事仲裁受理249起】 2017年，乳山市劳动人事仲裁院通过企事业单位人力资源管理人员QQ群解答疑难问题1200个。发挥法律援助站作用，全年援助职工19人。实行阶梯式调解制度，全年组织调解236次，达成一致调解意见151起，收到“定纷止争、案结事了、息事宁人”效果。全年收到劳动人事仲裁申请289起，受理249起，其中因工资争议65起，因经济补偿、赔偿金争议56起，因工伤待遇争议60起，其他争议68起，结案率100%。

（于小凡）

民政事务

【概况】 2017年，乳山市提高社会救助标准，完善养老服务体系，做好双拥优抚及安置工作，加强社区及基层政权建设，强化社会组织培育，做好婚姻登记、殡葬服务、地名、福彩等专项工作，实现民政工作新突破。

【社会救助标准提高】 2017年，乳山市将城乡低保提高至每人每月580元、每人每年4500元。制订《关于健全特困供养人员救助供养制度的实施意见》，将原有农村五保全部纳入特困供养范围，农村特困供养标准包括基本生活费和集中供养照料护理标准，基本生活标准按照不低于最低生活保障标准1.3倍确定为每人每年5850元，集中供养完全丧失生活自理能力、部分丧失生活自理能力、具备生活自理能力护理标准分别为每人每年10990元、5495元、3297元。按照“应保尽保”原则，将符合条件的城乡困难群众全部纳入保障范围，截至年底，全市保障农村低保6490户、9349人；城市低保189户、361人；特困供养人员2624人，其中集中供养989人，分散供养1635人。开展低保、五保工作专项整治活动，追缴2013—2016年低保、“五保”死亡后超领保障资金。开展低收入家庭普查工作，采集录入信息22410条。制订《关于社会救助工作监督管理、追责问责实施意见》，开发民政保障人员死亡信息比对系统。

【“救急难”工作开展】 2017年，乳山市制订《关于全面开展“救急难”工作实施方案》《关于建立健全临时救助制度的意见》《关于进一步完善医疗救助制度全面开展重特大疾病医疗救助工作意见》《关于转发威海民政局等12部门〈关于健全特困人员救助供养制度的实施意见〉的通知》等文件，建立健全“救急难”主动发现报告、快速响应机制，细化完善“一门受理协同办理”机制、急难求助“首问负责制”制度，做到“解急渴、救急难”。

【社区日间照料中心社会化运作】 2017年，乳山市创新社区日间照料中心运营新模式，探索社会化运作，提升华冠社区、幸福社区等社区养老综合服务中心运营水平。3处城市社区养老服务中心、2处农村社区养老服务中心、5处居家养老服务中心、3处新建养老机构开工建设，满足老年人多样化养老需求。强化养老机构安全生产、食品安全监管、服务质量管理，对养老机构进行督导检查5次，乳山市22家养老机构责令关停整改5家，达标或经整改达标给予养老许可17家。年内累计争取1192.93万元资金助力养老机构发展。加强养老服务人才队伍建设，组织参加省及威海市级养老培训班11期，培训200人次；组织养老机构消防培训班2期，培训50人次；组织养老护理员参加县级、市级技能比赛。

【退役士兵优抚政策落实】 2017年，乳山市落实“省11条”，采集退役士兵信息3322人，发放236名退役士兵1999—2004年待安置期间生活费24.88万元，59名退役士兵自谋职业资金68.4万元；安排落实公益性岗位227人，完成“清零”任务，确保涉军群体整体稳定。规范优抚资金发放，按新标准调整并发放抚恤补助资金，开展对优抚资金多领超发的清算和追缴工作。发放定期抚恤补助金5300万元，组织优抚对象查体835人、疗养243人，对优抚对象医疗给予补助和救助176万元。

【乳山市军人服务中心成立】 2017年，乳山市成立军人服务中心，为副科级事业单位。实行“一站式”服务、窗口化管理，为军人提供集入伍登记、荣誉通报、走访慰问、退役安置、政策咨询、信访接待、诉求答复和帮扶解困等全方位服务，实现军人从入伍到退伍的全程服务、规范管理。

【城乡社区管理服务水平提升】 2017年，乳山市城区街道对松山社区、东里社区和华冠社区硬件设施进行改造提升，推行“一社区一品牌”服务，推进服务项目化、专业化，加强共驻共建共享，探索社区管理新模式。滨海新区完成益天社区党群服务中心规范化示范点建设，打造社区特色七彩文化长廊，增强社区底蕴。推进“农村社区服务中心建设三年行动计划”，完成119处农村社区综合服务中心达标建设工作，农村社区服务能力和水平显著提升。

【社会组织管理体制改革】 2017年，乳山市从激发社会组织发展活力入手，加大社会组织管理、培育力度，深化社会组织管理体制改革。实行直接登记制度，行业协会商会类、在自然科学和技术工程领域内从事学术研究和交流活动的科技类、城乡社区服务类以及提供扶贫、济困、扶老、救孤、恤病、助残、救灾、助医、助学服务的公益慈善类社会组织可直接登记。推行社会组织登记“三证合一”“一证一码”制度改革，加强社会组织统一信用代码制度建设。抓好社会组织服务平台建设，强化业务指导和资金扶持，对社会组织在项目申报、策划、活动、财务等方面给予协助。在抓好乳山市社会组织孵化园运行管理的同时，成立乳山市城区街道社会组织服务中心，搭建镇（街道）社会组织孵化平台，破解社会组织“孵化难”问题。

链接：社会组织登记“三证合一”“一证一码”，指将原来的社会组织登记证、组织机构代码证、税务登记证3本证书，整合为民政部门核发的加载有统一社会信用代码的社会组织登记证书。统一社会信用代码由登记管理部门代码（1位）、机构类别代码（1位）、登记管理机关行政区划码（6位）、主体标识码（即组织机构代码，9位）、校验码（1位）5个部分组成，是社会组织在全国范围内唯一的、终身不变的法定身份识别码。

【社会组织信用体系建设加强】 2017年，乳山市开展社会组织信用体系建设，建立完善社会组织“双随机一公开”监管机制及年检制度，通过以会代训、指导注册等方式加强管理。对连续两年不参加年检或年检不合格的社会组织予以撤销。年内社会组织8家被撤销、7家被注销。

【专项社会事务管理】 2017年，乳山市全年办理结婚登记3264对，离婚登记1148对，补发婚姻登记证1512对，出具婚姻登记记录证明4份。按照国家AAA级婚姻登记机关标准，新建1处占地1300平方米的婚姻登记大厅。火化遗体5596具，落实福利化殡葬政策，免除4686具遗体的基本殡葬服务费，减免金额264万元。推行节地生态安葬，完成公益性骨灰堂改扩建及节地生态葬区建设的规划、设计。开展第二次地名补查工作，收集各类地名信息资料4027条。销售福利彩票5802万元，比上年增长2.36%。乳山市军休所组织红色关爱走访、健康巡诊、健康查体、住院探望等暖心服务400人次，组织军休干部参加各级活动20次。

（于波）

住房公积金管理

【概况】 2017年，乳山市住房公积金管理中心调整资金管理政策，发挥公积金的住房保障作用。截至2017年年底，全市开立住房公积金账户并正常办理业务单位521个，缴存职工3.8万人，住房公积金覆盖率71.9%。年内完成住房公积金归集额2.4亿元，比上年增加0.1亿元。截至年底，全市累计归集总额18.2亿元，比上年末增长15.6%。年内向591户职工家庭发放住房公积金个人购房贷款1.9亿元，占当年归集额79.1%。截至年底，全市累计向6120户职工发放住房公积金个人购房贷款共计10.7亿元。全年28429人次提取使用住房公积金，提取金额1.5亿元，比上年增加0.1亿元，占当年归集额的62.5%。

【住房公积金政策暂停执行4项】 2017年，乳山市住房公积金管理中心执行威海市住房公积金管理中心《关于暂停执行部分住房公积金政策的通知》。一是暂停执行“职工连续足额缴存住房公积金6个月（含）以上，可申请住房公积金个人住房贷款”规定，恢复执行“职工连续足额缴存住房公积金12个月（含）以上，可申请住房公积金个人住房贷款”规定。二是暂停执行“最高贷款年限30年”“借款人还款能力按不高于借款人和共同还款人月缴存工资基数的50%核定”规定。三是暂停执行“缴存职工不使用住房公积金贷款的，购买普通自住住房后，可在取得有效购房凭证1年内，一次性同时提取职工本人及配偶、父母、子女的住房公积金”规定，恢复执行“缴存职工不使用住房公积金贷款的，购买普通自住住房后，可在取得有效购房凭证1年内，一次性同时提取职工本人及配偶的住房公积金”规定。四是暂停执行“申请使用住房公积金个人贷款后，可在1年内一次性提取职工本人及配偶的住房公积金，用于支付的购房首付款”规定。

【住房公积金贷款政策调整】 2017年，乳山市住房公积金管理中心执行威海市住房公积金管理中心《关于暂停执行部分住房公积金政策的通知》。提高首付比例，将首套住房公积金贷款首付比例由20%提高至30%，购买第二套住房的公积金贷款首付比例不得低于40%。收紧贷款额度和发放范围，贷款额度不得超过住房公积金账户余额20倍，不得向购买第三套以上住房及已经两次使用住房公积金贷款的缴存职工家庭发放住房公积金贷款。暂停发放异地住房公积金贷款。

（贾文波）

民族事务

【概况】 2017年2月，乳山市民族宗教事务局调整为正科级行政机构，与乳山市委统战部合署办公，并在政府序列中保留名称。3月，乳山市召开全市民族宗教工作专题会议。2017年，乳山市对少数民族困难群众给予帮扶，开展民族团结进步宣传月活动，保障乳山市民族领域和谐稳定。

【少数民族困难群众帮扶】 2017年，乳山市民族宗教局走访少数民族合作社2次，指导合作社建立工作台帐，增强致富能力。对30户少数民族困难家庭、14名大学生、6户贫困户发放化肥、助学金、慰问金等物资，折合29400元。

【“民族团结进步宣传月”活动开展】 2017年，乳山市民族宗教局加强民族团结进步示范社区建设，指导腾达社区规范各项工作机制。开展“民族团结进步宣传月”活动，召开座谈会3场，张贴宣传标语40条，发放民族政策法规明白纸2000份。

（陈强）

宗教事务

【概况】 2017年2月，乳山市民族宗教事务局调整为正科级行政机构，与乳山市委统战部合署办公，并在政府序列中保留名称。3月，乳山市召开全市民族宗教工作专题会议。2017年，乳山市开展宗教政策法规宣传和宗教慈善周等活动，保障乳山市宗教领域和谐稳定。

【宗教政策法规宣传】 2017年，乳山市民族宗教局与各宗教活动场所签订场所安全责任状，完善宗教活动场所消防、信访、重大活动等制度，在玉虚观、黄山寺等宗教活动场所组织开展地震和消防演练。开展宗教政策法规宣传月活动，围绕贯彻落实全国及山东省、威海市宗教会议精神，通过开展座谈会等形式，组织各宗教团体、宗教活动场所开展学习宣传。

【“宗教慈善周”活动开展】 2017年，乳山市民族宗教局组织各宗教团体、活动场所开展“宗教慈善周”活动，资助贫困户、孤寡老人等弱势群体物资折款5.6万元。组织信教群众参加创城志愿服务活动2次，参与60人次。

（陈强）

老龄事业

【概况】 2017年，乳山市保障老年人权益，发展健康养老产业，落实老龄津贴制度，老龄事业全面推进。乳山市被中国老年宜居城市发展联盟授予“中国老年人宜居宜游城市”称号。

【获评“中国老年人宜居宜游城市”】 2017年11月，乳山市被中国老年宜居城市发展联盟授予“中国老年人宜居宜游城市”称号。参评指标体系涵盖国际老年人友好型城市指标主要内容，体现中国特色，还反映一般性宜居城市的普适性特征，突出老年人对宜居城市的特殊要求。在专家认证会上，5名专家一致认为乳山市各项指标得分符合“中国老年人宜居宜游城市”要求。9月，乳山市白沙滩镇被授予“中国老年宜居名镇”称号。

【老年人权益维护加强】 2017年，乳山市建立健全市、镇、村三级老年维权网络。全年接待群众来信来访30人次，调处各类涉老纠纷6起，为190名老年人免费提供法律援助。10月，乳山市人民法院诸往法庭被山东省老龄办授予“山东省老年人公益维权服务示范站”称号，幸福苑老年公寓被山东省老龄办授予“山东省敬老文化教育基地”称号。老人节期间，乳山市委、市人大、市政府、市政协主要领导带队，分头走访慰问百岁老人和敬老院的老人，社会各界开展各种尊老敬老助老活动。开展第27届“敬老月”系列活动。

（宋礼夫）

慈善事业

【概况】 2017年，乳山市制定《乳山市慈善总会慈善资金管理办法》，规范慈善资金管理使用。乳山市慈善总会完善工作机制，组织开展各项慈善救助活动，年内募集善款759.86万元，支出善款1527.8万元，救助困难群众4万人次。

【“慈心一日捐”捐款759.86万元】 2017年，乳山市开展“慈心一日捐”捐款活动，累计接收捐款759.86万元。其中机关事业单位、驻乳单位、企业集体、行政村集体及个人捐款456.1万元，认捐基金企业缴纳基金利息276.5万元。

【慈善救助投入资金1527.8万元】 2017年，乳山市开展慈善大病救助、情暖万家、关爱老年人、慈善助学等慈善救助项目，累计投入救助金1527.8万元，救助困难群众4万人次。其中，投入善款693.3万元，开展慈善助医活动，救助1096名大病患者；开展慈善情暖万家及救助农村贫困户、企业特困职工等活动，为1521户困难家庭发放救助款99.2万元；开展关爱老年人活动，投入善款363.99万元对全市农村75周岁以上的3.6万名老年人进行救助；开展慈善助学活动，救助117名2017年度新考取大学且家庭贫困的学生，发放救助款46.8万元；投入善款16.8万元，救助因失火而造成房屋及其他财产损失的贫困家庭135人；定向捐赠支出等6万元。

（于波）

居民生活

【概况】 2017年，乳山市着力增进民生福祉，城乡居民收入稳步增长，人民生活水平高。城镇居民收入增长主要是工资待遇提高，就业形势保持稳定，居民理财形式多元化，退休人员基本养老金、城乡居民养老保险基础养老金和城镇最低生活保障标准上调。农民收入增长主要是农民工工资收益得到保障，牡蛎、茶叶、大蒜等农产品价格较往年上涨，政府鼓励农民流转土地地经营权促民增收，城乡居民养老保险基础养老金、农村最低生活保障和农村五保供养标准上调。

【城乡居民收入持续增加】 2017年，乳山市城市居民人均可支配收入35804元，比上年增长8.6%，其中工资性收入23247元，增长8.0%；经营净收入4903元，增长8.4%；财产净收入2204元，增长8.6%；转移净收入5037元，增长11.7%。乳山市农民人均可支配收入16016元，增长8.0%，其中工资性收入7785元，增长8.6%；经营净收入5600元，增长4.6%；财产净收入260元，增长17.6%；转移净收入2369元，增长13.4%。

【城乡居民生活品质提升】 2017年，乳山市城市居民人均消费支出19802元， 比上年增长8.9%。从消费结构看，食品烟酒消费支出5744元，增长3.0%；衣着支出2369元，增长1.7%；居住支出3408元，增长9.8%； 生活用品及服务消费支出1384元，增长9.8%；交通通信支出2991元，增长17.9；教育文化娱乐消费支出1890元，增长13.5%；医疗保健支出1396元，增长18.1%；其他商品和服务支出619元，增长15.9%。乳山市农村居民人均消费支出9156元，比上年增长8.9%。从消费结构看，食品烟酒消费支出2959元，增长3.1%； 衣着消费支出815元，增长2.8%；居住消费支出1424元，增长10.2%；生活用品及服务消费支出577元，增长3.8%；交通和通信消费支出1266元，增长14.2%；教育文化娱乐消费支出853元，增长17.3%；医疗保健消费支出1085元，增长9.13%；其他商品和服务消费支出178元，增长16.6%。

乳山市城镇居民收入、消费统计表

表40 单位：元

指标名称	2017年	2016年	增长（%）
人均可支配收入	35804	32955	8.6
工资性收入	23247	21516	8.0
经营净收入	5316	4903	8.4
财产净收入	2204	2029	8.6
转移净收入	5037	4507	11.7
人均消费支出	19802	18184	8.9
食品烟酒	5744	5575	3.0
衣着	2369	2329	1.7
居住	3408	3103	9.8
生活用品及服务	1384	1260	9.8
交通通信	2991	2537	17.9
教育文化娱乐	1890	1664	13.5
医疗保健	1396	1181	18.1
其他用品和服务	619	534	15.9

乳山市农村居民收入、消费统计表

表 41　　　　单位：元

指标名称	2017 年	2016 年	增长（%）
人均可支配收入	16016	14828	8.0
工资性收入	7785	7166	8.6
经营净收入	5600	5352	4.6
财产净收入	260	221	17.6
转移净收入	2369	2089	13.4
人均消费支出	9156	8411	8.9
食品烟酒	2959	2869	3.1
衣着	815	793	2.8
居住	1424	1292	10.2
生活用品及服务	577	556	3.8
交通通信	1266	1108	14.2
教育文化娱乐	853	727	17.3
医疗保健	1085	913	18.8
其他用品和服务	178	153	16.6

（统计局）

4月5日，母爱广场

12月1日，大崮头村航拍

· 元代 左监军元帅印印面

· 元代 左监军元帅印印面拓片

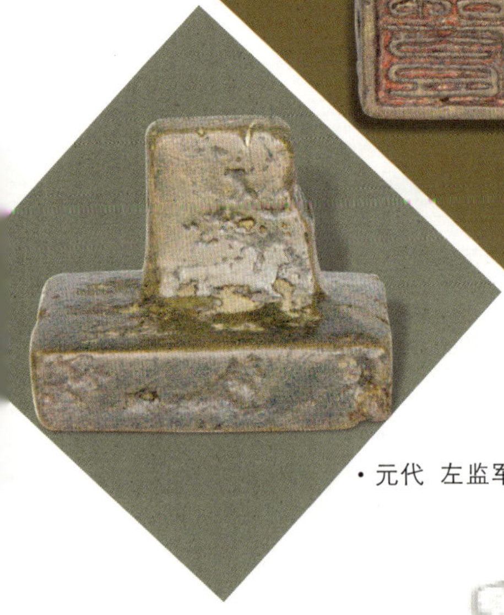

· 元代 左监军元帅印

· 清代 冷泮林万民服

责任编辑：高献东

人 物
Figures

◎ 市级领导人

◎ 机构与领导人

◎ 先进模范人物

市级领导人

中共乳山市委员会

周　兵　乳山市委书记、市委党校校长。潍坊安丘市关王镇人，1968年1月出生，1998年4月，加入中国共产党，大学文化。于1992年7月参加工作，先后任威海市财政局科员，财政部驻山东省财政监察专员办事处威海组科员、副主任科员，威海市财政局办公室副主任科员，威海市财政局教科文科副主任科员、主任科员，威海市财政局办公室主任。2009年9月，任威海市财政局副调研员。2010年1月，任威海市财政局副调研员、党委委员。2011年6月，任威海市财政局副局长、党委委员。2012年7月，任威海市民航局（民航站）副局长（副站长）、党委副书记（主持工作）。2013年5月，任威海市民航局（民航站）局长（站长）、党委书记。2015年4月，任乳山市委副书记，市政府党组书记。2015年5月，任乳山市委副书记，市政府市长、党组书记。2016年11月，任乳山市委书记，市政府党组书记。2016年12月，任现职。

宫本杲　乳山市委副书记，市政府市长、党组书记。威海环翠区孙家疃街道办事处人，1974年3月出生，1999年5月加入中国共产党，大学文化。于1996年7月参加工作，先后任威海市轻工业品进出口有限公司职员，威海市招商引资中心科员、综合业务部副部长，威海市国际投资促进中心综合业务部副部长，威海市国际投资促进中心副主任、主任。2013年8月，任文登市政府副市长。2013年9月，任文登市政府副市长、党组成员。2013年11月，任文登市政府副市长、党组成员，威海综合保税区筹建处主任。2014年3月，任威海市文登区政府副区长、党组成员，威海综合保税区筹建处主任。2014年8月，任威海市文登区政府副区长、党组成员（主持人社局工作），威海综合保税区筹建处主任。2015年4月，任威海市文登区委常委，区政府副区长、党组成员。2015年5月，任威海市文登区委常委，区政府副区长、党组副书记。2016年2月，任威海市金融办（市地方金融监督管理局）副主任（副局长）、党组副书记（主持工作）。2016年11月，任乳山市委副书记。2016年12月，任乳山市委副书记，市政府党组书记。2017年1月，任现职。

李国徽　乳山市委副书记。乳山经济开发区崔家村人，1969年11月出生，1991年12月加入中国共产党，省委党校研究生文化，农业推广硕士。1988年7月参加工作，先后任乳山县（市）委办公室干事、保密科副科长，乳山市委保密办公室副主任，乳山市委保密办公室（政府保密局）主任（局长），乳山市委办公室副主任，乳山市委办公室副主任、主任科员，乳山市徐家镇党委书记、人大主席，乳山市委办公室副主任、主任科员，乳山市发展和改革局局长、党组书记。2007年12月，任乳山市政府副市长、党组成员。2011年12月，任乳山市政府副市长、党组成员，市委政法委书记。2012年1月，任乳山市委常委、政法委书记，市政府副市长、党组成员。2012年2月，任乳山市委常委、市委政法委书记。2016年12月，任乳山市委常委。2017年1月，任现职。

丁甫春　乳山市委常委。胶南市泊里镇人，1971年5月出生，1994年4月，加入中国共产党，研究生文化，工学硕士。1999年4月，参加工作，先后任威海市国内招商局联络科科员、副科长，威海市国内招商局招商管理科科长，威海市经济合作局合作一科科长。2010年1月，任威海市经济合作局副局长、党委委员。2014年1月，任乳山市政府党组成员。2014年2月，任乳山市政府副市长、党组成员。2015年4月，任乳山市委常委、市纪委书记。2016年12月，任现职。

战国生　乳山市委常委，市政府副市长、党组副书记。乳山市冯家镇砦里村人，1968年12月出生，1989年5月，加入中国共产党，省委党校研究生文化。1989年7月，参加工作，先后任乳山县人民法院下初法庭书记员，乳山县（市）政府办公室秘书，乳山市政府调研科副科长、调研科科长，乳山市政府办公室副主任科员、调研科科长，乳山市政府办公室副主任、政府法制局局长，乳山市夏村镇党委书记、人大主席，乳山市政府党组成员、办公室主任，乳山市政府党组成员、银滩旅游度假区管委会副主任、党工委副书记（主持工作）。2012年12月，任乳山市政府党组成员，银滩旅游度假区管委会主任（副县级）、党工委副书记。2013年1月，任乳山市银滩旅游度假区管委会主任（副县级）、党工委副书记，白沙滩镇党委书记、人大主席。2013年3月，任乳山市滨海新区党工委副书记，银滩旅游度假区管委会主任（副县级），白沙滩镇党委书记、人大主席。2013年7月，任乳山市政府党组成员，银滩旅游度假区管委会主任（副县级）。2013年8月，任乳山市政府副市长、党组成员。2016年4月，任现职。

樊西民　乳山市委常委、市委组织部部长。郓城县郓城镇大樊庄村人，1973年2月出生，1997年5月，加入中国共产党，省委党校大学文化。1994年7月，参加工作，先后任威海环翠省级旅游度假区招商局科员、党政办秘书，威海市环翠区张村镇党政办公室副主任，威海市环翠区张村镇党委组织委员，威海市环翠区张村镇党委组织委员、威海环翠省级旅游度假区党政办副主任，威海市环翠区张村镇党委副书记、纪委书记，威海市环翠区张村镇党委副书记，威海环翠省级旅游度假区党政办主任、张村镇党委副书记，威海环翠省级旅游度假区党工委副书记、管委会副主任、张村镇党委副书记、镇长，威海环翠省级旅游度假区党工委副书记、张村镇党委书记、人大主席。2015年5月，任威海环翠省级旅游度假区管委会主任（副县级）、党工委副书记，张村镇党委书记、人大主席。2016年4月，任乳山市委常委、组织部部长、统战部部长。2016年12月，任现职。

卫　玮　乳山市委常委、市委政法委书记。威海市环翠区人，1980年2月出生，2001年6月，加入中国共产党，大学文化，公共管理硕士。2001年7月，参加工作，先后任威海市环翠区温泉镇党政办科员，温泉镇党委宣传委员，温泉镇党委宣传委员、副镇长，温泉镇党委委员、纪委书记、副镇长，温泉镇党委副书记。2012年8月，任共青团威海市委副书记、党组成员。2015年4月，任乳山市政府党组成员。2015年5月，任乳山市政府副市长、党组成员。2016年12月，任乳山市委政法委书记，市政府副市长、党组成员。2017年1月，任现职。

孔祥雷　乳山市委常委、市委统战部部长，市政府党组副书记。荣成市埠柳镇孔家村人，1977年11月出生，2003年3月，加入中国共产党，大学文化，法学硕士。1999年7月，参加工作，先后任威海高区新闻中心科员，威海高区管委（工委）办公室行政科副科长，威海高区信息调研室副主任，威海高区应急管理办公室主任，威海高区怡园街道办事处党委副书记（正科），威海高区怡园街道党工委副书记（正科），威海高区怡园街道党工委副书记、办事处主任，威海市副县级后备干部班学员（2012年10月—2013年2月挂职任威海市信访局接访科科长，2013年2月—2013年10月挂职任威海市商务局正科级干部）。2013年10月，任威海市委办公室副主任（2016年6月—2016年12月，挂职任乳山市委常委，市政府副市长、党组成员）。2016年12月，任现职。

李映华　乳山市委常委、市纪委书记，监委主任。湖南常宁人，1977年5月出生，1998年4月，加入中国共产党，大学文化，公共管理硕士。2000年7月，参加工作，先后任威海建设集团股份有限公司秘书，共青团威海市环翠区委科员，威海市环翠区委办公室秘书科科员、科长，威海市环翠区委办公室副主任科员，威海市环翠区委政策研究室副主任，威海市环翠区委办公室副主任，威海市环翠区委办公室副主任、政策研究室主任，威海市副县级后备干部班学员（2012年11月—2013年10月挂职任荣成市俚岛镇党委副书记）。2013年10月，任威海市委组织部副调研员。2013年11月，任威海市委组织部副调研员、干部教育科科长。2014年8月，任威海市委组织部副调研员、研究室主任。2015年5月，任威海市委组织部副调研员。2015年10月，任荣成市崖西镇党委书记、人大主席（副县级）。2016年12月，任乳山市委常委、市纪委书记。2018年1月，任现职。

纪华艳　女，乳山市委常委、市委宣传部部长。山东威海人，1972年11月出生，1995年6月，加入中国共产党，省委党校研究生文化。1996年7月，参加工作，先后任威海环翠区温泉镇科员、镇长助理，威海环翠区泊于镇党委委员，威海经区妇联副主席、团委副书记，威海经区妇联主席、团委书记，威海经区凤林街道办事处党委副书记、主任，威海经区凤林街道办事处党委书记。2016年4月，任威海经区社会事务管理局（人武部）副调研员、凤林街道办事处党委书记。2016年12月，任现职。

唐大鹏　乳山市委常委、市政府副市长（挂职）、党组成员。山东兖州人，1974年7月出生，1993年12月，加入中国共产党，大学文化。1996年8月，参加工作，先后任威海高区田村街道办事处干部，威海市高区街道办事处副主任、党委委员、党委副书记，威海市环翠区政府区长助理、党组成员。2004年8月，任哈工大（威海）外语系党总支副书记（挂职）。2007年8月，任威海市委党校行政处处长。2011年5月，任威海市委党校政工处处长。2017年9月，任现职。

乳山市人大常委会

姜翠萍　女，乳山市人大常委会主任、党组书记，威海机械工程高级技工学校校长、党委副书记。乳山市白沙滩镇曹家庄村人，1962年12月出生，1988年11月，加入中国共产党，省委党校大学文化。1982年7月，参加工作，先后任山东掖县滕家粮所会计，乳山县财政局会计，乳山县财政局驻厂员管理所副所长、所长，乳山县（市）财政局副局长、党组成员，乳山市财政局副局长、党组副书记、地税局局长、党组书记，乳山市财政局副局长、党组副书记、市重点工程办公室主任，乳山市人事局副局长、党组副书记、主任科员、机关事业保险处主任，乳山市劳动和社会保障局副局长、党委副书记、主任科员、机关事业保险处主任，乳山市妇联主任、党组书记，乳山市政府党组成员。2003年1月，任乳山市政府副市长、党组成员。2007年11月，任乳山市委常委、宣传部部长，市政府党组成员。2007年12月，任乳山市委常委、宣传部部长。2013年10月，任乳山市人大常委会党组副书记，威海机械工程高级技工学校校长、党委副书记。2017年1月，任现职。

高翠玲　女，乳山市人大常委会副主任、党组成员。乳山市南黄镇高家屯村人，1962年12月出生，1987年12月，加入中国共产党，省委党校大学文化。1984年10月，参加工作，先后任乳山县南黄镇妇联干事，乳山县徐家乡妇联干事、副主任，乳山县（市）徐家镇党委委员、妇联主任，乳山市徐家镇副镇长，乳山市下初镇党委副书记，乳山市妇联副主任、党组成员，乳山市乳山口镇党委副书记、镇长，乳山市妇联主任、党组书记，乳山市人口和计划生育局局长、党组书记，乳山市人大常委会党组成员。2012年2月，任现职。

矫伟宏　乳山市人大常委会副主任、党组成员。烟台市牟平区埠西头镇人，1964 年 3 月出生，1983 年 12 月，加入中国共产党，省委党校大学文化。1981 年 11 月，参加工作，先后任乳山县烟酒公司职工，乳山县徐家公社党委交通员，乳山县徐家乡团委书记、党委委员，乳山县（市）海阳所镇党委宣传委员，乳山市海阳所镇党委副书记，乳山市海阳所镇党委副书记、镇长，乳山市乳山口镇党委副书记、镇长，乳山市乳山口镇党委书记、人大主席，乳山经济开发区管委会副主任、党工委副书记、乳山口镇党委书记、人大主席。2009 年 9 月，任乳山经济开发区管委会主任、党工委副书记（副县级），乳山口镇党委书记、人大主席。2011 年 12 月，任乳山经济开发区管委会主任、党工委副书记（副县级）。2014 年 1 月，任乳山市人大常委会党组成员（副县级）。2014 年 2 月，任现职。

高　波　乳山市人大常委会副主任、党组成员。乳山市南黄镇湾头村人，1960 年 8 月出生，1992 年 8 月，加入中国共产党，省委党校大学文化。1978 年 12 月，参加工作，先后任烟台海洋渔业公司工人，乳山县乡镇企业局会计，乳山县财政局会计，乳山县（市）财政局预算科副科长，乳山市财政局预算科科长，乳山市财政局局长助理，乳山市财政局副局长、党组成员，乳山市财政局党组书记、副局长，乳山市财政局局长、党组书记，乳山市政府市长助理、党组成员、财政局局长、党组书记。2009 年 9 月，任乳山幼儿师范学校党委副书记，财政局局长、党组书记。2013 年 12 月，任乳山幼儿师范学校党委副书记，财政局局长。2014 年 1 月，任乳山市政协党组成员，财政局局长（副县级）。2014 年 2 月，任乳山市政协副主席、党组成员，财政局局长。2015 年 4 月，任乳山市政协副主席、党组成员。2017 年 1 月，任现职。

孙保广　乳山市人大常委会副主任、党组成员。乳山市南黄镇姜家庄村人，1964 年 8 月出生，1994 年 7 月，加入中国共产党，省委党校研究生文化。1987 年 7 月，参加工作，先后任乳山幼儿师范学校教师，乳山县（市）司法局干部，乳山市委组织部干事、干训科副科长、干训科科长，乳山市党员电化教育中心主任，组织部干训科科长，乳山市党员电化教育中心主任、组织部组织科科长，乳山市委组织部副部长、党员电化教育中心主任，乳山市委组织部副部长，乳山市委组织部副部长、农村党员干部现代远程教育中心主任，乳山市委组织部副部长、人事局局长、党组副书记、编委办主任，乳山市委组织部副部长、人事局局长、党组书记、编委办主任。2009 年 12 月，任乳山市委党校常务副校长（副县级）、市委组织部副部长、人事局局长、党组书记、编委办主任。2010 年 4 月，任乳山市委党校常务副校长（副县级）。2013 年 1 月，任乳山市委党校常务副校长（副县级）、人力资源和社会保障局局长、党委书记。2014 年 10 月，任乳山市人力资源和社会保障局局长、党委书记（副县级）。2015 年 4 月，任乳山市人大常委、党组成员、市委组织部常务副部长（副县级）。2016 年 2 月，任现职。

侯常青　乳山市人大常委会副主任，外商投资促进服务中心主任。乳山市午极镇石字岘村人，1968 年 10 月出生，无党派，大学文化。1991 年 8 月，参加工作，先后任乳山县（市）活塞环厂技术科技术员、车间主任，乳山市外商投资服务中心翻译、副主任，乳山市对外贸易经济合作局科员，对外贸易经济合作局局长助理、外资管理科科长，对外贸易经济合作局局长助理、副主任科员，对外贸易经济合作局副局长，乳山市商务局副局长，乳山市政协常委、商务局副局长，乳山市政协常委、商务局副局长、外商投资促进服务中心主任。2016 年 2 月，任现职。

乳山市人民政府

宫本杲　乳山市委副书记，市政府市长、党组书记。（详见《人物 / 市级领导人 / 中共乳山市委员会》）

战国生　乳山市委常委，市政府副市长、党组副书记。（详见《人物 / 市级领导人 / 中共乳山市委员会》）

孔祥雷　乳山市委常委、市委统战部部长，市政府党组副书记。（详见《人物 / 市级领导人 / 中共乳山市委员会》）

唐大鹏　乳山市委常委、市政府副市长（挂职）、党组成员。（详见《人物 / 市级领导人 / 中共乳山市委员会》）

宫洪霞　女，乳山市政府副市长。乳山市诸往镇大龙口村人，1976 年 8 月出生，无党派，大学文化。1998 年 9 月，参加工作，先后任乳山市马石店镇党委干部，乳山市崖子镇党委干部，乳山市审计局科员，乳山市监察局副局长。2012 年 2 月，任乳山市政协副主席，监察局副局长。2013 年 6 月，任乳山市政协副主席，发展和改革局副局长。2017 年 1 月，任现职。

袁国选　乳山市政府副市长、党组成员，公安局局长、党委书记、督察长。威海市荣成市成山镇人，1964 年 6 月出生，1996 年 6 月，加入中国共产党，中央党校大学文化。1987 年 7 月，参加工作，先后任荣成市公安局保卫科侦察员，威海市公安局环翠分局二科侦察员、副股级侦察员，中国人民建设银行威海市分行职工，威海市公安局高区分局办公室科员、办公室副主任，威海市公安局高区分局吉林路（卧龙）派出所所长，威海市公安局高区分局副局长，威海市公安局国内安全保卫支队支队长。2013 年 8 月，任威海市公安局副县级侦察员、国内安全保卫支队支队长。2016 年 4 月，任乳山市公安局局长、党委书记、督察长（副县级）。2016 年 12 月，任乳山市政府党组成员，公安局局长、党委书记、督察长（副县级）。2017 年 1 月，任现职。

许　鹏　乳山市政府副市长、党组成员，经济开发区管委会主任。乳山市诸往镇许家村人，1970 年 9

月出生，1995年11月，加入中国共产党，省委党校研究生文化。1992年7月，参加工作，先后任乳山县(市)华星实业有限公司干部，乳山市委宣传部干事、副科长，乳山市委办公室秘书科副科长，乳山市委保密委员会办公室副主任、主任，乳山市委办公室副主任，乳山市委办公室副主任、档案馆馆长，乳山市委办公室副主任、市委农村工作领导小组办公室主任，乳山市交通局局长、党委书记，乳山市交通运输局局长、党委书记，乳山市发展和改革局局长、党组副书记，乳山市发展和改革局局长、党组书记，乳山经济开发区管委会副主任、党工委副书记。2015年4月，任乳山经济开发区管委会主任、党工委副书记（副县级）。2015年7月，任乳山经济开发区管委会主任、党工委书记（副县级）。2015年11月，任乳山经济开发区管委会主任、党工委书记。2016年12月，任乳山市政府党组成员，经济开发区管委会主任。2017年1月，任现职。

曹永刚 乳山市政府副市长、党组成员。乳山市冯家镇瑞木山村人，1973年7月出生，2002年11月加入中国共产党，大学文化。1997年9月，参加工作，先后任乳山市水利局水土保持监督管理站干部，乳山市水利局工程科科员、副科长、科长，乳山市水利局党委委员、工程科科长，乳山市水利局副局长、党委委员，乳山市下初镇党委副书记、镇长，乳山市午极镇党委书记、人大主席，乳山市委城区街道党工委书记。2016年12月，任乳山市政府党组成员。2017年1月，任现职。

王晓通 乳山市政府科技副市长（挂职）、党组成员。山东省莱州人，1979年9月出生，2003年6月，加入中国共产党，博士研究生文化。2008年7月，参加工作，先后任湖南农业大学动物科技学院教师，中国科学院海洋研究所博士后、助理研究员，鲁东大学农学院副教授、副院长、教授。2017年10月，任乳山市政府科技副市长（挂职）。2017年12月，任现职。

政协乳山市委员会

王祥芹 政协乳山市委员会主席、党组书记。乳山市南黄镇西浪暖村人，1963年7月出生，1986年7月，加入中国共产党，省委党校大学文化。1982年7月，参加工作，先后任乳山县水利队技术员、副队长，乳山县（市）水利队队长，乳山市水利局局长助理，乳山市水利局副局长、党委委员，乳山市诸往镇党委副书记、镇长，乳山市冯家镇党委书记、人大主席，乳山市乳山口镇党委书记、人大主席。2003年9月，任乳山市岠嵎山国家森林公园管委会主任（副县级），乳山口镇党委书记、人大主席。2005年2月，任乳山市乳山口镇党委书记、人大主席（副县级）。2005年3月，任乳山市政府副市长、党组成员。2009年12月，任乳山市委常委，市政府副市长、党组成员。2010年1月，任乳山市委常委，市政府副市长、党组副书记。2013年4月，任乳山市委常委，市政府副市长、党组副书记，滨海新区管委会副主任、党工委副书记（主持工作）。2013年10月，任乳山市政府党组副书记，滨海新区管委会主任（正县级）、党工委书记。2015年2月，任乳山市政协主席，市政府党组副书记，滨海新区管委会主任、党工委书记。2015年4月，任现职。

李新权 政协乳山市委员会副主席，水利局副局长。乳山市白沙滩镇西北庄村人，1967年1月出生，无党派，省委党校大学文化。1987年7月，参加工作，先后任黑龙江省前锋农场技术员，乳山县（市）海阳所镇农技站技术员、副站长、站长，乳山市海阳所镇副镇长，乳山市海阳所镇副镇长、大乳山风景区管委会副主任（正科级），乳山市下初镇镇长，乳山市水利局副局长、主任科员。2007年12月，任现职。

丛宝云 政协乳山市委员会副主席，科学技术局副局长。乳山市大孤山镇河南村人，1963年3月出生，无党派，大学文化。1984年7月，参加工作，先后任乳山县午极农技中学教师，乳山县科学技术开发中心干部，乳山县（市）科学技术器材公司干部，乳山市科委干部、成果科副科长，乳山市科学技术局成果科科长、综合科科长，乳山市科学技术局局长助理、副主任科员，乳山市科学技术局副局长。2007年12月，任现职。

曲华良 政协乳山市委员会副主席、党组成员。威海市文登区泽头镇人，1962年10月出生，1985年12月，加入中国共产党，省委党校大学文化。1980年11月，参加工作，先后任乳山县拖拉机站工人，乳山县政府办公室干部，乳山县崖子镇党委委员（挂职），乳山县石头圈乡党委委员，共青团乳山县委副书记，共青团乳山县（市）委副书记、党组成员，共青团乳山市委书记、党组书记，乳山市大孤山镇党委副书记、镇长，大孤山镇党委书记、人大主席，乳山市环境保护局局长、党组书记，乳山市发展和改革局局长、党组书记，乳山市政府市长助理、党组成员、发展和改革局局长、党组书记。2009年9月，任乳山经济开发区党工委书记（副县级）、发展和改革局局长、党组书记（2012年10月到重庆云阳挂职副县长，时间半年）。2012年11月，任乳山经济开发区党工委书记（副县级）、发展和改革局党组书记。2013年6月，任乳山市政协党组成员、经济开发区党工委书记（副县级）。2013年12月，任乳山市政协党组成员、经济开发区党工委书记（副县级）、总工会主席、党组书记。2014年10月，任乳山市政协党组成员、总工会主席、党组书记(副县级)。2015年4月，任乳山市政协党组成员（副县级）。2016年2月，任现职。

于 馗 政协乳山市委员会副主席，乳山幼儿师范学校副校长。乳山市大孤山镇八里甸村人，1970年3月出生，无党派，大学文化。1993年7月，参加工作，先后任威海教育学院教师，威海市电大教育学院教师、科研处副处长，威海市教育局办公室副主任、主任科员，威海市教育局综合教育科科长，威海市教育局职业教育与成人教育科科长。2012 年 12 月，任乳山幼儿师范学校副校长。2016年12月，任现职。

张　平　政协乳山市委员会副主席、党组成员。乳山市诸往镇扫帚涧村人，1965 年 10 月出生，1987 年 6 月，加入中国共产党，省委党校研究生文化。1984 年 7 月，参加工作，先后任乳山县委办公室机要科秘书，乳山县委办公室秘书科副科长，乳山县（市）委办公室研究室副主任，乳山市委办公室副科级秘书、研究室副主任，乳山市委办公室副主任，乳山市委办公室副主任、政策研究室主任，乳山市审计局局长、党组副书记，乳山市审计局局长、党组书记，乳山市民政局局长、党委书记，乳山市政府党组成员、办公室主任。2015 年 4 月，任乳山幼儿师范学校党委副书记，市政府党组成员。2017 年 1 月，任乳山市政协副主席、党组成员，乳山幼儿师范学校党委副书记。2017 年 9 月，任现职。

乳山市纪律检查委员会

李映华　乳山市委常委、市纪律检查委员会书记，监委主任。（详见《人物 / 市级领导人 / 中共乳山市委员会》）

（市委组织部干部信息管理科）

机构与领导人
（截至 2018 年 2 月）

【中共乳山市委员会】

书　记　周　兵
副书记　宫本杲
　　　　李国徽
　　　　（2017年1月任职）
常　委　周　兵
　　　　宫本杲
　　　　李国徽
　　　　丁甫春
　　　　战国生
　　　　樊西民
　　　　卫　玮
　　　　（2017年1月任职）
　　　　孔祥雷
　　　　李映华
　　　　纪华艳
　　　　唐大鹏
　　　　（2017年8月任职）
　　　　付登峰
　　　　（2018年1月任职）

市委办公室（挂市委政策研究室牌子）
主　任　刘建忠
　　　　（兼，2017 年 5 月离任）
　　　　宋国华
　　　　（2017 年 5 月任职）

市委政策研究室
主　任　姚　栋
　　　　（2017 年 6 月任职）

市委目标绩效管理考核办公室
主　任　王龙峰
　　　　（2017 年 6 月任职）

维护稳定工作办公室
主　任　郑　晓

市委、市政府信访局（挂市社会矛盾调处中心牌子）
局　长　姜泽景
　　　　（2017 年 5 月任职）

市委组织部
部　　长　樊西民
常务副部长　宋国华
　　　　（2017 年 5 月离任）
　　　　王世建
　　　　（2017 年 5 月任职）

市委非公有制经济组织和社会组织工作委员会（与市委组织部合署）
书　记　（缺）

市委老干部局（市委离退休干部工作委员会与其合署）
局　长　李万册

市委宣传部
部　　长　纪华艳（女）
常务副部长　鞠红燕（女）

市委统战部（挂市委对台工作办公室牌子）
部　　长　孔祥雷
常务副部长　刘玉刚

市委对台工作办公室（挂市政府台湾事务办公室牌子）
主　任　于　伟

市委政法委员会
书　　记　卫　玮
常务副书记　于　刚
　　　　（2017 年 6 月任职）

社会治安综合治理委员会办公室（与市委政法委员会合署）
主　任　宋吉国
　　　　（2017 年 6 月任职）

机构编制委员会办公室
主　任　冷书杰

市委市直机关工作委员会
书　记　陈凤梅（女）

市委群众工作部
部　　长　（缺）
常务副部长　唐克波

扶贫开发领导小组办公室
主　任　刘建华

市委农村工作部（挂市新农村建设办公室牌子）
部　长　刘建华（兼）

【乳山市人大常委会】

主　任　姜翠萍
　　　　（女，2017 年 1 月任职）
副主任　高翠玲（女）
　　　　矫伟宏
　　　　高　波
　　　　（2017 年 1 月任职）
　　　　孙保广
　　　　侯常青

办公室
主　任　薛连文

内务司法工作委员会
主　任　王少华

人事代表工作委员会
主　任　李江成
　　　　（2017 年 6 月任职）

财政经济工作委员会
主　任　宋　强

农业与农村工作委员会（与财政经济工作委员会合署）
主　任　王全利

教科文卫工作委员会
主　任　（缺）

城乡建设与环境资源保护工作委员会（与教科文卫工作委员会合署）
主　任　（缺）

民族宗教侨务外事工作委员会（与

教科文卫工作委员会合署）
主　任　王贵贤
预算工作委员会
主　任　姜国臻

【乳山市人民政府】

市　长　宫本杲
（2017年1月任职）
副市长　战国生
唐大鹏
（挂职，2017年8月任职）
宫洪霞
（女，2017年1月任职）
袁国选
（2017年1月任职）
许　鹏
（2017年1月任职）
曹永刚
（2017年1月任职）
王晓通
（挂职科技副市长，2017年10月任职）
市政府办公室（挂市政府法制办公室牌子）
主　任　于　海
市政府法制办公室
主　任　于　海（兼）
发展和改革局
局　长　耿仁书
统计局（发展和改革局直属机构，暂按正科级运行）
局　长　李宏飞
物价局（发展和改革局直属机构，副科级规格）
局　长　谭先志
粮食局（发展和改革局直属机构，副科级规格）
局　长　秦宪臻
（2017年5月离任）
刘本江
（2017年5月任职）
经济和信息化局（挂民营经济局、中小企业局牌子）
局　长　宋福臣
（2017年5月离任）
张新龙
（2017年5月任职）
教育局
局　长　焉　涛
科学技术局
局　长　王世建
（2017年5月离任）
邵明磊
（2017年5月任职）
公安局
局　长　袁国选（兼）
政　委　张书松
公安局交通警察大队
大队长　王　炜
（2017年5月离任）
（缺）
教导员　（缺）
公安局刑事侦查大队（挂市禁毒委员会办公室牌子）
大队长　（缺）
民政局
局　长　马　骏
司法局
局　长　孙旭升
财政局
局　长　刘培根
人力资源和社会保障局
局　长　卢志强
国土资源局
局　长　陈　明
住房和城乡建设局（挂城市管理行政执法局牌子）
局　长　宫在津
住房和城乡建设局滨海新区分局
局　长　刘煜亭
（2017年5月离任）
房晓东
（2017年5月任职）
综合行政执法局
局　长　许玉安
交通运输局
局　长　张本成
水利局
局　长　隋岩波
农业局
局　长　冯夕永
林业局（农业局直属机构，暂按正科级运行）
局　长　于晓东
海洋与渔业局
局　长　马　祝
商务局
局　长　刘志勇
文化广电新闻出版局
局　长　张新龙
（2017年5月离任）
李　超
（2017年5月任职）
体育局（文化广电新闻出版局直属机构，暂按正科级运行）
局　长　隋浩杰
卫生和计划生育局
局　长　姜云志
审计局
局　长　孙明义
环境保护局
局　长　李树谦
安全生产监督管理局
局　长　陶　刚
市场监督管理局
局　长　刘本江
（2017年5月离任）
马长江
（2017年5月任职）
食品药品监督管理局（挂市食品安全委员会办公室牌子）
局　长　于吉东
民族宗教事务局
局　长　宋　英（女）

【政协乳山市委员会】

主　席　王祥芹
副主席　李新权
从宝云
王月珍
（2017年1月离任）
宫洪霞
（女，2017年1月离任）
高　波
（2017年1月离任）
曲华良
于　馗
张　平
（2017年1月任职）
办公室
主　任　张运海
三胞联谊委员会
主　任　李　杰
经济委员会
主　任　（缺）
科教文史委员会
主　任　李春光

提案法制委员会
主　任　丁玉晓
委员活动工作室
主　任　（缺）

【中共乳山市纪律检查委员会】

书　记　李映华
副书记　李学兵
　　　　于炳涛
市纪委（监察局）派驻第一纪检组（监察室）
组长（主任）　（缺）
市纪委（监察局）派驻第二纪检组（监察室）
组长（主任）　史旭光
市纪委（监派驻第三纪检组（监察室）
组长（主任）　史记
市纪委（监察局）派驻第四纪检组（监察室）
组长（主任）　侯美霞（女）
市委巡察工作领导小组办公室
主　任　翟建新
（2017年4月任职）
市委第一巡察组
组　长　宋志红
（女，2017年4月任职）
市委第二巡察组
组　长　邓书民
（2017年4月任职）
市委第三巡察组
组　长　任楠楠
（女，2017年4月任职）

【市委、市政府派出机构】

滨海新区
主　　任　（缺）
工委副书记　姚　飞
副 主 任　姚　飞
　　　　单志强
（2017年12月离任）
　　　　刘兴海
　　　　刘　旭
（2017年5月任职）
银滩旅游度假区
主　　任　姚　飞（兼）
经济开发区
主　　任　许　鹏（兼）
工委书记　（缺）
工委副书记　马洪强
　　　　潘显臣
（2017年5月离任）
　　　　辛　丽
（女，兼，2017年5月任职）
副 主 任　马洪强
　　　　潘显臣
（2017年5月离任）
　　　　张东健
　　　　于　龙
（2017年5月任职）
　　　　宋钦涛
（2017年6月任职）
政务服务中心管理办公室
主　任　于　军

【乳山市人民法院、人民检察院】

乳山市人民法院
院　长　原永忠
执行局
局　长　马明强
（2017年5月离任）
　　　　张　涛
（2017年5月任职）
乳山市人民检察院
检察长　连业文（女）

【乳山市人民武装部】

部　长
政　委

【人民团体】

总工会
主　席　于留泮
共青团乳山市委员会
书　记　郑娇娇
（女，2017年6月任职）
妇女联合会
主　席　赵红日（女）
科学技术协会
主　席　高书鹏
工商业联合会
副会长、党组书记　王庆革
残疾人联合会
理事长　李　栋
归国华侨联合会
主　　席　（缺）
党组书记　刘　利
政府外事侨务办公室
主　任　刘利（兼）

【正科级以上事业单位】

威海机械工程高级技工学校
校　　长　姜翠萍（女，兼）
党委书记　温训昌
副 校 长　姜成锁
　　　　王　涛
　　　　刘洪超
　　　　林　兵
纪委书记　李淑波（女）
乳山开放大学
校　长　宋洪波
（2017年6月任职）
职业中等专业学校
校　长　宋洪波
（兼，2017年6月任职）
岠嵎山国家森林公园管理委员会
主　　任　胡新会
党组书记　（缺）
副 主 任　于君义
　　　　于　刚
（2017年5月离任）
　　　　段英鹏（兼）
威海马石山红色教育基地管理中心（市政府直属事业单位，副处级规格）
主　任　姜炳旭
市委党校（挂社会主义学校、行政学校牌子）
校　　长　周　兵（兼）
常务副校长　刘建忠
行政学校
校　长（缺）
农村党员干部现代远程教育管理中心（挂党员电化教育中心、党员教育管理服务中心牌子）
主　任　王　刚
（2017年6月离任）
党性教育基地管理办公室（与市委组织部合署）
主　任　王　刚
（2017年6月任职）
精神文明建设委员会办公室（与市委宣传部合署）
主　任　郑永刚
社会科学界联合会（与市委宣传部合署）
主　席　刘国贤

事业单位监督管理局（隶属机构编制委员会办公室，2017年4月更名）
局 长 （缺）
市社会矛盾调处中心
主 任 于 刚
（2017年6月离任）
万 宏
（2017年6月任职）
老年大学（挂威海市老年大学乳山分校牌子）
校 长 赵虹光
（2017年6月任职）
党史市志办公室
主 任 徐华伟
档案馆（挂档案局牌子）
馆 长 （缺）
档案局
局 长 徐和平
（2017年5月离任）
杨晓辉
（2017年5月任职）
市报社
社 长 秦宪臻
（2017年5月任职）
总编辑 李 超
（2017年5月离任）
孙运河
（2017年5月任职）
城乡规划管理局
局 长 林 兵
（2017年5月离任）
于荣恺
（2017年5月任职）
城市规划设计院
院 长 曲灵军
城乡规划管理局滨海新区分局
局 长 杨 勇
畜牧兽医局（隶属农业局）
局 长 刘 杰
旅游局
局 长 焉 强
（2017年5月离任）
宋福臣
（2017年5月任职）
农业机械管理局（隶属农业局）
局 长 宫在敏
红十字会办公室
主 任 王 倩
供销合作社联合社
理事会主任 毕建武
监事会主任 石仁育
（2017年6月离任）
赵义忠
（2017年6月任职）
经济技术协作委员会（与供销合作社联合社合署）
主 任 毕建武（兼）
招商促进局（2017年4月设立，正科级规格）
局 长 潘显臣
（2017年5月任职）
广播电视台
台 长 江文强
总编辑 姜 山
文化市场综合执法局（隶属文化广电新闻出版局）
局 长 孙洪竹
机关事务管理局
局 长 林 洋
住房保障和房产管理局
局 长 宋清林
特色产业办公室（2017年12月设立，正科级规格）
主 任 （缺）
龙角山水库管理处
主 任 马长江
（2017年5月离任）
刘煜亭
（2017年5月任职）
金融工作办公室（挂地方金融监督管理局牌子）
主 任 姜永红（女）
国际大酒店
总经理 李 峰
国鑫资产经营管理有限公司
总经理 兰 东
城市国有资产经营有限公司（与国鑫资产经营管理有限公司合署）
总经理 姜新文
（2017年5月任职）
工贸资产经营公司
总经理 孙国乐
检验检测中心
主 任 刘庆芳
威海市公共资源交易中心乳山分中心
主 任 邹 光
智慧城市建设管理办公室
主 任 肖凌峰
对外联络办公室
主 任 宋 军
城区工业园管理委员会（与城区街道办事处合署）
主 任 （缺）
威海纺织染整工业园管理委员会（与城区街道办事处合署）
主 任 王文水
大乳山风景区管理委员会（2017年5月改为市政府直属）
主 任 王 飞
党组书记 王 飞
新兴产业园管理委员会（挂新兴产业园管理委员会牌子，隶属滨海新区管理委员会，2017年12月更名）
主 任 王卓德
（2017年6月离任）
孙 民
（2017年6月任职）
海湾新城开发建设办公室（隶属滨海新区管理委员会）
主 任 单志强
（兼，2017年12月离任）
李 梁
（2017年12月任职）
塔岛湾海洋生态国家级海洋特别保护区管理委员会（2017年12月改为市政府直属）
主 任 李 梁
（2017年12月离任）
市政府调查研究室（隶属市政府）
主 任 宋 林
大项目推进办公室（隶属政府办公室）
主 任 焉 浩
（2017年6月任职）
蓝色经济区管理办公室（隶属发展和改革局）
主 任 丛 丹
（2017年5月任职）
中小企业局（2017年5月设立，挂民营经济办公室牌子，正科级规格）
局 长 许成安
（2017年5月任职）
教学研究中心（隶属教育局）
主 任 孙希敏
农业科技园管理委员会（与科学

技术局合署）
主　任　（缺）
老龄工作委员会办公室（隶属民政局）
主　任　杨晓辉
（2017 年 5 月离任）
许康家
（2017 年 5 月任职）
社区工作管理办公室（隶属民政局）
主　任　（缺）
农业综合开发办公室（隶属财政局）
主　任　李海波
农村综合改革办公室（隶属财政局）
主　任　秦利强
国有资产管理局（隶属财政局）
局　长　郑连臣
政府投融资管理中心（隶属财政局）
主　任　胡京林
（2017 年 5 月任职）
医疗保险事业处（隶属人力资源和社会保障局）
主　任　徐　高
人力资源公共服务中心（隶属人力资源和社会保障局）
主　任　李　勇
人民防空办公室（与住房和城乡建设局合署）
主　任　姜福潭
（2017 年 5 月离任）
宫在津
（兼，2017 年 5 月任职）
镇村建设监督管理中心（2017 年 4 月设立，隶属住房和城乡建设局，正科级规格）
主　任　高　飞
（2017 年 5 月任职）
综合行政执法大队（2017 年 9 月设立，隶属综合行政执法局，正科级规格）
大队长　（缺）
教导员　（缺）
政府口岸办公室（隶属交通运输局）
主　任　马端波
道路运输管理处（隶属交通运输局）
主　任　于　龙
（2017 年 5 月离任）
港航管理局（隶属交通运输局）
局　长　（缺）
交通战备办公室（隶属交通运输局）
主　任　高秀治
（2017 年 5 月任职）
农产品质量安全区域化管理办公室（隶属农业局）
主　任　冷振腾
海洋与渔业监督监察大队（2017 年 9 月设立，隶属海洋与渔业局，正科级规格）
大队长　（缺）
教导员　（缺）
贸易办公室（隶属商务局）
主　任　（缺）
外商投资促进服务中心（市政府驻韩国办事处与其一个机构两块牌子，隶属商务局）
主　任　侯常青（兼）
国内投资促进服务中心（隶属商务局）
主　任　张长青
文学艺术界联合会（与文化广电新闻出版局合署）
主　席　焉　光
人民医院（隶属卫生和计划生育局）
院　　长　马锡卓
党总支书记　刘志强
中医院（隶属卫生和计划生育局）
院　长　邵明磊
（2017 年 5 月离任）
姜泽春
（2017 年 5 月任职）
疾病预防控制中心（挂卫生检测检验中心牌子，隶属卫生和计划生育局）
主　　任　姜泽春
（2017 年 5 月离任）
胡苏兰
（女，2017 年 5 月任职）
党总支书记　胡苏兰（女）
经济责任审计办公室（隶属审计局）
主　任　姜爱丽
（女，2018 年 2 月离任）

【市属国有企业】

城市建设投资集团有限公司（归口财政局管理）
董事长　姜朝晖
总经理　姜朝晖
党委书记　姜朝晖
热力集团有限公司（归口住房和城乡建设局管理）
董事长　周范鹏
总经理　孙福东
党委书记　周范鹏
水务集团有限公司（归口住房和城乡建设局管理）
董事长　徐武林
（2017 年 5 月离任）
焉　强
（2017 年 5 月任职）
总经理　徐武林
（2017 年 5 月离任）
党委书记　徐武林
（2017 年 5 月离任）
焉　强
（2017 年 5 月任职）
国有资本运营公司（归口财政局管理）
负责人　冯　罡

【各镇、城区街道】

城区街道
工委书记　姜春龙
主　任　王　庆
夏村镇
党委书记　王永照
镇　长　王　斌
乳山口镇（与经济开发区合署）
党委书记　辛　丽（女）
镇　长　姜宇航
海阳所镇
党委书记　徐忠波
镇　长　王雪光（女）
白沙滩镇
党委书记　孙志浩
镇　长　高胜欣
大孤山镇
党委书记　于荣恺
（2017 年 12 月离任）
单志强
（2017 年 12 月任职）
镇　长　刘坚强

徐家镇
党委书记　宋　磊
镇　　长　于海洋
南黄镇
党委书记　鞠鹏飞
镇　　长　宫晓波
冯家镇
党委书记　赵　磊
镇　　长　马　成
下初镇
党委书记　张伟峰
镇　　长　于晓杰
午极镇
党委书记　宋海波
镇　　长　孙福斌
崖子镇
党委书记　董　辉
镇　　长　宋文强
诸往镇
党委书记　姜中华
镇　　长　仇晓明
育黎镇
党委书记　田玉刚
镇　　长　冯希勇
乳山寨镇
党委书记　段英鹏
镇　　长　刘冠兰

【威海市以上驻乳单位】

山东省乳山幼儿师范学校（山东省威海艺术学校）
校　　长　苗　雨
党委书记　车学辉
山东外事翻译职业学院
院　　长　孙承武
党委书记　魏世江
乳山市国家税务局
局　长　毕建立
乳山市地方税务局
局　长　龙　建
乳山市气象局
局　长　姜中民
中国邮政集团公司山东省乳山市分公司
总经理　陈振华
威海市乳山公路管理局
局　　长　李树阳
党委书记　于水军
中国移动通信集团山东有限公司乳山分公司
总经理　黄嘉辉
中国联合网络通信有限公司乳山市分公司
总经理　张　阔
中国电信股份有限公司乳山分公司
总经理　辛衍春
（2017年3月离职）
于　宁
（2017年3月任职，11月离职）
赵英杰
（2017年11月任职）
山东广电网络威海有限公司乳山分公司
总经理　陶　龙
中国银行业监督管理委员会威海监管分局乳山办事处
主　任　杨　涛
中国人民银行乳山市支行
行　长　高　伟
中国工商银行乳山市支行
行　长　宋　宁
中国农业银行股份有限公司乳山市支行
行　长　陶海华
中国银行股份有限公司乳山支行
行　长　于志强
（2017年5月离任）
曲军强
（2017年5月任职）
中国农业发展银行乳山市支行
行　长　王传胜
中国建设银行股份有限公司乳山支行
行　长　徐　辉
山东乳山农村商业银行股份有限公司
董事长　于　洋
行　长　郑　利
威海市商业银行乳山支行
行　长　孙京柱
中国邮政储蓄银行山东省乳山市支行
行　长　刘　利
招商银行威海乳山支行
行　长　史国兴
中信银行股份有限公司威海乳山支行
行　长　孔凡木
中国民生银行股份有限公司威海乳山支行
行　长　蔡一升
乳山天骄村镇银行股份有限公司
董事长　尔定图
行　长　李向东
中泰证券有限公司乳山胜利街营业部
经　理　郑新基
中国人民财产保险股份有限公司乳山支公司
总经理　于　洁
中国人寿保险股份有限公司乳山市支公司
经　理　于洪兵
（2017年3月离职）
邢庆龙
（2017年3月任职）
中国太平洋财产保险股份有限公司乳山支公司
经　理　孙晨阳
中华联合财产保险股份有限公司乳山支公司
经　理　姜大勇
中国平安财产保险股份有限公司乳山支公司
经　理　肖明广
泰山财产保险股份有限公司威海市乳山支公司
经　理　徐广志
国网山东省电力公司乳山市供电公司
总经理　邢晓军
党委书记　于英海
中国石油化工股份有限公司山东威海乳山分公司
经　理　樊伟东
（2017年5月离职）
朱冬宁
（2017年5月任职）
山东威海烟草有限公司乳山营销部（挂乳山市烟草专卖局牌子）
经理（局长）　陈　波
乳山盐业公司
经理（局长）　李　全
威海市住房公积金管理中心乳山管理部
主　任　李阿青

山东新华书店集团有限公司乳山分公司

经　理　李　凯

武警乳山市消防大队

教导员　杜　尘

大队长　陈　炜

武警乳山市边防大队

大队长　曹建波

政　委　李　强

乳山市国家安全局

局　长　姜　文

威海乳山海事处

处　长　任传倜

先进模范人物

【2017年获省部级表彰的先进个人】

王　伟　男，汉族，乳山市公安局特巡警一大队教导员，乳山市下村镇阜西庄村人，1973年6月生，大学文化。在全国“两会”安保工作中，因连续工作，劳累过度，突发疾病不幸牺牲，年仅43岁。王伟自1997年参加公安工作，爱岗敬业、忠诚履职、顽强拼搏、忘我工作，取得突出的工作成绩。他长期坚守在打击违法犯罪第一线，不畏艰险、冲锋在前，处置突发事件1300起，抓获各类违法犯罪嫌疑人5600名，为保一方平安作出突出贡献。他潜心专研，苦练业务技能，成长为优秀警务实战教官，为全市民警授课2600课时，陪训民警1.6万人次，有效提高当地公安机关实战能力。他牢记宗旨，一心为民，满腔热情为群众排忧解难，在自身家庭十分困难情况下，长期资助学生和苦难群众，赢得群众的普遍赞誉，曾荣立个人三等功2次，被评为全省优秀人民警察、全省公安机关公正执法标兵、乳山市十大杰出青年等称号。

2017年获地厅级以上表彰的先进个人

表42

姓　名	工作单位及职务	所获荣誉全称	授奖部门
王　伟	原乳山市公安局特巡警一大队教导员	追授全国公安系统二级英雄模范	中国人民共和国公安部
王　伟	原乳山市公安局特巡警一大队教导员	齐鲁时代楷模	中共山东省委宣传部
孙继猛	乳山市文物所所长	第四批齐鲁文化之星	山东省委组织部 山东省委宣传部 山东省财政 山东省人力资源和社会保障厅
韩　波	乳山市文化馆副馆长	“福彩杯”山东省第二届全民广场舞大赛社区广场舞之星	中共山东省委宣传部 山东省文化厅 山东广电网络有限公司
马诚杰	山东外事翻译职业学院科员	2016年度全省高校无偿献血志愿服务先进个人	山东省精神精神文明建设委员会办公室
尹子祺	山东外事翻译职业学院学生	2016年度全省高校无偿献血志愿服务先进个人	山东省精神精神文明建设委员会办公室
于晓波	乳山市人民法院诉讼服务中心副主任	全省法院先进个人	山东省高级人民法院
孙文星	乳山市人民法院刑事审判庭副庭长	个人二等功	山东省高级人民法院
张　耘	乳山市实验初级中学校长	山东省优秀德育工作者	山东省教育厅
马胜云	乳山市白沙滩镇中心学校校长	山东省优秀德育工作者	山东省教育厅
冯利华	乳山市府前路学校教师	山东省中小学优秀班主任	山东省教育厅
李　静	乳山市诸往镇中心学校教师	山东省特级教师	山东省教育厅
董晓伟	乳山市诸往镇中心学校教师	山东省中小学优秀班主任	山东省教育厅
焉德涛	山东外事翻译职业学院保卫处科长	优秀校卫队员	山东省公安厅
王自伟	乳山市经营管理指导站站长	全省农业宣传暨科学技术普及工作嘉奖	山东省农业厅
王　臣	乳山市林业局团委书记	全省林业科技工作先进个人	山东省林业厅
刘　欣	乳山市林业局团委副书记	全省林业信息宣传工作先进个人	山东省林业厅
高　宁	乳山市中医院心内科副主任	2016年度基本医疗保险协议管理医疗机构优秀医保医师	山东省人力资源和社会保障厅 山东省卫生和计划生育委员会

续表 42

姓　名	工作单位及职务	所获荣誉全称	授奖部门
王菲菲	乳山市人民医院临床药学室科员	基本药物合理使用技术能手	山东省卫生和计划生育委员会
仇祝强	乳山市人民医院检验科主任	2015—2016 年度山东省临床实验室质量管理先进个人	山东省临床检验中心 山东省临床检验质量管理与控制中心
许晓燕	乳山市动物疫病预防控制中心科员	山东省富民兴鲁劳动奖章	山东省总工会
吕　晶	乳山市食品药品监督管理局城东所副所长	山东省富民兴鲁劳动奖章	山东省总工会
郑　利	乳山市农商银行行长	山东省推行协商民主强化社会责任优秀个人	山东省总工会
徐慧君	国网山东省电力公司乳山市供电公司变电检修班技术员	山东省富民兴鲁劳动奖章	山东省总工会
吾慧瑛	乳山市人民医院副院长	山东省三八红旗手	山东省妇女联合会
仇小民	乳山市妇联基层部部长	“幸福进家”活动先进工作者	山东省妇女联合会
王梓宁	乳山市人民医院口腔科科员	齐鲁最美青年	共青团山东省委
张迟盼	中国人民银行乳山市支行科员	山东省青年岗位能手	共青团山东省委
史永行	中国人民银行乳山市支行科长	优秀共产党员	中共中国人民银行济南分行委员会
郑　利	乳山市农商银行行长	山东省农村商业银行系统优秀共产党员	中共山东省农村信用社联合社委员会
宋东阳	乳山市农商银行副行长	全省农村商业银行“十大杰出青年”提名奖	山东省农村信用社联合社
孙承武	山东外事翻译职业学院院长	九三楷模	九三学社中央委员会
孙承武	山东外事翻译职业学院院长	第五届黄炎培职业教育杰出校长奖	中华职业教育社
隋秀泉	乳山市物价局办公室副主任	2017 年度价格宣传报道工作先进个人	国家发改委经济导报社
宋美岩	城区街道办事处劳保所主任	威海市妇女儿童工作先进个人，记三等功	中共威海市委 威海市人民市政府
于开宏	乳山市人民法院党组成员、副院长	2016 年度威海市先进优秀机关工作人员	中共威海市委 威海市人民市政府
张本成	乳山市交通运输局局长	2017 年度威海市优秀机关工作人员	中共威海市委 威海市人民市政府
姜泽景	乳山市 信访局局长	个人二等功	中共威海市委
王洪峰	乳山市信访局副局长	嘉奖	中共威海市委
孙徐军	山东金洲矿业集团有限公司选矿车间主任	威海工匠	威海市人民政府
李振梅	乳山市第一中学教科室主任	第五批威海市有突出贡献的中青年专家	威海市人民政府
宫福祝	山东金洲矿业集团有限公司选矿车间主任井下二车间电气主管	威海工匠	威海市人民政府
朱由永	威海马石山红色教育基地管理中心副主任	胶东（威海）党性教育基地先进工作者	威海市委组织部 胶东（威海）党性教育基地管理办公室
单雅莎	威海马石山红色教育基地管理中心胶东育儿所宣教办公室主任	胶东（威海）党性教育基地先进工作者	威海市委组织部 胶东（威海）党性教育基地管理办公室
仝明明	威海马石山红色教育基地管理中心宣传教育科副科长	胶东（威海）党性教育基地先进工作者	威海市委组织部 胶东（威海）党性教育基地管理办公室

· 汉代 昭明镜

· 明代 铜佛像

· 清代 福寿荣祥镜

· 明代 铜玉皇大帝像

· 唐代 铜佛像

责任编辑：高献东

• 宋代 铜菩萨像

镇与街道

Towns and Districts

- 城区街道
- 冯家镇
- 夏村镇
- 下初镇
- 乳山口镇
- 午极镇
- 海阳所镇
- 崖子镇
- 白沙滩镇
- 诸往镇
- 大孤山镇
- 乳山寨镇
- 徐家镇
- 育黎镇
- 南黄镇

城区街道

【概况】 城区街道办事处2001年成立，位于城区驻地商业街东段，辖19个行政村、17个居委会及城市建制区，面积37.2平方公里。2017年，完成财政收入4.39亿元，实现工农业总产值140.37亿元，其中，工业总产值132.56亿元，农业生产总值7.81亿元。农村经济总收入20.30亿元，农民人均纯收入19777元。实施多项工业项目，规划设计完成特色小镇，提升城市社区综合服务功能，改善人居环境，开展文明城创宣传工作和纠纷调解工作。17年内，获“威海市文明城市建设工作先进单位”“乳山市2017年度科学发展综合考核优秀单位”等称号。

【总投资3.9亿元6个工业项目实施】 2017年，城区街道共实施工业项目6个，总投资3.9亿元，其中开工项目6个、完工项目2个，完成投资1.5亿元。其中，中立车智能立体泊车位项目投资0.5亿元，占地面积16.26亩，至2017年年底，基本完成车间主体建设；明珠环保餐具生产项目投资1亿元，占地面积19亩，完成南北车间基础施工和土方回填；福喜农牧调理品车间和制冷机房项目投资0.5亿元，主体完工，进行设备安装；艾文生物科技项目投资1亿元，项目一期建成投产；佑成纤维技术改造投资1000余万元项目，改造完成并投产，共计淘汰老旧设备50余台，购置新型节能环保设备40余台；迪尚华悦服装水洗项目投资0.8亿元，由原城西科技孵化中心各车间分别负责施工。

【纺织服装小镇规划设计完成】 2017年，城区街道盘活园区闲置资产，提升现有资源利用率，聘请上海规划设计院完成纺织服装小镇总体规划设计，健全办公组织架构、完成办公选址，服务机制进一步健全。开展企业进驻工作，乳山市佳利制衣有限责任公司率先入驻，投资4000万元建设新厂房，至2017年年底，车间主体完工，进行附属设施建设。

【人居环境大幅度改善】 2017年，城区街道创新农村环境长效管护机制，签订包村两委及驻村干部责任书、村及社区书记责任书、村级党员承诺书、村民门前三包责任书，设立20万元专项考核资金；启动扣罚托管资金、城区纪委约谈、不称职请辞等问责机制，进一步落实好日常管护工作责任。城区街道辖区内19个村在全市历次环卫一体化工作验收中均一次性通过。推进违建治理及棚改工作，拆除违建405处，拆除面积达到5万余平方米。推进9个农村片区棚改工作，原地新建安置2572户，异地回购安置495户，货币补偿安置完成59户。履行环保属地职责，组织村、社区和两个园区工作力量，在辖区内拉网式排查“散乱污”企业、燃煤锅炉，共关停散乱污企业21家，整治环保不达标企业12家，拆除燃煤锅炉47座。

【城市社区建设综合服务功能全面提升】 2017年，城区街道整合资源，提升社区家室硬件建设，投资100多万元完成松山、华冠、东里三个社区改造搬迁。华冠社区由原址100平方米协调到新址380平方米；东里社区由原址100平方米协调到新址600平方米；松山社区由原址280平方米搬迁到新址800平方米。同时完善社区家室建设，17个社区均建成综合文化站，党员教育、市民教育、普法教育和科普教育于一体科普教育室，家长学校，未成年人活动站，学雷锋志愿者服务站以及“一站式便民服务大厅”等，各类设施设备配备齐全，运行正常。

【特色化党建品牌项目实施】 2017年，城区街道投资150万元重点打造面积1600平方米的街道党群服务中心，建成集教育、管理、服务、展示于一体的开放式、多功能、专业化区域化党建服务平台。结合党员进社区，形成118个单位包联108个社区网格的常态化联系机制。围绕“大爱府苑”“美德向阳”等十七个党建品牌，分别开展各具特色的主题活动。创建“心手相连”“呵护春蕾”等56个党建服务项目，组建与爱同行、杏林公益等24支党员志愿服务队伍，举办各类知识讲座、爱心捐助、文明宣传、志愿服务等活动100余场次。利群、府苑、府前已成功创建威海城市社区党建示范点。

【文明创城宣传工作扎实推进】 2017年，城区街道为文明城创建投入人力、物力，发动社区楼区长、

12月17日，新搬迁的华冠社区党群服务中心 （城区街道提供）

志愿者参与创城工作。组织发放近万份文明创建宣传资料、价值1.5万元创城参与小礼品，开展宣传服务活动150余次，设置公益宣传栏500多处，总结提炼城市居民日常生活行为习惯创立成文明12条，并将其在城市小区、建筑围挡等重点部位进行张贴。在城中村和城乡结合部，向村民发放5万余个宣传文明创建的自制小故事布袋，为保障乳山创建全国文明城市打下基础。

【纠纷调解工作责任到人】 2017年，城区街道为确保十九大期间社会和谐稳定开展纠纷化解工作，划片分工，责任到人，16名班子成员和1名副科级干部分包17个城市社区，8名班子成员兼包8个农村片19个村，深入群众，走访了解并解决问题。收集信息，将因敏感问题等引发的矛盾纠纷纳入视线，逐村（居）逐户排查，共摸排各类矛盾纠纷265起，化解255起，化解率96%。对于信访老户，抽调工作人员走访，帮助解决问题，维护十九大期间社会局势和谐稳定。

2017年城区街道各村基本情况一览表

表43

村名	党支部书记	村委会主任	经济总收入（万元）	人均纯收入（元）
夏　东	王东全	王东全	30585	21697
夏　南	王炳乾	王炳乾	12460	17405
夏　西	宋好文	宋好文	4753	19574
夏　北	明　敏	明　敏	6548	18870
黄埠崖	周海江	周海江	8638	22248
金硝岭	于开海	于开海	11087	26598
东耿家	宋吉波	宋吉波	36014	18110
腾甲庄	宋知远	宋知远	17359	20093
桥东庄	宋文江	孙红华	773	17202
草　埠	孙守清	孙守清	6779	19813
官　地	周炳勤	周江山	17888	20068
曹　城	崔世田	崔世田	7713	20139
南江村	宋述波	宋述波	7400	20000
北江村	宋黎明	宋书海	4203	19939
石　村	徐永强	徐永强	16336	18672
仇家洼	仇　亮	仇　亮	4313	17971
洼九埠	徐廷法	徐　萍	1510	17556
黄依台	徐国才	徐国才	2794	17850
东里村	刘乐广	刘乐广	5798	21000

夏村镇

【概况】 全镇面积108.7平方公里，耕地面积3891.27公顷。镇政府驻城区腾甲庄村，辖45个行政村。乳山火车站位于境内，桃威铁路穿境而过。与青岛、烟台、威海三大机场均相距100公里，距乳山口港5公里。至2017年年底，全镇实现财政总收入5590万元，其中地方级财政收入3546万元，比上年增长50%。实现规模以上企业工业总产值36.12亿元，全镇农村集体经济收入675.48万元，农村经济总收入622911万元，农民人均纯收入17995元，比上年增长6%。镇域企业主要有台依湖国际酒庄、龙峰硅胶、成景科技、南庄内燃机配件厂等。主导产品有葡萄酒、啤酒、硅胶、液压缸、皮革制品、内燃机配件等，形成葡萄酒产业、环保新材料产业、都市休闲农业产业三个主导产业。年内，获“十九大安保维稳先进单位”“2017年度办信规范化镇街”等称号。

【葡萄酒小镇建设推进】 2017年，夏村镇依托台依湖葡萄酒庄，与上海汇爱电子商务有限公司达成投资8000万元的合作协议，共同打造葡萄酒电商销售平台；与山东宜景汇旅游开发有限公司达成合作协议，对葡萄酒庄进行专业化旅游开发，加快打造国家AAAA级旅游景区；与绿城理想小镇建设集团签订合作协议，投资100亿打造集生态农业、葡萄酒文化、创意研发、度假庄园、生态游憩、金融业态等功能于一体山水风情酒庄酒小镇，形成一、二、三产交叉融合现代产业体系。

【总部经济合作协议达成】 2017年，夏村镇联系北京、重庆、杭州等地40多名客商，重点对接新能源汽车、密封胶、汽车内饰用品等项目，推进环保新材料产业稳定发展。推进精准招商工作，外出招商12次，接待到乳山投资考察8次，与信达

6月22日，山东乳山·绿城小镇集团合作签约仪式 （夏村镇提供）

财险达成总部经济合作协议，项目落地后三年累计增加地方级税收700万元；与中国二十冶公司达成8000万元投资协议，建设年生产装配式构件6万立方米装配式构件厂。

【精品体验农业长廊打造】 2017年，夏村镇成立以石头圈村、林水、黄村等11个村，胶东伯瑞、郁锦农庄等龙头企业组成的特色农业协会，整合周边938公顷土地以及现有的润安鲜樱桃基地、绿康水蜜桃、草莓公园、农丰源扶贫果蔬大棚、三甲果蔬采摘园等12个农业休闲采摘园资源，打造集农事体验、休闲观光等于一体精品体验农业长廊，实现渠道、客户、包装、创意营销、农超对接、电子商务等资源共享，打造特色化产业集群。

【社会治理网格化体系建设】 2017年，夏村镇建立健全基层网格化体系，形成上下联动、多方配合社会综合治理工作新格局。信访维稳工作坚持网格化管理，在全镇67个网格配备201名网格员，每月由包保责任人、网格员对重点人进行谈心谈话，解决问题。安全生产工作落实安全生产“一岗双责”，班子成员按照检查配档与分工常规督导安全生产工作，开展安全生产“大、快、严”“危化品整治”“百日攻坚”等集中行动，共排查出隐患点42处并完成治理，到企业下发宣传材料200套，提高企业安全生产责任意识，提升安全生产事故预警与处置能力。环保督查工作以中央环保督查为抓手，发挥45名村级网格化环保监管员作用，主动出击，引导企业、养殖户自查自纠，共排查环保突出问题224项，根据性质要求相关经营主体关停取缔和限期整改。整治10吨以下燃煤锅炉14台，10吨以上锅炉1台，治理散乱污企业16家，其中关停取缔5家；完善工作流程，响应中央督办群众举报案件4件，群众电话举报44件，做到事事有人管，件件有回音。

【农村环境整治工作完成】 2017年，夏村镇投入850余万元进行农村环境提升，累计组织人力13500多人次，发放明白纸及宣传册8.4万份，尤其在2017年国家级文明城市评审验收中，先后组织2200余人次参与文明城卫生整治工作，并有1100多名党员发挥先锋带头作用，顺利通过文明城市评审验收工作。按照乳山市统一部署，配备环卫一体化巡查员5名、管理员112名、保洁员162名，负责做好村级卫生日常长效管护；治理违法建设面积22595平方米，于家庄、朱家庄、南庄、东秦家庄等村实现全村无违建。投入800余万元清理整治省道202、省道207、河夏线沿途可视范围内违建、违规广告牌、乱堆乱放等问题，投入近30万元更换石头圈村主干道两侧商店广告牌，绘制1000平方米文化墙，打造3条全市精品线路。

【高标准农田建设项目完成】 2017年，夏村镇投入430万元实施便民利民工程，整修桑行埠村破损公路、长江岭部分破损路段，改善居民出行状况；疏浚、整修马家庄至黄村段3500米河道，黄村河拦河坝，合依、羊角盘、战家夼、小疃、房屋段2300米河道，提高河道行洪能力；完成晁家庄、东家等6个村总规模400余公顷的高标准农田项目规划，新建平塘4座，维修平塘1座，修建漫水桥1座、板桥2座，修建大口井2座、过路管涵2座，新建泵房2座，铺设输电线路800米，新修田间道13460米、生产路396米；完成清口涧、南庄、晁家庄等10个村农村饮用水保护项目建设。

【富民生产贷项目落实】 2017年，夏村镇采用镇级领办产业扶贫模式，整合4个省定贫困村有限资金167万元购买酒庄11.13亩葡萄园10年使用收益权，实现省定贫困村每村每年纯收益3万元，实现宋家庄、东泗水头2个省定贫困村脱贫；协助落实胶东伯瑞80万元“富民生产贷”，带动16名贫困户年增收1000元；完善省级贫困村水利设施，新建平塘2座、大口井1个，新修田间道8652米。

【镇村干部队伍管理严格】 2017年，夏村镇推进精准考核机制，推广使用掌上智慧管理平台，抓实机关干部日常管理，重点做好平时结果与年终结果两张成绩单的结合运用，改变干部队伍“慵懒散”现象；采用新老结合共同包村方式，做好“传帮带”，强化对青年干部教育培养。开展“星级”评定工作，通过树典型、学先进、亮身份提升基层党员先锋意识，组织党员开展红色教育基地参观、党员群众满意度评议等活动，评、教结合，激发干事创业热情。围绕“六知一创”活动、基层党建、环卫一体化、违建拆除、村级事务管理等主题，组织班子成员、农村负责人、部分农村党员外出考察学习10次，学习管理经验，完善工作方法和思路。

2017年夏村镇各村基本情况一览表

表44

村 名	党支部书记	村委会主任	经济总收入（万元）	人均纯收入（元）
秦家庄	耿先东	耿先东	2405	15640
赫家庄	史美翠	刘书江	680	16436
张八庄	宋协清	由文杰	852	15963
朱家庄	梁平义	梁平义	1047	15233
晁家庄	崔 晓	崔 晓	431	7584
二 甲	王国选	王家晓	1785	15765
黄 村	张志芳	张志芳	5846	15438
邢 家	（缺）	于吉海	830	15601
石头圈	胡新军	胡新军	1569	7433
马家庄	马端东	马海峰	1757	15891
林 水	宋君国	宋君国	1350	15660
西北庄	张 明	宋修文	1443	15595
大王口	刘焕禄	刘焕崇	1151	15935
胡八庄	胡国礼	胡国礼	3160	15963
胡家沟	胡吉强	胡吉强	2858	15856
六甲庄	胡新伟	胡新伟	766	15065
邵 家	邵洪寿	邵洪寿	2648	15314
三甲庄	刘 强	刘 强	521	15996
十甲庄	胡 松	胡 松	1177	15519
东 家	张承山	张承山	4042	15383
宋家庄	宋德忱	宋德忱	307	7720
任 沟	马廷全	马廷全	1035	15766
东周格庄	李书德	徐书刚	1587	15531
西周格庄	于守学	于守学	1425	15307
阜西庄	王佳龙	王佳龙	448	15517
房 屋	于明刚	于明刚	1425	15766
小 疃	倪文信	邓云刚	3390	16308
战家夼	梁清华	孙 辉	3146	15433

乳山口镇

【概况】 全镇面积87.2平方公里，耕地总资源3140公顷，海岸线长38.69公里，辖41个行政村，渔业资源丰富，有对虾、鲅鱼、牡蛎、黄花鱼、梭子蟹等海产品百种。名优佳品“秦米”“寨虾”产自该镇。2017年，全镇地方财政收入完成4956万元，比上年增长21.3%，国税完成2592万元，地税完成2364万元，财政支出1309万元。有中学1所、小学1所，在校生1300人，至年底，全镇户籍人口33451人。镇域工业主要有化工、机械、建材、水产品加工、水产育苗、新型材料等。2017年，获“全国无邪教创建示范镇”称号，被评为2017年度科学发展考核优秀单位。

【龙彩新材料项目主体建设完工】 2017年，乳山口镇利用本地优势开展招商活动，邀请外地客商到镇参观考察，推介镇区资源。引进投资2.8亿元的龙彩新材料项目，作为威海市级重点项目，迎接威海市科学发展总体成果集中督导。2017年，5个生产车间主体建设完工，进行设备安装调试。引进投资1亿元、年产5万吨的岩棉板生产项目，完成工商注册、项目立项和设备订购，进行厂房改造和能评、环评报告编制。

【镇域项目用地瓶颈化解】 2017年，乳山口镇根据镇区实际，提升服务企业水平，化解项目用地瓶颈，确保招商项目签约落地开工。协调镇敬老院整体搬迁，确保佰德信新材料有限公司通过省级环保评审；协调南唐家村搬迁墓穴104个，保障伯特利项目扩建用地；调整土地5.36公顷，保障为韩味源项目建设进度；完成高格庄、毛家两个村18公顷土地的调地任务，保障乳山市岩棉板项目实施。

【农业产业结构优化】 2017年，

续表 44

村 名	党支部书记	村委会主任	经济总收入（万元）	人均纯收入（元）
羊角盘	姜书杰	姜书杰	1094	15340
姜 家	（缺）	倪玉芳	1135	15715
郑 家	郑宝忠	郑宝忠	1253	15601
于家庄	于海云	于海云	2421	16368
台 依	徐龙义	徐龙义	3646	15994
东 泗	刘光涛	刘光涛	629	7818
西 泗	高滕斌	高滕斌	2322	15535
肖 家	肖 军	肖言明	2555	15693
冷 家	冷海波	冷海波	1109	15591
桑行埠	宋喜宝	（缺）	2585	16475
西 圈	邢美杰	邢美杰	1215	16301
南 庄	张 锐	仇祝明	3244	18226
北庄上	任永武	任永武	514	15859
炉 上	刘树贤	刘树贤	2980	16428
官 庄	于复永	刘永成	4800	15644
井 子	马云述	马晓东	7763	15608
清口涧	赵新军	赵新军	2315	15642

乳山口镇以工业化理念谋划农业项目，针对镇域西部传统农业种植为主的实际，利用龙头企业实施规模化、集约化经营，加快推进产业结构调整。引进韩国客商在西南赵家村发展1000亩不老莓种植项目，完成全部果苗栽植，为胶东地区最大的不老莓种植基地，为村集体增加收入2.5万元，为村民增加务工收入30万元；兰家村流转土地200亩，用于发展蓝莓种植项目，为延长产业链条，与韩国客商洽谈，争取不老莓深加工和果蔬冷藏项目落户，解决农民增收问题。

【农村基础设施改造完成】 2017年，乳山口镇推进农村改厕、危房改造、水源地保护工作以及农田水利工程项目，补齐群众生活品质短板。11个村开展厕所改造工作，完成改厕1100户，危房改造任务33户，改善困难群众的住房条件；实施水源地保护项目，清理维护16个村的泵房，重新制作安装水源地标志牌，综合整治22家规模化养殖场粪污环境，保护水体安全；在前尹家、封赠山、赵家3个片区实施土地整理项目；实施农田水利工程项目，修建平塘、塘坝各3个，大口井4个，打深井3眼，新上滴灌设施200亩，改善全镇农业设施条件。

【农村人居环境品质提升】 2017年，乳山口镇改善农村人居环境，提高卫生验收标准，制定卫生巡查员、管理员以及保洁员“三支队伍”管理考核办法，提升常态化管护水平，环境整治效果明显，在检查以及第三方验收中，成绩排在全市前列；通过典型示范、整村推进工作模式，深入开展违法建设治理工作。惩治违法乱建行为，镇域规划区内完成违建治理6处，非规划区内拆除违法建筑1013处，完成道路沿线违建治理68处，“三乱”治理7处，保障辖区居民合法权益；完成对辖区内燃煤小锅炉的排查及整治工作，共排查整治燃煤小锅炉41家54台。完成“散乱污”企业排查整治11家。完成畜禽养殖专业户和养殖场排查187家，关停禁养区内养殖场19家。

【惠农政策兑现落实】 2017年，乳山口镇拓宽贫困户致富门路，利用30万元财政专项扶贫资金建设标准化养猪基地项目，猪场主体及附属工程全部完工，进入项目验收阶

6月27日，乳山口镇村党支部书记参观龙彩新材料项目 （李永辉摄）

11月18日，威海市委常委、组织部部长刘运到乳山口镇王家庄村调研档案管理工作（乳山口镇提供）

段。村级通过出租土地、猪舍厂房等每年获5万元的稳固收益，并带动部分有劳动能力的贫困户进入项目基地务工，增加收入。为保障困难群众基本生活，组织镇村干部进村入户，进行低保评议，评议低保户410户561人；落实各类保险政策，征缴养老保险419万元，参保人数6518人，参保率98.5%，征缴医疗保险金870万元，参保人数23928人，参保率达100%，终止养老保险105人，办理小麦保险1089公顷、玉米保险10369公顷，花生保险716公顷。

【基层组织服务群众能力增强】 2017年，乳山口镇坚持党建引领，转变工作作风，提升基层党组织服务群众的能力。结合"两学一做"学习教育，深入学习贯彻中共十九大精神，落实"三会一课"、主题党日等党内政治生活制度；打造王家庄村党建示范引领示范点，列入乳山市党建观摩示范点，作为乳山市党建十大品牌候选工程；打造华信食品党群服务中心，建设集学习教育、办事服务、交流示范为一体的党群服务中心；加大违纪案件查处力度，对辛家庙村原会计违反国家法律法规，查处村集体资金问题，实现镇级纪委独立办案"零突破"任务，结合荣成市和环翠区相关乡镇经验做法，修订农村财务管理制度；打造镇级便民服务中心，按照"一门式"改革要求，社保、民政、计生、农技、经管、残联等站办所全部进驻镇便民服务中心，实行"一站式终结服务"，方便群众办事，提升行政效能。

2017年乳山口镇各村基本情况一览表

表45

村　名	党支部书记	村委会主任	经济总收入（万元）	人均纯收入（元）
祝家庄	李保山	祝旦辰	3761	20063
新　建	高树立	高　军	867	20065
西耿家		耿竹玲	18876	18610
蚧子嘴		杜可光	2583	19879

海阳所镇

【概况】 全镇面积91.4平方公里，耕地总资源面积2267公顷，海岸线长87公里。镇政府驻海阳所村，辖39个行政村。该镇毗邻银滩旅游度假区，大乳山滨海旅游度假区位于境内。渔业资源丰富，主要有带鱼、鲅鱼、黄花鱼、对虾、海参、梭子蟹、牡蛎、扇贝、蚬子等，其中牡蛎养殖面积2200公顷，是全市最大的牡蛎出产镇。2017年，镇级财政收入3971万元，全镇工农业总产值76.4457亿元，其中，工业总产值60.1836亿元，农业总产值16.2621亿元。农村经济总收入42.0699亿元，农民人均纯收入20569元。镇级获"省级绿色生态示范镇""办信规范化镇街"等荣誉称号，西泓赵家村、后山于家村、杜家岛村、小青岛村、海阳所村5个村被列为全国农村综合性改革试点试验村。

【盘活闲置资产引资实现突破】 2017年，海阳所镇盘活原海林大厦和望海大酒店，引进投资1亿元的海林情养生酒店和总投资3000万元的颐心园养老中心项目。至年底，海林情养生酒店项目装修完成90%；颐心园养老中心项目已完成主楼的装修改造，开始试营业；盘活镇办工业园闲置土地和厂房，利用黄海汽配3000平方米厂房，引进投资2000万元的钢化玻璃生产项目，开始试生产；投资3000万元的绿植庄园生物科技，辣椒酱生产线试生产；泰铎仪表厂总部经济等项目，完成工商注册；盘活利用阳翼太阳能34亩闲置土地，达成水泥设备制造项目合作意向；利用牡蛎、海鱼等海产品提取生产3D活性肽等物质，生产保健品、化妆品的吉林金梓生物科技项目，达成初步意向。

【镇域基础设施全面提升】 2017年，海阳所镇加强镇域基础设施建设，提高群众生活水平。对阿里山

续表 45

村 名	党支部书记	村委会主任	经济总收入（万元）	人均纯收入（元）
康 家	唐崇环	唐崇环	3130	20237
打 磨	王衍荣	于吉年	43404	20416
北唐家	唐克勇	唐光利	5167	20063
庄 头	张书明	杜可兴	3744	20161
张家庄	张连朋	张连朋	10063	20126
西南赵家	陈 键	赵利强	18831	17024
西王家庄	于进路	于进路	5736	20063
高格庄	赵锡岳	赵志勇	8804	20147
西北岛	刘玉会	高明波	2934	21642
毛 家	郑丙波	朱恒汉	20094	19531
岚 子	史恒山	焉华杰	22924	19851
秦家庄	秦绍会	秦绍会	29566	20066
安 家	安天全	安天全	15851	20242
择 村	宋吉义	宋吉义	8791	20126
兰 家	兰庆光		27047	21022
南唐家	唐克永	唐克永	29796	20126
宅 口	张志典	张 磊	26611	20343
常 疃	李华文	李国锋	14479	19673
寨 前	于 一	于 一	38510	21497
辛家庙	王 强	王 强	2138	17262
刘家庄	刘占利	刘占利	11148	19257
崔 家	杨忠儒	杨明华	7997	18051
后尹家	尹若湖	于梓政	5273	19341
野 子			9694	19886
旗杆石		于喜刚	31294	22053
改造夼	孙京志	邢 程	23538	19531
陈 家	陈 兵	陈明伯	16194	20317
河 口	唐 光	邵春淑	4811	20079
前尹家	尹见发	马 浩	15302	20071
院 前	于振波	于振波	4717	20045
兰家庄	许桂琴	谭志强	6190	20075
锅 上	刘月清	李 春	10450	19944
刁家埠	孙京志	于庆德	2499	19851
新 庄	于振修	于振修	6407	19589
西里村	丛才明	崔建涛	31124	20072
江村洼	杨君诚	兰仁服	2035	20126
封赠山	于富开	于富开	6296	16819

北路东段、兴城路、东海路西端以及镇区部分道路破损路面进行修补、维护、绿化；在镇区增设3处公共厕所、1处海鲜市场，对部分广场及道路增设停车位，对镇区老旧自来水水管网进行改造；对金银大道海阳所段道路两侧墙体进行粉刷，对部分路段绿化带进行提升，改造户外门头广告，清理乱搭乱建。投资84万元，对镇敬老院进行供暖和消防改造，新上电气锅炉和灭火器材、自动喷淋系统，建设蓄水池及泵房等，消除消防安全隐患；投资30万元，对镇老年大学进行装修改造，购置办公及娱乐设施。

【精准扶贫工作扎实推进】 2017年，海阳所镇根据国家、山东省、威海市贫困人口动态调整管理办法，把握“应纳尽纳，不漏一人”原则确定贫困户，全镇省标重点帮扶有29户、50人，稳定脱贫不再享受政策117户、207人；全镇新识别市标贫困户为40户、65人；利用财政专项扶贫资金30万元，投资与兴源园林公司合作4.69公顷速生楸育苗基地项目，项目年收益3万元；镇政府与吉利食品公司对接，投资15万元新建乡村车间一处，为留守贫困户提供就业；利用财政专项扶贫资金20万元新上光伏项目，项目占地300平方米，年发电24000度，收益20000元。

【农村综合性改革试点试验】 2017年，海阳所镇依托山东省滨海养生特色小镇、山东省绿色生态示范镇等优势，结合特色“牡蛎小镇”和美丽乡村示范片区建设，突出5个全国农村政策试点村在牡蛎小镇中生活区、生产区、生态区、休闲区的功能建设，实现项目、资金、效益叠加。聘请山东大学威海分校专业教授团队参与方案编制，聘请青岛农业大学专家团队就机制创新、总体规划、项目详规参与规划设计，5个村综合改革工作稳步推进。

【镇域文明构建养成】 2017年，

6月2日，海阳所镇维护阿里山北路东段路面　　（刘敏摄）

海阳所镇按照乳山市创建全国文明城市总体部署，推进创城工作。在镇驻地安装创城道旗广告300余处，安装高炮广告3处、建筑围挡标语15处；在各村显要位置安装文明指引牌、红白理事会刊板、文明城创建成果展等宣传看板；开展“节俭养德”活动，在镇机关、村委办公室和经营性场所进出口、电源开关、水龙头等重要点位安装有节粮、节水、节电、节能公益广告等。做到文明城市创建家喻户晓、人人皆知、全民参与；开展道德模范、身边好人评选活动，年内海阳所镇有两位同志获“山东好人”荣誉称号；开展志愿者活动，组织志愿者看望贫困户、看望百岁老人、文明交通等志愿者活动20次；开展学习活动，通过干部会、农村党员和群众代表会、学校教育等方式宣讲创建文明城市以及“社会主义核心价值观”等内容；通过送戏下乡、文艺会演、入户发放创城购物袋、明白纸、知识问答等各类活动，提高群众对创城工作的知晓率和支持度。

【新兴领域和农村党建探索新路】 2017年，海阳所镇针对新兴领域党建工作问题，以德泰银海商贸城为依托，成立党群服务中心，创新“党建+”活动方式，成功孵化电商企业10余个，带动70余人就业；针对农村干部老化、后备人才培养不力问题，建立党员发展储备库，将返乡大学生、致富能手等培养成党员，入库36人，培育农村各类优秀后备人才130人；推行农村党组织和党员星级评定工作，后山于家村作为全市星级评定试点村，总结的“四步走”工作经验为全市提供参考；分批次对全镇1300多名农村党员干部进行集中轮训，开展“主题党日”学习计划12次、专题组织生活会2次。

2017年海阳所镇各村基本情况一览表

表46

村 名	党支部书记	村委会主任	经济总收入（万元）	人均纯收入（元）
海阳所	王应虎	王应虎	6306	20025
吕家庄	吕在秋	吕在秋	1570	19300
陈　家	陈述敏	陈锡秋	1904	18443
所后常家庄	常大乐	常大乐	654	19102

白沙滩镇

【概况】 白沙滩镇面积104.1平方公里，耕地总资源面积4413公顷，海岸线长19公里。镇政府驻白沙滩村，辖47个行政村。2017年，镇级财政收入1.4亿元，实现工农业总产值48亿元，工业总产值40亿元，农业总产值8亿元。农村经济总收入72亿元，农民人均纯收入19950元。白沙滩镇盛产牡蛎、生姜、茶叶，是乳山“三宝”的主产区，区内花岗岩石材、海参、鲍鱼、对虾、蓝莓等物产丰富。镇域经济以工业为主，镇域发展以工业转型、农业提质、服务业繁荣、文旅产业提速为重点，建成温喜生物科技、鲁酱酒业等税源型工业企业。

【镇域企业转型升级项目对接实施】 2017年，白沙滩镇促进传统产业转型升级、强化新兴产业，发展产业优势，培育镇域经济新增长点。温喜生物科技新增投资3000万元温喜浒苔资源再利用项目，于11月建成投产；富地渔具转型升级，利用企业生产碳纤维鱼杆的技术，生产具有国际标准的碳纤维高级管材；引进投资8000万元的三宝酵素项目，提高镇域农产品深加工产业定位；对接青岛新宝电子有限公司的电子产业项目和中能东道有限公司、金坛汽车工业有限公司的新能源汽车制造相关合作事项。

【大健康产业发展定位确定】 2017年，白沙滩镇结合滨海新区大健康产业发展定位，探索运用“旅游+”发展模式。白沙滩村将农业、鲁酱酒业、休闲旅游、商业酒店等有机融合，打造现代农业项目“东方田园文旅小镇”，项目由生态农业、实体工业、现代服务三大重点板块组成，建成53.3公顷生态农业采摘基地，实体工业现代化酵素生产工厂建设，现代服务电子商务平台建成投入，星级铂尔曼国际酒店项目建设完工；翁

续表 46

村 名	党支部书记	村委会主任	经济总收入（万元）	人均纯收入（元）
所后张家庄	牟 鹏	张书周	371	19500
所后王家庄	王义生	王义生	244	14100
赵家庄	王清成	王清成	1557	19186
海 疃	马军磊	刘春杰	694	19351
邹 格	姜 涛	宋晨光	1642	14950
三甲疃	宋继辉	宋继辉	1203	14150
大 庄	于福洲		2995	15000
池 源	宋钦高	宋钦高	481	19901
邢 家	姜明生	姜明德	511	19200
水 头	于会鹏	于会鹏	1608	19271
姜 格	曹庆涛	姜成捍	4164	20000
赵东庄	赵守彬	赵守彬	490	19194
西泓辛家	辛白富	辛自富	715	18769
西泓于家	于培红	于培红	1112	19784
西泓赵家	赵永光	迟金日	1950	12150
金 港	姜 程	姜 程	805	13235
姜家庄	姜成竹	姜成竹	657	15948
西 山	赵 利	赵 利	1064	19425
后山于家	于 江	于 江	2058	20800
双峰庄	迟金友	迟金友	1914	19840
杜家岛	杜清茂	杜世平	2473	20000
西黄岛	迟明雪	姜 冰	774	16378
芦 头	宋 涛	宋 涛	604	17645
李 家	李云志	李云志	2545	19966
薛 格	刘永宁	刘永宁	742	18262
半海山	任沛杰	任沛杰	468	18928
杜 家	于勇全	杜均品	1989	18701
南泓北村	姜 涛	宋文德	1880	18000
南泓西村	宋合强	宋合强	2021	21470
南泓南村	宋合光	宋合光	1690	16914
小 泓	于永刚	于永刚	2596	19400
小石口	宋书涛	宋书涛	3263	20736
南 夼	宋钦连	宋夕刚	2814	22600
南黄岛	王乐强	王乐强	422	15800
小青岛	于政海	于政海	1200	12220

家埠村打造主题民宿旅游项目，“千年渔文化”遗址开发工作稳步推进，徐家耩村突出文化底蕴和农村特色，依托“山东省全域旅游示范镇”和“全国养老宜居名镇”品牌影响力，开启城市居民乡村休闲养老新模式；依托多福山旅游度假区的资源优势，在蔡家、邹家、潘家、焉家、稗子刘家5个村规划建设以养生、民俗、采摘等于一体的田园综合体项目，社会力量共同参与发展，项目进入实质性运作阶段。

【白沙滩美丽乡村建设推进】 2017年，白沙滩镇投资467.81万元，开展农村环境整治工作。投资3200万元，推进白沙滩村、望海庄、贾家庄、翁家埠村、桃村李家等8个美丽乡村建设村工作，完成总工程量90%；投资1600万元对台湾东路、西湖路、河滨路、雁荡山路等主要道路实施改造，新增或更换路灯240盏，绿化面积6万平方，铺设给排水管道2000米；翁家埠村、白沙滩村棚改工程提前完成，其他4个村稳步推进；投入资金495.33万元，开展农村环卫一体化攻坚工作，创新“红黄牌”奖励激励政策，形成常态化管理机制，消除脏乱差现象，实现村庄靓化、环境美化、卫生保洁常态化，彰显美丽乡村活力和魅力。

【全国农村综合性改革工作推进】 2017年，白沙滩镇聘请山东大学旅游学院专业团队为顾问团，为全国农村综合性改革试点村提供理论支撑。探索特色党建新模式，做到明确村委分工、明晰财务、公开重大决策，提高党务、村务、财务透明度，完善乡村治理机制；挖掘各村资源优势，培育镇域特色农业，发展茶叶种植13.4公顷、果树栽培17.42公顷，完成堡上、焉家、祉家庄3个村的居民饮用水保障工程；试点推进工资性收入、福利性收入双层机制保障，确保农民持续增收。

6月18日，温喜生物科技项目厂房 （白沙滩镇提供）

5月3日，白沙滩镇徐家埝村精准扶贫项目“再见乡村”农家小院 （白沙滩镇提供）

7月5日，白沙滩镇翁家埠村街道 （白沙滩镇提供）

【农村财务第三方审计】 2017年，白沙滩镇聘请泰和会计师事务所，审计农村财务，乳山市纪委介入，对发现问题的村和个人进行调查处理。落实《关于加强土地补偿款管理规定》《规范农村福利发放的有关规定》《关于农村大额资金审批的管理规定》和《农村合同管理规定》等文件，杜绝违规腐败现象发生。

【农村干部队伍建设加强】 2017年，白沙滩坚持从严治党，加强农村基层党组织建设，发挥党建引领作用。建立农村党建考核“月考制”制度，全面督查党建工作落实情况，现场量化打分，通报整改，每月举行村级组织委员工作例会，通报近期工作任务并进行专门培训，提高村级党支部业务能力；制定完善《白沙滩镇2017年农村干部任期目标责任制考核办法》，提高党建工作占分比重，47个村党支部签订《农村党建工作责任状》，将责任压牢压实；完成党组织星级评定，党员参评率达83.9%，发挥党员先锋模范作用。全镇47个自然村的两委班子换届选举，改选支部书记15人、村委会主任22人，强化基层支部班子建设，为村经济发展注入活力。

2017 年白沙滩镇各村基本情况一览表

表 47

村 名	党支部书记	村委会主任	经济总收入（万元）	人均纯收入（元）
小陶家	丁良东	丁良东	3327	19900
小侯家	李丛智	（缺）	7643	19900
小单家	潘显春	单国锋	5769	20084
大陶家	陶纪明	陶 新	13028	19900
韩家庄	韩 波	韩 波	566	19900
宫 家	宫德明	宫德明	7957	19900
宫家庄	宫荣文	宫荣文	33455	19900
常家庄	孙 超	孙 彬	3736	19987
小 滩	孙树志	王翠芹	5892	19900
八 甲	周连杰	周连杰	1022	19900
桃村李家	李梁	李 军	2569	18000
白沙滩	许大林	许大林	7777	19875
堡 上	董国龙	董国龙	605	19000
桃村王家	（缺）	姜全丰	1363	19910
六村屯	王学金	王学金	3195	19915
翁家埠	单成炜	单成炜	4368	19900
焉 家	焉 建	焉 建	3349	19900
邹 家	邹礼夫	邹礼夫	2032	19445
蔡 家	单 平	单 平	351	17100
单家庄	单庆水	单庆水	470	19670
稗子刘家	刘文斋	李忠兴	1273	19938
潘 家	潘传珠	潘 威	4841	19921
王家口	于伟峰	于伟峰	2705	19916
邵家庄	邵春万	邵春万	1290	17235
大单家	单庆模	单庆模	3253	19910
唐曲洼	陶俊福	李常茹	1030	19900
孔家庄	（缺）	孔 光	1412	18130
潘家庄	潘正河	潘万信	1659	19918
洼于家	于永万	于永万	1526	19940
焉家庄	焉德昇	焉德昇	159	18720
祉家庄	于国胜	于国胜	193	19900
念 头	王家湘	王家湘	9223	17920
董格庄	刘 磊	刘 磊	2037	18566
沟李家	李文金	李文金	1186	18466
南马家庄	宋 旗	马 骁	1368	18614
南西北庄	李 辉	李 辉	1421	19215
曹家庄	（缺）	姜海波	3754	19900
丈八石	（缺）	刘月卿	2097	19900

大孤山镇

【概况】 全镇面积95.9平方公里，耕地总面积3084.3公顷。镇政府驻大孤山村，辖36个行政村，2017年年末户籍人口24961人。2017年，大孤山镇税收1598.7万元，完成预算的167%。实现工农业总产值40.31亿元，其中，工业总产值36.31亿元，农业总产值4.4亿元。实现农村经济总收入4.4亿元，农民人均纯收入合计431817元。镇域工业主要有铸钢制造、麻纺加工、毛衫加工、新型建材、蔬菜加工、水果储藏加工等。

【招商引资新项目建设】 2017年，大孤山镇把招商引资作为全年的主要工作，宣传乳山市招商政策、发展优势及投资环境，吸引企业投资建厂。全年，引进投资1亿元的威海汉泰纺织有限公司麻纺织产业园项目，预计新增产值1.5亿元、税收1500万元；引进总投资6000万元威海顺通交通设施制造装备项目；引进浙江上市公司奥特控股集团轻合金配件制造项目；推动乳山市汉泰大麻纺织有限公司增资扩规，将企业的利润转为企业的资本金投入，新增外资50万美元。

【镇域两大产业聚集区打造】 2017年，大孤山镇依托镇域内振兴铸钢、汉泰大麻两大龙头企业，打造机械铸造和服装纺织两大产业聚集区，推动振兴铸钢与山推集团合作，使企业产品向高、精、优转化；推动推进乳山汉泰大麻与青岛大学纺织学院合作，设立企业研发中心，企业产品展示馆及麻纺织文化中心；盘活利用现有的闲置厂房及土地，龙晨淀粉制品、恒远电机、仁山雅兰纺织品等公司利用闲置房屋进行调整或扩建。

【大乳山镇流转土地268公顷】 2017年，大孤山镇以工业化理念谋划农

续表 47

村 名	党支部书记	村委会主任	经济总收入（万元）	人均纯收入（元）
港　头	于晓军	于晓军	1140	19900
刘家埝	（缺）	刘崇仁	664	18581
林家埝	林田法	林夕广	747	19936
玉前庄	张合熙	张喜城	860	19647
徐家埝	（缺）	徐天洲	1289	19915
吉　林	姜海涛	任洪强	990	19940
北王家庄	王德开	林　丽	13457	18900
贾家庄	贾祥明	贾祥胜	898	19900
望海庄	王　利	王德龙	203	19900

4 月 11 日，乳山市振兴铸钢有限公司车间　（大孤山镇提供）

11 月 7 日，大孤山镇农产品展示馆　（大孤山镇提供）

业项目，利用龙头企业实施规模化、集约化经营，全镇流转土地268公顷。引进总投资2000万元乳山市祥林农业观光园项目。至年底，一期工程完成土地流转10.05公顷，建设高档温室大棚8座，红心火龙果、油桃、毛桃等全部完成栽植；引进乳山市天禄生态旅游观光采摘园项目，调整建设用地13.4公顷，种植猕猴桃4.02公顷，其他苗木10.05公顷，对进区道路进行硬化、整修护坡，建游客厕所一处、停车场一处；大孤山镇帮助威一农业发展有限公司流转河南村土地400亩，完成二期现代果园建设，用地规划调整，建设场地平整。

【镇域水利和土地项目建设获支持】2017年，大孤山镇与水利部门对接，争取500万元的南口小流域生态治理纳入省级项目库，争取资金200万元实施小农水重点县项目，新建整修塘坝2座、平塘2座、大口井4眼；争取资金100万元，对3座塘坝进行除险加固；争取移民资金30万元，整修平塘1座；争取饮水安全项目110万元，打深井7眼，对20个村新上消毒设备；争取资金200万元实施4个贫困村农业综合开发项目。与农业局对接，争取河南村400亩现代苹果项目列入农业局补助项目。与环保局对接，将9个村纳入环保水源地保护项目。

【“多产业融合”扶贫模式推行】2017年，大孤山镇提出“多产业融合”扶贫开发模式，推行现代农业＋乡村车间＋电商淘宝＋注资入股多头并进新模式。通过流转土地，在小孤山村发展无花果采摘园，山东头村发展苹果育苗基地；北姜家庄村以“大基地带动小基地”模式，在龙头企业威一现代农业观光园带动下，发展40亩苹果基地；吴家沟村发展26.8亩现代矮砧苹果。在4个省定贫困村新上果蔬大棚项目，对外发包，收取租金，保证收益稳定，带动农村产业发展。整合村集体闲置房屋，在4个扶贫村开设阿里巴巴农村淘宝服务站，村民足不出户就可买到物美价廉的商品；在淘宝网注册大孤山镇特色农产品网店，重点推出镇内4个贫困村特色农产品，解决“销售难”“价格低”难题。对接市域、镇域企业和村级能人，在各村设贸易加工车间40个，吸纳、带动贫困户和家庭妇女2000名，人均增收5000元以上；将4个省定贫困村120万专项资金，投资祥林现代农业观光园项目，获不低于10%保底分红。

【大史家村获评“山东省第四批传统村落”】 2017年5月2日，乳山市大孤山镇大史家村被山东省住房和城乡建设厅办公室评为山东省第四批传统村落。大史家村位于大孤山镇西北部，全村307户、750人。1640年（明崇祯十三年）立村。因村边有河形似龙，故名卧龙史家，后更名大史家。1939年就有中国共产党的地下活动；1943年4月，正式建立党支部。革命战争年代，先后有11人为国捐躯。历史名人代表为史元魁，清末举人，号称牟平南乡史三先生，历任牟平县参议员。其故居门口的白玉兰树由其所种，有200余年树龄，每年清明后开出洁白的花朵，品种较为稀少。

2017年大孤山镇各村基本情况一览表

表48

村名	党支部书记	村委会主任	经济总收入（万元）	人均纯收入（元）
北念头	王吉国	王吉国	486	11705
下石灰刘家	刘富平	刘富平	1463.7	9971
上石灰刘家	刘成新	刘成新	649	12310
万户	姜泽法		843	10570
士子于家	于行千	于行千	1014	11200
八门邹家	柳伟	任君琪	1180.8	11068
胡家	姜兆桥		1055	13646
南口	王允加	王允加	1463.2	13400
入夼	姜文庆	姜文庆	70	9050
李家庄	李丕竹	李丕竹	256	10000
林家庄	林树壮	林基国	261.2	9206
上夼	于杰	丁乐赴	1293	13148
小孤山	于金芝	于金芝	1593.7	13008
八里甸	于治华		2405	13200
石硼杨家	于洋		1143.6	14840
河东	丁新日	丁新日	3144.5	13500
大孤山	林合云	林合云	4063.9	12500
东林家	王峰山	王峰山	1558	12026

徐家镇

【概况】 全镇面积68平方公里，耕地2253公顷，海岸线12公里。镇政府驻东王家庄村，辖23个行政村。2017年，镇级财政收入4509.12万元，全镇实现工农业总产值37.87亿元，其中，工业总产值34.98亿元，农业总产值2.89亿元。农村经济总收入13.3亿元，农民人均纯收入15749元。镇域企业主要有果蔬汁加工、花生加工、牡蛎加工、海产品冷冻加工、泡菜生产、服装加工、汽车电子线束生产、石材加工、农产品深加工、海珍品加工、温泉养生等。全年粮食产量1.57万吨，果品产量1.44万吨，蔬菜产量1.14万吨，奶类产量238吨，禽蛋产量1036吨。年内，获威海市“全市安全生产工作先进单位”等称号。

【生态环境持续改善】 2017年，徐家镇采取网格分配、三色记录、销号管理、工资扣减等11种管理办法开展环卫一体化工作，经过深入治理，整治效果得到群众认可，验收成绩在全市名列前茅。投资100余万元对镇驻地进行绿化升级，规划面积达1万平方米体育文化广场建设完成，新设置3个停车场，推进燃气、污水管网铺设和海水入园工程建设，提升镇域承载力；修复海岸带，建设防浪坝，提升滨海旅游环境。打响违建整治攻坚战，截至11月底拆除违章建筑10.7万平米，包括海岸一号售楼处、滴水湾售楼处、东南耩养猪场等难点区域。环保督查工作方面，坚持问题导向，对天勤食品问题坚持严格执法与主动服务相结合，并举一反三、强化监管，在相关部门帮扶下，天勤食品环保问题整改达标并复工生产。

【牡蛎养殖扶贫项目推进】 2017年，徐家镇对2个省定贫困村主大街道路进行整修，完成农田建设规划，牡蛎养殖项目新注入资金30万元，推进光伏项目、樱桃园项目，草莓

续表 48

村 名	党支部书记	村委会主任	经济总收入（万元）	人均纯收入（元）
西林家	林清占	魏 光	980.8	13000
山东头	李丕桥	李丕桥	587	11429
俞介庄	宋文法	宋文法	784.4	12300
河 南	丛龙秋	丛龙秋	2140	14608
店子头	王树义		1167	12857
水 井	崔德生	崔德生	2282.6	11230
山西头	林成琳	林成琳	616	11000
赵 家	林宁芳	林宁芳	128.5	11000
大 木	于尚修		1105	9400
吴家沟	姜仲臣	姜仲臣	1433	12223
小史家	王书彬		440	9208
宫家桃	刘亨宪	刘亨宪	964.9	16928
北姜家庄	姜保状	姜保状	651.4	13514
任家夼	任振夕	任振夕	518.89	11000
丛 家	丛 国	丛 国	350	12572
大史家	史成龙	史成龙	1800	10600
上 册	丁京峰	丁京峰	3035.5	14100
果 园	林永姜	林永姜	717.9	10500

3月21日，徐家镇拆除滴水湾售楼处违章建筑　　（徐家镇提供）

大棚稳定经营，樱桃大棚项目加紧实施，开展扶贫基础管理整改落实，确保资料真实、经得起检验。

【便民设施建设加快】 2017年，徐家镇开挖整修平塘60个，将惠民水厂主管道接到17个村，为6个吃水困难村打井，解决群众生产生活用水问题；对7个社区便民服务中心、14个文化大院进行提档升级，丰富文化生活。代表全市接受全省安全生产大检查，排查道路交通安全和校车安全，对镇村24处水源地进行安全保护，投资10万元建设学生通道，解决道路上下学安全问题。

【党建工作全面强化】 2017年，徐家镇开辟智慧党建新途径。坚持“2＋1”党建模式，把“双十星”管理作为推进基层党建工作主抓手，坚持过程公正、结果公开与运用公信相结合。围绕“纪实＋公开”，创建基础工作管理平台、阳光党建电视公开到户、清风徐家、视频会议四大系统，让村级“四议两公开”“村级事务全程纪实”在“阳光”下运行。健全完善考核新办法，量化干部完成情况、出勤情况，建立干部行为档案作为个人考核提拔重要依据。完善农村任期目标考核机制，将重点工作考核比例由23%增至30%，激发党员干部工作主动性。坚持痕迹化管理，推行“一事三档”，推行动态化管理，对农村“三资”实行每月自查和第三方审计，规范化管理，建立标准档案室规范档案管理，全程互动化管理，开展干部“师带徒”“传帮带”活动，提升工作衔接。打造党建融合新模式。扩大“两新”组织覆盖面，组建园区综合党委，吸纳镇域内机关、企事业单位、非公有制经济组织和社会组织等党组织，形成资源互通、服务共享区域化党建合力。坚持“超前介入、深化摸排、正面引导、严肃纪律”，提前做好农村“两委”换届准备工作，对各村进行详细摸排和风险评估，聘请专业机构对农村账目进行届前审计，避免带病参选，提前在换届会场安装声像监控设备，提供技术保障。

【健康产业带规划完成】 2017年，徐家镇将全镇划分为“北、中、南”三大健康产业带。在省道202以北，规划建设10平方公里的农业旅游观光带，重点打造寺山、桑行、凤凰山、黄疃水库四个乡村旅游示范点；在省道202以南、银金大道以北，依托中韩食品和生物科技产业园规划中部食品工业带，重点发展食品工业和建设食尚一条街；在银金大道以南，依托沿海旅游资源和人居环境，打造高端商住服务带，重点发展养生养老、旅游休闲等健康产业。

【招商引资项目压茬推进】 2017年，徐家镇重抓招商基础工作，梳理全镇招商资源，依据特色重新编制招商手册，打造招商平台，加大对外推介力度。开展产业招商、以商招商、总部招商，注重闲置资产盘活，年内落地威海弘德水产、山东力合生姜加工和威海圣沐生物科技3个过千万项目；引进粮食真菌毒素污染综合防控系统关键技术研究、圆斑星鲽水产种业科技项目等科技含量高项目；引进山东品罗总部经济项目，实现税收180万元；洽谈引进石斛项目、青岛飞宇食品项目、投资1.5亿元威海润海水产加工项目、投资2亿元北京亿丰伟业瓦楞纸项目。同时，强力推进项目建设，弘德水产项目办公楼和一车间投入使用，二车间实施内部装修，上新部分设备。力合生姜加工项目开工，圣沐生物科技项目完成土地平整和工商注册。

【“山海人家”旅游品牌打造】 2017年，徐家镇主打“二十分钟山海旅游圈”旅游概念，打响“山海人家”旅游品牌。立足镇域旅游四个点位：南部闻涛片区，发展沿海旅游带；北部凤凰山片区，发展田园综合体旅游带；中部寺山片区，发展特色旅游采摘带；东部航空片区，发展航空旅游带。委托第三方机构进行全域旅游规划设计，对渔家乐海边旅游项目进行重点规划，推进项目实施。围绕“20分钟山海旅游圈”和“山海人家”旅游理念进行编制规划，摸清底数，邀请专家参与谋划，编制小城镇发展近远期新规划，打造好“一纵三横”“山”字形小城镇规划带，即206省道沿线、202省道沿线、马峒线、滨海线、重点突出食品园区、镇驻地、海岸带等全面提升，特别是以206省道改造为契机，带动园区路网、绿化及驻地沿线提档升级。

2017年徐家镇各村基本情况一览表

表49

村　名	党支部书记	村委会主任	经济总收入（万元）	人均纯收入（元）
东南堠	于同浩	于同浩	2474	15105
东南寨	于京湖	于效乐	891	19384
老　庄	刘桂超	刘桂超	994	12130
洋　村	于良文	于良文	2667	19479
杨家屯	李国强	李国强	2896	19479
邢家屯	李坤水	李坤水	620	13729
吴家屯	姜平	姜　平	521	12319
许家屯	许风强	许风强	341	13294
马　场	焉军旗	焉军旗	1372	15416
东刘家庄	于炳周	于炳周	1090	15688
徐　家	徐文平	徐文平	2896	18529
东王家庄	于翠芝	于翠芝	1413	14940
四　甲	姜京海	姜京海	579	11670
大浩口		刘明兰	1781	14535
小浩口	刘书臣	刘书臣	2297	11280
东峒岭	姜镇泉	王淑芝	2472	14925
西峒岭	姜兴安	姜兴安	2425	19063
黄　疃	杨爱兰	姜钦学	1627	16668
辛家口	吕世光	王龙辉	496	11706
车门口	徐世财	徐世财	306	13904
圣石前	马文海	马文海	245	11912
桑　行	姜守志	姜守志	135	12555
光明顶	夏锡海	夏锡海	76	12842

南黄镇

【概况】 全镇面积88.9平方公里，耕地总资源面积3207公顷，海岸线长3公里。镇政府驻南黄村，辖33个行政村，年末户籍人口23395人。2017年，实现工农业总产值14.19亿元，其中，工业总产值10.73亿元，农业总产值3.46亿元。实现税收874.4万元，农村经济总收入23.65亿元，农民人均纯收入15583元。境内盛产大鲮鲆、海参、对虾、梭子蟹等海产品和草莓、韩国梨、茶叶、苹果、西红柿等瓜果蔬菜。全镇粮食总产量16229吨，果品总产量24395吨，蔬菜总产量17669吨，水产品总产量2031吨。年内，获"履行机关岗位目标责任制先进单位""平安乳山建设先进单位""信访维稳先进单位"及"省级文明镇"等称号，实现镇域发展争优创先。

【"南黄农产品系列"品牌打造】 2017年，南黄镇以建设滨海绿色农业产业带为目标，调优农业结构，提升农业品质，培育高效农业，推进西浪暖村高标准蔬菜大棚、北斜山易养茶庄园和湾头大榛子等十大农产品生产基地扩规升级，重点打造无花果和不老莓2个千亩产业基地，创建"南黄产农产品系列"地理商标，打响"南黄产"农业品牌。

【北茶小镇和崮山寺理想家园项目推进】 2017年，南黄镇开展易养茶庄园项目，以北茶小镇建设为抓手，谋划组建股份制项目公司，于2018年一季度开工建设生产车间、炒茶生产线及旅游接待服务配套设施，为北方茶叶小镇建设奠定基础；推进崮山寺理想家园项目，完成游客接待中心、中医药养生阁东西厢房、天王殿主体框架和7个漫水桥建设，拉开景区发展大框架；推进中恒能环保科技项目，与四川发展中恒能公司达成协议，投资建设占地30亩的有机废弃物综合处理项目，完成注册。

【镇驻地正阳大街拓宽改造完成】 2017年，南黄镇完成镇驻地正阳大街南段路面拓宽改造2.4万平方米，硬化路面1.5万平方米，铺设人行道1.3万平方米，绿化1000平方米，安装路边石2000米，完成户外门头广告整治160余处，配套路灯12盏，实现镇驻地的改造提升、美化亮化。

【农田水利设施建设推进】 2017年，南黄镇结合镇域实际，争取各级资金1170万元用于归仁河和战利河整治、西洋水水源地保护、西浪暖和岭上村千亿斤粮食项目以及李家疃、冷家、汤南山村农业综合开发项目等各类农田水利设施建设，提升农业生产保障能力，为促进农业增产增效打实基础。

4月10日，正阳大街南段路面拓宽改造 （南黄镇提供）

【便民服务设施建立健全】 2017年，南黄镇完成规划区及道路沿线违章建筑清理工作，非规划区违建工程拆除819处3.48万平方米，镇域环境面貌焕然一新；完成农厕改造2616户、危房改造37户，村居环境明显改善；一站式服务大厅改造建设400平方米，构建功能完善、规范有序、公开透明政务服务窗口，简化流程，提高为百姓办事效率。环卫一体化、安全生产、生态环保、文明城创建、信访维稳等重点工作落实专人、落实专责、同步推进、重点突破，均取得进展。

【省定贫困对集体经济脱贫项目推进】 2017年，南黄镇在抓好三个省定贫困村贫困人口不返贫基础上，重点进行集体经济脱贫项目建设，整合资金130多万元注资李家疃村标准化养殖场，保证专项资金收益率；投资24万元在冷家村建设2个冬暖葡萄大棚，完工投用，年发包收入2.4万元；投资25.2万元在汤南山村建成2个冬暖葡萄大棚，建成后对外发包，年发包收入2.6万元，投资收益均不低于10%。

【从严治党责任严格落实】 2017年，南黄镇以"两学一做"学习教育常态化制度化工作为抓手，加强"灯下黑"问题自查整改，建立党委中心组学习、党建责任清单等12项制度，领导班子成员为基层讲党课15次。投入40多万元，完善基层党员活动场所及党务政务公开栏等设施；每月坚持开展"主题党日"活动，成为市委组织部党员、党组织"十星级"评定管理工作试点乡镇，落实"三堂课"制度，投资约10万元建设审理室、谈话室、廉政走廊等设施，开展"廉政主题月"活动。实施清单式考核管理机制，通过梳、定、建、考、用，制定共性、个性、负面、奖励、附加“五式清单”，定岗、定责、定标准，强推力、管过程、倒逼工作，使管理考核方式由粗放型向精细化转变。

2017 年南黄镇各村基本情况一览表

表 50

村 名	党支部书记	村委会主任	经济总收入（万元）	人均纯收入（元）
汤南山	孙豪杰	孙豪杰	2450	11949
南台子	孙树竹	孙树竹	2726	15724
庄子园	宋 霖	孙言乐	961	13051
仙人脚	高明忠	高明忠	905	13770
归 仁	刘建奎	刘建奎	15094	15402
宫家庄	宫云智	宫云智	4828	15545
湾 头	高振胜	高振胜	15024	16536
河 崖	姜明早	姜明早	4833	17250
冷 家	冷传波	冷传波	8010	14122
凤西庄	姜连湖	姜连湖	4532	14882
母鸡屯	陈宗卫	陈宗卫	4889	15326
北 耩	王树勤	王树勤	8233	15857
南 黄	乔聚广	乔聚广	19740	15861
南黄庄	李洪亮	李洪亮	6255	16295
南斜山	刘镇京	刘镇京	5174	15555
北斜山	宋青山	宋修勇	13552	15591
靠 山	王大伟	孙志刚	5721	14665
崮山寺	李才军	李才军	1147	11220
上 庄	姜林雨	姜林雨	11900	13898
西珠耩	姜明利	姜明利	6830	15055
东珠耩	孙铭旭	孙顺斗	8790	16075
姜家庄	孙建刚	孙建刚	5524	15414
李家疃	于梓言	于梓言	3763	15545
高家屯	郝文忠	高宏福	8891	19003
朱家屯	李卫海	李卫海	5594	16060
西洋水	鞠 坤	鞠 坤	5175	14337
东洋水	王春玲	王春玲	6865	14318
院 后	杨秀丽	杨秀丽	5215	11934
孙家埠	孙锅锁	孙锅锁	7999	14817
柯家庄	柯建廷	柯建廷	768	13036
陈家屯	倪 晓	陈 波	3546	16305
岭 上	孙洪清	林吉清	14341	15969
浪 暖	林 强	林 强	17243	16402

冯家镇

【概况】 冯家镇位于山东省乳山市东北部，全镇面积 136 平方公里，耕地总资源面积 4393 公顷，辖 53 个行政村，人口 3.1 万人，耕地 5.2 万亩，山岚 6.8 万亩。镇域主导产业是种植业，特色物产有苹果、葡萄、板栗、樱桃、大姜、芦笋等。2017 年以来，冯家镇在市委、市政府的正确领导下，全面贯彻党的十八大、十九大精神及历次全会和习总书记系列重要讲话精神，以党建为引领，坚定产业转型升级方向，狠抓工业绿色化发展、大农业集群化发展、服务业融合化发展，做好产业布局调整和城镇规划建设，经济和社会各项事业取得长足进步，初步建成以现代农业、温泉养生、道教养生和红色文化为主题的北部特色乡镇。2017 年，镇级财政收入 2422.5 万元，该镇实现工农业总产值 42 亿元，其中，工业总产值 25 亿元，农业总产值 17 亿元。农村经济总收入 256824 万元，农民人均纯收入 16175 元。

【产业布局和城市规划工作推进】 2017 年，冯家镇依托温泉、“三花”、道教三大特色文化资源，推动文化与旅游、农业、小城镇建设互动融合，实现镇域产业、设施、生态、民生事业全面发展。在产业布局调整方面，冯家镇本着“补齐现有短板，留有发展空间”原则，编制《乳山市冯家镇总体规划（2011—2030 年）》，抓住以旅游引领产业战略，聘请山东工艺美院对全镇产业发展进行科学规划布局，强化美学观念，重点规划 206 省道及花家疃水库沿线万亩现代农业示范区，万后线圣水宫、三花故里旅游区，206 省道小汤温泉体验区和 309 国道食品加工仓储物流区四大主体功能区。在城镇规划建设方面，主要从改善城镇面貌、配套服务功能提升方面入手，通过“三个一块”，即政策向上争取一块，引导社会资金融资一块，协调部门帮扶一块，本着“能争则争，能省则省”原则，多途径争取资金和帮扶政策。共争取利用各级资金6000万元，其中小城镇建设4500万元，主要抓5方面设施配套，即一场、一院、一路、一河和两居。

【重点产业项目发展环境完善】 2017年，冯家镇高度重视招商引资工作，按照全市招商会议精神，继续加大项目建设和招商引资力度，营造宽松投资环境，采取全员招商、企业招商及多渠道搜集信息等方法进行招商，同时做好当前项目服务工作，特别是圣水宫道教文化交流中心续建工程、威海光进精密建筑机械有限公司设备安装工作以及小汤温泉老年公寓等一系列项目开工工作，重点加快推进乳山市领航食品有限公司项目，跟踪不锈钢精密铸造项目落地工作，抓紧土地手续办理，争取开工，根据“建链补链”原则，完善项目载体平台，推动全镇经济发展实现“新旧动能转换”，为全镇重点产业项目提供更加便利条件，努力打造设施完善、配套到位、服务优良的产业发展环境。

【产供销一体现代农业基地建成】 2017年，冯家镇着眼“绿色有机”和“大农业”发展现代农业，建设万亩现代果业示范区。通过土地规模流转、合作经营模式，推进新型农业经营主体建设，实现传统农业向现在农业转型升级及三产融合；发展乐天现代农牧旅游项目，发展生态循环利用，按照省内生态养殖最高标准建设；依托3个千亩以上现代农场，即茂盈农场、天鸿农场、鲁威农场的资源优势，引进和发展现代农业，按照融合型园区理念，开展育苗研发、仓储物流、休闲采摘、农业教育等活动，向上下游延伸产业和价值链条，统筹一、二、三产业融合发展，形成产供销一体化现代农业产业基地。

【扶贫扶智结合推进精准扶贫】 2017年，冯家镇扎实做好精准扶贫工作，加快全镇脱贫致富的步伐。在扶贫档案管理上，实行一户一档、动态管理，更新数据，形成“户—村—镇”三级档案管理体系。在脱贫措施上，有针对性地因人施策、一户一策，开展果树、大姜、养殖等农村实用技术培训，特别是注重扶贫同扶志、扶智相结合，鼓励有能力、有想法的贫困户申请小额信贷，自主创业，从思想上告别“坐、等、靠”；在扶贫对象动态调整工作中，全面要求“谁采集、谁签字，谁签字、谁负责到底”；严格数据审核，严格把关审核，把问题消灭在源头，力促扶贫对象一户不落、稳定脱贫人口一户不留；严把采集录入数据质量关，避免出现“今年先录入、明年再清洗”恶性循环。做好农业补贴工作，为充分利用农业补贴政策广泛惠及农民群众，镇党委政府宣传发动，群众政策知晓参与度逐年上升。在信息采集过程中，执行信息复核制度，确保信息准确并及时更新。

7月17日，冯家镇天鸿农场 （张译方摄）

【惠民工作扎实推进】 2017年，冯家镇做好农厕改造工作，安排工作人员进行现场调研，第一时间掌握改厕村、农户需求，并协调供货商予以解决，推动改厕工作稳步开展。全镇完成农村改厕近2000户。完成敬老院搬迁，农贸市场改造，平安路、商业街整修，老清河争资立项等一批重点民生工程，先后安装路灯180余盏，对309、206、平安路、商业街空闲地进行绿化，对商业街、平安路路面重新整修绿化，面积6000平方米。

【红色教育基地打造】 2017年，冯家镇深入挖掘红色文化，争取利用资金130万元，推进胶东特委旧址保护性修缮工程及冯德英旧居改扩建工程，推进红色文化教育，发展红色乡村旅游。至年底，胶东特委旧址完成房屋征收整修，冯德英故居改扩建工程完成房屋征收整修。

【基层组织建设提质增效年活动开展】 2017年，冯家镇以推进“两学一做”学习教育常态化制度为契机，以“发挥党建重要引领、争当先锋党员”为目标，在全镇农村党组织中开展农村党员“十星级”评定管理工作引导广大党员争“星”亮“星”，推动农村党员学有标杆、评有标尺、改有方向，激励农村党员不忘初心、继续前行，同时也为下一步的农村两委换届工作打下基础。推进“两学一做”制度化、常态化工作。利用每周五下午的时间，建立冯家镇青年干部培训班，聘请有经验老干部、镇两委为青年干部“充电、补脑”。基层基础完善化。开展“基层组织建设提质增效年”活动，统一更换村里的公开栏，对部分村的家室、桌椅、门牌等进行整修更换。

2017 年冯家镇各村基本情况一览表

表 51

村 名	党支部书记	村委会主任	经济总收入（万元）	人均纯收入（元）
冯　家	冯常永	冯常永	16512	17911
马山前	姜孟桥	姜孟桥	2773	16046
北汉村	姜　勇	姜　川	4347	16404
北河崖	姜伟华	姜伟华	2986	15708
北泥沟	于金洋	于金洋	4158	15825
南泥沟	曹建岐	曹建岐	2813	15020
东泥沟	于克财	于克财	1827	14981
南汉村	姜永刚	姜永刚	6838	16098
山北头	姜　贵	姜永亭	5154	18603
汤　上	刘振海	刘跃志	3626	16436
汤后疃	孙合然	孙合然	2435	16076
汤东疃	孙金山	孙金山	2364	14792
汤南场	孙桂福	孙桂福	1821	14108
石　城	姜忠本	姜兆波	7582	14871
葛　口	姜云光	姜云光	2426	16017
吕格庄	曲秀福	姜玉强	8940	16123
王　疃	王旭东	王旭东	2399	16310
南刘伶庄	姜洪峰	姜洪峰	2266	16398
北刘伶庄	宋修国	宋修国	5119	15709
马山沟	唐　伟	唐军波	1912	14675
消水河	李振福	李振福	3497	17345
林家寨	林立华	林文江	2150	16002
中　寨		邵书翠	5848	16176
张家寨	张君山	张君山	7493	16928
盘　石	王庆明	李全军	9062	18953
北高格庄	周淑波	周淑波	5906	18208
南高格庄	袁风霞	袁风霞	4419	16547
徐家村	宫润洋	宫润洋	11048	16773
合　子	韩玉战	姜文军	6843	16139
合子庄	张本船	张本船	2064	16803
吴格庄		宫本春	2215	14881
鲁　家	鲁林强	鲁林强	3333	14805
唐家店子	冯　雄	冯　雄	4275	16021
花家疃	姜春阳	姜国军	8361	14605
上　口	孙培县	孙培县	5136	18953
东棘子园	孙忠国	曹积敏	3176	14978

下初镇

【概况】　下初镇地处胶东半岛东南端的丘陵地带，全镇面积 127.2 平方公里，耕地面积 3464 公顷。镇政府驻下初村，辖 37 个行政村。矿产资源丰富，主要有金、银、铜、锡、硫、石灰石、钠长石、花岗岩等，尤其是黄金储量全国闻名，素有“黄金之乡”美称。主要物产有苹果、大姜、花生、茶叶、高丽参、草莓、蓝莓、桑葚等。工业形成化工建材、黄金冶炼、食品加工 3 大支柱产业，镇域有山东金洲矿业集团有限公司、威海恒邦化工有限公司、泰山石膏（威海）有限公司、下初镇建筑公司等企业。2017 年，镇级财政收入 4794 万元，实现工农业总产值 34.54 亿元，其中，工业总产值 14.03 亿元，农业总产值 20.51 亿元。农村经济总收入 19.54 亿元，农民人均纯收入 15759 元。2017 年，获“山东省卫生乡镇”“威海市信访工作‘三无镇’”等称号、老干部党支部“助小慰老”“网格化管理”等经验，获“山东省优秀党建活动日”先进单位称号，并代表乳山市迎接中央组织部老干局调研。

【产业园区申报工作推进】　2017 年，下初镇围绕镇域内黄金冶炼、化工建材产业链条和闲置资源，与外对接，做好产业链条延伸及闲置资源盘活。联系上级部门，与山东省、乳山市化工产业安全生产转型升级专项行动领导小组办公室沟通，做好产业园区申报前期镇域规划调整、园区产业规划以及园区环评、安评等准备工作，为下步新项目引得来、留得下提供载体支撑。招商达成合作意向项目 8 个，其中签约项目 2 个，分别为南林电子商务项目、投资 2000 万元金盛建材项目，重点跟踪在谈项目 3 个。

【农业产业结构调整加快】　2017 年，下初镇总投资 700 余万元，做好

续表 51

村 名	党支部书记	村委会主任	经济总收入（万元）	人均纯收入（元）
北棘子园	王夕明	王夕明	1137	15139
西棘子园	高岳勋	高玉强	3071	16129
南棘子园	高天云	高天云	1880	15996
砦 里	刘春术	刘春术	8015	16147
庄子夼	战 东	战 东	1020	16230
王家庵	宋 山	宋 山	1700	15586
观上冯家	冯曰明	冯曰明	2008	15108
孔 家	孔志兴	孔志兴	3110	16393
万 家	冯海波	孔令传	7386	16162
高家台	高玉留	高玉留	2360	16019
赵家庵	赵占国	赵占国	1240	16262
卧 龙	陈忠全	陈文利	6127	16095
东马家庄	马乐勋	于德生	6895	16262
马家泊子	刘 杰	刘庆涛	10318	16193
沽水头		于守阳	3734	17351
瑞木山	曹连生	曹善超	12542	17373
东官庄	姜春涛	姜春涛	11155	16587

学习型、服务型、节约型、创新型、廉洁型“五型”机关，营造风清气正、干事创业政治生态；制定《下初镇“六知一创”对标学习工作计划》，组织机关干部赴文登区张家产镇对标学习，形成比、赶、超氛围。落实党风廉政建设“三堂课”和主体责任纪实制度，制定《下初镇关于进一步规范“三重一大”事项决策暂行办法》，促进党员干部依法行政、依规办事、科学决策；组织签订《农村支部书记、村委会主任廉政承诺书》，出台《关于建立镇村干部操办婚丧喜庆事宜承诺报告制度的通知》，使问责形成制度常态化；梳理廉洁风险点，实施37个村党务督查和届前审计工作和3个软弱涣散班子整顿。加强督查考核，结合《下初镇2017年度科学发展机关岗位目标责任制考核细则》，对干部工作进行即时性、动态化考评，考评结果以督查考核专报的形式通报，全年共发放《督查考核专报》12期，实现动态化管理。

33.5公顷高标准农田建设项目，涉及9个村全部竣工；共植树造林174.2公顷，栽植各类绿化苗木3万余棵，40.2公顷，完成国道309两侧及十字路口周围绿化工程。将初家沟原有13.4公顷樱桃园扩大至26.8公顷，在辛庄发展中草药、榛子、桃子、核桃、樱桃、绿化苗木等33.5公顷，西马台石村注册“野人”牌蓝莓酱、蓝莓酒以及蓝莓蜂蜜。完成18家畜禽养殖场粪污治理体系建设、完成300余家养殖户污染问题摸底建档、9家禁养区养殖场强制关停搬迁，2家规模养殖场在中央环保督导组环境污染督导工作中无纰漏。

【扶贫村全程纪实工作台账建立】 2017年，下初镇下洼村利用各级资金新建10个草莓大棚；三甲村购置鹿茸烘干机、鹿茸切片机、鹿饲料粉碎机、青储饲料粉碎机、鹿茸血酒瓶包装封口机等，全年实现销售收入12万余元；古初村新建3个反季节草莓大棚；下初镇着眼于对项目的长效监管，探索建立扶贫村《全程纪实工作台账》，做到扶贫工作记录在册、有据可查。

【镇村干部队伍管理考核】 2017年，下初镇制订《关于进一步加强机关作风建设的实施意见》，打造

【获山东省卫生乡镇称号】 2017年，下初镇制定《巡查员、管理员、保洁员十星级管理考核实施细则（试行）》，落实网格化管理，构建起一级抓一级、层层抓落实的工作格局，建立健全巡查员、管理员、保洁员三位一体管护模式，全镇共设

10月5日，下初镇老干部活动中心 （下初镇提供）

置4名巡查员、93名管理员、119名保洁员，开展15场次集中培训、现场教学等活动，初步建立起规范化运行机制。获2017年度山东省卫生乡镇称号。

【民生实事统筹推进】 2017年，下初镇坚持"两手抓，两手硬"方针，坚持经济和社会各项事业统筹考虑，协调推进，为基层群众办好事、办实事，村容村貌和群众生活品质得到加大改善。在双山景区新建1条18公里长、6米宽的防火通道，瞭望塔1个，检查站3处，安装监控3处、智能卡口2处，提高全镇防火能力；推进镇老年公寓建设，挖好基槽并动工建设；投资100余万元完成恒邦化工园区危桥改造工程；完成危房改造14户、农厕改造2954户。

2017年下初镇各村基本情况一览表

表52

村 名	党支部书记	村委会主任	经济总收入（万元）	人均纯收入（元）
里 庄	段 海	段 海	2431	14480
外 庄	段连阳	段连阳	3306	15495
江南头	段云朋	段云朋	3324	15568
山南头		姜国强	3148	15180
段 家	段桂德	段桂德	8280	16999
古 初	宋龙水		4365	15568
三 甲	段德云	段德云	4454	14903
下 洼	刘宗峰	刘雄伟	4324	13150
下草埠	刘明勋	刘明勋	6086	15879
上草埠	王京涛	王京涛	3778	16736
黄格庄	刘忠德	刘忠德	10857	17432
胡家口	高明臣		5655	16189
辛 庄		王玉松	7551	14216
西 泊	宋广龙	宋广龙	4025	14841
英格庄	王树强	王树强	5550	16080
初家沟	初明钢	初明钢	2174	14985
上 初		王永兴	4169	15027
下 初	谭先龙	谭先龙	11285	17141
张家沟	张连顺	张连顺	3259	15101
史家疃	宋力波	宋力波	12024	17154
日照庄	徐永开	徐永开	5318	16951
辛家疃	宋卫卫	宋卫卫	4236	17205
垒埰前	宋志勇		3516	15198
芦 头	王永平	王永平	2836	14924
山前庄	宋玉波	宋玉波	4595	15687
簸箕掌	刘子海	刘子海	4122	15257

午极镇

【概况】 全镇面积110平方公里，耕地总资源3680公顷。镇政府驻午极村，辖35个行政村。2017年，实现工农业总产值28.25亿元，其中，工业总产值23.8亿元，农业总产值4.45亿元，完成地方级财政收入1031万元，实现农村经济总收入20.46亿元，农民人均年纯收入15193元。镇域企业有食品加工、建材、针织服装等行业，主导产品有水泥、生鱼片。全年粮食总产量2.1万吨，果品总产量6.24万吨，蔬菜总产量3.5万吨。

【引进总部经济企业40余家】 2017年，午极镇调整招商思路和招商方向，设置招商优惠政策，变单纯招商引资为招商引税相结合，发展经济同时重视"招"和"引"。加大对总部经济项目和产业项目的支持力度，为项目引进、落地和后续运营等提供服务。完善午极镇招商体系建设，设立专业招商代理和招商队伍，引进总部经济企业40余家，税收连续三年超额完成预定目标。2017年，完成地方财政收入1031万元。

【"五彩高效农业"特色小镇发展】 2017年，午极镇发展"五彩高效农业"特色小镇，以"健康生活、幸福相伴"为主题，发展以现代农业为基础观光休闲农业，培育起以蓝莓采摘为主的格林弘卓生态园、以猕猴桃采摘为主的清泉农业和以休闲观光为主的韩家沟休闲谷等现代农业产业园区。盘活原威海润兴农业有限公司部分冷风库、闲置厂房约1000平方米；助力润昌农业公司引资7000万元，建设农产品加工车间和冷链储存车间，发展农产品储藏、加工、包装、销售、运输等业务，为特色农产品走出去搭建平台。

【午极特色农业品牌打造】 2017年，午极镇给予农业产业结构调整

续表 52

村 名	党支部书记	村委会主任	经济总收入（万元）	人均纯收入（元）
东马台石	徐宗光	徐宗光	5101	15693
西马台石	孙常言	王树泽	6468	16951
葛格庄	林乐虎	林乐虎	7726	16500
河南村	曹玉国	曹新文	8356	17962
巫　山	张乐波	张乐波	9082	17372
西　庄	张保信	张保信	7014	16345
北东庄	王书光		4138	14839
南东庄	于文明	于文明	3886	17028
单家疃	于文明	刘喜军	1523	12818
皂　地	周子奎	周卫丰	3303	14459
车家夼	辛书凯	宋小波	4229	15713

政策支持，为格林弘卓、清泉农业、韩家沟休闲谷、辉柯生物完善路网和水利配套设施投资近400万元，提升产业园区承载力。其中格林弘卓富硒产品代表中国品牌走进联合国，辉柯生物蓖麻蚕丝被远销欧美东南亚市场，成为午极扶持特色农业的金字招牌。以健康农业为方向，引导农业企业拿出优质资源与外合作，辉柯生物与盐城工业职业技术学院进行产学研合作，投资2000余万元建设蓖麻产品研发中心并投入使用，与台湾客商合作，投资3000余万元成立明瑞生物科技（台湾）有限公司，打造集蓖麻育种及种植、蓖麻蚕养殖、蚕丝被加工、生物科技、化妆品生产和科普观光于一体的蓖麻产业联盟。格林弘卓与省农科院富硒研究所合作，培植富硒蓝莓，投资300余万元开发蓝莓酒、蓝莓果酱、蓝莓酵素系列产品，附加值提升。

【山东省美丽宜居镇获批】 2017年，午极镇推进14个村改厕工作。配合上级检查、验收，并于2017年4月成功获批“山东省第四批美丽宜居镇”。完善危房改造基础管理工作。准备材料迎接国家检查1次，协调配合上级对往年危房改造工程进行全面验收。实施小城镇建设，镇驻地改造工程于9月完工。开展违建治理工作，加大违建治理宣传力度，采取联合执法、人性执法相结合方式，依法依规实施集中整治，2017年共拆除违建300余处，拆除总面积近3万平方米，社会管理法制化、规范化水平显著提升。明确“增绿、增美，减排、减污”总目标，提升现有绿化带、绿色屏障的管理养护水平；规范支持善行义举“四德榜”，倡导环境美、语言美、心灵美、行为美“四美新风尚”。坚持绿色发展理念，细化企业管理；提倡技改提档，提升环保治理水平。做好环保隐患排查以及全镇饮用水水源地基础信息摸排工作，建立健全环保隐患治理台账，环保工作全面考核在乳山市位列第四。本着“宣传引导、设施先行、周密部署、突出重点”工作理念，按照“人人过关、村村过关”整治要求，镇村共投入资金150余万元，环卫一体化工作全镇35个村全部通过第三方测评，群众对环卫一体化满意率在乳山市名列前茅。采取联合执法、人性执法相结合方式，依法依规实施违建集中整治，累计治理违法建设286处，共6108平米，社会管理法制化、规范化水平提升。

6月7日，车道村扶贫肉牛养殖项目　（张俊平摄）

【文化一条街打造完成】 2017年，午极镇搞好文明城创建工作。打造35个村文化一条街，并对35个村文化大院进行提升改造，其中对16个村进行全面升级，包括家室面积提升、图书购置、书架配备，并对10个村的文化活动场所进行上档升级，更换镇驻地道旗，打造创城成果展示宣传栏2个。发动镇志愿者进行创城环卫清理及创城成果维护工作，共清理宣传海报150张、刊板45张、宣传栏2个。

【村镇干部队伍建设加快】 2017年，午极镇完善“三重一大”制度，重大事项决策、重要干部任免、重要项目安排、大额资金的使用，不搞一言堂，经两委会集体讨论做出决定。制定《午极镇农村三资管理办法》，规范村级资金使用和资产资源处置，推动农村集体“三资”管理制度化、规范化，保障群众合法权益，为促进农村社会和谐、稳定、发展创造良好环境，营造扎实工作作风。结合党委理论中心组学习要求，采取集中学习和座谈研讨相结合方式，交流发言，不断深化“四个意识”，夯实主体责任。通过理论学习与外出参观学习相结合的方式，组织班子成员到胶东育儿所进行红色教育，拓宽视野；坚持育用结合，鼓励新老干部“师带徒”，形成“传帮带”良好氛围。指导完成全镇35个村农村两委换届工作。同时，持续加强基层党组织建设、领导班子建设和党员队伍建设等工作。

【惠民工程全面推进】 2017年，午极镇分别投资420余万元、600余万元对村镇驻地和敬老院进行升级改造。建成石字岘村党群服务中心，为10个村打抗旱饮水井，为26个村安装安全饮水净化设备，完成16个农村文化大院改造提升工作，投资29万元实施便民服务中心升级改造，投资20余万元对幼儿园校舍加固并对镇中心学校消防改造。组织开展扶贫对象动态调整工作，识别新确认市标贫困户、省定标准重点帮扶户、稳定脱贫不再享受政策户和未稳定脱贫的省定标准贫困户，完成2017年4个省定贫困村产业项目建设。

【安全生产事故零发生】 2017年，午极镇开展20余次安全生产大检查工作，通过落实企业主体责任，建立隐患检查台账，对相关责任人下达整改责任书。对存在安全隐患的企业限期整改，做到销号管理。完成安监标准化建设工作，帮助福强水产、极丰水泥开展双体系建设工作。组织金华矿业、福强水产进行应急演练活动，到企业宣传安全生产工作，张贴安全警示标志，督导福强水产进行涉氨制冷隐患整改工作。本年度午极镇安全生产事故零发生。设置环保网格管理员，坚决取缔小散乱污企业，对群众反映的私采乱挖、畜禽养殖等问题依法处置，保护绿水青山生态环境。抓好森林防火、防汛抗旱工作，在重要制高点设置管护房，在重要进山路段设置防火警示牌，24小时值班，组织应急救援防火演练2次、防汛抗旱培训3次，全年没有发生火情汛情灾害。

（赵晓禾）

2017年午极镇各村基本情况一览表

表53

村名	党支部书记	村委会主任	经济总收入（万元）	人均纯收入（元）
午极	杨在谭	杨在谭	13420	14643
孙家疃	倪宇臣	倪宇臣	2809	14458
于家疃	于龙臣	于春光	2806	14443
东柳家	（缺）	刘艾红	4798	14370
西柳家	张克阳	张克阳	1587	14458
于庄	于开龙	于开龙	1491	14618
湘沟	柳尧清	柳尧清	3469	14586
辉湛	李振高	李振高	8284	14396
鲁家夼	林永波	林永波	8721	14332
小寨	段强	段强	6419	14478
卢家	卢永民	卢永民	4602	14434
房家	房在国	房在国	4834	14439
杨家庄	杨庆勇	杨庆勇	8550	14332
小虎岚	王书岳	王书岳	3514	14516
大虎岚	姜本伟	姜本伟	9012	14478
唐家沟	刘学海	刘学海	3577	14426
北庄	徐文山	徐文山	5701	14623
石字岘	孔祥林	孔祥林	9025	14585
正甲夼	谭晓辉	谭晓辉	9332	14918
由家庄	李振伟（挂职）	姜志爱	2738	14510
中庄	李刚	李刚	9654	14552
泽上	张胜良	张胜良	9365	14548
西堠	徐仁明	徐国生	1863	14370
马家夼	张秀军	张秀军	1934	14459
韩家沟	韩书臣	韩书臣	1459	14586
南庄	张海波	张海波	8954	14180
椤树崖	王进波	王建辉	9231	14385
张家屯	张奎学	张春强	4490	14191

续表 53

村 名	党支部书记	村委会主任	经济总收入（万元）	人均纯收入（元）
于家屯	罗永超	罗永超	3760	14373
曲家屯	曲善刚	曲延刚	2198	14394
宋家庄	宋永刚	宋永刚	5612	14586
车 道	郭宝文	郭宝文	6767	14552
土心头	李海波	于翠真	9405	14388
下万口	王福强	王福强	8530	14552
上万口	宋修训	宋修训	4685	14221

崖子镇

【概况】 全镇面积187.4平方公里，耕地总资源面积5173.33公顷。镇政府驻崖子村，辖58个行政村，年末户籍人口38569人。南临309国道、桃威铁路、烟海高速、文莱高速横贯境内。马石山风景区、胶东育儿所及乳山境内最高山峰垛山均位于该镇境内。2017年，该镇实现地方级财政收入597.6万元，农村经济总收入33.422亿元，农民人均纯收入达到16430元。9年一贯制中心学校1所，幼儿园1所，在校中小学生960人。特色物产包括苹果、樱桃等水果，以板栗、银杏等干果，是全国有名“干杂果”之乡。获得“威海市特色产业镇”“全国一村一品示范镇”“全国优秀苹果基地百强镇”“乳山苹果”地理标志商标认证等称号。

【基层党建工作责任细化落实】 2017年，崖子镇实行村级决策议事、党务财务公开、农村干部坐班、党员干部管理等常态化工作。组织全镇党员学习贯彻中共十九大精神；在全镇58个村开展“十星级”党组织及党员评定工作，通过抓党员来带动农村各项工作的推进，促进农村党组织及党员规范履职。投资20万元更换58个村党建刊板；投资2万元粉刷村级场所；投资76万元整修提升58个村家室，投资10万元完成镇纪委标准化建设，投资10万元配置红色线路沿线11个村办公桌椅；投资2万元更新45个村村级铭牌；投资12万元整修村级公开栏；投资6.5万元整修党代表活动室并组织党代表观摩评议。同时，做好农村党员教育，投资5万元对全镇两千多党员进行集中培训；开展党员组织关系排查，排查失联党员32名，取得联系31名；对2名党员追加党纪处分；完成3个村支部班子调整；核查补缴党费102718元；研究制定5大类26项农村干部“小微权力”清单和149条“负面言行”清单。通过抓党建，基层党员综合素质显著提升，党员的模范带头作用增强。

【招商引资实现突破】 2017年，崖子镇依托乳山欧意特食品有限公司实现外资到账1.848万美元。引进总投资3000万元山东富华恒越数码印刷机开发与设计项目，申请到两个软件注著权和5个集成电路布图设计权。垛山生态休闲观光园续投资金600万元，建设占地2000平方米综合接待中心。兴业源公司已和阿里巴巴集团达成共识，共同投资建设3000亩水果繁育推广基地，利用龙角山水库抬田工程流转出土地，引种美国苹果和智利樱桃新品种。同时，结合红色教育基地建设，规划形成井乔家—田家—钟家沟—垛山—大崮头全域旅游规划格局。加大跑商争资力度，争取450万元崖子镇全域旅游基础设施建设项目，协助镇域企业争取无偿资金220万元。

【红色教育基地外延配套工程推进】 2017年，崖子镇配合交通局实施总投资7800万元马石山西线拓宽工程，打通马石山红色教育基地西出口，完成12户房屋拆迁、地上附属物清点及补偿发放、“三杆”搬迁等工作。借助红色教育基地提升，实施山东省田家村美丽乡村建设和井乔家、青山省级美丽乡村建设，对309国道、208省道进行绿化提升，投入30万元在道路两侧铺设景观石，并在三个村规划建设游客接待中心、许世友战时纪念馆、清官祠堂、乡村记忆馆以及游客休闲景观区。开展违建治理工作，拆除红色线路沿

8月11日，宫宝田武术研讨会暨崖子镇招商引资推介会（崖子镇提供）

线39处1155平方米违建，完成田家、井乔家、枣林、青山村全村违建治理工作，青山社区成为镇内首个“无违社区”。在镇驻地改造提升上，投入40万元对镇驻地进行拓宽整修，投入2万元统一更换镇驻地各商户户外门头，结合乡村文明行动，投入70万元安装户外宣传刊板，美化镇域整体环境。

【镇域民生事业推进】 2017年，崖子镇在精准扶贫项目建设上，投资200多万元建成岛子苹果交易市场，帮助3个省定贫困村村民脱贫致富。投入60余万元对岛子河、崖子河、垂柳河进行疏浚，并修建拦河坝；投资20万余元给各村配齐垃圾桶，完成58个村城乡环卫第三方检查验收工作，完成35户危房改造，占全年任务数100%，开展农村改厕工作，完成2200户。争取到总投资1500万元崖子镇高标准农田整理项目，增加高标准农田1万多亩。开展环保督查工作，关闭小散乱污企业2家，改造小锅炉4处、关停2处，禁养区养殖场关停8家。打造“五型”机关，提升干部队伍服务百姓能力和素质，开展“六知一创”活动，通过学习蓬莱市大辛店镇苹果产业先进管理模式及经验，为镇域苹果产业发展确定方向。

2017年崖子镇各村基本情况一览表

表54

村 名	党支部书记	村委会主任	经济总收入（万元）	人均纯收入（元）
井乔家	宫家宾	乔玉志	1122	17416
枣 林	宫家宾	宫开先	1598	17723
泊乔家	宫家宾		375	17414
青 山	宫家宾	宫家宾	11289	17422
马石店	荀兆武	荀 杰	3726	17416
北果子	曲 芳	曲绵利	959	17278
南果子	刘春山	刘春山	1085	17416
姜家夼	姜秀良	姜秀良	706	17416
南马石	宫兆磊	宫兆磊	2103	17416
台 上	栾福乐	栾福乐	2412	17416
沟 东	唐言龙	唐言龙	1570	17490
转山头	刘建忠	刘建忠	1757	17490
矫家泊	矫田波	矫田波	1005	17416
北 寨	孙红新	孙红新	1817	17416
南 寨	刘锡通	刘锡通	2381	17416
草 庵	矫训波	矫训波	769	17422
东凤凰崖	杨志涛	杨志涛	2135	17490
西凤凰崖	杨海涛	杨海涛	890	17405
东涝口	沙署东	沙署东	1364	17416
西涝口	姜 山	姜 山	2795	17416
西井口	张志远	张志远	1032	17436
东井口	张 松	张永义	2147	17416

诸往镇

【概况】 诸往镇面积160.1平方公里，耕地总资源面积4820公顷。镇政府驻东诸往村，辖49个行政村．埠乳公路、309国道、208省道和烟海高速穿境而过。盛产苹果、大姜、葡萄、樱桃、桃子、板栗等。矿产资源丰富，鑫山冶金公司铁厂、铁矿位于境内。镇域工业主要有铸造、建筑、制衣、电子等行业。2017年，镇级财政收入2167万元，全镇实现工农业生产总值34.2亿元，其中工业总产值30.1亿元，农业总产值4.1亿元。农村经济总收入39.01亿元，农民人均纯收入14465元。

【镇域电子产业链条延伸】 2017年，诸往镇依据镇情实际，延伸电子产业链条，扩大本地项目规模，引进外资项目，发展本地经济。依托镇内泰立达电子相关企业，推进电子产业项目延伸，引进烟台梧桐电子有限公司电器元件及机械配件生产项目，畅讯交通设备制造有限公司智能交通设施制造项目；在银凯特光伏一期项目投产的基础上，推进银凯特光伏二期工程建设，二期工程投资1.2亿元，主体施工完成并网发电；对接威电新能源、华银保险、佰桓清洁能源等公司，纳入镇内总部经济，实现纳税，扩大镇域税收；促成鑫山冶金与日本协立精机工业株式会社合作，项目总投资1亿元，项目车间基础建设完工；乳山进晴一贸易有限公司、乳山协立机械有限公司2家外资公司注册完成。

【红色沿线采摘观光带打造】 2017年，诸往镇调整农业产业结构，按照农业大板块方针，突出红色沿线采摘观光带，提升传统农业产业区。在西辛庄头村发展13.4公顷葡萄，大龙口村发展罐头桃17.42公顷；在姜格庄村发展西洋参14.07公顷，绕涧村发展药材40.2公顷、蓖麻33.5公顷，铁山、垛疃、前进三村发展

续表 54

村 名	党支部书记	村委会主任	经济总收入（万元）	人均纯收入（元）
下沙家	沙崇真		712	17416
上沙家	沙庆春	沙庆春	842	17416
田　家	田建东	田建东	1975	17490
史　家	史本航	史泽江	1664	17385
蓬家夼	沙成良	矫习杰	2135	17490
山　西	宋海波	宋海波	2114	17416
河　西	王文良	徐仁刚	745	17416
姜　家	姜全义	姜全义	1586	17416
河　南	钟　青	钟　青	748	17416
泽　科	钟方修	钟云强	2509	17416
石甲庄	李培旭	李培友	774	17479
磨　山	钟建伟	钟国胜	1228	17416
双石村	钟云民	孙忠义	519	17416
东　夼	钟轩录	钟　安	2157	17390
崖　子	于天成	孙世波	5665	17384
康家夼	戚永良	戚永良	1330	17384
岛　子	宋东亮	宋东亮	3490	17416
山　下	宋金绣	宋晓君	1718	17416
河　北	王忠振		2044	17437
北地口	滕新国	滕新国	2033	17417
南地口	滕占德	滕格雨	1333	17416
泥渡夼	张永江	刘福龙	1375	17436
哨　里	王宗理		3866	17416
申　家		王好彬	2754	17066
炉　上	任培海	王少辉	1210	17384
张格庄	李振孟	李春波	1081	17308
西古头	王海军	王海军	1756	17416
东　庄	高恩言	高恩言	788	17334
王　疃		王永峰	709	17416
大古头		李建伟	3952	17440
兴　村	滕云峰	王世军	1484	17416
山　东	滕长民	滕长民	830	17416
万格庄	李文龙	李文绍	1842	17416
闫家夼	李乃胜		1526	17416
上肖家	肖春显	肖春显	1673	17416
下肖家	肖春锋	刘小伟	915	17416

大樱桃44.22公顷，九龙圈发展木密野生茶13.4公顷、核桃10.05公顷、板栗33.5公顷，银凯特光伏农业大棚栽种猕猴桃12个大棚、辣椒70个棚。

【石泉樱谷旅游有限公司成立】 2017年，诸往镇强化旅游产业发展，在下石硼村成立石泉樱谷旅游有限公司。发展10户农家乐，打造樱桃、山杏、桃子、苹果、葡萄、金银花6处农业休闲采摘观光区，依托山里特有的小米、旱稻、中药材、山茶、野菜等，打造名牌旅游产品，依托马石山红色教育基地提升发展红色旅游、美丽乡村建设及东尚山明清古建筑群保护，发展乡村生态景观游。

【东尚山、下石硼精品美丽乡村示范村建成】 2017年，诸往镇打造东尚山、下石硼2个精品美丽乡村示范村，连同中尚山、西尚山、上石硼、大龙口、二龙口、李格庄9个村打造美丽乡村连片示范区，建设冷格庄精品美丽乡村示范村。铺设管道8800米，征收古房193间，整修停车场11000平方米，整修山路2500米，平整路基300米，石板铺路700米；人工梳理河道4500米，清淤河道1800米，修砌10处拦河坝，挡土墙500米；打造10处农家乐主题餐厅和30处高端民宿，整修村级办公室20间，配套桌椅、档案柜、刊版等。

【诸往镇环境保护办公室成立】 2017年，诸往镇加强环境保护工作，成立诸往镇环境保护办公室，协调联合公安、国土、环保、畜牧、安监等部门联合开展3次集中检查。下达责任停电通知书、拆除设备等行政指令书20份，行政约谈2家企业主要负责人，提升完善2家企业作业场所的环保设备设施，环评2家企业，报环保局审查验收；关闭辖区内10家石子厂，摸排全镇49个村饮用水水源地及周边环境状况，拆除5台10吨以下燃煤小锅炉，关闭搬迁镇内14家禁养区养殖场，保证镇域内安全环保环境。

7月16日，下石硼村穿村河　　（诸往镇提供）

【镇域民生基础建设推进】 2017年，诸往镇重视民生事业建设，实施镇驻地改造，整合扶贫资源，推进民生工程开展。投资12万元，对镇驻地乱摆乱放的广告、摊点进行统一整治，按照“一店一牌”的原则，为镇驻地商铺制作规格统一、协调美观的门头广告牌，美化镇容镇貌；规范流水头村北、唐家料场2处诸往镇苹果交易市场，镇内苹果交易秩序井然，杜绝交通秩序混乱和事故频发现象，完成10户危房改造，完成1750户农村改厕任务；整合泊子庄、二龙口、安夼、崖后、王家疃5个村的扶贫资金150万元，入股兴源园林公司发展育苗基地88亩，每村每年保本收益3万元，栽植黑松苗38亩、速生楸30亩，黄杨、女贞20亩，下石硼村投资入股盛润农业科技公司，入股农业大棚，每年保本收益2.5万元。

【基层干部队伍执行力提高】 2017年，诸往镇强化考核督导，细化党建责任清单，严格任务落实，提升基层队伍执行力，保障工作开展。建立工作日报、周报、月报制度，对照清单检查对比、量化考核，确保党建任务落实到位，建立党建研究月例会制度，支部书记、包村干部参加，研究分析党建形势、工作目标落实情况；编制站所工作流程，规范指导站所工作人员业务，规范学习教材，专设镇级基础管理工作室，按照统一标准规范整理各站所档案，专人管理基础工作，严格规范基层党组织“三会一课”制度、主题党日等活动，提升镇村队伍执行力。

2017年诸往镇各村基本情况一览表

表55

村名	党支部书记	村委会主任	经济总收入（万元）	人均纯收入（元）
东诸往	隋浩杰	隋明言	16792	14154
西诸往	刘　博	王洪湖	9861	14092
沟　西	宋书美	隋玉刚	1783	13678
田　家	王喜锋	王喜锋	8900	14141
姚家埠	徐国华	丛书江	11999	13956
光　明	于同福	于同福	3900	13115
泊　子	刘崇建	刘大勇	10947	14253
许　家	许军芳	许军芳	10543	12638

乳山寨镇

【概况】 全镇面积136.4平方公里，耕地总资源面积3933公顷，海岸线17.67公里。镇政府驻寨东村，辖44个行政村。境内有岠嵎山风景区和正华石佛山国家AAA级旅游景区。青威、埠乳公路穿境而过。2017年，镇级财政收入678万元，实现工农业总产值49亿元，其中：工业总产值42亿元，农业总产值7亿元。农村经济总收入3.8亿元，农民人均纯收入4.5万元。有民营企业45家，主导行业有农药、铸件、食品生产、服装加工等。实现固定资产投资12亿元。年内，获得“威海市党的十九大安保维稳先进集体”称号。

【镇域重点企业改造升级】 2017年，乳山寨镇围绕鸿盛家具、韩孚生化等镇域重点企业需求，以产业链补链、扩链、强链为招商突破口，寻求对接合作。对接生物有机肥、忠良红木、好兄弟食品等项目；指导韩孚生化在企业产品、环保以及安全生产等方面进行管理革新和技术改造，引荐留日质量管理博士对韩孚生化的企业管理和标准化生产进行专业指导，引导企业投资650万元实现有机气体回收，投资500万元新上新型环保锅炉，实现燃煤标准排放；引导鸿盛家具融资，利用厂区闲置场地，调整投资方向，进行扩资再生产，成立忠良家具有限公司。

【特色农业产业集约化发展】 2017年，乳山寨镇加强农业产业结构调整，创树特色农业品牌。以茶叶、草莓、大姜、无花果、旱稻等产业为重点，促进农业产业规模化、集约化经营。新发展草莓33.5公顷、不老莓26.8公顷、茶叶23.45公顷、核桃16.75公顷、无花果13.4公顷、大樱桃6.7公顷等，带动镇域高效农业发展，扩大特色产业规模。

续表 55

村 名	党支部书记	村委会主任	经济总收入（万元）	人均纯收入（元）
泊子庄	郑国飞	郑国飞	6349	13596
安 夼	王伟强	王伟强	6846	13898
唐 家	唐玉柱	唐玉柱	6446	14047
姜格庄	许云洪	许云洪	9939	14245
沟留家	郑忠礼	郑忠杰	5035	13454
冷格庄	李 杰	李乃林	10074	13946
大 院	陈福晓	陈福选	11002	14843
流水头	于松	郑海忠	14431	13535
王家疃	王仁光	杜仁强	5358	14020
凤凰台	姜树荣	姜树荣	2413	13690
李格庄	郑炳显	许乐生	4500	13672
九龙圈	刘 文	刘 文	6890	14560
崖 后	宫兆清	宫兆清	7075	14397
口 子	宫本青	宫建勇	10412	14280
王家庄	（缺）	张有福	3137	13595
岳 家	岳洪伍	岳洪伍	3318	13591
东尚山	刘玉忠	刘 安	6627	14088
中尚山	乔春勇	乔春勇	2805	13679
西尚山	（缺）	王海杰	3110	13565
上石硼	王永生	（缺）	3181	13662
下石硼	王守起	王守起	4442	13531
大龙口	宫润峰	宫润峰	4866	13808
二龙口	宫润洲	刘建波	8729	13809
东辛庄头	李振辉	李振辉	8336	13714
西辛庄头	张成功	张成功	993	12763
野 房	隋文新	隋玉军	5030	13659
绕 涧	刘银全	刘银全	4246	13820
青石楼	钟生龙	钟生龙	7420	13420
孙家夼	于 强	于 强	10568	13538
招民庄	隋春鹏	隋春鹏	12124	13731
于家圈	于福德	于福德	5248	13609
扫帚涧	高 波	朱永军	7074	14080
燕山泊	王明涛	王明涛	7819	13931
神童庙	许全堂	许永峰	12171	13540
马 陵	姜汉松	孙德波	10675	13534
前 进	李文见	李 浩	13271	13430
前 夼	李文见	王新中	627	14384
后 庄	王克誉	栾良春	7600	13814
垛 疃	王玉春	王玉春	8714	13916
铁 山	于克功	王士强	9531	13627
后 店	王桂月	王桂月	4919	14416

【镇驻地基础设施改造提升】 2017年，乳山寨镇结合镇情实际，投资70万元对镇驻地基础设施改造提升。投资30万元对镇政府机关大院内供暖、雨污管网设施进行改造，新上燃气锅炉一座，硬化大院2500平方米；投资40余万元，改造门头广告90多处、拆除镇驻地违法建筑20处、规划停车位150处、清除垃圾堆和小广告等300处、粉刷墙面4000平方米、重新铺设路边石1600米等。敬老院投资90万元新上喷淋消防设施，改造房屋30间。

【镇域党建基础工作强化】 2017年，乳山寨镇提升基础工作管理，强化基层组织党建引领，为镇域经济发展提供组织保障。结合“两学一做”学习教育，强化党员队伍教育管理；投入资金10万元，对全镇44个村党务政务公开栏、铭牌等党建基础设施进行提升；推行党建工作项目化管理，建立党建责任清单，实行定人、定岗、定责，确保重点任务落实。

【玉皇山后美丽乡村建设推进】 2017年，乳山寨镇坚持“环境＋旅游＋文化十产业”建设思路，以玉皇山后美丽乡村建设促进镇域旅游发展。玉皇山后村新规划注重与总体规划、土地利用规划、水利设施等规划衔接，加强各项规划配套，充分体现生态性、特色性、地域性。强化保护优先、修旧如旧理念，对梯田进行护坡，用石头铺路，少用钢筋水泥，对部分破旧房屋用石头修补，保留乡村气息。

【精准扶贫项目稳步实施】 2017年，乳山寨镇李家兴村投资50万元新上50千瓦光伏发电项目、仇家兴村投资32.6万元新上32千瓦光伏发电项目，两个光伏发电项目并网工作；西驾马沟村投资45万元建设550头养猪场二期项目，北司马庄村投资43.8万元建设草莓大棚、磨菇大棚、游客中心及12亩扶贫亲子生态农场，游客中心主体完工，进行

1月19日，威海市副市长杨丽（右二）到乳山寨镇仇家兴村走访贫困户（乳山寨提供）

内部施工；引导和鼓励有条件的企业利用集体闲置土地、房屋等创办农村车间或加工点，累计打造农村车间53个，解决劳动力480人。

2017年乳山寨镇各村基本情况一览表

表56

村名	党支部书记	村委会主任	经济总收入（万元）	人均纯收入（元）
台上	于开辉	于开辉	2668	16434
楼村	张永义	张永义	617	14976
耳沟	刘占生	刘占生	270	13267
沙沟	张伟	张永刚	290	13250
山后	于开胜	于开胜	499	15766
小管村	于礼年	邵明川	1101	15477
乳山屯	刘新堂	刘新堂	412	15393
圈港	于波	于波	1069	14351
寨东	王成德	王成德	1719	18204
寨中	王迪新	王迪新	1343	18758
寨西	于福年	于福年	1780	18103
崔家沟	李延志	李延志	527	13418
乔家庄	乔占述	乔占述	183	14152
芦根滩	邵永强	张美娥	578	13659
东庄	于龙	于忠仕	547	15872
北庄	于尧华	于天森	322	10554
南庄	于文涛	于杰美	1816	17550
东沟	于福友	于福友	912	18497

育黎镇

【概况】 全镇面积119.4平方公里，耕地总资源面积2989.9公顷。镇政府驻地位于309国道北侧，辖42个行政村。北倚龙角山水库，乳山河从境内流过，水资源丰富。309国道、208省道、桃威铁路、烟海高速、文莱高速贯穿全镇东西。育黎镇水土肥沃，农业资源丰富，特色产品主要有葡萄、草莓、网纹瓜、草菇、大姜、苹果等。2017年，镇级财政收入671.9万元，实现农村经济总收入18.98亿元，农民人均纯收入15471元。

【盘活闲置资产招商取得突破】 2017年，育黎镇以招商引资工作为重点，协调签约项目落地，外出对接新项目。富阁新型建材生产加工项目开工，投资3000万元，规划占地面积2公顷，利用原兴亮农业东闲置厂区，改扩建车间、仓库、技术研发中心等，建筑面积16200平方米；签约植丰农业土壤调理肥剂生产加工项目，项目投资2000万元，盘活镇驻地28间废旧厂房，新建厂房1000平方米，生产可用于改善土壤酸碱度，预防土壤板结中量元素土壤调理肥剂；引进育黎籍的南非客商注册成立乳山市龙之梦国际贸易有限公司，主营宠物食品、动物饲料、工艺品、食品等进出口，盘活辖区西纪村的一处闲置厂房，发展草莓、葡萄饮料生产加工项目。

【省级农业示范项目启动】 2017年，育黎镇根据镇域农业产业现状，优化产业结构调整，推进农业综合开发。引进威海市由古神农生态农业公司在老由古村建设由古现代苹果示范基地，规划面积400亩，项目以高端、绿色、健康、无公害苹果产业为目标，引进日本食用佐料配药杀虫技术，实现苹果即摘即食，完成土地流转20.1公顷，栽种苹果13.4公顷、葡萄1.005公顷，通过省

续表 56

村 名	党支部书记	村委会主任	经济总收入（万元）	人均纯收入（元）
西 沟	董 迅	董在广	925	17971
赤家口	宋维洲	宋维洲	900	15473
果枣夼	于京凯	于京德	909	15452
宝 口	刘京号	刘京号	910	16601
到根见	高国基	高国基	1470	14684
滩甲庄	孙付明	孙付明	1273	14447
凤台顶	于开利	于开利	989	18143
孤石河	高庆玉	高庆安	195	13169
人 石	高庆宝	高庆宝	4031	17272
夏 家		冷礼述	141	12467
滕 河	高胜学	高胜学	478	15523
管 村	于 刚	于文杰	270	12497
横山后	隋进群	隋寿述	1026	16819
贾 家	王正法	王正法	1110	15188
杨 家	杨奎春	杨绍梓	420	15682
梅 家	高明松	高明松	594	15682
刁 家	孙中仁	孙中仁	973	13902
小 岚	于红开	于红开	128	13293
宋 河	于建刚	于建刚	468	15516
盘古庄	徐华荣	高红军	1311	13704
车 村	郭进岭	郭进岭	966	15658
李家兴	于京本	于京本	244	9212
仇家兴	于俊复	于俊复	256	13006
小 安	于夕五	于向武	780	12322
石硼崖家	崔学军	崔学军	209	14378
高家兴	刘吉东	刘吉东	145	15798

农业厅现代苹果示范园项目初审；推动德禧现代农业示范园与青岛农业大学合作成立“青岛农业大学研究生创新科研基地”，引进草莓立体种植和草菇间种等新技术，带动全镇300多个大棚增收300万元，示范园打造集循环农业、休闲采摘和乡村旅游于一体的特色现代农业示范园区，成功申报山东省级生态循环农业示范点。

【4个山东省定贫困村脱贫】 2017年，育黎镇规范扶贫台账管理，拉网式大排查，严格审核把关，重点对村级档案、户档案进行检查、核实，确保扶贫决策务实，脱贫过程扎实，脱贫结果真实。推动南夼、七甲村与大户合作，建设德禧现代农业精准扶贫示范基地，两村与示范基地签订投资入股协议，将每村30万元财政专项扶贫资金注入德禧现代樱桃休闲采摘大棚，每村每年集体稳定收入3万元，至2017年年底，育黎镇贫困户814户、1510人全部脱贫，4个山东省定贫困村实现村级脱贫。

【农村农业基础条件改善】 2017年，育黎镇为提升农村农业生产条件，落实河长制工作要求，清淤整修于家—孙家、南李家—王母夼等5条穿村过镇河道，整修育黎片区土地整理项目，实施7个村自来水改造工程，改善镇域生产条件；推进21个农村文化大院提升工作，配齐软硬件基础设施，力争全部达标。2015、2016年危房改造验收工作通过，2017年15户危房改造任务、1432户农村改厕工作完成。

【精准化管理制度实施】 2017年，育黎镇规范干部管理，提高工作效能，转变工作作风。引进成熟办公软件管理系统，实现“全员覆盖、精准管理”，搭建起事项审批、公文传阅、信息交流、工作调度、任务提醒多功能、智能化基础管理平台；抓好“两学一做”学习教育常态化制度化，优化《村“两委” 目标管理责任制考核办法》，制定《机关工作人员绩效考核办法》《育黎镇机关内部管理制度》，强化日常监管，推行绩效管理，落实以电子政务平台为依托的精准化机关管理，实时通报各项工作。

【镇域环境整治工作推进】 2017年，育黎镇以全国文明城市创建为契机，依托全市违法建设、城乡环卫一体化“双治”活动，治理环境卫生。逐户走访发放明白纸3万余张，在镇驻地、村级、文化站等三大主阵地制作张贴更新各类公益广告260余个、创城标语100多处，更换镇驻地、村级、连村路道旗广告280个，村级更换和新制作乡村文明穿件宣传栏和移风易俗宣传教育公示栏84个，出动宣传车5次，散发传单3000份，张贴标语20幅，悬挂横幅53条，充分发挥宣传主阵地作用。拆除私搭乱建15处，对30家商户进行统一更换门头，落实门前“三包”制度，绿化镇驻地平安路两侧绿化带，提高城镇建设品质；对309国道和208省道两侧进行绿化提升，调整土地290亩栽植绿化苗木；淘汰治理燃煤小锅炉，改用清洁能源锅炉；按照“两断三清”的整治要求，关停取缔3家小散乱污企业，拆除13家禁养区内的畜禽养殖户养殖设施。

【城乡环卫一体化常态化考核机制建立】 2017年，育黎镇将治理违建拆除作为重点工程，明确镇村“两委”干部包片划区职责，考核镇村干部工作成效。全镇清理“三大堆”5500多处，拆除违法建设292处，累计拆除面积26400平方米，打造曹家村、龙角山村、北勇家村3个零违建村。建立健全巡查员、管理员和保洁员3支农村环境监督管理队伍，定期培训，由镇环卫负责定期督察，建立日常考核台帐，绩酬挂钩，形成镇干部、村干部、农村党员三级监督机制，城乡环卫一体化常态化管理取得成效，农村生活环境改变，群众幸福感和满意度提升。

2017年育黎镇各村基本情况一览表

表57

村 名	党支部书记	村委会主任	经济总收入（万元）	人均纯收入（元）
北由古	郑希信	郑新福	495	15300
三泉庄	郑洪臣	（缺）	479	15350
东由古	郑炳水	郑炳水	159	15300
孙家沟	郑水国	（缺）	454	15360
于 家	隋洪奎	林杰玉	1054	15660
藏金夼	郑会良	（缺）	1639	15500
帽张家	郑仁辉	唐守香	990	15600
东横道口	郑忠波	郑文岗	629	15680
西横道口	郑永利	郑忠明	1306	15500
东纪村	郑 杰	郑 杰	816	15400
西纪村	王典庆	（缺）	2490	15500
龙角山	许同惠	许同惠	529	15600
南由古	郑新留	郑绍玉	780	15400
老由古	郑君（挂职）	郑晓东	455	15300
城 阴	于开虎	（缺）	1722	15660
汪 水	宋云湖	（缺）	3612	15690
社 庄	刘在林	刘汉玉	1607	15400
北勇家	勇 颖	勇治军	1282	15500
中勇家	勇维春	勇维春	195	15300
南勇家	勇绪芳	（缺）	1283	15450
王母夼	李振江	于 超	724	15450
南李家	李振同	李振同	750	15300
西屋南夼	李振东	李炳晨	1400	15600
鲁 济	李 永	李 永	1330	15550
鲁济山后	郭坤增	郭占春	536	14794
南西屋	陈京云	李 浩	3412	15000
北西屋	孙吉礼	孙吉礼	2127	15500
宅子夼	任宗元	辛 勇	1314	15400
邓 家	邓太福	邓京福	1969	15350
郭 家	郭书高	郭书高	812	15400
南北山	王成珊	（缺）	3150	15450
大 洼	曲善江	曲善江	299	15400
曲 水	王 东	（缺）	2457	15600
曹 家	卢爱华（挂职）	刘书龙	2500	15650
孙 家	孙吉海	孙吉周	600	15300
塔 庄	冯君锋（挂职）	倪洪江	2589	15650
育 黎	宋连海	宋连海	3635	15600
七 甲	宋文亭	宋文亭	640	15600
马 庄	孙常明	孙维法	1117	15350
上宋格庄	宋文山	宋文山	625	15360
下宋格庄	丁文明	（缺）	649	15350
白 石	宋建利	郭 见	1538	15500

5月21日，井乔家村航拍

·清代 罗盘

·清代 罗盘

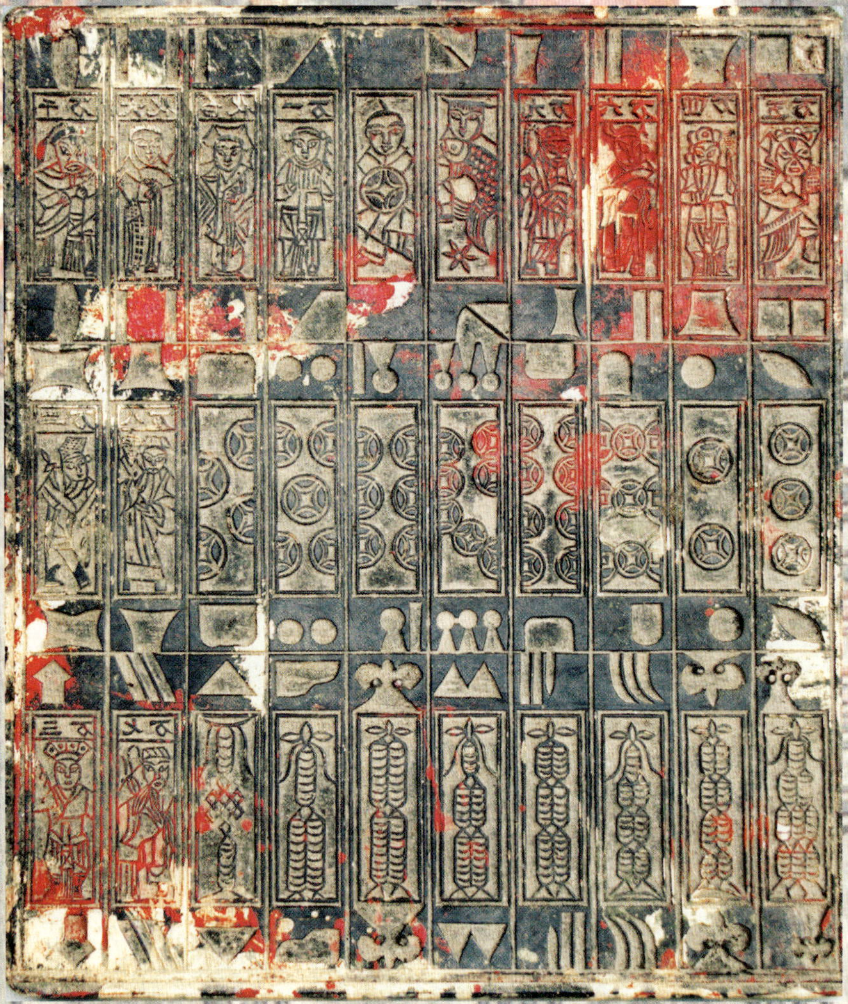

·清代 牌模

责任编辑：王 浩

附 录

Appendix

◎ 先进集体名录

◎ 文件题录

◎ 年度重要文件选编

◎ 媒体关注报道

◎ 乳山投资指南

◎ 部分便民服务事项

先进集体名录

2017 年获省部级表彰的先进集体

表 58

荣誉称号	获得单位	授奖部门
全国文明城市	乳山市	中央精神文明建设指导委员会
国家卫生城市	乳山市	全国爱国卫生运动委员会办公室
全国首批“慢性病综合防控示范区”国家复核	乳山市卫生和计划生育局	国家卫生和计划生育委员会
全国优秀公安局	乳山市公安局	公安部
全国信访系统先进集体	中共乳山市委乳山市人民政府信访局	国家人力资源和社会保障部 国家信访局
全国青少年校园足球特色学校	乳山市实验初级中学	教育部
全国青少年校园足球特色学校	乳山市府前路学校	教育部

2017 年获地厅级表彰的先进集体

表 59

荣誉称号	获得单位	授奖部门
山东省首批健康城市试点市	乳山市	山东爱国卫生运动委员会
山东省卫生计生综合监督示范区	乳山市	山东省卫生和计划生育委员会
山东省文明校园	乳山市第二实验小学	山东省精神文明建设委员会
山东省文明单位	乳山市城区街道办事处	山东省精神文明建设委员会办公室
山东省文明单位	乳山市城市管理行政执法局	山东省精神文明建设委员会办公室
全省法院先进集体	乳山市人民法院刑事审判庭	山东省高级人民法院
山东省老年人公益维权服务示范站	乳山市人民法院诸往法庭	山东省老龄委 山东省高级人民法院院 山东省人民检察院 山东省公安厅 山东省民政厅 山东省司法厅
省级绿色生态示范镇	乳山市海阳所镇人民政府	山东省住房和城乡建设厅
山东省林业科技工作先进集体	乳山市林业局	山东省林业厅
全省农业宣暨科学普及工作先进集体	乳山市经营管理指导站	山东省农业厅
山东省农牧渔业丰收奖	乳山市种子工作管理站	山东省农牧渔业丰收奖奖励委员会
2017 年度山东省畜牧兽医工作先进集体	乳山市畜牧兽医局	山东省人力资源和社会保障厅 山东省畜牧兽医局 山东省公务员局

续表 59

荣誉称号	获得单位	授奖部门
山东省青年文明号	乳山市发展和改革局	山东省发展和改革委员会
2017 年度全省县级防震减灾工作目标责任考核先进单位	乳山市科技局	山东省经济和信息化委员会
山东省家庭教育示范基地	乳山市教育局	山东省教育厅
山东省妇联		
山东省家庭教育实验基地	乳山市教育局	山东省教育科学研究院
山东省档案工作科学化管理工作先进单位	乳山市水务集团有限公司	山东省档案局
山东省优秀传播机构	乳山市广播电视台	山东省新闻出版广电局
广播电视信息统计工作先进集体	乳山市文化广电新闻出版局	山东省新闻出版广电局
2017 年度山东广播电视宣传工作先进集体奖	乳山市广播电视台	山东广播电视台
2017 年度齐鲁网宣传工作先进集体奖	乳山市广播电视台	山东广播电视台
山东省女职工建功立业标兵岗	乳山市人民法院民事审判二庭	山东省总工会
山东省模范职工之家	乳山华信食品有限公司	山东省总工会
推进协商民主强化社会责任先进单位	山东乳山农村商业银行股份有限公司	山东省总工会
山东省巾帼居家创业就业脱贫行动示范县（市区）	乳山市妇联	山东省妇联
山东省“幸福进家”活动示范单位	乳山市妇联	山东省妇联
山东省“平安家庭”示范县（市、区）	乳山市妇联	山东省妇联
2017 年度全国妇女新闻宣传阵地建设先进单位	乳山市妇联	中国妇女报社
2015-2016 年度山东省临床实验室质量管理先进集体	乳山市人民医院	山东省临床检验中心 山东省临床检验质量管理与控制中心
2017 年度全国肿瘤登记工作进步奖	乳山市疾病预防控制中心	国家癌症中心

2017 年威海市委、市政府表彰的先进集体

表 60

荣誉称号	获得单位	授奖部门
威海市妇女儿童工作先进集体	乳山市妇联	中共威海市委 威海市人民政府
威海市妇女儿童工作先进集体	乳山市妇幼保健计划生育服务中心	中共威海市委 威海市人民政府
乳山寨镇	威海市党的十九大安保维稳先进集体	中共威海市委

文件题录

2017 年度中共乳山市委及其办公室重要文件题录

表 61

文 号	文件名称	印发时间
乳发〔2017〕1 号	关于市委常委班子民主生活会情况的报告	1.26
乳发〔2017〕2 号	关于表彰 2016 年度履行机关岗位目标责任制先进单位和先进个人的决定	2.4
乳发〔2017〕3 号	2016 年度经济工作先进集体和突出贡献企业家的决定	2.4
乳发〔2017〕4 号	关于推进法治政府建设的实施意见	3.13
乳发〔2017〕5 号	关于开展向王伟同志学习活动的通知	3.21
乳发〔2017〕6 号	关于追授王伟同志“乳山市优秀共产党员”称号的决定	3.21
乳发〔2017〕7 号	中共乳山市委常委会 2017 年工作要点	4.6
乳发〔2017〕8 号	关于印发《中共乳山市委巡察工作办法》的通知	4.7
乳发〔2017〕10 号	关于 2017 年度科学发展综合考核的实施意见	4.2
乳发〔2017〕11 号	关于鼓励经济发展的若干规定	4.28
乳发〔2017〕12 号	关于推动工业经济转型升级的意见	4.28
乳发〔2017〕13 号	关于实施乳山“海纳英才计划”的意见	4.28
乳发〔2017〕15 号	关于印发《乳山市妇女发展“十三五”规划》和《乳山市儿童发展“十三五”规划》的通知	5.31
乳发〔2017〕16 号	关于建设廉洁乳山的实施意见	6.11
乳发〔2017〕17 号	关于成立乳山市农村综合性改革试点试验工作领导小组的通知	6.18
乳发〔2017〕19 号	关于进一步加强机关作风建设的实施意见	8.1
乳发〔2017〕20 号	关于表彰奖励 2016—2017 学年度教育工作先进单位和先进个人的决定	9.1
乳发〔2017〕21 号	关于认真学习宣传贯彻党的十九大精神的通知	10.28
乳发〔2017〕22 号	关于深入学习宣传贯彻党的十九大精神的意见	11.5
乳发〔2017〕23 号	关于深入学习贯彻党的十九大精神大兴调查研究之风的通知	11.2
乳发〔2017〕25 号	关于印发《中国共产党乳山市委员会工作规则》的通知	12.23
乳发〔2017〕26 号	中国共产党乳山市委员会常务委员会议事决策规则	12.23
乳发〔2017〕28 号	关于印发《乳山市新旧动能转换重大工程总体方案》的通知	12.27
乳发〔2017〕78 号	关于 2017 年度计划生育工作情况的报告	12.19
乳发〔2017〕81 号	关于表彰创建全国文明城市工作先进单位和先进个人的决定	12.27
乳办发〔2017〕1 号	印发关于乳山市与枣庄市市中区开展扶贫协作的指导意见的通知	2.8
乳办发〔2017〕2 号	印发关于乳山市—枣庄市市中区扶贫协作三年规划实施方案的通知	2.8
乳办发〔2017〕3 号	转发威海市委办公室威海市政府办公室《关于建立党政一体法律顾问制度的意见》的通知	2.22

续表 61

文 号	文件名称	印发时间
乳办发〔2017〕4 号	关于印发《乳山市现代公共文化服务体系建设工作实施方案》的通知	3.2
乳办发〔2017〕7 号	关于印发《王伟同志事迹宣传学习活动方案》的通知	3.15
乳办发〔2017〕8 号	关于实行领导班子及领导干部落实党风廉政建设主体责任纪实制度的通知	4.7
乳办发〔2017〕9 号	关于印发《2017 年度全市党的建设工作要点》的通知	4.19
乳办发〔2017〕10 号	关于印发《2017 年度招商引资工作考核意见》的通知	4.24
乳办发〔2017〕12 号	印发关于加强民生诉求事项督办落实工作的实施意见的通知	5.18
乳办发〔2017〕13 号	关于印发《关于进一步提升城乡环卫一体化工作的实施意见》的通知	5.22
乳办发〔2017〕14 号	文明城创建 30 日攻坚战实施方案	5.22
乳办发〔2017〕15 号	关于进一步提升群众满意度的工作方案	5.28
乳办发〔2017〕16 号	关于印发关于开展“创新・担当・作为”媒体说政活动的工作方案的通知	6.5
乳办发〔2017〕17 号	关于印发《乳山市全面实行河长制工作方案》的通知	6.6
乳办发〔2017〕18 号	印发《关于全市机关事业单位选配工作人员的意见》的通知	6.11
乳办发〔2017〕19 号	乳山市新旧动能转换工作方案	6.11
乳办发〔2017〕20 号	关于成立乳山市农村综合性改革试点试验运行工作小组的通知	6.18
乳办发〔2017〕21 号	关于严格落实相关工作制度进一步改进工作作风的通知	6.26
乳办发〔2017〕22 号	印发《关于开展庆祝建党 96 周年系列活动工作方案》的通知	6.28
乳办发〔2017〕23 号	印发《关于推进“两学一做”学习教育常态化制度化的实施方案》的通知	6.29
乳办发〔2017〕24 号	印发《关于充分发挥“两代表一委员”作用的实施方案》的通知	6.29
乳办发〔2017〕25 号	关于印发乳山市海岸带综合整治方案的通知	7.18
乳办发〔2017〕27 号	印发《关于深入学习宣传贯彻省第十一次党代会精神的工作方案》通知	7.25
乳办发〔2017〕29 号	关于成立乳山市保障中央环保督察工作协调联络组的通知	8.11
乳办发〔2017〕31 号	印发《关于落实威海市委巡察镇街发现共性问题的整改方案》的通知	8.3
乳办发〔2017〕32 号	关于印发《乳山市党委（党组）理论学习中心组学习管理办法》的通知	9.6
乳办发〔2017〕33 号	关于印发乳山市 2017 年“慈心一日捐”活动实施方案的通知	9.17
乳办发〔2017〕36 号	印发《乳山市综合行政执法体制改革实施意见》的通知	9.2
乳办发〔2017〕37 号	关于深化放管服改革进一步优化政务环境的意见	9.2
乳办发〔2017〕38 号	关于印发《贯彻落实省第十一次党代会〈报告〉任务分工方案》的通知	10.25
乳办发〔2017〕39 号	关于加快推进公共法律服务体系建设的意见	10.25
乳办发〔2017〕41 号	关于做好 2018 年度重点党报党刊发行工作严格规范报刊发行秩序的通知	11.24
乳办发〔2017〕43 号	关于印发《乳山市行业协会商会与行政机关脱钩实施方案》的通知	12.15
乳办发〔2017〕44 号	印发《关于做好村“两委”换届选举工作的实施意见》《关于做好城市社区“两委”换届选举工作的实施意见》的通知	12.16
乳办发〔2017〕45 号	“关爱家乡助力发展”活动实施方案	12.2

续表 61

文 号	文件名称	印发时间
乳办发〔2017〕46 号	印发关于促进房地产平稳健康发展的意见	12.26
乳办发〔2017〕48 号	印发《关于加强人民政协协商民主建设的实施意见》的通知	12.29
乳办发〔2017〕49 号	印发《关于激励干部干事创业建立容错纠错机制的实施办法（试行）》的通知	12.29
乳办发〔2017〕50 号	关于成立乳山市文化市场管理工作领导小组的通知	12.29
室字〔2017〕1 号	关于做好《乳山年鉴（2017）》编纂工作的通知	1.22
室字〔2017〕2 号	关于市委常委工作分工的通知	2.6
室字〔2017〕3 号	关于做好 2017 年市级领导分包工作的通知	3.3
室字〔2017〕4 号	关于调整市部分议事协调机构和临时机构领导成员的通知	3.16
室字〔2017〕5 号	关于支持人民法院基本解决执行难问题的通知	4.2
室字〔2017〕6 号	印发《关于贯彻落实 < 中共乳山市委常委会 2017 年工作要点 > 的分工方案》的通知	5.2
室字〔2017〕7 号	关于成立乳山市军队退役人员工作领导小组的通知	5.4
室字〔2017〕8 号	关于印发《中共乳山市委理论学习中心组 2017 年度理论学习安排意见》的通知	5.9
室字〔2017〕9 号	关于成立乳山市河长制办公室的通知	6.6
室字〔2017〕12 号	关于印发《威海市 2017 年目标绩效管理考核工作责任分工》的通知	6.15
室字〔2017〕13 号	关于印发《乳山市健全落实社会治安综合治理领导责任制实施细则》的通知	7.21
室字〔2017〕14 号	关于印发《乳山市建立法律服务队伍和调解力量参与社会矛盾纠纷化解机制的实施意见》的通知	7.25
室字〔2017〕15 号	关于印发《2017 年环境保护突出问题综合整治攻坚方案》的通知	8.6
室字〔2017〕17 号	关于进一步加强中央环保督察转办问题边督边改工作的通知	8.18
室字〔2017〕18 号	关于印发乳山市 2016-2017 年度人口和计划生育目标管理责任书执行情况考核方案的通知	8.28
室字〔2017〕20 号	关于成立医疗综合体等重点工程指挥部的通知	9.11
室字〔2017〕23 号	关于调整市委全面深化改革领导小组有关专项小组及成员的通知	9.15
室字〔2017〕24 号	关于调整中共乳山市委外事工作领导小组组成人员的通知	9.15
室字〔2017〕25 号	关于贯彻落实习近平总书记重要批示的情况报告	10.18
室字〔2017〕26 号	印发《关于开展“一村（社区）一法律顾问”工作的实施意见》的通知	10.26
室字〔2017〕27 号	关于进一步对值班制度进行规范理顺的通知	11.7
室字〔2017〕28 号	印发《关于举办科级干部党的十九大精神专题学习班的方案》和《关于做好学习贯彻党的十九大精神宣讲工作的实施方案》的通知	11.17

2017 年度乳山市人民政府及其办公室重要文件题录

表 62

文 号	文件名称	印发时间
乳政发〔2017〕1 号	关于市政府领导班子成员工作分工的通知	2.8
乳政发〔2017〕2 号	关于印发乳山市国家慢性病非传染性疾病综合防控示范区建设实施方案的通知	3.9
乳政发〔2017〕3 号	乳山市人民政府关于推进乳山市规模企业挂牌上市融资的实施意见（试行）	4.28
乳政发〔2017〕4 号	关于进一步推进大众创业万众创新的实施意见（试行）	4.28
乳政发〔2017〕5 号	关于扶持文化产业发展的意见（试行）	4.28
乳政发〔2017〕6 号	关于扶持海洋牧场建设的意见（试行）	4.28
乳政发〔2017〕7 号	关于表彰“乳山工匠”的决定	4.27
乳政发〔2017〕8 号	关于印发乳山市安全生产行政责任制规定的通知	6.02
乳政发〔2017〕9 号	关于印发乳山市畜禽养殖布局规划方案（2017—2021 年）的通知	6.06
乳政发〔2017〕10 号	关于印发乳山市国有林场改革实施方案的通知	6.10
乳政发〔2017〕11 号	关于调整乳山市畜禽养殖布局规划方案（2017—2021 年）的通知	6.28
乳政发〔2017〕12 号	乳山市产业发展投资管理意见（规范性文件）	8.31
乳政发〔2017〕13 号	关于公布市政府规范性文件清理结果的决定	8.31
乳政发〔2017〕14 号	关于实施达不到国Ⅳ排放标准的重型柴油货车及危险化学品运输车辆区域限行的通告	9.06
乳政发〔2017〕15 号	关于印发在市场体系建设中建立公平竞争审查制度的实施意见的通知	9.18
乳政发〔2017〕16 号	关于调整市政府领导班子成员工作分工的通知	10.27
乳政发〔2017〕17 号	关于依法严厉打击非法越界捕捞行为的通告	10.14
乳政发〔2017〕18 号	关于加强品牌建设的实施意见	11.07
乳政发〔2017〕19 号	关于公布第七批乳山市文物保护单位的通知	11.20
乳政发〔2017〕20 号	关于印发重大行政决策程序规定的通知	12.18
乳政发〔2017〕21 号	关于公布第五批非物质文化遗产代表性项目名录的通知	12.27
乳政发〔2017〕22 号	关于印发金融支持新旧动能转换实施意见的通知	12.29
乳政发〔2017〕23 号	关于印发乳山市盐业体制改革实施方案的通知	12.29
乳政办发〔2017〕1 号	关于公布调整后的安全生产委员会等工作机构成员名单的通知	2.25
乳政办发〔2017〕2 号	关于调整乳山文莱高速工程建设指挥部成员的通知	1.25
乳政办发〔2017〕3 号	关于印发乳山市审计局主要职责内设机构和人员编制规定的通知	4.12
乳政办发〔2017〕4 号	关于转发市海洋与渔业局 2017 年乳山市海洋伏季休渔管理工作实施方案的通知	4.21
乳政办发〔2017〕5 号	关于印发 2017 年全市应急管理工作要点的通知	4.21
乳政办发〔2017〕6 号	关于理顺农村公路建设管养体制的意见	4.24
乳政办发〔2017〕7 号	关于印发乳山市全域土地督察通报问题整改工作方案和乳山市闲置低效用地盘活利用专项行动方案的通知	4.26
乳政办发〔2017〕8 号	关于印发乳山市推行“一窗式”“一门式”政务服务模式改革实施方案的通知	4.28
乳政办发〔2017〕9 号	关于印发乳山市市管企业负责人经营业绩考核办法的通知	4.22

续表 62

文　号	文件名称	印发时间
乳政办发〔2017〕10 号	关于印发乳山市市管企业负责人薪酬管理办法的通知	4.22
乳政办发〔2017〕11 号	关于在全市开展依法行政突破年活动的实施方案	5.3
乳政办发〔2017〕12 号	关于印发乳山市危险化学品安全综合治理实施方案	5.12
乳政办发〔2017〕13 号	关于印发乳山市道路绿化带管护办法的通知	5.11
乳政办发〔2017〕14 号	关于加强棚户区改造管理工作的补充意见	5.15
乳政办发〔2017〕15 号	关于印发乳山市建设工程规划批后管理规定的通知	6.1
乳政办发〔2017〕16 号	关于印发乳山市“鲁担・惠农贷”试点工作方案的通知	6.7
乳政办发〔2017〕17 号	转发威海市公共资源交易中心乳山分中心关于进一步加强公共资源交易活动监督管理工作的补充意见的通知	6.20
乳政办发〔2017〕18 号	关于进一步理顺市政府规范性文件备案审查程序的通知	6.23
乳政办发〔2017〕19 号	关于印发乳山市政府性债务风险应急处置预案的通知	7.03
乳政办发〔2017〕20 号	关于印发《乳山市助保金贷款管理办法（试行）》的通知	7.12
乳政办发〔2017〕21 号	关于印发《乳山市应急互助基金管理办法（试行）》的通知	7.12
乳政办发〔2017〕22 号	关于实施联合行政执法工作的意见	7.12
乳政办发〔2017〕23 号	转发市国土资源局关于乳山市 2017 年地质灾害防治方案的通知	7.18
乳政办发〔2017〕24 号	关于印发乳山市网格化环境监管工作实施细则的通知	7.24
乳政办发〔2017〕25 号	关于印发乳山市禁养区畜禽养殖污染专项整治实施方案的通知	7.28
乳政办发〔2017〕26 号	转发市国土资源局关于乳山市矿山地质环境治理恢复工作方案的通知	8.11
乳政办发〔2017〕27 号	关于印发乳山市医疗卫生服务体系“十三五”规划的通知	8.07
乳政办发〔2017〕28 号	关于印发关于加强全市物业综合管理实施方案的通知	8.29
乳政办发〔2017〕29 号	关于印发乳山市关于淘汰禁养区和低端畜禽养殖场及专业户的补偿方案	8.30
乳政办发〔2017〕30 号	关于加强融资平台公司等国有企事业单位管理有关工作的通知	10.10
乳政办发〔2017〕31 号	关于印发关于大力发展装配式建筑实施意见的通知	10.13
乳政办发〔2017〕32 号	关于强化学校体育促进学生身心健康全面发展的实施意见	10.13
乳政办发〔2017〕33 号	关于印发乳山市全面开展“救急难”工作实施方案的通知	10.8
乳政办发〔2017〕34 号	关于建立健全临时救助制度的意见	10.9
乳政办发〔2017〕35 号	转发市民政局等部门关于进一步完善医疗救助制度全面开展重特大疾病医疗救助工作的意见的通知	10.10
乳政办发〔2017〕36 号	关于印发乳山市落实威海市创建全国质量强市示范城市工作的实施方案	11.6
乳政办发〔2017〕37 号	关于进一步加强认证认可工作的实施意见	11.7
乳政办发〔2017〕38 号	关于印发乳山市创建省级健康促进示范市实施方案的通知	11.8
乳政办发〔2017〕39 号	关于进一步推进突发事件应急体系建设的意见	11.12
乳政办发〔2017〕40 号	关于公布纳入市政务服务中心和部门大厅（分中心）集中办理的政务服务事项的通知	11.15
乳政办发〔2017〕41 号	转发市审计局关于贯彻落实《威海市审计结论落实办法》实施意见的通知	11.15

续表 62

文 号	文件名称	印发时间
乳政办发〔2017〕42 号	关于做好城市清雪工作的通知	12.11
乳政办发〔2017〕43 号	关于印发乳山市河长制相关工作制度的通知	12.26
乳政办发〔2017〕44 号	关于印发乳山市河道及水利工程管理范围和保护范围划定工作实施方案的通知	12.26
乳政办发〔2017〕45 号	关于印发关于推进省级城市设计试点工作实施方案的通知	12.19
乳政办发〔2017〕46 号	关于印发乳山市慈善总会慈善资金管理办法的通知	12.30
乳政办发〔2017〕47 号	关于印发乳山市科学技术局主要职责内设机构和人员编制规定的通知	12.31
乳政办发〔2017〕48 号	关于印发乳山市司法局主要职责内设机构和人员编制规定的通知	12.31
乳政办发〔2017〕49 号	关于印发乳山市人力资源和社会保障局主要职责内设机构和人员编制规定的通知	12.31
乳政办发〔2017〕50 号	关于印发乳山市国土资源局主要职责内设机构和人员编制规定的通知	12.31
乳政办发〔2017〕51 号	关于印发乳山市住房和城乡建设局主要职责内设机构和人员编制规定的通知	12.31
乳政办发〔2017〕52 号	关于印发乳山市水利局主要职责内设机构和人员编制规定的通知	12.31
乳政办发〔2017〕53 号	关于印发乳山市海洋与渔业局主要职责内设机构和人员编制规定的通知	12.31
乳政办发〔2017〕54 号	关于印发乳山市体育局主要职责内设机构和人员编制规定的通知	12.31
乳政办发〔2017〕55 号	关于印发乳山市安全生产监督管理局主要职责内设机构和人员编制规定的通知	12.31
乳政办发〔2017〕56 号	关于印发乳山市民族宗教事务局主要职责内设机构和人员编制规定的通知	12.31
乳政办发〔2017〕57 号	关于印发乳山市城乡规划管理局主要职责内设机构和人员编制规定的通知	12.31
乳政办发〔2017〕58 号	关于印发乳山市旅游局主要职责内设机构和人员编制规定的通知	12.31

年度重要文件选编

关于深入学习贯彻党的十九大精神的意见

（2017 年 11 月 5 日中国共产党乳山市第十四届委员会第三次全体会议通过）

（11 月 5 日乳发〔2017〕22 号）

为深入学习贯彻党的十九大精神，组织动员全市各级党组织和广大党员干部群众坚定自觉地用习近平新时代中国特色社会主义思想统一思想和行动，不忘初心、牢记使命，锐意进取、埋头苦干，把智慧和力量凝聚到落实党的十九大提出的各项任务上来，为夺取新时代中国特色社会主义伟大胜利作出更大贡献，根据中央要求和省委、威海市委部署，结合我市实际，提出以下意见。

一、深入学习宣传贯彻党的十九大精神，用党的最新理论成果武装头脑、指导实践、推动发展

党的十九大是在全面建成小康社会决胜阶段、中国特色社会主义进入新时代的关键时期召开的一次十分重要的大会，是在新的历史起点上开启党和国家事业新征程的一次大会，在党的历史上具有重大里程碑意义。大会批准了习近平同志代表十八届中央委员会所作的报告，审查、批准了十八届中央纪律检查委员会的工作报告，审议通过了《中国共产党章程（修正案）》，选举产生了新一届中央委员会和中央纪律检查委员会，十九届一中全会又选举产生了新一届中央领导机构。习近平总书记的报告，高举中国特色社会主义伟大旗帜，科学分析了国际国内形势发展变化，系统回顾和总结了过去五年党和国家事业取得的历史性成就和历史性变革，作出了中国特色社会主义进入新时代的重大政治论断，深刻阐述了新时代中国共产党的历史使命，鲜明提出了新时代中国特色社会主义思想和基本方略，确定了决胜全面建成小康社会、开启全面建设社会主义现代化国家新征程的目标，对新时代推进中国特色社会主义伟大事业和党的建设新的伟大工程作出全面部署，进一步指明了党和国家事业的前进方向，是我们党团结带领全国各族人民在新时代坚持和发展中国特色社会主义的政治宣言和行动纲领，是一篇闪耀着马克思主义真理光芒的纲领性文献。全市各级党组织和广大党员干部，要把学习宣传贯彻党的十九大精神作为当前和今后一个时期的首要政治任务，切实把思想统一到党的十九大精神上来，把力量凝聚到实现党的十九大确定

的各项目标任务上来，积极投身新时代中国特色社会主义伟大实践。

党的十九大精神，思想非常深刻，内涵非常丰富，是我们做好当前和今后一个时期工作的根本遵循。全市各级党组织和广大党员干部要原原本本学习十九大报告和大会其他文件，努力学深悟透、融会贯通。要深刻领会和把握党的十九大的主题，深刻领会和把握党的十八大以来党和国家事业取得的历史性成就、发生的历史性变革，深刻领会和把握中国特色社会主义进入新时代和社会主要矛盾发生变化的重大论断，深刻领会和把握新时代中国共产党的历史使命，深刻领会和把握习近平新时代中国特色社会主义思想的重大指导意义，深刻领会和把握新时代坚持和发展中国特色社会主义的基本方略，深刻领会和把握分两步走全面建设社会主义现代化强国的宏伟蓝图，深刻领会和把握新时代推进各项事业发展的重大举措，深刻领会和把握新时代党的建设的新要求，自觉用党的十九大精神武装头脑、指导实践，始终铭记初心和使命，坚定不移高举中国特色社会主义伟大旗帜，勇于变革、勇于创新，永不停滞、永不懈怠，努力为夺取新时代中国特色社会主义伟大胜利做出更大贡献。

党的十九大将习近平新时代中国特色社会主义思想写入党章，确立为党必须长期坚持的指导思想，实现了党的指导思想又一次与时俱进，具有重大的政治意义、理论意义、实践意义。党的十九大报告用“八个明确”“十四个坚持”，深刻阐述了习近平新时代中国特色社会主义思想和基本方略，系统回答了“新时代坚持和发展什么样的中国特色社会主义、怎样坚持和发展中国特色社会主义”的重大时代课题，形成了一个完整的科学理论体系，是对马克思列宁主义、毛泽东思想、邓小平理论、“三个代表”重要思想、科学发展观的继承和发展，是马克思主义中国化最新成果，是党和人民实践经验和集体智慧的结晶，是中国特色社会主义理论体系的重要组成部分，是全党全国人民为实现中华民族伟大复兴而奋斗的行动指南。我们要深入领会这一思想的时代背景、历史地位、科学体系、精神实质、实践要求，深入领会贯穿其中的坚定信仰信念、鲜明人民立场、强烈历史担当、求真务实作风、勇于创新精神和科学方法论，将其作为我们长期坚持的指导思想，贯彻到社会主义现代化建设全过程、体现到党的建设各方面，推动全市各项事业在以习近平新时代中国特色社会主义思想的指引下不断取得新成就。

学习宣传贯彻党的十九大精神，是当前和今后一个时期的首要政治任务。全市各级党组织和广大干部党员群众要原原本本、原汁原味学习好党的十九大精神，准确领会把握党的十九大精神的思想精髓、核心要义，在全面系统的基础上突出重点、抓住关键，把着力点聚焦到习近平新时代中国特色社会主义思想是党必须长期坚持的指导思想上，聚焦到5年来党和国家事业取得历史性成就和发生历史性变革上，聚焦到作出中国特色社会主义进入了新时代、我国社会主要矛盾已经转化为人民日益增长的美好生活需要和不平衡不充分的发展之间的矛盾等重大论断的深远影响上，聚焦到贯彻落实党的十九大的重大决策部署上，聚焦到习近平总书记是全党拥护、人民爱戴、当之无愧的党的领袖上。各级党委（党组）理论学习中心组要把学习党的十九大精神作为中心内容，制定系统学习计划，列出专题进行研讨，带动全市形成学习贯彻热潮。组织部门和党校要把学习十九大精神作为干部教育培训的重要内容，纳入教学计划，作出具体安排。要集中一段时间，对科级以上领导干部全部轮训一遍。要认真组织好基层党员干部群众的学习，推动十九大精神进企业、进农村、进机关、进校园、进社区，激发全市广大党员干部群众的热情和干劲。要组织报刊、电视、广播、网络等各类新闻媒体，采取人民群众喜闻乐见的形式，精心策划、集中报道、全面发力，努力使十九大精神家喻户晓、深入人心。要组织好集中宣讲活动，深入基层广泛开展面对面宣讲，把党的十九大精神讲清楚、讲明白，让老百姓听得懂、能领会、可落实。工会、共青团、妇联等人民团体，要开展各具特色的学习教育活动，努力使学习宣传贯彻活动做到全覆盖。

二、以供给侧结构性改革为主线，提升发展质量效益

牢固树立“发展是第一要务”意识，坚持质量第一、效益优先，以供给侧结构性改革为主线，加快实施新旧动能转换重大工程，着力推动经济发展质量变革、效率变革、动力变革，建设富有创新力和竞争力的现代化经济体系。

（一）坚定不移推进产业强市。把发展经济的着力点放在实体经济上，深入实施“产业强市、工业带动、突破发展服务业”战略，坚持抓二产、带一产、促三产，加快构建以先进制造业为主体、现代服务业为支撑、现代农业为基础的现代产业体系。改造提升传统产业，引进培育新兴产业，狠抓招商引资和项目建设，推动产业向规模化、高端化方向迈进。深化“旅游+”发展理念，推动旅游与健康养生、文化、农业、海洋渔业、体育休闲等产业对接，形成旅游与关联产业融合发展的新格局。深入推进农业供给侧结构性改革，加快农业“接二连三”，提高农业产业化水平和综合效益。实施品牌和质量强市战略，弘扬劳模精神和工匠精神，开展质量提升行动，推动经济发展进入质量品牌时代。加快淘汰落后、过剩产能，有序处置僵尸企业，优化存量资源配置，扩大优质增量供给。激发和保护企业家精神，鼓励更多社会主体创新创业。

（二）大力推进城乡均衡一体发展。认真落实“建立健全城乡融合发展体制机制和政策体系”要求，深入实施“全域城市化、市域一体化”战略，以人的城市化为核心，深化户籍、财税等制度改革，畅通农村居民进城渠道，加快本地农村居民市民化，不断提高城市化水平。加快滨海新区、经济开发区等重点区域开发建设，推动相向发展，构建“一轴两带、三区对接、多点组团、一体发展”的城市发展格局。坚持以产兴城、以城带产，紧紧围绕产业发展需要和人的发展需求完善城市功能，不断提升城市对农村居民的吸引力和承载力。以营造幸福宜居社区为着力点，加强文化、教育、医疗、养老等设施建设，提供覆盖面更广的公共服务保障。统筹布局城市道路、公共交通、水电气暖、信息等配套设施，加强基础设施互联互通，进一步健全城市公用设施网络和运行安全保障体系。加快推进莱西—荣成高铁乳山段、体育中心综合体、文化产业综合体、市人民医院搬迁等一批重大基础设施建设，完善城市功能和承载力。加快智慧城市、海绵城市建设，提升城市管理精细化水平。实施乡村振兴战略，积极推进承包地“三权分置”，大力培育现代职业农民，加快发展新型农业经营主体，着力打造规模化、社会化、专业化服务公司，提高农业经营规模化、组织化、产业化、品牌化水平。注重城乡统筹，稳妥推进新型社区建设，深入推进美丽乡村建设和乡村文明行动，加快基础设施和公共服务向农村延伸，健全自治、法治、德治相结合的乡村治理体系，让广大农村居民真正享受到现代化的城市生活。

（三）深化改革扩大开放。紧紧围绕中央顶层设计和省市改革部署，精准对接发展所需、基层所盼、民心所向，突出协同配套，勇于攻坚克难，坚定不移把改革向纵深推进。围绕激发市场主体活力，以完善产权制度和要素市场化配置为重点，进一步深化国有企业改革、商事制度改革、投融资体制改革、税收制度改革、金融体制改革、要素价格市场化改革，实现产权有效激励、要素自由流动、价格反应灵活、竞争公平有序、企业优胜劣汰。扎实推进教育、文化、医疗卫生、社会保障等领域改革，增强群众获得感。积极争取、加快推进国家和省重大试点工作，推出一批可复制可推广的“乳山经验”。以扩大开放聚优势，发挥乳山口港开放带动作用，主动融入国家全面开放新格局，积极参与“一带一路”、中韩自贸区建设，发展更高层次、更高水平的开放型经济。坚持引资引智引技并举，优化投资环境，实施精准招商，完善招商引资考核评价机制，提升招商引资质量，发挥外资对实体经济发展的促进作用。大力引进前沿技术、优秀人才等各类生产要素，着力提升开放层次和水平。创新对外投资方式，加快培育国际经济合作和竞争新优势。高标准推进开发区二次创业，打造更高水平的对外开放平台。用好中国留学人才全球高新技术研发基地，打造海外技术精英归国创业“桥头堡”和海外人才离岸创业基地。

（四）突出创新驱动引领。把创新作为引领发展的第一动力、建设现代化经济体系的战略支撑，塑造更多依靠创新驱动、更多发挥先发优势的引领型发展，加快建设创新型城市。抢抓山东半岛自主创新示范区有利机遇，整合创新资源，促进新动能成长、传统动能提升，进一步完善以企业为主体、市场为导向、产学研深度融合的技术创新体系。坚持需求导向和产业化方向，实施重大科技创新工程，着力突破制约产业发展的共性关键技术。大力营造激励创新的政策环境，健全普惠的创新政策制度体系，促进“政产学研金服用”深度融合，加速推进创新资源、创新要素向企业聚集，促进科技成果资本化、产业化。深入实施“大众创业、万众创新”工程，大力推进创新创业载体建设，培育“孵化器＋加速器＋产业园”创新服务链条。创新柔性引才机制，完善人才引进、培养、使用、激励机制，在更大范围集聚高端人才、技术、项目。

三、加强社会主义民主政治建设，巩固和发展生动活泼、安定团结的政治局面

坚持走中国特色社会主义政治发展道路，坚持党的领导、人民当家作主、依法治国有机统一，不断发展人民民主，体现人民意志，保障人民权益，激发人民创造活力。

（一）切实保证人民当家作主。加强党的集中统一领导，全力支持人大发挥地方国家权力机关作用，支持政府抓落实、抓推进，支持政协开展政治协商、民主监督、参政议政，支持法院、检察院依法独立公正行使职权，进一步凝聚工作合力。健全人大组织制度和工作制度，更好发挥人大代表作用，使人大及其常委会成为同人民群众保持密切联系的代表机关。加强社会主义协商民主建设，统筹推进政党协商、人大协商、政府协商、政协协商、人民团体协商、基层协商以及社会组织协商。积极发挥人民政协作为协商民主重要渠道和专门协商机构的作用，加强委员队伍建设，完善协商议政内容和形式，保障人民在日常政治生活中有广泛持续深入参与的权利。巩固基层政权，发展基层民主，完善党领导下的基层群众自治制度。扩大人民有序政治参与，保证人民依法实行民主选举、民主协商、民主决策、民主管理、民主监督。健全依法决策机制，进一步构建决策科学、执行坚决、监督有力的权力运行机制。

（二）巩固和发展爱国统一战线。创新新形势下的统战工作，牢牢把握大团结大联合的主题，坚持一致性和多样性统一，促进政党关系、民族关系、宗教关系、阶层关系、海内外同胞关系和谐，巩固和发展最广泛的爱国统一战线。加强同工商联、无党派人士的团结合作，支持他们参政议政、开展民主监督，在促进民主决策、推进重大战略、参与脱贫攻坚等方面发挥积极作用。加强党外知识分子、新的社会阶层人士和留学人员统战工作，促进非公有制经济健康发展和非公有制经济人士健康成长。高度重视民族和宗教工作，最大限度凝聚人心、增进和谐。坚持党对群团工作的统一领导，深化工会、共青团、妇联等群团组织改革，保持和增强党的群团工作和群团组织的政治性、先进性和群众性。加强党管武装工作，大力推进国防动员建设和军民融合深度发展，深入开展双拥共建活动，促进军民融合发展，进一步巩固军政军民团结。

（三）建设人民满意的服务型政府。坚持改革引领、法治思维、问题导向、创新管理和优化服务的原则，按照建设整体政府的理念，加快推进政府提速工程，推进“互联网＋政务服务”，持续深化“放管服”改革，转变政府职能，深化简政放权，创新监管方式，增强政府公信力和执行力。全面实施市场准入负面清单制度，清理废除妨碍统一市场和公平竞争的各种规定和做法，使创业成本更低、服务质量更优、政策保障更加有力。持续开展联系服务企业行动，更加精准高效地为企业服好务，加快构建“亲”“清”新型政商关系。统筹考虑各类机构设置，科学配置党政部门及内设机构权力、明确职责。统筹使用各类编制资源，形成科学合理的管理体制。深化事业单位改革，强化公益属性，推进政事分开、事企分开、管办分离。

（四）深入推进法治乳山建设。各级党组织和全体党员要带头尊法学法守法用法，坚持厉行法治，推进严格执法、公正司法、全民守法。加强宪法实施和监督，推进合宪性审查工作，维护宪法权威。充分发挥党委、政府法律顾问作用，全面推开综合行政执法体制改革，建设法治政府。深化司法体制综合配套改革，全面落实司法责任制，支持司法机关独立行使职权，努力让人民群众在每一个司法案件中感受到公平正义。深入实施“七五”普法规划和2016—2020年依法治市规划，建设社会主义法治文化，树立宪法法律至上、法律面前人人平等的法治理念。加快社会信用体系建设，以建设“信用乳山”为主线，积极推进政务诚信、商务诚信、社会诚信和司法公信，创建全省社会信用体系建设示范城市。

四、发展中国特色社会主义文化，全面提升城市文化软实力

坚持社会主义先进文化前进方向，着力建设社会主义核心价值体系，培育和践行社会主义核心价值观，加强对中华优秀传统文化的挖掘和阐发，推动精神文明和物质文明协调发展，为现代化幸福乳山建设提供坚强思想保证、强大精神力量、丰润道德滋养。

（一）牢牢掌握意识形态工作领导权。深入宣传党的十九大精神和习近平新时代中国特色社会主义思想，牢牢把握正确舆论导向，坚持不懈用党的理论创新成果凝心聚魂，引导全社会坚定道路自信、理论自信、制度自信、文化自信。坚持党管宣传、党管意识形态，全面落实意识形态工作责任制，制定出台《党委（党组）意识形态工作责任制考核督查工作实施办法》，严格落实“谁主管谁负责、谁主办谁负责”和属地管理责任，加强阵地建设和管理，旗帜鲜明反对和抵制各种错误观点。高度重视传播手段建设和创新，加强党报党刊、电台、电视台、新闻网站和移动新闻客户端等媒体建设，提高新闻舆论传播力、引导力、影响力、公信力。把党管媒体原则贯彻到新媒体领域，加强互联网内容建设，建立网络综合治理体系，深入开展净化舆论环境专项整治，营造清朗的网络空间。

（二）持续推进巩固和深化文明城市创建。强化教育引导、实践养成、制度保障，充分发挥社会主义核心价值观对国民教育、精神文明创建、精神文化产品创作生产传播的引领作用，把社会主义核心价值观融入社会发展各方面，转化为人们的情感认同和行动习惯。广泛开展理想信念教育，深化中国特色社会主义和中国梦宣传教育，加强爱国主义、集体主义、社会主义教育。深化“四德工程”建设，倡树先进典型、道德模范、时代楷模和最美人物，培育传承良好家风家教、校风校训、企业精神和乡贤文化。持续深化文明市民培育，广泛开展群众性精神文明创建活动，深入整治各种不文明行为，开展移风易俗、弘扬时代新风行动，推进诚信建设和志愿服务制度化，打造行业志愿服务特色品牌。强化社会责任意识、规则意识、奉献意识，不断提高全社会文明程度。

（三）推动文化事业和文化产业繁荣发展。深化文化体制改革，完善文化管理体制，加快构建把社会效益放在首位、社会效益和经济效益相统一的体制机制。提升基本公共文化服务标准化均等化水平，进一步完善公共文化基础设施，每年筛选实施一批“文化惠民、服务群众”实事项目，广泛开展各类群众性文化活动，加快构建覆盖城乡、结构合理、功能健全的公共文化设施网络，满足群众高质量文化需求。深入实施文艺精品工程，推进媒体融合发展，强化文化市场监管。大力发展文化产业，加快文化产业园区、骨干文化企业和文化产业项目建设，推动文化与旅游、科技、金融、工业等相关产业融合发展，培育更多新型文化业态，以文化产业的快速发展带动文化事业的水平提升。加强文物保护利用和文化遗产保护传承，深入实施文物重点保护、乡村记忆、历史文化展示和优秀传统文化资源普查工程，抓好历史街区和古村落保护开发，让文化遗产活起来。

五、坚持以人民为中心的发展思想，不断满足人民群众日益增长的美好生活需要

把实现好、维护好、发展好最广大人民的根本利益作为一切工作的出发点和落脚点，按照“坚守底线、突出重点、完善制度、引导预期”的要求，织密扎牢民生保障网，完善公共服务体系，维护社会公平正义，提升社会治理成效，让改革发展成果更多更公平惠及全体人民。

（一）加强社会保障体系建设。按照兜底线、织密网、建机制的要求，全面建成覆盖全民、城乡统筹、权责清晰、保障适度、可持续的多层次社会保障体系。实施全民参保计划，以覆盖全民、市域一体、均衡协调为方向，健全完善最低生活保障和养老、医疗、失业等保险制度，完善社会福利、慈善事业、优抚安置等制度，加强残疾康复服务，健全农村留守儿童和妇女、老人关爱服务体系。坚持“房子是用来住的、不是用来炒的”，大力实施保障性安居工程，持续推进棚户区改造，让广大群众住有所居。深入实施就业优先战略和更加积极的就业政策，开展职业技能培训，建立全方位公共就业服务体系。完善政府、工会、企业共同参与的协商协调机制，构建和谐劳动关系。发展社会福利和慈善事业，鼓励社会力量参与救助。履行好政府再分配调节职能，拓宽居民劳动收入和财产性收入渠道，缩小收入分配差距。

（二）坚决打赢脱贫攻坚战。坚持精准扶贫、精准脱贫，强化党政一把手负总责的责任制，巩固和提升脱贫攻坚成果，确保到 2017 年底基本完成脱贫任务，2018 年、2019 年巩固提升脱贫成效，2020 年取得脱贫攻坚战全面胜利。加强贫困人口和扶贫项目的动态管理，精准开展贫困人口再识别，及时将符合条件的贫困人口纳入帮扶范围，坚决做到脱真贫、真脱贫。探索建立扶贫开发长效机制，注重扶贫同扶志、扶智相结合，不断提升扶贫项目运营管理水平，完善村级扶贫基金运行机制。常态化开展“精准扶贫直通车”活动，重点针对插花式分布的贫困人口和“贫中之贫、困中之困”开展精准帮扶，确保贫困人口同全市人民一道迈入全面小康社会。积极推进我市与枣庄市市中区扶贫协作工作。

（三）推动社会事业优质均衡发展。优先发展教育事业，扎实推进基础教育综合改革试验区等试点，推动城乡义务教育一体发展，积极发展学前教育、特殊教育和网络教育，做好高中阶段学生免除学杂费工作。大力发展职业教育，积极引进优质高校，提升教育发展水平。加快健康城市建设，构建完善的全民健康体系。全面加强公共卫生服务体系建设，稳妥实施医疗卫生设施布局调整，加快医疗联合体和基层医疗卫生服务体系建设。积极发展大健康产业，健全多层次养老服务体系，推进中医药传承创新。完善食品安全监管体系，切实把好饮食用药安全的每一道关口。大力发展体育事业，实施全民健身计划，促进全民健身与全民健康深度融合。

（四）打造共建共治共享的社会治理格局。加强社会治理制度建设，完善党委领导、政府负责、社会协同、公众参与、法治保障的社会治理体制，提高社会治理社会化、法治化、智能化、专业化水平。加强预防和化解社会矛盾机制建设，进一步加强和改进信访工作，坚持教育转化、帮扶解困和重点管控相结合，及时稳妥有效处理各类矛盾问题。加快社会治安防控体系建设，推进市镇村三级综治中心标准化建设与管理，拓展提升雪亮工程，依法打击和惩治黄赌毒黑拐骗等违法犯罪活动。健全公共安全体系，完善安全生产责任制，坚决遏制重特大安全事故。加强社区治理体系建设，推动社会治理重心下移，发挥社会组织作用，提高网格化管理、信息化支撑、社会化服务水平，实现政府治理和社会调节、居民自治良性互动。加强社会心理服务体系建设，培育自尊自信、理性平和、积极向上的社会心态。加强国家安全教育，严密防范和坚决打击各种渗透颠覆破坏活动、暴力恐怖活动、民族分裂活动、宗教极端活动。

六、持续推进生态文明建设，推动形成人与自然和谐发展新格局

牢固树立“绿水青山就是金山银山”的绿色发展理念，将“绿水青山”理念贯穿到产业发展、城市建设、生态保护等各个领域，使良好的生态环境成为全市发展最宝贵的财富、最大的优势和未来发展的生产力。

（一）推动生产生活方式绿色化。加快建立绿色生产和消费的政策导向，进一步提高绿色发展指标在经济社会发展规划指标中的权重。推进资源全面节约和循环利用，大力推行绿色采购，积极开展创建节约型机关、绿色家庭、绿色学校、绿色社区和绿色出行等行动，倡导简约适度、绿色低碳的生活方式。抓好重点领域和重点行业循环经济发展，建立健全绿色低碳循环发展的经济体系，促进生产和生活系统的循环链接，构建覆盖全社会的资源循环利用体系。培育发展节能环保产业，规范环保产业市场，培育环境治理和生态保护市场主体，壮大第三方监测、第三方治理及政府和社会资本合作等服务市场。推进资源全面节约，推动控煤减排工程，实施“工业绿动力”计划，大力推行区域性、行业性总量控制，积极开展特征性污染物总量控制。

（二）切实解决好环境突出问题。持续实施大气污染防治行动，加强区域大气污染联防联控，继续采取压煤、治气、降尘、控车、增绿等综合性措施，加快实施工业大气污染源全面达标排放等计划，完成全市电力燃煤锅炉超低排放改造等工程，确保环境空气质量稳定达到国家二级标准。实施水污染治理攻坚工程，严格落实河长制，建立市、镇（街道）、村全覆盖的三级河长管理网络体系，大力实施工业废水污染源全面达标等工程，扎实推进工业集聚区水污染集中治理、城镇生活污染防治等工作。实施流域环境和近岸海域综合治理，严守近岸海域生态保护红线，加大近岸海域污染防治力度，逐步建立陆海统筹的水污染联防联控机制。实施土壤污染治理攻坚工程，强化土壤污染管控和修复，加强农业面源污染防治。加大城乡环境综合整治力度，加强固体废弃物和垃圾处置，实行

陆海污染同防同治。提高污染排放标准，建立守信激励和失信惩戒机制，实施企业环境信用评价和违法排污黑名单制度。构建政府为主导、企业为主体、社会组织和公众共同参与的环境治理体系。

（三）加强生态文明制度建设。 严格落实生态红线保护制度，高标准实施生态保护和修复工程，有序推进退耕还林工作，开展大规模绿化行动，严格保护耕地，加大自然保护区和重要生态功能保护区建设管理力度，提升生态系统质量和稳定性。建立健全环境与发展综合决策机制，在城乡规划、能源资源开发利用、产业结构调整、土地开发建设等重大决策过程中，优先考虑生态环境的承载能力。完善约束和激励并举的生态文明制度体系，贯彻落实生态文明体制改革总体方案，健全生态补偿机制。落实领导干部任期生态文明建设责任制，健全监管执法、政绩考核和责任追究制度。加大环保督察整改力度，认真受理群众反映的环保问题，严厉惩处环境违法违规行为。

七、坚定不移全面从严治党，不断提高党的执政能力和领导水平

坚定不移地肩负起全面从严治党政治责任，牢牢抓住加强党的长期执政能力建设、先进性和纯洁性建设这条主线，全面加强党的政治建设、思想建设、组织建设、作风建设、纪律建设，把制度建设贯穿其中，深入推进反腐败斗争，不断提高党的建设质量，以全面从严治党的新成效为经济社会发展提供坚强政治保证。

（一）把党的政治建设摆在首位。 坚持旗帜鲜明讲政治，牢固树立“四个意识”，坚决维护习近平总书记的核心地位，坚持党中央权威和集中统一领导，坚定执行党的政治路线，严格遵守政治纪律和政治规矩，在政治立场、政治方向、政治原则、政治道路上同党中央保持高度一致。尊崇党章，严格执行新形势下党内政治生活若干准则，增强党内政治生活的政治性、时代性、原则性、战斗性，自觉抵制商品交换原则对党内生活的侵蚀。弘扬忠诚老实、公道正派、实事求是、清正廉洁等价值观，坚决防止和反对个人主义、分散主义、自由主义、本位主义、好人主义，坚决防止和反对宗派主义、圈子文化、码头文化，坚决反对搞两面派、做两面人。广大党员特别是党员领导干部要自觉加强党性锻炼，不断提高政治觉悟和政治能力，把对党忠诚、为党分忧、为党尽职、为民造福作为根本政治担当，永葆共产党人政治本色。

（二）用习近平新时代中国特色社会主义思想武装头脑。 把坚定理想信念作为思想建设的首要任务，充分发挥市委党校、马石山、胶东育儿所和廉政警示教育基地作用，深入开展党员干部理想信念教育，引导党员牢记党的宗旨，树立正确的世界观、人生观、价值观，自觉做共产主义远大理想和中国特色社会主义共同理想的坚定信仰者和忠实实践者。扎实推进“两学一做”学习教育常态化制度化，组织开展“不忘初心、牢记使命”主题教育，用习近平新时代中国特色社会主义思想武装头脑，推动广大党员更加自觉地为实现新时代党的历史使命不懈奋斗。

（三）建设高素质专业化干部队伍。 坚持党管干部原则，坚持好干部标准，严格按照干部任用条例选干部、配班子。坚持正确选人用人导向，突出政治标准，选优配强各级领导班子。大力发现储备年轻干部，注重在基层一线和困难艰苦的地方培养锻炼年轻干部，做好培养选拔女干部、少数民族干部和党外干部工作，认真做好离退休干部工作。强化干部专业化教育培训，着力培养专业能力、专业精神，完善干部交流轮岗、挂职锻炼等制度，使干部队伍更好地适应新形势新任务新要求。坚持严管与厚爱结合、激励与约束并重，完善并落实考核监督和正向激励、容错纠错机制，旗帜鲜明地为敢于担当、踏实做事、不谋私利的干部撑腰鼓劲，更加关心爱护基层干部。坚持党管人才原则，实施更加积极、更加开放、更加有效的人才政策，大力实施“海纳英才计划”，让各类人才的创造力竞相进发、聪明才智充分涌流。

（四）加强基层组织建设。 以提升组织力为重点，突出政治功能，加强企业、农村、机关、学校、街道社区、社会组织等各领域党组织建设，使其成为宣传党的主张、贯彻党的决定、领导基层治理、团结动员群众、推动改革发展的坚强战斗堡垒。推进党的基层组织设置和活动方式创新，扩大基层党组织覆盖面，加强基层党组织带头人建设，完善基层党组织和党员“双十星”评定管理，稳步推进整镇推进、整部门（系统）推进、整市提升工作。扎实做好农村、城市社区“两委”换届工作，着力解决一些基层党组织弱化、虚化、边缘化问题。扩大党内基层民主，扎实推进党代表任期制工作，畅通党员参与党内事务、监督党的组织和干部、向上级党组织提出意见和建议的渠道。加强基层党员队伍建设和监督管理，注重从产业工人、青年农民、高知识群体中和在非公有制经济组织、社会组织中发展党员，加强党内激励关怀帮扶，稳妥有序开展不合格党员组织处置工作。

（五）深入推进党风廉政建设和反腐败斗争。 坚持把纪律挺在前面，强化政治纪律、组织纪律等党的各项纪律，营造风清气正的政治生态。坚持党的群众路线，大兴调查研究之风，积极为群众办实事、办好事。大力倡树学、比、勤、廉、严“五字”作风，持续推进学习型、创新型、服务型、效能型、廉洁型“五型”机关建设，推动作风建设形成长效机制。巩固拓展落实中央八项规定精神成果，驰而不息整治“四风”问题。加强廉政文化建设和纪律教育，运用监督执纪“四种形态”，抓早抓小、防微杜渐。以零容忍的态度惩治腐败，严肃查处发生在群众身边的不正之风和腐败问题，着力构建不敢腐、不能腐、不想腐的

有效机制。深化纪律检查体制改革，健全完善派驻监督、巡察监督制度体系。按照上级安排部署，适时推进监察体制改革。构建党统一指挥、全面覆盖、权威高效的监督体系，把党内监督同国家机关监督、民主监督、司法监督、群众监督、舆论监督贯通起来，增强监督合力。

（六）全面提高执政本领。围绕增强学习本领，要持续开展大兴学习之风活动，更好地运用拿来主义，推动更多工作实现创新突破。围绕增强政治领导本领，要推进各级党委领导经济社会发展工作的制度化建设，提高把方向、谋大局、定政策、促改革的能力和定力，严格执行“三重一大”事项决策机制，保证决策科学化、民主化、规范化。围绕增强改革创新本领，要强化规划谋划意识，坚持用改革的办法和创新的思维谋划和推进工作，着力拉长长板、补齐短板、突破关键。围绕增强科学发展本领，要善于把新发展理念体现到政策制定、工作部署、任务落实上，贯彻落实到经济社会发展各领域。围绕增强依法执政本领，既要坚持在法律框架内想问题、办事情、作决策，又要坚决贯彻执行党内法规制度。围绕增强群众工作本领，要始终坚持以人民为中心的发展思想，不断提升团结引领、组织动员、联系服务群众的能力和水平。围绕增强狠抓落实本领，要学会抓落实的方法，完善抓落实的制度保障，确保各项工作一抓到底、抓出成效。围绕增强驾驭风险本领，要建立健全各行业各领域风险防控和处置机制，敢于、善于处置各种复杂矛盾，牢牢把握工作主动权。

全市各级党组织和全体共产党员，要更加紧密地团结在以习近平同志为核心的党中央周围，全力抓好党的十九大精神学习宣传贯彻，为加快建设现代化幸福乳山，为奋力开创经济文化强省新局面，为实现中华民族伟大复兴的中国梦而不懈奋斗！

关于表彰创建全国文明城市工作先进单位和先进个人的决定

（12 月 27 日乳委发〔2017〕81 号）

党的十八大以来，在以习近平同志为核心的党中央坚强领导下，全市以培育和践行社会主义核心价值观为根本，始终坚持人民城市为人民的工作导向，从经济、政治、文化、社会、生态文明建设和党的建设各方面全面推进创建文明城市工作，致力人民群众获得感、幸福感、归属感的持续提升，着力打造崇德向善、文化厚重、和谐宜居的文明城市。经过不懈努力，2017 年 11 月，乳山市被中央文明委授予“全国文明城市”荣誉称号。

创城工作中，各级各部门各司其职，齐抓共管，广大干部群众团结一心，拼搏奉献，涌现出一大批工作扎实、成绩突出的先进单位和先进个人。为表彰先进，进一步调动全社会参与文明建设的积极性、主动性、创造性，推进文明城市建设常态化，市委、市政府决定，晋级 3 家单位为省级文明单位（文明镇）荣誉称号，晋级 11 家单位为威海市级文明单位（文明镇）荣誉称号，晋级 18 家单位为乳山市级文明单位荣誉称号，授予 58 个单位“创建全国文明城市工作先进单位”称号，给予 14 名同志记创建全国文明城市三等功奖励，给予 31 名同志创建全国文明城市嘉奖奖励，授予 105 名同志“创建全国文明城市先进工作者”荣誉称号，授予 284 名同志“创建全国文明城市先进个人”荣誉称号。

希望受表彰的单位和个人，珍惜荣誉，再接再厉，进一步发挥示范带动作用，在巩固和提升全国文明城市工作中取得更大的成绩。全市上下要以先进为榜样，在以习近平同志为核心的党中央领导下，认真贯彻落实党的十九大精神，再鼓士气，振奋精神，在全市精神文明建设的新起点上，以更高的标准、更新的举措、更实的作风，奋力开创各项工作新局面，为建设母爱圣地、美好乳山作出新的更大贡献！

附件 1

晋级省级文明单位、文明镇荣誉称号单位名单（3 家）

一、省级文明单位

乳山市公安局

乳山市卫生和计划生育局

二、省级文明镇

崖子镇

附件 2

晋级威海市级文明单位、文明镇荣誉称号单位名单（11 家）

一、威海市级文明单位

中共乳山市委统一战线工作部

中共乳山市委老干部局

乳山市党史市志办公室

乳山市科学技术局

乳山市农业局

乳山市畜牧兽医局

乳山市工贸资产经营公司

乳山市公安局交通警察大队

乳山经济开发区管理委员会

二、威海市级文明镇

夏村镇

乳山寨镇

附件 3

晋级乳山市级文明单位荣誉称号单位名单（18 家）

乳山市人民代表大会常务委员会办公室

乳山市工商业联合会

乳山市人民政府外事侨务办公室

乳山市粮食局

乳山市农业机械管理局

乳山市海洋与渔业局

乳山市岠嵎山国家森林公园管理委员会

乳山市金融工作办公室

乳山市红十字会办公室

乳山市国鑫资产经营管理有限公司

乳山市检验检测中心

乳山市对外联络办公室

威海市公共资源交易中心乳山分中心

乳山市智慧城市建设管理办公室

乳山市招商促进局

威海马石山红色教育基地管理中心

乳山市国有资本运营有限公司

乳山市城市建设投资集团有限公司

附件 4

创建全国文明城市先进单位名单
(58 家)

中共乳山市委群众工作部

乳山市报社

乳山市总工会

乳山市妇女联合会

乳山市科学技术协会

乳山市教育局

乳山市财政局

乳山市住房保障和房产管理局

乳山市城市管理行政执法局

乳山市交通运输局

乳山市商务局

乳山市文化广电新闻出版局

乳山市食品药品监督管理局

乳山市市场监督管理局

乳山市政务服务中心管理办公室

乳山市旅游局

乳山市广播电视台

乳山市文化市场综合执法局

乳山市机关事务管理局

国网山东省电力公司乳山市供电公司

乳山市水务集团有限公司

乳山市滨海新区管理委员会

乳山市城区街道办事处

乳山市乳山口镇

乳山市海阳所镇

乳山市白沙滩镇

乳山市第二实验小学

乳山市公安局特巡警一大队

乳山市绿城园林有限公司 乳山市公共交通有限公司

乳山市交通学校

乳山市环境卫生管理处

乳山市城市管理行政执法局滨海新区分局

乳山滨海新区社会事务综合治理办公室

乳山振华购物中心有限公司

乳山市海天集团有限公司

乳山市益天物业服务有限公司

乳山市广润物业服务有限公司

乳山市久源物业服务有限公司（银滩）

青岛利群酒店管理有限公司

乳山华玺酒店分公司

乳山市千和餐饮管理有限公司（肯德基）

山东乳山农村商业银行股份有限公司

中国农业银行股份有限公司乳山市支行

乳山市城区街道办事处西馨苑社区居民委员会

乳山市城区街道办事处利群社区居民委员会

乳山市城区街道办事处松山社区居民委员会

乳山市城区街道办事处黄埠崖村

山东燕喜堂医药连锁有限公司（乳山区域）

威海胶东伯瑞农业发展有限公司

威海正华建工集团有限公司

乳山圣仙酒业有限责任公司

乳山市尚峰网咖

乳山市巅峰发型工作室

乳山市黄山路市场

乳山市老年人体育协会

乳山市大拇指青少年公益活动中心

乳山市蓝天志愿救援队

乳山市爱心中转站

附件 5

创建全国文明城市记三等功人员名单
(14 人)

倪志军　中共乳山市委员会办公室副主任

于炳涛　中共乳山市纪律检查委员会副书记

郑永刚　中共乳山市委员会宣传部副部长、文明办主任

焉　涛　乳山市教育局党委书记、局长

杨刚强　乳山市公安局党委委员、副局长、正科级侦查员

王欣林　乳山市公安局党委副书记、交通警察大队副大队长、党委副书记

宫在津　乳山市住房和城乡建设局党委书记、局长、乳山市人民防空办公室主任

许玉安　乳山市城市管理行政执法局党组书记、局长

张本成　乳山市交通运输局党委书记、局长

姜云志　乳山市卫生和计划生育局党委书记、局长

马长江　乳山市市场监督管理局党组书记、局长

姜朝晖　乳山市城市建设投资集团有限公司董事长、总经理

姜春龙　乳山市城区街道党工委书记

李　梁　乳山市塔岛湾管委会主任、乳山市城市管理行政执法局滨海新区分局局长、乳山市白沙滩镇桃村李家村党支部书记

附件 6

创建全国文明城市嘉奖人员名单
(31 人)

王龙峰　中共乳山市委员会办公室副主任、市委考核办主任

姜　安　乳山市人民政府督查办主任

王世建　中共乳山市委员会组织部常务副部长

鞠红燕　中共乳山市委员会宣传部常务副部长

迟诚勇　乳山市精神文明建设委员会办公室副主任

万　宏　中共乳山市委员会政法委员会副书记、市社会矛盾调处中心主任

滕　旭　乳山市报社副总编辑、

党组成员

冷海华　乳山市妇女联合会副主席

高书鹏　乳山市科学技术协会党组书记、主席

张新龙　乳山市经济和信息化局党委书记、局长

李森林　乳山市教育局副局长

马　骏　乳山市民政局党委书记、局长

姜新文　乳山市财政局党组成员

宫洪波　乳山市人力资源和社会保障局党委委员、副局长

高　飞　乳山市住房和城乡建设局党委委员、乳山市镇村建设监督管理中心主任

孙　哲　乳山市住房和城乡建设局市政公共事业管理处主任

崔　强　乳山市交通运输局党委委员、主任科员

刘志勇　乳山市商务局党组书记、局长

宋君成　乳山市创卫办（卫生和计划生育局副局长）

于吉东　乳山市食品药品监督管理局党组书记、局长

孙继光　乳山市市场监督管理局副局长

郭书朴　乳山市广播电视台副台长

林　洋　乳山市机关事务管理局党委书记、局长

宋清林　乳山市住房保障和房产管理局党组书记、局长

宫金凤　乳山市住房保障和房产管理局副局长、局党组成员

刘　波　乳山市环境卫生管理处党委委员、主任

谭立栋　乳山市城市管理行政执法局滨海新区分局教导员

陈丽萍　乳山市特殊教育学校校长

王　庆　乳山市城区街道党工委副书记、城区街道办事处主任

姜宇航　乳山市乳山口镇党委副书记、镇长

王雪光　乳山市海阳所镇党委副书记、镇长

附件 7

创建全国文明城市先进工作者名单

（105 人）

李江成　乳山市人民代表大会常务委员会人事代表工作委员会主任

刘东迅　中国人民政治协商会议乳山市委员会办公室副主任

高日红　中共乳山市纪律检查委员会第一派驻纪检组副组长、监察室副主任、物价局党组成员

王晓鹏　中共乳山市委员会组织部企业干部科副科长

耿　雪　中共乳山市委员会宣传部企宣科科长

乔忠锴　乳山市精神文明建设委员会办公室未成年人思想道德建设科副科长

赵伶俐　中共乳山市委群众工作部副部长

于　琛　乳山市事业单位监督管理局副局长

于均禄　中共乳山市委市直机关工作委员会副书记

王路军　中共乳山市委乳山市人民政府信访局接访科科员

唐　立　中共乳山市委党校党支部书记、副校长

李　群　乳山市扶贫开发领导小组办公室副主任

王世芳　中共乳山市委台湾工作办公室副主任

姜　峰　乳山市档案局副局长

郝　强　乳山市人民法院办公室副主任

宋国珍　乳山市人民法院信息技术科科员

尹艳蕊　乳山市人民检察院案件监督管理中心科员

杨晓鸽　乳山市人民检察院侦查监督科科员

王　茜　乳山市总工会副主席

李　娟　共青团乳山市委员会基层部部长

臧向东　乳山市残联办公室主任兼残疾人综合服务中心主任

王永恒　乳山市发展和改革局办公室主任

侯国梁　乳山市物价局办公室科员

丁培坚　乳山市统计局普查办公室副主任

王忠国　乳山市教育局普教科科长

黄　涛　乳山市民政局社会救助中心副主任

丰玉琼　乳山市司法局城区司法所副所长

石立委　乳山市财政局办公室主任

林　勇　乳山市国土资源局政工科负责人

吴增辉　乳山市城市管理行政执法局办公室主任

李　杰　乳山市水利资源管理办公室副主任

杨龙飞　乳山市林业局办公室主任

姜　军　乳山市商务局贸易办副主任

薛云勇　乳山市文化广电新闻出版局政工科长

鞠丽玲　乳山市体育局副局长

刘志强　乳山市人民医院党总支书记

兰红岩　乳山市中医院党总支副书记

彭新波　乳山市审计局副局长

于　帅　乳山市环境保护局办公室科员

王　帅　乳山市安全生产监督管理局办公室副主任

杨　坤　乳山市食品药品监督管理局崖子所副所长

于宝刚　乳山市市场监督管理局公平交易局副局长

孙德海　乳山市政务服务中心管理办公室科长

李文豪　威海机械工程高级技工学校办公室主任

宋晓敏　乳山市民族宗教事务局民族宗教科科长

王忠阳　乳山市城乡规划管理局详规室副主任

田明泉　乳山市龙角山水库管理处副主任、党组成员

丁京辉　乳山市旅游局质量规

范与行业管理科科长

王　涛　乳山市文化市场综合执法局副局长

潘维杰　乳山市供销合作社联合社监事会副主任

仇祝涛　乳山市国家安全局主任科员

于会永　乳山市国家税务局办公室主任

朱国光　乳山市国家税务局开发区分局副局长

李松涛　乳山市地方税务局党组副局长

姜红春　乳山市地方税务局办公室主任

贾　坤　威海市住房公积金管理中心乳山管理部科员

张　昊　乳山市气象局办公室主任

王　冲　中国邮政集团公司山东省乳山市分公司行政秘书

王习朋　中国联合网络通信有限公司乳山分公司维护经理

纪树坤　中国移动通信集团山东有限公司乳山分公司党务工作者

高常波　中国电信股份有限公司乳山分公司网络部主任

孔祥阳　山东广电网络威海有限公司乳山分公司副总经理

宋　萍　威海市乳山公路管理局政工科科长

王　键　威海市乳山公路管理局办公室科员

潘传仁　山东新华书店集团有限公司乳山分公司办公室主任

陈　波　乳山市烟草专卖局书记、局长、经理

于广全　中国石化销售有限公司山东威海乳山分公司副经理

杜佳瑛　中国人民银行乳山市支行办公室副主任

王志刚　中国农业发展银行乳山支行副专员

任绍军　中国工商银行股份有限公司乳山支行办公室主任

曲军强　中国银行股份有限公司乳山支行行长

尹　鹏　中国建设银行股份有限公司乳山支行客户经理

王　军　中国邮政储蓄银行股份有限公司乳山市支行职工

刘夕铭　招商银行威海乳山支行客户经理

连健弘　中国民生银行乳山支行行长助理

刘继仁　中信银行股份有限公司乳山支行保安队长

王　晓　中国人民财产保险股份有限公司乳山支公司副经理

于洪开　中国人寿保险股份有限公司乳山市支公司办公室主任

胡乔奇　中泰证券乳山胜利街营业部理财服务部员工

孙福东　乳山市热力集团有限公司党委副书记、总经理

崔国宁　乳山市热力集团有限公司办公室主任

马江水　乳山市公共交通有限公司经理

陈晓丽　乳山市黄山路学校政教副主任

宫承昶　乳山市乳山一中教师

孙建平　威海机械工程高级技工学校教师

刘玲伊　乳山市经济和信息化局办公室科员

钟竹芳　威海机械工程高级技工学校教师

王沙沙　乳山市大孤山镇党政办副主任

钟　冉　乳山市午极镇财政经管服务中心副主任

刘晓敏　乳山市育黎镇社会保障服务中心副主任

滕美群　乳山市滨海新区管理委员会益和社区书记

刘美玲　乳山市城区街道办事处宣传委员

宋修建　乳山市城区街道办事处东里社区书记

于开芹　乳山市城区街道办事处向阳社区书记

韩利涛　乳山市乳山口镇党委副书记、政协室主任

刘　敏　乳山市海阳所镇宣传干事

单　琦　乳山市白沙滩镇老干办副主任

许文娟　乳山市大孤山镇党委宣传委员

宋甜甜　乳山市徐家镇党委宣传委员

于明丽　乳山市南黄镇党委宣传委员

李英宇　乳山市冯家镇党委委员、副镇长

徐海妍　乳山市下初镇党委宣传委员

郭美华　乳山市午极镇党委宣传委员

徐国华　乳山市诸往镇林业站站长

王　超　乳山市育黎镇人民政府副镇长

附件 8

创建全国文明城市先进个人名单
（284 人）

孔艳艳　乳山市残疾人联合会康复中心副主任

郑高鹏　乳山市经济和信息化局办公室科员

邹　辉　乳山市公安局指挥中心教导员

于志辉　乳山市公安局指挥中心副主任

宫晓波　乳山市公安局夏村派出所教导员

焉绍涛　乳山市公安局商业街派出所民警

宫　杰　乳山市公安局金岭派出所副教导员

史　君　乳山市公安局交通警察大队设施中队副中队长

徐新锋　乳山市公安局交警大队宣传科副科长

王林龙　乳山市公安局交通警察大队一中队辅警

孙吉春　乳山市公安局交通警察大队三中队辅警

马　牧　乳山市公安局交通警察大队四中队辅警

单墨坤　乳山市公安局特巡警一大队辅警

张君浩　乳山市公安局特巡警一大队辅警

宋刘文　乳山市住房和城乡建设局环卫一体办职员

李　源　乳山市住房和城乡建设局科员

李小溪　乳山市住房和城乡建设局城建档案馆副馆长

姜全科　乳山市住房和城乡建设局环境卫生管理处巡查员

徐尚仁　乳山市住房和城乡建设局环境卫生管理处擦桶工人

徐勤洲　乳山市住房和城乡建设局环境卫生管理处清扫工人

于健壮　乳山市住房和城乡建设局环境卫生管理处废弃物运输队驾驶员

马德述　乳山市住房和城乡建设局环境卫生管理处公厕管理员

于培祥　乳山市住房和城乡建设局环境卫生管理处废弃物运输队跟车人员

徐　磊　乳山市住房和城乡建设局环境卫生管理处维修科职工

孙晓清　乳山市住房和城乡建设局路灯管理处监察科职工

王　琦　乳山市住房和城乡建设局路灯管理处供应科职工

姜心正　乳山市建设工程质量监督站科员

赵永涛　乳山市住房和城乡建设局环境卫生管理处清扫保洁大队长

王文刚　乳山市城市管理行政执法局行政执法大队三中队中队长

闫春雷　乳山市城市管理行政执法局行政执法大队五中队副中队长

任　众　乳山市交通运输局政工科科长

贾祥贵　乳山市道路运输管理处维修管理科科长

宋　良　乳山市交通运输监察大队副大队长

陈卫峰　乳山市卫生和计划生育监督执法大队副大队长

于春卉　乳山市卫生和计划生育监督执法大队卫生监督一科副科长

孙传波　乳山市卫生和计划生育局医务计生工会主席

王铭铖　乳山市食品药品监督管理局城东食药监所科员

安剑波　乳山市食品药品监督管理局城西食药监所公益岗人员

蔡　鹏　乳山市食品药品监督管理局稽查队科员

林沛泽　国网乳山市供电公司党群工作部专工

孙举明　国网乳山市供电公司物业分公司专工

隋大明　乳山市农业银行综合管理部经理

陶小磊　威海市商业银行员工

杜嘉楠　乳山天骄村镇银行综合管理部副部长

于卓丹　中华保险乳山支公司副科长

姜佳林　中国太平洋财产保险股份有限公司乳山支公司职员

孙邵波　乳山市城市建设投资集团有限公司工程监管部部长

王　东　乳山市城市建设投资集团有限公司行政事务部部长

单　健　乳山市城市建设投资集团有限公司市政公司工程科职工

高建刚　乳山市城市建设投资集团有限公司市政公司机械设备科职工

林常青　乳山市城市建设投资集团有限公司市政公司综合安全科职工

宋述国　乳山市城市建设投资集团有限公司绿城园林公司养护科科长

王兰合　乳山市城市建设投资集团有限公司绿城园林公司工程科科长

宫　震　乳山市城市建设投资集团有限公司绿城园林公司工程科职工

王云鹏　乳山市城市建设投资集团有限公司物业公司业务科副科长

李　鹏　乳山市城市建设投资集团有限公司置业公司工程科职工

高　静　乳山市水务集团有限公司工会主席

矫俊泰　乳山市水务集团有限公司水务稽查大队队员

李　纲　乳山经济开发区管委会创城调度员

滕　刚　乳山经济开发区管委会卫生监督管理员

谭晓莹　乳山经济开发区管委会创城档案员

李英楠　乳山经济开发区管委会市场秩序管理员

姜宗华　山东安之源防水材料有限公司门卫

徐世峰　乳山市曙光啤酒有限公司工会主席

冯华伟　乳山市雪丽绣品有限公司职工

杜　霞　山东昂仕集团有限公司职工

王希龙　乳山艾丽斯制衣有限公司门卫

丁文山　山东力久特种电机股份有限公司党支部副书记兼行政总监

姜　涛　山东双连制动材料股份有限公司董事长

孙玉鼎　乳山市金果花生制品有限公司董事长

周　伟　乳山华信食品有限公司副总经理

刘军宁　乳山市第一中学政教主任

王兆林　乳山市第二中学总务主任

李　山　乳山市府前路学校政教主任

许　鹏　乳山市实验中学团委书记

丁京队　乳山市怡园中学总务主任

王田青　乳山市畅园学校政教主任

程晓明　乳山市西苑学校政教副主任

孙洪军　乳山市第一实验小学办公室主任

胡美芳　乳山市第二实验小学大队辅导员

汪炫辰　乳山市第一中学学生

李　潭　乳山市第一中学学生

赵　骥　乳山市正华装饰有限公司职员

宋　超　山东华正建筑设计咨询公司工程师
郑海中　乳山市郑记活鲜行店主
宋　磊　乳山市贵皇车坊汽车美容服务中心店主
刘丽华　乳山市正合烟酒店店主
相利刚　乳山市黄焖鸡米饭店主
随君杰　乳山宗申摩托店长
胡延福　乳山市小鸭电器店主
崔红朝　乳山市河北筛网店主
邵　美　乳山市秀美农机商场店主
林晓东　乳山市聚盛海参楼店主
李　龔　威海佳乐物业服务有限公司经理
姜子芹　乳山市欧堡诺铝木门窗店店主
邵顶文　乳山市鼎达玻璃店主
曹爱洁　乳山市轩泰烟酒店主
徐　军　乳山市君悦水暖部店主
邓　青　乳山市笙歌电话亭店主
刘大伟　乳山市人民书店经理
辛晓太　乳山市东方王子鞋城经理
王　东　乳山市谊联副食品批发经理
崔宁宁　威海交通运输集团有限公司乳山汽车站办公室主任
蔡胜波　乳山市公共交通有限公司驾驶员
杜金龙　乳山市公共交通有限公司副经理
庄晓燕　乳山市公共交通有限公司站长
于贞勇　乳山市永达驾校教练员
王　荣　乳山市永达驾校办公室科员
李海涛　乳山市通宝公司工人
宋吉友　乳山市顺通路桥工程有限公司设备科长
王永力　乳山市公共交通有限公司公交车驾驶员
宋　振　乳山振华购物中心有限公司班长
赵迎春　家家悦集团股份有限公司（乳山金丰店）店长
王媛媛　家家悦集团股份有限公司（乳山金帝店）店长
刘海岩　乳山振华商厦有限公司经理
于筱波　利群集团乳山购物广场有限公司班长
王林夕　乳山市祥和浴池单位负责人
冯　杰　乳山市金山圣泉酒店管理有限公司单位负责人
徐吉伟　乳山市欧莱雅理发店单位负责人
王　飞　乳山市欧泉造型工作室单位负责人
刘晓玲　乳山市巅峰发型工作室单位负责人
孙海钦　乳山百分百娱乐有限公司分管负责人
曹庆刚　乳山市贸易城中心市场市场副经理
从　磊　乳山市金谷园批发市场经理
于荣年　乳山市黄山路商贸市场市场保洁员
郝继山　乳山市贸易城中心市场班长
宋志杰　乳山市金谷园批发市场职工
宋希亭　乳山市黄山路商贸市场市场管理员
焉　伟　乳山市贸易城中心市场市场经理
单敞中　乳山市金谷园批发市场职工
刘晓静　乳山义乌商品城项目经理
宋怡炜　乳山市金谷园批发市场职工
薛桂梅　乳山市阿梅东北大盘菜店负责人
林晓莉　乳山市香清苑酒店经理
王国梅　乳山市富群酒店经理
王国辉　乳山市食全食美家常菜经理
于永强　乳山市永强美食城经理
于守海　乳山市瑞祥饭店负责人
焉振涛　乳山市海天集团副总经理
宋　丽　乳山市东海宾馆经理
宋年勇　乳山市海天集团质检中心经理
胡江燕　乳山宾馆经理
兰　霞　乳山市黄海宾馆经理
刘兴荣　乳山市千和餐饮管理有限公司餐厅经理
郑　发　乳山市聚丰源餐厅店长
孙宁宁　乳山市渔港码头大锅海鲜餐厅店长
刘媛媛　山东燕喜堂医药连锁有限公司店长
马美芹　威海立健药店连锁有限公司乳山人民医院店店长
任　宁　乳山市尚德堂医药连锁店店长
宋维涛　威海市华冠大药房连锁有限公司法定代表人
郑俊凤　威海市华冠大药房连锁有限公司人事部经理
李昭勇　威海广澳旅游投资有限公司景区管理处主任
张连庆　威海多福山旅游开发有限公司营销部经理
郑宝刚　乳山市正华农林科技示范园有限公司总经理
陈春萌　乳山市台依湖集团有限公司董事长
林夕海　乳山国际大酒店副总经理
孙素玲　乳山宾馆有限公司主管
刘爱娟　乳山市东海宾馆有限公司餐厅主管
于立祥　乳山市香榭丽舍大酒店有限公司办公室主任
隋东方　威海和顺旅行社有限公司总经理
孙立辉　乳山旅行社有限公司经理
邹晓敏　乳山市尚锋网咖经理
宋　成　乳山市奥宇网吧经理

郑君浩　乳山市小仙女网吧经理

刘　宁　乳山市星星网吧经理

于鹏忠　乳山市黄金书屋经理

倪高军　乳山市零点网络经理

于开琳　乳山市腾达物业服务有限公司物业经理

周炳嘉　乳山市新宇物业服务有限公司外保队长

吕　涛　乳山市城东物业服务中心维修队长

于　舟　乳山市金泰物业服务有限公司维保主任

邓元锋　乳山市富民物业服务有限公司项目主任

段雄飞　乳山市便民物业服务有限公司物业经理

周鲁浩　乳山市鹏达物业服务有限公司绿化员

林振峰　乳山市方正物业服务有限公司保洁员

于　洋　乳山绿美园林景观工程有限公司经理

刘德彬　威海益祥物业服务有限公司经理

孙英举　乳山市白沙滩村物业服务中心经理

张夕林　乳山市城市管理行政执法局滨海新区分局环卫工人

焉树成　乳山市城市管理行政执法局滨海新区分局环卫工人

刘信沼　乳山市城市管理行政执法局滨海新区分局垃圾清运车司机

于建光　乳山市城市管理行政执法局滨海新区分局垃圾清　运车司机

侯风全　乳山市城市管理行政执法局滨海新区分局环卫工人

王学聚　乳山市城市管理行政执法局滨海新区分局环卫工人

吴　凯　乳山市凯旋楼（颐和花园门市 35-18、35-19 号）个体经营者

张丽丽　乳山市苏宁帮客家（水岸新城小区 1-206 号）个体经营者

王　强　乳山市观海潮大酒店（大庆一区西海边）个体经营者

黄石生　乳山市龙泉东北私厨菜（碧海华庭南区 36-7）个体经营者

杜晓鹏　威海智创科技企业孵化器经理

叶　颖　乳山市滨海新区益天社区业主

李荣娥　乳山市滨海新区益天社区业主

邢丽丽　山东银滩物业服务有限公司碧海苑小区物业经理

王红梅　山东银滩物业服务有限公司悦海嘉园物业主任

于良奉　威海市众和地产物业服务有限公司海岸明珠物业经理

陶　霞　山东银滩物业服务有限公司曲水绿荫物业主任

王立娜　山东银滩物业服务有限公司万豪亭海苑物业主任

郭晓华　乳山市广润物业服务有限公司海洋国际客服

宫兆良　乳山市小陶家山海物业服务有限公司观海听涛物业主

田　力　金鼎物业服务有限公司金鼎海晶城物业主任

王笑艳　山东申菱养老服务有限公司经理

刘忠芹　乳山市东方神参个体经营者

王智群　乳山市银滩出租车司机

田燕锋　乳山市金鼎房地产开发公司职工

焉　朋　乳山市银滩大酒店经理

刘　彬　山东外事翻译学院职工

唐崇坊　乳山经济开发区物业公司老头队职员

张东伟　乳山绿色动力有限公司安环部经理

崔世强　乳山市鑫岭小区物业公司经理

张志生　乳山市润泽小区物业公司经理

刘彬彬　山东力牌石油化学有限公司部门经理

耿　建　威海海润新材料科技有限公司副总经理

姜　丽　乳山市大拇指青少年公益活动中心负责人

李　兰　乳山市大拇指青少年公益活动中心文案部部长

王睿哲　乳山市大拇指青少年公益活动中心活动队队长

刘文心　乳山市大拇指青少年公益活动中心活动队副队长

曹新文　乳山市蓝天志愿救援队队长

林　丁　乳山市蓝天志愿救援队秘书长

边　鹏　乳山市蓝天志愿救援队副队长

张　晋　乳山市蓝天志愿救援队行动组组长

于旭光　乳山市老年人体育协会副主席

宫荣鼎　乳山市老年人体育协会活动站站长

单熙芬　乳山市老年人体育协会活动站站长

王增发　乳山市老年人体育协会活动站站长

徐伟伟　乳山市爱心志愿服务站八棵松手机经营二部经理

张海涛　乳山市爱心志愿服务站海天照相馆经理

隋君杰　乳山市爱心志愿服务站宏图机动车配件有限公司经理

姜翠杰　乳山市爱心志愿服务站 12349 居家养老服务中心站长

于京念　乳山市爱心志愿服务站双举海参经理

沙玉峰　乳山市天欣文化传媒有限公司经理

潘正家　乳山市通宝公司出租车司机

宋爱国　乳山市通宝公司出租车司机

张　帅　乳山市通宝公司出租车司机

孙好贤　乳山市通宝公司出租车司机

孙　超　乳山市通宝公司出租车司机

牟　涛　乳山市通宝公司出租车司机

鲁　玮　乳山市通宝公司出租车司机

兰绍惠　乳山市通宝公司出租车司机

李文杰　乳山市通宝公司出租车司机

徐仁爽　乳山市通宝公司出租车司机

邵淑美　乳山市城区街道办事处祥和社区祥和小区区长

周相华　乳山市城区街道办事处利群社区城东一区区长

丁华东　乳山市城区街道办事处祥和社区移动祥和营业厅经理

于庆轩　乳山市城区街道办事处东里社区楼区长

周明军　乳山市城区街道办事处黄埠崖村党支部委员

杨鹏云　乳山市城区街道办事处夏东村保洁员

徐金波　乳山市城区街道办事处利群社区楼区长

吕维强　乳山市城区街道办事处东耿家村党支部委员

郑明太　乳山市城区街道办事处华冠社区居民

邹爱萍　乳山市城区街道办事处松山社区楼区长、老年人体育协会活动站站长

宋文初　乳山市城区街道办事处向阳社区楼区长

隋少玲　乳山市城区街道办事处幸福小区居民

于芳清　乳山市城区街道办事处富大社区楼长

史美翠　乳山市夏村镇赫家庄村党支部书记

胡新军　乳山市夏村镇石头圈村党支部书记

王洪珠　乳山市夏村镇北庄村妇联主席

董文娟　乳山市夏村镇西圈村妇联主席

徐珍玲　乳山市夏村镇官庄村妇联主席

刘婵英　乳山市夏村镇战家夼村妇联主席

宋秀珍　乳山市夏村镇胡八庄村妇联主席

姜秀梅　乳山市乳山口镇润泽社区社区书记

丛才明　乳山市乳山口镇西里村党支部书记

王应虎　乳山市海阳所镇海阳所村党支部书记

孙京虎　乳山市白沙滩镇白沙滩村党支部委员

孙进才　乳山市白沙滩镇白沙滩村村民

单华杰　乳山市白沙滩镇白沙滩村村民

林合云　乳山市大孤山镇大孤山村党支部书记

林树岭　乳山市大孤山镇大孤山村保洁员

孙洪敏　乳山市徐家镇马场村村委成员

刘桂福　乳山市徐家镇老庄村党支部委员

乔聚广　乳山市南黄镇南黄村党支部书记

冷传波　乳山市南黄镇冷家村党支部书记

宋修国　乳山市冯家镇北刘伶庄村党支部书记

孙胜玲　乳山市冯家镇南高格庄村保洁员

谭元山　乳山市下初镇下初村治安主任

谭翠蓉　乳山市下初镇下初村文化辅导员

郭宝文　乳山市午极镇车道村党支部书记

孔祥林　乳山市午极镇车道村石字岘村党支部书记

滕新国　乳山市崖子镇北地口村党支部书记、村委会主任

徐国安　乳山市崖子镇山西村保洁员

于福德　乳山市诸往镇于家圈村党支部书记、村委会主任

刘书龙　乳山市育黎镇曹家村村委会主任

栾良花　乳山市育黎镇三泉庄村保洁员

王迪新　乳山市乳山寨镇寨中村党支部书记

张月凤　乳山市乳山寨镇寨中村保洁员

乳山市人民政府关于进一步推进大众创业万众创新的实施意见（试行）

（5月10日乳政发〔2017〕4号）

为深入贯彻落实中央、省和威海市推进大众创业、万众创新的决策部署，适应和引领经济发展新常态，助推新旧动能转换重大工程，打造经济增长“新引擎”，根据上级有关规定，结合乳山市实际，提出以下意见。

一、总体要求

指导思想。深入贯彻落实党的十九大和十九届一中、二中、三中全会精神，坚持以习近平新时代中国特色社会主义思想为指引，坚持创新发展理念，继续推进深化改革，进一步推动简政放权，强化开放共享，创新服务模式，营造均等普惠的创业创新环境；坚持需求导向，尊重创业创新规律，切实解决创业者面临的资金需求、政策扶持、技术支撑、公共服务等瓶颈问题，最大限度释放各类市场主体创业创新活力；坚持统筹联动，把上级政策与地方政策用好、用活，推动资金链引导创业创新链、创业创新链支持产业链、产业链带动就业链。

目标任务。到2020年，全市创新创业主体活动充分释放，自主创业、勇于创新成为社会共识。全市每年新注册企业不少于1500户、个体工商户不少于4000户，市场主体总量年均增长12%以上，全社会创业文化氛围更加浓厚。

二、强化体制机制创新，进一步优化创业创新环境

营造公平竞争的市场环境。凡法律法规未明确禁止准入的行业和领域，一律向各类创业人员开放。公开市场准入标准和扶持政策，对所有创业者一视同仁。鼓励和引导民间资本进入基础设施、市政公用事业、保障性住房建设等领域，兴办金融机构，投资商贸流通产业，参与发展文化、教育、体育、医疗、社会福利事业。发挥中韩自贸区地

方经济合作示范区平台作用，引导各类人员在涉韩贸易、旅游、金融、文化创意等领域开展创业。建立健全创业主体信用信息发布制度，将创业主体信用与市场准入、享受优惠政策挂钩，完善以信用管理为基础的创业创新监管模式，营造诚信创业、失信可耻的良好氛围。

进一步提高行政审批效率。编制并公布行政审批事项目录，凡未纳入目录的，一律不得实施。推进行政审批标准化建设，加强行政权力清单、责任清单事项运行监管，简化办事环节，缩短办理时限，规范自由裁量权。简化审批手续，合并审批环节，逐步将国家和省市公布保留的前置审批事项纳入联审联批链条。搭建网上联审联批平台，实现镇级服务中心窗口受理审查、市级服务中心窗口网上审批。全面推进建设工程项目模块化审批。设立创业服务窗口，提高创业政策咨询、办事导航、预约服务、上门服务和全程陪同代办等服务，进一步规范办理流程，公开服务指南，承诺办理时限。

规范社会中介服务。加强行政审批中介服务机构的规范管理，制定出台中介服务事项目录，简化办事流程，规范收费行为，实行告知承诺服务。推动中介服务机构与行业主管部门脱钩，打破地方和行业垄断，使具备资质的中介服务机构平等进入、公平竞争。加强中介服务机构诚信监管和信用体系建设，建立黑名单制度，形成警示与退出机制。加快网上中介服务超市建设，推进中介服务机构信息公开。任何部门、单位不得指定或变相指定中介服务机构、部门下属事业单位实施涉行政审批中介服务。

降低市场主体创建成本。全面落实有关收费减免政策，保持有关优惠政策的连续性和稳定性。严格规范涉企收费行为，收费项目有低限设置的，均按低限标准收取。适时出台乳山市收费公示目录清单，清单之外的项目一律不得收费。加强对各类收费项目的监督检查，严肃查处各类价格违法行为，维护良好的市场价格秩序。

三、强化资金整合投入，提高创业创新资金使用效率

加大财政资金投入力度。乳山市财政要将推进大众创业资金列入本级财政预算，设立创业专项资金，建立稳定的增长机制，用于发放创业补贴、创业担保贷款贴息，支持创业服务平台建设、购买创业服务，举办创业大赛、创业大讲堂、创业沙龙等活动，推进创新创业。

支持创业担保贷款发展。扩大创业担保贷款政策惠及人群，对符合条件的各类自主创业人员，分别给予个体工商户最高 10 万元、小微企业最高 300 万元的创业担保贷款额度。对农村贫困人口及吸纳农村贫困人口就业的生产经营单位发放创业扶贫担保贷款，个人免担保最高不超过 3 万元，单位需提供必要抵押和反担保最高不超过 300 万元。引入多家经办合作银行和担保机构，建立竞争激励机制，开展更为灵活的抵押担保业务。

落实创业补贴资金发放。对符合条件的个体工商户、小微企业发放一次性创业补贴，补贴标准分别为个体 5000 元、企业 2 万元；小微企业及个体工商户吸纳登记失业人员和毕业年度高校毕业生的，给予每个岗位 2000 元的一次性创业岗位开发补贴；对符合条件的就业困难人员、毕业 5 年内高校毕业生及在校自主创业需租赁固定场地经营的，按企业 1 万元、个体工商户 5000 元标准给予一次性场地租赁补贴。

扶持小微企业发展。全面落实国家、省促进小微企业发展的减税降费等政策，深入开展“扶助小微企业专项行动”，增强对小微企业发展的支持效果。加强对银行关于小微企业信贷扶持资金投放情况的考核。完善贷款风险补偿机制，发挥小微企业贷款风险补偿基金担保增信作用。积极推动个体工商户转型升级为企业。

四、强化培训指导和孵化培育，提升创业创新服务水平

加大培训和教育力度。制定完善创业培训规划和年度计划，将有创业愿望和培训需求的人员纳入免费创业培训范围。依托创业创新实训基地和实训平台，为各类有创业意愿的劳动者提供“创业知识 + 模拟实践 + 实际操作 + 跟踪扶持”四级创业实训，对完成创业培训的人员按照上级文件规定标准给予培训机构一次性补贴。全市每年创业培训总量达到 400 人，创业成功率达到 10% 以上。围绕经济发展需要，加快互联网、云计算、大数据、金融、文化创意等产业人才的培养。

扶持创业创新孵化基地（园区）建设。加强创业孵化基地（园区）建设，鼓励社会力量通过新建或依托现有各类基地（园区），采取挂牌、共建等方式，兴建多类型、有特色的创业孵化基地（园区）。对不同主体创办的创业孵化基地（园区），达到威海市级认定标准的，给予最高 50 万元的一次性奖励，所需资金从创业带动就业扶持资金中安排。对公办创业孵化基地（园区）实行统一管理，完善创业项目的公开遴选、入驻、管理和退出机制。提高创业孵化基地（园区）的配套服务能力，打造一批专业化、特色化的创业孵化基地（园区）。

强化公共就业创业服务。通过政府购买服务方式，吸引各类社会服务组织为创业者提供项目评审、指导培训、资金融通、风险评估、组织创业大赛等服务。建立乳山市创业服务平台和科技创新服务平台，在信息咨询、政策服务、成果转化、科技文献、知识产权、专利代理、创业辅导等方面为创业者提供免费服务，推动大型仪器设备共享。在政府门户网站开设创业政策、创业动态发布窗口，及时更新创业政策，发布创业动态，为创业者提供创业信息和创业服务。推动驻乳高校、科研院所、重点实验室、工程技术研究中心的科研设施设备免费对外开放。

加快建设众创空间。利用驻乳高校、创业孵化基地、创业大学的有利条件，发挥行业领军企业、创业投资机构、社会组织等社会力量的作用，大力推广创客空间、创业咖啡、创新工场等新型孵化模式，加快发展市场化、专业化、集成化、网络化的众创空间，为创业者提供低成本、便利化、全要素、开放式的综合服务平台和发展空间。鼓励企业由传统的管控型组织转型为新型创业平台，让员工成为平台上的创业者，形成市场主导、风投参与、企业孵化的创业生态系统。制定众创空间建设标准，对达到标准的，由同级创业带动就业扶持资金给予适当奖补。

培育引进优质创业项目。对优质创业项目实行台账管理，每年遴选不少于20个优质创业项目，在经营场所、资金扶持等方面进行重点扶持。创新优化奖补程序，对经市创业指导专家委员会评估认定的优质创业项目，在政策奖补方面按一定比例先行兑现。支持企事业单位承担和参与国家科技研发项目，通过技术联合、技术引进、技术更新等形式带动创业。

五、抓好政策落实，鼓励重点群体自主创业

扶持大学生自主创业。实施大学生创业引领计划、离校未就业高校毕业生就业促进计划，全面落实扶持大学生创业的各项政策措施。运用创业创新投资引导基金，对各类创业孵化园、高校毕业生创业孵化基地内的大学生优质创业项目优先给予扶持。

支持科研人员创业。对高校、科研院所等事业单位专业技术人员离岗创业的，经原单位同意，可在3年内保留人事关系，与原单位其他在岗人员同等享受除绩效工资外的各项待遇及权利。原单位应当根据专业技术人员创业的实际情况，与其签订或变更聘用合同，明确权利义务。

支持高层次人才和外来人才创业。充分运用人才工作专项资金，鼓励引导各类高层次人才携带科研项目和技术在乳山市创办、领办企业。对符合条件的高层次人才来乳山创业，除按规定享受乳山市各项创业优惠政策外，确有必要并由本人提出申请通过审批的，由相关部门通过正常程序解决配偶工作调动和子女入学入托问题。

积极吸引高端人才。鼓励企业以重点科研项目为依托，以灵活多样的方式引进高端科技创新领军人才，设立科技创新贡献奖，评选科技创新优秀团队，对引进“两院”院士、国家“千人计划”、国家高端外国专家项目、泰山领军人才给予一次性奖励。

六、强化组织领导，为创业创新提供坚强保障

健全组织领导机构。成立乳山市创业创新工作领导小组，统筹指导全市创业创新工作。领导小组办公室设在市人社局，负责贯彻落实乳山市委、市政府工作部署，对全市创业创新工作进行综合协调、整体推进、督查考核等。将创业创新工作纳入全市目标绩效管理考核，实行季度评估、半年督查、年终考核。各牵头单位、责任单位要认真研究上级政策，详细了解其时间表和路线图，加紧研究完善乳山市配套政策，确保相关政策措施在乳山市及早落地；要履职尽责，加强沟通，形成合力，确保取得实效。

建立创业创新指导机构。成立乳山市创业创新指导专家委员会，由知名企业家、风险投资专家、创业指导专家、商业咨询专家、高等院校专家学者等担任委员，对申请入驻孵化基地的创业企业进行评估，开展优质创业项目评审和筛选，促进创业项目和风险资金对接。

七、扩大舆论宣传，营造创业创新的浓厚氛围

做好政策解读宣传和咨询解答。各相关部门要按照职责分工和规定程序对本意见进行解读，通过政府门户网站和部门网站等载体向社会发布。采取专家解读、政策问答、在线访谈、媒体专访等多种形式，通过电视、广播、报纸等传统媒体和各类数字化新媒体，做好政策宣传，使社会公众和创业创新主体知晓理解，主动应用。各有关部门要实行首问负责制，通过热线电话、部门网站，积极主动、认真详实地做好群众咨询答复工作。

营造创业创新良好氛围。将创业创新宣传纳入全市宣传工作总体部署，宣传部门和各类媒体要开办专题专栏，组织开展大型专题宣传报道活动。工会、团委、妇联、工商联等要发挥职能优势，加强宣传引导，组织开展多种形式的创业创新促进活动。鼓励成立各类创业社团组织，充分发挥行业协会作用，开展创业交流，提供创业服务。开展创业政策进企业、进社区、进农村、进学校活动。定期组织乳山创业大赛、优秀创业者座谈会等活动，培育创业典型，发挥创业成功者示范带动作用，激发大众创业热情，营造支持创业、鼓励创新、褒扬成功、宽容失败的浓厚氛围。

本意见由市人社局负责组织审核和解释，扶持对象均应为重视党的建设、社会诚信良好、依法依规经营、财务管理规范、支持配合维稳工作、无欠资欠保欠税行为、无安全生产事故、无不良网络舆情的经营主体，自2018年1月1日起施行，有效期1年，其他政策与本规定不一致的，依据本规定执行。意见涉及已出台的省、威海和乳山各级政策文件，已有规定时限、本意见未作特殊说明的，仍从其规定。

乳山市人民政府关于扶持海洋牧场建设的意见（试行）

（5月10日乳政发〔2017〕6号）

为推进乳山市海洋牧场建设，加快海洋产业转型升级，现就鼓励海洋牧场发展提出如下意见。

一、鼓励提升海洋牧场苗种供给水平

（一）鼓励建设水产原良种基地、“育繁推”一体化的现代渔业遗传育种中心和新品种研发基地，提高全市海洋牧场建设苗种综合供给能力。

（二）对新获批省级原良种场的单位，一次性奖励 10 万元；对获批国家级原良种场的单位，除上级资金支持外，乳山本级一次性奖励 20 万元。

（三）对达到省级遗传育种中心相应认定标准，建有展示厅、监控室、实时在线监测设施，且与省级以上科研院所或高等院校建立起实质性长期合作关系的标准化苗种培育基地，一次性奖励 30 万元。

（四）对引进繁育三倍体牡蛎、海大一号、海大二号（金牡蛎）等牡蛎优良品种，繁育水体在 500 ～ 1000 立方米，且年育苗量 3000 万粒以上的单位，一次性奖励 10 万元；繁育水体 1000 立方米以上，且年育苗量 6000 万粒以上的单位，一次性奖励 20 万元。

二、鼓励建设海洋牧场示范区

（五）鼓励企业在已确权海区参与实施以“增殖放流 + 人工鱼礁 + 田园养殖 + 底播增殖 + 智能网箱”为主要内容的具有乳山特色的海洋牧场建设。

（六）申报奖励企业在项目选址、作业方式、养殖密度、品牌管理、质量追溯等方面需符合乳山市海洋牧场建设总体规划的相关要求，否则不予认定。

（七）市政府组织专业机构对乳山近海海域进行本底调查，对建设海洋牧场的企业，提供海区水文、水质、生物质量、生物生态、生物资源、承载力、风险源、地质等基础资料。

（八）对新建投礁型海洋牧场，面积 3000 亩以上，投放生态型人工鱼礁 1.5 万空方以上，经济型人工鱼礁 10 万空方以上的单位，将当年海域使用金中县级分成部分一次性给予建设单位作为奖励。

（九）对新建底播型海洋牧场，底播海域面积 4500 亩以上的单位，一次性奖励 30 万元。

（十）对新建装备型海洋牧场，购置自动化养殖作业平台，单台价值 150 万元以上，每台奖励 20 万元；投放周长 40 米、60 米、80 米、100 米、120 米常规型深水抗风浪养殖网箱规模 10 口以上，按周长规格每口分别奖励 1 万元、1.5 万元、3 万元、3.5 万元、5 万元；购置现代化海洋牧场平台，单台价值 500 万元以上，每台奖励 50 万元。

（十一）对新建游钓型海洋牧场，拥有海域面积 2000 亩以上，购入休闲海钓渔船 6 艘以上，具备导钓员 5 人以上，陆地服务中心建筑面积 200 平方米以上的单位，一次性奖励 30 万元。

（十二）对新建田园型海洋牧场，牡蛎增养殖面积 4500 亩以上、采取生态疏养模式、建有标准化消毒净化设施、产品符合质量追溯体系要求且对周边养殖户起到一定带动作用的单位，一次性奖励 30 万元。

（十三）对符合第八、九、十、十一、十二项中任意一项，且发展了陆域配套设施“四个一”（一室一厅一院一馆，即监控室、展示厅、研究院、体验馆），实现海洋牧场可视、可测、可控，提升牧场信息化水平的单位，一次性奖励 10 万元。

（十四）对符合海洋产业发展基金投资原则，达到省级海洋牧场认定标准的企业，海渔部门优先推荐申报省级海洋牧场示范区，争取省级奖补资金，奖补资金按照“先建后补”的方式予以拨付，每个项目省级补助上限不超过 700 万元。

（十五）对延伸乳山牡蛎特色产业链条，生产以乳山牡蛎为原料的生物医药、保健品、化妆品等，新建深加工车间面积 2000 平方米以上的单位，一次性奖励 30 万元。

（十六）对符合海洋产业发展基金投资原则，满足扶持方向的企业，乳山市级产业基金优先采取股权投资、债权投资、“股权 + 债权”的投资模式支持企业转型升级。

（十七）对符合海洋产业发展基金投资原则，满足扶持方向，具有贷款需求且符合担保条件的企业，市政府协调国有融资担保公司给予融资担保支持。

（十八）对符合条件的项目纳入山东省农业融资担保有限公司支持范围。

（十九）海渔部门邀请高等院校专家学者对企业管理人员、技术人员提供水产品质量安全、养殖技术、疫病防控等方面的专业培训和技术服务。

三、鼓励融合发展休闲渔业

（二十）鼓励建设休闲渔业产业项目，对休闲海上游钓基地、休闲陆上池塘垂钓基地进行重点扶持。

（二十一）符合威海市休闲渔业产业项目发展资金奖励验收相关办法要求，对建设休闲海上游钓基地或休闲陆地池塘垂钓区基地的单位，一次性奖励 5 万元。

（二十二）达到省级休闲渔业示范基地标准，被认定为省级休闲渔业公园，一次性奖励 10 万元；达到国家级休闲渔业示范基地标准，被认定为国家级休闲渔业示范基地，一次性奖励 20 万元。

四、其他

（二十三）本意见由市海洋与渔业局负责组织审核和解释，扶持对象均应为重视党的建设、社会诚信良好、依法依规经营、财务管理规范、支持配合维稳工作、无欠资欠保欠税行为、无安全生产事故、无不良网络舆情的经营主体，审核和认定工作由市海洋与渔业局会同市财政局、审计局等部门进行联合评定，必要时可聘请第三方进行认定。

（二十四）本意见自 2018 年 1 月 1 日起施行，有效期 1 年，其他政策与本规定不一致的，依据本规定执行。

乳山市人民政府关于公布第五批非物质文化遗产代表性项目名录的通知

（12 月 27 日乳政发〔2017〕21 号）

乳山市第五批非物质文化遗产代表性项目名录已经市政府研究通过，现予公布。

乳山市非物质文化遗产是乳山历史的见证和乳山文化的重要载体，蕴含着乳山人民特有的精神价值、思维方式和文化意识，体现着中华民族的生命力和创造力。保护和利用好非物质文化遗产，对于落实科学发展观，繁荣发展社会主义先进文化，丰富人民群众精神文化生活，实现乳山市经济社会全面、协调、可持续发展，具有重要而深远的意义。各级各有关部门、单位要充分认识做好非物质文化遗产保护工作的重要性和必要性，坚持“保护为主、抢救第一、合理利用、传承发展”的原则，充分发扬非物质文化遗产的优秀文化价值和科技价值，切实做好非物质文化遗产的整理、保护、管理、传承、传播和开发利用工作。要依托非物质文化遗产进行文化、旅游产品的开发，促进文化产业发展。要建立健全专项经费投入机制，推动全市非物质文化遗产保护工作扎实健康开发。对列入名录和其他有价值的非物质文化遗产，要制定保护规划，明确目标责任，合理开发利用，切实保护好、管理好、利用好，使之得以传承和发扬。

附件：

乳山市第五批非物质文化遗产代表性项目名录

一、传统技艺（4项）

编号　项目名称

Ⅷ-13　乳山木板年画制作技艺

Ⅷ-14　乳山糖画制作技艺

Ⅷ-15　乳山泥塑制作技艺

Ⅷ-16　乳山砂陶器制作技艺

二、传统体育、游艺与杂技（1项）

Ⅵ-2　宫式八卦掌

乳山市人民政府关于表彰第二届“乳山工匠”的决定

（4月26号乳政发〔2017〕7号）

近年来，全市广大职工认真学习贯彻习近平新时代中国特色社会主义思想和党的十九大精神，脚踏实地勤奋工作、持之以恒追求卓越，涌现出一大批爱岗敬业、精益求精、技术精湛、善于攻坚的高素质技术工人，有力推动技术创新、质量提升，为乳山的建设和发展作出积极贡献。为表彰先进、树立榜样，市政府决定授予丁玉伦等10名同志第二届“乳山工匠”荣誉称号。

希望受到表彰的“乳山工匠”继续发扬追求卓越、精益求精、勇于创新的工匠精神，珍惜荣誉，再接再厉，再创佳绩。全市广大职工要以“乳山工匠”为榜样，努力践行工匠精神，勤学技能，苦练本领，敬业精业，创先争优，为推动区域高质量发展，建设“母爱圣地、美好乳山”做出新的更大贡献。

附件：

第二届“乳山工匠”名单（共10人）

丁玉伦　乳山华信食品有限公司经理

双建伟　威海伯特利萨克迪汽车安全系统有限公司技术部高级经理

史玉锋　国网山东省电力公司乳山市供电公司信息通信技术专工

孙展龙　威海佰德信新材料有限公司工段长

张明振　华隆（乳山）食品工业有限公司研发经理

张艳丽（女）　威海帕斯砜新材料有限公司副总经理

张　涛　威海恒邦化工有限公司生产班长

钟国奎　山东力久特种电机股份有限公司首席工艺师

唐德秋（女）　山东昊安金科新材料股份有限公司铸造技术部经理

焉保玺　乳山市公共交通集团有限公司修理工

乳山市道路绿化带管护办法

（5月11日，乳政办发〔2017〕13号）

第一条　为进一步强化生态化引领的发展理念，加快推进绿色发展步伐，巩固全市绿色通道建设成果，根据《中华人民共和国森林法》《中华人民共和国森林法实施条例》《山东省森林资源条例》《威海市林地保护办法》等有关法律法规，结合乳山市实际，制定本办法。

第二条　本办法所称道路绿化带，是指乳山市城区、经济开发区、滨海新区行政区域范围外的高速公路、铁路、国道、省道、重要旅游道路、县乡路及政府组织实施过绿化工程的其它道路绿化带，不含交通公路部门管辖范围内的道路路肩、边坡所栽植绿化植被。主要包括青威高速公路、桃威铁路、G309荣兰线、S208烟海线、S207牟乳线、S202威青线、S206牟白线、海沙线、西尚线、滕河立交桥至岠嵎山段公路边沟以外由林业部门统一规划建设的林带、片林，以及今后由市政府组织、林业部门实施建设的新增林带、片林。

第三条　乳山市林业部门是道路绿化带管护的责任主体，相关部门和镇区配合林业部门做好管护工作。

（一）林业部门负责道路绿化带管护总体规划和年度计划实施、施工技术指导、质量监督管理，会同财政、交通、公路等部门做好年度管护任务制定、检查验收和考核。

（二）财政部门负责道路绿化带管理管护费用、苗木补植费用的统筹安排，加强资金使用监管。

（三）交通、公路部门负责国省道和县乡路权属范围内的绿化管护工作。

（四）各镇配合相关部门做好道路绿化带管护工作，负责做好群众的宣传教育工作，严禁在绿化带内开垦耕种蔬菜、农作物或堆放草堆、垃圾等，严禁在绿化带周边烧纸、烧地堰，及时制止并上报偷伐、滥伐林木和毁坏树木现象，协调做好绿化带拓宽、补植等用地事宜。各镇绿化带保护工作列入年度林地保护岗位目标责任制考核。

（五）森林公安按照职责做好林地资源保护执法工作，及时查处毁坏、滥伐、盗伐道路绿化带林木和毁坏、侵占绿化带等行为。

第四条　管护标准

绿化带内树木保存率达到95%以上，林木生长健康旺盛，林带整齐美观，林带内没有间作农作物，没有生活和建筑垃圾，没有偷砍滥伐和毁坏林地等现象。

第五条 管护内容

及时做好道路绿化带植株的除草、修枝、扶正、浇水、施肥等培育工作，抓好病虫害防治，保证植株正常生长；根据不同树种和特点，本着“造形优美、搭配合理”的原则，采取不同的方法进行整形修剪；根据绿化带林木生长情况，及时做好缺株补植工作；做好绿化带防火工作。

第六条 管护措施

道路绿化带管护工作由林业部门负责，采取面向社会购买服务的形式，择优选取具有一定资质的专业管护主体，严格落实管护措施。同时，结合推进精准扶贫工作，在管护用工上优先安排周边困难群众就业，增加群众收入。

（一）松土除草施肥：在植物生长旺盛的季节进行除草、松土和施肥，每年5月、10月各进行一次，并视情况每3年至少进行1次追肥。

（二）病虫害防治：按照每年至少2次的频率喷洒药物防治病虫害，根据各类林木病虫害发生、发展和传播蔓延规律经常性地进行检查，有针对性地采取防治措施，确保绿化带林木正常生长。

（三）浇水排水：根据天气情况及时进行浇水和排水，一般在春秋干旱季节每年至少浇水2次，在夏季多雨季节做好排水工作。

（四）修剪补植：每年至少进行2次修剪，乔木及时剪除枯枝、断枝、乱枝，保证树势整齐、树形丰满、树样均衡；灌木按其造型进行修剪，保证图案美观、轮廓清晰、均衡丰满，并使其不遮挡道路交通安全设施。对由于人为和自然灾害造成的林木死亡现象，需要根据树种、规格进行及时补植，因自然原因等造成林木大面积死亡需要补植的，由市级财政出资、林业部门协助管护单位实施。

（五）卫生保洁：加强绿化带卫生保洁工作，及时清除林地内的杂草、杂物、垃圾等，保持绿化带干净整洁。

（六）防火防盗：对绿化带的林木实行严格保护，及时制止并上报偷伐、滥伐林木和毁坏林木、侵占林地的行为，做好护林防火工作。

（七）其他：如遇大风天气，苗木需要扶正；遇到旱涝冻害等灾害需要清除死树。

第七条 严格审批

任何单位和个人不得擅自改变道路绿化带规划用地性质或占用道路绿化带用地，不得擅自移栽、砍伐道路绿化带林木。需移栽、砍伐绿化带林木的，须经林业主管部门批准；因道路改扩建、林木衰老等原因需更新、砍伐绿化带林木的，由相关部门或个人按程序向林业主管部门申请办理相关手续。

第八条 违法处罚

森林公安部门对绿化带内放牧、毁林、占地、采石、挖土、挖沙等行为，按照有关法律法规进行处罚，处罚所得费用全部用于补植和管护工作。严肃查处偷伐滥伐、毁坏林地等恶意破坏绿化带行为，情节严重构成犯罪的，由司法机关依法追究刑事责任。

第九条 经费保障

道路绿化带管护经费按照每亩200元的标准列入年度市级财政预算，每年由林业、财政、交通、公路等部门组织对管护单位进行验收考核，根据考核情况拨付管护资金。

第十条 责任追究

对因工作失职、管护不力造成林木损失的，或未按时完成管护任务的，根据考核情况扣减相应的管护经费；对不认真履行职责、不能胜任管护工作的，要及时调整更换。

第十一条 本办法由乳山市林业主管部门负责实施。

第十二条 本办法自2017年7月1日起施行，有效期至2022年6月30日。

关于在全市开展依法行政突破年活动的实施方案

（5月3日乳政办发〔2017〕11号）

为加快乳山市法治政府建设，深入推进依法行政，经市政府研究同意，决定2017年在全市范围内开展“依法行政突破年”活动，现将有关事项通知如下：

一、总体目标

通过开展“依法行政突破年”活动，切实提升全市领导干部和行政执法人员依法行政理念，进一步提高依法行政水平，实现政府活动全面纳入法治轨道，为全面深化改革提供坚强的法治保障。

二、主要任务

贯彻落实《法治政府建设的实施意见》。要根据乳山市委、市政府《关于推进法治政府建设的实施意见》（乳发〔2017〕4号）安排部署，制定本单位《2017年法治政府建设实施方案》，明确本年度法治政府建设的重点内容、责任单位和完成时限，加强督导落实。要严格落实依法行政和法治政府建设报告制度，每年年初及时向市政府报告本单位上一年度法治政府建设情况。

切实加强规范性文件管理。以规范性文件备案制度等内容为重点，落实好新修订的规范性文件管理办法。乳山市政府法制办要指导各镇区街和各部门法制机构尽快熟悉和掌握新制度，督促部门法制机构落实对部门规范性文件的合法性审查等工作责任。各部门、单位要进一步明确规范规范性文件送审材料要求，强化规范性文件的社会参与和调研论证机制。要及时做好规范性文件的清理工作。

落实党政一体法律顾问制度。按照党政一体法律顾问制度的各项工作要求，严格落实法律顾问参与重大决策、重大行政执法行为、规范性文件制定、重大合同、重大突发事件和代理诉讼案件要求。各单位在实施具体行政行为过程中，要加强与法律顾问沟通，注重听取法律顾问意见，降低法律风险，切实发挥好法律顾问的参谋作用。

严格落实重大行政决策程序。要按照乳山市政府《重大行政决策程序规定》和《重大行政决策预公开制度》，严格执行重大行政决策的公众参与、专家论证、风险评估、合法性审查和集体讨论决定等法定程序，增强公众参与实效，提高专家论证和风险评估质量，加大政策解读力度。各部门承办的市政府重大行政决策提交市政府研究，除征求意见、风险评估、政策解读等材料外，要一并提交本部门法律顾问、法制机构和市政府法制办公室的合法性审查意见和市维稳办出具的风险备案证明。

规范行政执法程序。落实好《山东省行政执法全过程记录办法》，建立完善行政执法程序规范，明确具体操作流程，重点规范行政许可、行政处罚、行政强制、行政征收、行政确认等行政行为，确保行政执法全程留痕。

加大行政执法监督力度。市法制办及相关单位要强化行政执法日常监督，加强对行政执法主体和内容的监督；围绕关键领域和群众关切问题，有针对性地开展行政执法专项监督和个案监督；创新行政执法案卷评查模式，增强案卷评查效果。

建立重大行政执法决定审查备案。落实好《山东省重大行政执法决定法制审核办法》，科学界定重大行政许可、行政处罚、行政强制、行政征收等范围，做出重大行政执法决定应当请法律顾问参与审核并报市政府法制办备案，实现重大行政执法决定事前审查全面覆盖。

依法履行听证程序。行政执法部门实施行政许可、行政处罚等行政执法行为应当听证的，要按照法定程序组织听证。除涉及国家秘密、商业秘密或者个人隐私外，听证应公开举行。听证主持人应当具备相应的法律知识和专业知识，并经统一考试合格取得行政执法听证主持人资格，未取得资格的，不得从事行政执法听证主持工作。

落实行政执法责任。及时做好行政执法主体和行政执法人员清理工作，准确梳理行政执法依据，科学界定执法岗位职责，合理确定执法人员的执法资格和责任，全面实行行政执法人员持证上岗和资格管理制度，确保执法人员“在编、在岗、在职”，未取得执法资格，不得从事各类执法活动。

落实行政处罚裁量基准。行政执法部门要认真贯彻执行《山东省规范行政处罚裁量权办法》等有关规定，对事实、性质、情节、社会危害程度等因素相同或者相似的违法行为，所适用的处罚种类和幅度应基本相同。在作出行政处罚决定时，要在行政处罚决定书中说明处罚的事实根据、法律依据、裁量基准适用情况以及对当事人的陈述、申辩是否采纳等内容，增强说理性。

加强行政应诉工作。行政机关要认真落实行政首长出庭应诉制度，对土地征收、房屋拆迁、政府信息公开等案件要注重加强与人民法院的沟通，对人民法院在行政审判过程中发现的问题，要积极协调解决，主动纠错，重大问题要及时向市政府报告。对人民法院发出的司法建议，要认真研究落实并及时回复。

推进行政复议规范化建设。要完善行政复议委员会议事规则、公开审理、听证、调解、和解等各项工作制度，积极推进行政复议与信访衔接制度建设。市政府法制办要注重提升行政复议决定书的文书质量，形式上做到“正当化、规范化、标准化”，内容上体现“说理性、法理性、逻辑性”，充实完善决定书论证环节，提高信服力，保证行政复议决定合法合理。

落实行政复议纠错和行政诉讼败诉报告制度。各部门、单位要每季度将行政应诉案件情况报市政府法制办，有行政诉讼败诉案件的，还要对败诉案件的败诉原因进行逐一分析，并总结经验教训、制定整改措施，在此基础上形成专项报告，和行政判决书一起报送市政府法制办。对复议纠错案件和诉讼败诉案件中发现的问题，市政府法制办要督促整改，对涉及面上的和苗头性的问题，要及时提出预警，制发行政复议意见书和建议书，进一步规范和监督行政机关的行政行为。

做好行政应诉复议案件分析工作。各部门、单位要依托全新行政复议、行政应诉案件统计系统，认真做好统计上报，并结合法院掌握情况，确保数据填报准确无误。

积极推行行政调解工作。将行政调解作为重要的社会矛盾调处手段，加强行政调解与司法调解、人民调解、仲裁调解等调解机制的衔接，建立健全上下联动、全面覆盖的行政调解工作平台。重点协调解决消费者权益、劳动关系、医患关系、物业管理等方面的矛盾纠纷，促进当事人平等协商、公平公正解决矛盾纠纷。

进一步提高合同管理水平。要建立普通合同法律顾问参与、本部门法制机构审查机制和重大合同市政府法制机构备案制度。完善合同档案制度，明确合同档案材料的归档、保管、借用等要求，及时将合同立项、谈判、审查、签订的合同文本、合同履行证明材料、合同争议处理等资料整理归档，确保合同档案资料得到妥善保存。市政府法制办要加大对敏感领域和问题多发领域的合同检查力度，对重大合同履行情况实行全程跟踪。

加强行政许可事项事中事后监管。坚持简政放权、放管结合、优化服务，由事前审批为主向事中事后监管为主转变，通过强化日常监管、信用监管等方式，加快构建政府监管、行业自律、公众参与的综合监管体系。认真落实“双随机、一公开”监管改革工作，完善“一单、两库、一细则”，用好信息化平台，做好抽查信息过程公开工作。

规范执法文书制作。行政执法部门实施行政执法活动，要按照省下发的最新行政执法文书范本，规范制作、使用统一格式的行政执法文书。在制作行政执法文书时，要全面、准确填写有关内容，载明适用法律依据的全称和引用的具体条文。行政执法活动完结后，按规定将相关资料整理归档、妥善保存。

加强信息宣传和教育培训。加强与各类新闻媒体的联系，充分利用报纸、电视、网站等宣传平台多角度宣传法治政府建设动态和成效。加强行政执法、复议应诉、合同管理等方面的培训力度。采取“引进来、走出去”的方式，适时组织人员外出开展思想理论和业务培训，进一步提高行政机关法制工作人员的思想政治素养、业务工作能力和职业道德标准。

加强法制机构队伍建设。各部门、单位要主动适应新形势新任务，进一步加强法制队伍建设，继续健全法制机构、配齐配强专业工作人员，使法制机构力量与其承担的职责和任务相适应，努力打造一支政治过硬、业务精湛、敢于担当的政府法制队伍。

三、实施步骤

乳山市“依法行政突破年”活动自现在开始，11 月 30 日结束，主要分以下三个阶段进行：

自查自纠阶段（5 月 4 日至 6 月 4 日）。各单位按照本实施方案要求，结合本单位实际情况，仔细梳理每项工作，坚持问题导向，认真查摆存在的问题，建立查摆台账，明确各项问题和负责人。

整改落实阶段（6 月 5 日至 8 月 15 日）。各单位要精心组织，狠抓落实，着力做好活动组织发动、指导落实和执法人员培训等工作。要建立起整改台账，明确各项问题完成时限。全面落实规范依法行政各项工作任务，要不推不拖、不等不靠，抓紧时间对照整改。

全面提升阶段（8 月 16 日至 11 月 30 日）。市政府法制办将组织人员到各单位实地督导检查工作开展情况，年底将对各单位今年以来“依法行政突破年”活动开展情况和依法行政工作进行全面考核，对因工作不到位或行政管理行为违规违法影响我市整体考核的，实行依法行政考核一票否决。

四、工作要求

提高认识，精心组织。实现依法行政水平的突破提升是新形势下化解社会矛盾，维护法制统一，推动经济社会持续稳定发展的重要保证，各单位要充分认识该项工作的重要性和紧迫性，以“依法行政突破年”活动为契机，结合年度总体工作要求，加强工作配合协作，切实改进执法行为，提高执法水平。

明确任务，分工负责。各单位要将该项工作摆上重要位置，主要负责人亲自抓，分管领导具体抓，法制科室要发挥好协调推动作用，明确责任，分工到人。各单位要将分管负责人和具体工作人员姓名、职务、联系方式于 5 月 9 日前报市政府法制办。

加强宣传，典型引领。各单位要积极总结、推荐本单位、本系统在依法行政工作方面的典型经验和创新做法，及时报送市政府办公室（6651023，电子邮箱：rszffzj@163.com），市政府办公室将筛选优秀信息向上推荐，信息报送情况列入年度考核。

媒体关注报道

【“红色文化”扮靓美丽乡村】 乳山依托马石山红色教育基地提升工程，以马石山红色文化为主脉，探索美丽乡村建设融合红色旅游，人文景观结合绿色生态，打造“红色 + 绿色”的组合捆绑旅游发展模式，让游客重走红色路、聆听红色故事、唱响红色歌曲、体验特色乡村旅游。现在，乳山正在形成“一条红色路，一群彩色村”，打造宜居、宜业、宜游的美丽乡村。

传统古村落焕发新光彩

2017 年正月十五过后，诸往镇下石硼村 85 岁老人王少璞的屋后来了一批建筑队，把他家后面的一片老房子修缮一新，原先的破破烂烂变得整整齐齐，一派古风古貌的建筑群落煞是好看。王少璞怎么也没想到，这一片比他年龄还大一两百岁的老房子还能焕发出新光彩。

村里的面貌越来越整洁，进村旅游的人越来越多，王少璞的脸上的笑容也越来越多。关于这些老房子和老房子里发生的故事，已经埋在他心里 80 多年，现在他可以绘声绘色地讲给游客听。

下石硼村位于马石山下，群山环绕，与外界隔绝。1938 年这里是革命根据地，现在仍有枪械维修旧址、秘密医院、兵工厂、印钞厂、被服厂、胶东公学等红色遗址。毗邻马石山红色教育基地的下石硼村被纳入到乳山红色教育基地提升工程的大盘子。整治乡村环境，规划建设红色记忆馆区和红色主题餐饮功能区……一座曾被忘记数十年的山村，经过专家设计进行“红色改造”，村里的资源得到重新挖掘，村风村貌脱胎换骨，百姓们看在眼里乐在心里，曾在地下党组织秘密联络时负责站岗的王少璞也有了精气神儿。

一起被纳入改造规划的还有距离下石硼村不远处的东尚山村。这座山东省传统古村落位于通往马石山红色教育基地的主干路上。进入村子，映入眼帘的是一排排古色古香的建筑群，它们顺势而建，错落有致，曾出现在《山菊花》《血染的土地》等影视银幕中。现在，建筑工人们正在对它们进行仔细修复。“这些都是有着几百年历史的明清古建筑，现存 100 多座，并且保存得比较完整，我们将挖掘村里的传统古建筑群、古街巷、古寺庙、古戏楼等传统特色资源，建设民俗历史展览馆，今年还将继续申报国家级传统村落。”东尚山村委会主任刘安介绍说，他们还依托电视剧《山菊花》拍摄原址，打造红色文化影视基地。

依托基地提升乡村美丽嬗变

下石硼村、东尚山村、青山村、井乔家四个村庄都在依托马石山红色教育基地提升，挖掘红色资源、搞活红色旅游，进行美丽乡村建设。

马石山红色教育基地始建于 1971 年，形成马石山十勇士纪念馆、乳山革命纪念馆和宣传教育中心“两馆一中心”的教育载体，采用现代化设计和科技手段陈列展示历史及革命人物事迹，被列为第一批国家级抗战纪念设施、遗址以及国家级3A景区、省级重点文物保护单位、省重点烈士纪念建筑保护单位，马石山十勇士与狼牙山五壮士等一起被列为中国五大著名抗日英雄群体。

红色旅游已经成为乳山的一大品牌，如何以红色旅游带动美丽乡村建设，放大红色旅游优势？红色教育基地提升工作应运而生。

在乳山红色教育基地提升工程中，乳山市依托马石山红色教育基地，着力打造以“红色文化体验”为主体，以“建设美丽乡村”为目标的红色教育旅游提升路线，串联形成“一个总后勤、一片山菊花、一湾鱼水情、一首正气歌”的空间布局——

一个总后勤，在下石硼村复原八路军兵工厂、被服厂、印钞厂原貌，打造美丽乡村样板，设置仿古服装、仿真玩具、特色农产品等销售点。

一片山菊花，东尚山村依托“三花”文化资源和传统古村落，发展观光和食用菊花种植、户外写生、观光旅游、婚纱摄影等产业。

一湾鱼水情，依托井乔家村依山傍水的优美自然环境，打造特色餐饮、精品民宿、水上娱乐项目，吸引游客就餐留宿。

一首正气歌，围绕战时武术培训主题，依托青山武校等资源，在青山村发展武术培训、户外拓展、名人纪念品及武术体育相关产品销售等。

在旅游路线安排上，打造从乳山市区出发，途经东尚山、下石硼、马石山、井乔家、青山、胶东育儿所，再返回乳山市区的长达140多公里的环形旅游路线。

目标既定，行动为先。现在，红色史料挖掘、红色教育基地改建及场馆布展、传统村落史料挖掘及古村落保护开发、马石山红色教育基地和田家村胶东育儿所旧址改造提升等红色资料收集和布展工作开展得如火如荼。马石山西线进出道路拓宽改造工程、沿途5条河段综合治理工程、沿线7条道路两侧绿化工程、沿途违章建设治理、城乡环卫一体化、水源地保护、畜禽养殖整治等基地打造和沿线环境整治工作已经展开。沿线村改厕，沿线镇村基层文体设施完善，沿线村光伏产业、农家乐、现代农业等特色产业发展等工作也同步开展。

以红色文化体验为主，以生态农业和乡村产业为辅，“红色＋绿色”一系列举措正在改善着革命老区人民的生活，红色旅游让村村成景。“通过红色教育基地提升工程，把红色教育基地打造向红色旅游产业培育延伸，有效改善乡村面貌，带动周边村民就业，促进沿线镇村经济社会持续健康发展。”

（2017年2月6日《威海日报》 作者：王晓根 王嘉 姜俏俏 张弘）

【山东乳山：石硼人家烹出的大山味道】 党的十八大以来，以习近平同志为核心的党中央带领全党、全国各族人民昂扬奋进，砥砺前行，取得举世瞩目的巨大成就。广大人民群众看在眼里，记在心里，充分感受到伟大祖国的日新月异，触摸到发乎内心的满满获得感。

党的十九大即将召开。人民网特别推出“喜迎十九大、触摸获得感”专题报道栏目，汇纳人民网记者深入乡村、街道、学校、医院、哨所等基层的所见所闻，用记者的笔触、镜头、图片、视频，讲述沾满泥土、饱含露珠、带着温度的鲜活故事，反映基层改革发展的喜人变化和人民群众的真实感受。希望用这些小小的故事，编织成美丽的花环，献给伟大的党、伟大的祖国、伟大的人民，迎接党的十九大胜利召开。

山东半岛南部的乳山市，因境内一座大乳山而得名。

今年8月，乳山市市长宫本杲用英文为城市代言的视频引爆网络，让更多网民记住这个胶东小城，也让这位年轻市长一跃而成“网红县官”。

地处北纬37度且濒临黄海，衔远山，临大海，朝晖夕照，气象万千，大自然的灵气让乳山享尽陆海之色。

当地人告诉我们，乳山的大山里深藏着鲜为人知的奥秘，那里的石硼人家借助青山绿水和历史文化烹出浓郁的大山味道，让尘封多年的大山故事破茧而出。

我们决定一探究竟。

明月松间照，山里人邀客开轩话桑麻

今年中秋之夜，快人快语的乳山市下石硼村乔翠花大妈乐得合不拢嘴。

当天晚上，来自安徽的26名游客来到她今年才开张的农家乐小院，品尝她地道的农家菜绝活。加上中午过来就餐的游客，这一天，就是按每人最低用餐标准计算，她的农家乐营业额也超过2000元。

大妈掌勺，老伴当店小二。到耳顺之年，在山沟里务农一辈子的老俩口做梦也没想到一不小心就当起了老板。“祖祖辈辈也没遇到这样的好时光。”乔大妈说。

下石硼村位于乳山境内第一大河——乳山河源头的诸往镇。翻过马石山十八盘，我们来到这个藏于大山深处的小山村时，蒙蒙细雨刚刚停止。

下石硼村依山傍水，四周山势陡峭，果树遍布；河中怪石堆叠，石桥横跨；村里古屋石巷蜿蜒曲徊，河上白羽轻浮悠然自得，恰似一幅“空山新雨后，天气晚来秋”的浓墨山水图。

同行的诸往镇干部张弘告诉我们，这里之所以叫下石硼，是因为整个村子就建在大石块上，每一脚都能踩在石头上，当地人把山壁和地上的巨大石块叫做“石硼”。

我们的到访让乔翠花大妈老俩口非常高兴，力邀我们去她的农家乐坐坐。穿过村里的狭窄石巷，我们来到一处石墙青瓦的老院落，门口一块“光荣人家”的牌子告诉我们这是一户军属。

“俺哥曾经在部队当兵。”“店小二”王元东说，这房子过去是地主的宅院，当年土改时分给王家。

不大的院落干净整洁，院内放

着两张大桌和一些凳子，这便是乔大妈的农家乐了。热情实在的乔大妈捧出了炒板栗，泡上擀杖叶子茶，一边倒茶一边告诉我们，这茶是山里野生的，当天采后不过夜就送到青岛去加工，炒出的好茶每斤要卖到1800元。

“游客来了就在这里吃饭，如果人多，屋里还有两张炕，小桌一摆，游客盘腿上炕，人再多了，就到俺兄弟媳妇家。”乔大妈说，在她带动下，兄弟媳妇也开起了农家乐，而且现在村里报名要建农家乐的还有11户。

尽管乳山濒临黄海，海产丰富，但乔大妈的农家乐还是热衷她那地道的“山货”。自己散养的土鸡，自己亲手种的小麦玉米和蔬菜瓜果，自己磨面蒸出的松软馒头，自己从山里挖来的太子参等野菜……游客来了，太子参炖小鸡、清炒时鲜和山野菜、轻炸卡虫等，这些原生态的佳肴让游客吃得非常过瘾。一位北京游客三次自驾车来到这里，点名要吃她做的农家菜，不仅是因为勤劳的大妈把农家乐收拾得一尘不染，更因为她做的饭菜给人带来了大山本来的味道。

作为下石硼村“吃螃蟹”的第一人，谈起为啥要开农家乐，乔大妈眉飞色舞：“打去年有游客来村里游玩找不到地方吃饭的时候，俺就琢磨想开个农家乐。今年三月，咱老俩口在上山挖太子参回来的路上，刚巧遇到前来考察的市委书记周兵。书记问咱上山采什么，俺说山野菜呀，书记说这可是好东西。俺赶忙问书记，你看俺开个农家乐你支持不？书记说，‘很好呀，山里有那么多好东西，也该让游客开开眼了。’就这一句话，不管俺家老头同不同意，俺就硬是开了起来。当时，老头还笑话我：‘就你，还开农家乐？’”指着站在一边的王元东，乔大妈乐得咯咯的。

也就这一下，乔大妈名声响开了。村里乡亲举着大拇指点赞乔大妈有“五大优势”：思想解放、公关能力强、心灵手巧、做事麻利、干净卫生。这评价让大妈美滋滋的，浑身是劲。

拂去旧尘封，庄稼汉摄影上网道今朝

乔大妈的喜悦来自乳山市近两年来对美丽乡村和红色旅游的开发。

党的十八大以来，乳山市以全面建成美丽乡村为目标，深入挖掘“一村一品、一村一韵”的乡村文化内涵，探索“红色 + 绿色”融合发展的旅游模式，不仅拓宽了新农村建设的路径，也直接惠及到曾经群山环绕却与外界隔绝的下石硼村。

坐落在马石山南麓脚下的下石硼村全村203户、352人。村子周围的山中，不仅槐树、荆条、海棠、洋梨、苹果、山杏、小樱桃满山遍野，还有有尘封多年的小三峡、蜜蜂谷、南天门、五峰楼、三鸽堂、棋盘石、九龙水库等自然景观。

除了古风古貌，掩映在深山里的小山村还暗藏着一段红色密码。1938年前后，这里是胶东地区重要的抗日根据地之一。现存的秘密医院、兵工厂、印钞厂、被服厂、党员秘密联络点等红色遗址，就隐蔽在弯弯曲曲的石巷内。

在大山蜜蜂谷养蜂的王元连十多年前开始尝试养蜂、现在成了村里的资深养蜂人。他告诉我们，自己现在一年能产蜜4000斤，好的年份还能突破6000斤。“多亏了我们国家对生态环境的严格保护，习近平总书记说青山绿水就是金山银山，这话真是在理。”

67岁的王元连不仅是养蜂能手，还经常在养蜂之余用手机拍摄山中美景并成了村里有名的摄影“高手”，他拍的照片连村里镇上都采用了。指着自己拍摄的一幅幅照片，王元连自豪地说：你看我拍的棋盘石吧，乳山河里的这块巨大石硼高2米，奇石上有先人凿刻的围棋棋盘，四周凿有四眼用来插木杆搭凉棚的。“如果游人在石上赏景对弈，追古思今，不是件快乐的事吗？”

王元连对自己的这一摄影爱好十分满意，觉得自己的精神生活很充实。他把自己拍的佳作传到了网上，没想到一天就有好几千人查看。

和王元连一样感到充实的还有62岁的王元东。自从这两年乳山市政府把引进大山的网络不断升级，王元东就越发离不开手机了，每天没事就摆弄起他的智能手机，关注着山里山外事。村里年轻人笑话他这把年纪也玩手机，王元东怼道：“俺这老头玩起手机来不比你们差！”

2017年以来，游客不光到下石硼村看山游水，村里的红色旅游也渐成亮点。张弘告诉我们，在乳山市委市政府的统一规划下，下石硼村里的“红色密码”经过专家的“红色改造”，红色资源得到了重新挖掘，不久将以崭新面貌迎接游客。

“红色 + 绿色”融合发展的旅游模式令下石硼村村民深感自豪，自觉融入到村容村貌的建设中。在村中行走，我们看到不少头戴黄色安全帽的工人正在给沿河的老屋石墙清理缝隙，便问这是从哪里请来的建筑工？一位村民哈哈笑了，“他们都是村里人，现在俺们再不用外出打工了，在自己村里就有活。”

村民说，过去村里垃圾淤积，违建不少，村党支部带头“拆违”，带头开展村环境整治，让大家感到美丽乡村建设有奔头。如今，一说为了美丽乡村，全村男女老少就会一齐上阵，给街巷通道铺设石板石块，两侧种上花草，就连村里3000多米河道里的石硼都被村民用刷子洗刷得干干净净。“看着整齐清洁的村貌，心里真舒服。”

记者了解到，五年前，村里交通不便，果子价格也不高。那时候，人均年收入也就在6000元左右；2016年，乳山市政府再投资近亿元，重新拓宽了进山路，村民人均年收入也随之提高到13531元。收获到“旅游红利”的下石硼村人感到现在路越修越平，越修越宽，心里也越来越敞亮。他们说，跟着党走，保准没错！

优美的生态环境和深厚的历史积淀也让现任村支书王守起有了底气。他说，村里正在对丰富的红色文化遗址进行抢救性修复，“胶东人民兵工历史陈列馆”“胶东军区被服厂旧址”“党员秘密联络点旧址”“兵工三厂修枪组旧址”等7处红色遗址也在恢复原貌。这两年，村里打算发展深山蜂蜜采收游，打造攀岩基地开发运动游，推广采摘园和农家乐吸引休闲游，还要借力互联网，让更多的山货走出大山，也让更多的游客走进山村，体验我们的好山好水好时代。

“乳山是一座传承着历史文化、流淌着红色基因的城市。”在深山采访，我们感受到“网红县官”宫本杲为这座城市代言时这句话的真实内涵。

市委宣传部部长纪华艳对我们说，今年，乳山市重点打造了马石山、胶东育儿所2个红色教育基地，深挖东尚山、下石硼、青山、井乔家4个红色资源村，把古朴山村凝聚的乡土元素融入青山绿水。这些都为该市红色旅游产业的提升、美丽乡村的建设注入了新的动能。

离开下石硼村时，晚霞微露。我们知道，明天是个好天气，一幅饱含时代气息的美丽乡村画卷将在这里徐徐展开。

（2017年10月17日《人民网》作者：蔡军 胡洪林）

【一村一景 一村一韵——乳山这样打造美丽乡村】 修缮保护的古村遗迹、宽敞硬化的乡间道路、静雅别致的乡村旅馆……金秋时节，乳山美丽乡村处处成景。

乳山市大力实施美丽乡村建设工程，坚持环境优先理念，立足高起点规划，深入挖掘文化内涵，根据特色产业、区位特点、风俗民情、传统文化、故事传说等，打造了一批特色鲜明、各美其美的美丽乡村。

留住乡村文化使红色成为美丽乡村的底色

“小时候父辈们就常讲胶东抗战故事，今天来参观胶东育儿所，心里的触动很大，幸福生活来之不易，我们要珍惜……”金秋时节，崖子镇田家村的胶东育儿所纪念馆里，挤满了来学习乳娘事迹的游客。

田家村地处马石山周边区域，是胶东抗日根据地的重要据点。抗战最艰难时期，中共胶东区党委在此组建胶东育儿所，选取乳娘哺育党政军干部子女和烈士遗孤。此后10多年的时间里，以田家村为中心，300多名乳娘和保育员养育了1223名革命后代，用大爱书写了一段人间奇迹。

为传承红色文化和乳娘精神，田家村充分挖掘红色文化内涵，投资1600余万元修缮了胶东育儿所教育基地，基地包括胶东行政主任公署旧址、胶东育儿所旧址、幼儿生活室、复原的三个乳娘人家及乳娘纪念馆等10处展室和相关附属设施，让红色成为美丽乡村建设的底色。

生态美是美丽乡村的“面子”，文化美是美丽乡村的“里子”。在美丽乡村建设过程中，乳山围绕红色文化、海洋文化等，根据特色产业、区位特点、风俗民情、传统文化、故事传说等，深度挖掘不同特色主题，建设“一村一品、一村一韵”的美丽乡村。重点打造以“马石山革命文化”、胶东育儿所“乳娘文化”为重点的红色教育基地示范区；以圣水宫养生文化、冯德英故居、三花红色文化为重点的养生文化示范区；以银滩、大乳山4A级景区海岸线、塔岛湾海洋生态国家级海洋特别保护区为重点的美丽乡村连片示范区。

为有序推进美丽乡村连片示范区、示范村创建，乳山确定了“梯度培育”思路，今年，在计划创建3个美丽乡村连片示范区、4个省级精品示范村、7个市级精品示范村的基础上，重点打造红色旅游镇连片示范区，将东尚山村、下石硼村、田家村、玉皇山后村打造成国家级精品示范村。

“东尚山村的红色电影《山菊花》拍摄外景基地，下石硼村的八路军兵工厂、被服厂、印钞厂、秘密医院，玉皇山后村的乡村记忆馆……我们杜绝千篇一律，每个村都有自己的特色文化名片。”乳山住建局工作人员说。

环境长效管护村里跟城区标准一样

“以前村里的路又窄又烂，遇上下雨天，深一脚浅一脚，几乎没法走。现在路宽了平了，还安装了路灯，走路再不犯难了。”“这条河底淤积了厚厚的一层泥，今年村里组织人员集中清理，石头上的青苔也被一点点蹭干净了。”……说起美丽乡村建设带来的变化，诸往镇下石棚村村民们言语中透露出兴奋。如今，平坦的水泥路、崭新的路灯、规整的绿化带，已成为美丽乡村的标配，而在环境长效管护上，村里也实现了跟城区一样的标准。

乳山市按照“村收集、镇转运、市处理”运作模式，对距离市区较近的5个镇（街），由各镇（街）逐村收集垃圾直接运送到垃圾焚烧发电厂进行无害化处理；距离市区较远的10个镇，在镇驻地各建1座垃圾中转站，每镇配备垃圾运输车，由村里保洁队每天将垃圾收集起来，再由镇上统一清运到中转站进行压缩处理，最后由市环卫处将压缩垃圾统一运输到垃圾焚烧发电厂进行无害化处理。

乱搭乱建也是影响村容村貌的一个疮疤，为此，乳山把拆违建作为建设美丽乡村的重要一环，将未经批准非法占用土地、未取得乡村建设规划许可证等几大类问题列为整治范围，组织开展调查摸底，并组织各村开展违法建设自主申报。同时，建立市、镇、村三级网格巡查监督机制，发现违法建设第一时间上报，对新增违法建设零容忍。

还原乡村原貌的同时，乳山把好山好水好风光融入到美丽乡村建设全过程，着力打造“一村一景，一村一品，一村一韵”的特色村落，乳山充分利用村庄周边的生态环境，坚持原真性保护、原住式开发、原特色利用，把全村当作一个大景区来规划，把村居当作一个个小品来改造，科学定位村庄主题，统筹推进美丽乡村建设。

“我们尊重自然、保护自然，比如村里维修道路，我们就地取材，用石头铺路、护坡，既节省了建设成本，又能与自然环境和谐共融。”乳山住建局工作人员说，美丽乡村建设不追求大广场、水泥路，也不刻意追求整齐划一的翻新房屋，而是展示小桥流水、石径小路的自然景致，让居民望得见山、看得见水、记得住乡愁。

发展特色产业实现组团竞争差异化发展

“有了好风景，又有了致富路，就等于栽下了摇钱树，收入年年提高是看得到的事。”下石棚村村民说。依托樱桃、桃等农业基础，该村与周边4村联合发展海棠、洋梨、苹果、山杏等特色采摘带，按照时令举办赏花节，樱桃、山杏等采摘节，吸引游客，凝聚人气。

搭乘“互联网+”东风，下石棚村还注册“石硼人家”商标，走上农村淘宝发展之路，将当地的小米、旱稻、山野茶、野菜等农家土特产，推广到线上销售，带动群众创收致富。“我们还计划与运动公司合作开展登山、攀岩等康体运动，与婚庆公司合作利用花海形成婚纱摄影基地，融合发展健康经济、婚庆经济、旅游经济、农业经济等。”下石棚村党支部书记王守起说。

产业是美丽乡村的生命力。为此，乳山积极引导美丽乡村做好筑巢引凤文章，围绕红色文化、民风民俗、生态休闲等特色主题，培育发展了岠嵎山特色民宿、胶东红色文化体验、滨海养生休闲等特色产业，实现示范村组团竞争、片区内差异化发展。

为解决美丽乡村发展中遇到的资金难题，乳山变财政资金“主导”为“引导”，积极引进境内外大型投资企业参与建设运营，通过引导社会资本开发农村资源、盘活闲置资产，发展壮大村庄养老、乡村旅游、现代农业等富民产业，实现政府和社会资本的双赢。

“我们聘请专业团队对村庄的旅游、文化、产业等进行整体规划，共规划了茶文化交流中心、徒步攀岩基地、露营基地、高端民宿居住区、乡村文化记忆馆、写生基地、高效产业带等板块。”玉皇山后村干部说，他们提出了“山后人家”的旅游品牌，主推山后山泉直饮水、山后樱桃、山后野菜、山后纬度最北年代最久远茶叶、山后大秧歌等特色招牌，不断提升旅游吸引力。

据悉，到2020年，乳山计划创建省级美丽乡村连片示范区5个、示范村20个；威海市级美丽乡村连片示范区10个、精品示范村40个，带动乳山75%的村庄达到美丽乡村建设B级以上标准。

（2017年9月20日《威海日报》作者：夏树刚 姜俏俏）

【乳山：奋战新征程 引领新发展】 振兴！转型！乳山正在全面深化改革的浪潮中崛起！

乳山始终坚持“党建是重要引领、发展是第一要务、稳定压倒一切”，大力实施新型工业化、城镇化、生态化“三化引领”和创新城市、健康城市、活力城市、人文城市“四城共建”发展战略，以改革破瓶颈、求先行，开启产业转型之门，踏上产业振兴之路，加快建设经济富强、文明和谐、绿水青山的现代化幸福乳山。

党建引领激活力 齐心协力共发展

30天时间完成胶东育儿所红色教育基地建设，45天时间实现花家疃水库引调水全线通水，130余天的奋战、长达50余公里的红色教育基地沿线提升工作初显成效……这创造了“乳山精神”，展示了“乳山速度”，更体现了新时期乳山干部队伍的良好作风形象。

要解决好产业结构不优、社会管理不完善等方面存在的问题，必须抓住党建引领这个根本。

抓班子带队伍，抓作风提精神，抓组织强基础，全面夯实乳山发展各项保障，这是乳山人的共识。

工作中，乳山按照“想干事、敢干事、干成事、不出事”的要求，以建设学习型、创新型、服务型、效能型、廉洁型“五型”机关为抓手，大力强化“讲规矩、抓落实、重创新、提效能”四种意识，特别是引导镇区、部门将自身发展放到威海、全省乃至全国发展大局中，在更高参照系中确定发展坐标和定位，大力营造你追我赶、勇争一流的良好氛围。

作为“关键少数”的市级领导，对全市发展起着“风向标”作用。乳山要求市级领导带头外出解放思想、考察学习、对接项目、分包落实，围绕全市性重点工作开展专题调研，推动重点工作创新突破。

在科学选人用人方面，乳山树立凭政绩用干部的导向，建立干部经常性考核和动态化调整机制。注重在工作一线、艰苦岗位选拔培养干部，及时把想事干事的优秀干部选拔上来，把不作为乱作为的干部调整下去，营造能者上、庸者下的用人环境，始终保持干部队伍的蓬勃生机。

基层党组织、基层党员是党的工作和战斗力的基础。结合农村“两委”换届，乳山创新开展了基层党建“双整”“双星”工程，即“整镇推进、整市提升”、农村“十星级”党组织和党员评定，助力“两学一做”学习教育常态化制度化推进，保证基层党建“提质增效”。

作为“双星”试点村的崖子镇田家村，正在进行首轮农村党员“十星级”的评定工作，全村172户群众代表对村内35名党员进行综合评议。经镇党委汇总群众评议和党组织评定结果后，确定党员星级，并在村级党委公开栏内设置农村党员“星级榜”予以公布。

崖子镇组织委员宋铁成介绍，十星中，“政治素质星”“组织观念星”“学习教育星”“履职尽责星”等4星由党组织打分，“维护稳定星”“遵纪守法星”“道德品行星”“诚实守信星”等4星由群众评议，“带头表率星”“义务奉献星”等2星由群众评议与党组织共同确定。星级评定后，并非一劳永逸，还将定期开展新一轮星级评定，及时进行增星摘星，激励党员争当先锋模范。

产业振兴强根基　转型发展辟新局

政策驱动，以产业聚焦、政策聚焦的方式扶持传统企业，助推降成本、稳经营、强根基

将精准扶贫理念植入产业振兴，聚焦传统产业，聚焦扶持政策，聚焦龙头企业，计划三年内每年安排1.5亿元向实体经济“输血”。

11大领域、110余项、涉及产业“全链条”培育的扶持条款，初步测算超过7000万元的奖励扶持资金投入，历年来涵盖领域最全面、奖扶资金最丰厚、“三产”联动最紧密的政策指导体系，2017年5月，在乳山新鲜“出炉”。

2017年，乳山市产业振兴大会上，乳山市委、市政府郑重承诺：有诺必践、应奖尽奖，严格把关、照章兑现。此语掷地有声，落在了在场500余名干部和企业家心中。

乳山出台的一揽子与产业发展紧密相关的扶持政策，涉及国家、省、威海市多个层面，涵盖工业经济、科技金融、人才培育、创新创业、招商引资等多个方面，较之以往，新增文化产业、海洋牧场等扶持政策，充分考虑了各个产业领域的发展阶段、扶持重点和用力方向。

伴随政策出台，乳山“送政策进企业”活动迅速启动，数百名干部职工组成数支政策讲解小分队，深入近百家企业开展政策解读，帮助企业解读政策、分析政策、用好政策，帮助企业结合自身实际做好规划谋划，切实将政策的“牵引力”转化为企业的“驱动力”，让企业进一步坚定发展信念，实现膨胀扩规。

乳山市以“三年突破产业结构”战略为抓手，坚持领导精力、政策资金、考核机制向产业发展倾斜，通过对企业转型升级优先保证用地、企业膨胀扩规进行一次性贴息、企业技术创新给予研发补助等措施，先后培植了华信食品、伯特利汽车等一批骨干企业，推动乳山产业振兴，促进经济结构优化。

创新驱动，以全球化、开放式的视野实施创新驱动，加快产业培育、产业嫁接、产业改造

积极融入半岛产业链、承接产业外溢，谋求以新技术、新理念和新模式推动产业再造。

产业振兴离不开创新活力和人才智力支持。

2017年，乳山市出台《关于鼓励经济发展的若干规定（试行）》，高度关注“大众创业、万众创新”，提出到2019年市场主体量年均增长12%以上，打造经济增长“新引擎”。

为鼓励创业，乳山市搭建起了成创乳山众创空间，采取“创业苗圃＋种子基金＋小微企业＋天使投资＋孵化加速”的模式，为入孵企业和创业者提供服务。

乳山市科瑞电子科技有限公司是进驻众创空间的一家科技型企业，主要从事金属基板和电路板的生产、研发。在这里，除享受三年水电费、房租减免外，400平方米的办公、展示区，创业导师的实用分享，以及融资政策的及时倾斜，让企业尝到了甜头。“通过众创空间的介绍，投资人要做一个定向3000万元的投资，用于后期生产线的扩建，以及电子产品深加工。”该公司负责人姜坤说。

乳山市把创新作为推动区域发展、引领产业振兴的强大动力，坚持创新链与产业链、政策链、资金链有机衔接，改造提升传统产业，培育壮大新兴产业，积极发展新型业态，构建现代产业体系，加快新旧动能转换。

突出产业聚焦、精准用力。设立机械配件与整备制造、食品与生物科技等产业发展办公室，加强产业发展分析、政策研究、问题帮解和行业内部协作，通过政策叠加、财政撬动、“输血造血”，精准扶持实体经济发展。

突出产业转型、链条延伸。加快精致农业提质发展，深入推进农业供给侧结构性改革，强化牡蛎、苹果、葡萄酒品牌建设，解决好农业优质资源“碎片化”问题。瞄准关键环节突破工业，突出链条协同、装备提升、贸易延伸，推进企业共享市场客户、营销渠道、物流配送，鼓励传统制造企业转向“制造＋服务”。围绕消费引领服务业，做好全域旅游、新兴服务业、健康产业三篇文章。

突出产业协同、平台支撑。搭建产业金融对接、产业合作孵化、产业协同创新三大平台，综合考虑全市科技创新能力和产业发展基础，重点利用我市农业、海洋等资源优势，围绕海洋生物、高新农业、新材料等产业链，实施良种研发、高效养殖、精深加工、高端硅胶、资源综合利用等领域等高附加值产品技术的研发攻关，完善产业“微笑曲线”布局，年内促成重点领域合作项目50项以上。

乳山共建成运行了7处孵化器，在孵企业200余家，已有国家级高新技术企业16家，建立了20余个高校产业化基地、产业研究院等合作平台，累计实施了产学研合作项目200余个，联合研发新技术、新成果350余个，省级以上创新平台达到23家，八成以上骨干企业建有专门研发机构。

以资本引导、杠杆撬动的模式组建产业基金，谋求资本驱动、转型升级和弯道超越

组建产业投资、企业股权投资、产业并购、天使和风险投资等四大类基金，通过投资并购等方式推动产业转型发展。

城市基础设施领域达成总投资约14亿元的PPP项目，着手组建旅游、茶产业、海洋牧场、大健康、

高科技、光伏产业等6大产业基金，运作华信食品主板上市、韩威生物“新三板”挂牌、吉利食品等10个企业区域挂牌，组建“中国·以色列科技创新中心”……乳山打出一组漂亮的“财政资金、金融、社会资本、保险、担保”系列组合拳。

今年以来，按照财政运行抓绩效、争资立项抓时效、平台融资抓成效的思路，乳山积极探索政府资金市场化运作模式，引入金融机构撬动社会资本，完善资金使用融合机制，提高财政资金使用效益，在更广领域推行PPP等投融资模式，营造区域发展良好金融生态环境。

在具体运作中，乳山分别针对优势基础资源、优质产业投资项目、优势企业并购、优质创新创业项目进行运作，组建产业投资、企业股权投资、产业并购、天使和风险投资等四大类基金。年内还计划实施33家规模以上企业规范化公司制改制，完成金投公司对金融仓储公司的增资扩股，大力引进证券、银行分支机构，争取开展科技担保试点，降低科技型企业和小微企业融资成本。

生态发展注引擎 绿色崛起新动能

身兼国家生态市、国家环保模范城、国家园林城市、中国长寿之乡“数职”的乳山，“绿水青山”的理念早已贯穿到全市产业发展、城市建设、生态保护等经济社会发展的各个领域，良好的生态环境成为乳山发展最宝贵的财富、最大的发展优势和未来发展的生产力。

绿色发展

坚决不以牺牲环境为代价换取一时的发展，这是乳山经济发展和项目建设的“红线”和“底线”，也是乳山对发展负责、对历史负责和对子孙后代的态度。

乳山以规划谋划创新为引领，以建设环境友好型和资源节约型社会为目标，坚定不移推进生态建设，为幸福乳山建设增加环境砝码。

在经济发展和项目建设上，乳山充分考虑环境承受力，严把产业准入关口，大力引进绿色、低碳、环保的新能源、新材料等新兴产业项目，严控高耗能、高污染企业和存在较高安全风险的化工企业上，先后有十多个过亿元的项目因为不符合生态环境要求而被“一票否决”。目前，乳山新上项目40%以上都是新兴产业。

乳山积极推行绿色生产，发展循环经济，推行企业循环式生产、产业循环式组合、园区循环式改造，实行重点企业强制性清洁生产审核，建立完善节能减排市场化机制。特别是引导矿山和食品等重点企业加强对生产的全过程控制，提高企业“节能、降耗、减污、增效”水平，实现区域经济和环境协调持续发展。

目前，已有10余家企业通过强制性清洁生产审核，以温喜生物海洋垃圾资源化利用、华美淀粉废弃物资源化循环改造及泰山石膏（威海）公司新型节能环保建材等为代表的一批循环经济项目，均取得了较好的生态效益。

生态保护

玩篮球，踢足球，打网球，赛门球，健步走，慢速跑，跳广场舞……喜爱运动健身的乳山市民，在金碃岭公园内都足以找到最爱。

位于乳山城区西北、总面积9.9万平方米的金碃岭公园，是乳山首座体育公园，设置有7个功能分区共计7个球场，集体育健身、娱乐休闲、消夏纳凉为一体，今年6月1日刚刚开园。

很难想象，这里过去曾是一片金矿采空区，土地闲置了十多年。为了彻底消除地质灾害隐患，改善周边生态环境，2015年以来，乳山市累计投入约4600余万元，先后实施了矿山地质环境恢复治理和金碃岭体育公园项目建设，共计拆除治理区内废弃建筑物7800余平方米，恢复土地面积200余亩，充填采空区4万余立方米，绿化面积约6.7万平方米，铺装面积约2.6万平方米，道路面积约5300平方米，建筑物面积约350平方米。

公园建设中，引进了节水城市、海绵城市等新理念，通过“净”和“渗”等措施，提高自净能力，实现良好循环；园林绿化则以节约型为设计策略，植物选材以乡土树种为主体，铺地材料环保节约，景观地形保持原有地貌特征，尽量做到土方平衡。

乳山坚持综合施策，结合生态环境治理，不断扩大“城市绿带”，构建大绿量的城市绿色生态圈，释放生态叠加效应。先后实施了以荒山绿化、山体复绿、农田林网、水源涵养、水系绿化为重点的林业生态建设工程，构建山区绿色生态屏障、近海蓝色生态屏障，以水系林网、道路林网和沿海防护林网为生态廊道，以水库、海岛、河口、湿地、海湾等为补充的多层次、多功能、网络化市域生态体系，形成点、线、面相结合的“两屏三网多点”生态安全战略格局。

乳山海岸线长达199公里，银滩还被评为“中国最美海岸线”。本着海岸带近期利用与远期储备有效结合、资源开发与保护有效结合的原则，乳山先后投资15亿元实施了实施银滩海岸带整治与近海生态修复、大乳山国家级海洋公园管护能力建设及生态修复、乳山湾东流区岸线整治与湿地生态修复等重点海洋生态治理工程，将可视范围内违章建筑和距岸4公里以内近海养殖项目列入整治规划，恢复海岸生态原貌。已整治一半以上。

乳山通过露天烧烤整治、扬尘治理、“三废”污染治理、矿产资源规范管理、燃煤小锅炉整治等行动，不断加大除污还绿力度；严格执行地质环境恢复治理保证金和验收制度，严控矿山开采项目审批，已审批的将逐步取缔，防止过度开采、破坏山体；坚持对环境违法行为“零容忍”，保持对环境违法行为的高压态势，年内计划完成环保移动执法平台建设，对排污企业实行全天候不间断执法，让乳山天更蓝、水更清！

美丽乡村

眼下，乳山诸往镇东尚山村正

在抓紧对打造的电影《山菊花》展览馆、胶东名士刘勃展厅、乡情记忆馆等3个展馆布展，近期将对外开放。截至目前，乳山红色教育基地沿线重点村落的改造提升工作已进入尾声。

工作中，乳山不断加强对东尚山、下石硼、青山、井乔家等古村落、宜居村庄、旅游特色村的原始风貌保护，及时研究制定美丽乡村建设规划，打造诸往—崖子红色教育示范区、海阳所—白沙滩宜居旅游示范区、冯家—南黄养生观光示范区等3个美丽乡村连片示范区，让农村更优生态韵味、历史韵味、乡情韵味。

乳山从推动区域经济转型升级和城乡统筹发展大局出发，把“绿水青山”“互联网+”、特色小镇、美丽乡村等资源优势转化为产业优势，重点推进海阳所牡蛎小镇、夏村葡萄酒小镇、白沙滩姜品小镇、南黄茶叶小镇等特色小镇建设，把纯农业转变为生产、加工、流通、观光相融合的“新六产”，全面提升区域发展质量。

同时，按照“项目+”“资金+”的思路，把特色小镇、美丽乡村建设与红色教育基地改造提升、精准扶贫、古村落保护等工作相结合，把项目和资金捆绑打包、一体推进，立足传承历史人文，突出基础设施完善、公共服务提升、村容村貌整治、村庄绿化美化、富民产业培育等重点，带动林业绿化、农田水利建设，做到产业发展与环境承载相适宜、生活改善与生态保护相统一、历史文化与现代文明相融合，坚决避免千村一面、脱离农村实际，构建产业发展、区域连片开发新格局，真正实现生态、民生、旅游资源禀赋叠加、产业互利共生。

（2017年6月15日《大众日报》 作者：彭辉 司伟）

【乳山：按下实体经济快进键】 率先发展，走在前列。围绕这一目标，去年以来，乳山全市上下凝心聚力、干事创业、奋力突破——

加快转型、突破发展的鼓点催人奋进，特色产业园区统筹布局，新兴产业体系释放发展新动能，产业集群聚合高高挺起发展脊梁；

创新驱动、跨越发展的实践有声有色，产学研结硕果，传统工业高端提升，金融创新加速落地，跻身全国中小城市创新创业前50强县市，创新创业政策洼地效应托起发展高地；

“只有牢牢抓住发展的牛鼻子，以五大发展理念为引领，强化创新驱动，才能实现产业大发展、经济社会大跨越。”乳山市委书记周兵说。

解放思想 找准转型发展的“金钥匙”

乳山经济开发区并非传统的汽车工业高地，但这几年来却陆续集聚了双连制动、佰德信新材料、华邦精冲、伯特利汽车等10余家汽车部件制造企业，形成了集汽车安全系统、传动系统、尾气催化、电子线束、车体座椅为一体的产业链条。

眼下，这样的链条式发展仍在继续：主攻摩托车领域的日信工业进军汽车领域，投资2000万元新上设备，为东风本田配套生产汽车零部件；伯特利启动二期项目建设，投产后年产量可达1000万只，将成为国内最大铸铝转向节生产基地；华邦精冲与区域内瑞华达合作生产汽车座椅为主的内饰件，为北汽新能源等公司配套汽车座椅总成……

汽车配件产业集群化发展是乳山转变招商思路，通过精准招商，加快项目建设，促进产业结构突破结出的硕果。为彻底转变“捡到篮子里的就是菜”的招商观念，乳山强化精准招商，对重点产业中的国内外领导型企业、关键技术性企业、行业协会以及行业内潜在的战略性力量进行筛选，锁定招商对象。

“我们组建了专门的招商队伍赴青岛、济南、烟台、京津冀等地开展盯点招商，对接当地汽车制造产业项目，招商引资的针对性和实效性大幅提升。”乳山经济开发区招商局负责人介绍，优势产业链条上下游企业共享公共设施、市场环境时，信息交流、物流等成本将大大降低，这又成了招商引资的新砝码。

产业基础薄弱一直是乳山的短板，实现产业结构突破更是乳山历届市委、市政府关注的重点。经济进入新常态的今天，只有解放思想，创新发展理念、发展思路才能蓄集后发优势，实现经济弯道超车。

理念既定，乳山把解放思想作为转型跨越发展的首要任务，在全市开展创先争优、争先进位竞赛，激发各单位比学赶超的创业激情，培养一批思想解放、思路超前的领航者。

乳山发挥考核指挥棒作用，将以往部门提报、自我加压的创新亮点目标提报方式改为市委常委会提标加压、点题的方式，完成情况列入各单位岗位目标责任制考核，并加大赋分比重，谋发展、求发展的热情空前高涨。

结合功能区划定位，乳山“借脑”，与北京安永、巅峰智业、杭州火石等国内机构合作，开展产业链条梳理、服务贸易规划和全域旅游策划，用“战略红利”开启发展新格局。

整体联动发展的同时，乳山充分发挥镇区各自优势，鼓励镇街完成规定动作时创新自选动作，培育镇域特色，建设了夏村“台依山谷”葡萄酒小镇、海阳所牡蛎小镇等一批特色小镇，镇域经济发展呈现新活力。

产业领跑 让发展“底盘”更加牢固

产业强市，必须坚持工业的主体地位不动摇。乳山以集群化思维引导工业产业发展，重点培育装备制造、食品与生物科技、纺织服装、节能环保、新材料等主导产业，以与外合作、科技创新等方式，壮大龙头骨干企业，积极延伸上下游产业链，加快培育集群效应，锻造出经济发展新引擎。

乳山引导企业围绕上下游产品、产业链延伸和关联领域规划实施技改项目，通过开展校企联合，科研院所对接合作和组建产业研究院、企业科技园、重点实验室等系列举措，推进产业链、产品链向终端延伸，价值链向高附加值领域升级。一年来，乳山达成了华信食品、华邦精冲等12个与外合作项目。

农业也要靠工业理念谋划，用品牌观念打造。以“基地即园区、基地即景区”为思路，乳山引导示范园区延伸产业链条，拓展经营范围，先后发展了葡萄酒产业园、茂盈农场、威一现代农业观光园等综合型融合项目，新上午极下万口蓖麻基地等“农业＋加工”型项目，建设了伯瑞蓝莓、崮山寺理想家园等“农业＋旅游”型项目，探索了易养茶庄园、爱母茶叶合作社等“农业＋养生”型项目，新上了银凯特光伏农业等“农业＋光伏”型项目，不断壮大链条发展。

在位于乳山市诸往镇绕涧村的银凯特光伏农业项目现场，100多个新建的温室大棚依次排开。“从外表看你可能以为这是普通的农业大棚，其实这是集太阳能光伏发电、智能温控、现代高科技种植为一体的高效生态农业项目，我们将采取统一招标的模式对外承包，用于种植草莓、蓝莓、西洋参等。”该项目负责人介绍。

针对农产品直销和初加工附加值低、经济效益不高的实际，乳山细分并整合“从田头到餐桌”全产业链各环节的功能，招引种养生产、精深加工、物流配送、电子商务、科技研发等各类项目集聚，着力培育农字龙头企业，构建起从鲜品直销、初粗加工到精深加工的产业化加工体系，实现由常规加工向精深加工转变、由单一加工向多业融合转变，不断将产业向价值链高端迈进。

现代服务业是经济增长的新引擎。乳山利用“旅游＋”创新动力，引导旅游与农业、工业、文化、城市、健康等关联产业融合发展，开发建设了南泓南村渔家乐、葡萄酒庄博览园、正华石佛山、崮山寺理想家园等休闲农业旅游项目，相继打造了马石山景区、胶东育儿所等红色教育基地，形成文旅融合、渔旅融合的发展新局面。

抢抓电商经济加快发展的战略机遇期，乳山积极牵头组织推动农村电商发展，加快推进了阿里巴巴“千县万村”农村淘宝项目，建成运营了110个村级服务站点，引进阿里巴巴LBS跨境电商运营中心，成功获批山东省电子商务示范县。

上个世纪九十年代，因自然生态环境和养生资源优越，海景房一度成为乳山的代名词。为解决海景房半年闲的问题，早在几年前乳山就开始了去库存的探索，充分利用现有的房产规模优势和存量资源，发展健康养生养老产业，形成了专业机构养老、社区养生养老、居家养生养老、医疗机构康复养生、异地互动养老等多种健康养生产业发展模式，培育了天权集团嘉盛苑旅居养老机构、东方国际养生园等一批社会资本参与的高端养生养老机构。

创新驱动　为发展按下快进键

自2016年11月正式投产以来，位于乳山城区街道办事处的三盛汽车科技有限公司经理姜涛一直忙着采购移动式安置房车原材料，完成每年约2000台的订单。

“尽管起步晚，但是我们生产的房车目前在市场上十分抢手，除了国际大单，国内江淮等企业每年房车改装订单也不下300辆。”站在公司新近改装的房车前，姜涛充满自信。

作为今年乳山重点引进的高技术企业，三盛汽车科技主要通过自主研发的车辆改装技术，生产旅居房车、野外炊事车、防爆车，以及特种专用车辆。“拿房车的外壳来说，我们的研发团队解决了铝合金材质运用上的技术瓶颈问题，所以我们的房车在抗氧化、抗冲击上，比多数运用玻璃钢的厂商有更优的表现。”姜涛告诉记者，企业应对下行的绝招是创新，以“引领性产品”确保竞争优势。

在乳山决策层看来，下好创新先手棋，在全社会厚植创新基因，才能在转型升级中赢得主动。

乳山不断厚植企业科技创新的土壤，先后设立了1000万元科技奖励基金、1000万元人才项目奖励基金、1000万元科技创新合作扶持基金，对科技创新平台、产学研合作、人才引进、专利发明等进行奖励。同时，实行企业预先申报、政府预先评估、资金预先拨付，变后置式奖励为前置式扶持，解决企业科技创新的后顾之忧。近年来，乳山累计兑现各类奖励资金2000多万元，用真金白银推动企业实现“撑杆跳”。

科技平台的支撑犹如科技成果生长不可或缺的阳光。乳山变过去重视企业创新项目向技术研发、检验检测、科技服务等科技创新平台建设转变，最大程度降低科技创新成本。大力扶持政府主导、院校联建、特色产业型等孵化器、众创空间等建设，通过孵化培育、路演辅导、风投融资等，加速高新技术项目和科技型企业孵化。截至目前，围绕装备制造、新材料等重点产业，建设了硅胶产业研发中心、高分子检测中心等公共创新平台，建设了山译创业孵化基地、汇众创新创业孵化器等，在孵企业超过200家。

乳山还创新金融扶持模式，对于一些发展前景好的科技创新项目，设立科技成果转化先导基金等，以入股扶持的方式进行扶持，开辟科技与金融融合的新路径。

同时，乳山建立经济风险防控联席会议制度，开展企业金融会诊，引导企业采取盘活存量资产、优化债务结构、发展股权融资、债转股等措施，引导企业挂牌上市、股权合作等，破解企业融资难的问题。

（2017年2月25日《威海日报》作者：连涛　王嘉）

【乳山：工业奋起兮云飞扬】　转型跨越的乳山，思变求新；产业突破的乳山，蓄势腾飞。

时下的乳山，加快转型、突破发展的鼓点催人奋进——

特色产业园区统筹布局，新兴产业体系释放发展新动能，产业集群聚合高高挺起发展脊梁……

伯特利启动二期项目建设，朝着国内最大铸铝转向节生产基地加速迈进；力久电机深化创新提升，谋求与外合作，多项技术达到国际先进、国内领先水平；华信食品不断突破来料加工、出口主导、自身积累瓶颈，全力打造北方最大的贝藻类生产基地……

站在市委、市政府“三年突破乳山产业结构”战略收官之年的节点上回望，一条不断革新自我、加快赶超的转调之路正愈渐清晰。

产业大发展，带来经济社会大跨越，一个全新乳山正加速崛起。

理念更新提升产业突破向心力

——解放思想，加快突破，用“战略红利”开启发展新格局

7 月 5 日，乳山经济开发区伯特利萨克迪汽车安全系统有限公司生产车间内一派繁忙景象，给通用、宝马、沃尔沃等国外知名品牌公司的配套供货产品正加紧生产。

作为一家投产不足三年、生产汽车转向节的企业，去年伯特利萨克迪的销售收入已突破 4 亿元，更入围中国汽配行业十大民族品牌。

放眼企业所在的乳山经济开发区，这个并非传统的汽车工业高地上，几年来却陆续集聚了双连制动、佰德信新材料、华邦精冲、伯特利汽车等 10 余家汽车部件制造企业，形成了集汽车安全系统、传动系统、尾气催化、电子线束、车体座椅为一体的产业链条。

国内外地区的经验教训都表明，工业是服务业发展和农业提升的基础，无工不富、无工不强，没有强大的工业做基础，是没有根基的发展、缺少后劲的发展。

对于乳山而言，曾经以资源依赖型和房地产依赖型为主导的产业结构，让自己一次次错过了振兴工业的机遇。补齐工业这块短板，全面壮大实体经济，成为乳山人必须完成的任务。

市第十四次党代会作出了“产业强市、工业带动、突破发展服务业”的决策部署。2014 年，市委、市政府确定实施“三年突破乳山产业结构”战略，乳山开始吹响工业振兴的奋进号角，新一轮产业突破的战役全面打响。

用三年时间，突破产业结构，对其他工业基础较好的区市而言，也许并不难做到。但对于乳山这个发展相对滞后、长期处于跟跑阶段的城市，如何完成跨越发展的关键一跃，成为一个绕不开的问题。

压力所在，必是动力所在。求索中，乳山清醒地认识到，亦步亦趋、循规蹈矩，不能支持跨越发展，甚至还会出现掉队的可能。唯有选择产业带动、创新驱动，方能实现发展方式质的飞越。

这是市委、市政府对新一届乳山市委、市政府寄予的厚望，更是乳山实现跨越发展的必然选择和根本之道，也是对乳山领导干部政绩观的考量。

战略决策既定，发展刻不容缓。“发展是责任、是担当，产业突破是一项为长远发展夯实基础的事，必须要有功成不必在我的定力。我们要敢于‘亮剑’，以背水一战、破釜沉舟的决心，横下一条心，拧成一股绳，打赢这场战役。”这是向全市干部发出的动员令。

知难勇向前。这是对科学发展的深刻认知，这是迎难而上的勇气，这更是对乳山未来发展的责任担当。

解决发展的问题，首先要解决思想意识的问题。思想不解放，乳山难有大发展；工业不振兴，乳山难有新作为——通过自上而下层层发动和组织学习，乳山上下很快达成共识。

很快，包括《奋战三年实现乳山产业结构大突破的实施意见》在内的一系列文件陆续出台，几十项重点任务层层分解。

理念既定，干部就是决定因素。乳山建立“以项目论政绩，以发展论英雄”的用人导向，出台了一线考察干部意见，在项目中看干部，把干部在重点项目、重点工程、招商引资等重点工作上的表现，作为考察干部选拔任用、奖惩的重要依据，激发干部干事创业激情。

不仅如此，乳山发挥考核指挥棒作用，将以往部门提报、自我加压的创新亮点目标提报方式改为市委常委会提标加压、点题的方式，完成情况列入各单位岗位目标责任制考核，并加大赋分比重，谋发展、求发展的热情空前高涨。

为彻底转变捡到篮子里的就是菜的招商观念，乳山强化精准招商，对重点产业链条的上下游企业进行梳理，对重点产业在国内外的领导型企业、关键技术性企业、行业协会以及行业内潜在的战略性力量进行筛选，采取企业与外合作招商、委托代理招商、路演招商等专题招商形式，组织开展高层投促活动和小分队精准对接活动，实现“面对面”向“点对点”的转变。

产业突破的压力在乳山层层传递，直至转化为发展的动力。在新的政绩观和发展理念引领下，乳山产业结构加速突破，迅速开启蝶变之旅。

转型升级产业链上翩然起舞

——以产业聚焦、政策聚焦的方式扶持传统企业，助推降成本、稳经营、强根基。

很长一段时间，乳山产业基础薄弱，产业结构单一，房地产等资源型产业占比较高，高新技术企业匮乏、企业创新动力不足、资源依赖程度高等问题较为突出。

在三年突破乳山产业结构战略之下，这一“短板”，正在逐渐补齐。

着力产业链延伸，做好链式发展文章，这是突破发展的必经之路。乳山以集群化思维引导工业产业发展，重点培育装备制造、食品与生物科技、纺织服装、节能环保、新材料等主导产业，以

与外合作、科技创新等方式，壮大龙头骨干企业，积极延伸上下游产业链，加快培育集群效应，推动产业由“小、散、低”向“集约、集聚、集群”方向发展。

纯来料加工，去除原材料和高昂的人力、物流等成本，行情好的时候利润也不过每吨几千元。这样的生意，乳山华信食品有限公司做了10多年。

如今，华信的好日子来了。以“海上粮仓”建设为契机，公司打造以立体、生态、循环增养殖为特色，以优势现代化加工为主体，以品牌建销为先导，融合海钓运动、采摘体验、滨海休闲、文化传播等，集技术研发、高端育种、科学育苗、绿色养殖、精深加工、仓储物流、内外贸易和休闲垂钓为一体的全产业链化“航母”集群。

在产业链条上闪转腾挪、拉长提升，实现凤凰涅槃，华信是乳山传统产业转型升级的缩影。产业转型升级的关键，在于拉长增粗价值链条。在已有发展基础上，嫁接高新技术，通过抢占产业链条的技术顶端提升利润空间，这是乳山传统企业转型升级的一个方向。另一个方向，则是以高端终端产品向下游延长产业链条，进而提升整个产业链的水平。

乳山坚信，传统产业只要选准了方向，一样可以变为朝阳产业。而其中的要诀，在于以先进技术和产品提升产业链水平和竞争力。激发企业的自生内力是“锦上添花”，政策外力的及时援助则能“雪中送炭”。11大领域、110余项、涉及产业“全链条”培育的扶持条款，初步测算超过7000万元的奖励扶持资金投入，历年来涵盖领域最全面、奖扶资金最丰厚、“三产”联动最紧密的政策指导体系，今年5月，在乳山新鲜“出炉”。

2017年全市产业振兴大会上，乳山市委、市政府郑重承诺：有诺必践、应奖尽奖，严格把关、照章兑现。此语掷地有声，落在了在场500余名干部和企业家心中。

将精准扶贫理念植入产业振兴，聚焦传统产业，聚焦扶持政策，聚焦龙头企业，乳山计划三年内每年安排1.5亿元向实体经济“输血”。

乳山出台的一揽子与产业发展紧密相关的扶持政策，涉及国家、省、威海市多个层面，涵盖工业经济、科技金融、人才培育、创新创业、招商引资等多个方面，较之以往，新增文化产业、海洋牧场等扶持政策，充分考虑了各个产业领域的发展阶段、扶持重点和用力方向。伴随政策出台，乳山“送政策进企业”活动迅速启动，数百名干部职工组成数支政策讲解小分队，深入近百家企业开展政策解读，帮助企业解读政策、分析政策、用好政策，帮助企业结合自身实际做好规划谋划，切实将政策的“牵引力”转化为企业的“驱动力”，让企业进一步坚定发展信念，实现膨胀扩规。选择装备制造和机械配件、食品与生物科技、牡蛎等几个优势产业和产品，乳山逐个设立产业发展办公室，强化产业发展分析、扶持政策研究、企业问题帮解和行业内部协作。每个行业筛选1至3家优质企业集中培植，聘请专业机构对相关企业进行精准诊断，推动华信食品与深圳华大基因等年度12个企业重点与外合作项目，通过行业聚焦、政策聚焦、企业聚焦，更精准打造一批骨干龙头企业。不仅如此，乳山鼓励企业技术改造和装备提升，筛选实施重大技术改造项目，推动链条式延伸、滚动式发展，力争到2019年每年实施重大技改项目15个以上，年度技改财务支出突破20亿元。对于购买工业机器人等自动化设备的，乳山按照10至15%的比例进行补贴，进一步推动“机器换人”和“智慧工厂”建设。同时，对于现有企业新上项目所涉及征地、建设的，视同招商引资项目，按照招商引资标准给予优惠政策。凡是因技改扩规、新上项目产生的基建和设备投入，以及与国内外融资租赁公司发生设备租赁等业务的，均由市财政予以补贴。

创新驱动提高产业经济成长度

——以全球化、开放式的视野实施创新驱动，加快产业培育、产业嫁接、产业改造

实施新旧动能转换的关键在于创新，产业振兴离不开创新活力和人才智力支持。乳山积极融入半岛产业链、承接产业外溢，谋求以新技术、新理念和新模式推动产业再造。

工业再靠传统的规模效应和成本效应，发展不仅来不及也不现实，乳山认为唯一的出路是瞄准产业链、价值链的高端来做文章，靠创新来解决问题。

7月5日，山东力久特种电机股份有限公司一生产车间内，各种机械正在高速运转，数十名工作人员正专注地装配电机新产品。绕线、嵌线、浸漆……一环接一环，甚是忙碌。

能在国内电机生产企业的重重“围剿”下屹立不倒，力久人靠的是特色、是创新。公司每年拿出销售收入的4%以上的资金作为研发经费，先后建立了山东省企业技术中心、山东省特种电机工程技术研究中心、国家博士后科研工作站、山东省院士专家工作站、威海市工业设计中心等创新平台，为科技创新、产学研合作以及新旧动能转换打下了坚实的基础。

在大力倡导“德国工业4.0”和“中国制造2025”大背景下，力久电机投资2400多万元进行技术改造，并建成国内先进的电机综合试验室和6条电机出厂检测线，实验室使用了世界顶尖的配套检测设备，检测数据稳定，精度高，可对电机性能进行全面验证。

力久电机的举动正是广大乳山企业加大创新驱动的一个注脚。乳山把创新作为推动区域发展、引领产业振兴的强大动力，坚持创新链与产业链、政策链、资金链有机衔接，改造提升传统产业，培育壮大新兴产业，积极发展新型业态，构建现代产业体系，加快新旧动能转换。

不断厚植企业科技创新的“土壤”，乳山先后设立了1000万元科技奖励基金、1000万元人才项目奖励基金、1000万元科技创新合作扶持基金，对科技创新平台、产学研合作、人才引进、专利发明等进行奖励。

乳山鼓励引进高新技术项目，在招商额度认定、贷款融资、厂房租赁等方面给予优惠政策，实行企业预先申报、政府预先评估、资金预先拨付，变后置式奖励为前置式扶持，让想创新、敢创新、能创新的企业抛掉顾虑、主动求变。

乳山累计兑现各类奖励资金2000多万元，用真金白银推动企业实现“撑杆跳”。预计到2019年，乳山高新技术产业产值占规模以上工业总产值的比重达到27%左右。

2017年，乳山出台《关于鼓励经济发展的若干规定（试行）》，高度关注“大众创业、万众创新”，提出到2019年市场主体量年均增长12%，打造经济增长“新引擎”。

为鼓励创业，乳山搭建起成创乳山众创空间，采取“创业苗圃+种子基金+小微企业+天使投资+孵化加速”的模式，为入孵企业和创业者提供服务。

科技平台的支撑犹如科技成果生长不可或缺的“阳光”。乳山共建成运行了7处孵化器，在孵企业200余家，已有国家级高新技术企业16家，建立20个高校产业化基地、产业研究院等合作平台，累计实施了产学研合作项目200余个，联合研发新技术、新成果350余个，省级以上创新平台达到23家，八成以上骨干企业建有专门研发机构。

将金融“活水”引入转调“大田”，乳山积极搭建融资平台，助力产业发展。对于一些发展前景好的科技创新项目，乳山设立科技成果转化先导基金等升级版政策，以入股扶持的方式进行扶持，开辟科技与金融融合的新路径。

同时，乳山建立经济风险防控联席会议制度，开展企业金融会诊，引导企业采取盘活存量资产、优化债务结构、发展股权融资、“债转股”等措施，引导企业挂牌上市、股权合作等，破解企业融资难的问题。

2016年以来，乳山组建运营了国运公司、金融投资公司，弯沉鼓励41家规模以上企业规范化改制，推动了3家企业挂牌上作。

企业是社会财富的创造者，是乳山产业结构突破的主力军。乳山将尊重企业家、保护企业家、支持企业家作为一以贯之的重要方针，创新服务模式，变宏观调度为上门服务，打造“亲”“清”政商关系，进一步营造尊重企业、崇尚创新的浓厚氛围——

深化简政放权工作，建设网上政务服务大厅，275项行政许可全部纳入清单管理，打造“互联网+政务服务”模式，拆除阻碍创新发展“玻璃门”，让企业办事快捷，为创新发展赢得时间。

加快信用建设，征信平台网站成功运行，在行政管理、市场监管、社会治理、公共服务、企业发债、申请财政性资金补助等方面，率先查询信用记录、使用信用报告，对守信主体开通绿色通道，优先办理、容缺受理，对违法失信主体依法予以联合惩戒、限制或禁入。

肩负奋起直追、力争超越的重任，乳山已挺起产业脊梁。

（2017年7月14日《威海日报》作者：连涛　王嘉　姜俏俏）

【蓝色动力激发“蝴蝶效应”】 6月下旬，乳山市乳山口港实施一类口岸开放获得国务院批准，再一次刷新威海港港区一类口岸开放纪录。伴随着乳山口港一类口岸获批，威海港6个港区全部实现一类开放，成为山东乃至全国港口密度最大的区域。

港口作为一个地区对外开放的窗口和桥梁，承载着一个海洋城市的未来。今年4月，李克强总理视察乳山市时，就港口建设提出明确要求，强调要做好港口发展规划，重点发展对韩、日贸易，加快打造较大规模的中转港口。按照总理指示要求，乳山市不断加快港口建设，优化功能布局，狠抓内部挖潜，不断做大临港产业，使港口在经济增长中逐步发挥龙头作用。

自古以来，港口就是乳山发展的命脉。上世纪90年代，乳山口港经省政府批准为二类开放口岸。2009年，乳山又投资近4亿元，重新规划并扩建了乳山口港，港口年吞吐能力达到180万吨，乳山口港逐渐成为环渤海地区的一个集散地。

尽管发展起步较早，但由于地处威海港交通末梢、区位优势弱、港口发展依赖的腹地小，受航道水深不足、缺少5万吨以上深水泊位等自身条件制约，近年来乳山口港发展速度放缓，吞吐量最高年份还不足威海港的1/50。实施一类港口开放成为乳山口港和乳山发展的迫切需求。

2014年，乳山市委、市政府开启了乳山口港水域一类开放申报工作，向国际海港的目标进发，并于今年获批。“一类口岸开放实施后，国外船舶可直接通过乳山口港进入国境，打通了乳山与世界相连的海上通道，与国际市场实现无缝对接。”乳山口港相关负责人介绍，原本需要经周边口岸转运的货物可直接到港，每年可为企业节省近亿元的成本。

不光为企业“减负”，更要让这个未来的千万吨大港“吃饱”，最终实现港产联动、港城联动。牢牢抓住港口这个海洋经济发展的“牛鼻子”，乳山以港口突破实现新旧动能转换，全新的港口发展布局正在加速提升乳山经济发展水平。

“以实施一类口岸开放为契机，我们将推动海水养殖、海洋产品加工等传统产业创新升级，海洋生物科技、海洋新能源、海洋智能制造等新兴产业崛起，海洋文化旅游、港口物流等涉海服务业加快发展，全力构建现代海洋经济体系，打造蓝色经济新动能聚集区、海洋经济发展示范区。”乳山市委书记周兵表示。

随着全球经济形势的深度调整，传统港口产业面临产能过剩，需要通过供给侧结构性改革培育新动能。乳山将把海洋港口资源作为一个整体来统筹规划，持续推动港口一体化，培育港口现代服务功能，发展水陆联运、海铁联运和港空联运等组合模式，降低港口物流成本，构建对外贸易的全程供应链，推进港口由传统运输平台向物流平台、信息平台、贸易平台、产业平台、金融平台拓展，打造高端优质港口服务平台。

作为距离日、韩最近的沿海港口之一，乳山口港发展客运、集装箱周转业务，建成国际航运中转站优势得天独厚。随着“一带一路”、中韩中澳自贸协定、中欧经济合作等政策叠加效应释放，乳山与日韩、欧美等国家和地区对外经济合作快速发展，外贸出口连续多年保持20%以上增幅。

打造港口经济圈，立足优势将海洋与陆地串联起来。乳山规划了临港产业园，将国际航运物流产业作为临港产业发展的突破口，计划开通直航日本大阪港的国际海运航线，赴韩国仁川港、釜山港航线班次，发展与朝鲜、东南亚有关国家的贸易航线。

港城配套同样是港口经济发展的题中之义。乳山规划建设了国际候船厅，配套公交枢纽、停车场等交通设施，开通内贸集装航线，建成拥有客滚、散杂货、集装箱多功能的规模化码头聚集区。预计年可实现散货装卸600万吨左右，运输集装箱超过3万标箱，年产值近10亿元，港口吞吐能力和装卸效率全面提升。

（2017年7月7日《威海日报》作者：连涛 王嘉 于建广）

【“新六产”托起葡萄酒产业小镇——乳山引入绿城集团百亿投资建设葡萄酒产业小镇】 12月19日，乳山市政府、绿城集团、台依湖集团三方正式签订协议，决定投资100亿元，在乳山建设国内最大的葡萄酒产业小镇。

从单纯种植葡萄到酿葡萄酒、建酒庄，再到引入百亿元投资建设葡萄酒产业小镇，乳山葡萄产业“新六产”的路子越走越宽。

一样种葡萄，收入涨10多倍

乳山市夏村镇台依村55岁的杨桂爽是台依湖集团的“元老级”员工，2010年，他亲手种下了台依湖集团的首茬葡萄。如今，集团的葡萄园面积已达到近7000亩，其中有6亩土地是从杨桂爽手中流转来的。

“每亩土地每年流转费是550元，流转年限是20年，这就是6万多元的收入。”杨桂爽面相忠厚老实，说起收入来也不“打埋伏”，“我在公司管理葡萄园，每月收入3500元，工资按月结，不拖欠。不算打零工收入，纯种地的话我原先一年也就挣个三四千块钱，只抵得上现在一个月的收入。”

来公司之前，杨桂爽也种过葡萄，但不懂管理，费力不少收入不高，种了几年就撂下了，还是种起了庄稼和地瓜花生。老杨介绍，村里年轻人少，随着老人上了年纪，家里的地种不过来，有的都撂荒了。如今，村里大多数土地都流转给了台依湖集团，也算是解决了很多家庭的一桩烦心事。如今，村里1600多口子人，只要能动弹的就到台依湖来打工，跟城里人一样在家门口上班挣工资。

生态酒庄“接二连三”

种的还是自家的地，还有人发工资，以前庄稼人想都不敢想的事情，如今变成了现实。

台依湖集团是乳山重点打造的农业龙头项目，兼具观光、采摘、葡萄酒品鉴等功能，经过7年多的打造，已成为一产“接二连三”的范本。

台依湖集团董事长陈春萌是一位70后企业家，思维敏捷的他以互联网思维建设和经营酒庄。“我们的酒庄采取股权众筹的模式，只要消费者认领一定面积的葡萄园就可以成为我们的‘庄主’，既可以体验葡萄种植、采摘的乐趣，又可以来参与葡萄酒酿制的过程，我们的回报是一年一定数量的葡萄酒以及酒庄客房的成本价。”陈春萌说，“在葡萄酒行业，我们这是一种首创性的商业模式，完全打破了一二三产的界限。”

如今，台依湖集团已建设了8个酒庄，每个酒庄配套一个葡萄酒生产车间以及酒窖，以股权众筹模式获得“庄主”资格的有上千人。消费者对于葡萄种植和酿酒是外行，因此，台依湖集团从法国聘请酿酒师来指导葡萄种植和酿酒，为庄主提供专业化的服务。今年，上海一家电商企业以1亿元的价格买下了一个独栋酒庄。

台依湖集团在葡萄酒行业创新的商业模式和业态，引起了绿城集团的关注。

产业支撑打造百亿小镇

为了引入社会资本，促进乳山优势农产品走上“新六产”之路，乳山市政府组织乳山当地农业龙头企业负责人走出去拜访大企业大集团，全面推介乳山的投资环境和优势产业。在拜访绿城集团时，台依湖集团的葡萄酒产业新模式、新业态引起了集团高层的关注，经过反复实地考察和研究论证，绿城集团决定在乳山投资建设葡萄酒产业小镇。

“我们今后的工作重点是产业的植入，把葡萄酒产业小镇打造成一个葡萄酒产业的聚集区，‘宜业宜居宜游’是我们的目标。”绿城中国董事局主席刘文生说。

乳山市长宫本杲说：“葡萄酒产业小镇是通过培植‘新六产’来促进农业的新旧动能转换，依托复合型的产业综合体，推进新型工业化、城镇化、农业现代化的融合。我们将结合‘乡村振兴’战略实施，借鉴葡萄酒产业小镇的成功经验，重点打造牡蛎小镇、纺织服装小镇、航空小镇、北茶小镇等一批特色鲜明、要素集聚、宜居宜业、富有活力的特色小镇，提升全域产业整体发展水平。”

目前，葡萄酒产业小镇已拿出初步规划，以葡萄酒产业为基础，以葡萄酒文化为特色，打造中国最大的酒庄产业集群。

“如果离开了产业支撑，特色小镇最终还是会成为一处房地产项目。我们这个葡萄酒产业小镇，是以葡萄的种植、葡萄酒的酿造、酒庄的管理经营为产业基础的，五年内将完成4.5万亩核心区的开发建设，种植葡萄园4万亩，开发建设300座酒庄，实现年产2千万瓶酒庄酒，可实现产值10亿元，提供1万个就业岗位。”陈春萌说。

（2017年12月23日《大众日报》作者：彭辉 王嘉）

【共创文明 共享美好——威海实现全国文明城市“全域一片红”】 11月17日一大早，上班前，乳山市公路局机关干部宋萍在上班前来到所分包的网格打扫卫生。60多岁的宋建毅手里掐着早就抽完的烟头经过军安便民市场，不禁感慨：“原先脏乱的马路市场变成干净的正规市场了，城市真的文明了，可惜自己没有为文明城市做点贡献。”“您手里的烟头没有随地扔，就是在为文明城市做贡献啊！”听了宋萍的话，宋建毅抬手看了看手里的烟头笑了。

群众文明在不经意间已然养成。乳山2015年吹响创城号角，文明素养点滴积累，文明奖牌来之不易。回想起这三年的点滴，乳山市委常委、宣传部长纪华艳总结道：“我们坚持人民城市人民建的工作导向，围绕群众对美好生活的需要，在落实落细落小上动脑筋，从群众最不满意的小事改起，向积压的老问题开刀，为实不为虚，为民不为名。”

群众需求在哪里 城市治理就跟进到哪里

中学教师姜秀明对脏乱差的马路市场有种不可名状的厌恶。他家所在的光明街，原先路上是市场，两边是城中村、生活小区、学校，还靠近十字路口。一早一晚，上班族、学生族、买菜的、卖菜的，步行的、开车的都挤在一起，热闹异常。

每天早晚上下班都得绕路躲着走，躲得了拥挤，但躲不了吵闹、异味。沿街群众极不满意，商贩们也有理由，要卖菜赚钱养家糊口。

这是不能有输家的斗争，既要保证商贩们有买卖做，又要让附近居民舒心便利。顺应两方需求，这里建起了军安便民市场，沿街摊位全部进市场，食药监管、市场监管、城管等部门进行规范化管理。

“有了便民市场，路通了，环境改善了，集中选购更方便，吃的也放心了。”姜秀明的烦恼彻底没了。

从农村来的流动菜贩李保华对此举赞不绝口：“原先和城管打游击，走到哪撵到哪。现在好了，有了落脚点，遮风挡雨，菜也好卖了！”他说，现在市区再也没有马路市场了，取而代之的是10多个便民市场。菜农来到市区，城管执法人员会告诉他们哪个便民市场离得最近。

群众的呼声就是干事的指南，小街巷改出了大民生。以群众满意不满意做为工作的唯一标准，乳山先后投资30多亿元改造提升市政基础设施、公共文化设施和服务设施，完成了5条主干道、60条非主干道、30条背街小巷路面、路灯、盲道、排水管道的动态维护管理，城区两河及支流河道清淤3.5万立方米。并拆除违章建设、改造便民摊点群、治理露天烧烤、“门前三包”红黑榜、“智慧城管”等10项城市环境专项整治提升行动。

为民创城、创城惠民。连续三年的全省县级文明城市提名城市的创城群众满意率电话调查中，乳山都是名列前茅。

示范引领促推广 文明素养重养成

11月17日，北风呼啸，天气阴冷。虽然国家验收已经结束，但乳山的文明城创建工作仍未间断。乳山市编办的工作人员于琛由于出来得急忘记带手套，一边哈气取暖一边扫着落叶。社区一店铺的负责人孙婕看见后把于琛请进屋里喝热水，并拿出一副棉手套送给他。

这一幕暖了机关干部的心。于琛刚开始来到这里打扫卫生的时候可不是这般。“别说送手套了，没人说风凉话、故意扔垃圾就已经很给面子了。”于琛说着刚创城时的遭遇，孙婕有些不好意思。

“一开始说创城，认为是搞一阵风，政府的干部来给我们打扫卫生更是不靠谱、在作秀，肯定坚持不了几次就不来了。”孙婕说，可出乎意料的是，机关干部由一月来一次变成了一周来一次。“不但没放弃反而来得更加频繁。这才意识到，政府创城是真的，不是弄形式。”

“机关干部都来帮咱打扫卫生，咱还能无动于衷吗！”河滨社区的一位老太太说，他们在社区里自发成立了老年服务队，跟着机关干部一起打扫卫生。

创城过程中，党员干部的先锋模范作用必须发挥出来。乳山将全区域划分成17个一级网格和121个二级网格，每个一级网都有一名市领导牵头，每个二级网格安排一个责任单位。并且成立微信群，各部门都要将劳动照片上传群里接受监督，文明办工作人员不定时抽查，弄虚作假者直接通报至市委主要领导。

每个周五成了市镇村三级党员干部的义务劳动日。他们不仅是打扫卫生，还认领交通路口担任文明交通引导员，进责任网格帮助孤寡老人，进帮扶村帮助困难群众。

党员带头示范，群众有样学样，再加上社会上普遍开展的好人好事评选，重点实施的“礼让斑马线、规范停车、不车窗抛物、排队上下车”文明出行四项行动，都在引导着群众见贤思齐、崇德向善。乳山市委群工部工作人员李玉飞回忆说：“在一次当文明交通引导员时，天下起了雨，一位市民主动帮我打伞，还有市民要红马甲，当志愿者，这都说明群众的文明素质在不断提升。”

创城路上不落农村
城乡居民共享文明成果

又是一个周末，乳山市徐家镇东南寨村村民于永东的儿子儿媳开车回家看望老人，一家人其乐融融。“自从这村里的路干净了，孩子回家的次数也多了。”于永东的脸上挂满笑容。

创城之前，村里本来不宽敞的路，被乱堆乱放的草堆、粪堆占了一大半。“别说轿车了，村里的拖拉机都难通行。”于永东说。

创城路上不落下农村，乳山坚持城乡一体化，着力改善农村生态环境。在推进中，乳山投入了近亿元，新增了3万多个农村垃圾桶，建立了10座镇级垃圾中转站，将村里积攒了数十年的垃圾全部清运出去，并组建环卫“巡查员、管理员、保洁员”三支队伍，工资全部纳入财政预算。“村收集、镇转运、市处理”的生活垃圾处置模式运行，实现了镇村垃圾集中无害化处理。

房前屋后的草堆最难清除。“柴草堆在家门口，拿着也方便，要是清理了，做饭烧火怎么办。”于永东说的代表着广大群众的想法。牵扯到了民生，就不能盲目解决。经过走访调查，乳山在各村由百姓自己选出合适的地方统一建起了集中存放处，村里党员带头清理，群众一呼百应。

“还要考虑到镇上孤寡老人的情况。”乳山市创城办工作人员王沙沙曾在乡镇工作，对农村城乡环卫一体化推进工作颇有感触。她曾经所包的大孤山镇吴家沟村，便由农村党员志愿者带头，隔三差五帮助孤寡老人拿柴草，没有让清除草堆影响到老人生活。

人性化地推进，让农村环境很快实现了大变样，村民心里舒畅了，在外的年轻人回家次数也多了。今年年初，于永东为儿子在村委大院公共宴会厅里举行了婚礼。

村里的宴会厅利用闲置房子改造，已经承办了10多场婚宴、寿宴。“不用大操大办，场地用村里的，帮手都是街坊邻居，标准一点不比酒店逊色，省钱省事还热闹，并且女方没要彩礼钱，这才符合政府提倡的移风易俗啊！”于永东说。

喜事新办，群众的老思想正在转变。乳山601个村全部建立了组织规范、运转有效的红白理事会。但有的村好几年没有红白事，那红白理事会能做什么工作？通盘考虑之后，宣传委员登讲台、妇女代表进庭院、专业讲师下基层、志愿服务进村庄、包村干部入户走访等活动在乳山各村开展起来，红白理事会承担起村民教育的工作。医疗志愿者普及健康生活方式、教师志愿者教授亲子教育……潜移默化的教育引导着村民生活方式的转变。

弘扬向上向善社会风尚
推动核心价值观落地生根

11月18日，乳山市大拇指青少年公益活动中心进行了志愿者招募筛选工作，上百名学生争夺30个入围名额。

作为山东省首支未成年人志愿服务团队的大拇指青少年公益活动中心，设置了进入门槛。“不是谁想参与就能参与，我们的成员要热爱志愿服务事业，要大力践行社会主义核心价值观内容。”大拇指青公中心的负责人说。

为了让青少年成为社会主义核心价值观的践行主力军，乳山创作、传唱了14首社会主义核心价值观组歌，通过主题班会、歌颂比赛等形式，让核心价值观唱响校园、入心入脑，还采取“小手拉大手”等形式带动全家成员共同学习。

培育核心价值观的同时，也在通过志愿服务活动推动实践养成。乳山志愿服务工作起步较早，有大大小小志愿者团队上百个，志愿者13万多人。过去，存在志愿活动交叉严重，爱心太集中，资源太浪费现象。创城工作伊始，乳山市大力规范志愿服务工作，推行项目化、专业化、精细化运作，整合了8支民间“草根”志愿力量，建立了乳山市爱心帮困服务中心，常态化开展扶危助困、海上救援、爱心衣屋、公共文化设施志愿培训等42个志愿服务项目。

大拇指青公中心是青少年群体中的专业志愿团队，乳山公益联盟是专门针对老人和社会困难群众的志愿团队，蓝天救援团队则以“蓝天救援，救在身边”的水上救援为重点……让每个志愿者团队有了特定职能。

乳山市大力推行订单式志愿服务，供给侧和需求侧精准对接，不管是组织慰问老人、残疾人、留守儿童等活动，都统筹部署，让专业的志愿者去做专业的事，有效避免了重复交叉。三年来，全市共开展5万多次志愿活动，结对帮扶5000人，志愿服务让更多弱势群体感受到社会的温暖。

全市上下形成共识，拿到文明城市牌子不是结束，而是高点站位的新起点。机关干部带头示范只是初期的引导引领，后期常态化保持，靠的还是社会力量。现在乳山市正探索组建社会治理方面的志愿者队伍，用社会力量弥补政府服务短板。并结合社区群众需求，有针对性地开展志愿活动，弥补社区服务短板。

（2017年12月8日《威海日报》 作者：王晓根）

【齐心共“创” 众志成“城”——乳山市成功创建国家卫生城市纪实】

2017年6月23日，乳山市被全国爱国卫生运动委员会正式命名为“国家卫生城市”。

乳山市始终把创建国家卫生城市作为加强城市管理、改善综合环境、提升宜居水平的民生工程来抓，坚持为民创卫、长效创卫，全市上下高度重视、抓实措施、配合联动，取得了明显成效，也创造出一些成熟模式和工作亮点。

为民“创卫” 科学统筹

创城之初，乳山市委、市政府

明确提出："创卫不是为了几块牌子，更不是为了形象作秀，而是把老百姓应该享受的城市环境、公共服务、社会秩序归还给老百姓，让群众共享发展成果。"

创卫工作启动后，乳山市第一时间成立由市委书记、市长任总指挥，4名牵头市级领导任副总指挥，62个部门主要负责人任成员的"五城联创"工作指挥部，组建创建国家卫生城市工作领导小组办公室，各部门、单位分别成立创卫工作领导小组，各区、镇、街道都组建爱国卫生组织，配备专（兼）职工作人员，形成全市爱国卫生工作组织网络，创卫组织逐级建立。

乳山市采取"走出去，请进来"的方法，分批次组织人员赴广东湛江和省内曲阜、新泰等地学习考察，多次邀请全国"创卫"专家到乳山现场指导工作，全市各部门单位对《国家卫生城市标准》逐条逐项进行解读，全面掌握创卫标准、创卫程序，详细制定创卫工作方案，确保"创卫"工作高标准、高质量扎实推进，群众生活环境显著改善，文明意识和健康水平显著提高。

市创卫办技术指导督导组20人，深入市直机关、企事业、街道、社区、村委会、医院、学校、车站、公园、农贸市场、大街小巷等单位、场所进行督查，对照《国家卫生城市标准》进行"全覆盖，无缝隙"排查；对市民反映的热点、难点问题进行专项督查，发现问题及时向责任单位发出限期整改通知，促使创卫各项工作责任落实到单位和个人。各部门单位创卫办分别组建督查组，对职责范围内的创卫工作进行督查，对所有问题进行销号管理，做到事事有人管，件件有落实，项项有成效。

协作"创卫"　齐心攻坚

乳山市委、市政府制定《乳山市创建国家卫生城市专项整治活动实施方案》，针对"城中村和城乡结合部专项整治、车辆乱停乱放专项整治"等8个专项整治行动，安排8名市级领导牵头主抓、31个职能部门分工负责，形成分线作战、整体推进的工作态势。

乳山将创城区域划分为17个一级网格、118个二级网格，落实市级领导、牵头部门和分包单位，实行责任包干、兜底负责。各部门单位明确责任、精心谋划、周密部署、协作联动，向城市建设管理盲点、老旧小区物业服务、城中村及城乡结合部环卫保洁等历史问题"宣战"，对占道经营、停车管理、病媒防制、乱搭乱建等难点问题"开刀"，跟美容美发等"四小"行业管理、食品经营加工等"五小"行业整治、城市河道水域清理、污水垃圾集中清运处理等扎眼问题"较真"，全方位、立体化、分层分类集中开展环境整治，市容市貌向硬化、净化、美化推进，城市形象明显提升。

在创卫攻坚阶段，乳山市创卫办对全市创卫难点问题进行了拉网式排查，对久督未整改或整改不到位的问题，分门别类进行汇总。创卫办对创卫责任部门的"一把手"发放了"一封信"，对创卫难点问题进行了反馈，确保各部门"一把手"第一时间掌握本部门创卫工作进展，强化了各部门与创卫办的协作，增强了各部门主要负责人对创卫工作的紧迫感、压力感、责任感，各部门"一把手"迅速深入创卫一线，现场调度指挥，采取一切措施集中攻坚，加快整治工作步伐。

"创卫"以来，乳山全市各级直接投入资金1.5亿元，完成了17个社区、14个城中村、28个城乡结合部、452个机关企事业单位的治脏、治乱、治差工作，清淤河道11万立方米，拆除违章建筑736处，整治"九小"行业2000多家，取缔店外经营4200多户，城市生活垃圾无害化处理率、粪便无害化处理率、集中式饮用水源地水质达标率全部达到100%，"创卫"不仅让城市变得更加整洁、更加规范、更加文明，也凝聚起了用心想事、创新谋事、合力干事的工作氛围，为区域经济社会发展注入动力。

创新"创卫"　高效精准

"创卫"不停歇，创新无止境。乳山市创新工作思路、工作方法和工作机制，创造性提出"法制创卫"——建立"规范执法""双向监督"机制；"网络创卫"——建立创卫工作专题微信群；"科技创卫"——使用无人机航拍巡查三大创新亮点，新的发展理念引领创卫工作不断向纵深推进。

法制创卫——为实现执法者与被执法者的"双向监督"，建立起行政执法事前防范、事中制约、事后监督的"全过程管理"及执法行为"全过程监管"机制，乳山市建立"规范执法""双向监督"机制，各行政执法部门建立"规范执法""双向监督"公示牌，约束执法者规范执法行为，被执法者主动接受执法监督，规范市场经营行为，严格落实"五小行业"等单位相关问题整改。

网络创卫——乳山市建立网络快速响应机制，成立"创卫"工作专题微信群，市创卫办工作人员每天对创城范围进行全覆盖无缝隙排查，将排查的问题以图片配文字说明的形式上传微信群，各单位主要负责同志第一时间主动认领，第一时间进行部署，第一时间将整改前后对比图片问题发至微信群，将原来繁琐的汇总、汇报、请示、批示、转发、落实等程序变成"掌上秒办"，缩短了办结期限，确保"创卫"工作高效推进。

科技创卫——在"创卫"攻坚阶段及精细化提升阶段，乳山市将高科技手段运用到创卫巡查工作当中，借助先进无人机系统进行空中360°全区域、无死角巡查排查，对辖区乱搭乱建、乱堆乱放、卫生死角等进行全方位立体式地航拍巡查，实现水、陆、空三位一体影像资料的采集全覆盖，不仅确保"创卫"工作精准推进，而且有效节约了人力资源。

全民“创卫” 共创共享

围绕“创卫”主题，以报纸、电视、网站、微信等媒体为平台，进行多层次、多角度宣传。“小手拉大手，共建美丽家园”“全民生态健步行”“全民摄影大赛”等以创建国家卫生城市为内容的主题活动陆续开展，全市上下形成了“家喻户晓人皆知，人人参与做贡献”的可喜局面。

中小学生、党员群众、机关干部、公益志愿QQ群……各行各业志愿者自发开展志愿活动，积极投身到对重点地段卫生、小区环境治理、城市秩序等整治工作中，成为大街小巷一道道靓丽的风景线。

在创卫过程中，乳山各部门单位与创建网格结对共建，充分发挥党员干部的先锋模范作用，常态化开展环境整治、宣传教育、文明劝导、帮解难题等各类志愿服务活动，推动乳山市市容环境和城市内涵不断提档升级。乳山1000多名在职党员利用空闲时间，深入社区，广泛开展创卫知识宣传，与社区机关干部、环卫工人一起，清除垃圾、污物、杂草、野广告等，掀起全民参与、共建共促的创卫热潮。

健康教育是促进居民健康的重要基石，是提高全体居民健康知识知晓率和健康行为形成率的重要措施，更是创卫工作重要的组成部分。为此，乳山建立了市、镇、村（社区）三级健康教育网络，定期在社区、公园、广场、医院、汽车站等公共场所开展形式多样的健康教育活动，90％以上的社区配备体育健身设施，中小学生健康教育开课率达到100％，学生健康知识知晓率达到95％以上，健康行为形成率达到90％。

人心齐，泰山移。在全市上下的共同努力下，乳山市公共设施日臻完善，文明秩序逐渐规范，城市品位日益提高，城市管理水平不断提升，市容环境更加整洁靓丽。

长效“创卫” 巩固成果

“创卫”不易，“护卫”更难，乳山市已经获得“国家卫生城市”的荣誉，但“创卫”的脚步从未停歇。乳山市始终把群众满意、群众参与作为出发点，把常态化坚持、持续化巩固作为根本点，无论何时都坚持做到标准不降低、要求不放松，努力将过去的陈规陋习“革新”掉，将以往没有管到位的环节管护好，引导养成新的生活方式和环境标准。

针对“创卫”工作中暴露出的重难点问题、薄弱环节和易反弹问题，乳山市对行业管理制度建设、执行、监督等环节进行全面梳理，在充分体察民情、遵循民意的基础上，研究修订了交通秩序治理、食品摊贩管理、集贸市场监管、传染病防治等41项长效管理机制，推动卫生管理步入规范化、常态化、科学化、精准化轨道。

针对市场管理、街头摊点的实际需要，改造升级贸易城、黄山、金谷园3处农贸市场，新建改建了7处便民摊点和4处自产自销经营区，实现了便民利民与规范管理相结合、经营习惯与创卫要求相统筹；针对停车乱、乱停车的不文明行为，在25条道路施划停车位6064个、非机动停车位2.6万个，开展了50余次交通秩序集中整治活动，常态化开展违规停车查处和曝光工作，交通秩序得到全面提升；针对执法记录不完整、整改督导不到位的情况，创新性建立了执法者与被执法者“双向监督”机制，安装公示牌并免费发放材料5000套，开展双向执法4万余人次，实现了对行政执法行为事前防范、事中制约、事后监督的“全过程管理”，确保了各项问题的整改落实。

坚持文明教育、宣传劝导，围绕“创卫”主题制作了460处公益广告，播放了1502期专题报道，印发了20多万份禁烟标志和健康教育宣传画册，推出了公共场所排队、文明交通志愿服务、志愿者义务劳动、“小手拉大手”、全民摄影、健康健步走等公共教育活动，通过宣传曝光、教育劝导等方式，引导广大市民摒弃陋习，提升文明卫生素质。

“创卫”，让乳山的天更蓝，地更绿，水更清，人更和。“创卫”，让乳山城市的成长和进步迈向了新的起点。乳山市将在攻坚的基础上持续坚持，常抓不懈持续深入推进城市环境综合整治，将国家卫生城市向更高水平推进。

（2017年7月19日《威海日报》 作者：王欣）

【城乡居民共享优质均衡教育——乳山市加大基础教育设施投入深化教育改革纪实】 全国义务教育发展基本均衡县，全国网络教研创新研究试验区，山东省教育工作示范县，镇中心幼儿园全部通过省级示范园认定……近两年来，乳山市以办好人民满意教育为目标，紧扣教育均衡优质发展主线，大力加强基层党组织建设，全面深化教育综合改革，不断优化教育资源配置，强化教师队伍建设，开创了乳山教育均衡、优质、协调发展的崭新局面。

持续加大投入 打造优质教育平台

“光明街小学总投资5000万元，建筑面积1.25万平方米。该校2016年10月开工建设，2017年暑期正式投入使用，可容纳30个教学班，新增学位数1350个，既有效解决目前乳山城区小学存在的‘大班额’问题，又能方便周边10多个生活小区的学生就近入学，并满足今后一个时期乳山城市发展的需要，是一项顺民心、合民意的惠民工程。”乳山市教育局局长焉涛介绍。

近年来，随着“全域城市化、市域一体化”战略深入实施，城区学校校舍不足导致的“大班额”现象日益凸显。对此，乳山市委、市政府高度重视，将解决城镇中小学存在的大班额问题作为重点民生工程来抓，并以此为契机，进一步加大教育设施投入力度，努力满足群众对优质教育的需求。

2015年，乳山着眼教育的优质、长远发展，组织相关部门，按照“补齐原有短板，留足发展空间”的原则，对2015—2020年全市教育发展布局进行了规划，其中2016—2017年，总投资4亿元，启动10个新建、改扩建学校项目，新增教学班150个，新增学位7190个，彻底解决目前乳山城镇中小学存在的大班额问题，让所有的孩子都能就近入学，享受到更加优越的学习条件。

针对去“大班额”工程数量多、要求高、时间紧的实际，乳山市坚持提前规划、超前谋划，争取工作主动权。一方面，提高规划设计门槛，要求设计单位必须具备规划、设计双甲级资质，邀请具有国内一流水平的大公司参加项目规划设计招标，提升学校设计档次。另一方面，广泛借鉴吸收上海、江苏等地区先进设计理念，由专业机构对中小学综合实践教育基地、光明街小学等重点工程进行规划设计，先后几易其稿，反复征求意见，提交市委、市政府研究，提升学校设计档次，有效避免了建设档次不高、百校一面的问题。

为保证工程进度质量，全部实行工程“代建制”，严把招标关，做到优中选优，与发改、财政、规划、建设、国土等部门建立了联席会议制度，及时协调解决项目实施过程中出现的难题，建立了“教育局党委成员项目包联”“倒排工期清单式管理”和“日查看、周调度、月总结”等三项机制，保证了各项工程顺利推进。

在加快校舍建设的同时，乳山还积极抓好设施配套，努力改善办学条件，投资1.8亿元，实施完成了全市学校塑胶操场改造工程、3万套升降式学生课桌凳更新工程、教育信息化提升工程以及部分学校的校舍抗震加固工程和附属设施改造工程，进一步优化了学生学习成长环境。这一系列工程的实施，迅速提升了乳山教育的硬件设施水平，为乳山教育的长远发展奠定了更加坚实的基础。

如今，随着解决“大班额”问题项目工程及省级规范化学校建设的不断推进，乳山教育正稳步实现从“人人有学上”向“人人上好学”的转变。

深化教育改革 提升教育教学质量

硬件的提升使乳山教育有了坚实的基础，而要让教育真正插上腾飞的翅膀，还需在深化改革、提升发展内涵上下功夫。乳山坚持“统筹兼顾、整体推进”的原则，深入实施基础教育综合改革，在德育创新、课程改革、特色建设、招生考试、校长职级制改革等领域取得了显著成效。

围绕社会主义核心价值观体系教育，乳山不断完善学生德育机制，突出爱国主义教育、理想责任教育、法治教育、心理健康教育，落实了教书育人“一岗双责”制度，构建起了以学校为主体、以家长和社会为两翼的“三位一体”德育新机制。

立足学生的终身发展和社会需要，乳山市全力推进课程改革，全面落实国家课程标准和课程方案，探索高中“走班制”、义务教育“选课制”，实施了高效课堂教学、分层教学、信息技术助力课堂等各项改革；积极引进教育改革新技术，为3所高中配备“极课大数据”系统，狠抓“大数据＋教育”应用，改进现代化教学手段，引领精准教研、实现精准教学，构筑了教育变革发展的快车道。按照“一校一特色，一生一特长”的发展思路，全面推进学校的特色化建设。目前，全市有各类学生特色社团680多个，威海市级以上项目学校或示范学校16所，“威海市特色项目培育学校”8所，“威海市特色学校”5所，“威海市心理健康特色学校”4所和2所九年一贯制“全国青少年足球示范校园”。

针对农村中小学校生源持续减少以及“大班额”问题解决后如何更好地推动优质教育发展，乳山市在全省率先开展了小班化改革试点，选定了9所试点学校，全面改革教学方法和管理模式，认真研究小班化教育教学的规律和方法，让每一个学生都能得到更加充分、更具关怀、更重个性的优质教育。为及时破解试点过程中存在的问题，还邀请了南京的小班化专家进校指导，促进改革的深入实施，为引领未来教育下好“先手棋”。

在推进招生改革过程中，乳山积极推进中考改革，建立了“分数＋等级”的初中学业评价机制，加大了对初中理化生实验、英语口语能力以及中小学生艺体素质的考核力度，中考实行体育“实分制”，夯实学生长远发展的基础。同时，加强学校艺体教育，打造“合格＋特长”人才，积极探索“学科课程打基础，活动课程促发展，特色课程育特长”的课程体系，加强学生特长小组和社团建设，努力为学生的个性发展、特长发展搭建平台；尝试在普通高中招收音、体、美特长生，积极拓展学生成长、成才的渠道。

为推进教师队伍专业化、教育管理标准化、办学行为规范化，乳山市教育局实施校长职级制改革，取消了中小学校和中小学校长的行政级别，完成了校长职级评定，推动了校长队伍的专业化发展；扎实实施了中小学教师“县管校聘”管理体制改革，通过落实学校用人自主权，推行教职工全员竞聘上岗，今年暑期共有339名教职工参与了交流轮岗，进一步盘活了人力资源，优化了师资结构，增强了队伍的活力。为提升学校管理的标准化水平。乳山市教育局探索实施了“双线层级管理”双轨并行的管理考核机制，在学校推广“日督查、周汇总、月考核”管理模式，开辟了“学校月度工作考核结果”网上公示平台；在全市实施“十项督查”，设立了专门的督查队伍，建立了“督导责任区”，不定项、不定期、不定时地进行督查考核，定期公示结果，跟踪整改落实。同时，以创建全国义务教育管理标准实验区为契机，积极推进义务教育的标准化管理，实施“一校一章程”的现代化管理制度，全面提升学校管理的科学化水平，有10所学校被评为威海市“义务教育学校管理标准示范学校”。

加强队伍建设 夯实教育发展基础

2017年5月，乳山市教育局在系统内启动了党建微视频大赛，9月中旬，各学校党支部共报送党建微视频作品28部，最终评出一等奖2名，二等奖4名，三等奖8名。各党支部在视频拍摄过程中，纷纷把镜头对准了爱岗敬业、无私奉献的党员教师，如《让每朵花都灿烂绽放》，讲述了畅园学校党员教师群体爱心群帮助贫困生的感人事迹；《党在心中，构筑和谐幼儿园》，讲述了崖子镇中心幼儿园园长王红妮扎根偏远乡镇、积极投身幼教的感人事迹。这些微视频经乳山电视台播出后，在教师群体和广大市民群众中产生了强烈的反响。

教师是教育事业发展的基础，是提高教育质量、办好人民满意教育的关键。围绕提升教师队伍素质、激发队伍活力，乳山市坚持标本兼治，重抓了党建引领、师德建设、师能提升三个关键点，着力打造教育发展的领航人、教学改革的领军人才。

突出党建引领。去年，乳山市教育局以“基层组织建设年”活动为抓手，完善了各项党建制度机制，狠抓了学习培训和廉政教育，较好地发挥了全系统1100多名党员教师的先锋模范作用，进一步净化了教育行风。今年以来，重点开展了教育系统“五化五星”基层服务型党组织创建工作。

“‘五化’，就是标准化、项目化、网络化、责任化、制度化。‘五星’，即在全系统深入开展“五星”基层党组织创建活动，对基层党组织分‘五个星级’进行动态管理，实现全覆盖、常态化和规范化，发挥好党组织的战斗堡垒作用。”乳山市教育局党建工作分管负责人说。与此同时，乳山在教育系统全体党员中深入开展了“奉献教育党员领航行动”，通过主动定诺、承诺、践诺，使教师党员增强党性意识，保持党员先进性、促进基层党组织和谐发展；积极为党员发挥作用搭建平台，依托报告会、有益讲堂等载体，通过党课教育、主题演讲、读书征文、歌咏比赛等形式，引导广大党员亮身份、作贡献、树形象，培植一批优秀党务工作者和优秀党员，发挥好党员的先锋模范作用。

加强师德建设。坚持开展一年一个主题的师德教育活动，近几年先后开展了“学规范找差距树正气”“学先进比奉献聚合力”“争做四有好教师”等一系列师德教育活动，通过集中学习、专题培训、举办师德教育巡回报告会以及问题专项整治等活动，营造了爱岗敬业、无私奉献的师德氛围。今年6月份，集中开展了“四有”师德主题教育活动，组织8名市级师德模范，分两组赴全市各学校作师德教育巡回报告，引起强烈反响，进一步营造了“敬业爱岗，奋发进取”的师德氛围，激发了教师教书育人的责任感和使命感。

注重提升教师的业务能力。乳山创造性地开展了以名师进校“送优课、送指导、送经验”活动为主要内容的“教学质量帮扶行”行动，促进了校际间教师的均衡发展；同时坚持“走出去”与“请进来”相结合，实施了以教育干部到教育发达地区蹲点学习为主要内容的“富脑”培训和以骨干教师赴省内名校进行体验式培训为内容的“影子”培训，开展每月一讲的“有益讲堂”，有针对性地邀请名家专家来乳授课、讲学，通过学习培训，引领干部教师开阔思路、更新理念、提高层次。创新开展“一师一优课”评选活动，引领教师积极钻研业务，主动应用信息化教学手段改良课堂，促进了教师的专业发展，提升教学质量。在今年各级组织的优质课比赛中取得突出成绩，获全国二等奖1个、全省一等奖3个，威海市一等奖26个。

为优化教师队伍结构，激发教师队伍活力，乳山启动实施了教学领军人才培育工程，面向全体教师开展“信息技术应用能力、微课堂教学设计能力、命题组题能力”三项技能达标活动，面向教学骨干评选教学能手、学科带头人，面向学科带头人推选“名师”工作团队主持人，开展重点课题攻关。通过金字塔式的培育新机制，助推专业成长“三级跳”，打造拔尖教师队伍，引领教师队伍素质的整体提升和学科教学的快速发展。

2016年以来，乳山教师中有2人晋升全省中小学教师正高级职称，1人获评“威海市有突出贡献的中青年专家”，1人获评“威海市和谐使者”，2人获评“省级优秀德育工作者”。

在当前基础教育转型发展的新阶段，乳山市教育优质均衡发展水平也已迈入全省前列。乳山市教育系统工作者正瞄准更高的目标，斗志昂扬地走在聚焦超强“软实力”、锻造核心竞争力的大道上，为把昨天的“奖牌”打造成今天的“品牌”，把金灿灿的“奖杯”化作老百姓称颂的“口碑”，为办好党和人民满意的教育而不懈努力。

（2017年10月18日《威海日报》 作者：夏树刚　王洪旗　李文军）

【守护绿水青山　绘就幸福乳山】

绿树掩映，清溪绕村，时下以崖子镇田家村、诸往镇东尚山和下石硼村、乳山寨镇玉皇山后等村为代表、充满文化内涵的美丽乡村正成为乳山旅游新地标，“美丽经济”焕发，“富”了群众腰包；曾经的废弃矿区变身生态体育公园，百余公里受伤海岸带经过生态整治重现碧海银滩，荒山绿化、山体复绿、水源涵养、水系绿化等一系列生态修复举措，不断扩大着乳山的“绿色生态圈”；总规划30万亩的生态型“互联网+”海洋牧场正初见端倪，华信食品、伯特利、台依湖国际酒庄生态文化区等一批绿色产品项目迅速崛起、势头正劲，高新技术研发平台、高校产业化基地、产业研究院、众创空间等“绿色智慧”推动产业发展实现“撑杆跳”……

乳山始终坚持绿水青山、环境优先的发展理念，始终坚持修复生态、建绿透绿的目标导向，始终坚持还绿于民、生态富民的民生情怀，在1665平方公里的土地上描绘出一幅美轮美奂的山水画。

“内外兼修”塑造美丽乡村

乳山大力实施美丽乡村建设工程，坚持生态优先，深入挖掘文化内涵，做到生活改善与生态保护相统一、历史文化与现代文明相融合、产业发展与环境承载相适宜，打造了一批特色鲜明、各美其美的美丽乡村。

乳山创新“村收集、镇转运、市处理”垃圾处理模式，村庄生活垃圾被集中到垃圾焚烧发电厂进行无害化处理，每年可焚烧生活垃圾14余万吨，发电量达到6000万度，节约标准煤近2万吨，垃圾减量可达80%。

乳山建立市、镇、村三级网格巡查监督机制，对违法建设零容忍。自去年10月份以来，已累计拆除违建400余处，修复村庄绿水青山原生态。

致力于打造望得见山、看得见水、记得住乡愁的美丽乡村，乳山重点打造以“马石山革命文化”、胶东育儿所“乳娘文化”为重点的红色教育基地示范区，以圣水宫道教养生文化、冯德英故居、三花红色文化为重点的道教养生文化示范区，以银滩、大乳山4A级景区海岸线、塔岛湾海洋生态国家级海洋特别保护区为重点的美丽乡村连片示范区，形成“一村一景，一村一品，一村一韵”。到2020年，乳山计划创建省级美丽乡村连片示范区5个、示范村20个；威海市级美丽乡村连片示范区10个、精品示范村40个，带动全市75%的村庄达到美丽乡村建设B级以上标准。

乳山引导美丽乡村筑巢引凤，培育发展了岠嵎山特色民宿、胶东红色文化体验、滨海养生休闲等特色产业，提升产业层次、拉长产业链条、拓展产业宽度，形成“新六产”。不少贫困村也依托生态优势，发展特色产业，探索了一条以美丽乡村建设助推精准脱贫新路径。

为解决美丽乡村发展中遇到的资金难题，乳山变财政资金“主导”为“引导”，积极引进境内外大型投资企业参与建设运营，通过引导社会资本开发农村资源、盘活闲置资产，发展壮大村庄养老、乡村旅游、现代农业等富民产业，实现政府和社会资本的双赢。

优良的生态环境为乳山发展生态文化旅游业积累了资本，岠嵎山国家森林公园、多福山国际养生旅游度假区、台依湖国际酒庄生态文化区等一批旅游景点相继亮相，形成了生态文化旅游产业体系。近三年来，乳山接待国内外游客数和旅游综合收入每年分别以10.6%和13%的速度迅猛增长。

细“治”入微呵护绿水青山

随着金碃岭体育公园正式开放，乳山城区北部的150余亩废旧矿区焕发出新的生机，公园融入海绵城市理念，硬地透水面积达到70%，实现了自然积存、自然渗透、自然净化的生态功能。

结合生态环境治理，乳山不断扩大城市“绿色生态圈”，自2010年以来，实施了荒山绿化、山体复绿、农田林网、水源涵养、水系绿化为重点的林业生态建设工程，成品造林面积、森林抚育面积近25万亩，森林覆盖率达34%，城区绿化覆盖率达45%。

绵延199公里的海岸线是乳山生态上的一抹亮色。对于近海养殖项目，乳山重新调整养殖区划，将离岸过近的项目全部搬迁到4公里之外，政府统一建设安置点；对于岸线养殖大棚，引导其规范经营，对过度开采地下水、私上锅炉等行为进行监管治理……

在拆除乱搭乱建的同时，乳山累计投资15亿元，恢复湿地1万多亩，建设人工沙滩1000多亩，修建了5.3公里的银滩优质沙滩岸带保护长堤和滨海公园，完成潮汐湖150公顷湖区清淤工程等。目前，乳山区域内20多公里优质沙滩岸带和70多公里的自然岸线得到了科学管理、全面保护，再现“最美海岸线”姿态。

2017年，乳山将投资1.9亿元对和尚洞以东至洋村口大桥之间8公里的海岸带进行生态修复，还原银滩东部的自然岸线，实现岸线景观的连续性，整体工程将于明年完成。

产业变“绿”培育“健康经济”

新上项目的40%以上是新兴产业，超过八成企业建立循环经济产业链条，先后有10多个过亿元的项目因不符合生态要求被一票否决……划生态“绿线”为项目“红线”，不以牺牲环境为代价谋求发展，乳山产业发展之路“绿”意盎然。

乳山对高耗能、高污染、高风险的企业实行“一票否决”，大力引进环保、低碳、绿色的高新技术项目，对符合生态绿色标准的新兴产业项目，在贷款融资、厂房租赁等方面给予优惠政策。

创新驱动才能让产业从“灰色粗放”走向“绿色智慧”。乳山积极搭建科技平台，建立20余个高校产业化基地、产业研究院等合作平台，省级以上创新平台达到23家，八成以上骨干企业建有专门研发机构。对于一些发展前景好的科技创新项目，乳山积极搭建融资平台，设立科技成果转化先导基金等升级版政策，以入股扶持的方式进行扶持，开辟科技与金融融合的新路径。不断厚植企业科技创新的“土壤”，乳山先后设立了1000万元科技奖励基金、1000万元人才项目奖励基金、1000万元科技创新合作扶持基金，对科技创新平台、产学研合作、人才引进、专利发明等进行奖励，并变后置式奖励为前置式扶持，鼓励企业创新。

把绿色的理念贯穿到整个城市规划建设，乳山先后编制了生态文明建设规划、生态市建设规划，完善了节能减排市场化机制，并持续开展了露天烧烤整治、矿山资源开采治理、扬尘治理、“三废”污染治理、燃煤小锅炉整治等行动，加大除污还绿力度，使乳山天空更蓝、更洁。

（2017年10月14日《大众日报》作者：彭辉 王嘉 姜俏俏）

【乳山有了“十颗星”考核刻度】 以往基层党组织和党员评价考核基本都是优秀、合格、不合格三个层次。优秀点在哪儿，还有哪些欠缺？不合格应该如何解决问题？由于考核评价标准宽泛笼统，无法精准反映党组织和党员的日常表现，也难以起到扬长避短改进工作的作用。

2017年年初，乳山在全市农村党组织和党员中探索推行“十星级”评定管理工作。让党组织管理有“标尺”，党员行为有“准则”，衡量党组织和党员有“刻度”。

城区街道办事处北江村党员宋廷好的转变体现了“十星级”评定管理的“魔力”所在，他不仅将自家门前堆积已久的“三大堆”清理掉了，还自掏腰包，拿出1000元整治周边环境卫生。“以前党员表现好坏全凭自觉，现在不一样了，党员星级管理不光列出了我们党员应该做什么，还划出了红线，不带头作表率就没有评星资格。”8月21日，宋廷好深有感触地说。

乳山采取“基础星＋先锋星”的设星方式，根据工作难易、复杂等程度，对基层党组织设置了班子坚强、队伍优良等6颗基础星和经济发展、攻坚克难、群众满意等4颗先锋星，对农村党员，设置了理想信念星、组织观念星、品行表现星、带头表率星、群众认可星等5颗基础星和履职尽责星、义务奉献星、攻坚克难星、致富带富星、群众满意星等5颗先锋星。在每个星级标准的具体制定上，乳山分别对党组织和党员列出正面清单和负面清单，让农村党组织和党员明白什么能做、什么不能做、应该怎么做。各镇还可结合镇域实际，有针对性地对清单中的内容进行补充。

乳山市还建立星级评定档案管理制度，采取“一颗星一台账、一党员一档案”的形式，为每一个农村党组织和党员印发带有编号的星级评定管理鉴定表和汇总表，对于过程中的公告、决定及时公开，实现星级评定管理全程纪实、痕迹管理。在星级评定结果运用上，对8星级以上的党组织抓完善、抓巩固，对5星级到7星级的党组织抓规范、抓提升，对3星级和4星级的党组织抓整顿、抓转换，以帮教带动改正。对于2星级以下的党组织和党员，乳山出台不合格党员和党组织认定和处置流程，建立帮教制度，限期整改。

同时，乳山还将党组织评星结果与村级运转经费、评先选优、农村干部补贴、班子整顿提升挂钩，按照得星情况，逐级加大奖励和扣减经费补贴比例。对于连续5次被评为“十星级”的党组织和连续3年以上被评为“十星级”的党员，乳山进行授牌奖励；对于8星级以上党员优先作为评先选优的推荐人选。

“党员平时的一言一行都有记载、有积分、有评价，星级有公示，作用发挥得如何，靠行动积分，凭数据说话，扭转了过去农村党组织和党员干多干少、干好干坏一个样的局面。”乳山市委常委、组织部长樊西民说。

（2017年8月25日《大众日报》作者：彭辉 姜勇 王嘉）

【乳山：“五个字”营造政治生态“青山绿水”】 为了进一步激发市镇机关和干部队伍内在活力，转变工作作风提高服务效能，乳山市以“走出乳山看乳山、高标追赶快发展”为主题，大力倡树“学、比、勤、廉、严”五字作风，努力营造风清气正、干事创业的政治生态。

关键词：学，对标学习 学以致用

乳山在全市范围开展“六知一创”学习活动。“六知”，即，知道基础管理的薄弱环节是什么；知道全省乃至全国的标杆典型是什么；知道各级政策标准、最新动态、发展趋势是什么；知道所处的层次水平是什么；知道力争要达到的标准是什么；知道下一步要做什么、应该怎么做。“一创”，即创新工作机制，培育亮点。在外出对标学习的基础上，创新工作思路、工作方法、工作载体，补齐短板，培育亮点，推进对标工作创新突破、争优进位。

链接：比，比先进 追先进 当先进

为形成比、赶、超的浓厚氛围，乳山积极开展与标杆比、与兄弟市区比、与内部同类工作比等活动，竞相推进、激发干劲。

在跟市外比方面，在市级，选择省内先进县市作为对标赶超对象，在“比”中看差距，在“赶”中论高低，在“超”中求突破，推动乳山经济社会更好更快发展。在镇区，明确赶超目标和方向，主动到对标地区考察交流，真正把标杆的经验做法转化为符合镇区实际的创新举措。在部门，以创新亮点工作为契机，明确部门在本市、威海市部门的位次，根据自身实际，瞄准全省、全国一流标准，努力在全省乃至全国争先进。

在跟市内比方面，年终评选一批作风过硬、敬业实干、成绩突出的“一线标兵”，并在此基础上，筛选评比出全市“十大服务标兵”，激励全市上下加压奋进、勇争一流。

关键词：勤，勤对接 勤服务 勤作为

采取“重要节点考核＋日常工作考核”相结合的方式，加大与上级沟通对接工作考核力度，筛选上级重大政策、产业项目和扶持资金等重要信息，及时分析汇总，提出合理化建议。

在开展“我为基层解难题”活动中，建立月调度、季通报制度，上下联动、横向协作，努力破解一批制约企业、项目、工程等方面的难题，营造支持服务保障基层发展的浓厚氛围。

开展“整治不作为促勤转作风”主题活动。认真梳理机关干部中各类“不作为”问题，建立问题台账，实行销号管理，定期督导整改措施落实情况，实现查摆和整改问题滚动推进。通过“乳山清风”微信公众号等媒介通报曝光典型问题，层层传导压力，倒逼责任担当。

关键词：廉，抓规范　强基础　促廉洁

通过开展“执纪强基促廉”主题活动，狠抓基础管理、强化权力监督、织密制度笼子、筑牢反腐根基，不断增强干部廉洁意识，努力营造风清气正的政治生态。

——开展领导干部党风廉政建设主体责任落实专项检查行动。每季度对各级党委（党组）“一把手”的《纪实手册》进行专项检查，对各部门单位建立《工作台账》和班子成员撰写《纪实手册》的情况进行抽查，检查结果纳入全市党风廉政建设责任制考核。

——开展廉洁风险预控工作专项检查行动。组织4个派驻纪检组对110多个市直部门、单位的廉洁风险预控工作进行专项检查，汇编形成《廉洁风险防控手册》，采取“每月定期检查、日常随机抽查和年终全面考核”相结合的方法，督促市直部门单位抓好关键人、关键事和关键问题的权力管控，形成靠制度管人、管事、管权的长效机制。

——开展违反中央八项规定精神线索大起底行动。成立违反中央八项规定精神专项检查组，对15个镇（街）进行专项检查，对检查出的问题，督促各镇（街）逐一登记造册，分类建立台账，逐条销号管理，力争查摆整改一类问题，建全完善一项规章制度，以制度促规范，靠制度抓长远，确保违反中央八项规定精神及“四风”问题抓得硬、不反弹。

——开展侵害群众利益的不正之风和腐败问题专项整治行动。对反映的问题线索，坚持当天发现、当天转办，重要问题线索实行直查督办。

关键词：严，严格督导　严格考核

乳山健全督导工作机制，加强干部日常一线考核，强化考核结果运用，以督导考核倒逼工作落实，切实保障机关作风优化转变。

——构建“大督查”工作格局。充分发挥市委专项督查、市人大依法监督、市政府政务督查、市政协民主监督、纪检监察机关执纪监督、组织部门议政监督作用，着力构建六位一体“大督查”工作格局，推动市委、市政府重大决策、重要部署和重点工作落地落实。

——加强文明单位创建管理。加强日常工作考核结果与文明单位评选工作挂钩，对机关作风建设成效明显、考核结果靠前的可优先申报上一级文明单位评选，对内部管理不到位、考核结果靠后的视情况予以撤销或降级文明单位称号。

——加强干部日常一线考察。完善干部业绩考核评价机制，从重点工作、关键时刻、民生民意、日常行为看干部表现，全面掌握干部一线工作情况，并纳入干部督查信息档案，作为干部考察考核的重要参考，切实树立起讲求实干、干事创业的用人导向。

（2017年10月14日《大众日报》
作者：彭辉　王嘉　姜俏俏）

乳山投资指南

【概况】 乳山，依山傍海，环境优美，是一座新兴的生态型花园式滨海旅游城市，总面积1665平方公里，人口55.1万。隶属山东省威海市，辖省级乳山经济开发区和省级银滩旅游度假区，14个镇、1个街道，共601个行政村。近年来突出实施“产业强市、工业带动、突破发展服务业”三大战略，先后获得国家环境保护模范城市、国家生态市、中国优秀旅游城市、国家园林城市、中国爱心城市、中国长寿之乡、全国文化先进县、全国科技进步先进市、全国卫生城市、全国文明城市等称号。

【投资环境】

自然环境优美乳山位于山东半岛黄金南海岸，地处“神奇纬度”北纬37°线附近，属于典型的暖温带海洋性气候，依山傍海，四季分明，冬无严寒，夏无酷暑，年平均气温11.3℃，空气相对湿度70%，空气和水质优于国家标准，全市每年空气质量优良天数300多天，健在的百岁老人80多位，被誉为最适宜人类居住的城市之一。

乳山旅游要素完备，境内“山、海、湾、滩、岛、泉”等生态资源丰富，199公里海岸线上分布大小港湾12个、岛屿13个，拥有银滩、大乳山、福如东海文化园3个AAAA级景区，岠嵎山、多福山、小汤温泉、圣水宫等8个AAA级景区，每年接待游客超过900万人次。

银滩：AAAA级景区，沙滩洁白如银，绵延20多公里，建有多处海水浴场和游艇码头，被誉为“天下第一滩”。

福如东海文化园：AAAA级景区，总占地1800亩，建有“福、寿、康、宁、乐”五大主题园，是集文化、娱乐、休闲、生态于一体的综合功能区域。

大乳山：AAAA级景区，以圆润挺拔的大乳山为中心，山海湾相连，湖海滩相映，被誉为“北方三亚”，在第21届联合国气候变化大会上作为典型向世界推介。

区位条件优越　乳山与日韩隔海相望，地处青岛、烟台、威海三市中心腹地，毗邻胶东三大港口、三大机场，济威铁路、青威高速、309国道、文莱高速（在建）、202省道横贯东西，烟海高速、207省道纵连南北，连接青烟威的城际二号快铁线将在乳山设站，建成后5小时内可直达上海、北京。优越的地理位置，使乳山融入青、烟、威1小时经济圈。三市的快速发展，对乳山形成强力的产业辐射，同时也带来广阔的消费市场，青、烟、威三市2016年GDP总量超2万亿元，社会消费品零售总额约8400亿元。

物产资源丰富 乳山是著名的水果之乡和水产之乡，拥有苹果、花生、大姜、牡蛎、茶叶、板栗、巴梨、蓝莓、樱桃、文蛤等10个国家地理商标，是全国首批出口农产品质量安全示范区、全国绿色食品原料标准化生产基地，其中苹果栽植面积25万亩、年产量40万吨，花生种植面积28万亩、年产量7.2万吨；牡蛎养殖面积8万亩、年产量30万吨；大姜栽植面积5万亩、年产量25万吨；蓝莓栽植面积1.1万亩、年产量3300吨。

政策条件利好 中韩自贸区地方经济合作示范区（威海）、国家服务贸易创新发展试点城市（威海）、国家自主创新示范区、山东半岛蓝色经济区、国家“一带一路”节点城市，乳山身处多重国家级发展战略核心区域内，在税收减免、审批服务等方面享受一系列优惠政策，多重叠加的政策条件为区域经济发展注入强劲动力。

人才支撑有力 青烟威地区有20多所本科院校，每年输送本科以上人才近10万人；乳山境内的技校和外事翻译学院，每年输送各类人才6000多人，短期培训1万多人次；乳山出台人才引进奖励政策，对高层次创新创业人才给予50万～300万元创业启动资金，设立高标准、人性化的专家公寓，对高层次人才发放最高50万元的安家补贴。

文化底蕴深厚 乳山因境内“大乳山”而得名，是著名作家冯德英的家乡，是《苦菜花》《迎春花》《山菊花》的故事发生地，是闻名全国的马石山十勇士战斗地，是全国爱国主义教育基地……这里广泛流传着抗日题材的红色文化，敬母爱母题材的母爱文化，健康长寿题材的养生文化，亲海体验题材的海洋文化，胶东海鲜题材的饮食文化等等，为经济发展蓄积了深厚的文化内涵。

【产业招商】

工业主导产业：经过多年培育发展，形成装备制造、绿色食品与生物科技、新材料、节能环保、纺织服装等五大主导产业。全市拥有规模以上企业362家，拥有高新技术企业17家，省级企业技术中心21家，省级以上名牌产品和著名商标46个。

装备制造产业现有企业67家，年产值177亿元，主要产品有：特种电机、刹车片、转向节、连杆、曲轴、气门座、气门导管、水泵、机床等。下步重点发展汽车及零部件制造、数控机床、精密铸造加工、海洋装备、工程机械等行业，积极引进新能源汽车、制动装备总成、特种汽车改装等装备集成项目。

山东双连制动材料股份有限公司，是国家高新技术企业，国家首批116家汽车零部件出口基地企业之一，是美国通用、福特和克莱斯勒三大汽车公司的原配供应商，生产鼓式片、盘式片等各类型号的刹车片2000余种，年产能500万套。

威海伯特利萨克迪汽车安全系统有限公司，是中外合资企业，采用先进的差压铸造工艺，专业生产铝制汽车底盘结构件。目前服务的OEM客户有上海通用、通用汽车、沃尔沃汽车等，年产汽车转向节500万套。

绿色食品与生物科技产业现有企业101家，年产值27亿元，主要产品有：海洋食品、花生制品、大姜制品、水果罐头、果汁、酒、淀粉、茶叶等。今后重点发展绿色食品、有机食品、营养食品、功能食品产业，引进纳米技术、调理技术、冻干技术，开发冷冻调理产品、小包装休闲食品、冻干食品和方便食品，积极培育保健品、营养品等生物科技产业。

华隆（乳山）食品工业有限公司，主要生产花生制品，出口日、韩等国家和地区。旗下“东宝”商标被评为山东省著名商标，年产能1.6万吨。

乳山华信食品有限公司，专注于贝类、鱼类、藻类的养殖和加工，扇贝加工销售位居山东省首位，全国前三。

新材料产业现有企业29家，年产值10亿元，主要产品有：硅胶产品、新型建材、汽车尾气催化材料等。今后重点发展稀土催化、先进高分子、高性能复合材料、无机硅胶等行业，大力推进碳纤维、石墨烯、纳米材料、生物材料等前沿新材料的技术研发和产业化，打造国内重要的汽车尾气净化材料基地和国内最大的功能硅胶生产基地。

威海佰德信新材料有限公司，美国太平洋工业发展公司独资企业。公司主要生产汽车尾气净化处理催化剂载体材料和石油裂解催化剂，年生产能力分别为4000吨、5000吨。

节能环保产业现有企业21家，年产值8亿元，主要产品有：空气净化设备、可降解环保餐具、资源循环利用产品以及新能源利用、节能技术改造、环保咨询服务等。今后重点围绕节能环保装备制造、资源循环利用、节能环保技术服务，以环保设备、环保建材、能源利用、节能关键技术为重点，全力打造节能环保产业基地。

山东力久特种电机股份有限公司自主研发生产的高效电机、超高效电机、高效永磁变频电机等十多个系列的高效、超高电动机，技术达到了国际先进水平，年生产能力300多万千瓦。

纺织服装产业现有企业1000多家，从业人员1.8万人，年产值121亿元，主要产品有：各种面料、服装、箱包、工艺品等，以出口为主。今后主要围绕纺织面料、服装、皮革及制品等领域，大力发展功能化、特色化、品牌化优势产品，引入云平台、云计算等技术手段，推动传统产业转型，再造乳山纺织服装产业的新优势。

山东乳山工艺品有限责任公司，辖设服装厂、衣衫厂、抽纱厂三个分厂。拥有生产设备1500多台套，主要产品有：机织毛衫、梭织服装、家纺产品、勾针产品等，年加工总量600万件（套），“艺涟”家纺荣获“山东名牌”“山东省著名商标”。

乳山汉泰大麻纺织有限公司，主要经营各种大麻及有机棉等天然纤维类纺织面料及成衣出口，现有织布设备30余台，年产麻布300多吨；年加工服装60万件。

健康产业依托优良的生态环境，坚持“健康+”发展理念，大力发展健康制造业和健康服务业，加快构建高端化、品质化、全链条的“大健康”产业体系。健康制造业，重点围绕营养食品、生物医药、健康产品生产，做大做强健康制造产业链条；健康服务业，重点围绕养生养老、健康休闲、健康管理等领域，引进品牌养老机构、专业医疗机构、高端养生机构，发展慢性病诊疗康复、区域性体检中心、专业化养老社区以及文化娱乐设施、医疗美容、母婴保健等项目，提升区域健康管理水平和养生养老品牌。

海洋经济做大“海上粮仓”，重点养殖贝、参、藻三大品类，壮大现代渔业基地；做强“蓝色工业”，重点发展海洋产品、海洋生物科技、海工装备等项目，打造海洋产业基地；做活“临港产业”，重点发展跨境电商、港口物流等项目，打造临港物流基地。

其他新兴产业积极发展电子信息、智能装备、物联网、服务外包、服务贸易、总部经济、文化创意、电子商务等新兴产业项目。

【园区载体】

乳山市滨海新区 区域总面积348.9平方公里，其中陆地面积278.7平方公里，规划用地120平方公里。区内环境优美，设施完善，累计开发建设1800万平方米海景住宅，每年吸引20多万外地游客来此养生度假，成为宜居、宜业的现代化滨海新城。区内规划建设大乳山、银滩、海湾新城、塔岛湾、新兴产业园、食品与生物科技产业园、海洋科技产业园等七个功能区，重点发展新兴产业、海洋科技、文化旅游、健康养生四大产业。

乳山经济开发区 区域总面积107平方公里，其中陆地面积98.1平方公里，规划面积34.4平方公里，临海靠港，交通便利，设施齐备。区内共有企业300多家，划分为临港、新材料、节能环保三个产业区，主要发展机械配件、高端装备制造、海洋食品、新材料、节能环保和商贸物流等产业。

临港产业园 规划面积约19平方公里，临海靠港，区位优越。主要依托乳山港，重点发展海工装备、出口加工与冷链物流等临港产业。乳山港建有2个2万吨级散杂货泊位，预计2017年9月份将开通国家一类开放口岸，规划建设2个5万吨级多用途泊位。

海湾新城现代服务产业园 规划面积约19平方公里，位于乳山工业区、临港区、旅游区的连接枢纽地带，通过改造废旧盐田新增建设用地2万亩，连片成方，不受用地指标限制直接办理土地手续。重点发展服务外包、电子商务、教育研发、健康养生等产业。

食品与生物科技产业园 规划面积约8平方公里，位于乳山市徐家镇中部，园内海水管网、污水处理、路网交通等设备完善，现有海洋食品、花生制品、果汁等生产企业30多家。重点发展海产品、农产品、畜产品深加工以及生物科技产业。

新兴产业园 位于滨海新区北部，规划面积约40平方公里。区内水、电、路、热等设施配套完善，已获批山东省电子信息产业园和山东省首家光电产业基地，目前入园规模以上企业22家。重点发展高分子材料、智能装备、电子信息、养生养老器械制造等新兴产业。

【乳山市主要出口商品目录】

食品 花生类有手扒花生、花生烤果、油炸花生、乳白花生、带种皮花生、花生碎。淀粉类有地瓜淀粉、土豆淀粉、玉米淀粉、机制粉条、手制粉条。果蔬类有板栗、苹果、阳梨、桃、樱桃、葡萄、生菜、生姜、韩国泡菜、AD脱水制品、FD脱水制品。罐头饮料类有阳梨罐头、苹果罐头、鱼罐头、草莓罐头、樱桃罐头、白桃罐头、黄桃罐头、芦笋罐头、浓缩果汁。水产品类有对虾、贝类、牡蛎、海参、大鲮鲆鱼、章鱼、黄花鱼、虾蛄、鳕鱼片、文蛤、海蜇皮、河蟹。肉禽类有鸡肉及其制品。

纺织、服装 真丝类有真丝绸、真丝服装。棉纺类有印花毛巾、提花毛巾布、毛巾布、小方巾、面料、床上用品。其他有羊毛衫、钩针衣、防寒服、滑雪衫、夹克衫、亚麻制品、亚麻服装。

箱包、手套 箱包类有高尔夫包、高档皮包、帆布包、牛津皮包。手套类有生活手套、运动手套。其他有皮衣、皮鞋。

抽纱、工艺品 抽纱类有棉麻布扣眼绣花、钩针工艺装饰品、机绣制品、手绣品。工艺类有长毛绒玩具、动物玩具。

建筑材料 水泥、花岗石板材、路边石、木地板块、塑钢门窗、厨具。

化工产品 化工类有生物农药、海藻酸钠、干燥剂。纸制品类有办公用纸、生活用纸、工业用纸、环保纸杯、纸箱。塑料类有编织袋、钓鱼竿、塑料管、塑料用品。稀土类有稀土制品。

机械、设备 机械类有各种电机、微型变压器。设备类有散料输送设备。车辆及配件类：汽车、摩托车连杆，汽车连接线、金属刹车片、刹车盘、摩擦材料、摩托车刹车装置、汽车发动机支架、转向节、摩托车头盔、铆钉。

部分便民服务事项

【城区公交线路站点】

102路（1）：郑家至久久发

途经站点：郑家、东泗水头、西泗水头、西圈、桑行埠、南庄、北庄、前卫、炉上、阳光水岸、西苑学校、华润物流、瑞晟小区、车管所、交警大队、电业局、老汽车站东门、市医院、中国银行、市报社、市政府、国税局、胜利花园东门、建材市场、

久久发

102路（2）：西南赵家至技工学校

途经站点：技工学校、怡园小区、静园小区东门、妇幼保健院、国税局、市政府、市报社、中国银行、市医院、图曼市场、网通公司、富豪小区、西城华府、西馨苑小区、吾星纤维、大得力有限公司、炉上、崔家、官庄、清口涧、井子、野子、西耿家、蝌子嘴、西南赵家

103路：胡八庄（马家庄）至兰家

途经站点：胡八庄（马家庄）、石头圈、黄村、二甲、晁家庄、朱家庄、长庆工业园、精工塑料、广电大厦、法院、检察院、国税局、市政府、市报社、中国银行、市医院、图曼市场、青华园、市政公司、人民广场、中医院、馨园小区、新华书店、幸福小区、河滨小区、金岭高中、隆利德机床、全兴宾馆、兰家庄、汽车站、南唐家、北唐家、兰家、康家

105路：火车站至旗杆石

途经站点：火车站、小疃、房屋、西周格、旭日驾校、台依、黄依台、洼九埠、啤酒厂、仇家洼大集、石村、石油公司、交警大队、老汽车站东门、市医院、中国银行、市报社、市政府、国税局、胜利花园东门、贸易城东门、贸易城南门、夏村镇政府、金牛山公园、人寿保险、馨园小区、中医院、人民广场、市政公司、电影院、水景绿城、烟草公司、名门小区、电机厂、昂仕集团、经区医院、兰家庄、汽车站、刁家堪、河口、秦家庄、王家庄、新庄、寨前、陈家、乳山口

106路：冷家至旗杆石

途经站点：冷家、肖家、石村、仇家洼、金谷园、北江村、笙歌小区、永熙大酒店、笙歌西门、中国银行、市医院、图曼市场、青华园、电影院、水景绿城、烟草公司、名门小区、高格庄、海东内燃机厂、光大科技、元邦房产、永达驾校、辛家庙、乳山口镇政府、祝家庄、院前、锅上、张家庄安家、江村洼、西北岛、刘家庄、旗杆石、乳山口

107路：宫家桃至义乌商品城

途经站点：宫家桃、小史家、大木村、吴家沟、张八庄、东秦家庄、圣川新城、精工塑料、广电大厦、法院、检察院、胜利花园东门、贸易城东门、贸易城南门、夏村镇政府、金牛山公园、人寿保险、馨园小区、中医院、人民广场、市政公司、青华园、图曼市场、老汽车站南门、义乌商品城

108路：环城绕行（义乌商品城至义乌商品城）

途经站点：义乌商品城、市医院、中国银行、笙歌西门、永熙大酒店、祥和小区、金苹果小区、静园饭店、机关托儿所、国安小区、妇幼保健院、胜利花园东门、贸易城东门、建材市场、久久发、华东建材、宏远机床、公安消防、隆利德机床、全兴宾馆、兰家庄、汽车站、兰家庄、全兴宾馆、隆利德机床、金岭高中南门、金岭小区、名门小区、西西里苑小区、地毯厂宿舍、振华食品、夏北南站、仁和广场西站、食品厂宿舍、夏南村、夏北北站、富豪小区、网通公司、图曼市场、老车站南门、义乌商品城

109路：环城绕行（老车站至老车站）

途经站点：老车站东门、图曼市场、网通公司、富豪小区、夏北北站、夏南村、果胶厂、仁和广场西站、仁和广场、富城宾馆、烟草公司、体育局、防保站、河滨小区、幸福小区、河滨公园、新华书店、人寿保险、金牛山公园、夏村镇政府、贸易城南门、贸易城东门、兴东小区、豪门小区、规划局、紫锦花园、广电大厦西站、香格里拉小区东站、香格里拉小区南门、怡园小区、静园小区、金苹果小区、祥和小区、格林豪泰酒店、金硝岭、路灯管理处、电业局、老车站东门

110路：大史家至义乌商品城

途经站点：大史家、姜家庄、林水、马家庄、石头圈、黄村、二甲、晁家庄、朱家庄、香格里拉北站、技工学校、盐务局、光明小区东站、静园小区东门、妇幼保健院、胜利花园东门、利群商厦、府前中学、府前饭店、国泰城建、馨园小区、中医院、人民广场、市政公司、青华园、图曼市场、老车站南门、义乌商品城

111路：胡家沟至崔家沟

途经站点：胡家沟、邵家、十甲庄、东家、任沟村、宋家庄、金谷园、北江村、笙歌小区、永熙大酒店、笙歌西门、中国银行、市医院、老汽车站南门、天筑绿洲、中鲁果汁、阳光水岸、炉上、南庄、桑行埠、官庄、井子、乳山寨镇政府、乳山寨、寨中、寨西、乔家庄、崔家沟

112路：义乌商品城至上册

途经站点：义乌商品城、老汽车站南门、市医院、中国银行、市报社、市政府、国税局、胜利花园东门、贸易城东门、地税局、腾达二区、聚龙园小区、滕甲庄路口、罗马阳光城、富豪皮革、后尹家、前尹家、河南、店子头、水井、上册路口、山西头、赵家、上册

113路：张家庄至技工学校

途经站点：张家庄、安家、锅上、祝家庄、经区医院、汽车站、兰家庄、全兴宾馆、隆利德机床、金岭高中、幸福小区、河滨公园、新华书店、国泰城建、府前饭店、利群商厦、胜利花园东门、妇幼保健院、静园小区东门、光明小区东站、盐务局、技工学校

【银滩公交线路站点】

201路：老车站东门至银滩集贸市场

途经站点：老汽车站东门、图曼市场、清华园、电影院、水景绿城、烟草公司、名门小区、鑫岭家园、泽口小区、隆利德机床、全兴宾馆、兰家庄、汽车站、双连集团、振华食品、远大可建、港头、六村屯、翁家埠、望海山庄小区、所后常家庄、贾家庄、海阳所、海阳所医院、华隆商厦、海林花园、海洋明珠、台湾城、飞机模型、海水浴场、康复中心、大庆一区、银之帆、大庆购物广场、阳光海岸、中房、金长城花园、海

都花园、党校、益天花园、海韵阳光、明珠海苑、将军滨海花园、曲水绿荫、碧海华庭、银滩物业、忆海苑、皇冠假日、海岸明珠、金鼎大厦、恋海苑、锦绣花园、银滩集贸市场

202 路：海阳所至滴水湾

途经站点：华隆商厦、海林花园、海洋明珠、台湾城、飞机模型、海水浴场、康复中心、大庆一区、银之帆、大庆购物广场、阳光海岸、中房、金长城花园、海都花园、党校、益天花园、海韵阳光、明珠海苑、福如东海、福海苑南门、香格里湾、山水花都、香港平远、碧海苑、翰林名苑、外事翻译学院、海之缘、银泰海景、檀香丽湾、山水佳园、龙海丽都、长城文华苑、假日港湾、海岸国际、银港花园、滴水湾

203 路：海阳所至多福山（霄龙禅寺）

途经站点：华隆商厦、海湖家园、海阳所车站、贾家庄、海郡小区、望海庄、望海大酒店、翁家埠、环球塑业、富迪渔具、白沙滩六中、孵化科技工业园、白沙滩新区、白沙滩社区、盛世滩、白沙滩党委、鲁酱酒业、蓝湖海景、嘉盛园、碧海康居、月亮湾社区、恋海苑、金鼎大厦、海岸明珠、皇冠假日、忆海苑、银滩物业、碧海华庭、曲水绿荫、明珠海苑东门、福如东海、福海苑、海之梦、香格里湾、山水花都、香港平远、碧海苑、碧海苑东门、阅海苑、山海天、山水嘉苑、第二人民医院、东方国际养生园、霄龙禅寺

206 路：闻涛美域小区（东南堆）至金谷园

途经站点：闻涛美域（东南堆）、雍华苑、银港花园、假日港湾、长城文华苑、海之韵、山水佳园、檀香丽湾、银泰花苑、海之苑、外事翻译学院、翰林名苑、碧海苑、香港平远、山水花都、香格里湾、宏泰阳光、福海苑、福如东海、明珠海苑、海韵阳光、益天花园、银滩管委、御宫花园、宫家庄、海韵豪庭、维利亚、山水人家、碧海明居、爱琴海景、银滩热力、唐曲洼、董格庄、沟李家、马家庄、丈八石、西林家、俞介庄、三中队、赫家庄、圣川新城、精工塑料、广电大厦、法院、检察院、国税局、市政府、市报社、中国银行、市医院、老车站东门、电业局、交警大队、商业街派出所、公交公司、北江村、金谷园

207 路：闻涛美域小区（东南堆）至技工学校

途经站点：闻涛美域（东南堆）、老庄东南寨、白银小区北门、海之韵小区北门、部队、小侯家、小单家、观海听涛、小陶家、东方国际养生园、第二人民医院、韩家庄、大陶家、宫家、山海明圣、望海花园、维利亚、山水人家、碧海明居、爱琴海景、常家庄、湖畔人家、孵化科技工业园、白沙滩学校、便民服务中心、盛世滩、白沙滩社区、白沙滩新区、白沙滩六中、松海驾校、六村屯、港头、远大可建、振华食品、双连集团、汽车站、兰家庄、全兴宾馆、隆利德机床、金岭高中、幸福小区、河滨公园、新华书店、国泰城建、农村信用社、中国银行、市医院、老车站东门、交警大队、商业街派出所、公交公司、北江村、气象局、盐务局、技工学校

【城乡公交线路站点】

（一）冯家方向

301 路（1）：义乌商品城至盘石

途经站点：义乌商品城、老汽车站南门、图曼市场、青华园、市政公司、人民广场、中医院、馨园小区、人寿保险、金牛山公园、夏村镇政府、老年大学、贸易城南门、贸易城东门、胜利花园东门、检察院、法院、广电大厦、精工塑料、圣川新城、赫家庄、金三角大酒店、城东工业园、水井、上册路口、山西头、赵家、上册、果园、八门邹家、万户、下石灰刘家、北念头、石城、葛口、南泥沟、北泥沟、冯家镇政府、北刘伶庄、肖水河、马山沟、林家寨、中寨、北寨、夏家庵、盘石

301 路（2）：义乌商品城至盘石

途经站点：义乌商品城、老汽车站南门、老汽车站东门、交警大队、石油公司、石村、仇家洼大集、啤酒厂、洼九埠、黄依台、台依、旭日驾校、西周格、房屋南站、房屋、小疃南站、小疃、车道、土心头、下万口、下万口东站、上万口、辛庄、胡家口、黄格庄、下初、段家、山南头、姜南头、王疃、吕格庄、冯家三中、南汉村、冯家、北刘伶庄、肖水河、马山沟、林家寨、中寨、北寨、夏家庵、盘石

302 路：义乌商品城至北高格庄

途经站点：义乌商品城、老汽车站南门、图曼市场、青华园、市政公司、人民广场、中医院、馨园小区、人寿保险、金牛山公园、夏村镇政府、老年大学、贸易城南门、贸易城东门、胜利花园东门、检察院、法院、广电大厦、精工塑料、圣川新城、赫家庄、金三角大酒店、城东工业园、水井、上册路口、山西头、赵家、上册、果园、八门邹家、万户、下石灰刘家、北念头、石城、葛口、南泥沟、北泥沟、冯家镇政府、河崖、北韩村、马山前、唐家店子、三义、花家疃、花家疃、棘子园、吴家庄、辛家庄、徐家村、南高、北高

303 路：义乌商品城至合子

途经站点：义乌商品城、老汽车站南门、老汽车站东门、交警大队、石油公司、石村、仇家洼大集、啤酒厂、洼九埠、黄依台、台依、旭日驾校、西周格、房屋、小疃、车道、土心头、下万口、上万口、辛庄、胡家口、西泊、黄格庄、下初、段家、山南头、姜南头、王疃、吕格庄、南汉村、冯家、河崖、北韩村、马山前、唐家店子、三义、花家疃、棘子园、吴家庄、辛家庄、徐家村、合子

305 路：义乌商品城至上口

途经站点：义乌商品城、老汽车站南门、图曼市场、青华园、市政公司、人民广场、中医院、馨园小区、人寿保险、金牛山公园、夏村镇政府、老年大学、贸易城南门、贸易城东门、胜利花园东门、检察院、法院、广电大厦、精工塑料、圣川新城、赫家庄、金三角大酒店、城东工业园、

水井、上册路口、西林家、东林家、顺通道路维护中心、大孤山、河东、上夼、林家庄、李家庄、入夼、南口、胡家、下石灰刘家、北念头、石城、葛口、南泥沟、北泥沟、冯家镇政府、河崖、北汉村、马山前、唐家店、三义、呰里、南棘子园、西棘子园、东棘子园、上口

306路：义乌商品城至赵家庵

途经站点：义乌商品城、老汽车站南门、图曼市场、青华园、市政公司、人民广场、中医院、馨园小区、人寿保险、金牛山公园、夏村镇政府、老年大学、贸易城南门、贸易城东门、胜利花园东门、检察院、法院、广电大厦西站、香格里拉、香格里拉北站、朱家庄、晁家庄、二甲、黄村、石头圈、马家庄、林水、古初三甲、下洼、下草埠、下初、段家、山南头、姜南头、王疃、吕格庄、冯家三中、南汉村、冯家、河崖、北汉村、马山前、唐家店子、三义、呰里、庄子夼、万家、小于家、高家台、赵家庵

307路：义乌商品城至卧龙

途经站点：义乌商品城、老汽车站南门、图曼市场、青华园、市政公司、人民广场、中医院、馨园小区、人寿保险、金牛山公园、夏村镇政府、老年大学、贸易城南门、贸易城东门、胜利花园东门、检察院、法院、广电大厦、精工塑料、圣川新城、赫家庄、金三角大酒店、城东工业园、水井、上册路口、山西头、赵家、上册、果园、八门邹家、万户、下石灰刘家、北念头、石城、葛口、南泥沟、北泥沟、冯家镇政府、东泥沟、东官村、瑞木山、沽水头、马家泊子、东马家庄、卧龙

308路：义乌商品城至圣水宫

途经站点：义乌商品城、老汽车站南门、图曼市场、青华园、市政公司、人民广场、中医院、馨园小区、人寿保险、金牛山公园、夏村镇政府、老年大学、贸易城南门、贸易城东门、胜利花园东门、检察院、法院、广电大厦西站、香格里拉、香格里拉北站、朱家庄、晁家庄、二甲、黄村、石头圈、马家庄、林水、古初、三甲、下洼、下草埠、下初、段家、山南头、姜南头、王疃、吕格庄、冯家、南汉村、冯家、北泥沟、东泥沟、东官庄、瑞木山、万家、王家庵、观上冯家、圣水宫

309路：大乳山至圣水宫

途经站点：大乳山东门、西泓于家、西泓辛家、姜格、水头、邢家、吕格庄、海阳所、华隆商厦、海林花园、海洋明珠、台湾城、飞机模型、海水浴场、康复中心、大庆一区、银之帆、大庆二区北门、月亮湾社区、恋海苑、金鼎大厦、海岸明珠、皇冠假日、忆海苑、银滩物业、碧海华庭、曲水绿荫、明珠海苑东门、福如东海、福海苑、海之梦、香格里湾、山水花都、香港平远国际城、碧海苑、翰林名苑、外事翻译学院、海之缘、银泰花园、檀香丽湾、山水佳园、龙海丽都、长城文华苑西门、徐家镇政府、东刘家庄、中鲁果汁、洋村、杨家屯、朱家屯、南黄、北堼、冷家庄、湾头、宫家疃、汤东疃、汤南疃、汤后疃、小汤温泉、小汤、山北头、南泥沟、冯家、东泥沟、东官庄、瑞木山、万家、王家庵、观上冯家、孔家、圣水宫

（二）南黄方向

310路：义乌商品城至院后

途经站点：义乌商品城、老汽车站南门、市医院、中国银行、市报社、市政府、国税局、胜利花园东门、贸易城东门、地税局、腾达二区、聚龙园小区、东方明珠、桥东庄、草埠、赫家庄、城东工业园、水井、上册路口、西林家、东林家、顺通道路维护中心、大孤山、河东、石鹏杨家、八里甸、小孤山、黄疃、西峒岭、东峒岭、小浩口、大浩口、王家庄、徐家镇政府、东刘家庄、邢家屯、许家屯、吴家屯、杨家屯、朱家屯、高家屯、西洋水、东洋水、院后

311路：义乌商品城至归仁

途经站点：义乌商品城、老汽车站南门、市医院、中国银行、市报社、市政府、国税局、胜利花园东门、贸易城东门、建材市场、久久发、金银苑小区、罗马阳光城、富豪菲格尔、恒裕食品、昌盛实业、锦盛果蔬、城东工业园、水井、大孤山敬老院、上册路口、西林家、东林家、顺通道路维护中心、大孤山、河东、石鹏杨家、八里甸、小孤山、黄疃、西峒岭、东峒岭、崮山寺、上庄、西珠堼、靠山、东珠堼、姜家庄、李家疃、南斜山、北斜山、母鸡屯、凤西庄、冷家、湾头、宫家疃、归仁

312路：义乌商品城至南黄

途经站点：义乌商品城、老汽车站南门、市医院、中国银行、市报社、市政府、国税局、检察院、法院、广电大厦、精工塑料、圣川新城、赫家庄、金三角大酒店、城东工业园、水井、上册路口、山西头、赵家、上册、果园、八门邹家、万户、下石灰刘家、北念头、石城、葛口、山北头、汤上、小汤温泉、汤后疃、汤南疃、汤南山、南台子、庄子园、归仁、宫家疃、湾头、冷家、北堼、南黄

313路：义乌商品城至西浪暖

途经站点：义乌商品城、老汽车站南门、市医院、中国银行、市报社、市政府、国税局、胜利花园东门、贸易城东门、建材市场、久久发、金银苑小区、罗马阳光城、富豪菲格尔、恒裕食品、昌盛实业、锦盛果蔬、城东工业园、水井、上册路口、西林家、东林家、顺通道路维护中心、大孤山、河东、石鹏杨家、八里甸、小孤山、黄疃、西峒岭、东峒岭、崮山寺、上庄、西珠堼、靠山、东珠堼、姜家庄、李家疃、北斜山、南斜山、南黄庄、高家屯、陈家屯、岭上、柯家庄、孙家庄、孙家埠、西浪暖

358路：义乌商品城至南黄

途经站点：义乌商品城、老汽车站南门、市医院、中国银行、市报社、市政府、国税局、胜利花园东门、贸易城东门、地税局、腾达二区、聚龙园小区、东方明珠、桥东庄、草埠、赫家庄、城东工业园、水井、上册路口、西林家、东林家、顺通道路维护中心、大孤山、八里甸、小孤山、黄疃、西峒岭、东峒岭、小浩口、大浩口、王家庄、徐

家镇政府、东刘家庄、洋村、马场、杨家屯、朱家屯、南黄

（三）白沙滩方向

315路：义乌商品城至蔡家

途经站点：义乌商品城、老汽车站南门、市医院、中国银行、农村信用社、国泰城建、新华书店、幸福小区、河滨小区、金岭高中、隆利德机床、全兴宾馆、兰家庄、汽车站、择村、康家、兰家、封增山、王家庄、吉林、曹家庄、丈八石、南西北庄、马家庄、沟李家、孔家庄、大单家、邵家庄、王家口、潘家、焉家、邹家、蔡家、宫家

316路：义乌商品城至稗子刘家

途经站点：义乌商品城、老汽车站南门、市医院、中国银行、农村信用社、国泰城建、新华书店、幸福小区、河滨小区、金岭高中、隆利德机床、全兴宾馆、兰家庄、汽车站、择村、北唐家、兰家、徐家耩、玉前庄、林家堢、刘家堢、念头、六村屯、白沙滩、桃村李家、祉家庄、桃村王家、焉家庄、洼于家、潘家庄、邵家庄、王家口、潘家、稗子刘家、宫家

（四）徐家方向

361路：义乌商品城至桑行

途经站点：义乌商品城、老汽车站南门、市医院、中国银行、市报社、市政府、国税局、胜利花园东门、贸易城东门、建材市场、久久发、金银苑小区、罗马阳光城、富豪菲格尔、恒裕食品、昌盛实业、锦盛果蔬、城东工业园、水井、上册路口、西林家、东林家、顺通道路维护中心、大孤山、河东、石鹏杨家、八里甸、小孤山、黄疃、西峒岭、东峒岭、小浩口、大浩口、王家庄、徐家镇政府、王家庄、大浩口、小浩口、东峒岭、辛家口、车门口、圣石前、桑行

（五）海阳所方向

317路：义乌商品城至杜家岛

途经站点：义乌商品城、老汽车站南门、市医院、中国银行、农村信用社、国泰城建、新华书店、幸福小区、河滨小区、金岭高中、隆利德机床、全兴宾馆、兰家庄、汽车站、择村、北唐家、兰家、徐家耩、港头、六村屯、翁家埠、望海庄、所后张家庄、所后常家庄、贾家庄、海阳所、吕格庄、薛格、半海山、杜家、薛家、李家、芦头、水头、姜格、西弘辛家、西、双峰庄、西黄岛路口、双峰庄、杜家岛

318路：义乌商品城至小石口

途经站点：义乌商品城、老汽车站南门、市医院、中国银行、农村信用社、国泰城建、新华书店、幸福小区、河滨小区、金岭高中、隆利德机床、全兴宾馆、兰家庄、汽车站、择村、北唐家、兰家、徐家耩、港头、六村屯、翁家埠、望望海庄、所后张家庄、所后常家庄、贾家庄、海阳所、吕格庄、薛格、半海山、李家路口、杜家、南弘、小弘、挂子场（小石口）

320路：义乌商品城至大乳山东门

途经站点：义乌商品城、老汽车站南门、市医院、中国银行、农村信用社、国泰城建、新华书店、幸福小区、河滨小区、金岭高中、隆利德机床、全兴宾馆、兰家庄、汽车站、择村、北唐家、兰家、徐家耩、港头、六村屯、翁家埠、望海庄、所后张家庄、所后常家庄、贾家庄、海阳所、吕格庄、邢家、水头、姜格、西弘辛家、西弘、大乳山东门、西黄岛、姜家庄

321路：义乌商品城至大乳山北门

途经站点：义乌商品城、老汽车站南门、市医院、中国银行、农村信用社、国泰城建、新华书店、幸福小区、河滨小区、金岭高中、隆利德机床、全兴宾馆、兰家庄、汽车站、择村、北唐家、兰家、徐家耩、港头、六村屯、翁家埠、望海庄、所后常家庄、贾家庄、海阳所、海疃、赵家庄、三甲疃、大庄、池源、金港、后山于家、大乳山北门（西山）

322路：义乌商品城至海阳所

途经站点：义乌商品城、老汽车站南门、市医院、中国银行、农村信用社、国泰城建、新华书店、幸福小区、河滨小区、金岭高中、隆利德机床、全兴宾馆、兰家庄、汽车站、南唐家、振华食品、双连集团、远大可建、邹格、海疃、望海庄、所后张家庄、所后常家庄、贾家庄、海阳所、赵家庄、三甲疃、大庄、池源、金港、后山于家、西泓于家、西泓赵家、西泓辛家、西山

（六）乳山寨方向

323路：久久发至玉皇山后（岠嵎山）

途经站点：久久发、建材市场、贸易城南门、老年大学、夏村镇政府、金牛山公园、人寿保险、馨园小区、中医院、人民广场、市政公司、青华园、图曼市场、老汽车站南门、天筑绿洲、中鲁果汁、阳光水岸、炉上、南庄、桑行埠、官庄、井子、乳山寨派出所、圈堢、小管村、圈堢、乳山屯、楼村、台上、沙沟、县沟、岠嵎山、玉皇山后。

325路：久久发至梅家

途经站点：久久发、建材市场、贸易城南门、老年大学、夏村镇政府、金牛山公园、人寿保险、馨园小区、中医院、人民广场、市政公司、青华园、图曼市场、老汽车站南门、天筑绿洲、中鲁果汁、阳光水岸、炉上、南庄、桑行埠、官庄、井子、乳山寨派出所、芦根滩、台上、管村、腾河、夏家、刁家、贾家、横山后、梅家

326路：久久发至到根见

途经站点：久久发、建材市场、贸易城南门、老年大学、夏村镇政府、金牛山公园、人寿保险、馨园小区、中医院、人民广场、市政公司、青华园、图曼市场、老汽车站南门、天筑绿洲、中鲁果汁、阳光水岸、炉上、南庄、桑行埠、官庄、井子、乳山寨派出所、陆根滩、凤台顶、孤石河、滩甲庄、人石、到根见

327路：久久发至赤家口

途经站点：久久发、建材市场、贸易城南门、夏村镇政府、金牛山公园、人寿保险、馨园小区、中医院、人民广场、市政公司、青华园、图曼市场、老汽车站南门、天筑绿洲、中鲁果汁、阳光水岸、炉上、南庄、桑行埠、乳山春酒业、官庄、井子、

乳山寨派出所、圈埢、小管村、南司马庄、北司马庄、宝口、果枣夼、赤家口

328 路：久久发至宋河

途经站点：久久发、建材市场、贸易城南门、夏村镇政府、老年大学、金牛山公园、人寿保险、馨园小区、中医院、人民广场、市政公司、青华园、图曼市场、老汽车站南门、天筑绿洲、中鲁果汁、阳光水岸、炉上、南庄、桑行埠、乳山寨派出所、圈埢、小管村、圈埢、乳山屯、楼村、沙沟、台上、管村、小岚、宋河

（七）诸往方向

329 路：久久发至大龙口

途经：久久发、老汽车站南门、天筑绿洲、中鲁果汁、阳光水岸、炉上、南庄、桑行埠、官庄、井子、乳山寨派出所、乳山寨派出所、圈埢、小官村、南司马庄、东司马庄、北司马庄、东驾马沟、西驾马沟、南李家、王母夼、南勇家、中勇家、北勇家、泊子、东诸往、西诸往、野房、辛庄头、三龙口、二龙口、大龙口

329 路：久久发至铁山

途经：久久发、老汽车站南门、天筑绿洲、中鲁果汁、阳光水岸、炉上、南庄、桑行埠、官庄、井子、乳山寨派出所、乳山寨派出所、圈埢、小官村、南司马庄、东司马庄、北司马庄、东驾马沟、西驾马沟、南李家、王母夼、南勇家、中勇家、北勇家、泊子、诸往、姚家埠、孙家夼、后店、燕山泊、神童庙、马陵、铁矿、前进、垛疃、铁山

329 路：久久发至绕涧

途经：久久发、老汽车站南门、天筑绿洲、中鲁果汁、阳光水岸、炉上、南庄、桑行埠、官庄、井子、乳山寨派出所、乳山寨派出所、圈埢、小官村、南司马庄、东司马庄、北司马庄、东驾马沟、西驾马沟、南李家、王母夼、南勇家、中勇家、北勇家、泊子、东诸往、西诸往、绕涧

501 路：义乌商品城至大龙口

途经：义乌商品城、老汽车站南门、老汽车站东门、交警大队、石油公司、石村、仇家洼大集、啤酒厂、洼九埠、黄依台、台依、旭日驾校、西周格、房屋、小疃、车道、曹家、孙家、曲水、塔庄、汪水、城阴、东诸往、西诸往、野房、辛庄头、三龙口、二龙口、大龙口。

502 路：诸往至上石硼

途经站点：诸往、中国邮政、金丰家电、西诸往、野房、辛庄头、三龙口、二龙口东站、二龙口、二龙口西站、大龙口东站、大龙口、大龙口西站、东尚山、中尚山、西尚山、下石硼、上石硼

505 路：义乌商品城至铁山

途经：义乌商品城、老汽车站南门、老汽车站东门、交警大队、石油公司、石村、仇家洼大集、啤酒厂、洼九埠、黄依台、台依、旭日驾校、西周格、房屋、小疃、车道、曹家、孙家、曲水、塔庄、汪水、城阴、东诸往、姚家埠、孙家夼、后店、燕山泊、神童庙、马陵、铁矿、前进、垛疃、铁山

370 路：至久久发至冷格庄

途经站点：久久发、建材市场、贸易城南门、老年大学、夏村镇政府、金牛山公园、人寿保险、馨园小区、中医院、人民广场、市政公司、青华园、图曼市场、老汽车站南门、天筑绿洲、中鲁果汁、阳光水岸、炉上、南庄、桑行埠、官庄、井子、乳山寨派出所、仇家兴、李家兴、盘古庄、车村、鲁济、鲁济山后、南西屋、北西屋、宅子夼、社庄、育黎、东纪村、西纪村、横道口、许家、唐家、安夼、姜家庄、沟留家、冷格庄、大院

506 路：诸往至王家庄

途经站点：东诸往、西诸往、大龙口、姜格庄、沟留家、冷格庄、流水头、王家疃、李格庄、岳家、王格庄

（八）崖子方向

330 路：久久发至崖子

途经站点：久久发、建材市场、贸易城东门、胜利花园东门、国税局、市政府、市报社、中国银行、市医院、老汽车站东门、交警大队、石油公司、石村、仇家洼大集、啤酒厂、洼九埠、黄依台、台依、旭日驾校、西周格、房屋、小疃、车道、曲家屯、于家屯、张家屯、樗树崖、午极派出所、午极、金牛谷生态园、北庄、正甲夼、万格庄、小万格庄、山东、兴村、兴村、大崮头、东庄、西崮头、西崮头、哨里、申家、河北、崖子、姜家、河南钟家、东夼钟家、泽科钟家、双石村、石家庄、磨山钟家

331 路：久久发至崖子

途经站点：久久发、建材市场、贸易城东门、胜利花园东门、国税局、市政府、市报社、中国银行、市医院、老汽车站南门、天筑绿洲、中鲁果汁、阳光水岸、炉上、南庄、桑行埠、官庄、井子、乳山寨派出所、圈埢、小官村、南司马庄、东司马庄、北司马庄、东驾马沟、西驾马沟、南李家、王母夼、南勇家、中勇家、北勇家、泊子、东诸往、西诸往、大龙口、姜格庄、沟留家、冷格庄、流水头、大院、康家夼、北寨、崖子

332 路：久久发至井口

途经站点：久久发、建材市场、贸易城东门、胜利花园东门、国税局、市政府、市报社、中国银行、市医院、老汽车站东门、交警大队、石油公司、石村、仇家洼大集、啤酒厂、洼九埠、黄依台、台依、旭日驾校、西周格、房屋、小疃、车道、曹家、孙家、曲水、塔庄、育黎、东纪村、西纪村、横道口、许家、唐家、安夼、姜家庄、沟留家、冷格庄、流水头、大院、康家夼、北寨、崖子、蓬家夼、史家、田家、东井口

333 路：久久发至青山

途经站点：久久发、建材市场、贸易城东门、胜利花园东门、国税局、市政府、市报社、中国银行、市医院、老汽车站东门、交警大队、石油公司、石村、仇家洼大集、啤酒厂、洼九埠、黄依台、台依、旭日驾校、西周格、房屋、小疃、车道、曹家、孙家、曲水、塔庄、育黎、东纪村、西纪村、横道口、许家、唐家、安夼、姜家庄、沟留家、冷格庄、流水头、王家疃、九龙圈、崖后、口子、姜家夼、南马石、南果子、马石店、青山

359 路：久久发至马石店

途经站点：久久发、建材市场、贸易城东门、胜利花园东门、国税局、

市政府、市报社、中国银行、市医院、老汽车站东门、交警大队、石油公司、石村、仇家洼大集、啤酒厂、洼九埠、黄依台、台依、旭日驾校、西周格、房屋、小疃、车道、曹家、孙家、曲水、塔庄、育黎、东纪村、西纪村、横道口、许家、唐家、安夼、姜家庄、沟留家、冷格庄、流水头、大院、康家夼、北寨、崖子、北寨、矫家泊、转山头、沟东、台上、北果子、马石店

362 路：久久发至井口

途经站点：久久发、建材市场、贸易城东门、胜利花园东门、国税局、市政府、市报社、中国银行、市医院、老汽车站东门、交警大队、石油公司、石村、仇家洼大集、啤酒厂、洼九埠、黄依台、台依、旭日驾校、西周格、房屋、小疃、车道、曲家屯、于家屯、张家屯、樗树崖、午极派出所、午极、金牛谷生态园、北庄、正甲夼、万格庄、小万格庄、山东、兴村、大崮头、西崮头、哨里、申家、河北、崖子、蓬家夼、史家、田家、东井口

363 路：汽车站至沙家

途经站点：汽车站、兰家庄、全兴宾馆、隆利德机床、泽口小区、鑫岭家园、名门小区、烟草公司、水景绿城、电影院、青华园、图曼市场、老汽车站东门、交警大队、石油公司、石村、仇家洼大集、啤酒厂、洼儿埠、黄依台、台依、旭日驾校、西周格、小疃、车道、曲家屯、于家屯、张家屯、樗树崖、午极派出所、午极、金牛谷生态园、北庄、正甲夼、万格庄、小万格庄、山东、兴村、大崮头、东庄、西崮头、哨里、炉上、申家、河北、崖子、蓬家夼、史家、田家、下沙家、上沙家

365 路：义乌商品城至下肖家

途经站点：义乌商品城、老汽车站南门、老汽车站东门、交警大队、石油公司、石村、仇家洼大集、啤酒厂、洼九埠、黄依台、台依、旭日驾校、西周格、房屋、小疃、车道、曹家、孙家、曲水、塔庄、育黎、东纪村、西纪村、东横道口、帽张家、藏金夼、东由古、北由古、三泉庄、阎家夼、兴村、大崮头、东庄、西崮头、上肖家、下肖家

366 路：义乌商品城至泥渡夼

途经站点：义乌商品城、老汽车站南门、老汽车站东门、交警大队、石油公司、石村、仇家洼大集、啤酒厂、洼九埠、黄依台、台依、旭日驾校、西周格、房屋、小疃、车道、曹家、孙家、曲水、塔庄、育黎、东纪村、西纪村、横道口、许家、唐家、安夼、姜家庄、沟留家、冷格庄、流水头、大院、康家夼、岛子、北寨、崖子、河北、申家、炉上、哨里、北地口、南地口、泥度夼

367 路：诸往至凤凰崖

途经站点：东诸往、西诸往、大龙口、姜格庄、沟留家、冷格庄、流水头、王家疃、九龙圈、崖后、口子、姜家夼、南马石、南果子、马石店、西涝口、东涝口、西凤凰崖、东凤凰崖。

368 路：义乌商品城至西涝口

途经站点：义乌商品城、老汽车站南门、老汽车站东门、交警大队、石油公司、石村、仇家洼大集、啤酒厂、洼九埠、黄依台、台依、旭日驾校、西周格、房屋、小疃、车道、曲家屯、于家屯、张家屯、樗树崖、午极派出所、午极、金牛谷生态园、北庄、正甲夼、万格庄、小万格庄、山东、兴村、大崮头、东庄、西崮头、哨里、申家、河北、崖子、蓬家夼、史家、田家、东井口、西井口、草庵、东凤凰崖、西凤凰崖、东涝口、西涝口。

369 路：义乌商品城至井乔家

途经站点：义乌商品城、老汽车站南门、老汽车站东门、交警大队、石油公司、石村、仇家洼大集、啤酒厂、洼九埠、黄依台、台依、旭日驾校、西周格、房屋、小疃、车道、曹家、孙家、曲水、塔庄、育黎、东纪村、西纪村、横道口、许家、唐家、安夼、姜家庄、沟留家、冷格庄、流水头、大院、康家夼、北寨、崖子、北寨、南寨、矫家泊、转山头、沟东、台上、北果子、马石店、青山、泊乔家、枣林、井乔家

（九）育黎方向

335 路：至久久发至孙家沟

途经站点：久久发、建材市场、贸易城南门、老年大学、夏村镇政府、金牛山公园、人寿保险、馨园小区、中医院、人民广场、市政公司、青华园、图曼市场、老汽车站南门、天筑绿洲、中鲁果汁、阳光水岸、炉上、南庄、桑行埠、官庄、井子、乳山寨派出所、仇家兴、李家兴、盘古庄、车村、鲁济、鲁济山后、南西屋、北西屋、宅子夼、社庄、育黎、东纪村、西纪村、东横道口、帽张家、藏金夼、于家、孙家沟。

336 路：久久发至龙角山

途经站点：久久发、建材市场、贸易城南门、老年大学、夏村镇政府、金牛山公园、人寿保险、馨园小区、中医院、人民广场、市政公司、青华园、图曼市场、老汽车站南门、天筑绿洲、中鲁果汁、阳光水岸、炉上、南庄、桑行埠、官庄、井子、乳山寨派出所、仇家兴、李家兴、盘古庄、车村、鲁济、鲁济山后、南西屋、北西屋、宅子夼、社庄、育黎北站、育黎、东纪村、西纪村、东横道口、西横道口、泊子庄、龙角山

337 路：汽车站至马庄

途经站点：汽车站、兰家庄、全兴宾馆、隆利德机床、金岭高中、河滨小区、幸福小区、新华书店、馨园小区、中医院、人民广场、市政公司、青华园、图曼市场、老汽车站东门、交警大队、石油公司、石村、仇家洼大集、啤酒厂、洼九埠、黄依台、台依、旭日驾校、西周格、房屋、小疃、车道、曹家、孙家、曲水、塔庄、马庄、白石、育黎

371 路：汽车站至南北山

途经站点：汽车站、兰家庄、全兴宾馆、隆利德机床、金岭高中、河滨小区、幸福小区、新华书店、馨园小区、中医院、人民广场、市政公司、青华园、图曼市场、老汽车站东门、交警大队、石油公司、石村、仇家洼大集、啤酒厂、洼九埠、黄依台中站、台依中站、姜家、郑家、于家庄、邓家、郭家、南北山

（十）午极方向

338 路：久久发至社庄

途经站点：久久发、建材市场、

贸易城南门、老年大学、夏村镇政府、金牛山公园、人寿保险、馨园小区、中医院、人民广场、市政公司、青华园、图曼市场、老汽车站南门、天筑绿洲、中鲁果汁、阳光水岸、炉上、南庄、桑行埠、官庄、井子、乳山寨派出所、仇家兴、李家兴、盘古庄、车村、鲁济、鲁济山后、南西屋、北西屋、宅子夼、社庄

339 路：汽车站至石字岘

途经站点：汽车站、兰家庄、全兴宾馆、隆利德机床、金岭高中、河滨小区、幸福小区、新华书店、馨园小区、中医院、人民广场、市政公司、青华园、图曼市场、老汽车站东门、交警大队、石油公司、石村、仇家洼大集、啤酒厂、洼九埠、黄依台、台依、旭日驾校、西周格、房屋、小疃、车道、曲家屯、于家屯、张家屯、楞树崖、午极派出所、午极、南庄、马家夼、泽上、中庄、北庄、由家庄、石字岘

350 路（1）：汽车站至大虎岚

途经站点：汽车站、兰家庄、全兴宾馆、隆利德机床、金岭高中、河滨小区、幸福小区、新华书店、国泰城建、农村信用社、中国银行、市医院、老汽车站东门、交警大队、石油公司、石村、仇家洼大集、啤酒厂、洼九埠、黄依台、台依、旭日驾校、西周格、房屋、小疃、车道、曲家屯、于家屯、张家屯、楞树崖、午极派出所、午极、孙家疃、于家疃、小虎岚、大虎岚

350 路（2）：汽车站至辉湛

途经站点：汽车站、兰家庄、全兴宾馆、隆利德机床、金岭高中、河滨小区、幸福小区、新华书店、国泰城建、农村信用社、中国银行、市医院、老汽车站东门、交警大队、石油公司、石村、仇家洼大集、啤酒厂、洼九埠、黄依台、台依、旭日驾校、西周格、房屋、小疃、车道、曲家屯、于家屯、张家屯、楞树崖、午极派出所、午极、西柳家、于庄、湘沟、于庄、东柳家、辉湛

（十一）下初方向

351 路：义乌商品城至葛家庄

途经站点：义乌商品城、老汽车站南门、老汽车站东门、交警大队、石油公司、石村、仇家洼大集、啤酒厂、洼九埠、黄依台、台依、旭日驾校、西周格、房屋、小疃、车道、土心头、下万口、上万口、辛庄、胡家口、西泊、黄格庄、下初、黄格庄、上初、簸箕掌、东马台石、西马台石、葛格庄

352 路：义乌商品城至初家沟

途经站点：义乌商品城、老汽车站南门、市医院、中国银行、市报社、市政府、国税局、检察院、法院、广电大厦西站、香格里拉、香格里拉北站、朱家庄、晁家庄、二甲、黄村、石头圈、马家庄、林水、古初、三甲、下洼、下草埠、下初、黄格庄、胡家口、西泊、英格庄、朱家沟、初家沟

353 路：义乌商品城至黄山寺

途经站点：义乌商品城、老汽车站南门、市医院、中国银行、市报社、市政府、国税局、检察院、法院、广电大厦西站、香格里拉、香格里拉北站、朱家庄、晁家庄、二甲、黄村、石头圈、石头圈、马家庄、西北庄、大王口、上草埠、下草埠、下初、段家、外庄、里庄、黄山寺

355 路：久久发至皂地

途经站点：久久发、建材市场、贸易城东门、胜利花园东门、国税局、市政府、市报社、中国银行、市医院、老汽车站东门、交警大队、石油公司、石村、仇家洼大集、啤酒厂、洼九埠、黄依台、台依、旭日驾校、西周格、房屋、小疃、车道、土心头、下万口、上万口、辛庄、胡家口、西泊、黄格庄、下初、史家庄、辛家疃、山前庄、垒埰前、北芦头、河南村、西庄、北东庄、南东庄、金矿

356 路：义乌商品城至皂地

途经站点：义乌商品城、老汽车站南门、市医院、中国银行、市报社、市政府、国税局、检察院、法院、广电大厦西站、香格里拉、香格里拉北门、朱家庄、晁家庄、二甲、黄村、石头圈、马家庄、林水、古初三甲、下洼、下草埠、下初、史家庄、辛家疃、山前庄、垒埰前、北芦头、河南村、西庄、北东庄、南东庄、金矿、车家夼

乳山汽车站始发班车发车时刻表

表 63

起点	终点站	发车时间
乳山	威海	5:30—17:00（流水发车）约 30 ～ 40 分钟一班
乳山	文登	8:00/9:35/10:10/10:45/14:20/15:35/16:20/17:00
乳山	荣成	6:30/7:20/9:00/12:50/13:55/14:50
乳山	石岛	暂停
乳山	龙须岛	11:25
乳山	烟台	5:30—17:30（流水发车）约 30 ～ 40 分钟一班
乳山	龙口	暂停
乳山	青岛	6:30—16:40（间隔约每小时一班）

续表 63

起点	终点站	发车时间
乳山	莱阳	10:00/16:00
乳山	莱州	7:15/13:40
乳山	潍坊	暂停
乳山	济南	7:20/8:20　　14:30（该班次暂停）
乳山	聊城	09:15
乳山	日照	07:10
乳山	东营	07:00
乳山	海阳	7:20/8:45/10:20/12:45/14:20/16:00
乳山	招远	12:50
乳山	桃村	7:10/12:10

备注：发车时间若有变动，请以实际时间为准。

威海机场航班时刻表

表 64

航线	航班号	机型	进港时刻	出港时刻	班期
北京	CA1827/8	B73K	北京 06:45–08:10 威海	威海 09:00–10:25 北京	1234567
	SC4881/2	B738	北京 13:10–14:40 威海	威海 21:00–22:30 北京	1234567
	CA1597/8	A320	北京 20:15–21:45 威海	威海 23:00–00:30 北京	1234567
上海	MU2285/6	A320	虹桥 08:15–10:05 威海	威海 15:20–17:25 虹桥	1234567
	FM9353/4	B738	浦东 08:45–10:30 威海	威海 16:35–18:20 浦东	1234567
	GS6429/30	EMB190	浦东 12:35–14:20 威海	威海 09:40–11:20 浦东	1234567
	MU5581/2	A320	虹桥 18:20–20:10 威海	威海 20:55–22:45 虹桥	1234567
	SC4889/90	B738	虹桥 18:25–20:15 威海	威海 15:25–17:20 虹桥	1234567
广州	CZ3843/4	A319	广州 09:05–13:45 威海	威海 14:45–19:20 广州	1234567
南京	CZ3843/4	A319	南京 12:25–13:45 威海	威海 14:45–16:05 南京	1234567
武汉	CZ6263/4	A320	武汉 15:10–16:40 威海	威海 12:00–13:25 武汉	135
哈尔滨	CZ6263/	A320	哈尔滨 08:55–10:45 威海	威海 17:40–19:30 哈尔滨	135
	CA1787/8	A320	哈尔滨 13:15–15:05 威海	威海 10:35–12:25 哈尔滨	1234567
杭州	CA1787/8	A320	杭州 07:55–09:45 威海	威海 16:00–17:45 杭州	123456
	CA1787/8	A320	杭州 07:55–09:45 威海	威海 16:00–18:00 杭州	357
济南	SC1182/89	B738	济南 14:35–15:40 威海	威海 16:15–17:25 济南	1234567
深圳	SC1182/89	B738	深圳 11:05–15:40 威海	威海 16:15–20:50 深圳	1234567
长春	FM9353/4	B738	长春 14:00–15:40 威海	威海 11:20–13:00 长春	1234567
大连	GS6429/0	EMB190	大连 08:20–09:00 威海	威海 15:20–16:05 大连	1234567
	G52643/4	CRJ9	大连 18:15–18:55 威海	威海 13:50–14:30 大连	246

续表 64

航线	航班号	机型	进港时刻	出港时刻	班期
重庆	G52643/4	CRJ9	重庆 09:15–13:10 威海	威海 19:35–23:40 重庆	246
济宁	G52643/4	CRJ9	济宁 11:45–13:10 威海	威海 19:35–20:55 济宁	246
沈阳	DZ6239/40	B738	沈阳 11:45–13:05 威海	威海 09:50–11:00 沈阳	1234567
郑州	DZ6239/40	B738	郑州 07:20–09:00 威海	威海 14:05–16:00 郑州	1234567
天津	CA1663/4	B738	天津 08:35–09:40 威海	威海 10:30–11:35 天津	35
	CA1663/4	B738	天津 08:35–09:40 威海	威海 10:30–11:35 天津	247
首尔	OZ309/10	A321	仁川 09:00–09:10 威海	威海 10:10–12:20 仁川	123456
	OZ309/10	A321	仁川 16:20–16:30 威海	威海 17:30–19:40 仁川	7
	MU2017/8	A320	仁川 14:15–14:30 威海	威海 11:00–13:15 仁川	1234567
	KE839/4	073H	仁川 14:10–14:25 威海	威海 15:25–17:40	123456
	KE839/4	073H	仁川 16:10–16:25 威海	威海 17:50–20:05 仁川	7
	7C8503/4	B737	仁川 15:35–15:45 威海	威海 16:45–18:55 仁川	1234567
	7C8561/2	B737	仁川 10:40–10:50 威海	威海 11:50–13:35 仁川	1234567
台北	CI539/40	B738	桃园 07:15–09:50 威海	威海 10:55–13:25 桃园	2

常用电话号码

表 65

报警电话	110	交通事故报警电话	122
火警电话	119	急救电话	120
消费者投诉举报专线电话	12315	环保热线	12369
中国移动客服热线	10086	中国联通客服热线	10010
中国电信客服热线	10000	乳山市民热线	6512345
乳山火车站售票电话	6607009	乳山汽车站售票电话	6621080
乳山公交服务热线	6628585	乳山天气查询	6663370
乳山水务集团“水润”服务热线	6661860、6661867	乳山电力服务热线	6676437
乳山热力集团服务热线	6693896	乳山华地热力公司服务热线	15689498891、15689498892
银滩热力公司服务热线	6771796、6776678	北京燃气乳山分公司服务热线	6861177
银滩管道燃气公司服务热线	6777119	广电网络乳山分公司服务热线	3803666

索 引

说明：

一、本索引包含主题索引与表格索引两部分。主题索引各主题词按汉语拼音字母顺序排列，同音字按声调排列，首字相同者按第二字音序排列，依次类推；表格索引中表格顺序按序号依次排列。

二、主题索引名称后的数字表示内容所在的页码，数字后用拉丁字母 a、b、c 分别表示该页面的左栏、中栏、右栏；表格索引名称后面的数字表示该表格首次出现的页码，续表所在页码不做统计。

三、类目用黑体标明。插图、“综述”分目、“概况”条目及“专记”“特载”“大事记”的月份、“附录”中除表格之外的其他具体内容不做索引。

主 题 索 引

C

D

J

K

L

M

N

P

Q

S

X

Y

Z

表格索引